사회복지법제와 실천

사회복지법제와 실천

2025년 2월 14일 초판 1쇄 찍음
2025년 2월 28일 초판 1쇄 펴냄

지은이 김남희·민기채
기획 비판과 대안을 위한 사회복지학회

책임편집 정용준
편집 김찬호·박훈·정지현
디자인 김진운
본문조판 민들레
마케팅 유명원

펴낸이 윤철호
펴낸곳 ㈜사회평론아카데미
등록번호 2013-000247(2013년 8월 23일)
전화 02-326-1545
팩스 02-326-1626
주소 03993 서울특별시 마포구 월드컵북로6길 56
이메일 academy@sapyoung.com
홈페이지 www.sapyoung.com

ISBN 979-11-6707-172-9 93330

사회복지법제와 실천

김남희 민기채 지음

사회평론아카데미

서문

법과 실천현장의 연계를 향한 교과서를 집필하며

　법은 어렵다. 세상이 복잡해지면서 법은 더욱 난해하다. 그러나 법 정신은 간명하다. 우리 사회와 사회구성원에게 선한 영향을 미치고 정의로운 사회를 만들고자 하는 법 정신은 변화하지 않았다. 법이란 사회의 공동선과 정의실현을 목적으로 만들어진 사회규범이다. 법은 선하며, 정의롭고, 나아가 평등한 사회를 만들기 위한 사회적 약속인 것이다. 사회는 점점 복잡해지고 법 역시 이해하거나 해석하기가 까다로워지고 있지만, 그 안에 도도히 흐르는 법 정신은 굳건히 그 자리를 지키고 있다. 법 정신은 어제도 오늘도 내일도 공동선과 정의실현이다.

　사회복지를 공부하는 사람들은 난해한 사회복지법을 왜 공부해야 하는지 의문을 가질 수 있다. 그 의문은 사회복지법과 사회복지 현장의 관계에 대한 이해를 통해 일부 해소할 수 있다. 사회복지법은 사회복지 현장에서 작동되는 법이며, 사회복지 현장의 변화에 따라 법이 제정·개정된다. 사회복지법은 사회복지 현장과 떼려야 뗄 수 없는 관계에 있는 것이다. 의회에서 제정된 법은 사회복지 현장에서 작동하고 있으며, 사회복지 현장의 변화에 따라 의회에서 법을 개정하고 있다. 결국 사회복지법과 사회복지 현장은 서로가 영향을 주며 발전하는 관계에 있다. 사회복지 현장은 공동선과 정의실현을 목적으로 하는 법과 맞닿아 있다는 것을 이해하며 사회복지법을 공부할 필요가 있다. 사회복지법은 의회와 현장에서 함께 작동하고 있기에, 예비 사회복지사들의 사회복지법 공부는 필수적이다.

『사회복지법제와 실천』은 '비판과 대안을 위한 사회복지학회(이하 비판복지학회)' 대안교과서이다. 비판사회복지학회의 창립선언문에 등장하는 사회복지학의 자주성 확보, 실천성의 정립, 사회적 연대성 등을 실현하기 위한 방도 중의 하나가 바로 대안교과서라고 할 수 있다. 비판복지학회는 사회복지학을 배우는 학생들이 "어떻게 하면 보다 더 비판적 사고를 갖고, 한국 사회에 적합한 대안 사회를 만드는데 기여할 수 있을까?"를 고민하고, 그 방법으로 대안교과서를 발간하고 있다. 『사회복지법제와 실천』교과서가 사회복지법 영역에서 대학생들의 비판적 관점과 대안적 세상 만들기에 기여할 수 있을 것이다.

이에 집필자들은 학생들이 사회복지법을 무비판적으로 받아들이기보다 비판적 및 대안적 사고에 바탕하여 읽고 실천할 것을 제안한다. 사회복지법과 현장이 조우하는 시공간에서, 이 법이 공동선과 정의실현이라는 법의 목적에 부합하는지, 이 법이 사회적 위험에 대한 대응을 제도적으로 잘 구축해 놓고 있는지, 이 법이 사회적 약자의 사회권 보호에 기여하는지에 대한 의문을 갖고 읽기를 바란다. 법은 민주적 절차의 결과물로 사회의 변화에 따라 끊임없이 진화하며, 지금 순간에도 쉴 새 없이 움직이고 있다. 법을 고정불변의 것으로 보지 않아야 하며, 현존 법문을 비판적으로 접근하고, 법에 문제가 있다면 어떻게 개정해야 할지 골똘히 생각해 보는 과정이 필요하다. 궁극적으로 집필자들은 학생들이 비판적 사고를 통해 세상의 변화를 위한 대안으로서, 사회복지법 영역에서의 주체적인 실천 활동, 즉 '사회복지법 제정·개정 운동'에 동참하기를 기대하고 있다. 가깝게는 우리 지역사회에서의 '사회복지조례 만들기'부터 시작할 수 있을 것이다.

법과 실천현장의 연계, 비판적 및 대안적 사고의 추구, 자기주도 개별학습과 집단학습 등을 위하여 다양한 방식으로 다가가고자 한다. 세부적으로는 '연습하기'로 사회복지법 실습을 시도하고, 이를 통해 법과의 친근함을 추구한다. '더 알아보기'로 추가 내용물(콘텐츠)을 공부하고, 이를 통해 심화학습으로 연결한다. '과제'로 주제에 대한 이해를 두텁게 하며. 이를 통해 자기주도적으로 사회복지법을 공부한다. '개념정리'로 각 절 마지막에 주요 용어와 그 의미를 요약하며, 이를 통해 핵심 키워드를 각인한다. '헌법재판소 및 대법원 판례'로 사회복지법이 상위법에 위반되는지를 전체적(holism) 관점에서 조망하고, 이를 통해 법 개정을 위한 비판적 및 대안적 사고를 습득한다. '법 주요 개정 연혁'으로 법 개정 역사를 이해하고, 왜 개정되었는지를 탐구한다. '법률 개정으로 무엇이 바뀌었는가?'로 법이 사회복지 현장을 어떻게 변화시켰는지를 파악하고, 이를 통해 사회복지법과 사회복지 현장과의 긴밀한 관계를 확인한다. '생각해 볼 과제'로 법과 실천현장의 연계를 위주로 한 토론을 진행하고, 이를 통해 비판적 및 대안적 사고를 확립한다. 학술적이고 전문적인 논의보다는 현장과 가까운 내용을 담으려 노력했으며, 가능한 한 쉬운 문장과 용어를 쓰려고 했다. 이 책을 통해 사회복지법을 처음 접하는 독자가 법에 대한 생경함과 두려움을 걷어 내고 사회복지법에 한 발 다가가기를 희망해 본다.

『사회복지법제와 실천』은 총 10개의 장으로 구성되어 있다. 총론(1~6장)에서는, 각 장별로 해결해야 할 기본적인 질문을 화두로 던지고, 이를 풀어나가는 방식으로 기술하고 있다. 각론 부분(7~10장)에서는 사회복지 기본법과 개별 법률들을 제시하고 있다. 구체적으로 1장에서는 "사회복지법이란 무엇인가?"라는 질문으로 시작하며, 법의 기초적 개념, 법원과 법의 분류, 사회복지법의 정의와 체계, 사회복지법과 헌법 및 행정법의 관계를 학습한다. 2장에서는 "권리로서의 사회복지, 왜 필요한가?"라는 질문으로 시작하며, 인권, 국제인권규범, 기본권, 사회복지수급권을 학습한다. 3장에서는 "언제 어떻게 생겨났는가?"라는 질문으로 시작하며, 시민법에서 사회법으로의 변화, 영국의 구빈법, 독일의 사회보험법, 한국의 사회복지법과 발달과 역사를 학습한다. 4장에서는 "어떻게 만들어지는가?"라는 질문으로 시작하며, 국회의 입법 절차, 행정부의 입법 과정, 사회복지 입법운동과 입법에의 참여를 학습한다. 5장에서는 "어떻게 구제받는가?"라는 질문으로 시작하며, 권리구제절차의 개관, 행정적 구제절차, 소송절차, 사회복지분야 공익소송과 주요 판례를 학습한다. 6장에서는 "지역사회에서의 법, 어떻게 만들 수 있는가?"라는 질문으로 시작하며, 지방자치와 사회복지를 학습하고, 사회복지조례 제·개정 프로젝트 수행 경험을 실제 적용해 본다. 7장부터 10장까지는 사회복지 기본법(사회보장기본법, 사회보장급여법, 사회복지사업법), 공공부조법(국민기초생활보장법, 의료급여법, 주거급여법, 긴급복지지원법, 장애인연금법, 기초연금법), 사회보험법(국민연금법, 국민건강보험법, 노인장기요양보험법, 고용보험법, 산업재해보상보험법), 사회서비스법(노인복지법, 아동복지법, 장애인복지법, 한부모가족지원법, 영유아보육법, 다문화가족지원법)에 해당하는 사회복지 개별법들에 대하여 학습한다. 각 법률의 기본적인 구성은 법의 의의, 법의 연혁(법의 제정과 주요 개정 내용), 법의 주요 내용(원칙, 정의, 적용대상, 급여의 종류와 내용, 급여의 실시, 보장기관 및 인력, 재정, 권리구제 및 벌칙)으로 구성되어 있다.

　　한 학기가 끝나면 딱딱하게만 여겨졌던 법이 보다 말랑말랑해졌기를 소망한다. 나아가 법과 실천현장의 연계를 지향하는 『사회복지법제와 실천』 대안교과서가 교실을 넘어 현장에서도 활용되기를 바란다.

2025년 2월
정의로운 사회복지법이 우리 사회 곳곳에 스며들기를 꿈꾸는
김남희(국회)와 민기채(국립한국교통대학교)가 함께 썼습니다.

차례

서문 법과 실천현장의 연계를 향한 교과서를 집필하며 4

01 사회복지법의 개념과 의의 15
사회복지법이란 무엇인가?

1. 사회복지학의 성격과 법 17
1) 사회복지학의 성격 17
2) 왜 사회복지학 전공자는 법을 배우는가? 20

2. 법의 이해 23
1) 법의 정의: 법이란 무엇인가? 23
2) 법의 이념: 법이 추구하는 가치는 무엇인가? 24

3. 법원과 법의 분류 29
1) 법원 29
2) 법의 분류 35

4. 사회복지법의 정의와 체계 38
1) 사회복지법의 정의 38
2) 사회복지법의 수직적 체계 41
3) 사회복지법의 내용적 체계 42

5. 사회복지법과 헌법 51
1) 헌법과 사회복지법의 관계 51
2) 사회복지와 관련한 내용의 헌법 52
3) 사회복지법에 대한 헌법적 심사 54
4) 사회복지법 관련 헌법재판소 판례 56

6. 사회복지법과 행정법 60
1) 행정법과 사회복지법의 관계 61
2) 행정입법의 효력(법규명령과 행정규칙의 비교) 61
3) 행정법의 일반원칙 66
4) 사회복지법에 행정법의 일반원칙이 적용되는 사례 68
5) 사회복지현장에서 행정법 원칙들이 갖는 의미 72

02 인권과 사회복지 75

권리로서의 사회복지, 왜 필요한가?

1. 인권 77
1) 인권의 개념 77
2) 인권의 발전 78
3) 인권과 사회복지 80
4) 시민권 이론 81

2. 국제인권규범 84
1) 사회복지선언의 국제화 배경 84
2) 사회복지에 관한 국제선언 85
3) 사회보장에 관한 국제조약 및 국제선언 87
4) 사회보장협정 96

3. 기본권 103
1) 헌법상의 기본권 103
2) 사회적 기본권 106
3) 사회적 기본권의 법적 성격 108

4. 사회복지수급권 112
1) 사회복지수급권의 정의 112
2) 사회복지수급권의 구조 112
3) 사회복지수급권의 취약성 114
4) 사회복지수급권의 보호와 제한 115

03 사회복지법의 발달과 역사 121

언제 어떻게 생겨났는가?

1. 시민법과 사회법 123
1) 시민법 123
2) 사회법 125

2. 사회복지법의 발달 127
1) 영국의 구빈법 127
2) 독일의 사회보험법 131

3. 한국 사회복지법의 역사 135
1) 일제강점기부터 미군정기까지 135
2) 1960년대 136
3) 1970년대 137
4) 1980년대 138

5) 1990년대 139
6) 2000년대 140
7) 2010년대 141
8) 2020년대 142

04 사회복지법의 입법 147

어떻게 만들어지는가?

1. 국회의 입법절차 149
1) 입법권과 국회 149
2) 국회의 조직과 운영 149
3) 국회의 입법절차 152

2. 행정부의 입법 과정 160
1) 대통령령의 입법절차 160
2) 총리령 및 부령의 입법절차 164
3) 행정입법에 대한 통제 164

3. 사회복지 입법운동과 입법에의 참여 166
1) 시민단체가 주도한 입법운동: 국민기초생활보장법 입법운동 167
2) 입법절차의 감시와 참여 169

05 사회복지법상의 권리구제 171

어떻게 구제받는가?

1. 권리구제절차의 개관 173
1) 권리구제절차의 종류 173
2) 사회복지법과 관련한 권리구제절차 176

2. 행정적 구제절차 180
1) 사회복지법상 행정적 구제절차: 이의신청과 행정심판의 관계 180
2) 개별 사회복지법상의 행정적 구제절차 181
3) 행정심판법의 행정심판 절차 184
4) 행정적 구제절차의 장점과 행정심판임의주의 185

3. 소송절차 186
1) 사회복지 분야 권리구제의 특징과 소송절차 186
2) 행정소송을 통한 권리구제와 그 한계 187
3) 사회복지 분야 소송의 활성화 방안 190

4. 사회복지분야 공익소송과 주요 판례 192
1) 사회복지법과 공익소송운동 192
2) 사회복지 관련 주요 판례 193

06 사회복지조례 201

지역사회에서의 법, 어떻게 만들 수 있는가?

1. 지방자치와 사회복지조례 203
　　1) 지방자치와 자치권 203
　　2) 자치입법권과 사회복지조례 206

2. 사회복지조례 제·개정의 실제 209
　　1) 조례 제·개정 프로젝트 수행체계 구축 209
　　2) 조례 제·개정 프로젝트 실제 과정 210

07 사회복지 기본법 229

1. 사회보장기본법 231
　　1) 사회보장기본법의 의의 231
　　2) 사회보장기본법의 연혁 231
　　3) 사회보장기본법의 주요 내용 235

2. 사회보장급여의 이용·제공 및 수급권자 발굴에 관한 법률(사회보장급여법) 260
　　1) 사회보장급여법의 의의 260
　　2) 사회보장급여법의 연혁 260
　　3) 사회보장급여법의 주요 내용 263

3. 사회복지사업법 283
　　1) 사회복지사업법의 의의 283
　　2) 사회복지사업법의 연혁 284
　　3) 사회복지사업법의 주요 내용 287

4. 사회복지사의 권리와 의무 310
　　1) 사회복지사의 권리 310
　　2) 사회복지사의 의무 315

08 공공부조법 319

1. 국민기초생활보장법 321
　　1) 국민기초생활보장법의 의의 321
　　2) 국민기초생활보장법의 연혁 321
　　3) 국민기초생활보장법의 주요 내용 326

2. 의료급여법 349
　　1) 의료급여법의 의의 349

2) 의료급여법의 연혁 350
3) 의료급여법의 주요 내용 352

3. 주거급여법 366
1) 주거급여법의 의의 366
2) 주거급여법의 연혁 367
3) 주거급여법의 주요 내용 368

4. 긴급복지지원법 379
1) 긴급복지지원법의 의의 379
2) 긴급복지지원법의 연혁 379
3) 긴급복지지원법의 주요 내용 381

5. 장애인연금법 394
1) 장애인연금법의 의의 394
2) 장애인연금법의 연혁 395
3) 장애인연금법의 주요 내용 397

6. 기초연금법 410
1) 기초연금법의 의의 410
2) 기초연금법의 연혁 411
3) 기초연금법의 주요 내용 413

09 사회보험법 427

1. 국민연금법 429
1) 국민연금법의 의의 429
2) 국민연금법의 연혁 429
3) 국민연금법의 주요 내용 434

2. 국민건강보험법 465
1) 국민건강보험법의 의의 465
2) 국민건강보험법의 연혁 466
3) 국민건강보험법의 주요 내용 472

3. 노인장기요양보험법 491
1) 노인장기요양보험법의 의의 491
2) 노인장기요양보험법의 연혁 492
3) 노인장기요양보험법의 주요 내용 496

4. 고용보험법 514
1) 고용보험법의 의의 514
2) 고용보험법의 연혁 515
3) 고용보험법의 주요 내용 521

5. 산재보험법 540
1) 산재보험법의 의의 540
2) 산재보험법의 연혁 541
3) 산재보험법의 주요 내용 547

10 사회서비스법 567

1. 노인복지법 569
1) 노인복지법의 의의 569
2) 노인복지법의 연혁 569
3) 노인복지법의 주요 내용 572

2. 아동복지법 584
1) 아동복지법의 의의 584
2) 아동복지법의 연혁 585
3) 아동복지법의 주요 내용 589

3. 장애인복지법 608
1) 장애인복지법의 의의 608
2) 장애인복지법의 연혁 609
3) 장애인복지법의 주요 내용 614

4. 한부모가족지원법 633
1) 한부모가족지원법의 의의 633
2) 한부모가족지원법의 연혁 634
3) 한부모가족지원법의 주요 내용 637

5. 영유아보육법 647
1) 영유아보육법의 의의 647
2) 영유아보육법의 연혁 647
3) 영유아보육법의 주요 내용 652

6. 다문화가족지원법 663
1) 다문화가족지원법의 의의 663
2) 다문화가족지원법의 연혁 664
3) 다문화가족지원법의 주요 내용 666

찾아보기 674
저자소개 678

참고문헌
※ 참고문헌은 사회평론아카데미 홈페이지 자료실(bit.ly/사회복지법제와실천)에서 내려받을 수 있습니다.

01

사회복지법의 개념과 의의

사회복지법이란 무엇인가?

사회복지를 공부하는 사람으로서 왜 사회복지법을 공부해야 하는지 의문을 가질 수 있다. 때로 법은 마치 외국어처럼 복잡하고 이해하기 어려운 언어로 쓰여 있고, 그로 인해 사회복지를 실천하는 과정에서 법이 장애물처럼 느껴지기도 한다. 그러나 사회복지는 현장에서 법을 통하여 구현되기 때문에, 사회복지법에 대한 이해는 필수적이다. 즉 현장에서 사회복지를 실천하기 위하여 사회복지법을 배워야 하는 것이다.

　　사회복지의 현장은 법과 떼려야 뗄 수 없는 관계가 있다. 국가의 정책이나 제도는 법적 근거가 있어야만 공식화될 수 있다. 법은 제도의 기본적 내용을 규정하고 관련된 기관을 설립하는 근거가 되며, 사회복지 현장에서 제공되는 급여와 서비스의 기준을 설정하고 사회복지수급자와 사회복지사의 권리와 의무를 정한다.

　　법은 어떻게 이러한 기능을 수행하는가? 법은 강제력을 가진 사회규범으로 민주적 입법 절차의 결과물이자 재판을 통해 권리를 실현하게 하는 강력한 효력을 가지고 있기 때문이다. 법은 사회의 요구를 반영하여 만들어지는 강제력을 가진 규범으로 국가 제도의 근거가 된다.

1장은 사회복지법에 대한 논의를 시작하며 가장 근본적인 질문들에 대하여 설명하고자 한다. 우선 사회복지와 법의 관계를 통하여 사회복지법을 왜 배워야 하는지 논의하고, 법이란 과연 무엇이며 어떤 효력을 지니고 있는지, 법과 사회복지의 관계는 어떠한지 설명한다. 그런 다음 사회복지법이 법체계 내에서 어떠한 위치에 있는지 확인하고, 사회복지법과 다른 법의 관계를 살펴본다.

1. 사회복지학의 성격과 법

1) 사회복지학의 성격

사회복지학은 어떤 성격을 지닐까? 여기에서 성격이라 함은 사회복지학이 지닌 학문적 특성과 태생적 특성을 의미한다. 퀴즈를 풀어 보자. 사회복지학이 둘 중 어느 특성에 가까운지 맞추어 보는 것이다. 이론 대 실천, 순수학문 대 응용학문, 해석 대 해결, 선발학문 대 후발학문 중 사회복지학은 어떤 특성이 더 강할까?

(1) 사회복지학의 학문적 특성

이론 대 실천

이론은 사회현상을 설명하는 논리라고 할 수 있다. 세상은 복잡하게 연결되어 있어 따로따로 떼어 놓고 설명하기는 어렵다. 특정 이론이 있기 때문에 복잡한 세상을 연결하여 더 쉽고 더 빠르게 이해할 수 있다.

실천은 세상을 바꾸는 활동이라고 할 수 있다. 실천은 자연을 개척하고 사회를 개혁하며 인간의 의식을 개조시키는 활동이다. 실천하는 사람들은 목적과 의도가 분명하다. 따라서 실천은 목적의식적인 활동이다.

사회복지학은 이론보다는 실천 지향적인 학문이다. 물론 사회복지학도 사회현상을 설명하는 다양한 논리체계, 즉 이론을 포함하고 있다. 그러나 사회복지학은 다른 학문에 비해 새로운 이론을 만드는 일에 몰두하기보다는 세상을 바꾸고자 하는 실천을 지향한다. 사회복지학이 바라볼 때, 이 세상은 변화시켜야 할 문제가 넘치는 곳이다.

순수학문 대 응용학문

순수학문은 응용학문의 토대가 되는 학문이다. 대개는 자연과학이나 인문학 분야가 속한다. 반면 응용학문은 실생활에서 응용될 수 있는 지식을 다루는 학문이다. 일반적으로 공학이나 경영학, 행정학 분야가 속한다. 순수학문은 기초학문적 성격이 강하고, 응용학문은 실용학문적 성격이 강하다.

사회복지학은 순수학문보다는 응용학문적 성격을 지닌다. 강의실에서 배우는 지식은 책상 위에서만 그 기능을 다하지 않고, 강의실을 넘어 세상을 향한다. 응용학문은 세상과 직접 맞닿아 있다. 현실에 필요한 사회복지법을 생산하고 개정할 때 사회복지학적 지식은 직접적으로 활용된다. 사회복지실천론에서 배운 기술은 사회복지서비스 현장에서 사람을 위하여 바로 활용될 수 있다. 사회복지학은 이 세상을 변화시키는 실용적 도구이다.

해석 대 해결

사회문제는 욕구가 해결되지 않아 발생하는 것으로, 개입하여 바꾸어야 할 사회현상이라고 할 수 있다. 이때 사회문제가 '어떻다'라고 기술記述하는 것은 사회문제에 대한 해석이다. 반면 사회문제가 '어떻다'라는 기술을 넘어, 그 문제를 극복할 방법을 제시하고 실천하는 것을 사회문제에 대한 해결이라고 할 수 있다.

사회복지학은 다양한 사회현상 중 사회문제를 뽑아 내어 해석한 후, 궁극적으로는 사회문제의 해결을 지향하는 학문이다. 다양한 사회문제에 대한 기술은 사회학, 심리학, 경제학 등 다른 사회과학에서도 다룬다. 반면 사회복지학은 문제해결 지향적이다. 그 해결 방식은 법과 정책을 변화시키거나, 욕구가 있는 시민들에게 직접적인 상담, 재활, 돌봄, 정보 제공, 시설 이용, 역량

개발, 사회참여를 위한 서비스를 제공하는 것이다.

선발학문 대 후발학문

사회복지학은 다른 학문보다 먼저 태어난 편일까 아니면 늦게 태어난 편일까? 철학, 정치학, 천문학, 생물학 등은 기원전에 이미 잉태되었다. 그러나 사회복지학은 자본주의의 출현과 함께 발전되어 온 학문으로, 후발학문이다.

사회복지학은 후발학문이기에 다학제적 성격을 갖는다. 사회복지학이라는 학문이 다른 학문보다 늦게 출발했기 때문에 타 학문들과의 융합 지점을 찾아가고 있고, 그 과정에서 자신의 영역을 넓혀 가는 중이다. 다양한 학문들과의 교집합 영역을 넓혀 가면서 사회복지학은 지금도 발전 중이다. 오늘날 사회복지학은 심리학, 사회학, 정치학, 경제학, 행정학, 철학, 역사학, 통계학, 법학 간의 경계를 넘나들고 있다.

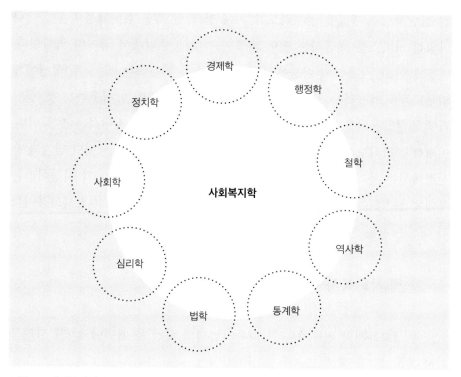

그림 1-1 사회복지학의 다학제적 성격

(2) 사회복지학의 태생적 특성

사회복지학의 태생적 특성, 즉 탄생 배경은 자본주의로 볼 수 있다. 자본주의는 시장의 원리로 굴러가는데, 이때 시장의 원리는 한마디로 무한경쟁이다. 무한경쟁을 하면 승자와 패자가 결정되기 마련이다. 이때 승자가 얻는 부는 상속되므로, 무한경쟁이 조정되지 않는 한, 승자와 패자의 위치는 대를 이어 반복될 수밖에 없다. 승자는 그 자손들까지 계속 승자가 되고, 패자는 그 자손들까지 패자가 될 공산이 크다. 이렇게 된다면 패자와 그 후손들은 자본주의에 동의할 수 없으므로, 자본주의는 존속하기 어려워질 것이다. 따라서 자본주의를 수정하고자 등장한 것이 바로 복지 자본주의welfare capitalism이다.

복지 자본주의의 목적은 태생적으로 한계가 명확한 자본주의를 수정하여, '돈의 논리'만이 아닌 '인간의 얼굴을 지닌' 자본주의로 변형시키자는 것이다. 요컨대 국가가 시장에 개입하여, 무한경쟁 체제를 완화하는 것이다. 누진세 방식으로 세금을 납부하도록 하여 전 국민 혹은 취약계층에 현금이나 다양한 서비스를 제공하는 것이 바로 복지 자본주의에서 국가의 역할이다. 예를 들어 모든 유아와 아동에게 돌봄서비스를 제공하는 것, 모든 학생에게 의무교육을 제공하는 것, 직업이 없는 시민에게 생활비를 제공하는 것, 실업자에게 실업급여를 지급하고 직업훈련을 통해 재취업을 지원하는 것 등이다. 이러한 복지제도가 무한경쟁의 시장원리, 즉 '보이지 않는 손'에만 맡겨 놓은 시장에서는 불가능하나 복지 자본주의에서는 가능하다. 국가가 시장이라는 무대에 등장하여 시장의 작동원리를 조정하기 때문이다. 요컨대 사회복지학의 태생은 자본주의의 조정이다.

2) 왜 사회복지학 전공자는 법을 배우는가?

왜 사회복지학 전공자는 '사회복지법제와 실천'을 배워야 할까? 사회복지사 윤리강령을 통해 그 이유를 살펴보자.

첫째, 무엇보다도 입법 활동은 사회복지사 윤리강령에서 규정하고 있는 사회복지사의 윤리기준이기 때문이다. 사회복지사 윤리강령 중 '사회복지사의 사회에 대한 윤리기준'에는, "사회복지사는 정치적 영역이 클라이언트의 권익과 사회복지 실천에 미치는 영향을 인식하여 사회정의 실현을 위한 사회정책의 수립과 법령 제·개정을 지원·옹호해야 한다"라고 규정되어 있다. 요컨대 사회정책 '입법' 활동은 사회복지사의 윤리적 준수 사항이다.

둘째, 사회복지사 윤리강령에 따라 세상을 변화시키기 일에 복무해야 하는데, 법을 모르고서는 전진하기 어렵기 때문이다. 사회복지사 윤리강령에서는 "사회복지사가 인본주의, 평등주의, 자유권, 생존권, 사회정의, 자유, 민주주의 실현을 위하여 사회적·경제적 약자들의 편에 서서 헌신하고 앞장"설 것을 규정하고 있다. 사회적·경제적 약자였던 전태일은 "나에게도 대학생 친구가 한 명이라도 있었으면 좋겠어요"라고 말한 바 있다. 당시 한자로 적혀 있던 근로기준법은 전태일에게 너무 어려웠다. 사회복지학도가 사회복지법을 이해한다면, 이 세상의 또 다른 전태일의 편에 서서, 세상을 바꾸는 일에 헌신하며 앞장설 수 있다.

셋째, 제도는 법을 통해 구현되기 때문이다. 사회복지사 윤리강령에 따르면, 사회복지사는 "도움을 필요로 하는 사람들의 사회적 지위와 기능을 향상시키기 위하여 저들과 함께 일하며, 사회제도 개선과 관련된 제반 활동에 주도적으로 참여한다." '사회제도 개선'에 주도적으로 참여하기 위해서는, 먼저 사회제도 개선의 원리를 이해할 필요가 있다. 현대 국가는 법치주의 국가이다. 법치주의 국가는 임금의 명령이나 교시敎示가 아닌, 법에 기반하여 운영된다. 따라서 사회제도가 시민들을 위하여 구현되기 위해서는 법이 존재해야 한다. 국가의 제도는 법적 근거가 있어야 비로소 공식적 제도로 존재할 수 있다. 따라서 사회복지제도의 구현을 위한 필요조건은 법이다. 이에 시민들이 선출함으로써 권한을 위임받은 의원들이 법률적 절차를 거쳐 사회복지 관련 법률을 제정할 때, 비로소 사회복지제도가 시민들을 위하여 공식적으로 작동한다.

넷째, 법을 모르면 사회복지 현장에서 전문가가 될 수 없기 때문이다. 사회복지사는 전문가이다. 사회복지사 윤리강령에 따르면, "사회복지사는 전문적 지식과 기술을 개발하고, 사회적 가치를 실현하는 전문가로서의 능력과 품위를 유지하기 위하여 노력한다." 여기에서 언급된 '전문적 지식' 중 하나가 사회복지법이다. 이때 중요한 지점은 사회복지 환경이 빠르게 변화함에 따라 사회복지법도 빠르게 변화하고 있다는 사실이다. 빠르게 변화하는 사회복지 환경에 대한 대응은 끊임없이 제·개정되는 사회복지법에 대한 명확한 이해에서 출발할 수 있다.

다섯째, 초연결 사회에서 학문 간 공유가 요청되기 때문이다. 초연결 사회에서 학문 간 연결, 유대, 공유, 융합은 거스를 수 없다. 현 시대에는 자신의 학문 영역만으로 세상을 이해하기 쉽지 않다. 물론 각 학문의 고유 영역은 유지되어야 학문으로서의 지위를 가질 것이다. 그러나 독자 영역만을 구축해 간다면 그 학문은 도태될 가능성이 있다. 사회복지학과 법학의 관계도 마찬가지이다. 사회복지학과 법학은 그 자체로 독자적인 학문체계를 구축하고 있지만, 서로의 학문적 특성과 내용을 공유한다. 사회복지학 교육과정에는 대표적으로 '사회복지법제와 실천'이라는 교과목이 있고, 법학 교육과정에는 대표적으로 '사회보장법'이라는 교과목이 있다. 결국 사회복지법은 두 학문을 잇는다. 사회복지학 전공자는 사회복지사 윤리강령에 따라 사회복지를 실천하는 존재이다.

개념정리

1   **사회복지학의 성격** 학문적 특성과 태생적 특성으로 구분된다.

2   **사회복지학의 학문적 특성** 이론보다 실천 지향적이고, 순수학문보다 응용학문적 성격이 강하며, 해석을 넘어 해결을 지향하고, 선발학문이 아닌 후발학문으로 볼 수 있다.

3   **사회복지학의 태생적 특성** 무한경쟁의 자본주의를 조정하고자 한 데서 찾을 수 있으며, 현재는 복지 자본주의를 구현하기 위해 발전 중이다. 이때 복지 자본주의는 법을 근간으로 운영된다.

4   **사회복지학 전공자가 법을 공부해야 하는 이유** 사회복지사 윤리강령에서 입법 활동을 규정하고 있기 때문이다. 또한 법을 알아야 사회적·경제적 약자들의 편에 서서 세상을 변화시킬 수 있기 때문이다. 현대 사회의 제도가 법을 근간으로 하고 있기 때문이며, 법을 모르면 사회복지 현장에서 전문가가 될 수 없기 때문이다.

2. 법의 이해

1) 법의 정의: 법이란 무엇인가?

사회가 있는 곳에는 어디에나 법이 있다.[1] 우리는 일상에서 법에 관한 기사를 읽고, 법과 관련한 드라마를 보고, 상시로 법의 적용을 받는다. 사람은 태어나는 순간 권리와 의무의 주체가 되며, 부모와 자식 간에는 법에 따른 권리와 의무가 발생하는 친자관계가 성립한다. 온라인에서 물건을 구입하는 것은 상법 및 전자상거래법[2]의 적용을 받는 계약이며, 회사 또는 기관에 취업할 경우 근로기준법 등 노동법의 적용을 받게 된다. 이처럼 모든 사람이 상시로 법의 적용을 받고 있지만, 법의 정의를 정확하게 설명하기란 쉽지 않다. 법은 국회의 입법절차를 거친 법률뿐 아니라 그보다 상위 법규인 헌법, 하위 법규(시행령, 시행규칙 등), 때로는 성문화되지 않은 관습법까지 포함하는 포괄적이고 열린 개념이기 때문이다.

법에 대해서 고대 철학자인 플라톤과 아리스토텔레스에서부터 현대 학자들에 이르기까지 다양한 정의가 존재하기 때문에, 이를 하나로 정리하기는 어렵다. 법에 대한 가장 일반적인 정의는 '강제력을 가지고 있는 사회규범'이라는 것이다(홍완식 외, 2015). 즉 법이란 (1) 사회의 유지를 위하여 사회구성원이 지켜야 할 기본적인 원칙과 질서를 규정하고 있다는 점에서 사회규범이며, (2) 준수하지 않는 경우 다양한 제재를 가함으로써 법을 지키도록 하는 강제력을 갖는다는 점에서 강제규범이다.

물론 사회규범과 강제규범이라는 두 가지 특징만으로는 법의 의미를 다 담아내는 데 한계가 있다. 법의 특성 중 국가권력에 의하여 강제된다는 점과 법의 기능 또는 목적을 강조하여, '어느 사회의 정당한 정치권력이 그 사회

---

1 '사회가 있는 곳에는 어디에나 법이 있다(Ubi societas, ibi ius)'는 라틴어 격언이다.
2 정확한 명칭은 전자상거래 등에서의 소비자보호에 관한 법률이다.

의 공동선을 위하여 정당한 방법으로 제정하거나 확인, 적용하는 강제적 사회규범으로 최소한의 정의실현 내지 질서유지를 목표로 하는 것'이라는 정의를 내리기도 한다(유병화, 정영환, 2012). 여기서 주목한 법의 특징은 '정당한 정치권력이 정당한 방법으로 만든다'라는 민주적 정당성의 요건을 갖춘다는 점, 사회의 공동선을 목표로 한다는 점, 정의실현 내지 질서유지의 기능을 한다는 점이다.

다시 말하면, 법이란 '정당한 국가권력에 의하여 제정, 적용되는(민주적 정당성), 사회에서의 정의실현 내지 질서유지를 목표로 하는(공적 목적) 강제적인(강제규범) 사회규범'이라고도 정의할 수 있겠다. 법은 정의롭고 평화로운 사회를 만들기 위하여 적용되는 사회적 규칙인 것이다.

이처럼 법의 정의는 다양하지만, 법의 정확한 정의를 찾는 것보다 중요한 것은 법이 왜 이러한 강력한 효력을 가지고 우리를 구속하는지 이해하는 것이다. 그렇다면 다음 논의로 넘어가 보자. 법은 왜 강제력 있는 규범으로 우리를 구속하는가? 다시 말하면, 왜 우리는 법을 반드시 지켜야 하는 것으로 받아들이는가?

2) 법의 이념: 법이 추구하는 가치는 무엇인가?

법은 사회의 구성원을 구속하며, 수범자인 사회 구성원들이 강제성을 가진 법을 승인하게 하기 위하여 법 역시 일정한 가치나 목적에 구속된다(김철수, 2012). 만약 사회 구성원이 법이 가치가 없는 것이라고 생각할 경우 법을 받아들이고 준수하려고 하지 않을 것이므로, 법은 사회에서 받아들여지는 가치를 추구하게 된다. 이처럼 법이 공통적으로 추구하는 가치 혹은 목표를 법의 이념Idea of laws이라고 한다. 현대법학에서는 법의 이념과 관련하여 독일의 법철학자인 라드브루흐G. Radbruch, 1878~1949가 주장한 '정의', '합목적성', '법적 안정성'이라는 3요소가 널리 받아들여지고 있다. 이하에서는 법의 이념 세 가지인 정의, 합목적성, 법적 안정성에 대하여 좀 더 자세히 살펴본다.

(1) 정의

법은 정의justice, Gerechtigkeit를 실현하기 위한 사회규범이라고 한다. 그리스어에서 '법'dike과 '정의'dikaion라는 단어의 어원은 같고, 라틴어에서도 '법'ius이라는 단어는 '정의'iustitia에서 유래한다. 그러나 정의가 무엇인가는 법이 무엇인가와 마찬가지로 다양한 견해가 존재한다.

아리스토텔레스Aristoteles, BC 384~322는 고대 그리스에서 정의에 대하여 최초로 이론화한 철학자로, 정의를 일반적 정의와 특수적 정의로 구분하였다. 일반적 정의는 공동생활의 일반원칙을 따르는 것을 말하고, 특수적 정의는 평등을 의미하는데, 이는 다시 평균적 정의(절대적 평등)와 배분적 정의(상대적 평등)로 나뉜다. 평균적 정의, 즉 절대적 평등이란 모든 사람에게 차별 없이 평등하게 적용되는 것으로 모두에게 선거권이 평등하게 주

라틴어의 정의의 첫 글자를 대문자로 쓰는 유스티티아(Iustitia)는 서구에서 정의의 여신(Lady Justice)으로 통하며, 그리스에서는 이 여신을 법을 뜻하는 디케(Dike)라고 부른다. 여신은 한 손에는 저울을, 한 손에는 칼을 들고 있는데, 이는 정의가 지닌 형평과 엄격성을 보여 준다(한승수, 2017).

어지는 것을 예로 들 수 있다. 배분적 정의, 즉 상대적 평등이란 평등한 것은 평등하고, 불평등한 것은 불평등하게 취급하여 사람들의 기여도, 공헌도에 따라 분배하는 것을 의미한다. 그러나 이러한 고전적 정의론에 따르면 능력에 따른 차별이 허용될 수 있으며 정의의 구체적 내용을 확정하기 어렵다.

현대 법철학에서 정의에 대한 논의는 확장되었다. 모든 인류의 생래적 존엄과 권리를 인정하는 인권의 존중을 정의의 개념에 포함하는 내용이 1948년 국제연합United Nations; UN에서 채택된 세계인권선언Universal Declaration of Human Rights에 반영되었다(김철수, 2012).

또한 타고난 자질이 부족한 것이나 불리한 사회적 지위에 대한 보상이 필요하며, 사회적·경제적 불평등을 정당화하기 위해서는 가장 불리한 처지

| 더 알아보기 |

세계인권선언

인권의 존중은 정의의 기초이다. 세계인권선언
은 제2차 세계대전 이후 더 이상의 비극을 막기 위
하여 모든 국가가 인정해야 할 인권의 기초를 만들
자는 목적으로 추진되어 1948년 12월 10일 UN총
회에서 채택되었다. 세계인권선언의 전문은 다음과
같은 문장으로 시작한다.

"모든 인류 구성원의 천부적 존엄성과 동등하고
양도할 수 없는 권리를 인정하는 것이 세계의 자유,
정의 및 평화의 기초이며 …"

당시 UN 인권위원회 의장으로 선언의 초안
을 만드는 데 기여했던 애나 엘리너 루스벨트
(Anna Eleanor Roosevelt, 1884~1962)가
세계인권선언을 들고 있다.

에 있는 사람들이 우선적으로 최대의 이익을 가질 수 있어야 한다는 분배정
의를 강조하는 롤스J. Rawls, 1921~2002의 정의론도 정의의 개념을 확장하고 있다
(Rawls, 1999; Sandel, 2009).

현대 사회에서 정의에 대한 논의는 여전히 진행 중이지만, 정의란 인권
보장, 평등, 정당한 분배를 포함하는 개념이고, 정의의 목표는 사회 모든 구
성원에게 적절한 지원을 통한 평등한 기회를 보장함으로써 각자의 행복을 위
한 사회적 기반을 제공하는 데 있다고 볼 수 있다(김도균, 2020). 사회복지제
도와 사회복지법은 사회적 위험과 사회적 약자를 위한 문제에 대응하여 분배
정의와 실질적 평등을 추구한다는 점에서, 법의 이념인 정의의 구현에 주요
한 역할을 하고 있다고 볼 수 있다.

(2) 합목적성

합목적성purposefulness, Zweckmäßigkeit이란 법질서가 국가이념과 가치관에 따라
결정, 실행되는 원리를 말한다(홍완식 외, 2015). 법의 목적은 국가의 목적과
직결되기 때문에 법의 합목적성은 국가의 목적에 의해 결정된다. 우리나라
헌법은 전문에서 " … 자유민주적 기본질서를 더욱 확고히 하여 정치·경제·

사회·문화의 모든 영역에 있어서 각인의 기회를 균등히 하고, 능력을 최고도로 발휘하게 하며, 자유와 권리에 따르는 책임과 의무를 완수하게 하여, 안으로는 국민 생활의 균등한 향상을 기하고 밖으로는 항구적인 세계평화와 인류공영에 이바지함으로써 … "라고 하여 헌법이 지향하는 우리나라의 국가적 목표가 국민 생활의 균등한 향상, 세계평화, 인류공영에 있음을 천명하고 있다. 또한 민주주의 국가는 국민 개개인의 자유와 권리를 보장하기 위한 것인 동시에 공동체와의 조화도 필요한 것이므로, 민주주의 국가에서 법의 목적은 개인의 인권 보장과 공공복리의 증진에 있다고 보아야 한다는 견해가 있다(김철수, 2012). 사회복지제도와 사회복지법은 불평등에 대한 제도적 보완을 통하여 헌법이 천명한 국가적 목표와 인권의 보장에 기여하고 있다는 점에서 법의 이념인 합목적성을 구현하고 있다.

(3) 법적 안정성

법적 안정성legal stability, Rechtssicherheit이란 법에 의하여 보호되는 사회생활의 질서와 안정을 말한다. 법은 강제적인 사회규범으로 국가의 질서를 유지하는 역할을 하므로 안정성이 중요하다. 법이 자주 바뀌거나 내용이 명확하지 않을 경우 국민이 법을 지키기 어려우며, 이렇게 되면 법이 제 역할을 하기 어렵다.

법적 안정성을 확보하기 위해서는 첫째, 법률의 내용이 명확해야 하며, 둘째, 법이 함부로 변경되어서는 안 된다. 셋째로 법은 실제로 실행 가능한 것이어야 하는데, 현실성이 없는 규정은 법적 안정성을 구현할 수 없다. 마지막으로 법은 국민의 법의식에 합치해야 한다. 사회의 변화에 따라 국민의 의식이 변화할 경우, 법은 이러한 의식변화에 따라 변화할 필요가 있다. 민법의 개정으로 호주제가 폐지되거나 부모의 자녀 체벌에 관한 권리(징계권)가 사라진 것은 이러한 법의식의 변화를 반영하고 있는 것이라 하겠다.

(4) 법의 이념 간 긴장관계

지금까지 살펴본 법의 이념인 정의, 합목적성, 법적 안정성은 언제나 조화되는 것은 아니고, 상황에 따라서는 충돌이 발생하는 모순과 긴장관계에 있다. 정의의 실현을 위하여 법을 자주 변경한다면 법적 안정성이 침해를 받게 되고, 국가의 목적을 강조하면서 정의나 법적 안정성을 침해하는 경우도 있다.

우리나라 헌법은 "국민의 모든 자유와 권리는 국가안전보장·질서유지 또는 공공복리를 위하여 필요한 경우에 한하여 법률로써 제한할 수 있으며, 제한하는 경우에도 자유와 권리의 본질적인 내용을 침해할 수 없다"라고 규정하고 있다(제37조 제2항). 이 조항은 자유와 권리, 질서, 국가안전보장 등이 충돌하는 경우 조화로운 조정을 원칙으로 하지만, 궁극적으로 정의의 원칙인 국민의 자유와 권리가 본질적으로 우선임을 규정하고 있다고 볼 수 있다(김철수, 2012). 즉 법의 이념 중 가장 본질적인 것은 정의이고, 법이 궁극적으로 추구하고자 하는 가치는 정의실현이라고 하겠다. 우리는 정의실현이라는 법의 궁극적 이념을 항상 염두에 두고 법을 배워야 한다.

개념정리

1   **법** 정당한 국가권력에 의하여 제정, 적용되고(민주적 정당성), 사회에서의 정의실현 내지 질서유지를 목표로 하는(공적 목적) 강제적인(강제규범) 사회규범이다.

2   **법의 이념** 법이 추구하는 가치(이념)는 정의, 합목적성, 법적 안정성이 있다. 궁극적으로 법이 추구하고자 하는 가치는 정의실현이며, 현대 사회에서의 정의는 인권의 보장과 평등, 공정한 분배를 포함하는 개념이다.

3. 법원과 법의 분류

1) 법원

(1) 법원이란 법의 존재 형식이다

흔히 법원이라고 하면 재판정을 의미하는 법원法院, court을 떠올리지만, 이 글에서 법원法源, source of law이란 '법의 연원'의 약자이다. 법의 연원이란 '법의 존재 형식' 또는 '법의 현상 형태'라고 볼 수 있다. 법을 국회의 입법절차를 거친 협의의 '법률'로 한정하고 법률 텍스트의 내용만 법이라고 한다면 간단하겠지만, 실제 법은 다양한 형태로 존재한다. 즉 사회의 강제규범인 법을 법률에만 다 담을 수 없으며, 때로는 법률에서 위임한 행정규칙에 법의 내용이 담기기도 하고, 법관이 오랫동안 일정한 원칙을 적용하는 판례법이나 사회에서 실행되는 관행인 관습법이 사회의 규범이 되기도 한다. 이처럼 다양한 법의 존재 형식을 모두 법원이라고 한다. 법원이 무엇인가를 이해하면, 실제 구체적인 사안에 적용되는 법이 어떤 형태로 존재하고, 이를 어디서 찾아야 하는지를 알 수 있다.

(2) 성문법주의와 불문법주의

법원은 그 존재 형식에 따라 성문법과 불문법으로 나뉜다. 성문법成文法은 일정한 형식 및 절차에 따라 고정된 문자로 만들어진 법으로, 제정법制定法이라고도 한다. 한 나라의 법이 대부분 성문법으로 이루어져 있는 경우 성문법주의를 취한다고 한다. 독일, 프랑스 등 유럽 대륙에 있는 국가들이 성문법주의를 취하고 있어 대륙법주의라고도 하며, 우리나라도 성문법주의를 취하고 있다.

불문법不文法은 성문법과 달리 일정한 형식과 절차에 따라 문자로 만들어지지 않은 법으로, 판례법이나 관습법처럼 사회생활 속에서 일반 구성원이나 법관의 판단과 행위가 반복되면서 자발적으로 형성되는 법을 말한다. 한 나라의 법의 중심적인 형식이 불문법인 경우 불문법주의를 취한다고 한다. 영국, 미국 및 영국의 법문화에 영향을 받은 영연방 국가들에서 이러한 경우가 많아 영미법주의라고도 불린다.

그러나 성문법주의를 취하는 나라라고 하여 불문법이 전혀 작용하지 않는 것은 아니고, 불문법주의를 취하는 나라라고 하여 성문법이 없는 것도 아니다. 즉 성문법국가인 우리나라에서도 불문법인 관습법이 구속력을 가진 법으로 작용하기도 하고, 불문법국가인 미국이나 영국도 구체적인 제정법들이 존재하는 것이다. 따라서 성문법과 불문법은 배타적인 관계가 아니라 서로 조화를 이루면서 각 사회의 규범을 이루고 있다고 보아야 한다. 이하에서는 성문법과 불문법의 구체적인 종류와 내용을 알아본다.

(3) 성문법의 종류

헌법

헌법은 국민의 기본권 및 국가조직과 통치구조에 대하여 정하는 국가의 기본법으로, 국가의 법체계 중에서 가장 상위에 위치하는 최고규범 또는 최고법이다(이준일, 2019). 헌법은 성문법 중 최상에 위치하여 모든 하위법(법률, 명령, 규칙 등)의 타당성의 근거가 된다. 따라서 하위법은 헌법에 위반할 수 없다.

헌법은 국가의 최고법이기 때문에 법을 만드는 절차가 까다롭다. 헌법을 개정하기 위해서는 ① 국회 재적위원의 과반수 또는 대통령의 발의로 제안된 헌법안을, ② 국회에서 재적의원 3분의 2 이상의 찬성으로 의결하고, ③ 국민투표에서 국회의원 선거권자 과반수의 투표와 투표자 과반수의 찬성을 얻어야 통과되도록 하고 있다(헌법 제128~130조). 현행 대한민국헌법은 6월 민주화 항쟁의 결과물로 대통령직선제를 포함한 내용으로 1987년 10월 29일 개정되어 그 이후 30년이 넘는 기간 동안 유지되고 있다. 헌법에 대한 보다 자세한 내용은 이 책의 1장 5절에서 다룬다.

법률

법률은 입법기관인 국회에서 의결하고 대통령이 서명, 공포하여 제정된 성문법을 말한다. 국회의원과 정부는 법률안을 제출할 수 있고, 국회에서 법률안이 국회 재적의원 과반수의 출석과 출석의원 과반수의 찬성으로 의결된다(헌법 제49조, 제52조). 의결된 법률안은 정부에 이송되며, 대통령이 이를 공포하면 효력이 발생한다(헌법 제53조).

우리가 생각하는 사회복지법의 가장 일반적인 형태가 바로 이 법률인데, 사회보장기본법, 국민기초생활보장법, 국민연금법, 노인복지법, 장애인복지법 등 사회복지제도를 규율하는 다양한 법률이 있다.

행정입법(법규명령, 행정규칙)

국회의 의결을 거치지 않고, 행정기관에 의하여 제정되는 법을 행정입법(행정법규)이라고 하며, 행정입법에는 법률 등의 위임을 받아 제정되는 법규명령(명령)과 행정기관이 내부규율과 사무처리에 관하여 제정하는 법규인 행정규칙(규칙)이 있다. 그런데 법률 또는 상위 행정법규에서 구체적인 범위를 정하여 위임받아 제정된 법규명령은 국민을 구속하는 효력이 있지만, 행정청 내부의 사무처리 준칙에 불과한 행정규칙은 원칙적으로 국민에 대한 구속력은 없다. 법규명령과 행정규칙의 차이에 대해서는 이 책의 1장 6절에서 좀 더 자세히 살펴보겠다.

법규명령은 그것을 발하는 주체에 따라 대통령령, 총리령, 부령으로 나누어진다. '국민연금법 시행령', '국민기초생활보장법 시행령'과 같이 법률 뒤에 '시행령'이라는 이름이 붙은 것은 대통령령이고, '국민연금법 시행규칙', '국민기초생활보장법 시행규칙'과 같이 법률 뒤에 '시행규칙'이라는 이름이 붙은 것은 부령(예: 보건복지부령)이다. 행정규칙은 훈령, 예규, 고시, 통첩, 내부업무처리규정 등이 있다.

법률 찾아보기

법제처에서 운영하는 국가법령정보센터(www.law.go.kr) 홈페이지에서 법률, 행정입법, 자치법규, 조약 등을 검색할 수 있다. 다음의 법을 찾아보자.

- 대한민국헌법
- 사회보장기본법(법률)
- 국민기초생활보장법 시행령(대통령령)
- 서울특별시 사회복지사 등의 처우 및 지위향상에 관한 조례(조례)
- 아동의 권리에 관한 협약(Convention on the Rights of the Child)(조약)

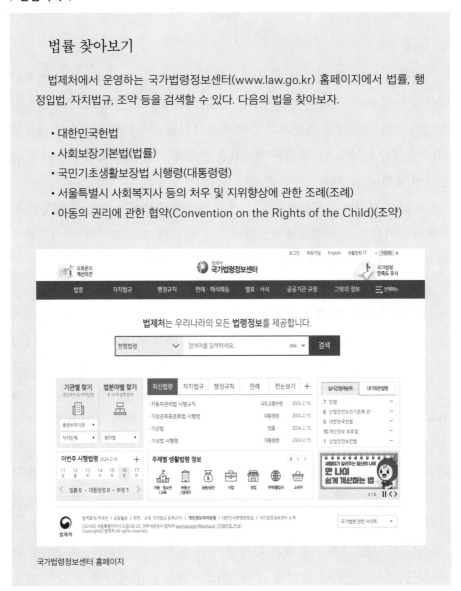

국가법령정보센터 홈페이지

자치법규(조례, 규칙)

자치법규는 지방자치단체가 법령의 범위 안에서 제정하는 법이다. 헌법은 지방자치단체의 자치입법권을 인정하고 있으며(헌법 제117조 제1항), 자치법규에는 조례와 규칙이 있다. 조례는 지방의회가 법령의 범위 안에서 그 사무에 관하여 제정한 것이고(지방자치법 제28조), 규칙은 지방자치단체의 장

(도지사, 시장, 구청장 등)이 법령 또는 조례가 위임한 범위 안에서 그 권한에 속하는 사무에 관하여 제정한 것이다(지방자치법 제29조).

조약

조약은 국가 간 합의에 관한 문서로, 국제법의 주체인 국가 또는 국제기구가 일정한 법률효과를 발생시키기 위하여 체결한 합의결정을 의미한다. 조약은 대통령이 체결하며(헌법 제73조), 헌법에 의해 체결·공포된 조약은 국내법과 같은 효력을 가지므로(헌법 제6조 제1항), 조약은 법의 일부로 효력을 갖고 있다.

(4) 불문법의 종류

관습법

관습법이란 사회구성원 간에 일정한 행위가 장기간 반복하여 행하여지는 관행 또는 관습이 존재하고 관행을 법으로 인식하는 사회구성원들의 법적 확신을 통하여 성립하는 법이다(김준호, 2019).

판례법

판례법이란 법원의 판결을 통하여 형성된 법이론이나 판례를 통해 형성되는 법규범을 뜻한다. 우리나라와 같은 성문법국가에서는 판례의 구속력이 모든 사안에 대하여 인정되지는 않으므로, 판례가 언제나 법적인 효력을 갖는 것은 아니고, 상급법원의 재판에서의 판단은 해당 사건에서 하급심을 기속할 뿐이다(법원조직법 제8조). 그러나 일반적으로 법관은 대법원 판결에서 확립된 원칙에 따라 재판하는 경우가 많으므로, 일정한 정도로 확립된 판례는 법규적 효력을 갖는다고 볼 수 있다. 이 책에서는 사회복지 분야의 주요한 판례들을 소개하고 있는데, 이러한 판례들을 통해서 확립된 원칙들은 법규적 효력을 갖는다고 볼 수 있다.

표 1-1 법원의 종류

법의 종류		의미	제정 방식
성문법	헌법	국가의 법체계 중 최고 상위규범	국회의원 과반수 또는 대통령 발의된 안을, 국회 재적의원 2/3 찬성으로 의결한 뒤, 국민투표에서 유권자 과반수의 투표와 투표자 과반수의 찬성으로 통과됨(헌법 제129~130조)
	법률	국회에서 제정한 법. 법의 가장 일반적인 형태	국회의원 10인 이상 또는 정부가 발의한 안을 국회 재적의원 과반수 출석과 출석의원 과반수의 찬성으로 의결함(국회법 제109조)
	행정입법 (법규명령, 행정규칙)	국회의 의결을 거치지 않고 행정기관에 의하여 제정되는 법규	명령은 제정 주체(대통령, 국무총리, 각 부 장관)에 따라 대통령령, 총리령, 부령으로 나뉨
	자치법규 (조례, 규칙)	지방자치단체가 법령의 범위 안에서 제정하는 법규. 지방의회가 제정한 것을 조례라 하고, 지방자치단체의 장이 제정한 것을 규칙이라 함	조례: 지방의회 재적의원 과반수의 출석과 출석의원 과반수의 찬성으로 의결함(지방자치법 제73조)
	조약	국제법의 주체인 국가 또는 국제기구가 일정한 법률효과를 발생시키기 위하여 체결한 합의. 헌법의 절차에 따라 체결된 조약은 법률과 같은 효력을 가짐	대통령이 국무회의의 심의를 거쳐 체결함(헌법 제73조)
불문법	관습법	사회구성원 간에 일정한 행위가 장기간 반복하여 행하여지는 관행 또는 관습	사회구성원 간에 장기간 반복한 관습 + 법적 확신
	판례법	법원의 판결을 통하여 형성된 법이론	일정 정도 확립된 판례는 법적 효력을 가짐
	조리	법의 일반원칙	다른 법규가 없을 때 보충적인 효력을 가짐

조리

조리란 보통 사람의 생각으로 판단할 수 있는 사물의 이치나 도리를 의미하며, 일반적으로 법의 일반원칙을 의미한다. 조리에 해당하는 것으로 신뢰보호의 원칙, 평등의 원칙, 비례의 원칙 등을 들 수 있다. 우리나라 민법 제 1조에서 "민사에 관하여 법률에 규정이 없으면 관습법에 의하고 관습법이 없으면 조리에 의한다"라고 규정하여 조리의 법원성을 인정하고 있다.

2) 법의 분류

법을 이해하기 위하여 법을 분류하는 기준을 이해하고 사회복지법이 어디에 해당하는지 살펴볼 필요가 있다.

(1) 국제법과 국내법

법의 적용범위에 따라 법은 국제법과 국내법으로 나뉜다. 국내법은 한 국가에 의하여 형성되고 적용되는 법이며, 국제법은 하나의 국가라는 범위를 벗어나 국제사회에서 적용되는 법이다. 조약은 국제법에 해당하며, 헌법, 법률, 행정입법, 자치법규 등은 국내법에 해당한다. 국내에서 적용되는 사회복지와 관련된 법규들은 국내법이므로, 사회복지법은 대부분 국내법의 범주에 속한다. 다만 사회복지와 관련한 국제규약(예: 경제적·사회적 및 문화적 권리에 관한 국제규약[3])은 국제법인 동시에 사회복지법이다.

(2) 공법과 사법

법은 전통적으로 공법과 사법으로 나눌 수 있다. 공법公法, public law은 국가기관과 국민 간, 또는 국가기관 간의 공적인 법률관계를 다루는 법으로 대표적인 법은 헌법, 행정법, 형법 등을 들 수 있고, 사법私法, private law은 공공이 아닌 개인 상호 간의 법률관계를 다루는 법으로 대표적인 법은 민법, 상법 등을 들 수 있다. 공법은 공익적 목적을 위하여 작동하는 권력적인 관계를 규율하므로, 사적 자치의 원칙이 적용되는 사법과 차이가 있다.

....

3   International Covenant on Economic, Social and Cultural Rights

(3) 사회법

사회의 변화로 전통적인 공법과 사법의 영역으로 규율되지 않는 제3의 영역이 발생하였다. 자본주의의 발전 이후 사회적 모순이 심화되고 경제적 강자와 약자의 대립, 노동자와 자본가 간의 대립이 발생하면서, 기존의 공법과 사법만으로 해결할 수 없는 사회문제들이 생겨났다. 따라서 시장의 모순을 해결하기 위하여 국가 등 공공이 적극적으로 사적인 계약에 개입하여 소유권과 사적인 권리에 제한을 가하는, 국가의 사회, 노동, 경제 정책에 관한 입법이 늘어나게 되었으며, 공법에도 사법에도 속하지 않는 사회법이라는 제3의 영역이 되었다. 국가가 경제질서에 적극 개입하여 독점 등을 규제하는 경제법, 노사 간의 대립을 해결하기 위하여 근로자를 보호하고 근로자의 단결권을 보장하는 노동법, 사회적 위험에 대비할 수 있도록 복지를 증진시키는 사회복지법 등이 대표적인 사회법이다.

(4) 실체법과 절차법

법에 권리와 의무의 구체적인 내용에 관하여 규정하는 법을 실체법이라고 하며, 권리와 의무를 실현하는 절차에 관하여 규정하면 절차법이라고 한다. 민법, 상법, 형법 등은 실체법이고, 민사소송법, 형사소송법, 가사소송법과 같이 소송절차에 관한 법은 절차법이다. 사회복지법의 대부분은 구체적인 권리와 의무에 관한 내용을 규정하고 있는 실체법이지만, 이의신청 절차 등 일부 절차법 내용도 포함되어 있다.

(5) 일반법과 특별법

적용되는 범위가 일반적이면 일반법이고, 특정한 사람이나 지역, 사항으로 법의 적용범위가 제한되어 있으면 특별법이라고 한다. 일반법과 특별법은 특별법 우선의 원칙이 적용되는데, 유사한 사안에 관련된 법이 여러 개 있을 때 적용순서를 정하기 위한 원칙이다. 원칙적으로 특별법은 일반법에 우선하여, 특별법과 일반법이 있으면 특별법이 적용된다. 일반법과 특별법은 상대적인 관계에 있어, 개별 상황에 따라 판단될 수 있다. 예를 들면, 사회보장 분야에서 사회보장기본법과 국민기초생활보장법 중에서는 사회보장기본법이 일반법이고, 국민기초생활보장법이 특별법인 관계에 있으며, 국민기초생활보장법과 주거급여법 중에서는 국민기초생활보장법이 일반법이고, 주거급여법이 특별법인 관계에 있다.

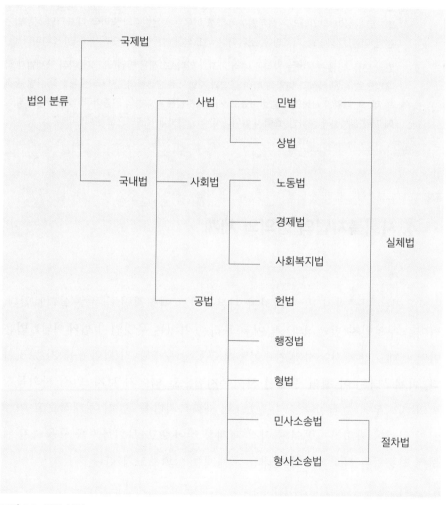

그림 1-2 법의 분류

1   **법과 법률** 이 두 단어는 다른 의미로 쓰이기도 하고, 같은 의미로 쓰이기도 한다.

2   **법** 협의의 법률을 포함하여, 헌법, 행정입법, 국제법, 관습법 등을 모두 포함한 개념으로 사회에서 통용되는 강제규범이다.

3   **법률** [협의] 입법기관인 국회에서 의결되어 대통령이 서명, 공포하여 제정된 성문법. (예: 사회보장기본법, 국민연금법 등) [광의] 법률은 법과 같은 의미로 쓰이기도 한다. (예: 판사는 법률과 양심에 따라 판결한다.)

4   **법원** 법의 연원의 약자로, 법이 존재하는 형식을 의미한다.

5   **성문법과 불문법** 법이 존재하는 형식은 고정된 문서로 쓰여 있느냐에 따라 성문법과 불문법으로 나뉘며, 우리나라는 성문법이 주류를 이루는 성문법주의 국가다. 대표적인 성문법은 헌법, 법률, 행정입법, 자치법규, 조약이며, 대표적인 불문법은 관습법, 판례법, 조리이다.

6   **법의 분류** 법을 분류하는 방식은 여러 가지가 있다. 그 적용 범위(국가)에 따라 국제법과 국내법으로, 주된 목적과 이익에 따라 공법과 사법으로 분류한다. 근대에는 공법과 사법 중간의 제3의 영역인 사회법이 출현하였고, 사회복지법은 사회법의 일종이다. 법은 규정의 대상에 따라 실체법과 절차법, 효력의 범위에 따라 일반법과 특별법으로 분류한다.

4. 사회복지법의 정의와 체계

우리는 지금까지 법에 대하여 기본적이고 핵심적인 내용을 살펴보았다. 법이란 무엇인지(법의 정의), 법이 추구하는 가치는 무엇인지(법의 이념), 법은 어떤 형태로 존재하는지(법원), 어떻게 분류할 수 있는지(법의 분류)가 그것이다. 이제부터는 이 책의 주제인 사회복지법으로 넘어가 보자. 먼저 사회복지법의 정의부터 고찰할 것이다. 그리고 사회복지법을 좀 더 체계적으로 이해하기 위하여 사회복지법의 수직적 체계를 알아보고, 사회복지를 규율하기 위하여 작동하는 사회복지법의 내용적 체계를 살펴보고자 한다.

1) 사회복지법의 정의

사회복지법이란 사회복지에 관한 법을 의미한다. 그러나 사회복지의 개념은 시대와 국가에 따라 다르고 학자들의 견해도 다양하기 때문에 하나의 개념으로 정리하기 어려우며, 사회복지법이 무엇인가에 대하여도 매우 다양한 의견이 있다. 우리나라는 '사회복지법'이라는 단일 명칭의 법은 없으며, 사회복지와 관련한 법들이 매우 다양하게 존재하고 있어 사회복지법의 개념과 범위를 확정하기가 어렵다.

우선 사회복지의 정의를 살펴보면, 사회복지란 "취약한 계층들을 위한 공공 혹은 민간의 조직화된 사회서비스"(김성천 외, 2013), "인간 개개인의 전 생애에 걸친 행복과 안정되고 바람직한 삶을 추구하는 인간의 사회적 노력"(조흥식 외, 2015), "국민의 복지를 도모하고 사회질서를 원활히 유지하는 데 기본이 되는 사회적 욕구를 충족시키기 위한 제반 시책으로의 입법, 제도, 혜택과 서비스를 포함하는 제도"(Friedlander and Apte, 1980)와 같이 다양한 개념으로 쓰이고 있다. 사회복지법을 사회복지에 관한 법이라고 한다면, 이렇게 다양한 사회복지의 개념에 따라 사회복지법도 그 범위가 무한정 넓어질 수 있다.

사회복지법의 의미에 대하여, 사회보장법이라는 커다란 범주의 하위개념으로서, 여기서 사회보장법은 사회적 위험에서 개인을 보호하는 공적 급여 관계를 규율하는 공법체계이며, 사회보장을 사회보험, 사회보상, 공공부조, 사회복지 등으로 분류한 다음, 사회복지법은 사회복지서비스를 다루는 법으로 한정하여 보는 견해가 있다(김유성, 2002; 전광석 외, 2020). 그러나 이러한 견해에 따르면 사회복지법의 의미가 복지서비스에 관한 것으로 한정되어 지나치게 좁아지며, 사회복지 현장에서 작동하는 많은 법을 포괄하기 어렵다. 따라서 사회복지법을 포괄적으로 접근하여 실제 사회복지 현장에서 작동하는 법들을 중심으로 가족체계와 시장체계의 붕괴로 보편화된 사회문제를 해결하고 개인의 욕구를 충족시켜 주는 제도와 관련한 법들을 사회복지법으로 보기도 한다(윤찬영, 2013).

이 책에서는 사회복지법을 다양한 사회적 위험에 대응하는 사회복지제도의 근거가 되어 제도를 실현시키는 법으로 보고 이와 관련한 내용을 풀어 가려 한다. 구체적으로는 (1) 사회복지와 관련한 기본법(사회보장기본법, 사회보장급여의 이용·제공 및 수급권자 발굴에 관한 법률, 사회복지사업법), (2) 사회보

독일의 사회법

독일은 사회보장제도를 (1) 사회적 위험에 대한 예방적 성격의 보험제도인 사회보험(Sozialversicherung), (2) 공동체에 대한 특별한 기여와 희생에 대한 보상인 사회적 보상(soziale Entschädigung), (3) 기회균등을 위한 직업교육과 가족급여를 포함하는 사회적 촉진(soziale Förderung), (4) 생활능력이 없는 사람에 대한 지원인 사회부조(Sozialhilfe)로 체계화하고(Eichenhofer, 2019), 이를 하나의 법전으로 만드는 작업을 1950년대부터 추진하여 왔으며, 이를 통하여 지금까지 만들어지고 있는 법전이 바로 '사회법전(Sozialgesetzbuch; SGB)'이다. 사회법전은 제1권 총칙편을 시작으로, 사회보험(제4권), 법정의료보험법(제5권), 아동청소년부조법(제8권), 장애인재활과 참여법(제9권), 장기요양보험법(제11권), 사회보상법(제14권) 등 지속적으로 제정되고 있다.

즉 독일은 사회적 급여와 관련된 영역을 포괄하는 법을 사회법(Sozialrecht)이라는 하나의 영역으로 정의하여 체계화하고, 통일된 하나의 법전으로 성문화하는 작업을 하고 있다. 한국의 경우 사회복지제도와 관련된 법이 하나의 통일된 체계 또는 법전으로 되어 있지 않다는 점에서 독일과 차이가 있다.

험과 관련한 법(국민연금법, 국민건강보험법, 노인장기요양보험법, 고용보험법, 산업재해보상보험법), (3) 공공부조와 관련한 법(국민기초생활보장법, 의료급여법, 주거급여법, 긴급복지지원법, 장애인연금법, 기초연금법 등), (4) 사회서비스와 관련한 법(노인복지법, 아동복지법, 장애인복지법, 한부모가족지원법, 영유아보육법, 다문화가족지원법 등)이 사회복지법의 개념에 포섭될 수 있을 것이다.

사회복지법을 사회적 위험에 대응하는 사회복지제도를 실현시키는 법이라 본다면, 다양한 형식의 법이 모두 사회복지법이 될 수 있다. 다양한 사회복지법을 더 적절히 정리해 가며 이해하기 위해서는 사회복지법의 체계를 살펴볼 필요가 있다. 사회복지법의 체계는 수직적 체계와 내용적 체계로 구분하여 설명할 수 있다.

2) 사회복지법의 수직적 체계

3절에서 살펴본 바와 같이, 법은 국내법 중 가장 상위규범인 헌법, 국회가 제정하는 법률, 행정부가 법률의 위임을 받아 제정하는 법규명령과 행정규칙인 행정입법(행정법규), 지방자치단체가 제정하는 조례와 규칙인 자치법규가 있다. 사회복지법의 수직적 체계도 이러한 위계를 따르며, 하위법은 상위법에 위배되어서는 안 된다.

헌법은 사회복지제도의 근거에 대하여 규정하고 있으며(헌법 제34조 제1항 등), 사회복지법에서 가장 상위법으로 작동한다. 따라서 하위의 사회보장법은 헌법에 위배될 수 없다. 헌법과 사회복지법에 관련하여 더 자세한 내용은 1장 5절에서 다룬다.

국회가 제정하는 법률 중 사회복지제도를 실현시키는 다양한 법률이 있으며(사회보장기본법, 사회보장급여법, 사회복지사업법, 국민연금법, 국민건강보험법, 노인장기요양보험법, 국민기초생활보장법, 노인복지법, 아동복지법, 장애인복지법 등), 이러한 법률은 사회복지법의 중심을 이룬다.

이와 더불어, 국가 간의 문서에 의한 합의인 조약이 있으며, 국제사회에서 일반적으로 규범력이 인정된 국제법규가 있다. 헌법에 의하여 체결·공포된 조약과 일반적으로 승인된 국제법규는 국내법과 같은 효력을 가진다.

행정부는 법률의 위임을 받아 사회복지제도를 작동시키는 행정입법인 법규명령과 행정규칙을 제정한다. 법규명령은 시행령(대통령령)과 시행규칙(총리령 또는 부령)으로 구분되는데, 시행령은 시행규칙을 규정하므로 위계적이다. 행정규칙은 훈령, 예규, 고시, 통첩, 내부업무처리규정 등이 있으며, 법규명령에 의하여 구속된다. 예를 들어 국민기초생활보장법의 위임을 받아 행정부처가 제정한 국민기초생활보장법 시행령과 시행규칙이 있으며, 이에 근거하여 훈령, 고시, 내부업무처리규정 등이 마련된다. 이러한 행정입법도 사회복지법의 일부를 이루고 있다. 이러한 행정입법은 상위법인 헌법과 법률의 내용에 위배될 수 없다. 행정입법에 대하여 보다 자세한 내용은 1장 6절에서 다룬다.

지방자치단체도 지역에서 구체적인 사회복지제도를 실현시키기 위하여 자치법규(조례, 규칙)를 제정한다. 서울시에서 제정한 서울특별시 주민생활안

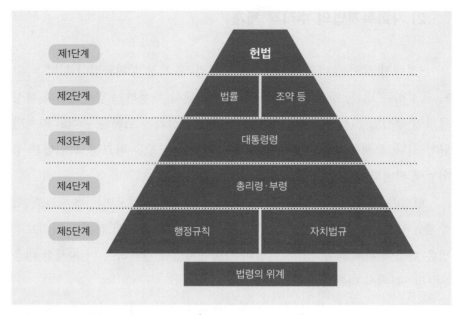

그림 1-3 사회복지법의 수직적 체계의 예시[4]
출처: 한국법제연구원(https://elaw.klri.re.kr/kor_service/struct.do)

정 지원에 관한 조례와 같은 것이 여기에 해당하며, 이러한 자치법규들도 사회복지법의 일부로 작동한다. 조례에 관한 더 자세한 내용은 6장에서 다룬다.

3) 사회복지법의 내용적 체계

사회복지법은 사회복지제도를 실현시키기 위한 법이며, 법이 실질적으로 효력을 발생하기 위해서는 법의 규범적 타당성과 실효성이 요청된다. 사회복지법도 규범적 타당성과 이를 현실화하기 위한 현실적 실효성을 갖추어야 한다(윤찬영, 2013). 이하에서는 사회복지법 중 대표적인 법률인 국민기초생활보장법을 예로 들어, 사회복지법에는 어떠한 내용이 포함되어야 하는지

....

4   한편 행정부가 만든 행정법규와 자치법규의 관계에 관하여 자치법규가 행정법규의 하위의 개념이 될 수 없다는 해석도 있다. 지방자치법 제28조 제2항은 "법령에서 조례로 정하도록 위임한 사항은 그 법령의 하위 법령에서 위임의 내용과 범위를 제한하거나 직접 규정할 수 없다"는 규정에 입각한 관점이다. 법률의 위임을 받아 자치법규가 효력을 가지는 경우 자치법규가 행정법규의 하위규범이라고 보기 어렵다는 접근이다. 그러나 본 교과서에서는 그림 1-3의 체계를 따른다.

내용적 체계를 구체적으로 살펴본다.

(1) 규범적 타당성

사회복지법은 헌법상 생존권적 기본권으로부터 그 근거를 가지고 있으며, 생존권적 기본권(사회적 기본권)은 개인이 생활을 위하여 필요한 조건을 국가권력에 적극적으로 요청할 수 있는 권리이다. 따라서 사회복지법은 권리성(개인의 권리), 대상자의 요건과 범위, 급여 수급의 요건 및 급여의 종류와 수준에 상응하는 국가의 의무이행을 반영하여야 한다.

아래 내용에 대하여 국가법령정보센터(www.law.go.kr)를 방문하여 사회복지법 중 하나인 국민기초생활보장법을 검색하고, 구체적인 법의 내용을 함께 보면서 학습해 보자.

권리성

사회복지법은 복지의 근거를 법에 명시하고, 복지를 요구할 개인의 권리를 명확하게 규정하고 이에 따른 국가의 책임과 의무를 규정하여야 한다. 국민기초생활보장법은 '수급권자'라는 용어를 이용하여, 법에 따른 급여를 받을 권리가 법적으로 보장된다는 점을 명시하고 있다.

국민기초생활보장법 제2조(정의) 이 법에서 사용하는 용어의 뜻은 다음과 같다.
1. "수급권자"란 이 법에 따른 급여를 받을 수 있는 자격을 가진 사람을 말한다.

그러나 모든 사회복지법이 개인의 권리 또는 사회복지의 권리성에 대하여 분명하게 규정하고 있지는 않으며, 법 규정의 취지상 권리성을 유추할 수 있는 경우도 있다. 또한 사회복지급여 중 급여에 대한 국가의 재량을 폭넓게 인정하여 복지 당사자가 권리로 주장하기 어려운 급여들도 있다. 예를 들면, 긴급복지지원법의 경우 복지대상자의 권리에 대하여 분명하게 규정하고 있지 않으며, 대상의 요건과 범위도 광범위하게 정해져 있다.

대상자의 요건과 범위

사회복지법은 사회복지법에 따른 급여를 받을 수 있는 대상자의 요건과 범위를 규정하고 있다. 대상자의 요건과 범위를 법에 구체적으로 명시하여야 구체적인 권리성이 보장될 수 있다. 국민기초생활보장법은 법에 각 급여 대상자의 요건과 범위에 대하여 구체적으로 정하고 있다.

> **국민기초생활보장법** 제8조 ② 생계급여 수급권자는 부양의무자가 없거나, 부양의무자가 있어도 부양능력이 없거나 부양을 받을 수 없는 사람으로서 그 소득인정액이 제20조제2항에 따른 중앙생활보장위원회의 심의·의결을 거쳐 결정하는 금액(이하 이 조에서 "생계급여 선정기준"이라 한다) 이하인 사람으로 한다. (후략)

사회복지법에서 대상자의 요건과 범위를 지나치게 협소하게 규정하거나, 그 구체적인 기준을 하위규범인 시행령, 시행규칙, 고시 등에 위임할 경우, 당사자가 구체적인 권리를 인정받기 어려울 수 있다. 장애인복지법의 경우 법의 개정으로 점점 장애인의 범위가 넓어졌으나, 현행 장애인복지법 제2조는 법에서 복지수급의 대상이 되는 장애의 종류 및 기준을 구체적으로 정하지 않고 시행령(장애인복지법 시행령 제2조 별표1 장애의 종류 및 기준에 따른 장애인)에 위임하고, 시행령에서 장애 정도의 구체적인 판정기준은 보건복지부 고시(보건복지부 고시 제2022-167호 장애정도판정기준)에 위임하고 있다. 이로 인하여 당사자가 어느 정도의 어떤 장애가 있어야 장애인복지법의 수급대상이 되는지가 판단하기 어렵고, 기준 적용과 관련한 다툼도 발생한다. 이에 관련해서는 1장 6절의 [판례 4]를 본다(68쪽).

> **장애인복지법** 제2조 ② 이 법을 적용받는 장애인은 제1항에 따른 장애인 중 다음 각 호의 어느 하나에 해당하는 장애가 있는 자로서 대통령령으로 정하는 장애의 종류 및 기준에 해당하는 자를 말한다.

1. "신체적 장애"란 주요 외부 신체 기능의 장애, 내부기관의 장애 등을 말한다.
2. "정신적 장애"란 발달장애 또는 정신 질환으로 발생하는 장애를 말한다.

급여 수급의 요건 및 급여의 종류와 수준

사회복지법에는 첫째, 급여 수급의 요건, 둘째, 급여의 종류, 셋째, 급여의 수준이 규정되어 있어야 한다. 국민기초생활보장법에서는 급여 수급의 요건과 급여의 수준이 급여의 종류마다 다르기 때문에, 급여의 종류를 먼저 살펴보자. 법률에서는 급여의 종류를 7개로 규정하고 있다(급여의 종류). 생계급여의 경우, '의복, 음식물 및 연료비와 그 밖의 일상생활에 기본적으로 필요한 금품'이라고 명시하고 있다. 다음으로 7개 급여의 종류에 대하여 수급자격이 될 수 있는 요건(급여 수급의 요건)을 각각 규정하고 있다. 국민기초생활보장법의 급여 수급 요건은 기본적으로 최저보장수준에 미치지 못할 경우라고 할 수 있는데(국민기초생활보장법 제4조 제1항), 최저보장수준은 급여의 종류마다 다르다. 생계급여의 경우, 부양의무자 기준과 소득기준(기준 중위소득의 100분의 30 이하)을 명시하고 있다. 즉 수급자의 부양의무자가 법적 요건에 부합하지 못하여 수급자가 부양받지 못한 상황에 처해 있어야 하며, 동시에 수급자의 소득이 기준 중위소득의 100분의 30 이하일 때 생계급여 수급자가 될 수 있다. 마지막으로 7개 급여의 종류에 대하여 얼마나 받는지(급여의 수준)를 각각 규정하고 있다. 생계급여의 경우, 기준 중위소득의 100분의 30 이상으로 급여의 수준을 정하고 있다. 이때 정부에서 지급하는 생계급여액은 기준 중위소득의 100분의 30에서 개인의 소득인정액을 차감한 만큼만 지급된다.

국민기초생활보장법 제4조(급여의 기준 등) ① 이 법에 따른 급여는 건강하고 문화적인 최저생활을 유지할 수 있는 것이어야 한다.
제7조(급여의 종류) ① 이 법에 따른 급여의 종류는 다음 각 호와 같다.
1. 생계급여
2. 주거급여
3. 의료급여

4. 교육급여

5. 해산급여(解産給與)

6. 장제급여(葬祭給與)

7. 자활급여

제8조(생계급여의 내용 등) ① 생계급여는 수급자에게 의복, 음식물 및 연료비와 그 밖에 일상생활에 기본적으로 필요한 금품을 지급하여 그 생계를 유지하게 하는 것으로 한다.

② 생계급여 수급권자는 부양의무자가 없거나, 부양의무자가 있어도 부양능력이 없거나 부양을 받을 수 없는 사람으로서 그 소득인정액이 제20조 제2항에 따른 중앙생활보장위원회의 심의·의결을 거쳐 결정하는 금액(이하 이 조에서 "생계급여 선정기준"이라 한다) 이하인 사람으로 한다. 이 경우 생계급여 선정기준은 기준 중위소득의 100분의 30 이상으로 한다.

③ 생계급여 최저보장수준은 생계급여와 소득인정액을 포함하여 생계급여 선정기준 이상이 되도록 하여야 한다.

(후략)

(2) 규범적 실효성

사회복지법은 현실에서 작동해야 하며, 현장에서 작동할 수 있는 실질적인 법적 장치들이 필요하다. 사회복지법이 실효적으로 작동하기 위해서는 급여를 제공하는 공급주체 및 관련 조직, 인력, 재정조달 방법, 권리구제와 벌칙 등의 내용이 필요하다.

공급주체 및 관련 조직

사회복지법에는 사회복지법상 사회복지급여의 공급주체가 명확하게 규정되어야 하며, 사회복지급여가 수급자에게 전달되게 하는 전달조직으로서 전달체계의 확보와 운영 및 관리체계에 대한 규정도 필요하다. 사회복지법상 공급주체는 국가, 지방자치단체 및 지방자치단체장, 공법인 등 공공 부문이 주로 담당하지만, 민간 부분의 사회복지법인, 사회복지시설 등이 참여하기도 한다. 관련하여 국민기초생활보장법 규정을 살펴보면, 국민기초생활보장법상 급여의 공급주체는 관할 지방자치단체장(교육급여의 경우 관할 교육감)임을 알 수 있다.

> **국민기초생활보장법** 제19조(보장기관) ① 이 법에 따른 급여는 수급권자 또는 수급자의 거주지를 관할하는 시·도지사와 시장·군수·구청장[제7조제1항제4호의 교육급여인 경우에는 특별시·광역시·특별자치시·도·특별자치도의 교육감(이하 "시·도교육감"이라 한다)을 말한다. 이하 같다]이 실시한다. 다만, 주거가 일정하지 아니한 경우에는 수급권자 또는 수급자가 실제 거주하는 지역을 관할하는 시장·군수·구청장이 실시한다.

인력

사회복지법상 급여의 제공 과정에는 많은 전문인력이 필요하며, 사회복지법은 이러한 인력과 관련하여 자격, 지위, 권한과 책임에 관한 규정을 포함하고 있다. 사회복지사, 정신건강사회복지사, 의료사회복지사, 학교사회복지사, 장기요양요원 등에 관한 규정들이 그러한데, 사회보장급여의 이용·제공 및 수급권자 발굴에 관한 법률에는 사회복지 전담공무원에 관한 규정이 있다.

> **국민기초생활보장법** 제19조(보장기관) ④ 보장기관은 수급권자·수급자·차상위계층에 대한 조사와 수급자 결정 및 급여의 실시 등 이 법에 따른 보장업무를 수행하게 하기 위하여 「사회복지사업법」 제14조에 따른 사회복지 전담공무원(이하 "사회복지 전담공무원"이라 한다)을 배치하여야 한다. (후략)
>
> **사회보장급여의 이용·제공 및 수급권자 발굴에 관한 법률** 제43조[5](사회복지전담공무원) ① 사회복지사업에 관한 업무를 담당하게 하기 위하여 시·도, 시·군·구, 읍·면·동 또는 사회보장사무 전담기구에 사회복지전담공무원을 둘 수 있다.

....

5   원래 사회복지사업법 제14조에 있던 사회복지전담공무원 관련 규정이 이 법으로 이전하였다.

② 사회복지전담공무원은 「사회복지사업법」 제11조에 따른 사회복지사의 자격을 가진 사람으로 하며, 그 임용 등에 필요한 사항은 대통령령으로 정한다.

③ 사회복지전담공무원은 사회보장급여에 관한 업무 중 취약계층에 대한 상담과 지도, 생활실태의 조사 등 보건복지부령으로 정하는 사회복지에 관한 전문적 업무를 담당한다.

재정조달 방법

사회복지법상 급여를 제공하기 위해서는 재정이 필요하다. 사회복지법상 재정을 조달하는 방법은 크게 가입자가 납부하는 보험료(국민연금, 국민건강보험 등 사회보험)가 주가 되는 방법과 국가의 조세수입이 주가 되는 방법이 있다. 가입자의 보험료로 운영하는 사회보험의 경우 관련 법에 보험료의 징수, 관리 등에 관한 상세한 규정을 두고 있고, 세금으로 운영하는 제도의 경우 관련 법에 재정조달의 주체에 관한 규정이 있다. 국민기초생활보장법의 경우 제도를 운영하기 위한 비용은 국가 또는 지방자치단체에 있다는 것을 규정하고 있다.

국민기초생활보장법 제43조(보장비용의 부담 구분) ① 보장비용의 부담은 다음 각 호의 구분에 따른다.

1. 국가 또는 시·도가 직접 수행하는 보장업무에 드는 비용은 국가 또는 해당 시·도가 부담한다. (후략)

권리구제

사회복지법상 수급자의 권리를 실질적으로 보장하기 위해서는 권리가 침해되었을 때, 이에 대하여 문제제기하고 시정을 요구할 수 있는 권리구제에 관한 규정이 필요하다. 따라서 사회복지법들은 이의신청, 심사청구 등 행정적 구체절차에 대하여 규정하고 있다.

> **국민기초생활보장법** 제38조(시·도지사에 대한 이의신청) ① 수급자나 급여 또는 급여 변경을 신청한 사람은 시장·군수·구청장(제7조제1항제4호의 교육급여인 경우에는 시·도교육감을 말한다)의 처분에 대하여 이의가 있는 경우에는 그 결정의 통지를 받은 날부터 90일 이내에 해당 보장기관을 거쳐 시·도지사(특별자치시장·특별자치도지사 및 시·도교육감의 처분에 이의가 있는 경우에는 해당 특별자치시장·특별자치도지사 및 시·도교육감을 말한다)에게 서면 또는 구두로 이의를 신청할 수 있다. 이 경우 구두로 이의신청을 접수한 보장기관의 공무원은 이의신청서를 작성할 수 있도록 협조하여야 한다.

벌칙

법의 실효성을 확보하기 위해서는 법을 위반하였을 때 제재인 벌칙 규정이 필요하다. 사회복지법에도 이러한 벌칙 규정이 포함된 경우가 있는데, 벌칙 규정은 크게 형벌 규정과 과태료 규정으로 나눌 수 있다. 형벌 규정은 형법에 규정된 형벌(징역, 금고, 벌금 등)이 가해지는 규정으로 형사소송법에 따른 형사재판을 통한 처벌이 가능하며, 심각한 법 위반의 경우 규정된다. 과태료 규정은 사회의 법익에 직접 영향을 미치지 않으나 행정상 질서를 위반한 의무위반의 경우 주로 규정되는 것으로 과태료가 부과될 수 있다. 국민기초생활보장법에도 형벌 규정과 과태료 규정이 있다.

> **국민기초생활보장법** 제49조(벌칙) 다음 각 호의 어느 하나에 해당하는 자는 1년 이하의 징역, 1천만원 이하의 벌금, 구류 또는 과료에 처한다.
> 1. 거짓이나 그 밖의 부정한 방법으로 급여를 받거나 다른 사람으로 하여금 급여를 받게 한 자 (후략)
> 제50조의2(과태료) ① 다음 각 호의 어느 하나에 해당하는 자에게는 300만원 이하의 과태료를 부과한다.
> 1. 제18조의3제1항에 따른 사업보고서를 제출하지 아니하거나 거짓 또는 그 밖의 부정한 방법으로 작성하여 제출한 자 (후략)

표 1-2 사회복지법의 내용적 체계

규범적 타당성		규범적 실효성	
내용	구성요소	내용	구성요소
권리성	복지를 요구할 개인의 권리	공급주체 및 관련조직	- 급여와 서비스의 제공주체 - 전달체계
대상자의 요건과 범위	급여와 서비스를 받을 수 있는 구체적 요건과 범위	인력	- 급여 제공과 관련한 전문인력 - 인력의 자격, 지위, 책임과 권한
급여수급의 요건	급여를 받기 위한 요건	재정조달 방법	- 보험료의 징수, 관리 등 (주로 사회보험) - 재정부담 주체
급여의 종류와 수준	- 급여의 종류 - 급여의 수준	권리구제	- 권리에 관한 문제제기 및 시정요구 - 이의신청, 심사청구의 대상과 절차
		벌칙	- 법위반시 제재 - 형벌 규정 - 과태료 규정(경미한 질서위반)

지금까지 살펴본 사회복지법에 일반적으로 포함되는 내용적 체계가 표 1-2에 정리되어 있다. 모든 사회보장법이 이 체계에 맞게 구성되어 있지는 않지만, 사회보장법을 접할 때 이러한 내용적 체계를 염두에 두면 법의 내용과 구조를 이해하는 데 도움이 된다.

개념정리

1 **사회복지법** 다양한 사회적 위험에 대응하는 사회복지제도들의 근거가 되어 제도를 실현시키는 법을 의미한다.

2 **사회복지법의 수직적 체계** 헌법 → 법률/조약과 국제법규 → 대통령령(시행령) → 총리령, 부령(시행규칙) → 행정규칙(훈령, 예규, 고시, 통첩, 내부업무처리규정)/자치법규(조례, 규칙)

3 **사회복지법의 내용적 체계** 권리성, 대상자의 요건과 범위, 급여 수급의 요건 및 급여의 종류와 수준, 공급주체 및 관련 조직, 인력, 재정조달 방법, 권리구제, 벌칙

5. 사회복지법과 헌법

헌법은 모든 법의 상위에 있는 국가의 최고법이므로 우리나라의 모든 법은 헌법의 규정에 위배되어서는 안 된다. 사회복지제도의 근간이 되는 사회복지법도 헌법에 부합하여야 한다. 우리나라의 최고법인 헌법과 사회복지법의 관계를 살펴보고, 사회복지법에 대하여 헌법에 근거한 심사가 이루어질 수 있다는 것을 이해한다.

1) 헌법과 사회복지법의 관계

헌법은 국가의 최고법으로, 법체계 내에서 가장 중요한 국민의 기본권, 국가조직의 구성 및 통치구조를 규율하고 있다. 대한민국헌법도 가장 중요한 부분인 국민의 기본권 부분을 제2장 국민의 권리와 의무에 규정하고, 국가조직의 구성과 통치구조에 관한 부분을 제3장 국회, 제4장 정부, 제5장 법원, 제6장 헌법재판소에 담고 있다.

헌법이 규정하는 국민의 기본권이란 헌법에 규정되어 제도적으로 보장되는 인권이다. 기본권은 내용에 따라 인간의 존엄과 가치 및 행복추구권(헌법 제10조), 평등권(헌법 제11조), 자유권적 기본권(헌법 제12~23조), 생존권적 기본권(헌법 제31~36조), 청구권적 기본권(헌법 제26~30조), 정치적 기본권(헌법 제24~25조)으로 나눌 수 있다. 헌법상 기본권에 대한 자세한 내용은 2장 3절에서 다룬다.

이러한 기본권 중에서 사회복지와 관련이 있는 기본권은 생존권적 기본권이다. 생존권적 기본권이란 사회적 기본권이라고도 불리며, 생활을 위하여 필요한 조건을 국가권력에 적극적으로 요청할 수 있는 권리라고 할 수 있다. 대표적인 사회적 기본권은 인간다운 생활을 할 권리(헌법 제34조 제1항)이고, 여기서 파생되는 권리인 교육을 받을 권리(헌법 제31조), 근로의 권리(헌법 제32조), 노동자의 근로3권(헌법 제33조), 사회복지에 관한 권리(헌법 제34

조 제2~4항), 혼인과 가족생활의 보장(헌법 제36조) 등을 들 수 있다. 생존권적 기본권은 1919년 바이마르Weimar 공화국 헌법에서 규정되기 시작하여 오늘날 거의 모든 나라의 헌법에 규정되고 있는 기본권이며, 사회복지를 구현하는 헌법상 근거라 하겠다.

헌법과 사회복지법의 관계를 살펴보면, 헌법상 보장되는 생존권적 기본권이 사회복지의 법적 근거가 된다는 점에서 헌법 또한 사회복지제도를 실현하는 사회복지법과 궤를 같이 한다고 볼 수 있다. 또 헌법이 국가의 최고법으로 나머지 하위법규(법률, 명령, 규칙, 조례 등)의 상위법으로 기능을 하고 있으므로, 사회복지법은 헌법의 규정에 위배되어서는 안 된다. 결국 헌법은 사회복지법의 맥락과 맞닿는 동시에 사회복지법의 최상위 규범으로 역할을 하게 된다. 이하에서는 헌법 중 사회복지를 실현하는 내용을 살펴보고(사회복지법인 헌법), 사회복지법이 헌법에 부합하는지 심사가 가능하다는 점을 알아본 다음(사회복지법에 대한 헌법적 심사), 마지막으로 사회복지법과 관련한 주요 헌법재판소 결정을 소개한다.

2) 사회복지와 관련한 내용의 헌법

헌법에서 사회복지와 관련하여 주요한 내용을 살펴보면 다음과 같다.

(1) 헌법 전문

헌법 전문은 헌법의 이념과 원리를 표현하고 있다. 헌법 전문 중 "국민생활의 균등한 향상을 기하고"라는 부분에서, 우리나라 헌법이 복지를 통하여 국민의 자유를 적극적으로 보장하는 사회복지주의를 국가의 기본원리로 채택하고 있음이 드러난다(이준일, 2019). 우리 헌법은 자유시장 경제질서를 기본으로 하면서 사회국가원리를 수용하여 실질적인 자유와 평등을 달성하는 것을 근본이념으로 하고 있다(헌법재판소 2001. 2. 22.자 99헌마365 참조).

(2) 인간다운 생활을 할 권리, 사회복지권(헌법 제34조)

헌법 제34조는 제1항에서 국민의 인간다운 생활을 할 권리를, 제2항에는 국가의 사회보장, 사회복지 증진에 노력할 의무를 규정하고 있다. 즉 헌법 제34조 제1항과 제2항은 국민의 권리와 국가의 의무를 대칭적으로 규정하고 있으며, 제2항에서 규정한 국가의 사회보장, 사회복지 증진에 관한 국가의 의무에 따라 국민에게 인간다운 생활을 보장하는 사회복지수급권이 발생한다. 또한 헌법 제34조 제3항은 여성의 복지를, 제4항은 노인과 청소년의 복지를, 제5항은 장애인과 생활능력이 없는 국민에 대한 국가의 보호의무를 규정하고 있다. 이처럼 헌법에서는 사회복지를 요구할 수 있는 국민의 권리를 명시적으로 보장한다.

우리나라 최고법인 헌법의 여러 규정은 사회복지의 이념적 근거를 제시하고 사회복지와 관련한 국민의 권리와 국가의 의무를 규정하고 있다. 따라서 헌법은 사회복지법의 일부로 우리나라 사회복지제도의 이념적, 법적 근거가 된다.

대한민국헌법 중 사회복지와 관련된 부분

대한민국헌법

전문

유구한 역사와 전통에 빛나는 우리 대한국민은 3·1운동으로 건립된 대한민국 임시정부의 법통과 불의에 항거한 4·19민주이념을 계승하고, 조국의 민주개혁과 평화적 통일의 사명에 입각하여 정의·인도와 동포애로써 민족의 단결을 공고히 하고, 모든 사회적 폐습과 불의를 타파하며, 자율과 조화를 바탕으로 자유민주적 기본질서를 더욱 확고히 하여 정치·경제·사회·문화의 모든 영역에 있어서 각인의 기회를 균등히 하고, 능력을 최고도로 발휘하게 하며, 자유와 권리에 따르는 책임과 의무를 완수하게 하여, 안으로는 국민생활의 균등한 향상을 기하고 밖으로는 항구적인 세계평화와 인류공영에 이바지함으로써 우리들과 우리들의 자손의 안전과 자유와 행복을 영원히 확보할 것을 다짐하면서 1948

년 7월 12일에 제정되고 8차에 걸쳐 개정된 헌법을 이제 국회의 의결을 거쳐 국민투표에 의하여 개정한다.

제34조 ① 모든 국민은 인간다운 생활을 할 권리를 가진다.
② 국가는 사회보장·사회복지의 증진에 노력할 의무를 진다.
③ 국가는 여자의 복지와 권익의 향상을 위하여 노력하여야 한다.
④ 국가는 노인과 청소년의 복지향상을 위한 정책을 실시할 의무를 진다.
⑤ 신체장애자 및 질병·노령 기타의 사유로 생활능력이 없는 국민은 법률이 정하는 바에 의하여 국가의 보호를 받는다.
⑥ 국가는 재해를 예방하고 그 위험으로부터 국민을 보호하기 위하여 노력하여야 한다.

3) 사회복지법에 대한 헌법적 심사

우리나라의 모든 법은 헌법에 위반되는지 심사하는 헌법심사의 대상이 될 수 있다. 헌법에 위반되는 하위법규는, 헌법재판소의 법률에 대한 위헌법률심판절차(헌법 제107조 제1항), 대법원의 명령, 규칙 심사(헌법 제107조 제2항)에 의하여 그 효력을 상실할 수 있다. 따라서 현재 존재하는 사회복지법도 헌법에 위반되는지 심사할 수 있으며, 실제로 사회복지법에 대한 헌법재판소의 결정들이 있다.

(1) 법률에 대한 헌법심사(헌법 제111조 제1항)

헌법재판소는 헌법의 효력을 실현시키기 위한 역할을 하며, 공권력이 국민의 헌법상 권리를 침해하였는지를 심사하는 헌법심사기관이다(헌법 제111조 제1항). 헌법재판소의 주요한 기능은 법률이 헌법에 위반되는지 심사하는 것이다(헌법 제111조 제1항 제1호). 즉 국회가 제정한 법률이라고 하여도 언제나 그 효력이 유지되는 것은 아니고, 헌법에 위반될 경우 헌법재판소의 심판에 의하여 그 효력이 상실될 수 있다.

(2) 위헌법률심판절차(헌법 제107조 제1항, 헌법재판소법 제1절)

소송에서 어떤 법률이 헌법에 위반되는지가 쟁점이 되고 해당 법률에 따라 재판 결과가 달라지는 경우, 이 법률에 대하여 위헌법률심판이 이루어질 수 있다. 법원은 직권 또는 소송당사자의 신청에 따라 헌법재판소에 법률의 위헌 여부에 대하여 심판을 제청하고 이에 대한 헌법재판소의 결정에 따르는데(헌법 제107조 제1항, 헌법재판소법 제1절), 이를 위헌법률심판절차라고 한다. 헌법재판소의 위헌법률심판에서 위헌이라고 결정하면, 위헌으로 결정된 법률이나 법률조항은 결정이 내려진 날부터 효력을 상실한다.

(3) 법률에 대한 헌법소원(헌법 제111조 제1항 제5호, 헌법재판소법 제68조)

국가권력의 행위로 인하여 헌법상 보장된 기본권을 침해받은 사람은 헌법재판소에 헌법소원을 청구할 수 있다(헌법 제111조 제1항 5호). 헌법소원이 법률을 대상으로 하는 경우는 다음과 같이 두 가지로 나뉜다. (1) 당사자가 재판 중 위헌법률심판을 신청했는데 법원에서 신청을 받아들이지 않은 경우, 당사자는 헌법재판소에 직접 법률에 대한 헌법소원을 청구할 수 있다(헌법재판소법 제68조 제2항). (2) 법률이 별도의 집행행위를 거치지 않고 직접 개인의

| 연습하기 |

온라인으로 알아보는 헌법재판소

헌법재판소에 대하여 더 알아보기 위해, 헌법재판소 판례를 찾아보자. 헌법재판소 홈페이지(www.ccourt.go.kr)에 방문하면, 헌법재판소에 대한 정보를 찾을 수 있다.

(1) 홈페이지의 '헌법재판소 소개> 홍보자료> 안내책자'로 들어가면 헌법재판소의 기능을 쉽게 설명하는 자료들을 찾을 수 있다.
(2) 홈페이지의 '판례·통계·법령> 판례정보> 판례검색'으로 들어가면 사건번호, 관련 법률 등을 입력하여 헌법재판소 판례를 찾아볼 수 있다. 이 책에 소개된 헌법재판소 판례들을 직접 찾아보자.

기본권을 침해하는 경우, 법률에 대하여 헌법소원을 청구할 수 있다(헌법재판소법 제68조 제1항).

(4) 사회복지법에 대한 헌법재판소의 심사

살펴본 바와 같이, 헌법재판소는 법률이 헌법에 위반되는지 심사하고 있으므로, 사회복지법도 헌법재판소의 심사대상이 될 수 있다. 지금까지 국민연금법, 국민기초생활보장법, 국민건강보험법 등 여러 사회복지법의 조문들에 대하여 헌법소송(위헌법률심판)이 제기되어 진행된 바 있다. 헌법재판소에서 다루어진 사회복지법 관련 소송들은 주로 (1) 강제가입, 강제징수 등을 기반으로 하는 사회보험제도(국민연금, 국민건강보험)가 신청인의 자유권을 침해한다고 문제제기한 사안, (2) 사회복지제도가 불충분하여 신청인의 인간다운 생활을 할 권리를 침해한다는 이유로 문제제기한 사안들이 있다. 헌법재판소는 아직까지 사회복지법과 관련한 헌법소송에서 주로 합헌 결정을 내리고 있는데, (1)의 사안들에서는 국가에 의한 사회복지제도의 헌법적 정당성을 인정하고 있는 동시에 (2)의 사안들에서는 사회복지제도의 구체적인 수준은 입법부 또는 행정부의 재량으로 정할 수 있다고 보고 구체적인 판단을 삼가고 있다. 그러나 (2)번 사안들에 대한 헌법재판소의 소극적 태도에 대하여는 비판이 있으며, 사회보장법이 헌법상 기본권을 침해하지 않아야 한다는 점과 사회보장법의 합헌성을 심사할 때 헌법이 보장하는 인간다운 생활을 할 권리가 사회보장법으로 구현되고 있는지 검토해야 한다는 점은 강조하고자 한다.

4) 사회복지법 관련 헌법재판소 판례

이하에서는 사회복지법과 관련한 대표적인 헌법재판소 판례 두 편의 주요 내용을 소개한다.

[판례 1] 국민연금 강제가입은 합헌이다. (헌법재판소 2001. 2. 22. 선고 99헌마365 결정)

(1) 사건 개요

청구인들은 국민연금법상의 사업장가입자와 지역가입자들로서 국민연금관리공단으로부터 연금보험료를 납부하라는 통지를 받았다. 이에 청구인들은 소득재분배와 강제가입을 전제로 한 국민연금법 제75조[6], 제79조[7]가 헌법상의 조세법률주의에 위배되며 청구인들의 재산권과 행복추구권을 침해하고 개인의 경제상의 자유와 창의를 존중하는 헌법 제119조 제1항에 반한다는 이유로 위 법률조항의 위헌확인을 구하기 위하여 1999. 6. 22. 이 사건 헌법소원심판을 청구하였다.

(2) 헌법재판소의 결정 요지

국민연금법 제79조가 연금보험료를 납부하지 아니하는 경우 국세체납처분의 예에 따라 강제로 징수하도록 규정하고 있으나 이는 국민연금제도의 고도의 공익성을 고려하여 법률이 특별히 연금보험료의 강제징수 규정을 둔 것이지 그렇다고 하여 국민연금보험료를 조세로 볼 수는 없다. 따라서 국민연금제도는 조세법률주의에 위배되지 않는다.

국민연금제도를 통하여 달성하려고 하는 공익은, 기본적으로 전체 국민을 모두 포괄한다는 사회보험의 원칙에 따라 국민 개개인의 사회적 위험을 국민 전체 또는 사회 전반으로 분산시켜 국민연금제도가 진정으로 노후소득보장을 위한 사회안전망의 역할을 하도록 하는 것으로서, 청구인들이 침해되었다고 주장하는 개별적인 내용의 저축에 대한 선택권이라는 개인적 사익보다 월등히 크다고 보아야 할 것이다. 결국 강제가입과 강제징수를 전제로 한 국민연금제도는 그 입법목적이 정당하고 그 기본권제한의 방법 내지 수단에 있어서도 과잉금지의 원칙에 위배되지 아니하므로 헌법에 위반된다고 할 수 없다.

우리 헌법의 경제질서 원칙에 비추어 보면, 사회보험방식에 의하여 재원을 조성하여 반대급부로 노후생활을 보장하는 강제저축 프로그램으로서의 국민

....

6   구 국민연금법 제75조(연금보험료의 징수) ① 공단은 국민연금사업에 소요되는 비용에 충당하기 위하여 가입자 및 사용자로부터 가입기간 동안 매월 연금보험료를 징수한다.

7   구 국민연금법 제79조(연금보험료의 독촉 및 체납처분) ① 공단은 사업장가입자 및 지역가입자의 연금보험료 기타 이 법에 의한 징수금을 기한내에 납부하지 아니한 때에는 기한을 정하여 이를 독촉하여야 한다.

연금제도는 상호부조의 원리에 입각한 사회연대성에 기초하여 고소득계층에서 저소득층으로, 근로 세대에서 노년 세대로, 현재 세대에서 미래 세대로 국민 간의 소득재분배 기능을 함으로써 오히려 위 사회적 시장경제질서에 부합하는 제도라 할 것이므로 국민연금제도가 헌법상의 시장경제질서에 위배된다는 위 주장은 이유 없다 할 것이다.

결론: 국민연금법 제75조, 제79조는 헌법에 위반되지 아니한다. (합헌)

(3) 판례에 대한 평가

헌법재판소의 이 결정은 사회보험제도의 의의와 특징을 설명하고 강제가입, 강제징수를 특징으로 하는 사회보험제도의 헌법적 정당성을 설시하고 있다. 특히 사회보험제도의 사회안전망으로의 기능, 국민연금제도의 사회연대성 등을 강조하여 사회보험제도의 기본 원리와 이념도 결정에 담고 있다. 사회보험제도는 기본적으로 강제가입, 강제징수를 통하여 운영되는바, 이는 국민 개개인의 개인적 선택권을 제한하는 측면이 있으나, 국민의 생활안정과 복지증진에 기여하는 공익적 정당성이 있어 헌법에 위반되지 않는다고 본 것이다. 이 밖에도 헌법재판소는 국민건강보험 가입강제(헌법재판소 2003. 10. 30. 2000헌마801), 건강보험 상의 요양기관 강제지정제(헌법재판소 2002. 10. 31. 99헌바76)에 관한 결정에서 관련 법률을 합헌으로 결정하여, 주요 사회복지제도들이 개인의 자유권을 일부 제한하는 것이 헌법에 위반되지 않는다고 보고 있다.

[판례 2] 2002년도 국민기초생활보장 최저생계비는 합헌이다. (헌법재판소 2004. 10. 28. 선고 2002헌마328 결정)

(1) 사건 개요

청구인들은 장애인 2인과 비장애인으로 구성된 가구로 국민기초생활보장법에 따른 생계급여 수급자인바, 보건복지부 장관이 2001. 12. 1. 공표한 보건복지부 고시 제2001-63호 2002년 최저생계비 고시가 장애로 인한 추가지출비용을 반영하지 않고 가구별 인원수만을 기준으로 최저생계비를 결정해서 인간의 존엄과 가치 및 행복추구권, 인간다운 생활을 할 권리, 평등권을 침해한 것이라고 주장하며 헌법소원심판을 청구하였다.

(2) 헌법재판소의 결정 요지

국가가 행하는 생계보호가 헌법이 요구하는 객관적인 최소한도의 내용을 실현하고 있는지 여부는 결국 국가가 국민의 '인간다운 생활'을 보장함에 필요한 최소한도의 조치를 취하였는가의 여부에 달려있다고 할 것인데 생계보호의 구체적 수준을 결정하는 것은 입법부 또는 입법에 의하여 다시 위임을 받은 행정부 등 해당기관의 광범위한 재량에 맡겨져 있다고 보아야 할 것이므로, 국가가 인간다운 생활을 보장하기 위한 헌법적 의무를 다하였는지의 여부가 사법적 심사의 대상이 된 경우에는, 국가가 생계보호에 관한 입법을 전혀 하지 아니하였다든가 그 내용이 현저히 불합리하여 헌법상 용인될 수 있는 재량의 범위를 명백히 일탈한 경우에 한하여 인간다운 생활을 할 권리를 보장한 헌법에 위반된다고 할 수 있다.

국가가 생활능력 없는 장애인의 인간다운 생활을 보장하기 위하여 행하는 사회부조에는 보장법에 의한 생계급여 지급을 통한 최저생활보장 외에 다른 법령에 의하여 행하여지는 것도 있으므로, 국가가 행하는 최저생활보장 수준이 그 재량의 범위를 명백히 일탈하였는지 여부, 즉 인간다운 생활을 보장하기 위한 객관적 내용의 최소한을 보장하고 있는지 여부는 보장법에 의한 생계급여만을 가지고 판단하여서는 아니되고, 그 외의 법령에 의거하여 국가가 최저생활보장을 위하여 지급하는 각종 급여나 각종 부담의 감면 등을 총괄한 수준으로 판단하여야 한다. 보건복지부장관이 이 사건 고시를 하면서 장애인가구의 추가지출비용을 반영한 최저생계비를 별도로 정하지 아니한 채 가구별 인원수를 기준으로 한 최저생계비만을 결정·공표함으로써 장애인가구의 추가지출비용이 반영되지 않은 최저생계비에 따라 장애인가구의 생계급여 액수가 결정되었다 하더라도 그것만으로 국가가 생활능력 없는 장애인의 인간다운 생활을 보장하기 위한 조치를 취함에 있어서 국가가 실현해야 할 객관적 내용의 최소한도의 보장에도 이르지 못하였다거나 헌법상 용인될 수 있는 재량의 범위를 명백히 일탈하였다고는 보기 어렵다 할 것이어서 이 사건 고시로 인하여 생활능력 없는 장애인가구 구성원의 인간다운 생활을 할 권리가 침해되었다고 할 수 없다.

결론: 이 사건 최저생계비 고시는 헌법에 위반되지 않는다. (합헌)

(3) 판례에 대한 평가

헌법재판소는 헌법 제34조에 따른 '인간다운 생활을 할 권리'와 관련하여,

국가가 생계보호를 위한 입법을 전혀 하지 않거나 내용이 현저히 불합리하여 '최소한의 보장'도 하지 못한 경우에 헌법에 위반된다고 보는 판단기준을 제시하고 있으며, 이러한 제한적인 기준에 근거하기 때문에 헌법 제34조에 위반되어 위헌이라고 본 결정을 찾기 어렵다. 헌법재판소는 1994년 생계보호기준 위헌확인 결정(헌법재판소 1997. 5. 29. 94헌마33), 국민기초생활보장법 제2조 제8호에 대한 위헌소원 결정(헌법재판소 2012. 2. 23. 2009헌바47) 등에서도 사회복지제도가 헌법 제34조에 위반되지 않는다는 결정을 내리고 있다. 아직까지 헌법재판소의 소극적인 태도 때문에 헌법상 인간다운 생활을 할 권리를 헌법재판을 통하여 적극적으로 주장하기 어려운 것이 현실이나, 향후 보다 적극적인 심사를 기대해 본다.

개념정리

1 **헌법** 우리나라의 최고법으로, 헌법에 규정된 생존권적 기본권이 사회복지제도의 근거가 되고 있다.

2 **사회복지법과 헌법** 헌법은 사회복지법의 일부이자, 사회복지법의 최상위 규범이다. 헌법 전문과 제34조는 사회복지의 이념적 근거를 제시하고 있다.

3 **사회복지법에 대한 헌법적 심사** 법률이 헌법에 위반될 경우 헌법재판소의 위헌법률심판이나 헌법소원을 통하여 다툴 수 있다. 헌법재판소가 위헌으로 결정하면 법률의 효력이 상실된다.

6. 사회복지법과 행정법

사회복지법의 주요한 내용은 국가 또는 지방자치단체가 취약한 상황의 사람들을 위하여 급여를 제공하는 것이므로, 국가의 작용에 대한 법인 행정법의 영역과 사회복지법의 영역은 중첩된다. 사회보장법을 제대로 이해하고 적용하기 위해서 행정법에 대한 기초적인 내용을 이해하고 행정법의 일반 원칙이 적용된 판례도 살펴본다.

1) 행정법과 사회복지법의 관계

행정법은 국가 목적의 실현을 위하여 이루어지는 국가의 작용인 행정에 관한 법이다. 사회복지제도는 주로 국가 및 지방자치단체가 제공하는 급여를 통하여 실현되므로, 사회복지의 영역은 행정의 영역과 많은 부분 일치한다. 따라서 사회복지법의 상당 부분은 행정법이라고 볼 수 있으며, 사회복지법을 행정법의 일부라고 보는 시각도 있다. 그러나 사회복지법은 전통적인 공법과 사법의 영역에서 해결할 수 없었던 사회모순을 해결하기 위하여 등장한 제3의 법영역인 사회법으로의 특성도 가지고 있어 행정법과 구별되는 특성이 있다. 행정법과 사회복지법의 관계는 일부 영역에서 중첩되면서 동시에 개별적 특수성도 가지고 있다고 보아야 한다.

사회복지법을 제대로 이해하기 위해서는 행정법에 적용되는 주요 원칙들이 사회복지법에도 적용된다는 것을 알아야 한다. 사회복지법 중 행정기관에 의하여 제정되는 행정입법인 명령과 규칙이 있는데, 이러한 행정입법의 효력을 이해하는 것이 중요하다. 또한 행정법상의 일반 원칙들도 사회복지법에 적용될 수 있으므로, 이를 살펴보도록 한다.

2) 행정입법의 효력(법규명령과 행정규칙의 비교)

(1) 행정입법이란?

법에는 국회가 제정한 법률뿐 아니라 행정기관이 제정한 행정입법이 있다. 행정입법은 대통령령, 총리령, 부령, 고시 등 다양한 형식으로 존재하는데, 이러한 법 중 법률이나 상위 명령에서 위임을 받아 제정된 것으로 국민에 대하여 구속력을 갖는 것을 법규명령이라고 하고, 이러한 구체적인 위임이 없이 제정된 것으로 행정청 내부에 사무처리기준을 정하는 것을 행정규칙이라고 한다. 법규명령과 행정규칙의 차이는 법규명령은 국민에 대하여 구속력을 가지고 있으나, 행정규칙은 원칙적으로 행정청 내부의 기준으로 국민에 대하여 직접적인 효력이 없다는 점이다. 이를 정리하면 표 1-3과 같다.

표 1-3 법규명령과 행정규칙의 비교

구분	법규명령	행정규칙
법형식	대통령령, 총리령, 부령 등	훈령, 예규, 고시, 통첩, 내부업무처리규정 등
근거	법령(법률, 상위 명령)상의 위임	행정부의 고유한 권한
효과	국민에 대한 구속력(원칙)	행정기관 내부의 구속력(원칙)
예시	국민기초생활보장법 시행령, 국민기초생활보장법 시행규칙	보건복지부 고시, 국민기초생활보장 사업안내

(2) 법규명령

법규명령은 상위 법률의 위임에 의하여 국민의 권리와 의무에 관계되는 사항을 규정하는 행정입법을 말한다. 주로 대통령령, 총리령, 부령 등의 형식으로 제정된다.

현대 사회에서 행정의 기능은 전문적이고 복잡해서, 행정과 관련한 모든 사항을 국회에서 상세히 논의하여 입법하는 것이 어렵다. 따라서 점차 법의 많은 내용이 행정부가 제정하는 행정입법에 위임되고 있는데, 사회복지법과 관련된 영역도 그러하다. 우리나라 헌법은 제75조에서 "법률에서 구체적인 범위를 정하여 위임받은 사항"에 관하여 대통령령을 발할 수 있다고 규정하여, 행정입법의 정당성을 인정하고 있다.

다만 이처럼 행정입법의 필요성이 인정된다고 하더라도, 법의 주요 부분까지 모두 행정부에 위임해 버리게 되면 행정부에 의하여 국회의 입법권이 침해되고 국민의 권리가 제대로 보장받기 어렵다. 따라서 사회복지법에 있어서도 내용적 체계의 핵심적인 부분인 권리성, 대상자의 범위, 수급 조건, 급여의 범위 및 수준과 같은 부분은 국회가 제정한 법률에 기본적인 사항을 정하는 것이 바람직하다고 할 것이다(이신용, 2017).

또한 행정부가 법규명령을 제정할 때 헌법 제75조에서 규정하고 있는 것처럼, 상위법에서 구체적으로 범위를 정하여 위임한 사항에 관하여만 법으로 효력이 발생한다. 이를 '법률유보의 원칙'이라고 하는데, 상위 법령의 위임 없는 법규명령은 일반 국민에 대하여 구속력을 가지는 법규명령으로서의 효력이 없다(대법원 2013. 9. 12. 선고 2011두10584 판결 등). 법률의 위임이 없거나 위임 범위를 벗어난 내용을 규정하는 행정입법은 법률유보의 원칙에 위배되어 효력이 부정될 수 있다.

아래 판례는 시각장애인만 안마사 자격을 인정한 보건복지부령이 법률유보의 원칙에 위배되어 위헌으로 결정되었으나, 이후 의료법 개정으로 정당성이 인정된 사례이다.

[판례 3] 법률에 근거 없이 시각장애인만 안마사 자격을 주는 보건복지부령은 법률유보의 원칙에 반하여 헌법에 위반된다. (헌법재판소 2006. 5. 25. 선고 2003헌마715 결정)

(1) 사건의 쟁점

시각장애인에 한하여 안마사 자격인정을 받을 수 있도록 하는 '안마사에 관한 규칙'(보건복지부령 제153호)이 법률유보원칙이나 과잉금지원칙에 위배하여 일반인의 직업선택의 자유를 침해하는지 여부

(2) 헌법재판소의 결정 요지

의료법 제61조 제1항은 안마사가 되고자 하는 자는 시·도지사의 자격인정을 받아야 한다고 규정하고, 동조 제4항은 안마사의 자격인정 등에 관하여 필요한 사항은 보건복지부령으로 정한다고 규정하고 있다.

그런데 이 사건 규칙조항은 시각장애인을 안마사의 자격인정요건으로 설정함으로써 시각장애인이 아닌 국민들이 안마사 직업을 자유로이 선택할 수 없도록 원천적으로 제한하고 있다. 즉 이는 기본권의 제한과 관련된 중요하고도 본질적인 사항임에도 불구하고, 법률이 아닌 하위법규에서 비로소 입법화한 것이다. 이는 모법으로부터 구체적으로 범위를 정하여 위임받지 아니한 사항을 하위법규에서 기본권 제한 사유로 설정하고 있는 것이므로 이는 위임입법의 한계를 명백히 일탈하고 있는 것이다.

(결론) 이 사건 규칙조항은 법률상 근거 없이 기본권을 제한하고 있으므로 법률유보원칙 등에 위배하여 헌법에 위반된다. (위헌)

---

(3) 판례에 대한 평가

이 사건에서 문제가 된 의료법 제61조 제4항에서는 안마사의 자격인정에 관하여 필요한 사항은 보건복지부령에 정하도록 위임하고 있는데, 법에 위임을 받아 제정된 보건복지부령에서 안마사의 자격을 시각장애인으로 제한하고 있었다. 헌법재판소는 안마사의 자격을 시각장애인으로 제한하는 것은 법에 범위를 정하여 위임한 사항이 아니어서 법률유보의 원칙에 반하고 시각장애인이 아닌 국민의 직업선택자유가 침해된다는 이유로, 위 보건복지부령은 위헌이라고 판단하였다.

이처럼 행정입법이 국민의 권리, 의무와 직접적으로 관련된 내용에 대하여 상위법의 구체적인 위임 없이 규정할 경우, 그 효력이 부정될 수 있다. 단, 이 헌법재판소 판례는 시각장애인의 생계 지원 및 직업 활동 참여를 보장해 주기 위하여 안마사 자격을 시각장애인에게 제한하는 제도의 목적 및 그 정당성까지 평가하지는 않았다. 이후 국회가 의료법을 개정하여 법에 안마사의 자격을 시각장애인으로 한정하자(의료법 제82조), 헌법재판소는 위 조문에 대하여 장애인 보호를 위한 조문으로 입법목적의 정당성이 인정된다고 하여 헌법에 위반되지 않는다고 결정을 내렸다(헌법재판소 2017. 12. 28. 2017헌가15).

(3) 행정규칙

행정규칙은 행정조직 내부에서 행정의 사무처리기준으로 제정한 규범으로 실무에서 훈령, 예규, 고시, 통첩, 내부업무처리규정 등의 형식을 취하고 있다. 이러한 행정규칙은 행정청 내부에서 구속력이 있으나, 원칙적으로 국민에 대하여는 직접적 구속력을 갖지 않는다. 국민에 대하여 직접적 구속력을 갖지 않는다는 것은 이 내부지침에 따른다고 해서 반드시 적법한 것도 아니고, 내부지침에 위배된다고 하여 위법하게 되는 것이 아니며, 내부지침에 따른 처분의 적법 여부는 법률 등 법규성 있는 관계 법령의 규정을 기준으로 판단해야 한다는 뜻이다(대법원 2018. 6. 15. 선고 2015두40248 판결). 다만, 행정규칙이 정한 바에 따라 거듭 시행되어 행정관행이 성립한 경우, 평등의 원칙이나 신뢰보호의 원칙에 따라 행정기관은 그 규칙에 따라야 할 자기구속을 받게 될 수 있고, 이 경우 이 규칙에 따르지 않은 처분이 위법한 처분이 되는 경우도 있다(대법원 2009. 12. 24. 선고 2009두7967 판결).

또한 형식은 행정규칙이라고 하더라도, 상위 법령의 위임을 받아 구체적인 내용을 규정하는 경우에는 법규명령과 같이 국민에 대하여 효력을 갖는 경우도 있다. 이와 관련하여 헌법재판소는 기초연금의 수급 기준을 고시에 정하고 있는 기초연금법과 관련한 헌법소원 사건에서 사회적 변화에 따른 입법수요의 급증 등을 감안하여 기초연금 수급 기준을 고시 형식으로 제정하여도 헌법이 정한 원칙에 반하지 않는다고 판시하고 있다(헌법재판소 2016. 2. 25. 선고 2015헌바191 판결). 그러나 이 판례에서 국민의 기본권을 제한하는 내용은 대통령령, 총리령, 부령 등 법규명령에 위임함이 바람직하고, 부득이 고시와 같은 형식으로 위임을 할 때는 전문적, 기술적 사항이나 경미한 사항으로 업무의 성질상 위임이 불가피한 사항에 한정되고, 반드시 구체적, 개별적 사항에 대하여 정해야 한다고 한정하고 있다. 따라서 원칙적으로 국민의 권리, 의무와 관련하여 필수적이고 핵심적인 사항은 국회가 제정한 법률에 정하는 것이 원칙이고, 일부는 법률에서 구체적으로 위임한 법규명령인 시행령 및 시행규칙에 정할 수 있다. 전문적, 기술적이거나 경미한 사항에 대하여는 법률, 법규명령에서 구체적으로 정하여 위임하면 고시 등에서 정할 수 있을 것이다. 따라서 사회복지법에서도 법의 운영에 필수적이고 핵심적인 사항을 훈령, 예규, 고시 등의 형식으로만 규율하는 것은 문제가 있다.

(4) 사회복지법에서 법규명령과 행정규칙의 구분

사회복지법은 사회복지와 관련하여 국가 또는 지방자치단체가 제공하는 급여에 대하여 다루고 있으므로, 법의 내용이 전문적이고 복잡하고 구체적인 사회현실에 따라 영향을 받게 된다. 이러한 이유로 한국에서는 법률에서 사회복지제도의 기본적인 틀만을 규정하고, 수급자의 범위, 급여 수급 조건, 급여 범위 및 수준 등 급여의 핵심적인 내용을 시행령, 시행규칙뿐 아니라 행정청의 훈령, 예규, 고시, 통첩, 내부업무처리규정 등에서 광범위하게 규정하고 있는 경우가 많다.

그러나 행정청이 제정하는 훈령, 예규, 고시, 통첩, 내부업무처리규정 등은 행정규칙으로, 원칙적으로 행정청 내부의 사무처리기준에 불과하여 국민에 대하여 대외적 효력이 없는 것이다. 따라서 이러한 행정규칙의 내용에 대해 국민은 문제제기하거나 구체적 타당성을 다툴 수 있다. 사회복지법과 관련한 핵심적인 내용은 법 또는 법에서 구체적인 범위를 정하여 위임한 법규명령(시행령, 시행규칙)에 정하는 것이 바람직하고, 행정규칙의 내용은 국민에 대하여 원칙적으로 구속력이 없다는 것을 유념하여야 한다.

3) 행정법의 일반원칙

법의 규정에 국민의 권리와 의무에 대하여 필요한 모든 내용을 빠짐없이 규정하기는 어렵다. 행정법을 해석하고 적용할 때는 법의 대원칙인 일반원칙이 적용될 수 있는데 이러한 원칙들은 성문의 법규가 아니라고 해도 법질서가 지향해야 할 가치로 법규범으로 적용이 된다. 행정법상 법의 일반원칙으로는 평등의 원칙, 신뢰보호의 원칙, 비례의 원칙, 적법절차의 원칙 등을 들 수 있다. 행정기관의 행위는 행정법의 일반원칙에 위반되어서는 안 되고, 이에 위반한 행위는 위법하다.

(1) 평등의 원칙

행정법상 평등의 원칙이란 행정기관은 불합리한 차별을 해서는 안 된다는 원칙이며, 다시 말하면, '같은 것은 같게, 다른 것은 다르게' 취급해야 한다는 것이다. 평등의 원칙은 헌법 제11조의 평등권으로부터 도출되며, 행정기관이 합리적인 이유가 없이 동일한 사항을 다르게 취급하는 것은 평등 원칙의 위반으로 위법한 처분이다. 따라서 국가와 지방자치단체는 국민을 대상으로 불합리하게 차별적 처분을 내려서는 안 된다. 유사한 비위를 저지른 자에 대하여 합리적 이유 없이 다른 징계처분을 내리는 경우, 유사한 상황에 대하여 일부 사람에게만 보상금 지급하는 경우(헌법재판소 2013. 10. 24. 선고 2011헌마724 결정) 등은 평등 원칙 위반이 될 수 있다.

(2) 신뢰보호의 원칙

행정법상 신뢰보호의 원칙이란, 행정기관의 어떠한 말이나 행동에 대하여 국민이 신뢰를 갖고 행위를 했으며, 그 국민의 신뢰가 보호가치가 있는 경우에는 이를 보호해 주어야 한다는 원칙이다. 신뢰보호의 원칙으로 인하여 행정기관이 국민에게 신뢰를 주는 선행행위를 한 경우, 이에 따라 행위를 한 국민의 신뢰를 저버리는 것은 위법한 행정행위가 될 수 있다. 신뢰보호의 원칙은 행정절차법 제4조에도 규정되어 있으며, 대통령이 삼청교육대 피해자에 대한 피해보상에 대한 담화를 발표하였다가 후속조치를 취하지 않은 것에 대하여 손해배상책임을 인정한 판결(대법원 2001. 7. 10. 선고 98다38364 판결) 등에서 적용되었다.

(3) 비례의 원칙

행정법상 비례의 원칙이란, 행정작용에 있어서 목적과 수단 사이에는 합리적인 비례 관계가 있어야 한다는 것이다. 따라서 행정기관이 국민에게 어떠한 처분을 내릴 때, 공익적 목적이 있다고 하여도 이 목적 달성에 유효, 적절하고 국민에게 최소한의 침해를 가져오는 처분을 내려야 한다. 이러한 비례의 원칙에 근거하여, 경찰청장이 서울광장을 차벽으로 둘러싸 출입을 제지한 행위(헌법재판소 2011. 6. 30. 선고 2009헌마406 결정)는 위헌으로 판단되었고, 법률위반행위에 비하여 이에 대한 제재처분의 불이익이 심각한 경우 위법한 처분으로 취소될 수도 있다.

(4) 적법절차의 원칙

적법절차의 원칙이란, 개인의 권익을 제한하는 모든 국가작용은 적법한 절차에 따라야 한다는 원칙이다. 국가가 개인에게 처분을 내리기 전에 그 내용에 대하여 구체적으로 통지하고, 처분을 내릴 때 이유와 근거를 제시하며, 개인에게 불리한 처분을 할 경우에는 의견을 진술할 기회를 부여하는 절차보장이 필요하다. 따라서 행정권 행사가 적정한 절차에 따라 행해지지 아니한 경우 그 행정권 행사는 적법절차의 원칙 위반으로 위헌, 위법하다(대법원 2012. 10. 18. 선고 2010두12347 판결).

4) 사회복지법에 행정법의 일반원칙이 적용되는 사례

사회복지법에 따라 국가 또는 지방자치단체가 복지 급여를 제공하는 것은 행정청의 행위로 행정법이 적용되므로, 사회복지와 관련하여 행정법의 일반원칙이 적용될 수 있다. 행정법의 일반원칙에 반하는 행정기관(국가, 지방자치단체 등)의 행위는 위법한 행위로 소송으로 다툴 수 있는데, 사회복지법과 관련하여 행정법의 일반원칙이 적용된 대표적인 사례를 살펴본다.

(1) 평등의 원칙

사회복지법과 관련해서도 평등의 원칙이 적용될 수 있다. 사회복지법에 따른 사회복지급여가 제공될 때, 어떤 사람에게만 급여를 제공하고, 유사한 사안의 다른 사람에게는 급여를 제공하지 않은 경우, 급여를 받지 못한 사람이 평등 원칙의 위반으로 문제를 제기할 수 있다. 아래 판례는 장애인복지법 시행령에 규정이 없어 장애인으로 등록하지 못한 뚜렛증후군 환자가 소송을 통해서 평등 원칙의 위반을 주장하고 결국 장애인등록을 하게 된 판결이다.

[판례 4] 장애인복지법 시행령에 열거되지 않은 뚜렛증후군 환자에게 장애인등록을 해주지 않은 행정청의 처분이 위법하다. (서울고등법원 2016. 8. 19. 선고 2015누70883 판결 및 대법원 2019. 10. 31. 선고 2016두50907 판결)

(1) 사건 개요
원고는 어린 시절부터 뚜렛증후군(틱 장애)으로 일상생활과 사회생활을 제대로 하지 못하다가, 관할 지자체장에게 장애인복지법에 따른 장애인등록을 신청하였으나, 지자체장이 장애의 유형에 대하여 규정하고 있는 장애인복지법 시행령에 틱 장애에 대한 아무런 규정이 없다는 이유로 이를 받아주지 않았다. 이에 원고는 지자체장의 장애인등록신청 반려처분을 취소하라는 행정소송을 제기하였다.

(2) 판결의 요지

장애인등록이 가능한 뇌병변장애인 5급, 간질장애인 4급 장애인과 비교할 때 원고가 일상생활이나 사회생활에서 그 제약의 정도가 더욱 중함에도 장애인복지법 시행령에 틱 장애를 규정하지 않아 장애인으로 등록받지 못한 것이므로, 이러한 행정입법은 헌법 제11조 제1항의 평등규정에 위반되어 위법하다(고등법원 판결).

장애인복지법 시행령 제2조 별표1을 오로지 그 조항에 규정된 장애에 한하여 법적 보호를 부여하겠다는 취지로 보아 그 보호의 대상인 장애인을 한정적으로 열거한 것으로 새길 수는 없다. 어느 특정한 장애가 시행령 조항에 명시적으로 규정되어 있지 않다고 하더라도, 행정으로서는 이 사건 시행령 조항 중 해당 장애와 가장 유사한 장애의 유형에 관한 규정을 찾아 유추 적용함으로써 이 사건 시행령 조항을 최대한 장애인복지법의 취지와 평등원칙에 부합하도록 운영하여야 한다(대법원 판결).

결론: 원고에 대한 장애인등록신청서 반려처분을 취소한다. (원고 승소)

(3) 판례에 대한 평가

심각한 장애가 있음에도 장애인복지법 시행령에서 장애유형이 열거되지 않았다는 이유로 지자체장이 장애등록을 거부한 경우, 유사한 다른 종류의 장애(뇌병변, 간질)에 대하여는 장애인등록이 가능하다는 점과 비교하여 행정청의 거부처분이 평등 원칙의 위반이라고 본 판례이다. 이 판결은 장애인의 권리구제와 사회보장권의 보호를 위하여 행정청이 적극적으로 법률을 해석하고 집행할 것을 요구하였다는 점에서 의미있는 판결이다. 사회복지분야에서 시행령의 규정이 제한적으로 규정되어 있어 어떤 사례는 복지서비스가 제공되지만 유사한 사례에서 복지서비스가 제공되지 않을 경우, 복지서비스를 제공받지 못한 사람이 평등 원칙 위반으로 위법하다고 문제 제기할 수 있을 것이다.

(2) 신뢰보호의 원칙

사회복지법과 관련해서 신뢰보호 원칙이 적용될 수 있다. 신뢰보호 원칙이 적용되기 위해서는 당사자가 행정청의 선행조치에 신뢰를 하고 이러한 신뢰가 보호가치가 있는 것으로 당사자가 이에 대하여 책임이 없고, 이러한 신뢰에 따라 후속 조치를 하였어야 한다. 예를 들어, 행정청이 복지급여를 잘못 지급하고, 당사자가 귀책사유 없이 자신이 받을 수 있다고 알고 복지급여를 수령하고 이 급여를 소비하였다면, 행정청이 사후적으로 이를 취소하고 이미 지급한 급여를 다시 환수하는 것은 행정법상 신뢰보호 원칙에 반할 수 있다. 아래 판례에서는, 국민연금을 잘못 지급받은 당사자에 대하여 국민연금공단이 환수처분을 내린 것이 신뢰보호 원칙의 위반이라고 보고 취소하였다.

[판례 5] 국민연금을 잘못 지급받은 당사자에게 급여를 환수하는 처분이 신뢰보호 원칙에 위반하여 위법하다. (대법원 2017. 3. 30. 선고 2015두43971 판결)

(1) 사건 개요

원고는 국민연금 가입자로 1999년 4월에 국민연금에 가입하고 2008년 2월까지 보험료를 납부한 뒤 2008년 3월경부터 특례노령연금을 받고 있었는데, 2014년경 가족관계등록부상 출생연월일을 정정하였다. 그러자 국민연금공단은 정정된 출생연월일을 기준으로 원고가 특례노령연금 수급조건(1999년 4월 1일 당시 50세 이상일 것)을 충족하지 못한다는 이유로 수급권을 취소하고 원고가 2008년부터 2014년까지 지급받은 연금액에 대하여 환수처분을 하였다. 이에 원고는 국민연금공단의 취소처분과 환수처분에 대하여 취소하는 소송을 제기하였다.

(2) 판결의 요지

국민연금법의 취지, 사회보장 행정영역에서 수익적 행정처분 취소의 특수성 등을 종합하여 보면, 위 조항에 따라 급여를 받은 당사자로부터 잘못 지급된 급여액에 해당하는 금액을 환수하는 처분을 할 때에는 급여의 수급에 관하여 당사자에게 고의 또는 중과실 등 귀책사유가 있는지, 지급된 급여의 액수·연금지급결정일과 지급결정 취소 및 환수처분일 사이의 시간적 간격·수급자의 급여액 소비 여부 등에 비추어 이를 다시 원상회복하는 것이 수급자에게 가혹한지, 잘못 지급된 급여액에 해당하는 금액을 환수하는 처분을 통하여 달성하고자 하는 공익상 필요의 구체적 내용과 그 처분으로 말미암아 당사자가 입게 될 불이익의 내용 및 정도와 같은 여러 사정을 두루 살펴, 잘못 지급된 급여액에 해당하는 금액을 환수하는 처분을 하여야 할 공익상 필요와 그로 인하여 당사자가 입게 될 기득권과 신뢰의 보호 및 법률생활 안정의 침해 등의 불이익을 비교·교량한 후, 공익상 필요가 당사자가 입게 될 불이익을 정당화할 만큼 강한 경우에 한하여 잘못 지급된 급여액에 해당하는 금액을 환수하는 처분을 하여야 한다.

따라서 연금지급신청 당시 가족관계등록부에 기재된 출생연월일을 기재한 원고에게 고의 또는 중과실의 귀책사유가 있다고 단정하기 어려운 점, 6년여 동안 지급된 급여를 원상회복하는 것이 쉽지 않아보이고 원고가 이를 연금의 취지에 어긋나게 낭비한 사정도 없는 점, 원고가 반환해야 하는 액수, 원고의 연령과 경제적 능력을 고려하면 원고에게 가혹하다고 보이는 점을 종합하면, 환수로 인한 공익상 필요가 원고가 입게 될 불이익을 정당화할 만큼 강하다고 보기 어렵다.

(결론) 원고에 대한 국민연금급여 환수처분은 위법하다. (원고 승소)

(3) 판례에 대한 평가

국민연금이 잘못 지급된 경우, 연금을 이미 수령한 사람에 대하여 국민연금공단이 환수할 수 있는지에 대한 판결이다. 판결은 연금이 과거에 잘못 지급되었다고 하여 이미 지급한 연금을 언제나 환수할 수 있는 것이 아니라, 연금을 수령한 수급자에게 귀책사유가 있는지, 이를 다시 원상회복하는 것이 수급자에게 가혹한지, 환수처분의 공익적 필요(국민연금기금의 재정적 건전성)와 수급자의 불이익을 비교하여 공익적 필요가 강한 경우에만 환수를 할 수 있다고 판시하고 있다. 이 사건에서 원고가 연금 신청 당시 공문서에 기재된 나이를 기준으로 신청한 것이 문제가 있다고 보기 어렵고, 이미 고령의 경제적 능력이 없는 원고에게 6년간 지급받은 연금액을 전부 반환하라고 하는 것이 너무 가혹하다는 점 등을 고려하여 신뢰보호 원칙에 근거하여 환수처분을 위법하다고 보고 취소하였다. 이처럼 행정법상 신뢰보호의 원칙에 따르면 복지급여가 잘못 지급된 경우에도 개별적 사안에 있어서 당사자의 귀책사유, 공익과 사익의 비교형량 등을 검토하여 당사자에게 지나치게 가혹한 경우에는 환수를 하지 않는 것이 적법한 처분이 될 것이다.

5) 사회복지현장에서 행정법 원칙들이 갖는 의미

지금까지 사회복지법의 적용에서 행정법이 적용되는 내용들을 살펴보았다. 그렇다면 이러한 행정법 원칙들은 사회복지현장에서 어떤 의미를 가지는 것일까?

행정입법은 법규명령과 행정규칙으로 나뉘며, 법령의 구체적 위임이 없이 제정된 행정규칙은 행정청 내부의 사무처리기준으로, 원칙적으로 국민에게 구속력이 없다는 것을 염두에 두면, 사회복지현장에서 많은 지침과 안내책자들을 무조건 그대로 적용하는 것만이 반드시 적법한 행정은 아니라는 점을 알게 된다. 따라서 사회복지현장에서 행정기관의 지침 등을 적용할 때는 상위법(법률 및 구체적으로 위임된 시행령, 시행규칙)의 내용을 숙지하고 그 범위 안에서 지침 등이 적용되어야 함을 유념할 필요가 있다. 5장 4절의 [판례 7]은 보건사회부장관의 노인복지사업지침(행정규칙)에 따라 내린 처분이 상위법인 노인복지법에 반한다는 이유로 위법하여 취소된 사안이다(193쪽).

또한 행정법을 해석하고 적용할 때 법의 일반원칙(평등의 원칙, 신뢰보호의 원칙, 비례의 원칙, 적법절차의 원칙)이 적용된다는 점을 이해하면, 법의 내용을 형식적 문구에만 얽매일 것이 아니라 법질서가 지향해야 할 가치가 반영되도록 적극적으로 해석하고 적용해야 한다는 것을 알게 된다. 따라서 사회복지 현장에서 사회복지법을 적용할 때에도 법의 일반원칙에 위반되는 점이 없는지 고민해 볼 필요가 있다.

개념정리

1   **사회복지법과 행정법** 사회복지의 영역은 행정의 영역과 많은 부분에서 중첩되며, 사회복지법은 행정법과 일부 중첩되면서 개별적 특수성도 있다.

2   **행정입법의 구분**   행정입법은 법규명령과 행정규칙으로 나뉜다. 대통령령, 총리령, 부령과 같이 법령의 위임을 받아 제정된 법규명령은 국민에 대하여 구속력이 있으나, 훈령, 예규, 고시, 통첩, 내부업무처리규정과 같이 구체적 위임이 없이 제정된 행정규칙은 행정청 내부의 사무처리기준으로, 원칙적으로 국민에 대하여 구속력이 없다.

3   **법규명령의 효력**   법규명령은 법률에 구체적인 범위를 정하여 위임받은 사항에 대하여 효력이 발생한다.

4   **행정법의 일반원칙**   평등의 원칙, 신뢰보호의 원칙, 비례의 원칙, 적법절차의 원칙이 있다. 사회복지법 적용과 관련해서도 행정법의 일반원칙이 적용된다.

02

인권과 사회복지

권리로서의 사회복지, 왜 필요한가?

사회복지와 떼려야 뗄 수 없는 단어들이 바로 사회권과 인권이다. 사회복지수급권을 이해하기 위해서는 사회권을 이해해야 하며, 사회권을 이해하기 위해서는 인권에 대한 이해가 선행되어야 한다.

인권에 대한 이해를 위해서는 인권의 정의뿐만 아니라 인권이 역사적으로 어떻게 보장되어 왔는지를 살펴볼 필요가 있다. 과거 고대노예제 사회와 중세봉건제 사회에서의 인권은 신권神權의 측면에서 해석되었다. 지배층인 왕과 귀족의 인권은 신으로부터 부여받은 신성한 권리였다. 반면 피지배층인 노비나 농노의 인권은 철저히 무시되었다. 현대 사회의 보편적 인권도 소득·성별·국적·인종·피부색 등에 따라 차별적으로 적용되어 왔다. 안타까운 시대였다. 이러한 시대로 회귀하지 않기 위해서라도 인권의 역사를 되짚어 보는 것은 중요하다.

사회권에 대해서는 다양한 학자가 연구하여 그 결과를 발표해 왔다. 대표적으로 마셜Marshall의 시민권, 카렐 바작Karel Vasak의 인권세대론 등을 공부하면서 인권의 역사적 변화 흐름을 살펴볼 수 있다.

지구촌의 시대에 노동은 세계화되어, 국제적 차원에서의 인권과 사회권

보장도 중요하게 다루어지고 있다. 인권과 사회권은 국제적 차원에서 국제조약과 국제선언으로 외화된다. 그 역사는 인권신장의 역사와 궤를 같이한다.

2장에서는 인권과 사회권 그리고 사회복지수급권에 관한 질문들에 대하여 설명하고자 한다. 구체적으로는 인권의 개념과 발전과정을 이해하고 인권과 사회복지의 관계를 규명하는 한편, 국제적 차원의 인권규범을 역사적 맥락에서 살펴본다. 그런 다음 헌법상의 기본권들을 확인하고, 사회적 기본권을 깊이 있게 다룬다. 마지막으로 사회복지수급권의 정의와 구조를 살펴보는데, 사회복지수급권은 제도적으로 권리성이 약하므로, 그 보호를 위한 조치가 어떠한지도 톺아본다.

1. 인권

1) 인권의 개념

인권人權, human rights은 사람이 사람답게 살 수 있도록 부여받은 권리이다. 인간은 그 자체로 존엄하다. 사회적 권력을 가진 부모에게서 태어났건 아니건 간에, 부모의 소득이 많건 적건 간에, 신체적·정신적 장애를 가졌건 아니건 간에, 소득·성별·국적·인종·피부색이 어떻건 간에 인간은 존엄한 인권을 갖는다.

인권은 다른 용어로도 부른다. 태어난 순간부터 죽을 때까지 그 자체로 존엄하게 살 권리를 자연스럽게 부여받았기 때문에 자연권自然權, natural right이라고 부른다. 또한 천부인권天賦人權이라고도 하는데, '하늘이 준' 또는 '태어날 때부터 타고난' 인권이라는 의미이다. 자연권과 천부인권이라는 용어에서 볼 수 있듯이, 인권은 '태어날 때부터 자연스럽게 획득하는 것이므로 타인으로부터 구속과 억압을 받지 않는다'라는 의미가 내포되어 있다. 요컨대, 인권은 신이 부여해 준 권리가 아니며, 인간으로 태어났기 때문에 부여받은 권리이다. 따라서 인권은 자본, 국가, 조직, 법률, 관계 등과 같은 경제적 또는 사회적 권력에 앞서서 존재한다.

2) 인권의 발전

그렇다면 인류는 인권을 언제부터 갖게 되었을까? 고대노예제 사회와 중세봉건제 사회에서의 인권은 철저히 무시되었다. 더 명확한 표현으로, 배타적으로 적용되었다. 여기에서 배타적 적용이라 함은 특정한 누군가에게만 인권이 보장되었다는 의미이다. 당시 인권은 신권神權의 측면에서 해석되었다. 군주제에 의한 통치 사회에서는 지배층의 권력이 신으로부터 부여받은 신성한 권력이었다. 지배층인 왕족과 귀족의 인권은 보장되었던 반면, 피지배층인 노비나 농노의 인권은 철저히 무시되었다. 그들은 신이 선택한 사람이 아니었기 때문이다.

또한 당시 인권은 신권에 앞서 존재하지 못하였다. 인간으로 태어나는 것 자체를 신이 결정한 것이라고 믿었기 때문에, 지배층으로 태어나느냐 피지배층으로 태어나느냐는 신이 결정하는 것이라고 인식되었다. 신이 결정해 준 지위는 태어날 때부터 죽을 때까지 바뀌지 않았다. 인권을 갖지 못한 채 살아야 하는 노비의 운명은 신이 결정한 것이므로 숙명처럼 받아들여야 하는 것이었다. 이러한 신권은 근대적 시민사회가 형성되는 과정에서 자연권으로 변화하였다.

인권 개념의 형성에서 인류사회에 가장 크게 기여한 사람은 존 로크John Locke, 1632~1704라고 할 수 있다. 존 로크는 그의 저서 『통치론』(1689)에서 "지금까지의 논의에서 입증된 것처럼, 인간은 완전한 자유와 자연법상의 모든 권리 및 특권을 간섭받지 않고 누릴 수 있는 자격을 다른 어떤 사람 또는 세계의 많은 사람과 더불어 평등하게 가지고 태어났다"라고 하였다(문지영, 2021: 85). 그의 통치론에서 제시하는 자연권은 크게 생존권, 자유권, 재판권, 처벌권이라고 할 수 있는데, 이는 누구에게나 주어진 것이다. 그의 주장에 따르면, 인간은 누구나 자연법상의 생존, 자유, 재판, 처벌에 관한 고유의 권리라고 할 수 있는 자연권을 갖는다. 이처럼 신권에서 자연권으로 변화하는 과정

인권과 관련한 역사적 사건 알아보기

인권의 발전 과정에서 등장하는 다양한 역사적 사건에 관한 자료를 찾아보자.

- 영국의 대헌장(Magna Carta)(1215년)
- 영국의 권리청원(1628년)
- 영국의 권리장전(1689년)
- 미국의 버지니아 권리장전(1776년 6월)
- 미국의 독립선언(1776년 7월)
- 프랑스 인권선언(인간과 시민의 권리선언)(1789년 8월)

에서의 사상적 기초는 바로 존 로크가 이야기한 천부적 인권론이라고 할 수 있다. 요컨대, 존 로크의 자연권은 '신이 선택한 사람'들만 배타적으로 갖는 것이 아니라, 모든 사람에게 주어진 것이다.

한편 자연권으로의 변화, 즉 보편적 인권으로의 변화는 동시적이었을까 아니면 순차적이었을까? 신권에서 자연권으로 변화하는 과정에서 인권은 모든 인간에게 동시에 적용되지 않고 순차적으로 적용되었다. 노예에서 해방되었지만 해방된 노예가 모두 인권을 부여받은 것은 아니었다. 신권에서 자연권으로의 이행 과정에서 선택받은 일부 계층에게만 먼저 인권이 보장되었고, 이후 순차적으로 확대되었다. 21세기 현시대를 살아가는 사람이라면 누구나 갖는 보편적 인권이 19세기와 20세기에는 선별적 인권이었다. 1789년 프랑스 혁명을 통해 절대 왕정(앙시앵 레짐Ancien Régime)을 무너뜨리고 인류역사상 최초의 시민혁명이 일어났다. 이때를 기점으로 하여 신권에서 자연권으로의 변화를 꾀하게 되었다. 그러나 시민혁명 이후에도 부르주아와 같은 유산계급은 인권을 가졌지만, 프롤레타리아와 같은 무산계급은 인권을 갖지 못하였다. 남성은 가졌지만 여성은 갖지 못하였다. 식민국가의 국민은 가졌지만, 피식민국가의 국민은 갖지 못하였다. 백인은 가졌지만 흑인은 갖지 못하였다.

마침내 1948년 UN의 세계인권선언이 발표됨으로써, 보편적 인권이 천명되었다. 세계인권선언에서는 인권을 "인류사회의 모든 구성원의 타고난 존엄성 및 평등하고도 양도할 수 없는 권리"라고 정의하였다. 제2차 세계대전이 종결되고 인류는 야만적 전쟁의 영원한 종식을 선포함으로써, 인권의 보편성을 지향하기 시작하였다.

3) 인권과 사회복지

그렇다면 인권은 사회복지와 어떠한 관계가 있을까? 나아가 인권과 사회복지법은 어떠한 관계를 맺고 있을까? 인권의 발전과정에서 살펴보았듯이, 인권 개념은 17세기 후반 『통치론』이 출간된 이후, 18세기에 이르러 구체화되었다. 반면 근대적 의미의 사회복지는 인권보다 나중에 출현하였다. 18세기 중엽 산업혁명을 통해 잉태된 자본주의의 한계를 보완하기 위하여 19세기와 20세기에 걸쳐 사회복지가 출현한 것이다. 이는 사회복지가 자본주의의 근본적 모순, 즉 불평등, 빈곤, 실업이라는 사회문제를 해결하기 위하여 등장하였기 때문이다. 따라서 사회복지가 출현할 당시에는 이미 천부적 자연권의 인권 개념이 형성되어 있던 시기였다.

인권과 사회복지의 관계를 보다 구체적으로 이해하는 데 도움을 줄 수 있는 것은 프랑스 법학자인 카렐 바작Karel Vasak, 1929~2015의 인권3세대론The Third Generation of Human Rights이다. 인권3세대론은 인권의 발달과 형성을 3단계로 분류하여 설명한 이론이다. 그는 1979년 인권3세대론을 주장하였는데, 1세대 인권은 '자유권'으로, 시민적 및 정치적 권리에 관한 국제규약International Covenant on Civil and Political Rights, ICCPR에 정의된 권리이며, 2세대 인권은 '사회권'으로, 경제적·사회적 및 문화적 권리에 관한 국제규약International Covenant on Economic, Social and Cultural Rights, ICESCR에 정의된 권리이며, 3세대 인권은 '연대권'으로, 환경, 발전, 평화에 관한 권리인데, 이것들은 각각 프랑스 혁명에서 천명된 자유, 평등, 박애의 정신으로 연결된다고 하였다(Wellman, 2000: 639). 이때 사회복지는 2세대 인권인 사회권에 해당한다고 할 수 있다. 따라서 인권은 사회복지보다 먼저 출현한 개념이다. 또한 사회복지의 정신을 인권이라는 개념이 포괄하고 있다고 해석할 수 있다. 즉 인권은 사회복지보다 더 광의적인 개념이다.

그렇다면 인권과 사회복지법은 어떠한 관계일까? 인권은 법보다 먼저 존재하는 개념인 자연권이며, 법의 근거가 된다. 따라서 사회복지법은 인권을 반영하는 다양한 법 중의 하나이다. 다만, 타법보다 인권의 가치를 최대로 반영하고자 하는 본성을 가진 법률이라고 할 수 있다.

4) 시민권 이론

(1) 시민권의 조류

시민권이란 "사회집단, 가족, 개인 등에게 급여를 제공하기 위해, 사회정치적 구성원 자격을 규정하는 권리의 집합"으로 정의된다(Turner and Hamilton, 1994: 1). 이때 시민권은 매우 광의적 의미로 해석될 수 있다. 여기에서 광의적이라는 것은 시민권이 국가마다 다른 역사적 형성과정을 거쳤는데, 각국의 시민권 개념을 포괄하고 있다는 의미이다.

각국이라고 할 때, 대표적으로 영국, 미국, 프랑스와 독일을 꼽을 수 있다. 먼저 영국에서의 시민권은 사회정책과 함께 역사적으로 발전해 왔는데, 그 과정을 보면 시민의 권리가 어떻게 확대되어 왔는지를 알 수 있다. 영국의 시민권을 가장 대표적으로 설명하는 이론은 마셜의 시민권 이론이라고 할 수 있다. 자본주의 사회의 1차 분배에서 나타나는 '시장의 불평등'을 2차 분배인 '국가의 사회보장급여'를 통해 완화하는 과정에서 영국의 시민권은 발전되어 왔다. 자유주의 시장을 수정, 개혁할 때만이 시민권을 보장할 수 있다고 보는 입장이다.

다음으로 미국은 다른 국가들보다 시민권을 민족성과 관련하여 해석하는 경향이 강하다. 미국은 국가 수립 과정에서 독립전쟁과 남북전쟁을 거쳤다. 민족·인종 간 화해·평화·융합, 정치적 다원주의, 개인주의, 사회적 평등을 추구하는 과정에서 시민권이 형성되었다.

마지막으로 프랑스와 독일을 위시로 한 유럽대륙의 전통인데, 이들은 국가와 시민 간의 관계에 초점을 두어 해석한다. 예를 들어 프랑스의 시민혁명 (1789년)은 절대왕정으로부터 벗어나 개인의 자유를 확보하고자 하였고, 독일의 부르주아 혁명(1848년)은 지주계급(융커)과 노동계급 사이에서 분투했던 부르주아계급의 '개인은 국가개입을 통해 자유로워질 수 있다'는 독특한 이념으로부터 발전하였다. 이 책에서는 세 가지의 시민권 조류 중 영국의 시민권 개념의 형성 과정을 이론적으로 뒷받침하는 마셜의 시민권 이론을 살펴본다. 그의 이론이 사회복지수급권의 형성 과정과 가장 맞닿아 있기 때문이다.

(2) 마셜의 시민권

마셜T. H. Marshall, 1893~1981은 시민권을 공민권, 정치권, 사회권으로 '분류'함과 동시에 공민권 → 정치권 → 사회권이라는 단선 방향으로 '연결'하였다. 먼저 마셜은 시민권을 3가지 권리로 분류하였다. "나는 시민권을 3부분으로 나누고자 한다 … 나는 이 3가지를 공민적civil, 정치적political 그리고 사회적social 부분 또는 요소로 부르고자 한다 … 이 3가지의 구체적 구성요소는 다음과 같다. 첫째, 공민적 요소는 개인의 자유와 언론, 사상, 신앙의 자유, 사적재산을 소유하고 유효한 계약을 체결할 권리, 그리고 정의에 관한 권리 등 개인적 자유를 위한 필수적 권리들로 구성된다"(Marshall, 1965: 78). 18세기에 형성된 공민권에서 대표되는 시민의 권리는 신체의 자유, 종교·사상·신념의 자유, 계약의 자유(사적재산), 법적 자유(소송권)라고 할 수 있다. 노비문서가 불타고 공화국의 공민으로서 온전히 살 수 있는 자유가 보장된 것이다. 특히 이 시기의 자유는 개인의 소극적 자유라고 할 수 있다. 공민이 노예에서 해방되어 자신의 삶은 자기 스스로 책임지도록 주체적으로 삶을 살아가는 것으로, 국가와 타인이 개입하지 않는다는 의미에서 소극적 자유이다.

둘째, "정치적 요소는 정치적 권위를 부여받은 기구의 구성원으로서 또는 그 구성원을 선출할 수 있는 유권자로서 정치권력의 행사에 참여할 수 있는 권리를 의미한다"(Marshall, 1965: 78). 이것을 정치권 또는 참정권이라고 부르는데, 이 권리는 19세기에 형성되었다. 정치권에서의 핵심적 시민의 권리는 정치적 자유, 즉 투표권이다. 이때의 투표권은 1인 1표제이다. 정치권 이전의 시대에서 투표권은 선택받은 소수만이 가졌던 독점적 권리였지만, 이후 노동자, 빈민, 여성, 모든 인종으로 확대되어 1인 1표제가 구현되었다.

셋째, "사회적 요소는 아주 작은 정도의 경제적 복지와 보장에 대한 권리부터 사회적 유산을 완전하게 공유하고 해당 사회의 보편적인 기준에 따라 문명화된 존재의 삶을 영위하기 위한 권리까지의 모든 범위를 의미한다"(Marshall, 1965: 78). 20세기에 구현된 사회권은 건강, 교육, 주거 등과 같은 사회복지권이라고 할 수 있다. 이 시기의 자유는 적극적 자유라고 할 수 있다. '무언가를 할 수 있는 자유'라는 의미에서 적극적 자유이다. 시민이 문명화된 삶을 위해 무언가를 할 수 있도록 국가로부터 다양한 지원을 받는 것이 법적 권리로 보장되어 있다는 측면에서 적극적 자유라고 할 수 있다. 적극적 자유가 보장된 사회권의 시대에는 인간다운 생활을 영위할 수 있는 다양한 권리가 보장된다. 노동을 통해 삶을 영위할 수 있도록 교육과 기술 훈련을 지원받고, 생존할 수 있도록 물적 자원을 지원받으며, 사회적 위험에 빠졌거나 이를 벗어나려는 사회적 욕구가 있을 때 의료·상담·재활·돌봄 등의 서비스를 지원받을 수 있다. 요컨대, 사회권의 시대에서는 '동시대의 사회·경제·문화적 유산을 평등하게 향유할 권리'가 보장된다.

다음으로 마셜은 시민권의 3가지 권리를 연결하였다. 공민권은 정치권을 낳았고, 정치권은 사회권을 낳았다는 것이다. 공민권이 누적되어 정치권을 출현시켰고, 정치권이 누적되어 사회권에 도달한 것이다. 양질 전환의 법칙과도 같다. 결국 우리가 현시대에 누리는 사회권은 공민권과 정치권의 축

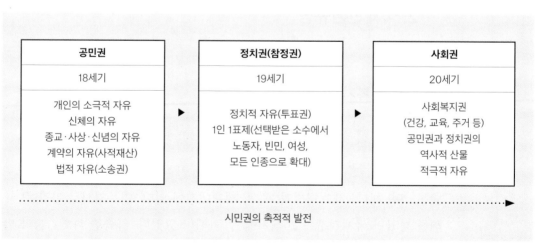

그림 2-1 마셜의 시민권
자료: Marshall, T. H. (1965), Marshall, T. H. and Bottomore, T. (1992), 조성은 역(2014)의 내용을 바탕으로 재구성.

적적인accumulative 과정의 산물이다. 달리 말하면 공민권이 존재했기에 정치권이 잉태될 수 있었으며, 공민권과 정치권이 없었다면 사회권도 존재하지 못했다고 볼 수 있다. 공민권에서 정치권으로, 정치권에서 사회권으로의 역사적 경로를 통해 우리는 오늘날 복지국가의 시대에 살고 있다.

개념정리

1 **인권** 사람이 사람답게 살 수 있도록 태어날 때부터 부여받은 권리 또는 구속과 억압을 받지 않을 권리이다. 자연권(自然權, natural right) 또는 천부인권(天賦人權)으로 표현된다. 신권(神權)에서 자연권으로 변화하였다. 사회복지보다 먼저 출현하였고, 포괄적 의미를 지닌다.

2 **사회복지법과 인권** 사회복지법은 인권을 반영하는 다양한 법 중의 하나인데, 타법보다 인권의 가치를 최대로 반영하고자 하는 본성을 가진 법률이다.

3 **시민권** 개념은 다양한데, 크게 3가지로 나눌 수 있다. 영국의 전통(마셜의 시민권 이론), 미국의 전통(민족·인종 간 화해·평화·융합, 정치적 다원주의, 개인주의), 독일과 프랑스의 전통(개인은 국가개입을 통해 자유로워질 수 있음, 여기에서의 개인은 부르주아)이 있다.

4 **마셜의 시민권** 공민권, 정치권, 사회권으로 '분류'됨과 동시에 공민권 → 정치권 → 사회권이라는 단선 방향으로 '연결'된다.

---

2. 국제인권규범

1) 사회복지선언의 국제화 배경

현재 인류는 인권의 문제를 개별 국가들의 문제가 아닌 국제법 영역에서 다루고 있다. 그 첫째 배경은 무엇보다도 20세기에 인류의 이성을 야만으로 내몰았던, 제1차 세계대전과 제2차 세계대전에 있다. 인류역사상 가장 큰 피해를 낳았던 국제전쟁이 20세기에 두 차례나 있었다. 급속한 과학기술의 발전은 전쟁기술의 고도화를 낳았고, 고스란히 인간의 생명과 재산을 빼앗아갔다. 전시 동안 지구적 차원에서 인권이 심각하게 훼손되었다. 이에 인권보장의 문제가 개별 국가를 넘어, 국제법 영역에서 다루어지게 되었다.

둘째, 노동의 세계화와 그에 따른 사회문제의 발생이다. 국가를 넘나드는 노동의 자유로운 이동과 경쟁은 20세기 후반에 확대되었다. 초국적 기업의 세계로의 진출은 다양한 사회문제를 낳았다. 노동시장의 유연화로 실업자와 비정규직의 양산, 국경을 기반으로 한 복지국가의 약화, 개방경제로 인한 복지국가의 후퇴, 복지국가의 약화로 인한 삶의 질 저하, 세계화를 통해 부를 확대한 선진국과 부를 빼앗긴 후진국·개발도상국 간의 양극화 등의 사회문제를 낳았다(김태성·성경륭, 2000). 이러한 사회문제는 개별 국가 차원에서는 해결할 수 없는 문제였다.

셋째, 노동자의 국제적 이동에 대한 국제적인 노동조합의 사회복지운동도 국제적 선언을 낳았다. 20세기에 노동의 세계화로 노동자의 삶의 수준이 하락하고, 복지국가가 후퇴하는 과정을 목도하였다. 이에 대표적으로 국제노동기구는 근로조건의 국제적 기준을 마련하고 그 실천을 권고하였다. 이에 발맞추어 각 국가별 노동조합들은 국제노동기구의 권고를 이행하기 위한 국경을 초월한 실천적 연대운동을 전개하였다.

2) 사회복지에 관한 국제선언

헌법 제6조 제1항에 따르면, "헌법에 의하여 체결·공포된 조약과 일반적으로 승인된 국제법규는 국내법과 같은 효력을 가진다"고 규정하고 있다. 이에 사회복지와 관련된 다양한 국제기구들의 국제조약·협약·협정·규약(이하 국제조약) 및 국제선언·헌장·규칙·기준(이하 국제선언)은 개별 국가들의 인권을 신장하고 사회복지권 확대에 영향을 미치고 있다.

인권과 사회복지권 강화를 위한 국제기구들은 대표적으로 국제연합United Nations; UN, 국제노동기구International Labour Organization; ILO, 세계보건기구World Health Organization; WHO, 국제사회보장협회International Social Security Association; ISSA, 국제사회복지협의회International Council on Social Welfare; ICSW, 유럽평의회Council of Europe; CE 등이 있다. 각 기구별 활동 내용과 주요 국제조약 및 국제선언은 다음과 같다.

표 2-1 국제기구의 주요 활동 및 국제조약과 국제선언

기구	설립 연도	주요 활동	조약 또는 선언
국제연합 (UN)	1945	회원국 간의 평화와 안전, 선린 우호와 협력 관계의 발전, 경제적·사회적·인도적 문제에서 국제적 협력, 공동협력 및 행동 조정	세계인권선언(1948) 인종차별철폐협약(1965) 국제인권규약(1966) 여성차별철폐협약(1979) 고문방지협약(1984) 아동권리협약(1989) 이주노동자권리협약(1990) 강제실종방지협약(2006) 장애인권리협약(2006)
국제노동기구 (ILO)	1919	- 노동 입법을 통한 노동조건 개선 권고, 사회복지 관련 인적자원 강화를 위한 기술지원 및 교육·훈련에 대한 국제 협력 - 정부뿐만 아니라 사용자 및 노동자 대표도 이사회에 속해 있음	필라델피아 선언(1944) 사회보장최저기준조약 (1952)
세계보건기구 (WHO)	1948	- 보건 부문 발전을 위한 원조, 전염병과 풍토병 및 기타 질병 퇴치 활동, 보건관계 단체 간의 협력관계 증진 - 전염병, 질병, 환경위생, 영양 및 장애인에 대한 국제기준 제시	세계보건기구헌장(1949) 국제보건규칙(2005)
국제사회보장협회 (ISSA)	1927	- ILO 10차 총회의 결의를 통해, 각국 질병보험기금에 관한 국제적 조직으로 출발 - 사회보장 분야의 정보 교류 및 홍보물 발간 사업 - 사회보험의 관리·운영을 담당하는 기관(한국의 경우 국민연금공단, 국민건강보험공단, 근로복지공단)들이 가입	산업안전보건 서울선언 (2008)
국제사회복지협의회 (ICSW)	1928	- 사회사업의 복잡성과 도전에 대응하기 위해 출발 - 사회복지에 관한 국제적 협의체로서 한 국가 또는 국제적 자원에서의 사회개발 및 인류의 복리를 위한 지식공유 및 기술원조 프로젝트	더블린 선언(2018)
유럽평의회 (CE)	1949	유럽 지역의 정치·사회·문화 및 법적 협력을 위한 협약 체결	인권 및 기본적 자유의 보호에 관한 유럽협약(1950) 유럽사회헌장(1961) 유럽사회보장법전(1964) 고문과 비인간적 처벌 등의 금지에 관한 협정(1980)

자료 : Council of Europe(2024), ICSW(2024), ILO(2024), ISSA(2024), UN(2024), WHO(2024) 각 기구별 소개

3) 사회보장에 관한 국제조약 및 국제선언

(1) 대서양헌장

영국의 처칠 수상과 미국의 루스벨트 대통령이 1941년 8월 14일 대서양 해상의 영국 군함에서 회담했다. 이들은 독일 나치즘 타파, 제2차 세계대전의 종전, 종전 후 재건을 위해 헌장을 발표하였다. 주요 헌장 내용은 '근로기준의 향상, 경제적 이익, 모든 사람을 위한 사회보장, 경제 분야에서 모든 국가의 완전한 협력, 공포와 결핍으로부터의 자유'이다.

1941년 8월 10일, 영국 군함 후갑판에 루스벨트 미국 대통령(왼쪽)과 처칠 영국 수상(오른쪽)이 회담을 위해 나란히 앉아 있다.
사진출처: 영국전쟁박물관(Imperial War Museums)

(2) 필라델피아 선언

1944년 5월 10일 미국 필라델피아에서 국제노동기구(ILO) 제26차 대회가 개최되었다. 필라델피아 선언ILO Declaration of Philadelphia의 실제 명칭은 '국제노동기구의 목적에 관한 선언Declaration concerning the aims and purposes of the International Labour Organisation'이다. 이 선언의 첫 조항이자 가장 유명한 문구는 바로 "노동은 상품이 아니다Labour is not a commodity"이다(ILO, 2024). 이 문구는 필라델피아 선언 중에서도 단연 으뜸으로 꼽힌다. 시장에 노동을 팔아 생계를 유지해야 하는 노동자가 하나의 상품으로서 치부되는 자본주의에 대한 경종을 울리는 문구이다. 또한 "모든 인간은 인종·신앙·성별과 상관없이 자유와 존엄과 경제적 안정 속에서 그리고 평등한 기회로 자신의 물질적 진보와 정신적 발전을 추구할 권리를 갖는다"라고 명시함으로써, 인간은 물질적 권리뿐만 아니라 정신적 권리를 갖는다는 것을 천명하였다(ILO, 2024). 이 외에도 소득보장에

필라델피아 선언에 서명하는 루스벨트 미국 대통령
사진출처: ILO 홈페이지

관한 권고, 의료보호에 관한 권고, 군대 및 유사 직업 또는 전시고용으로부터 풀려난 자에 대한 소득보장 및 의료에 관한 권고 등이 포함되었다.

(3) 세계인권선언

역사적인 세계인권선언Universal Declaration of Human Rights은 1948년 12월 10일 제3차 UN총회에서 채택되었다. 세계인권선언에서는 자유, 존엄과 권리의 동등성, 천부적인 이성과 양심의 부여, 형제애의 정신(제1조), 인종, 피부색, 성, 언어, 종교, 정치적 또는 기타의 견해, 민족적 또는 사회적 출신, 재산, 출생 또는 기타의 신분과 같은 모든 종류의 차별 철폐(제2조), 생명과 신체의 자유

| 더 알아보기 |

세계인권선언 전문

모든 인류 구성원의 천부적 존엄성과 동등하고 양도할 수 없는 권리를 인정하는 것이 세계의 자유, 정의 및 평화의 기초이며, 인권에 대한 무시와 경멸이 인류의 양심을 격분시키는 만행을 초래하였으며, 인간이 언론과 신앙의 자유, 그리고 공포와 결핍으로부터의 자유를 누릴 수 있는 세계의 도래가 모든 사람의 지고한 열망으로서 천명되어 왔으며, 인간이 폭정과 억압에 대항하는 마지막 수단으로서 반란을 일으키도록 강요받지 않으려면 법에 의한 통치에 의하여 인권이 보호되어야 하는 것이 필수적이며, 국가 간에 우호관계의 발전을 증진하는 것이 필수적이며, 국제연합의 모든 사람은 그 헌장에서 기본적 인권, 인간의 존엄과 가치, 그리고 남녀의 동등한 권리에 대한 신념을 재확인하였으며, 보다 폭넓은 자유 안에서 사회적 진보와 보다 나은 생활수준을 증진하기로 다짐하였고, 회원국들은 국제연합과 협력하여 인권과 기본적 자유의 보편적 존중과 준수를 증진할 것을 스스로 서약하였으며, 이러한 권리와 자유에 대한 공통의 이해가 이 서약의 완전한 이행을 위하여 가장 중요하므로, 이에 국제연합총회는 모든 개인과 사회 각 기관이 이 선언을 항상 유념하면서 학습 및 교육을 통하여 이러한 권리와 자유에 대한 존중을 증진하기 위하여 노력하며, 국내적 그리고 국제적인 점진적 조치를 통하여 회원국 국민들 자신과 그 관할 영토의 국민들 사이에서 이러한 권리와 자유가 보편적이고 효과적으로 인식되고 준수되도록 노력하기 위하여, 모든 사람과 국가가 성취하여야 할 공통의 기준으로서 이 세계인권선언을 선포한다.

자료 : 법무부(2024), 세계인권선언 국문본

와 안전에 대한 권리(제3조), 법 앞에 인간으로서 인정받을 권리(제6조), 법 앞에서 평등하고 어떠한 차별도 없이 동등한 법의 보호를 받을 권리(제7조) 등을 규정하고 있다(UN Human Rights, 2024).

(4) 사회보장최저기준조약

국제노동기구의 사회보장최저기준조약The ILO Social Security (Minimum Standards) Convention은 1952년 국제노동기구 제35차 총회에서 채택되었다. 이 조약에서는 사회적 위험을 규정하고 그에 대응하는 사회보장급여를 제공할 것을 제안하였다. 9개의 사회적 위험은 의료, 질병, 실업, 노령, 산업재해, 자녀양육, 임신과 분만, 직업능력의 상실, 부양자(가장)의 사망이며, 그에 대응하는 사회보장제도는 의료보호medical care, 상병급여sickness benefit, 실업급여unemployment benefit, 노령급여old-age benefit, 산재급여employment injury benefit, 가족급여family benefit, 모성급여maternity benefit, 폐질급여invalidity benefit, 유족급여survivors benefit이다(ILO, 2024). 또한 이 조약은 급여의 보장, 사회복지행정에서 사용자와 노동자의 참여, 급여의 마땅한due 제공과 기관의 적절한 행정을 위한 국가의 일반적인 책임, 사회보

표 2-2 사회보장최저기준조약에서의 사회적 위험과 사회보장 급여

사회적 위험	사회보장 급여
의료	의료보호
질병	상병급여
실업	실업급여
노령	노령급여
산업재해	산재급여
자녀양육	가족급여
임신과 분만	모성급여
직업능력의 상실	폐질급여
부양자(가장)의 사망	유족급여

출처: ILO(2024). The ILO Social Security (Minimum Standards) Convention, 1952 (No. 102)

험료 또는 조세를 급여의 재원으로 하는 집합적 재정방식이라는 원칙을 제시하였다(ILO, 2024). 사회보장최저기준조약은 '대서양헌장'에서 천명된 사회보장의 실천을 결의하는 의미를 담고 있으며, 제도의 포괄성, 대상의 보편성, 급여수준의 적절성, 비용부담의 공평성, 사회복지행정에서의 민주적 참여를 지향하였다.

(5) 국제인권규약

국제인권규약은 1966년 12월 16일 제21차 UN 총회에서 국제적 차원에서의 인권보장을 위해 채택되었다. 세계인권선언은 법적 구속력이 없었지만, 국제인권규약은 조약으로서 법적 구속력을 갖는다. 이에 국제인권규약 가입국들은 국내 가입과 비준 절차를 거쳐야만 하며, 해당 절차를 거쳐야만 규약이 국내에서 실질적으로 발효된다. 규약이 발효되면, 가입국의 시민들은 해당 인권을 법적 테두리 안에서 보장받는다.

UN의 국제인권규약은 총 9개로 대표되는데, 그것들은 경제적·사회적·문화적 권리에 관한 국제규약(A규약)International Covenant on Economic, Social and Cultural Rights, 시민적·정치적 권리에 관한 국제규약(B규약)International Covenant on Civil and Political Rights, 모든 형태의 인종차별 철폐에 관한 국제협약(인종차별철폐협약)International Convention on the Elimination of All Forms of Racial Discrimination, 여성에 대한 모든 형태의 차별철폐에 관한 협약(여성차별철폐협약)Convention on the Elimination of All Forms of Discrimination against Women, 고문 및 그 밖의 잔혹한·비인도적인 또는 굴욕적인 대우나 처벌의 방지에 관한 협약(고문방지협약)Convention against Torture and Other Cruel, Inhuman or Degrading Treatment or Punishment, 아동의 권리에 관한 협약(아동권리협약)Convention on the Rights of the Child, 장애인의 권리에 관한 협약(장애인권리협약)Convention on the Rights of Persons with Disabilities, 강제실종된 모든 사람의 보호에 관한 협약(강제실종방지협약)International Convention for the Protection of All Persons from Enforced Disappearance, 모든 이주노동자와 그 가족의 보호에 관한 협약(이주노동자권리협약)International Convention on the Protection of the Rights of All Migrant Workers and Members of Their Families이다. 이 중 경제적·사회적·문화적 권리에 관한 국제규약(A규약)과 시민적·정치적 권리에 관한 국제

표 2-3 UN의 9대 국제인권규약과 한국의 가입 현황

협약명	UN		대한민국	
	채택일	발효일	가입일	적용일
모든 형태의 인종차별 철폐에 관한 국제협약	1965.12.21.	1969.1.4.	1978.12.5.	1979.1.4.
경제적·사회적·문화적 권리에 관한 국제규약(A규약)	1966.12.16.	1976.1.3.	1990.4.10.	1990.7.10.
시민적·정치적 권리에 관한 국제규약(B규약)	1966.12.16.	1976.3.23.	1990.4.10.	1990.7.10.
여성에 대한 모든 형태의 차별철폐에 관한 협약	1979.12.18.	1981.9.3.	1984.12.27.	1985.1.26.
고문 및 그 밖의 잔혹한·비인도적인 또는 굴욕적인 대우나 처벌의 방지에 관한 협약	1984.12.10.	1987.6.26.	1995.1.9.	1995.2.8.
아동의 권리에 관한 협약	1989.11.20.	1990.9.2.	1991.11.20.	1991.12.20.
모든 이주노동자와 그 가족의 보호에 관한 협약	1990.12.18.	2003.7.1.	미가입	
강제실종된 모든 사람의 보호에 관한 협약	2006.12.20.	2010.12.23.	2022.12.8.	2023.2.3.
장애인의 권리에 관한 협약	2006.12.13.	2008.5.3.	2008.12.11.	2009.1.10.

출처: 외교부(2024)의 국제인권규범, 국가인권위원회(2024)의 국제인권규범 내용을 바탕으로 재구성(UN 채택일 순).

규약(B규약)은 세계인권선언과 함께 '국제인권장전International Bill of Human Rights'으로 불리고 있다.

한국은 9대 국제인권규약 중 8개에만 가입되어 있다. 이주노동자권리협약은 아직 체약국締約國이 아니다. 여덟 번째로 가입한 국제인권규약은 강제실종방지협약이었다. 2022년 6월 국무회의에서 강제실종방지협약 가입을 심의하고 의결하였는데, "강제실종방지협약 가입 추진은 국가에 의한 강제실종범죄를 방지하고 처벌하여 인권존중을 증진하고, 국제사회에서 국가신인도를 제고하는 데 의미가 있"다고 하였다(관계부처합동, 2022). 강제실종방지협약은 2022년 12월 8일 국회 본회의를 통과하였다. 이제 이주노동자권리협약만 남았다.

인종차별철폐협약

인종차별철폐협약은 1965년 12월 21일 UN에서 채택되었고, 우리나라에서는 1979년 1월 4일부터 적용되고 있다. 인종차별철폐협약은 전문과 3부 25조로 구성되어 있다. 전문에서는 국제연합헌장과 세계인권선언에서 선포

된 만인의 존엄과 평등 정신을 구현하고, 특히 1963년 11월 20일자 모든 형태의 인종차별 철폐에 관한 국제연합 선언[총회결의 1904(XVIII)]을 통해 전 세계에서 모든 인종차별을 신속히 철폐하고 인간의 존엄성에 대한 이해와 존중을 확보할 필요성을 강조했던 것을 다시 한번 명시하고 있다. 주요 조항들을 보면, 인종차별의 정의(제1조), 인종차별 철폐와 인종 간의 이해증진 정책(제2조), 인종 분리와 '남아프리카의 인종차별정책' 규탄 및 근절(제3조), 어떤 인종이나 특정 피부색 또는 특정 종족의 기원을 가진 인간의 집단이 우수하다는 관념 또는 이론에 근거를 두고 있거나, 인종적 증오와 차별을 정당화하거나 증진하려고 시도하는 모든 선전과 모든 조직을 규탄 및 근절(제4조), 인종, 피부색 또는 민족이나 종족과 관계없이 만인은 법 앞에 평등(제5조) 등을 규정하고 있다.

경제적·사회적·문화적 권리에 관한 국제규약(A규약)

경제적·사회적·문화적 권리에 관한 국제규약(A규약)은 1966년 12월 16일 UN에서 채택되었고, 우리나라에서는 1990년 7월 10일부터 적용되고 있다. A규약은 사회권규약이라고도 부르는데, 전문과 5부 31조로 구성되어 있다. 주요 조항들을 보면, 자기결정권self-determination(제1조), 당사국의 이행의무(제2조의 1), 차별금지(제2조의 2), 남녀평등(제3조), 조약의 제한범위(제4조 및 제5조), 노동권(제6조), 공정하고 유리한 노동조건(제7조), 노동조합 결성권(제8조), 사회보장권(제9조), 가정의 보호(제10조), 적절한 생활수준을 누릴 권리(제11조), 신체적 및 정신적 건강권(제12조), 교육권(제13조), 초등 무상의무교육(제14조), 문화생활에 참여할 권리, 과학의 진보 및 응용으로부터 이익을 향유할 권리(제15조) 등을 규정하고 있다.

시민적·정치적 권리에 관한 국제규약(B규약)

시민적·정치적 권리에 관한 국제규약(B규약)은 1966년 12월 16일 UN에서 채택되었고, 우리나라에서는 1990년 7월 10일부터 적용되고 있다. B규약은 자유권규약이라고도 부르는데, 전문과 6부 53조로 구성되어 있다. 주요 조항들을 보면, 자기결정권(제1조), 차별금지(제2조의 1), 남녀평등(제3

경제적 · 사회적 · 문화적 권리에 관한 국제규약(A규약) 및
시민적 · 정치적 권리에 관한 국제규약(B규약) 전문

이 규약의 당사국은 국제연합헌장에 선언된 원칙에 따라 인류사회의 모든 구성원의 고유의 존엄성 및 평등하고 양도할 수 없는 권리를 인정하는 것이 세계의 자유, 정의 및 평화의 기초가 됨을 고려하고, 이러한 권리는 인간의 고유한 존엄성으로부터 유래함을 인정하며, 세계인권선언에 따라 시민적, 정치적 자유 및 공포와 결핍으로부터의 자유를 향유하는 자유인간의 이상은 모든 사람이 자신의 경제적, 사회적 및 문화적 권리뿐만 아니라 시민적 및 정치적 권리를 향유할 수 있는 여건이 조성되는 경우에만 성취될 수 있음을 인정하며, 인권과 자유에 대한 보편적 존중과 준수를 촉진시킬 국제연합헌장상의 국가의 의무를 고려하며, 타 개인과 자기가 속한 사회에 대한 의무를 지고 있는 개인은, 이 규약에서 인정된 권리의 증진과 준수를 위하여 노력하여야 할 책임이 있음을 인식하여, 다음의 조문들에 합의한다.

조), 조약의 제한범위(제5조), 생명권(제6조), 고문, 비인도적인 또는 굴욕적인 취급 또는 형벌, 의학적 또는 과학적 실험 금지(제7조), 노예제도 및 노예매매 금지(제8조), 신체의 자유와 안전에 대한 권리(제9조), 자유를 박탈당한 모든 사람의 인간의 고유한 존엄성 보장(제10조), 이동의 자유 및 거주의 자유에 관한 권리(제12조), 외국인 추방 제한(제13조), 재판에서의 평등(제14조), 사생활, 가정, 주거 또는 통신 간섭 금지(제17조), 사상, 양심 및 종교의 자유(제18조), 표현의 자유(제19조), 평화적인 집회의 권리(제21조) 등을 규정하고 있다.

여성차별철폐협약

여성차별철폐협약은 1979년 12월 18일 UN에서 채택되었고, 우리나라에서는 1985년 1월 26일부터 적용되고 있다. 여성차별철폐협약은 전문과 6부 30조로 구성되어 있다. 전문에서는 국제연합헌장과 세계인권선언에서 선포된 남녀평등권과 성에 따른 차별 금지의 정신 구현을 강조하고 있다. 주요 조항들을 보면, 여성차별의 정의(제1조), 당사국이 취해야 할 조치(제2조), 모

성에 대한 적절한 이해와 자녀의 양육과 발전에 있어서 남녀의 공동책임에 대한 인식(제5조), 정치적 및 공적 생활에서 여성에 대한 차별 철폐(제7조), 여성이 남성과 동등한 조건으로 차별없이 국제기구의 업무에 참여할 기회 확보(제8조), 교육 분야에서 여성에게 남성과 동등한 권리 부여(제10조), 고용 분야에서 남녀평등의 기초 위에 동일한 권리 부여(제11조) 등을 규정하고 있다.

고문방지협약

고문방지협약은 1984년 12월 10일 UN에서 채택되었고, 우리나라에서는 1995년 2월 8일부터 적용되고 있다. 고문방지협약은 전문과 3부 33조로 구성되어 있다. 전문에서는 국제연합헌장 제55조 "인권 및 기본적 자유에 대한 보편적 존중" 및 세계인권선언의 제5조 "고문 및 잔혹한 비인도적인 또는 굴욕적인 대우나 처벌 대상이 되어서는 안 된다"라고 규정한 정신을 강조하고 있다. 주요 조항들을 보면, 고문의 정의(제1조), 당사국의 고문행위 방지를 위한 실효적인 입법·행정·사법 조치(제2조), 고문받을 위험이 있는 국가로 개인을 추방·송환·인도 금지(제3조), 고문행위에 대한 형법상 처벌(제7조), 구금·심문에 관여할 수 있는 민간이나 군의 법 집행 요원·의료인·공무원에 대한 고문방지 교육(제8조) 등을 규정하고 있다.

아동권리협약

아동권리협약은 1989년 11월 20일 UN에서 채택되었고, 우리나라에서는 1991년 12월 20일부터 적용되고 있다. 아동권리협약은 전문과 6부 30조로 구성되어 있다. 전문에서는 국제연합헌장과 세계인권선언에서 선포된 '아동기에 특별한 보호와 원조를 받을 권리', 1924년 '아동권리에 관한 제네바선언'과 1959년 11월 20일 총회에 의하여 채택된 '아동권리선언'의 정신을 구현할 것을 강조하고 있다. 주요 조항들을 보면, 아동에 대한 정의(제1조), 아동·부모·후견인의 신분 등에 따른 차별 금지(제2조), 공공 또는 민간 사회복지기관, 법원, 행정당국, 입법기관 등에 의하여 실시되는 아동에 관한 모든 활동에 있어서 아동의 최선의 이익을 최우선적으로 고려(제3조), 모든 아동이 생명에 관한 고유의 권리 보유 및 아동의 생존과 발전 보장(제6조), 출생

후 즉시 등록, 출생 시부터 성명권과 국적취득권 보유, 자신의 부모를 알고 부모에 의하여 양육받을 권리(제7조), 불법 해외이송 및 미귀환 퇴치(제11조), 자신의 견해를 형성할 능력이 있는 아동에 대하여 본인에게 영향을 미치는 모든 문제에 있어서 자신의 견해를 자유롭게 표시할 권리(제11조), 표현에 대한 자유권(제13조), 사상·양심·종교의 자유에 대한 권리(제14조), 결사의 자유와 평화적 집회의 자유에 대한 권리(제15조), 사생활, 가족, 가정, 또는 통신 간섭 금지(제16조), 사회적·정신적·도덕적 복지와 신체적·정신적 건강의 향상을 목적으로 하는 정보와 자료에 대한 접근권(제17조) 등을 규정하고 있다.

이주노동자권리협약

이주노동자권리협약은 1990년 12월 18일 UN에서 채택되었고, 우리나라는 아직 미가입 중이다. 이주노동자권리협약은 전문과 9부 93조로 구성되어 있다. 전문에서는 국제연합헌장, 세계인권선언, 국제노동기구의 권고와 조약들에서 명시된 보편적 인권과 인종차별철폐, 여성차별철폐, 어린이의 권리를 강조하고 있다. 주요 조항들을 보면, 이주노동자와 그 가족의 정의와 범위(1~6조), 이주노동자에 대한 차별금지와 평등대우(7조), 부적법 상태 하에 있는 노동자를 포함한 모든 이주노동자의 권리(8~35조), 적법 상태 하에 있는 노동자의 권리(36~56조), 국경 노동자 등 특정 분야 노동자의 권리(57~63조) 등이다. 12월 18일은 UN이 정한 '세계 이주민의 날International Migrants Day'인데, 각국 이주노동자와 이주민 가족의 인권을 자국민과 동등하게 보호하자는 취지로 2000년 4월에 제정되었다(외교부, 2024).

강제실종방지협약

강제실종방지협약은 2006년 12월 20일 UN에서 채택되었고, 우리나라에서는 2023년 2월 3일부터 적용되고 있다. 강제실종방지협약은 전문과 3부 44조로 구성되어 있다. 전문에서는 국제연합헌장과 세계인권선언에서 강조된 인권과 기본권에 대한 보편적인 존중, 인권, 인도법人道法 및 국제형사법에서 규정하고 있는 모든 사람에 대한 보호, 1992년 12월 18일 UN 총회에서 채택된 '강제실종된 모든 사람의 보호에 관한 선언'(제47/133호)을 강조하고 있다. 주요 조항들을 보면 전쟁이나 내전과 같은 어떠한 경우라도 강제 실종되지 않아야 하는 원칙(제1조), 강제실종에 대한 정의(제2조), 당사국의 의무(제3조), 형사처벌을 위한 조치(제6조), 심각성에 비례한 강제실종 범죄에 대한 적절한 시효(제8조) 등이다.

장애인권리협약

장애인권리협약은 2006년 12월 13일 UN에서 채택되었고, 우리나라에서는 2009년 1월 10일부터 적용되고 있다. 장애인권리협약은 전문과 50조로 구성되어 있다. 전문에서는 국제연합헌장과 세계인권선언에서 "모든 인간은 어떠한 종류의 차별도 받지 않고 그 안에 규정된 모든 권리와 자유를 누릴 자격이 있다"고 선언하였음을 강조하고 있다. 주요 조항들을 보면, 목적(제1조), 장애로 인한 차별 등에 대한 정의(제2조), 일반 원칙(천부적인 존엄성, 선택의 자유를 포함한 개인의 자율성 및 자립에 대한 존중, 비차별, 완전하고 효과적인 사회 참여 및 통합, 장애가 갖는 차이에 대한 존중과 인간의 다양성 및 인류의 한 부분으로서의 장애인의 인정, 기회의 균등, 접근성, 남녀의 평등, 장애아동의 점진적 발달능력 및 정체성 유지 권리에 대한 존중)(제3조), 당사국의 의무(제4조), 평등 및 비차별(제5조), 장애여성(제6조), 장애아동(제7조), 인식 제고(제8조), 접근성(제9조), 생명권(제10조), 위험상황과 인도적 차원의 긴급사태(제11조), 법 앞의 동등한 인정(제12조), 사법에 대한 접근(제13조), 신체의 자유 및 안전(제14조), 고문 또는 잔혹한, 비인도적이거나 굴욕적인 대우나 처벌로부터의 자유(제15조), 착취, 폭력 및 학대로부터의 자유(제16조), 개인의 완전한 보호(제17조) 등이다.

4) 사회보장협정

(1) 사회보장협정의 이해

사회보장협정이란 사회보장급여 수급권을 보장하기 위하여 체결하는 정부 간의 협정이다. 노동의 세계화로 한국의 노동자가 타국으로 나가 일하기도 하고, 수많은 외국인이 한국에 들어와 일하기도 한다. 이때 사회보험은 어떤 국가에 가입해야 하는지, 사회보험료는 어떤 국가에 납부해야 하는지, 사회보험 급여는 어떤 국가로부터 받아야 하는지 등의 문제가 발생한다. 이러한 문제들을 해결하기 위하여 사회보장협정을 체결하는 것이다.

모든 국가의 사회보험제도가 동일하다면 국가 간에 협정을 체결할 필요는 없지만, 사회보험제도는 국가마다 각양각색이다. 협정 체결국 간 사회보험제도가 서로 다르기 때문에, 이것을 상호 조정하기 위하여 사회보장협정을 체결하는 것이다. 사회보장협정은 협정 체결국 간에 사회보장 분야를 규율하는 조약으로서 협정이 발효되면 국내법과 같은 효력을 갖게 된다.

(2) 사회보장협정의 혜택

사회보장협정을 맺는 사회보장 분야는 대표적으로 국민연금제도이다. 사회보장협정이 체결되면 양국 국민들은 다양한 혜택을 받게 되는데, 대표적으로 보험료 면제, 가입기간 합산, 동등 대우, 급여 송금 보장 등이 있다(국민연금공단, 2024).

첫째, 보험료 면제 또는 이중가입 면제 혜택이다. 우리나라 노동자가 해외에 파견되거나, 한국에 거주하지만 일정 기간 동안 해외에서 자영 활동을 하는 경우, 상대국에 사회보험료를 납부해야 하는 경우가 발생한다. 이때 양국 간의 협정에 따라 상대국 보험료를 면제받을 수 있도록 한다. 예를 들어 한국인이 체코에 파견되어 근로하는 경우, 체코 정부에 사회보험료를 납부하지 않고 면제를 받는 대신, 한국 정부에만 사회보험료를 납부하는 방식이다. 주로 출신국의 사회보험제도에만 가입하고 상대국 사회보험제도 가입은 면제받음으로써 중복가입에 따른 사회보험료 부담을 경감시킬 수 있다.

둘째, 가입기간 합산이다. 이 제도는 외국으로 이민을 가거나 장기 체류하여 양국 간의 연금 가입기간이 분리되는 것을 방지하기 위한 혜택이다. 한마디로 양국에서의 연금 가입기간을 합산하는 것이다. 연금 가입기간이 분리되어 있는 사람이 최소가입기간 부족으로 연금을 받지 못할 수도 있는데, 이러한 상황을 방지하기 위한 혜택이다. 연금수급권을 결정할 때 양국 가입기간을 합산하여 결정하기 때문이다. 예를 들어 한국에서 5년간 국민연금제도에 가입했던 사람이 브라질에 이민 가서 장기 체류하는 동안 브라질 연금보험에 5년간 가입한 이후, 귀국하였다고 하자. 이때 양국 사회보험 가입기간을 합산하면 10년이 되어, 한국의 국민연금 수급을 위한 최소가입기간 10년을 충족하게 된다. 결국 이 가입자는 연금수급권을 갖는다. 이렇게 가입기간을 합산함으로써 연금수급권을 얻을 수 있는 혜택을 받고, 가입기간도 합산되니 급여수준도 올라가, 보다 나은 노후생활이 가능하게 된다.

셋째, 동등 대우이다. 양국 간에 사회보장협정이 체결되는 경우, 연금 수급권 취득이나 급여지급 등 법 적용에 있어서 상대국 국민과 동등한 대우를 받는 혜택이다. 양국 국민에 대한 동등대우를 통해 외국 거주자의 연금수급 기회가 확대될 수 있다.

넷째, 급여 송금 보장이다. 연금급여가 해외로 제한 없이 송금될 수 있도록 함으로써, 상대국에 거주하는 경우에도 급여를 삭감하지 않고 지급하는 것이다. 각종 수수료나 해외에 거주하고 있다는 이유로 더 낮은 연금을 지급하지 않는다.

(3) 사회보장협정의 체결 현황

우리나라는 2025년 2월 기준 42개 협정 발효 국가와 1개 협정 미발효 국가를 포함하여 총 43개국과 사회보장협정을 체결한 상황이다(외교부, 2024). 사회보장협정은 보험료 면제협정과 가입기간 합산협정으로 구분되는데, 국가 간 상호 합의에 따라 적용범위에서 차이가 있다. 예를 들어 이란과는 보험료 면제협정만 체결하고 있고, 뉴질랜드와는 가입기간 합산협정만 체결하고 있으며, 캐나다와는 보험료 면제협정과 가입기간 합산협정을 모두 체결하고 있다.

표 2-4 사회보장협정 체결 현황

구분	국가	진행 상황	협정 형태	상대국 실무 기관 및 웹사이트
협정발효	이란	1977.5.11. 서명 1978.6.10. 발효	보험료 면제협정	사회보장청 (www.tamin.ir)
	캐나다	1997.1.10. 서명 1999.5.1. 발효	가입기간 합산협정 (보험료 면제 포함)	서비스캐나다 (www.servicecanada.ca)
	영국	1999.4.20. 서명 2000.8.1. 발효	보험료 면제협정	국세청 (www.hmrc.gov.uk)
	미국	2000.3.13. 서명 2001.4.1. 발효	가입기간 합산협정 (보험료 면제 포함)	사회보장청 (www.ssa.gov)
	독일	2000.3.10. 서명 2003.1.1. 발효	가입기간 합산협정 (보험료 면제 포함)	독일연방연금보험공단 (www.deutsche-rentenversi-cherung.de)
	네덜란드	2002.7.3. 서명 2003.10.1. 발효	보험료 면제협정	사회보험은행 (www.svb.nl)
	일본	2004.2.17. 서명 2005.4.1. 발효	보험료 면제협정	일본연금기구 (www.nenkin.go.jp)
	이탈리아	2000.3.3. 서명 2005.4.1. 발효	보험료 면제협정	국가사회보장청 (www.inps.it)
	우즈베키스탄	2005.5.10. 서명 2006.5.1. 발효	보험료 면제협정	예산외연금기금 (www.pfru.uz)
	몽골	2006.5.8. 서명 2007.3.1. 발효	보험료 면제협정	국가사회보험청 (www.ndaatgal.mn)
	헝가리	2006.5.12. 서명 2007.3.1. 발효	가입기간 합산협정 (보험료 면제 포함)	헝가리정부재무부 (www.allamkincstar.gov.hu)
	프랑스	2004.12.6. 서명 2007.6.1. 발효	가입기간 합산협정 (보험료 면제 포함)	사회보장 유럽 및 국제 연락사무소 (www.cleiss.fr)
	호주	2006.12.6. 서명 2008.10.1. 발효	가입기간 합산협정 (보험료 면제 포함)	센터링크 (www.centrelink.gov.au)
	체코	2007.12.14. 서명 2008.11.1. 발효	가입기간 합산협정 (보험료 면제 포함)	체코사회보장청 (www.cssz.cz)
	아일랜드	2007.10.31. 서명 2009.1.1. 발효	가입기간 합산협정 (보험료 면제 포함)	사회가정부 (www.welfare.ie)
	벨기에	2005.7.5. 서명 2009.7.1. 발효	가입기간 합산협정 (보험료 면제 포함)	국가사회보장청 (www.onssrszlss.fgov.be) 국가연금청 (www.sfpd.fgov.be)

구분	국가	진행 상황	협정 형태	상대국 실무 기관 및 웹사이트
협정발효	폴란드	2009.2.25. 서명 2010.3.1. 발효	가입기간 합산협정 (보험료 면제 포함)	사회보험기관 (www.zus.pl)
	슬로바키아	2009.2.9. 서명 2010.3.1. 발효	가입기간 합산협정 (보험료 면제 포함)	사회보험공단 (www.socpoist.sk)
	불가리아	2008.10.30. 서명 2010.3.1. 발효	가입기간 합산협정 (보험료 면제 포함)	국가사회보장기관 (www.nssi.bg)
	루마니아	2008.9.11. 서명 2010.7.1. 발효	가입기간 합산협정 (보험료 면제 포함)	국가연금 및 사회보험원 (www.cnpp.ro)
	오스트리아	2010.1.23. 서명 2010.10.1. 발효	가입기간 합산협정 (보험료 면제 포함)	오스트리아 연금보험공단 (www.pensionsversicherung.at)
	덴마크	2010.3.11. 서명 2011.9.1. 발효	가입기간 합산협정 (보험료 면제 포함)	연금지급청 (www.atp.dk)
	인도	2010.10.19. 서명 2011.11.1. 발효	가입기간 합산협정 (보험료 면제 포함)	근로자적립금고 (www.epfindia.com)
	중국(개정협정)	2012.10.29. 서명 2013.1.16. 발효 2003.2.28. 잠정조치 협정발효 2013.1.17. 종료	보험료 면제협정	사회보험관리중심 (www.mohrss.gov.cn) 사회보험관리중심 (www.mohrss.gov.cn)
	스페인	2011.7.14. 서명 2013.4.1. 발효	가입기간 합산협정 (보험료 면제 포함)	국가사회보장기관 (www.seg-social.es)
	터키	2012.8.1. 서명 2015.6.1. 발효	가입기간 합산협정 (보험료 면제 포함)	사회보장기구 (www.sgk.gov.tr)
	스웨덴	2013.9.9. 서명 2015.6.1. 발효	가입기간 합산협정 (보험료 면제 포함)	연금청 (www.pensionsmyndigheten.es) 사회보험청 (www.forsakringskassan.es)
	스위스	2014.1.20. 서명 2015.6.1. 발효	보험료 면제협정	보상기금 (www.zas.admin.ch)
	브라질	2012.11.22. 서명 2015.11.1. 발효	가입기간 합산협정 (보험료 면제 포함)	국가사회보험청 (www.inss.gov.br)
	핀란드	2015.9.9. 서명 2017.2.1. 발효	가입기간 합산협정 (보험료 면제 포함)	핀란드 연금센터 (www.etk.fi)
	칠레	2015.4.22. 서명 2017.2.1. 발효	보험료 면제협정	연금감독청 (www.safp.cl)

구분	국가	진행 상황	협정 형태	상대국 실무 기관 및 웹사이트
협정발효	퀘벡	2015.11.24. 서명 2017.9.1. 발효	가입기간 합산협정 (보험료 면제 포함)	퀘벡 연금공단 (www.retraitequebec.gouv.qc.ca)
	페루	2017.3.2. 서명 2019.1.1. 발효	가입기간 합산협정 (보험료 면제 포함)	노동고용촉진부 (www.trabajo.gob.pe) 사적연금기금관리기관 (www.sbs.gob.pe) 연금표준화국 (www.onp.gob.pe)
	룩셈부르크	2018.3.1. 서명 2019.9.1. 발효	가입기간 합산협정 (보험료 면제 포함)	국가연금보험기금 (www.cnap.lu)
	슬로베니아	2018.2.20. 서명 2019.10.1. 발효	가입기간 합산협정 (보험료 면제 포함)	연금장애보험공단 (www.zpiz.si) 건강보험공단 (www.zzzs.si)
	크로아티아	2018.12.18. 서명 2019.11.1. 발효	가입기간 합산협정 (보험료 면제 포함)	크로아티아 연금보험기관 (www.mirovinsko.hr)
	우루과이	2019.7.9. 서명 2021.11.1. 발효	가입기간 합산협정 (보험료 면제 포함)	사회보장은행 (www.bps.gub.uy)
	뉴질랜드	2019.10.29. 서명 2022.3.1. 발효	가입기간 합산협정	사회개발부 (www.workandincome.govt.nz)
	베트남	2021.12.14. 서명 2024.1.1. 발효	가입기간 합산협정 (보험료 면제 포함)	베트남사회보장공단 (vss.gov.vn)
	필리핀	2019.11.25. 서명 2024.4.1. 발효	가입기간 합산협정 (보험료 면제 포함)	사회보장청 (www.sss.gov.ph)
	노르웨이	2019.6.13. 서명 2024.6.1. 발효	가입기간 합산협정 (보험료 면제 포함)	노동복지청 (www.nav.no)
	아르헨티나	2018.11.27. 서명 2025.2.1. 발효	가입기간 합산협정 (보험료 면제 포함)	국가사회보장청 (www.anses.gob.ar)
협정서명	모로코	2024.6.2. 서명 미발효	가입기간 합산협정 (보험료 면제 포함)	국가사회보장기금 (www.cnss.ma)

자료: 국민연금공단(2025)의 사회보장협정 개요: 협정 체결국 현황

국가인권위원회의 사이버 인권강좌 수강하기

- 국가인권위원회에서 운영하는 인권교육센터 홈페이지(https://edu.human-rights.go.kr/academy/main/main.do)에서 다양한 사이버 인권강좌를 수강할 수 있다.

- 국가인권위원회에서는 인권 관련 법령을 3개로 규정하고 있다. 그것들은 고용상 연령차별금지 및 고령자고용촉진에 관한 법률, 장애인 차별금지 및 권리구제 등에 관한 법률, 행정심판법이다. 관련 법률을 읽어보고, 어떠한 인권 관련 조항들이 있는지 확인해 보자.

- 주요 사이버 강좌는 사회복지분야 인권교육 연수과정, 군인 인권의 이해, 기업과 인권, 노인 인권의 이해, 사례로 보는 인권경영, 사회복지와 인권, 성차별 예방교육, 성희롱 예방교육, 세계인권선언, 스포츠와 인권, 신행정과 인권, 알기 쉬운 인권상담, 유엔아동권리협약의 이해, 이주민과 인권, 인권경영의 이해, 인권과 함께 하는 사회복지, 인권위원이 풀어주는 인권의 이해, 인권의 이해, 장애인차별금지법의 해설, 차별예방교육 등이 있다.

국가인권위원회 인권교육센터 홈페이지

개념정리

1 **사회복지 국제화의 배경** 20세기 두 차례의 세계대전에 따른 인권 훼손, 노동의 세계화와 그에 따른 사회문제의 발생, 국제적인 노동조합의 사회복지운동에서 찾을 수 있다.

2 **사회복지 국제선언 관련 국제기구** 국제연합(UN), 국제노동기구(ILO), 세계보건기구(WHO), 국제사회보장협회(ISSA), 국제사회복지협의회(ICSW), 유럽협의회(CE) 등이 있다.

3 **사회보장에 관한 대표적인 국제조약 및 국제선언** 대서양헌장(1941), 필라델피아 선언(1944), 세계인권선언(1948), 사회보장최저기준조약(1952), 국제인권규약(1966)이 있다.

4 **UN의 9대 국제인권규약** 인종차별철폐협약(1965), 경제적·사회적·문화적 권리에 관한 국제규약(A규약)(1966), 시민적·정치적 권리에 관한 국제규약(B규약)(1966), 여성차별철폐협약(1979), 고문방지협약(1984), 아동권리협약(1989), 이주노동자권리협약(1990), 강제실종방지협약(2006), 장애인권리협약(2006)이 있다.

5 **사회보장협정** 사회보장급여 수급권을 보장하기 위하여 체결하는 정부 간의 협정이다.

6 **사회보장협정의 주요 혜택** 보험료 면제, 가입기간 합산, 동등 대우, 급여 송금 보장이다.

3. 기본권

1) 헌법상의 기본권

헌법상의 기본권이란 헌법에서 명시한 기본적 권리라고 정의할 수 있다. 앞서 배웠던 인권을 헌법적으로 명시한 것이다. 달리 말하면 기본권은 헌법이 인정하는 기본적 권리라고 할 수 있다.

그렇다면 왜 인권을 헌법상의 기본권으로 규정한 것일까? 그것은 인권의 개념이 상대적이고 주관적이며 때로는 정치적으로 해석될 여지가 있어서, 모든 국민에게 동일하게 적용하기 어렵기 때문이다. 즉 '헌법으로 명문화될 때' 모든 국민에게 평등한 적용이 가능하다. 우리나라 헌법에서 명시하고 있는 주요 기본권은 포괄적 기본권, 평등권, 자유권(자유권적 기본권), 경제권(경제적 기본권), 정치권(정치적 기본권), 청구권(청구권적 기본권), 사회권(사회적 기본권)이 있다.

포괄적 기본권에서는 인간으로서의 존엄과 가치, 행복추구권, 국가의 기본권 보장 의무를 명시하고 있다. 평등권에서는 법 앞의 평등과 차별 금지를 규정하고 있다. 이때 차별 금지 규정은 "성별·종교 또는 사회적 신분에 의하여 정치적·경제적·사회적·문화적 생활의 모든 영역에 있어서"의 차별로서, 포괄적으로 명시되어 있다. 자유권은 다른 기본권에 비해 다양한데, 신체의 자유, 거주·이전의 자유, 직업선택의 자유, 주거의 자유, 사생활의 자유, 통신

표 2-5 헌법상의 기본권

구분	조항	내용
포괄적 기본권	제10조	인간으로서의 존엄과 가치, 행복추구권, 국가의 불가침의 기본권 보장 의무
평등권	제11조	법 앞의 평등과 차별 금지
자유권(자유권적 기본권)	제12조	신체의 자유
	제14조	거주·이전의 자유
	제15조	직업선택의 자유
	제16조	주거의 자유
	제17조	사생활의 자유
	제18조	통신비밀의 자유
	제19조	양심의 자유
	제20조	종교의 자유
	제21조	언론·출판·집회·결사의 자유
	제22조	학문과 예술의 자유
경제권(경제적 기본권)	제23조	재산권
정치권(정치적 기본권)	제24조	선거권
	제25조	공무담임권
청구권(청구권적 기본권)	제26조	청원권
	제27조	재판청구권
	제28조	국가보상청구권
	제29조	국가배상청구권
사회권(사회적 기본권)	제31조	교육권
	제32조	노동권
	제33조	노동3권
	제34조	인간다운 생활을 할 권리
	제35조	건강권, 환경권, 주거권
	제36조	양성평등권, 모성보호권, 보건권

대한민국헌법에 사회복지사 윤리강령이 있다!

대한민국헌법 전문	사회복지사 윤리강령 전문
유구한 역사와 전통에 빛나는 우리 대한국민은 3·1운동으로 건립된 대한민국임시정부의 법통과 불의에 항거한 4·19민주이념을 계승하고, 조국의 민주개혁과 평화적 통일의 사명에 입각하여 정의·인도와 동포애로써 민족의 단결을 공고히 하고, 모든 사회적 폐습과 불의를 타파하며, 자율과 조화를 바탕으로 자유민주적 기본질서를 더욱 확고히 하여 정치·경제·사회·문화의 모든 영역에 있어서 각인의 기회를 균등히 하고, 능력을 최고도로 발휘하게 하며, 자유와 권리에 따르는 책임과 의무를 완수하게 하여, 안으로는 국민생활의 균등한 향상을 기하고 밖으로는 항구적인 세계평화와 인류공영에 이바지함으로써 우리들과 우리들의 자손의 안전과 자유와 행복을 영원히 확보할 것을 다짐하면서 1948년 7월 12일에 제정되고 8차에 걸쳐 개정된 헌법을 이제 국회의 의결을 거쳐 국민투표에 의하여 개정한다.	사회복지사는 인본주의·평등주의 사상에 기초하여, 모든 인간의 존엄성과 가치를 존중하고 천부의 자유권과 생존권의 보장활동에 헌신한다. 특히 사회적·경제적 약자들의 편에 서서 사회정의와 평등·자유와 민주주의 가치를 실현하는데 앞장선다. 또한 도움을 필요로 하는 사람들의 사회적 지위와 기능을 향상시키기 위해 저들과 함께 일하며, 사회제도 개선과 관련된 제반 활동에 주도적으로 참여한다. 사회복지사는 개인의 주체성과 자기결정권을 보장하는데 최선을 다하고, 어떠한 여건에서도 개인이 부당하게 희생되는 일이 없도록 한다. 이러한 사명을 실천하기 위하여 전문적 지식과 기술을 개발하고, 사회적 가치를 실현하는 전문가로서의 능력과 품위를 유지하기 위해 노력한다. 이에 우리는 클라이언트·동료·기관 그리고, 지역사회 및 전체사회와 관련된 사회복지사의 행위와 활동을 판단·평가하며 인도하는 윤리기준을 다음과 같이 선언하고 이를 준수할 것을 다짐한다.

헌법 전문에 명시된 사회적 가치들은 사회복지사 윤리강령 전문에 드러나 있다. 각각 살펴보면, '4.19민주이념'과 '민주개혁'은 '민주주의'로, '정의'는 '사회정의'로, '인도'는 '인본주의'로, '사회적 폐습과 불의를 타파'는 '사회제도 개선'으로, '자율'과 '자유'는 '천부의 자유권', '자유', '주체성과 자기결정권'으로, '각인의 기회를 균등히'와 '국민생활의 균등한 향상'은 '평등주의 사상'과 '평등'으로, '국민생활'은 '생존권'으로 연결되어 있다. 다만 헌법 전문에 명시된 평화적 통일, 세계평화, 인류공영은 사회복지사 윤리강령 전문에는 없다.

대한민국헌법 전문	사회복지사 윤리강령 전문
4.19민주이념, 민주개혁	민주주의
정의	사회정의
인도	인본주의
사회적 폐습과 불의 타파	사회제도 개선
자율, 자유	천부의 자유권, 자유, 주체성과 자기결정권
권리, 국민생활	생존권
기회의 균등, 국민생활의 균등한 향상	평등주의 사상, 평등

비밀의 자유, 양심의 자유, 종교의 자유, 언론·출판·집회·결사의 자유, 학문과 예술의 자유가 있다. 경제권으로서 재산권의 보장을 규정하고 있다. 정치권은 정치참여의 권리로서 선거권과 공무담임권을 명시하고 있다. 청구권으로는 청원권, 재판청구권, 국가보상청구권, 국가배상청구권이 있다. 사회권으로는 교육권, 노동권, 노동3권, 인간다운 생활을 할 권리, 건강권, 환경권, 주거권, 양성평등권, 모성보호권, 보건권이 있다.

2) 사회적 기본권

기본권 중 사회적 기본권을 더 알아보자. 독일의 바이마르 공화국 헌법(1919년) 제151조에서는 "경제생활의 질서는 모든 사람에게 인간다운 생활을 보장해주기 위해 정의의 원칙에 합치하지 않으면 아니된다"라고 규정하였다. 세계 최초로 사회적 기본권을 헌법에 명시한 것이다. 이후 제2차 세계대전이 끝나고, 프랑스, 이탈리아, 일본 등 각국의 헌법에 반영되었고, 세계인권선언, 유럽사회헌장 등 국제선언에서도 계승되었다.

사회적 기본권, 즉 사회권은 사회복지법과 직접적으로 관련된다. 협의적 의미로 사회복지를 규정할 때, 인간다운 생활을 할 권리(헌법 제34조)를 사회권이라고 규정할 수 있다. 광의적 의미로 사회복지를 규정할 때, 인간다운 생활을 할 권리뿐만 아니라 교육권(제31조), 노동권(제32조), 노동3권(단결권, 단체교섭권, 단체행동권)(제33조), 건강권, 환경권, 주거권(제35조), 양성평등권, 모성보호권, 보건권(제36조)까지 포괄하여 사회권적 기본권이라고 규정할 수 있다.

여기에서 헌법 제34조의 내용을 보다 구

1918년 11월 9일, 독일 사회민주당의 정치인인 필리프 샤이데만(초대 총리)이 의사당 발코니에서 새로운 체제를 선포하고 있다. 바이마르 공화국은 1919년부터 1933년까지 존속한 독일의 공화국 체제를 일컫는다.

표 2-6 인간다운 생활을 할 권리(헌법 제34조)의 세부 조항

조항	내용	조문
제1항	국민의 권리	모든 국민은 인간다운 생활을 할 권리를 가진다.
제2항	국가의 의무	국가는 사회보장·사회복지의 증진에 노력할 의무를 진다.
제3항	여성에 대한 국가의 의무	국가는 여자의 복지와 권익의 향상을 위하여 노력하여야 한다.
제4항	노인과 청소년에 대한 국가의 의무	국가는 노인과 청소년의 복지향상을 위한 정책을 실시할 의무를 진다.
제5항	국가의 보호 대상	신체장애자 및 질병·노령 기타의 사유로 생활능력이 없는 국민은 법률이 정하는 바에 의하여 국가의 보호를 받는다.
제6항	재해 예방과 보호에 대한 국가의 의무	국가는 재해를 예방하고 그 위험으로부터 국민을 보호하기 위하여 노력하여야 한다.

체적으로 살펴보자. 보통 '인간다운 생활을 할 권리'라고 명명하는 헌법 제34조는 '복지권'이라고 부르기도 한다. 우리나라는 제3공화국 헌법(제5차 개헌, 1962.12.26. 전부개정, 1963.12.17. 시행) 제30조에서 '인간다운 생활을 할 권리'가 최초로 규정되었다.

헌법 제34조는 총 6개의 항으로 규정되어 있다. 제1항에서는 '인간다운 생활을 할 권리'를 국민의 권리로 규정하고 있다. 이때 간과되어서는 안 될 용어는 '모든 국민'이다. 인간다운 생활을 할 권리는 특정한 계층에 국한된 것이 아닌 모든 국민에게 적용되는 보편주의적 특징을 갖는다. 제2항에서는 사회보장·사회복지 증진을 위한 국가의 의무를 명시하고 있다. 제3항에서는 여성의 복지와 권익 향상을 위한 국가의 의무, 제4항에서는 노인과 청소년의 복지향상을 위한 국가의 의무, 제5항에서는 장애, 질병, 노령 등으로 생활능력이 없는 국민을 위한 국가의 보호, 제6항에서는 재해 예방과 보호에 대한 국가의 의무를 규정하고 있다.

3) 사회적 기본권의 법적 성격

헌법상 사회적 기본권이 보장되는데, 어찌하여 우리 사회는 장애, 질병, 노령, 여성이라는 이유 때문에 인간다운 생활을 하지 못할까? 특히나 일부 계층을 위한 헌법이 아닌 '모든' 국민을 위한 헌법인데도 말이다. 이에 대한 논쟁이 있다. 헌법에서 규정하고 있는 사회적 기본권이 실체적 권리인지 형식적 권리인지, 바꾸어 말하면 진실로 실행한다는 것인지 말로만 약속한다는 것인지에 대한 논쟁이다. 이 논쟁은 프로그램 규정설과 법적 권리설로 구분된다.

(1) 프로그램 규정설

프로그램 규정설은 바이마르 공화국 헌법 이래 제기되어 왔다. 이 주장에 따르면, 사회권 보장에 대한 국가의 의무가 헌법에 '선언'된 것에 불과하다는 것이다. 국가의 입법 방침을 단순히 규정한 것에 불과하다는 의미로서 '입법방침설'이라고 부르기도 한다. 즉 실체적 권리가 아닌 형식적 권리일 뿐이다.

프로그램 규정설의 근거로는 첫째, 추상성이다. 헌법에서 인정하는 사회적 기본권이 추상적인 형태로 규정된 것이기 때문에, 사회적 기본권 보장에 대한 국가의 의무는 효력이 없다는 것이다. 둘째, 소송 불가이다. 사회적 기본권에 대한 실체가 없고 구체성이 결여되어 있다 보니, 사회적 기본권을 보장받지 못하였다고 하여, 소송을 통해 권리를 행사할 수 없다는 것이다. 셋째, 재원 부족이다. 모든 국민을 위한 사회적 기본권을 보장하기 위해서는 국가의 막대한 재원이 소요되어야 하는데, 재정능력에 대한 고려 없이 실행되기는 불가능하다는 것이다. 넷째, 사유재산제이다. 헌법 제23조 제1항에서는 사유재산을 보장하고 있다. 그런데 헌법상 사회적 기본권을 보장하기 위해서는 집합적 소유라는 경제적 전제조건이 마련되어야 하는데, 사유재산과 충돌할 수밖에 없다는 것이다(김문현, 1998: 8). 결국 프로그램 규정설에 따르면, 사회적 기본권은 법적 권리로서 인정되지 못한다.

표 2-7 사회적 기본권의 법적 성격

구분	프로그램 규정설	법적 권리설		
		추상적 권리설	불완전 구체적 권리설	구체적 권리설
권리 인정 수준	없음	약	중	강
국가를 상대로 한 청구 가능 여부	없음	없음	있음	있음

(2) 법적 권리설

법적 권리설은 프로그램 규정설과 대척점에 서 있다. 이 주장에 따르면, 사회권 보장에 대한 국가의 의무가 헌법에 명시되었기에, 사회적 기본권은 법적으로 규정되어 있는 구체적 권리라는 것이다. 즉 형식적 권리가 아닌 실체적 권리이다. 법적 권리설은 '사회적 기본권의 권리 인정 수준' 및 사회적 기본권을 보장받지 못할 경우 '개인이 국가를 상대로 한 청구 가능 여부'에 따라, 추상적 권리설, 구체적 권리설, 불완전 구체적 권리설로 구분된다.

먼저 추상적 권리설은 사회적 기본권이 법적 권리이기는 하나 추상적 수준에서만 권리가 인정된다는 주장이다. 국민은 법적 권리를 갖지만, 그 권리는 구체적인 권리가 될 수 없어서 사회권 보장 결여 시, 청구할 수 있는 권리는 부재하다는 입장이다.

다음으로 불완전 구체적 권리설은 사회적 기본권이 완전한 의미의 구체적 권리로 인정될 수는 없으나 적어도 청구권을 갖는다는 주장이다. 사회적 기본권의 구체성 측면에서는 불완전하지만, 청구권 측면에서는 완전하다고 이해할 수 있다.

마지막으로 구체적 권리설은 사회적 기본권이 법적 권리이므로 구체적 수준에서 국민은 권리를 보유한다는 주장이다. 국민은 구체적 권리를 갖기 때문에, 국가가 사회적 기본권 실현을 위한 법 제정 및 예산 배정 의무를 다하지 않는다면, 국민은 국가를 상대로 위법성에 대해 청구할 수 있는 권리를 갖는다는 입장이다.

종합하면 사회적 기본권의 권리 인정 수준은 구체적 권리설이 가장 강하며, 그 다음으로 불완전 구체적 권리설, 추상적 권리설 순으로 이해될 수 있다. 개인이 국가를 상대로 한 청구 가능 여부는 구체적 권리설과 불완전 구체적 권리설에서 가능하지만, 추상적 권리설에서는 불가능하다.

(3) 프로그램 규정설에 대한 평가

이렇듯 사회적 기본권의 법적 성격에 대하여 다양한 주장이 있는데, 어떤 입장을 취해야 할까? 다양한 기준에 의한 평가가 가능하겠지만, 앞서 프로그램 규정설의 근거로 제시된 4가지의 주장에 대하여 반박하는 것으로 평가를 대신하고자 한다.

첫째, 추상성에 대한 비판이다. 프로그램 규정설에서는 헌법에서 인정하는 사회적 기본권이 추상적이라고 하지만, 그렇지 않다. 헌법 제34조 제1항에서는 "모든 국민은 인간다운 생활을 할 권리를 가진다"라고 하여, 명백히 "권리를 가진다"라고 규정하고 있다(김재원·김운하, 2015: 60). 이미 헌법에서는 사회권에 대하여 명문화된 법적 구체성을 보유하고 있다.

둘째, 소송 불가에 대한 비판이다. 소송을 통해 권리를 행사할 수 없다고 하지만, 그렇지 않다. 현재 사회보장기본법 제9조(사회보장을 받을 권리)에 따르면, "모든 국민은 사회보장 관계 법령에서 정하는 바에 따라 사회보장급여를 받을 권리(이하 "사회보장수급권"이라 한다)를 가진다"라고 규정하고 있다. 이에 이의신청, 심사청구, 재심사청구, 행정심판, 행정소송을 통해 사회보장수급권을 구제받을 수 있는 법적·행정적 권리가 있다.

셋째, 재원 부족에 대한 비판이다. 사회적 기본권을 모든 국민에게 제공하기 위해서는 막대한 재원 소요가 필수적임에 동의한다. 그러나 국가의 재정정책과 그에 따른 예산 배정에 대하여, 헌법은 구속력을 갖는다. 재원 부족이 초점이 아니라 재원 용처, 즉 돈을 어떻게 쓸 것인가가 중요하다. 부의 재분배는 복지국가의 존재 이유이며 덕목이기 때문이다. 다만 우리 헌법에서 "국가의 재정전반에 대하여 명확히 규정하지도 않고 이에 대한 국회의 통제도 허술하게 규제"하고 있으므로, 재정에 관한 기본 사항을 헌법에서 정하는 재정입헌주의財政立憲主義 및 재정상 집행의 기본원칙과 집행범위는 국회의 통제를 받도록 하는 재정의회주의財政議會主義가 구현될 필요가 있다(장용근, 2015: 233).

넷째, 사유재산제에 대한 비판이다. 사회적 기본권의 등장은 자본주의의 무한경쟁에 의한 사적 재산에 대한 비판에서 출발한 것이다. 부의 집중 현상으로 인한 소득과 자산 불평등을 완화하기 위해 사회권이 헌법상 보장된 것이므로 사유재산제는 제한될 필요가 있다. 재산권의 제한은 1789년 프랑스 인권선언에서 시작되어 1919년 독일 바이마르 헌법에서 사회적 기본권을 도입함으로써 재산권에 관한 사회적 제약을 명문화한 역사가 있다(신형구·김상겸, 2020: 95). 우리 헌법 제23조 제2항에서도 "재산권의 행사는 공공복리에 적합하도록 하여야 한다"고 규정함으로써, 공공의 이익을 위해 사유재산에 대한 제약을 가하고 있다.

이상의 평가를 종합하면, 첫째, 프로그램 규정설이 아닌 법적 권리설에 의거하여 사회적 기본권의 법적 성격을 규정할 수 있다. 둘째, 사회적 기본권의 법적 성격은 법적 권리설 중 구체적 권리설에 가깝지만, 여전히 진보하는 과정에 있다. 선진 복지국가에서는 권리 인정 수준도 강하고, 국가를 상대로 한 청구도 가능하지만, 여전히 우리나라는 법적 테두리 안에서 인간다운 생활을 하지 못하는 시민들이 있기 때문에 구체적 권리설을 구현하고 있다고 보기 어렵다. 즉 구체적 권리설을 구현하기 위해 발전하는 중이라고 할 수 있다.

개념정리

1   **헌법에서 명시하고 있는 주요 기본권** 포괄적 기본권, 평등권, 자유권(자유권적 기본권), 경제권(경제적 기본권), 정치권(정치적 기본권), 청구권(청구권적 기본권), 사회권(사회적 기본권)으로 구분된다.

2   **헌법에서 협의적 의미의 사회복지** 인간다운 생활을 할 권리(헌법 제34조)를 사회권이라고 규정할 수 있다.

3   **헌법에서 광의적 의미의 사회복지** 인간다운 생활을 할 권리뿐만 아니라 교육권(제31조), 노동권(제32조), 노동3권(단결권, 단체교섭권, 단체행동권)(제33조), 건강권, 환경권, 주거권(제35조), 양성평등권, 모성보호권, 보건권(제36조)까지 포괄하여 사회권이라고 규정할 수 있다.

4   **사회복지권이라고 할 수 있는 헌법 제34조** 인간다운 생활을 할 권리, 국가의 사회보장·사회복지 증진 의무, 여성·노인·청소년의 복지향상 의무, 장애, 질병, 노령 등으로 생활능력이 없는 국민을 위한 국가의 보호, 재해 예방과 보호에 대한 국가의 의무를 규정하고 있다.

4. 사회복지수급권

1) 사회복지수급권의 정의

사회적 기본권이 헌법적 권리라면, 사회복지수급권은 법률적 권리이다. 기본권이 헌법상 보장되는 권리라고 한다면, 사회복지수급권은 사회보장기본법과 사회보장급여의 이용·제공 및 수급권자 발굴에 관한 법률(약칭: 사회보장급여법)을 통해 보장되는 권리라고 할 수 있다. 사회적 기본권이 법률에 의하여 구체화된 권리가 사회복지수급권이다. 즉 사회복지수급권은 사회적 기본권을 법률의 수준에서 규정하는 구체적 권리이다. 이때 용어와 관련하여, 사회보장수급권이 공식적 법률 용어이기는 하지만, 사회복지수급권과 사회보장수급권은 학술적으로 치환하여 사용되고 있다. 여기에서는 교과목명(사회복지법제와 실천)에 기초하여 사회복지수급권으로 사용하고자 한다.

사회복지수급권은 2개의 법률에서 구체적으로 규정하고 있다. 사회보장기본법 제9조(사회보장을 받을 권리)에 따르면, "모든 국민은 사회보장 관계 법령에서 정하는 바에 따라 사회보장급여를 받을 권리(이하 "사회보장수급권"이라 한다)를 가진다"라고 규정하고 있다. 사회보장급여법 제4조(기본원칙) 제1항에 따르면, "사회보장급여가 필요한 사람은 누구든지 자신의 의사에 따라 사회보장급여를 신청할 수 있으며, 보장기관은 이에 필요한 안내와 상담 등의 지원을 충분히 제공하여야 한다"라고 규정하고 있다. 이러한 법률 규정에 의거하면, 사회복지수급권이란 "사회보장기본법 및 사회보장급여법에 의한 법률적 권리로서, 국민이 사회보장급여를 받을 권리이자 국가에 대하여 사회보장급여를 요구할 수 있는 권리"라고 정의할 수 있다.

2) 사회복지수급권의 구조

사회복지수급권은 다양하므로 한 번에 파악하기가 쉽지 않다. 이에 한눈에 파악하기 쉽게 사회복지수급권을 구조화하였는데, 그것을 사회복지수급권의 규범적 구조라고 부른다. 즉 사회복지수급권의 규범적 구조란 '사회복지에 관한 수급권의 종류와 내용을 구조화한 것'이라고 말할 수 있다.

　　사회복지수급권의 규범적 구조는 구체적으로 다음과 같다(신섭중 외, 1999: 153-154). 먼저 대분류로 사회복지수급권은 헌법상의 기본적 인권으로서 수급권과 사회복지법상 수급권으로 구분된다. 사회복지법상 수급권은 중분류로 실체적 권리(사회복지청구권), 수속적 권리, 절차적 권리로 구분된다. 각각의 소분류를 보면, 실체적 권리는 사회보험급여청구권, 공공부조급여청구권, 사회서비스급여청구권으로 구분된다. 수속적 권리는 수속 전 단계의 홍보 및 정보제공 요구권, 상담 및 조언제공 요구권, 사회복지기관 이용 요구권이 있고, 수속단계의 신청, 조사, 수급권의 유무와 수급내용 결정, 급여실시에 이르는 수속과정이 권리보장에 적절하게 진행될 것을 요구하는 권리로 구분된다. 절차적 권리는 사회복지급여쟁송권, 사회복지행정참여권, 사회복지입법청구권으로 구분된다.

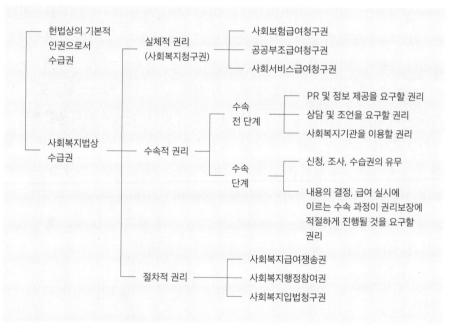

그림 2-2 사회복지수급권의 규범적 구조
자료: 신섭중, 김경호, 신복기, 현외성(1999: 153)

사회복지법상 수급권 중 절차적 권리

- 사회복지급여쟁송권: 사회복지급여청구권이 위법 또는 부당한 행정기관의 조치에 의해서 침해되었을 때, 그 구제를 신청하는 권리
- 사회복지행정참여권: 사회복지행정 과정에 사회복지 대상자나 국민이 참여할 권리
- 사회복지입법청구권: 사회복지입법을 추진하거나 그 개정을 청구할 수 있는 권리

3) 사회복지수급권의 취약성

오늘날 복지국가는 사회법을 통해 사회복지수급권을 하나의 권리로 인정하고 있다. 우리나라에서도 헌법 제34조 '인간다운 생활을 할 권리'와 '사회보장·사회복지 증진'에 기초하여 사회보장기본법과 사회보장급여법이 시행되고 있고, 두 법률을 통해 사회복지수급권은 구현되고 있다. 법률이 온전히 구현된다면, 모든 국민이 인간다운 삶을 살 수 있을 것이다. 그러나 여전히 사회복지수급권을 보장받지 못한 국민은 도처에 있다. 그것은 사회복지수급권이 다양한 측면에서 취약하기 때문이다.

사회복지수급권의 취약성에 대해서 살펴보면 먼저 사회보장제도의 성격에 따라 급여청구권의 강도가 다르다는 점이 있다. 한국의 사회보장제도는 사회보장기본법에 따르면 사회보험, 공공부조, 사회서비스로 구분된다. 제도의 성격에 따라 급여청구권의 강도를 비교하면, 사회보험급여청구권은 공공부조급여청구권과 사회서비스급여청구권에 비해 권리성이 강하다. 결국 사회복지수급권의 취약성은 공공부조급여청구권과 사회서비스급여청구권에서 나타난다. 다만 이때 사회서비스급여청구권은 돌봄, 교육 등과 같은 '보편적' 사회서비스가 아닌 자산조사에 의한 '선별적' 사회서비스청구권으로 한정한다.

공공부조급여청구권과 사회서비스급여청구권이 상대적으로 취약한 이유는 첫째, 기여의 부재이다. 여기에서 기여란 사회보험료 납부, 즉 법률적으

로는 재산권에 해당한다. 사회보험은 기여에 따른 급여인 반면, 공공부조와 선별적 사회서비스는 욕구에 따른 급여의 성격을 갖는다. 사회보험에서의 기여는 곧 재산권이다. 보험료를 납부하였기 때문에 향후 노령, 질병, 실업, 산재와 같은 사회적 위험이 발생하였을 때, 자산조사 없이 급여가 보장된다. 반면 공공부조와 선별적 사회서비스의 경우, 기여의 부재로 인해 권리부여가 취약하다.

둘째, 시혜성의 잔존이다. 1999년 국민기초생활보장법의 제정으로 사회보장수급권이 시혜에서 권리로 변화되는 계기가 마련되었다. 그러나 사회복지 현장에서는 여전히 선별적 복지제도의 내재적 특성인 시혜성이 사라지지 않았다. 취약계층을 위한 구빈의 관점에서 제도가 시행되기에 권리성이 취약하다.

셋째, 계량화의 어려움이다. 현금이 아닌 서비스는 계량화하기 어렵다. 전문기술적 원조의 질을 측정하는 것은 개인 차원에서나, 사회복지기관 차원에서나 쉽지 않다. 또한 사회복지 전문가가 가진 사회복지실천기술의 능력도 가지각색으로 다르고 차이가 많기 때문에 계량화하는 것은 어려운 일이다. 이에 공공부조급여청구권과 사회서비스급여청구권에서의 권리성은 현금급여액과 서비스 제공이 표준화된 사회보험급여청구권보다 취약하다.

4) 사회복지수급권의 보호와 제한

(1) 사회복지수급권의 보호

사회복지수급권은 제도에 따라 권리성이 약할 수 있으므로 보호조치가 필요하다. 첫째, 사회복지수급권에 대하여 제한과 정지를 금함으로써 사회복지수급권을 보호한다. 사회보장기본법 제13조(사회보장수급권의 제한 등) 제1항에서는 "사회보장수급권은 제한되거나 정지될 수 없다. 다만, 관계 법령에서 따로 정하고 있는 경우에는 그러하지 아니하다"고 규정하고 있으며, 동조 제2항에서는 "제1항 단서에 따라 사회보장수급권이 제한되거나 정지되는 경우에는 제한 또는 정지하는 목적에 필요한 최소한의 범위에 그쳐야 한다"고 규정하고 있다. 이처럼 사회복지수급권은 원칙적으로 제한될 수 없고 급여가 정지될 수 없다는 규정을 통해 권리를 보호하고 있다. 예외적으로 법령에 의해 제한될지라도, 최소한도에 그치도록 함으로써 수급권을 보장하고 있다.

둘째, 사회복지급여권에 대하여 양도금지, 담보금지, 압류금지를 규정함으로써 사회복지수급권을 보호한다. 대표적으로 사회보장기본법 제12조(사회보장수급권의 보호)에서는 "사회보장수급권은 관계 법령에서 정하는 바에 따라 다른 사람에게 양도하거나 담보로 제공할 수 없으며, 이를 압류할 수 없다"고 규정하고 있다. 양도금지, 담보금지, 압류금지를 법률로 규정함으로써 사회복지수급권을 보호하는 것이다. 달리 말해 사회보장수급권은 남에게 넘겨줄 수 없고, 사회보장수급권이 빚을 대신하는 신용이 될 수 없으며, 사회보장수급권을 강제로 뺏어 갈 수도 없다.

이러한 양도금지, 담보금지, 압류금지와 같은 사회복지수급권 보호는 개별 사회복지법에서도 규정하고 있다. 국민연금법 제58조(수급권 보호) 제1항에서는 "수급권은 양도·압류하거나 담보로 제공할 수 없다"고 규정하고 있으며, 국민건강보험법 제59조(수급권 보호) 제1항에서도 "보험급여를 받을 권리는 양도하거나 압류할 수 없다"고 규정하고 있다.

셋째, 사회복지급여에 대하여 조세 및 공과금 부과를 금지함으로써 사회복지수급권을 보호한다. 국민연금법 제60조(조세와 그 밖의 공과금 면제)에서는 "이 법에 따른 급여로 지급된 금액에 대하여는 조세특례제한법이나 그 밖의 법률 또는 지방자치단체가 조례로 정하는 바에 따라 조세, 그 밖에 국가 또는 지방자치단체의 공과금을 감면한다"고 규정하고 있으며, 산업재해보상보험법 제91조(공과금의 면제)에서는 "보험급여로서 지급된 금품에 대하여는 국가나 지방자치단체의 공과금을 부과하지 아니한다"고 규정하고 있다.

넷째, 사회복지급여에 대하여 수급권자에게 불리한 급여 변경을 금지함으로써 사회복지수급권을 보호한다. 국민기초생활보장법 제34조(급여 변경의 금지)에 따르면, "수급자에 대한 급여는 정당한 사유 없이 수급자에게 불리하게 변경할 수 없다"고 규정하고 있다. 특별한 사유가 없는 한 사회복지수급권을 유지하게 함으로써 인간다운 생활을 영위할 수 있도록 하는 것이다.

(2) 사회복지수급권의 제한

사회복지수급권을 보호하는 조항도 있지만, 사회복지수급권을 제한하는 조항도 있다. 앞서 사회보장기본법 제13조(사회보장수급권의 제한 등) 제1항에서 언급된 것처럼 '관계 법령에서 따로 정하고 있는 경우' 수급권은 제한되거나 정지될 수 있다는 것을 확인하였다. 사회복지수급권의 제한에는 5가지의 경우가 있는데, 그것들은 과잉금지, 중복금지, 남용금지, 악용금지, 부당이득 환수이다.

첫째, 과잉금지이다. 이것은 공공부조 관련 법률에서 확인된다. 국민기초생활보장법 제1조(목적)에 따르면, "이 법은 생활이 어려운 사람에게 필요한 급여를 실시하여 이들의 최저생활을 보장하고 자활을 돕는 것을 목적으로 한다"고 규정하고 있다. 법의 목적 중 하나가 '자활'이므로 자활을 저해할 정도로 급여수준이 높은 경우, 과잉금지의 원칙에 위배된다고 볼 수 있다.

둘째, 중복금지이다. 국민연금법 제56조(중복급여의 조정) 제1항에 따르면, "수급권자에게 이 법에 따른 2 이상의 급여 수급권이 생기면 수급권자의 선택에 따라 그중 하나만 지급하고 다른 급여의 지급은 정지된다"고 규정하고 있다. 산업재해보상보험법 제80조(다른 보상이나 배상과의 관계) 제3항에서도 "수급권자가 동일한 사유로 민법이나 그 밖의 법령에 따라 이 법의 보험급여에 상당한 금품을 받으면 공단은 그 받은 금품을 대통령령으로 정하는 방법에 따라 환산한 금액의 한도 안에서 이 법에 따른 보험급여를 지급하지 아니한다"고 규정하고 있다. 이 조항들은 2개 이상의 수급권 또는 수급액이 발생할 경우, 중복하여 받지 못하게 사회복지수급권을 제한하고 있다.

셋째, 남용금지이다. 사회복지수급권의 남용이란 사회복지수급권을 수급 목적과 범위를 넘어 함부로 행사하는 것을 의미한다. 부여받은 권리를 아동의 영양이나 가족의 생활수준 향상이 아닌 마약, 알코올 구매 등 수급 목적을 벗어난 곳에 사용할 수 있다. 남용의 결과로서 사회복지급여가 장기화될 수 있고, 사용하기로 정해진 규정이나 기준을 벗어나 사용되는 경우 사회복지수급권을 제한하고 있다.

넷째, 악용금지이다. 사회복지수급권의 악용이란 사회복지수급권을 획득하기 위해 고의로 급여사유가 되는 사건을 발생시키고 부정한 권리를 얻는 행위를 의미한다. 국민연금법 제82조(급여의 제한) 제1항에 따르면, "가입자 또는 가입자였던 자가 고의로 질병·부상 또는 그 원인이 되는 사고를 일으켜 그로 인하여 장애를 입은 경우에는 그 장애를 지급 사유로 하는 장애연금을 지급하지 아니할 수 있다"고 규정하고 있다. 대표적인 사회복지수급권의 악용 사례는 고의로 사고를 일으켜 사회복지급여를 받는 행위이다.

다섯째, 부당이득 환수이다. 국민연금법 제57조(급여의 환수) 제1항에 따르면, "공단은 급여를 받은 사람이 다음 각 호의 어느 하나에 해당하는 경우에는 대통령령으로 정하는 바에 따라 그 금액(이하 "환수금"이라 한다)을 환수하여야 한다. 다만, 공단은 환수금이 대통령령으로 정하는 금액 미만인 경우에는 환수하지 아니한다"고 규정하고 있다. 의도적으로 과하게 받았거나, 남용과 악용으로 받았던 경우는 '거짓이나 그 밖의 부정한 방법으로 급여를 받은 경우'에 해당한다. 수급권자가 신고 의무를 이행하지 않았거나, 보장기관의 부주의로 중복으로 지급되거나 과하게 지급된 경우도 부당이득으로 보아 환수하고 있다.

| 더 알아보기 |

신청주의는 선별주의, 발생주의는 보편주의

사회복지수급권을 제한하는 행위는 사회적 비용을 양산한다. 만약 과잉금지, 중복금지, 남용금지, 악용금지, 부당이득 환수라는 법적·행정적 조치를 취해야 하는 상황이 없다면, 사회적 비용을 줄이는 데 얼마나 효과적일까? 그리고 사회복지수급권을 제한하기 위해 쓰였던 행정 비용이 오롯이 사회복지급여에 사용된다면 얼마나 시민들에게 이로울까?

그 해답을 찾기 위해 제도의 본질에 주목하고자 한다. 이때 본질이라 함은 '선별주의 복지제도는 신청주의에 기반하고, 보편주의 복지제도는 발생주의에 기반한다'는 제도적 본질이다. 나아가 '선별주의 복지제도가 없다면, 사회복지수급권을 제한하는 사회적 비용도 소모되지 않는다'는 것이다. 신청·조사·보장결정·급여실시·감독(급여변경 및 급여중지) 단계에서의 행정비용, 사회복지전담공무원과 수급자의 부정행위, 부정행위에 대한 행정적·법적 대응, 사회적 낙인이라는 사회적 비용을 최소화할 수 있다.

용어를 조작적으로 정의해 보자. 사회복지수급권에서의 신청주의는 '보장기관에 대하여 사회복지급여를 요구하기 위한 의사 표시'라고 정의할 수 있다. 사회복지수급권에서의 발생주의는 '사회복지급여를 받을 수 있는 사건(event)이 발생하면, 그 자체로 사회복지급여에 대한 의사 표시'라고 정의할 수 있다.

신청주의는 복지의 대상을 선별하기 위한 신청, 조사, 보장결정, 급여실시, 감독 단계 전반에서 이루어지고 있다. 현재의 국민기초생활보장법에 근거한 생계급여 지급 과정이 좋은 예이다. 반면 발생주의에서는 신청주의에서의 핵심인 '신청' 자체가 존재하지 않는다. 가령 임신, 출생, 초등학교 입학, 청년연령 진입, 노인연령 진입 등의 사건이 발생하면, 사회복지급여를 신청하지 않아도 사건이 발생하였기 때문에 자동적으로 현금, 바우처, 서비스가 지급된다. 예를 들어 의료기관에서 임신이 확인되면, 실물 바우처 카드나 QR 코드를 탑재한 문자로 전송되어 태아와 임산부의 건강을 위해 사용되고, 의료기관에서 출산이 확인되면 아기용품과 업무용품이 담긴 마더 박스가 지급되고 만 18세까지 매월 지급되는 아동수당이 자동 등록된다. 이 과정에서 사회복지수급권자는 직접 의사 표시를 하지 않아도 되며, 사회복지급여의 시작은 '발생' 그 자체로 이루어진다.

종합하면, 사회복지수급권을 제한하는 행위들은 선별적 복지제도 자체에서 비롯된다. 그리고 선별적 복지제도는 '신청'을 통해 급여행위가 시작되므로, 신청 자체의 문제로 볼 수 있다. 발생주의가 아닌 신청주의를 내재하고 있는 선별적 복지제도는 기본적으로 이러한 부정적 결과를 발생시킬 수밖에 없다.

선별주의 복지제도가 지배적인 우리나라의 복지제도는 신청주의에 입각하여 운영되고 있다. 발생주의로의 발상의 전환을 시도한다면, 신청·조사·보장결정·감독 단계에서의 행정비용, 사회복지전담공무원과 수급자의 부정행위, 사회적 낙인이라는 사회적 비용을 최소화 할 수 있다. 결국은 보편주의 복지국가로 진보하는 것이 과제이다.

개념정리

1 **사회복지수급권** 사회적 기본권을 법률의 수준에서 규정하는 구체적 권리이며, 대표적으로 사회보장기본법과 사회보장급여법에서 규정하고 있다.

2 **사회복지수급권의 규범적 구조** 사회복지에 관한 수급권의 종류와 내용을 구조화한 것이다.

3 **사회복지법상 수급권** 실체적 권리(사회복지청구권), 수속적 권리, 절차적 권리로 구분된다.

4 **급여청구권의 권리성 차이** 공공부조급여청구권과 사회서비스급여청구권은 사회보험급여청구권에 비해 권리성이 약하다. 그 이유는 기여의 부재, 시혜성의 잔존, 계량화의 어려움 때문이다.

5 **사회복지수급권의 보호** 사회복지수급권은 권리성이 약할 수 있으므로 보호조치가 필요한

데, 주요 보호조치들로는 사회복지수급권에 대한 제한과 정지 금지, 사회복지급여권에 대한 양도금지, 담보금지, 압류금지, 사회복지급여에 대한 조세 및 공과금 부과 금지, 수급권자에게 불리한 급여 변경의 금지가 있다.

6 **사회복지수급권의 제한** 사회복지수급권은 제한되기도 하는데, 과잉금지, 중복금지, 남용금지, 악용금지, 부당이득 환수가 있다.

03

사회복지법의 발달과 역사

언제 어떻게 생겨났는가?

노예제 사회가 끝나고 봉건제 사회로 변화했지만 계급적 차별은 여전했고, 비참한 삶도 나아지지 않았다. 이에 1789년 프랑스에서는 혁명이 일어났다. 혁명 이후, 시민사회의 법질서를 형성해 나갈 법률이 필요하였는데, 그것이 시민법이다.

인간은 혁명을 통해 '시민'으로서의 지위를 획득하게 되었고, '시민권'으로서의 권리를 획득하게 되었지만, 삶은 여전히 피폐하였다. 시민법을 지탱하는 자유주의와 개인주의는 자유시장주의를 낳았고, 우리는 불평등, 빈곤, 실업이라는 자본주의의 모순을 목도하게 되었다. 이때 자유시장주의를 수정해 나갈 법률이 필요하였는데, 그것이 바로 사회법이다.

우리는 사회법의 시대에 살고 있다. 시민법의 원칙들을 수정한 사회법에는 개인의 소유권을 공공복리를 위해 제한할 수 있고, 개인 간의 자유로운 계약에 국가가 개입할 수 있으며, 위법성, 고의성, 과실성을 따지지 않는 무과실 책임주의도 도입하였다. 이러한 원칙들은 일부 시민의 경제적 이익이 추구되는 사적 공간인 시장에, '국가'가 개입함으로써 다수 시민의 권리를 보장하기 위함이었다.

오늘날 공공부조와 사회보험은 기나긴 역사를 이어 오고 있다. 그중에 영국의 구빈법과 독일의 사회보험법은 근대적 의미의 사회복지법 역사에서 시조새와도 같다. 아쉽게도 서구 국가의 사회복지법 제정의 역사적 과정이 우리나라에서는 해방 이후가 되어서야 본격적으로 펼쳐졌다. 뚜벅뚜벅 걸어온 사회복지법 제정의 역사적 과정을 살펴보는 일은 사회복지학도들이 어떤 역사를 딛고 현재를 살아가고 있는지 통시적으로 사고하는 데 있어 중요하다.

3장에서는 사회복지법의 발달과정과 역사를 톺아 보고자 한다. 먼저 시민법과 사회법의 출현 배경과 주요 원칙들을 비교하고, 근대적 의미의 사회복지법 발달 역사를 영국의 구빈법과 독일의 사회보험법 제정 역사를 통해 이해한다. 그런 다음 한국 사회복지법 역사를 일제강점기부터 현재까지 10년을 주기로 살펴본다.

1. 시민법과 사회법

1) 시민법

(1) 시민법의 이해

고대노예제 사회에서 중세봉건제 사회로 변화하였지만, 여전히 민중들의 삶의 수준은 나아지지 못했다. 마침내 봉건체제를 무너뜨리고 자본주의적 사회경제체제 구축을 위한 혁명이 일어났다. 1648년과 1688년 영국에서 일어난 두 차례 시민혁명과 1789년 프랑스대혁명을 통해 세상은 변화되어 갔다. 특히 프랑스에서는 국왕-귀족-사제라는 구체제 연합이 부르주아가 주도한 대중연합에 패배함으로써 무력화되었다(Tilly, 1990: 108). 프랑스 혁명을 통해 부르주아라는 새로운 계급이 역사의 무대에 등장한 순간이었다. 당시

혁명의 주체는 부르주아였다. 이 과정에서 대중연합의 구성원들은 '시민'으로서의 지위와 '시민권'이라는 권리를 획득하게 되었다(민기채, 2014: 25). 이때 시민사회의 법질서를 형성해 나갈 법률이 필요하였는데, 그것이 바로 시민법이다. 따라서 시민법은 '부르주아 혁명을 통해 탄생한 시민사회의 질서를 구축하기 위하여 출현한 법'이라고 정의할 수 있다.

당시 시민들은 르네상스, 종교개혁, 노예해방이라는 역사적 변화의 한가운데 있었다. 시민들은 인간의 본질적 가치에 관심을 가졌다. 모든 구속과 억압에 대항하여 개인의 자유를 부르짖었고, 인간의 가치를 무엇보다도 소중히 여기는 인본주의를 사상적 기초로 하여, 개인주의와 자유주의를 시민사회의 사상적 배경으로 삼았다.

(2) 시민법의 원칙

사유재산권 존중의 원칙(소유권 절대의 원칙)

인간은 노예에서 해방되었고, 자신의 삶을 자신이 결정할 수 있게 되었다. 이에 귀족, 지주, 양반이 나의 삶을 책임지는 것이 아니라 자신의 삶은 자신이 결정한다는 의식이 확산되었다. 바로 개인주의의 확산이다.

부르주아 혁명 이후 시민사회의 등장으로 스스로의 생활을 지탱하는 물질적 조건, 즉 재산에 대한 권리를 타인이 함부로 침범하지 못한다는 원칙을 갖게 되었다. 내가 일구어 놓은 땅과 내가 지은 집과 건물을 내가 소유하는 것이다. 바로 사유재산권 존중의 원칙인데, 각 개인의 재산에 대해서는 절대적 지배권과 배타적 소유권을 인정하며, 나아가 타인을 넘어 지역사회의 공동체나 국가도 함부로 침해해서는 안 된다는 원칙이다.

사적 자치의 원칙(계약 자유의 원칙)

이제 내 소유의 땅, 집, 건물을 '나의 의사'에 따라 팔 수 있게 되었다. 내 소유물을 사는 사람도 나와 동등한 시민이다. 서로가 자유로운 '나의 의사'에 따라 사고파는 것이다. 사적 자치의 원칙은 법적으로 평등한 시민들 간의 '자유로운 의사'에 따라 권리와 의무의 계약관계가 성립된다는 원칙이다. 근저에 있는 사상적 기초는 자유주의이다.

자유주의를 사상적 기초로 한 자본주의로 진입하면서 자유경쟁 또는 자유방임적 경제활동이 활발해졌다. 이때 개인들은 자신의 이익을 극대화하는 방향으로 법적 계약을 하고자 하였다. 그 법적 계약은 사인들 간에 자신의 자유의지에 따라 자유롭게 이루어졌다. 서로는 법적으로 평등하였고 동등한 권리를 가진 시민이었다. 사적 자치의 원칙은 자유시장주의의 토대가 되었다.

과실 책임의 원칙(자기 책임의 원칙)

만약 자유시장주의하의 경제활동 과정에서 타인이 해를 입었다면, 어떤 경우에 내가 책임을 질 것인가에 대한 원칙이 필요하게 되었다. 과실 책임의 원칙은 타인에게 손해를 입혔을 때, 그 행위에 위법성, 고의성, 과실성이 있는 경우에만 책임을 진다는 원칙이다. 따라서 위법성, 고의성, 과실성이 없는 경우에는 책임지지 않는다.

2) 사회법

(1) 사회법의 이해

부르주아 혁명을 통해 자본주의적 사회경제체제가 구축되었지만, 시민들의 삶은 여전히 피폐하였다. 시민법의 원칙인 개인주의와 자유주의는 경제영역에서 자유시장주의의 토대가 되었는데, 자유경쟁은 소수에게만 부를 독점시키는 현상을 낳았다. 바로 소수의 거대기업에만 생산과 자본을 집중시키는 독점자본주의의 출현이었다. 그 폐해는 고스란히 시민들에게 돌아갔는데, 이는 불평등, 빈곤, 실업이라는 사회문제로 나타났다. 이때 자유시장주의를 수정해 나갈 법률이 필요하였는데, 그것이 바로 사회법이다. 따라서 사회법은 자유시장주의의 조정을 목적으로 국가가 시장에 개입하기 위하여 출현한 법이라고 정의할 수 있다.

자유시장주의의 발전은 불평등, 빈곤, 실업, 산재 등 다양한 사회문제를 야기하고 있으므로, 시장을 조정해야 한다는 필요성이 대두되었다. 조정의 방식은 시장에 대한 국가의 개입이었다. 국가는 시민법 시대의 소유권 및 계약자유의 원칙들을 수정했는데, 사회보험법, 노동법, 근로기준법 등을 제정하고 개정해 가면서 시민의 사회권을 강화시켜 왔다.

(2) 사회법의 원칙

소유권 행사의 제한

시민법의 시대에는 "자신의 재산에 대한 권리를 타인, 공동체, 국가가 함부로 침범하지 못한다"라는 사유재산권 존중의 원칙이 있었다. 그러나 이러한 사유재산권의 절대화는 불평등과 빈곤과 같은 사회문제를 발생시켰다. 이에 사회법의 시대에는 이러한 사유재산권 존중의 원칙을 수정하여 개인의 소유권 행사를 제한하였다.

소유권을 제한하기 위한 원칙은 개인의 이익보다 공공의 복리를 기준으로 한다는 것이었다. 시민법의 시대에 발생한 사회적 위험을 더 이상 개인의 힘으로 해결할 수 없게 되자, 공공의 이익을 위해 소유권 행사를 제한하기 시작한 것이다. 사회 공동의 복리를 위하여 개인의 재산권을 제한하는 조치가 바로 소유권 행사의 제한이다.

사적 자치의 원칙 수정

시민법의 시대에는 "법적으로 평등한 시민들 간의 자유로운 의사에 따라 권리와 의무 간의 계약관계가 성립된다"라는 사적 자치의 원칙이 있었다. 그러나 이러한 계약자유의 원칙은 자신의 이익을 극대화하는 방향으로만 이루어졌다. 이에 사회법의 시대에는 계약자유의 원칙을 수정하여 시민들 간의 자유로운 의사에 따른 계약관계에 국가가 개입하였다. 공공복리, 질서유지, 신의성실(사람은 사회의 일원으로서 신의에 합당하고 성실하게 행동하여야 한다는 원칙) 등의 법리로 계약의 자유를 제한한 것이다.

무과실 책임주의

시민법의 시대에는 "타인에게 손해를 입힌 경우, 그 행위에 위법성, 고의

성, 과실성이 있는 경우에만 책임을 진다"라는 과실 책임의 원칙이 있었다. 그러나 이러한 과실 책임의 원칙에 따라 명백한 과실관계 규명이 쉽지 않았고, 입증하는 데에도 소요되는 비용이 발생하는 등의 문제가 있었다. 또한 개인의 힘으로 기업이나 기관에 대항하여 법리적 다툼을 벌이는 것도 쉽지 않았다. 이에 사회법의 시대에는 이러한 과실 책임주의의 원칙을 수정하였다. 바로 무과실 책임주의로 변경하는 것이었다. 사회가 복잡해짐에 따라 손해가 발생한 이후의 위법성, 고의성, 과실성을 규명하는 것이 어려우므로, 타인에게 손해를 입혔다면 개인책임의 소재를 묻거나 따지지 않고 손해를 보상하도록 하였다.

개념정리

1   **시민법** 부르주아 혁명을 통해 탄생한 시민사회의 질서를 구축하기 위하여 출현한 법이다.

2   **시민법의 원칙** 사유재산권 존중의 원칙(소유권 절대의 원칙), 사적 자치의 원칙(계약 자유의 원칙), 과실 책임의 원칙(자기 책임의 원칙)이 있다.

3   **사회법** 자유시장주의의 조정을 목적으로 국가가 시장에 개입하기 위하여 출현한 법이다.

4   **사회법의 원칙** 소유권 행사의 제한, 사적 자치의 원칙 수정, 무과실 책임주의가 있다.

2. 사회복지법의 발달

1) 영국의 구빈법

(1) 엘리자베스 구빈법

근대화 이전에 국가가 법률로써 개입한 최초의 구빈법은 엘리자베스 구빈법救貧法, Elizabeth poor law이다. 엘리자베스 구빈법은 1601년 제정되었는데, 1948년 현대적 의미의 영국 공공부조법이 제정되기까지 약 350년 동안 영국 빈곤정책의 기초가 되었던 법이다.

엘리자베스 구빈법에서는 빈민을 세분화하였다. 노동능력이 있는 빈민, 노동능력이 없는 빈민, 빈곤 아동으로 구분한 것이다. 노동능력이 있는 빈민에게는 노동을 강제하고, 노동능력이 없는 빈민에게는 구빈원 또는 자선원에 수용되어 구호를 받게 하고, 빈곤 아동에게는 도제徒弟가 되도록 강제하였다.

엘리자베스 구빈법 제정을 통해 빈민에 대한 책임을 교회 또는 지방 교구가 아닌 중앙 정부로의 책임으로 체계화했다는 점에서 의의가 있다. 반면 노동, 수용, 도제 등의 방식으로 빈민을 통제하였다는 한계가 있다.

(2) 정주법

찰스Charles 2세 통치 시절, 1662년 정주법定住法, The Settlement Act of Charles Ⅱ이 제정되었다. 정주법은 빈민을 이전 거주지로 강제 송환하는 권한을 빈민 감독관에게 부여한 것으로, 빈민을 통제하고자 하는 성격이 강하였다. 빈민들이 부유한 도시로 이동하는 것을 차단하기 위한 목적으로 제정되었기 때문이다. 이 법을 통해 빈민의 자유로운 이동을 막고, 빈민의 거주지를 소속 교구로만 한정하였다.

(3) 작업장법

1696년 작업장법The Workhouse Act of 1696이 제정되었다. 정주법이 빈곤을 죄악시하는 입장이었다면, 작업장법은 효율화의 관점에서 빈곤에 접근한 법이었다. 빈민을 억압적으로 대하기보다는, 빈민 고용을 통해 경제발전에 기여하고 구빈세를 감소시키고자 하였다. 브리스톨Bristol을 비롯한 도시에 직물공장과 같은 작업장을 건설하고, 그곳에서 빈민들이 일을 할 수 있도록 하였다. 그 경제적 성과는 미비하였지만, 작업장에 빈민을 고용했던 작업장법은 오늘날 자활사업의 모태가 되었다.

(4) 길버트법

영국의 하원의원이었던 토머스 길버트Thomas Gilbert는 빈민들이 작업장에서 비참한 생활을 하면서 착취당하고 있음을 목격하였다. 이에 길버트가 주도하여 빈민들을 위한 인도주의적 구빈법을 제정하였는데, 일명 길버트법Gilbert's Act으로 불리는 1782년 빈민구제법The Relief of the Poor Act of 1782이었다. 길버트법에서 주목할 점은 첫째, 구빈원으로의 강제 수용이 아닌 자신의 주거지에서 거주하면서 보호를 받을 수 있도록 하였다. 원외구제제도를 창시한 것이다. 요컨대, 재가보호제도의 효시라고 평가할 수 있다. 둘째, 구빈세 징수 일원화 및 지출 일원화를 꾀하였다. 여러 교구들이 징수하고 있는 구빈세를 하나로 통합하고 구빈행정을 위한 지출도 통일하였다. 이를 통해 구빈원을 설립하고 생활능력이 없는 빈민들을 위해 구빈세로 조성된 기금을 사용하였다.

(5) 스피넘랜드법

1795년 버크셔주Berkshire에서 스피넘랜드법The Speenhamland Act of 1975이 제정되었다. 최저 생계 수준에 도달하지 못한 빈민들에게 국가가 정한 최저 생계 수준까지 임금을 보충해 주는 제도였다. 이때 사용된 것이 급여수당척도allowance scale였다. 이 척도는 당시 빵 가격과 아동 수에 따라 급여 기준을 정하도록 하였다. 스피넘랜드법은 국가가 정한 일종의 가족 수에 따른 저임금 노동자 임금보조이다. 오늘날 가족수당 또는 근로장려금 등의 제도 설계 시 가족 수를 고려하고 있는데, 스피넘랜드법이 그 기원이 되었다.

(6) 공장법

1802년 영국 의회에서 인류 역사상 최초로 노동법이 제정되었는데, 일명 공장법Factory Acts이었다. 1802년 공장법은 공장에서 아동의 비인도적 처우 및 노동환경 개선을 위한 목적으로 제정되었다. 최초의 아동노동복지법이었다. 이후 1833년 일반 공장법이 제정되었는데, 9~13세 어린이의 9시간 노동, 14~18세의 12시간 노동, 18세 미만의 야간 작업 금지, 공장 감독관 설치 등을 규정하였다. 1844년에는 여성 노동자의 노동보호 규정을 추가하였고, 1847년에는 여성과 연소자의 10시간 노동을 규정하였다. 공장법은 아동과 여성 등 취약노동자의 보호를 위해서 과도한 노동시간 규제 및 가혹한 노동조건 개선을 통해 노동자의 노동환경을 규제한 최초의 법률로서 의의를 지닌다.

(7) 신구빈법

1834년 신구빈법The New Poor Law of 1834이 제정되었다. 당시 영국은 자유시장주의의 영향을 받고 있었다. 자유시장주의자의 빈곤문제에 대한 입장은 "빈곤의 원인은 개인의 도덕적 결함과 나태에 있다"는 것이었다. 이에 길버트법 및 스피넘랜드법과 같이 관대하며 인도주의적 성격의 법률들은 자유시장주의의 정신에 배치되므로 폐지할 필요가 있다고 자유시장주의자들은 주장하였다.

신구빈법에서는 3가지의 원칙이 제시되었는데, 그것들은 전국 균일처우의 원칙principle of national uniformity, 열등처우의 원칙principle of less eligibility, 작업장 활용의 원칙principle of workhouse system이었다. 전국 균일처우의 원칙은 중앙행정기관의 구빈법위원회에 의해 빈민구제 행정을 통일시켜 빈민들에 대한 급여를 균일화시키는 원칙이었다. 열등처우의 원칙이란 구제를 받는 빈민의 급여는 노동자의 최하 수준보다 낮아야 한다는 원칙이었다. 작업장 활용의 원칙은 예외적인 경우가 아니라면 원칙적으로 원외구제제도를 폐지하고 작업장에서 빈민들이 생활하면서 노동을 해야 하는 원칙이었다. 이러한 원칙들로 인해 신구빈법은 빈곤을 구제하기보다는 억압적이고 통제적 성격으로 회귀하였다고 평가받을 수 있다.

2) 독일의 사회보험법

(1) 사회보험법 도입의 배경

1880년대 독일에서 질병보험법(1883), 재해보험법(1884), 폐질 및 노령보험법(1889)의 순서로 사회보험법이 제정되었다. 그 배경은 첫째, 자본주의적 산업화의 진전, 둘째, 강력한 국민국가의 형성, 셋째, 정치 민주주의의 확산이라고 요약할 수 있다(김태성·성경륭, 2014: 92-97).

먼저 자본주의적 산업화에 따른 각종 사회문제를 해결할 필요성 때문에 사회보험제도가 도입되었다. 자본주의의 진전에 따라 농촌인구의 도시로의 집중 현상, 즉 도시화는 다양한 사회문제를 낳을 수밖에 없었다. 주택부족, 위생과 질병 문제, 빈곤, 실업, 산재 등의 사회문제는 소수가 겪는 문제가 아니라 다수의 시민이 맞닥뜨리는 문제였다. 이에 노동인구를 포괄하려는 목적에서 국가 차원에서 법률 제정의 필요성이 요청되었다.

다음으로 강력한 국민국가의 구축으로 전국적 차원에서의 행정력을 갖추게 되었고, 이를 통해 사회보험제도가 도입될 수 있었다. 사회보험은 공공부조나 사회서비스와 달리 전국적 차원에서 동일한 기여와 급여의 체계를 기반으로 한다. 거주하는 도시에 따라 보험료율이나 급여액이 다를 수 없다. 이에 사회보험법의 표준적인 집행을 위해서는 전국적 차원에서 행정력이 담보되어야 한다. 그 행정력 담보가 독일에서는 강력한 국민국가의 형성으로 가능해졌다.

마지막으로 정치 민주주의의 확산으로 사회권 신장의 요청이 높아졌고, 그 결과로 사회보험제도가 도입될 수 있었다. 1789년 프랑스 부르주아 혁명 이후 약 100년간, 형식적 민주주의는 제도적 민주주의로 발전되어 갔다. 노동자의 단결권과 단체행동권도 파업과 노동조합의 결성으로 강화되어 갔다. 그렇다면 노동운동을 탄압할 것인가 아니면 포섭할 것인가가 국가의 숙제였다. 과거에는 탄압을 통해 정권이 유지되었다. 그러나 노동자의 단결된 힘이 과거와 달리 강해졌다. 이에 "사회적 폐단의 척결은 사회민주주의자들의 과격행동을 탄압하는 것 이외에 노동자 복지의 적극적인 향상으로서 실현될 수 있다"(Ritter, 1983: 65)는 판단하에 포섭전략을 추가하였다. 이른바 탄압과 포섭의 양면전략이었다. 노동자의 사회보장에 대한 욕구분출과 그 욕구해결을 위한 행동을 국가는 방치만 할 수 없었기 때문에 사회보험이 도입될 수 있었다.

(2) 비스마르크 사회보험의 특징

구빈법은 사회보험법과 근본적으로 차이를 가진다. 구빈법이 아동과 여성 등 요보호 빈민들에게만 초점을 두었다면, 사회보험법은 노동자를 중심으로 한 전 국민의 위험을 집합적으로 보장하고자 하였다. 구빈법이 사후발생적 대응이라면, 사회보험법은 예방적 대응이었다. 구빈법이 임시적이거나 긴급구호적 성격이라면, 사회보험법은 항상적이고 제도적 성격이었다. 구빈법이 최저생계 수준으로 보호한다면, 사회보험법은 노동자의 임금 수준과 비례한 생활수준을 고려한다. 구빈법이 자선의 성격이었다면, 사회보험은 기여금이 존재하므로 권리의 성격이 강하다. 이처럼 구빈법이 요보호 아동과 여성 대상, 사후발생적, 임시적, 긴급구호적, 최저생활 보장, 자선의 특징을 갖는다면, 사회보험법은 노동자를 중심으로 한 전 국민 대상, 예방적, 항상적, 제도적, 적절한 생활수준 보장, 권리로서의 급여라는 특징을 갖는다.

비스마르크 사회보험의 도입은 기존과는 질적으로 다른 복지국가의 진입이라고 평가할 수 있다. 물론 "비스마르크 사회보험 도입은 도덕적 훈육, 사회안정, 국가건설 등 과거의 질서를 유지하기 위한 목적에서 출발했다"고 평가받기도 한다(Rimlinger, 1971). 또한 제도 실시 직후의 가입률은 질병보험 26%, 재해보험 18%, 폐질 및 노령보험 53%에 불과하였고, 산업 부문의 남성 노동자에게만 적용되었다(Flora and Alber, 1981: 74-76). 비스마르키언 사회보험법은 직업분화를 통한 계층유지적 성격을 갖고, 소규모 기업·비공식부문·농업노동자가 제외되었다는 점에서 한계를 갖는다(김태성·성경륭, 2014: 100).

그럼에도 불구하고, 국가에 의한 사회보험의 도입은 복지국가의 획기적 전환이라고 할 수 있다. 구빈법으로만 빈민구제를 했던 시대를 넘어 사회보험이라는 연대를 통해 노동자와 그 가족의 삶을 집합적으로 보장하고자 했다는 측면에서 역사적 의의를 찾을 수 있다.

(3) 독일의 주요 사회보험법

1878년 사회주의자탄압법 제정을 통한 채찍만으로는 1870년대 작센, 베를린, 함부르크 등 산업도시에서 일어나는 파업을 진압할 수 없었다. 이에 당근책으로 사회보험법이 제정되었는데, 대표적으로 질병보험법(1883), 재해보험법(1884), 폐질 및 노령보험법(1889), 제국보험법(1911)이라고 할 수 있다.

질병보험법

1883년 인류역사상 최초의 사회보험법으로 질병보험법이 도입되었다. 질병보험법은 간척공사장, 채석장, 철도 건설장, 각종 수공업에 종사하는 저소득 노동자(연소득 2천 마르크 이하)를 적용대상으로 하여, 질병과 재해로 인한 치료·입원·투약과 질병수당·분만수당·장제비를 제공하고, 보험료는 임금의 3% 이내에서 노동자가 2/3, 사용자가 1/3을 납부하며, 지역과 직종에 따라 구성된 질병금고에 의해 자율적으로 운영한다는 내용을 담고 있었다(이인애, 1984: 229-231). 보험료에 대한 사용자와 노동자의 공동 부담, 노동자의 질병, 분담, 사망에 대한 사용자의 일정한 책임 부과 등 오늘날 건강보험의 제도적 특징을 질병보험법에서 찾을 수 있다.

재해보험법

1884년 재해보험법이 제정되었다. 재해보험법은 광산, 건설업 등 특수직종에 종사하는 저소득 노동자(연소득 2천 마르크 이하)를 적용대상으로 하여, 재해로 인한 치료·입원·투약과 일시장애급여·영구장애급여·장제비를 제공하고, 보험료는 사용자만 납부하며, 직업별 협동조합에 의해 자율적으로 운영하는 내용을 골자로 제정되었다(이인애, 1984: 229-231). 보험료에 대한 사용자의 단독 책임, 업무상 재해에 대한 사용자의 전적인 책임 등 오늘날 산재보험의 제도적 특징을 재해보험법이 최초로 규정하였다는 점에서 의의를 찾을 수 있다.

폐질 및 노령보험법

1889년 폐질 및 노령보험법이 제정되었다. 폐질 및 노령보험법은 광산, 건설업 등 특수직종에 종사하는 16세 이상의 저소득 노동자(연소득 2천 마르크 이하)를 적용대상으로 하여, 노령연금(최소가입기간 30년)과 폐질연금(최소가입기간 5년)을 제공하고, 보험료는 노동자와 사용자가 1/2씩 납부한다. 또한 국가보조금을 개별 노동자당 50마르크씩 지원하며, 독일제국 보험청과 지방보험국의 감독하에 노동자와 사용자 동수로 구성되는 조합위원회를 통해 조합별로 자율적으로 운영한다는 내용을 담고 있었다(이인애, 1984: 233-234). 노령연금, 장애연금, 유족연금이라는 3대 연금급여, 보험료에 대한 사용자와 노동자의 공동 부담, 민주적 운영을 위한 노사공동 위원회 등 오늘날 국민연금의 제도적 특징을 폐질 및 노령보험법에서 찾을 수 있다.

제국보험법

기존의 질병보험법, 재해보험법, 폐질 및 노령보험법을 통합하여, 1911년 새로운 제국보험법을 제정하였다. 제국보험법에서는 새로운 제도가 도입되었는데, 질병보험에서는 농업노동자, 가사보조원, 가내수공업 종자사까지 적용대상에 포함시켰고, 폐질 및 노령보험법에서는 유족연금을 도입하여 배우자와 15세 미만 자녀를 위한 유족보험이 도입되었다(최봉석, 2004: 19). 이렇듯 제국보험법은 3가지 법을 단일화시키는 과정에서 적용대상의 확대와 신규 제도의 도입을 통해 사회권을 강화하기 위한 제도 확대를 꾀하였다.

개념정리

1 **영국의 구빈법** 엘리자베스 구빈법(1601), 정주법(1662), 작업장법(1696), 길버트법(1782), 스피넘랜드법(1795), 공장법(1802), 신구빈법(1834)이 있다.

2 **신구빈법의 원칙** 전국 균일처우의 원칙, 열등처우의 원칙, 작업장 활용의 원칙을 가진다.

3 **독일의 주요 사회보험법** 1880년대 질병보험법(1883), 재해보험법(1884), 폐질 및 노령보험법(1889)이 제정되었고, 이 세 개의 법을 통합하여 제국보험법(1911)이 도입되었다.

4　**독일 사회보험법의 출현 배경**　자본주의적 산업화의 진전, 강력한 국민국가의 형성, 정치 민주주의의 확산이다.

5　**비스마르크 사회보험법의 의의**　직업분화를 통한 계층유지적 성격을 갖고, 소규모 기업·비공식부문·농업노동자가 제외되었다는 한계에도 불구하고, 국가에 의한 사회보험의 도입은 연대를 통해 노동자와 그 가족의 삶을 집합적으로 보장하고자 했다는 측면에서 역사적 의의를 찾을 수 있다.

3. 한국 사회복지법의 역사

1) 일제강점기부터 미군정기까지

일제강점기 조선 민중을 위한 사회복지법은 부재하였다. 일제강점기 조선총독부는 일본의 '구호법'을 기초로 1944년 일본 패망 직전에서야 조선구호령을 선포하였다. 조선구호령은 명목상 규칙에 불과하였지만, 1961년 생활보호법이 제정되기 전까지 우리나라 공공부조의 기초가 되었다. 이에 조선구호령은 근대적 의미의 최초 공공부조법의 위상을 갖는다. 조선구호령의 주된 내용은 65세 이상의 노약자, 13세 이하의 유아, 임산부·불구·폐질·질병·기타 정신 또는 신체의 장애로 노동을 할 수 없는 경우, 생활부조와 의료부조를 실시하는 것이었다(이중엽, 2016: 70).

미군정기(1945.9.8.~1948.8.15.)에 들어서 요구호자를 위한 사회복지사업이 시행되었다. 그러나 일본군을 대신하여 미군이 지배하던 이 시기에도 사회권 보장을 위한 실질적인 법률은 전무하였다. 1945년 10월 27일 보건후생국 설립 이후, 후생국보 제3A호(1946.1.14.), 제3C호(1946.2.7.)를 통해 피난민, 돌볼 사람이 없는 고아와 노인, 미망인 등의 긴박한 요구자에 대한 일부 구호사업이 시행되었다(남기민·홍성로, 2020: 129). 이때 공공구호의 대상은 65세 이상된 자, 6세 이하의 부양할 소아를 가진 모, 13세 이하의 소아, 불치의 병자, 분만시 도움을 요하는 자, 정신적·육체적 결함이 있는 자로서 구호시설에 수용되지 않고 가족이나 친척의 보호가 없으며 노동할 수 없는 자였고, 식량, 주택, 연료, 의료, 의류, 매장(埋葬) 급여가 있었다(김기원, 2019: 97).

정부수립과 한국전쟁기에는 헌법과 법률이 제정되었다. 헌법(1948.7.17.)과 함께 군사원호법(1950), 후생시설설치기준령(1950), 경찰원호법(1951), 사회사업을 목적으로 하는 법인설립 허가신청에 관한 규칙(1952), 근로기준법(1953) 등이 제정되었다. 이 시기에는 외국의 민간원조 기관들이 고아원과 양로원을 설립하고, 미국식 사회사업 개념이 도입되었다.

2) 1960년대

1961년 5·16 군사정변을 통해 군사정부가 들어섰다. 정권의 정당성을 획득하고 민심이반을 막고자, 헌법을 개정하고 다양한 법률들을 제정하였다. 제3공화국 헌법(1962.12.26.)에서는 '인간다운 생활을 할 권리'가 신설되었다. 정권의 행정력을 담보하고자 공무원만을 대상으로 한 공무원연금법(1959 제정, 1960 시행)이 "공무원의 퇴직 또는 사망과 공무로 인한 부상·질병·폐질에 대하여 적절한 급여를 실시할 목적으로" 도입되었다. 생활보호법(1961)의 도입으로 우리나라 공공부조 사업이 본격적으로 실시되었다. 아동복리법(1961) 제정으로 우리나라 보육사업이 법적 토대하에 시작되었고, 탁아소를 법정 아동복지시설로 인정하였다. 이때의 아동복지는 보편적 성격이라기보다는 요보호 아동을 위한 사회사업적 성격을 가졌다. 국가유공자특별원호법(1962) 도입으로 전쟁 이후 유공자의 생활수준을 보장하고 유가족을 보호하기 위한 조치가 취해졌다. 4대 사회보험법 중 가장 먼저 산업재해보상보험법(1963.11.)이 도입되었다.

사회보장기본법의 전신인 사회보장에 관한 법률(1963)이 제정되었는데, 당시 사회보장의 범위를 "사회보험에 의한 제급여와 무상으로 행하는 공적부조"라고 정의하였다. 사회보장의 범위가 협소하며, 급여의 종류도 제한적이었다. 산재보험에 이어 의료보험법(1963.12.)이 제정되었는데, 당시에는 임의적용에 불과하여 실제 사회보험으로서 시행되지는 못하였다. 이외에도 보호관찰 등에 관한 법률(1995)의 전신 법률인 갱생보호법(1961), 군사원호보상법(1961), 재해구호법(1962), 군인연금법(1963) 등이 제정되었다. 1960년대에는 공무원, 국가유공자, 군인 등 충성계층에게 특수직역연금과 같은 별도의 제도를 시행함으로써 정권을 유지하고자 하였던 비스마르키언 특징이 확인된다.

3) 1970년대

1970년대에는 사회복지사업법(1970)의 제정으로 사회복지서비스의 법적 기초가 마련되었다. "사회복지사업을 생활보호법·아동복리법·윤락행위등방지법 등에 의한 보호사업·복지사업·선도사업·복지시설의 운영 등을 목적으로 하는 사업"이라고 규정하여, 오늘날에 비해 사회복지사업의 영역이 좁았다. 사립학교교원연금법(1973)이 "사립학교 교직원의 퇴직, 사망 및 직무상의 질병, 부상, 폐질에 대하여 적절한 급여 제도를 확립함으로써, 교직원 및 그 유족의 경제적 생활 안정과 복리 향상에 기여함을 목적으로" 제정되었다. 공무원, 군인과 함께 교사들을 위한 3대 특수직역연금제도가 갖추어지게 되었다.

국민복지연금법(1973)이 제정되었지만, 정책의지 부족, 국민 합의 부족, 두 차례의 오일쇼크 등으로 1988년까지 15년 동안 실질적으로 시행되지는 못하였다. 기존의 의료보험법을 전부개정(1976)함으로써, 공무원·교직원·군인을 제외한 500인 이상 사업장 근로자를 대상으로 최초로 강제적용방식을 도입한 직장의료보험을 실시하였다. 본격적으로 사회보험으로서의 의료보험제도가 실시된 것이다. 이와 함께 의료보호법(1977)도 제정하였다. 기존에는 생활보호법 하에서 의료서비스가 시행되었는데, 경제적 취약계층만을 위한 공공 의료부조를 체계화한 법률이 별도로 제정되었다. 공무원 및 사립학교교직원 의료보험법(1977)의 도입으로 공무원, 사립학교 교직원 및 그 부양가족의 질병, 부상, 분만, 사망 등에 대한 의료급여를 실시하였다.

4) 1980년대

기존 군사정부와 마찬가지로 제5공화국도 군사쿠데타를 일으키고 5·18 광주학살을 통해 탄생하였다. 이에 정권의 정당성 확보 차원에서 사회복지법이 필요하였다. 제5공화국 헌법(1980.10.27.)에 행복추구권이 신설되었고, 국가는 "사회보장·사회복지의 증진에 노력할 의무를 진다"는 조항을 통해 '사회복지' 용어를 추가하였다. 기존의 아동복리법을 아동복지법(1981)으로 전부개정하였다. 아동복지법 개정으로 법률의 적용대상을 요보호아동에서 일반아동으로 확대하였고, 무료 탁아시설은 법인 이외의 자도 신고만으로 시설을 설치·운영할 수 있으며, 국민과 국가 및 지방자치단체의 책임을 규정하고, 어린이날을 제정하였다. 심신장애자복지법(1981) 제정을 통해 장애자를 '지체장애, 시각장애, 청각장애, 언어장애 또는 정신지체 등 정신적 결함으로 인하여 장기간에 걸쳐 일상생활 또는 사회생활에 상당한 제약을 받는 자'로 정의하였다. 노인복지법(1981 제정, 1989 개정)의 도입으로 65세 이상의 노인을 대상으로 노령수당을 지급하였다.

기존의 사회복지사업법을 전부개정(1983)하여, 복지증진의 책임이 국가와 지방자치단체에 있음을 명문화하였고, 사회복지종사자에서 사회복지사로 명칭을 변경하였으며, 사회복지사의 자격을 3등급으로 구분하였다. 기존의 국민복지연금법을 국민연금법(1986)으로 전부개정하였다. 노동자에 대하여 "임금의 최저수준을 보장하는 것을 목적으로" 최저임금법(1986)을 도입하였다. 의료보험법(1988) 개정으로 보험적용 대상을 농어촌지역까지 확대하였고, 이후 1989년 또 한 번의 개정으로 적용 대상을 도시지역까지 확대함으로써 전국민 의료보험 체계를 확립하였다. 기존의 심신장애자복지법을 장애인복지법(1989)으로 전부개정하였다. 기존의 생활보호법을 전부개정하여 생활보호법(1983)을 재정비하였다. 그 외에 진폐의 예방과 진폐근로자의 보호 등에 관한 법률(1984), 보호관찰 등에 관한 법률(1988), 모자복지법(1989) 등이 제정되었다.

5) 1990년대

1990년대는 군사정부의 끝자락과 함께 최초의 문민정부가 들어서고, 야권으로의 최초 정권교체로 국민의 정부가 들어섰던 시대이다. 1990년대 초 세계화의 미명하에 신자유주의적 구조조정이 단행되어, 노동의 유연화에 대응할 사회복지법 강화가 요청되는 시기였다. 1990년대 말 외환위기로 인해 전 국민의 기초생활의 위기, 고용의 위기, 가족의 위기가 발생하였고, 이를 완화하기 위한 법률 제정과 개정이 요청되었다.

기존의 사회복지사업법(1970)을 전부개정한 이후(1983), 한 번 더 전부개정(1992)하였는데, 이때 주요 방향은 사회복지행정의 전문성과 효율성을 높이기 위한 사업체계를 구축하고, 일선 행정기관에 사회복지전담공무원을 배치하기 위한 법적 근거를 마련하는 것이었다. 고용보험법(1993) 제정으로 4대 사회보험이 완비되었고, 사회보장기본법(1995) 제정으로 기존의 사회보장에 관한 법률(1963)은 폐지되었다. 사회보장의 범위는 사회보험, 공공부조, 사회복지서비스 및 관련복지제도로 확대 재편되었다. 국민기초생활보장법(1999) 제정으로 기존의 생활보호법(1961)은 폐지되었고, 피보호자 및 보호기관이라는 용어를 수급권자 및 보장기관으로 변경함으로써 공공부조제도가 시혜가 아닌 권리적 성격으로 변화되었다. 또한 기초생활보장 대상에서 인구학적 기준(18세 미만, 65세 이상)을 폐지하였고, 급여 종류로 생계, 주거, 의료, 교육, 해산, 장제, 자활 급여가 규정되었다. 장애인복지법(1999)을 전부개정하여, 장애인에 대한 규정을 외부신체기능의 장애, 내부기관의 장애와 정신지체, 정신질환에 의한 장애로 인하여 장기간에 걸쳐 일상생활 또는 사회생활에 상당한 불편을 겪는 사람으로 확대되었다.

국민의료보험법(1997) 제정으로 기존의 의료보험법(1989)은 폐지되었다. 1998년 국민의료보험법 개정을 통해 다수 보험자방식(조합주의 방식)에서 단일 보험자방식(통합주의 방식)으로 변경되어, 공무원교직원의료보험관리공단(공교공단)과 227개 지역조합을 통합하고 국민의료보험관리공단이 출범하였다. 국민건강보험법(1999) 제정으로 기존의 국민의료보험법(1998)은 폐지되어, 지역과 직장의 의료보험이 완전 통합되는 국민건강보험제도를 구축하였다. 이때 국민의료보험관리공단과 139개 직장의료보험조합을 통합하여, 실질적인 단일 보험공단이 출범하였다. 국민건강보험법 제정으로 질병의 치료 이외에 예방, 건강증진 등을 포함하는 포괄적 의료서비스 제공을 시작하였다. 그 외에도 장애인고용촉진 등에 관한 법률(1990), 영유아보육법(1991), 사내근로복지기금법(1991), 성폭력범죄의 처벌 및 피해보호자 등에 관한 법률(1994), 보호관찰 등에 관한 법률(1995)(갱생보호법 폐지), 정신보건법(1995), 사회복지공동모금회법(1997), 청소년보호법(1997), 가정폭력방지 및 피해자보호 등에 관한 법률(1997) 등이 제정되었다.

6) 2000년대

2000년대는 국민의 정부를 계승한 참여정부와 이명박 정부의 시대였다. 1990년대 말 외환위기의 여파는 2000년대 초에도 계속되었다. 소득불평등에 따른 사회양극화로 사회적 위험이 높아져 갔고, 이에 대응한 다양한 사회보장제도가 요청되었다. 특히 중앙정부의 역할을 축소하고 지방정부의 역할을 강화하기 위한 분권화 과정에서, 지역복지체계 구축 및 사회복지의 분권화를 위한 법률 제·개정이 대두되었다.

사회복지사업법(2000) 개정으로 9월 7일을 사회복지의 날로 지정하였고, 2003년 개정으로 지역사회복지협의체 설치, 지역사회복지계획 수립 및 시행, 개인별 보호계획 수립 및 서비스 제공, 재가복지 우선 제공 원칙이 명시되었다. 또 한 번의 사회복지사업법(2004) 개정으로 농어촌주민의 보건복지증진을 위한 특별법이 제정되었다. 기존의 장애인고용촉진 등에 관한 법률(1990)을 장애인고용촉진 및 직업재활법(2000)으로 전부개정하여, 장애인의 고용촉진과 직업재활 및 직업안정을 도모하고자 하였다. 장애인복지법(2003) 개정으로 국민기초생활보장 생계급여 수급자인 장애인과 차상위계층인 1급, 2급, 3급(중복장애)의 중증장애인에게 장애수당이 지급되도록 개정하였고, 장애범주를 10개 범주에서 15개 범주로 확대(호흡기장애인, 간장애인, 안면장애인, 장루·요루장애인, 간질장애인 추가)하였다. 정신보건법(2000) 개정으로 정신의료기관에 자의로 입원한 정신질환자에 대한 퇴원중지제도를 폐지하여 환자의 퇴원에 대한 자율성을 보장하고 인권침해의 가능성을 최소화하였다. 사회복지공동모금회법(2001) 개정으로 복권을 발행할 수 있는 법적 근거를 마련하였다. 청소년보호법(2001) 개정으로 청소년의 연령을 만 19세 미만으로 규정하였고, 청소년유해매체물을 판매·대여·배포하거나 시청·관람·이용에 제공하고자 하는 자는 연령을 확인하도록 하였다.

기존의 의료보호법을 의료급여법(2001)으로 전면개정하여 이 법의 근거가 되는 국민기초생활보장법의 의료보호를 의료급여로 변경하였고, 의료급여 기간폐지로 연중 상시적으로 의료급여를 받을 수 있게 하였다. 아동복지법(2000) 전부개정으로 아동복지지도원을 별정직공무원에서 사회복지전담공무원으로 변경하였고, 아동학대 신고 의무화, 긴급전화 설치 등 학대아동 보호체계를 마련하였다. 모·부자복지법(2002) 개정으로 여성세대주인 모자가정만 지원하던 기존 법률에서 남성세대주인 부자가정도 지원대상에 포함시켰다. 긴급복지지원법(2005) 제정으로 선지급 후조사 원칙을 통해, 긴급한 위기에 대한 신속한 지원체계를 마련하였고, 2009년 한시법 규정을 폐지하였다. 기초노령연금법(2007) 제정으로 노인의 국가발전 공로를 인정하여 생활이 어려운 노인에게 연금을 지급하도록 하였다. 노인장기요양보험법(2007) 제정으로 국가 책임의 별도 장기요양 보험제도를 도입하였고, 5대 사회보험 체계를 갖추게 되었다. 다문화가족지원법(2008) 제정으로 결혼이민자 및 그 가정으로 구성되는 다문화가족이 우리 사회의 구성원으로 적응하기 위한 지원제도를 마련하였다. 그 외에도 건강가정지원법(2004), 자원봉사활동기본법(2005), 장애인차별금지 및 권리구제 등에 관한 법률(2007) 등이 제정되었다.

7) 2010년대

이명박 정부의 집권 후반기, 박근혜 정부, 문재인 정부 시기에도 사회복지법은 꾸준히 제정 및 개정되어 왔다. 사회보장기본법(2012)이 전부개정되어, 사회참여·자아실현에 필요한 제도와 여건을 조성하여 사회통합과 행복한 복지사회를 실현하는 것을 기본 이념으로 설정하고, 공공부조, 사회보험,

사회서비스를 3대 사회보장제도로 규정하였다. 장애인연금법(2010)의 도입으로 소득인정액이 일정 수준 이하인 근로무능력 18세 이상의 중증장애인에게 무기여 연금을 지급하도록 하였다. 장애인활동 지원에 관한 법률(2011)의 제정으로 신체적·정신적 장애 등의 사유로 혼자서 일상생활과 사회생활을 하기 어려운 장애인에게 제공하는 활동지원급여에 관한 사항을 규정하여 장애인의 자립생활을 지원하고 그 가족의 부담을 줄임으로써, 장애인의 삶의 질을 높이고자 하였다. 아동학대범죄의 처벌 등에 관한 특례법(2014) 제정으로 아동학대범죄에 대한 처벌 강화 및 범죄발생에 대한 긴급한 조치를 취하도록 하였다.

기초연금법(2014) 제정으로 빈곤노인의 소득보장을 강화하도록 하였다. 국민기초생활보장법(2014) 개정으로 맞춤형 개별급여 체계로 전환하고 급여대상 및 급여수준 선정 시 중위소득 기준을 도입하였다. 맞춤형 개별급여 체계로 전환되어 독립적인 주거급여법(2014)이 제정되었다. 사회보장급여의 이용·제공 및 수급권자 발굴에 관한 법률(2015)이 제정되어 사회보장급여의 신청·조사·발굴 등 복지대상자 선정과 지원에 관한 사항을 구체적으로 규정하고 복지사각지대를 해소하기 위한 방안을 마련하였다. 정신보건법의 명칭을 정신건강증진 및 정신질환자 복지서비스 지원에 관한 법률(2016)로 변경하고, 정신질환자 차별 해소 및 강제입원 절차 개선 등을 통한 인권 보호에 관한 법적 근거를 명시하였다. 그 외 노숙인 등의 복지 및 자립지원에 관한 법률(2011), 사회서비스 이용 및 이용권 관리에 관한 법률(2011), 장애아동복지지원법(2011), 치매관리법(2011), 협동조합기본법(2012), 발달장애인 권리보장 및 지원에 관한 법률(2014), 아동수당법(2018) 등이 제정 또는 개정되었다.

8) 2020년대

문재인 정부의 집권 후반기와 윤석열 정부 시기에도 사회복지법은 제정 및 개정되어 왔다. 구직자 취업촉진 및 생활안정지원에 관한 법률(2020)의 제정으로 근로능력과 구직의사를 가진 구직자를 위한 통합적인 취업지원서비스 제공과 생계를 지원하도록 하였다. 장애예술인 문화예술 활동 지원에 관한 법률(2020)의 도입으로 장애예술인의 문화예술 활동 지원과 촉진을 꾀하였다. 중대재해 처벌 등에 관한 법률(2021)의 도입으로 안전·보건 조치의무를 위반하여 인명피해를 발생하게 한 사업주, 경영책임자, 공무원 및 법인의 처벌 등을 규정하였다. 가사근로자의 고용개선 등에 관한 법률(2021)의 제정으로 가사근로자의 근로조건 및 고용안정 개선, 가사서비스 제공기관 인증, 가사서비스 부문의 양질의 일자리 창출을 지원하도록 하였다. 사회서비스 지원 및 사회서비스원 설립·운영에 관한 법률(2021)의 제정으로 사회서비스의 공공성·전문성·투명성 제고를 통해 사회서비스와 사회서비스 관련 일자리의 질을 높이고자 하였다. 전세사기피해자 지원 및 주거안정에 관한 특별법(2023)의 도입으로 전세사기로 피해를 입은 임차인에게 경·공매 절차 및 조세 징수 등에 관한 특례를 부여하여, 전세사기피해자의 주거안정 방안을 마련하였다. 농어업고용인력 지원 특별법(2023)의 도입으로 농어업고용인력의 양성, 교육훈련, 근로환경 개선 등을 지원하도록 하였다.

표 3-1 한국 사회복지법의 역사

시기	관련 법
일제강점기~ 미군정기	조선구호령(1944), 후생국보 제3A호(1946), 후생국보 제3C호(1946)
1950년대	군사원호법(1950), 후생시설설치기준령(1950), 경찰원호법(1951), 사회사업을 목적으로 하는 법인설립 허가신청에 관한 규칙(1952), 근로기준법(1953), 공무원연금법(1959)
1960년대	생활보호법(1961), 아동복리법(1961), 갱생보호법(1961), 군사원호보상법(1961), 재해구호법(1962), 국가유공자특별원호법(1962), 산업재해보상보험법(1963), 사회보장에 관한 법률(1963), 의료보험법(1963), 군인연금법(1963)
1970년대	사회복지사업법(1970), 사립학교교원연금법(1973), 국민복지연금법(1973), 의료보험법 전부개정(1976), 의료보호법(1977), 공무원 및 사립학교교직원 의료보험법(1977)
1980년대	아동복지법(1981), 심신장애자복지법(1981), 노인복지법(1981 제정, 1989 개정), 사회복지사업법 전부개정(1983), 생활보호법(1983), 진폐의 예방과 진폐근로자의 보호 등에 관한 법률(1984), 국민연금법(1986), 최저임금법(1986), 의료보험법 개정(1988, 1989), 보호관찰 등에 관한 법률(1988), 장애인복지법(1989), 모자복지법(1989)

시기	관련 법
1990년대	장애인고용촉진 등에 관한 법률(1990), 영유아보육법(1991), 사내근로복지기금법(1991), 사회복지사업법 전부개정(1992), 고용보험법(1993), 성폭력범죄의 처벌 및 피해보호자 등에 관한 법률(1994), 보호관찰 등에 관한 법률(1995), 정신보건법(1995), 사회보장기본법(1995), 국민의료보험법(1997), 사회복지공동모금회법(1997), 청소년보호법(1997), 가정폭력방지 및 피해자보호 등에 관한 법률(1997), 국민기초생활보장법(1999), 장애인복지법 전부개정(1999), 국민건강보험법(1999)
2000년대	아동복지법 전부개정(2000), 정신보건법 개정(2000), 사회복지사업법 개정(2000, 2004), 장애인고용촉진 및 직업재활법(2000), 사회복지공동모금회법 개정(2001), 청소년보호법개정(2001), 의료급여법(2001), 모·부자복지법 개정(2002), 장애인복지법 개정(2003), 건강가정지원법(2004), 자원봉사활동기본법(2005), 긴급복지지원법(2005), 기초노령연금법(2007), 노인장기요양보험법(2007), 장애인차별금지 및 권리구제 등에 관한 법률(2007), 다문화가족지원법(2008)
2010년대	장애인연금법(2010), 장애인활동 지원에 관한 법률(2011), 노숙인 등의 복지 및 자립지원에 관한 법률(2011), 사회서비스 이용 및 이용권 관리에 관한 법률(2011), 장애아동복지지원법(2011), 치매관리법(2011), 협동조합기본법(2012), 사회보장기본법 전부개정(2012), 아동학대범죄의 처벌 등에 관한 특례법(2014), 기초연금법(2014), 국민기초생활보장법 개정(2014), 주거급여법(2014), 발달장애인 권리보장 및 지원에 관한 법률(2014), 사회보장급여의 이용·제공 및 수급권자 발굴에 관한 법률(2015), 정신건강증진 및 정신질환자 복지서비스 지원에 관한 법률(2016), 아동수당법(2018)
2020년대	구직자 취업촉진 및 생활안정지원에 관한 법률(2020), 장애예술인 문화예술 활동 지원에 관한 법률(2020), 중대재해 처벌 등에 관한 법률(2021), 가사근로자의 고용개선 등에 관한 법률(2021), 사회서비스 지원 및 사회서비스원 설립·운영에 관한 법률(2021), 전세사기피해자 지원 및 주거안정에 관한 특별법(2023), 농어업고용인력 지원 특별법(2023)

개념정리

1 **조선구호령** 일제강점기였던 1944년에 제정되었고, 명목상 규칙에 불과하였지만 1961년 생활보호법이 제정되기 전까지 우리나라 공공부조의 기초가 되었다.

2 **미군정기** 일본군을 대신하여 미군이 지배하던 미군정기에도 사회권 보장을 위한 실질적인 법률은 부재하였다. 미군정기에는 피난민, 돌볼 사람이 없는 고아와 노인, 미망인 등의 긴박한 요구자에 대한 일부 구호사업이 시행되었다.

3 **1960년대 사회복지법** 정권의 정당성 획득과 민심이반을 막고자 헌법을 개정하고 다양한 법률들을 제정하였다. 공무원, 국가유공자, 군인 등 충성계층에게 특수직역연금과 같은 별도의 법률을 시행함으로써 정권을 유지하고자 하였던 비스마르키언 특징이 확인되었다.

4 **1970년대 사회복지법** 사회복지사업법(1970)의 제정으로 사회복지서비스의 법적 기초가 마련되었다. 사립학교교원연금법(1973)의 제정으로 공무원, 군인과 함께 교사들을 위한 3대 특수직역연금제도가 갖추어졌다.

5   **1980년대 사회복지법** 제5공화국 헌법(1980.10.27.)에 행복추구권이 신설되었고, 국가는 "사회보장·사회복지의 증진에 노력할 의무를 진다"는 조항을 통해 '사회복지' 용어를 추가하였다.

6   **1990년대 사회복지법** 세계화의 미명하에 신자유주의적 구조조정이 단행되어, 노동의 유연화에 대응할 사회복지법 강화가 요청되는 시기였다. 1990년대 말 외환위기로 인해 전 국민의 기초생활의 위기, 고용의 위기, 가족의 위기를 완화하기 위한 법률 제·개정이 요청되었다.

7   **2000년대 사회복지법** 소득불평등에 따른 사회양극화로 사회적 위험이 높아갔고, 이에 대응한 다양한 사회보장법이 요청되었다. 중앙정부의 역할을 축소하고 지방정부의 역할을 강화하기 위한 분권화 과정에서, 지역복지체계 구축 및 사회복지의 분권화를 위한 법률 제·개정이 대두되었다.

8   **2010년대 사회복지법** 사회보장기본법(2012)이 전부개정되어, 사회참여·자아실현에 필요한 제도와 여건을 조성하여 사회통합과 행복한 복지사회를 실현하는 것을 기본 이념으로 설정하고, 공공부조, 사회보험, 사회서비스를 3대 사회보장제도로 규정하였다. 사회보장급여의 이용·제공 및 수급권자 발굴에 관한 법률(2015)이 제정되어 사회보장급여의 신청·조사·발굴 등 복지대상자 선정과 지원에 관한 사항을 구체적으로 규정하고 복지사각지대를 해소하기 위한 방안을 마련하였다. 또한 이 시기는 대상별 법률이 구체화된 시기였다. 저출산·고령화에 대한 대응으로 아동학대범죄의 처벌 등에 관한 특례법(2014), 아동수당법(2018), 기초연금법(2014) 등 아동과 노인을 위한 법률이 제정되었고, 장애인연금법(2010), 장애인활동 지원에 관한 법률(2011), 장애아동복지지원법(2011), 발달장애인 권리보장 및 지원에 관한 법률(2014) 등 장애인 복지를 위한 법률이 제정되었다.

9   **2020년대 사회복지법** 사회서비스원법(2021)의 제정과 함께 고용, 주거, 문화 등 분야별 사회서비스 법률들이 구체화된 시기였다. 고용서비스 부문에서는 구직자 취업촉진 및 생활안정지원에 관한 법률(2020), 가사근로자의 고용개선 등에 관한 법률(2021), 농어업고용인력 지원 특별법(2023), 주거서비스 부문에서는 전세사기피해자 지원 및 주거안정에 관한 특별법(2023), 문화서비스 부문에서는 장애예술인 문화예술 활동 지원에 관한 법률(2020)이 제정되었다. 그 외에 중대재해 처벌 등에 관한 법률(2021)이 도입되었다.

04

사회복지법의 입법

어떻게 만들어지는가?

사회복지법은 어떻게 만들어질까? 이 장에서는 사회복지법이 만들어지는 과정을 살펴볼 것이다.

　　사회복지법의 중심을 이루는 것은 국회에서 제정하는 법률이다. 국회에서 어떻게 법률이 논의되고 만들어지는지 알아보기 위하여 국회 입법절차 전반을 살펴본 다음, 행정부에서 만들어지는 행정입법들의 입법과정에 대하여도 간략히 알아본다.

　　사회복지법의 입법과정에는 시민들이 참여할 수 있으며, 이를 통하여 법의 내용이 달라질 수 있다. 복지 확대를 요구하는 당사자, 시민들과 시민단체, 사회단체의 활동이 사회복지법의 입법에 결정적 요인이 된 사례도 있다. 이 장에서는 사회복지법 입법운동을 살펴보고, 시민이 사회복지법 입법절차에 참여할 수 있는 방안에 대하여도 제안해 본다.

1. 국회의 입법절차

1) 입법권과 국회

입법이란, 법을 만드는 일을 말하며, 일반적으로 국회가 입법절차에 따라 법률의 형식을 가진 법을 제정하거나 개정하는 것을 의미한다.

헌법 제40조 입법권은 국회에 속한다.
제52조 국회의원과 정부는 법률안을 제출할 수 있다.

헌법은 입법권을 국회의 권한으로 명시하고 있다. 국회는 헌법에 의한 입법기관으로, 법률을 제정하는 것을 가장 기본적인 기능으로 하고 있다. 국회는 선거로 선출된 국회의원으로 구성되어 국민을 대표하는 민주적 정당성을 가지고 있으며, 이해관계인들의 다양한 목소리가 논의되어 법률로 반영되는 민주적 프로세스가 이루어지는 민의의 장이기도 하다. 따라서 국회는 민주적 정당성을 기반으로 국민의 권리와 의무에 관한 중요한 내용을 법률로 정하는 입법권을 행사하게 된다.

이하에서는 국회의 조직과 운영에 대하여 살펴보고, 국회의 입법절차가 어떻게 진행되는지 알아보기로 한다.

2) 국회의 조직과 운영

(1) 국회의원

국회는 국민의 보통, 평등, 직접, 비밀선거에 의하여 선출된 국회의원으로 구성되며(헌법 제41조), 국회의원의 수는 지역구의원 253명과 비례대표의

원 47명을 합하여 총 300인이다(공직선거법 제21조 제1항). 국회의원 선거권과 피선거권은 현재 18세 이상 국민에게 있다(공직선거법 제15조 제1항, 제16조 제2항).

(2) 국회의 구성

의장과 부의장

국회는 의장 1인과 부의장 2인을 선출하는데(헌법 제48조), 의장과 부의장은 국회에서 무기명투표로 선거하여 재적의원[1] 과반수의 득표로 당선된다(국회법 제15조 제1항). 의장과 부의장의 임기는 2년이다(국회법 제9조). 의장은 국회를 대표하고, 의사를 정리하며, 질서를 유지하고 사무를 감독하는 권한을 갖는다(국회법 제10조).

위원회

국회는 의안 처리의 효율성과 전문성을 강화하기 위하여 위원회를 두는데, 국회의 위원회는 소수의 국회의원으로 구성된 합의체 기관이다. 위원회는 상임위원회와 특별위원회 두 종류가 있다(국회법 제35조).

국회는 행정 각 부의 업무에 상응하여 17개의 상임위원회가 구성되어 있으며, 국회 각 상임위원회의 소관사항은 다음과 같다. 사회복지법과 관련된 입법은 주로 국회 보건복지위원회에서 이루어진다.

상임위원회는 상임위원으로 구성되는데, 국회의원은 2개 이상의 상임위원회의 상임위원이 될 수 있다(국회법 제39조 제1항). 상임위원은 교섭단체[2] 소속의원수의 비율에 의하여 각 교섭단체대표의원(통상 정당의 원내대표)의 요청으로 의장이 선임한다(국회법 제48조 제1항). 어느 당에도 속하지 않은 의원의 상임위원 선임은 의장이 행한다(국회법 제48조 제2항). 원칙적으로 상임위원의 임기는 2년으로 하는데(국회법 제40조 제1항), 국회의원의 임기가 4년이

....

1   재적의원이란 현재 국회에 적을 두고 있는 의원 전원을 의미한다.
2   국회에 20명 이상의 소속 의원을 가진 정당은 하나의 교섭단체가 되며, 다른 교섭단체에 속하지 않은 20명 이상의 의원이 따로 교섭단체를 구성할 수 있다(국회법 제33조).

표 4-1 국회 상임위원회의 종류와 소관사항(국회법 제37조)

상임위원회	소관사항
국회운영위원회	국회운영에 관한 사항, 국회법과 국회규칙에 관한 사항, 국회사무처, 국회도서관, 국회예산정책처, 국회입법조사처, 대통령비서실, 국가안보실, 대통령경호처, 국가인권위원회 소관에 속하는 사항
법제사법위원회	법무부, 법제처, 감사원, 고위공직자범죄수사처 소관에 속하는 사항, 헌법재판소 사무에 관한 사항, 헌법재판소 사무에 관한 사항, 법원과 군사법원의 사법행정에 관한 사항, 탄핵소추에 관한 사항, 법률안·국회규칙안의 체계·형식과 자구의 심사에 관한 사항
정무위원회	국무조정실, 국무총리비서실, 국가보훈처, 공정거래위원회, 금융위원회, 국민권익위원회 소관에 속하는 사항
기획재정위원회	기획재정부, 한국은행 소관에 속하는 사항
교육위원회	교육부 소관에 속하는 사항
과학기술정보통신위원회	과학기술정보통신부, 방송통신위원회, 원자력안전위원회 소관에 속하는 사항
외교통일위원회	외교부, 통일부 소관에 속하는 사항, 민주평화통일자문회의 사무에 관한 사항
국방위원회	국방부 소관에 속하는 사항
행정안전위원회	행정안전부, 인사혁신처 소관에 속하는 사항, 중앙선거관리위원회 사무에 관한 사항, 지방자치단체에 관한 사항
문화체육관광위원회	문화체육관광부 소관에 속하는 사항
농림축산식품해양수산위원회	농림축산식품부, 해양수산부 소관에 속하는 사항
산업통상자원중소벤처기업위원회	산업통상자원부, 중소벤처기업부 소관에 속하는 사항
보건복지위원회	보건복지부, 식품의약품안전처 소관에 속하는 사항
환경노동위원회	환경부, 고용노동부 소관에 속하는 사항
국토교통위원회	국토교통부 소관에 속하는 사항
정보위원회	국가정보원 소관에 속하는 사항, 국가정보원법 제4조 제1항 제5호에 따른 정보 및 보안 업무의 기획·조정 대상 부처 소관의 정보 예산안과 결산심사에 관한 사항
여성가족위원회	여성가족부 소관에 속하는 사항

므로(헌법 제42조), 보통 임기 중 상임위가 한 번 바뀔 수 있으나, 같은 상임위원회에 계속 소속되어 있는 경우도 있다.

특별위원회는 두 종류가 있는데, (1) 둘 이상의 상임위원회와 관련된 안건이나 특히 필요하다고 인정한 안건을 효율적으로 심사하기 위하여 본회의 의결로 활동기간을 정해서 두는 임시적 위원회가 있고(국회법 제44조 제1항), (2) 예산결산특별위원회와 윤리특별위원회는 상설로 설치되어 있다(국회법 제45조, 제46조). 또한 공무원에 대한 임명동의안이나 선출안을 심사하기 위하여 인사청문특별위원회가 설치된다(국회법 제46조의3).

(3) 국회의 운영

국회는 매년 1회의 정기회를 개최하고, 대통령 또는 국회재적의원 4분의 1 이상의 요구에 의하여 임시회를 개최한다(헌법 제47조). 국회의 정기회는 매년 9월 1일에 집회한다(국회법 제4조).

국회의 의사결정은 헌법 또는 법률에 특별한 규정이 없는 한 재적의원 과반수의 출석과 출석의원 과반수의 찬성으로 의결하고, 가부동수인 때에는 부결된 것으로 본다(헌법 제49조).

일반적인 경우와 다른 특별한 정족수가 적용되는 경우가 있는데, 헌법개정안을 의결하는 경우 재적의원 3분의 2 이상의 찬성을 얻어야 하고(헌법 제130조 제1항), 대통령의 거부권 행사에 의하여 법률안을 재의결하는 경우 재적의원 과반수의 출석과 출석의원 3분의 2 이상의 찬성이 필요하다(헌법 제53조 제4항). 또한 대통령에 대한 탄핵소추를 의결하는 경우 재적의원 과반수의 발의와 재적의원 3분의 2 이상의 찬성이 필요하다(헌법 제65조 제2항). 국회의원을 제명하는 경우에 국회재적의원 3분의 2 이상의 찬성이 있어야 한다(헌법 제64조 제3항).

3) 국회의 입법절차

국회의 입법절차에 대하여, 개괄적인 내용은 국회 홈페이지에 그림으로 설명이 되어 있다.

국회의 입법절차는 크게 3단계로 살펴볼 수 있는데, 바로 법안의 발의, 법안의 심의, 마지막으로 정부 이송 및 공포 단계이다. 이하에서는 핵심적인 절차 중심으로 간략하게 국회의 입법절차를 살펴본다. 또한 국회 입법과정에

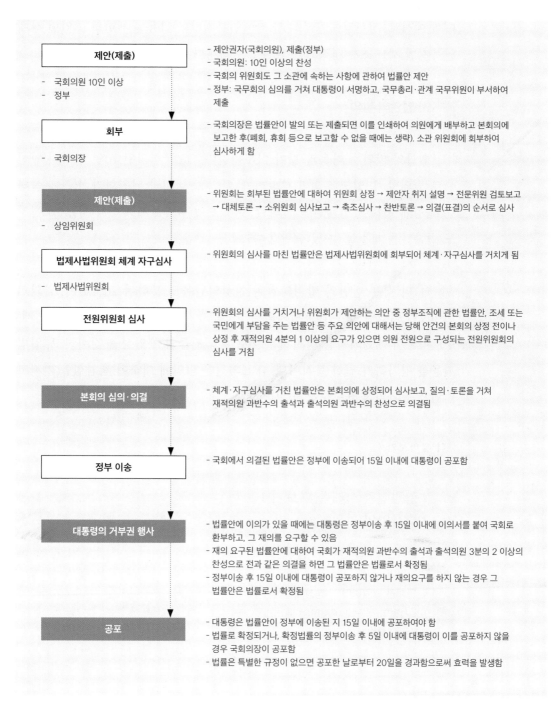

제안(제출)	- 제안권자(국회의원), 제출(정부)
- 국회의원 10인 이상 - 정부	- 국회의원: 10인 이상의 찬성 - 국회의 위원회도 그 소관에 속하는 사항에 관하여 법률안 제안 - 정부: 국무회의 심의를 거쳐 대통령이 서명하고, 국무총리·관계 국무위원이 부서하여 제출
회부	- 국회의장은 법률안이 발의 또는 제출되면 이를 인쇄하여 의원에게 배부하고 본회의에
- 국회의장	보고한 후(폐회, 휴회 등으로 보고할 수 없을 때에는 생략). 소관 위원회에 회부하여 심사하게 함
제안(제출)	- 위원회는 회부된 법률안에 대하여 위원회 상정 → 제안자 취지 설명 → 전문위원 검토보고
- 상임위원회	→ 대체토론 → 소위원회 심사보고 → 축조심사 → 찬반토론 → 의결(표결)의 순서로 심사
법제사법위원회 체계 자구심사	- 위원회의 심사를 마친 법률안은 법제사법위원회에 회부되어 체계·자구심사를 거치게 됨
- 법제사법위원회	
전원위원회 심사	- 위원회의 심사를 거치거나 위원회가 제안하는 의안 중 정부조직에 관한 법률안, 조세 또는 국민에게 부담을 주는 법률안 등 주요 의안에 대해서는 당해 안건의 본회의 상정 전이나 상정 후 재적의원 4분의 1 이상의 요구가 있으면 의원 전원으로 구성되는 전원위원회의 심사를 거침
본회의 심의·의결	- 체계·자구심사를 거친 법률안은 본회의에 상정되어 심사보고, 질의·토론을 거쳐 재적의원 과반수의 출석과 출석의원 과반수의 찬성으로 의결됨
정부 이송	- 국회에서 의결된 법률안은 정부에 이송되어 15일 이내에 대통령이 공포함
대통령의 거부권 행사	- 법률안에 이의가 있을 때에는 대통령은 정부이송 후 15일 이내에 이의서를 붙여 국회로 환부하고, 그 재의를 요구할 수 있음 - 재의 요구된 법률안에 대하여 국회가 재적의원 과반수의 출석과 출석의원 3분의 2 이상의 찬성으로 전과 같은 의결을 하면 그 법률안은 법률로서 확정됨 - 정부이송 후 15일 이내에 대통령이 공포하지 않거나 재의요구를 하지 않는 경우 그 법률안은 법률로서 확정됨
공포	- 대통령은 법률안이 정부에 이송된 지 15일 이내에 공포하여야 함 - 법률로 확정되거나, 확정법의 정부이송 후 5일 이내에 대통령이 이를 공포하지 않을 경우 국회의장이 공포함 - 법률은 특별한 규정이 없으면 공포한 날로부터 20일을 경과함으로써 효력을 발생함

그림 4-1 국회 입법절차
출처: 대한민국 국회 홈페이지

대한 예시로, 정신장애인에 대한 장애인복지법의 적용을 제한하고 있던 장애인복지법 제15조가 개정되는 과정도 살펴본다.

(1) 법안의 발의

법안의 발의는 다음과 같이 이루어진다. (1) 국회의원 10인 이상의 찬성으로 발의할 수 있고(국회법 제79조 제1항), (2) 국회의 위원회가 소관에 속하는 사항에 관하여 법률안을 발의할 수 있으며(국회법 제51조 제1항), (3) 정부도 법률안을 제출할 수 있다(헌법 제52조).

(1)의 경우 법안의 발의의원과 찬성의원을 구분하여 표시하며, 발의의원이 2인 이상인 경우 대표발의의원 1명을 명시한다(국회법 제79조 제2항, 제3항). 이렇게 대표의원을 명시하는 이유는 의원들의 책임성을 강화하고, 입법활동을 평가하기 위한 목적이다. 대표의원은 의안에 대하여 책임성을 가지고 법안의 통과과정을 주도하게 된다.

| 더 알아보기 |

입법절차 사례 살펴보기 1:
법률안의 발의

장애인복지법 일부개정법률안이 발의되었다(2021. 6. 28.). 이 법안의 대표의원은 인재근 의원이며, 정신장애인에게 장애인복지법의 적용을 배제하는 제15조를 개정하는 내용이다.

장애인복지법 일부개정법률안(인재근의원 대표발의, 의안번호 2111117) 의안
출처: 국가법령정보센터 홈페이지

(2) 법안의 심사 과정

① 상임위원회 회부

법률안이 발의 또는 제출되면 국회의장은 이를 의원에게 배부하고, 본회의에 보고하며 법률안의 내용과 성질에 따라 소관 상임위원회에 회부한다(국회법 제81조). 사회복지법들은 주로 보건복지위원회에서 논의가 이루어진다. 회부된 법률안은 국회공보 또는 국회 홈페이지에 입법예고를 하여야 한다(국회법 제82조의2). 국회는 '국회입법예고시스템'이라는 입법예고 홈페이지(http://pal.assembly.go.kr)를 운영하고 있다.

② 상정, 제안자 취지 설명

법률안에 대한 심의는 주로 위원회 단위에서 이루어지는데, 위원회에 법안이 상정되면(국회법 제59조, 제59조의2), 제안자(대표발의의원, 위원회 안의 경우 위원장, 정부제출안의 경우 주로 장관)가 법률안 제안 이유와 주요 내용 및 제안 취지를 설명한다(국회법 제58조 제1항).

③ 전문위원 검토보고, 대체토론

제안자가 설명을 마치게 되면 위원회 소속 전문위원이 해당 법률안에 대하여 검토한 사항을 보고한다(국회법 제58조 제1항). 전문위원은 국회법과 국회사무처법에 의하여 국회 위원회에 두는 국회 공무원으로, 중립적인 입장에서 국회 법안을 검토하고 보고서를 작성하여 위원장과 위원들의 입법활동을 지원하는 역할을 한다. 전문위원의 검토보고서는 특별한 사정이 없는 한 법률안의 위원회 상정 48시간 전까지 소속 위원들에게 배부되어야 하는데(국회법 제58조 제8항), 이 검토보고서는 법률안 심사과정에서 입법논의의 중요한 근거자료가 된다.

전문위원의 검토보고에 이어 위원들의 대체토론이 실시되는데, 대체토론은 안건 전체에 대한 문제점과 당부에 관한 일반적 토론을 의미한다(국회법 제58조 제1항, 제3항). 전문위원의 검토보고서는 국회 의안정보시스템에서 찾아볼 수 있다.

④ 공청회 또는 청문회

위원회는 법률안을 심사함에 있어 제정법률안이나 전부개정법률안에 대해서는 공청회 또는 청문회를 개최하여야 한다. 다만, 위원회의 의결로 생략할 수 있다(국회법 제58조 제6항). 일부개정법률안에 대하여는 공청회가 거의 개최되지 않는다.

⑤ 법안심사 소위원회의 심사

대체토론이 끝난 후 법률안은 소위원회에 회부된다(국회법 제58조 제3항). 소위원회는 법률안의 효율적이고 심도있는 심사를 위하여 각 상임위원회에 설치된 위원회이다. 국회의 상임위원회는 법안심사소위원회를 두고 여기서 법률안에 대한 주요 사안을 심사한다. 국회에 제출되는 의안이 크게 증가하고 법률안의 전문성, 복잡성으로 인하여 소위원회 심사의 역할과 비중이 크게 증가하고 있으며, 법률안에 대한 실질적 심사가 전체 위원회가 아니라 소위원회 단계에서 이루어지는 경향이 강화되고 있는 편이다.

소위원회의 회의는 공개를 원칙으로 하고 예외적으로 의결로 비공개 결정하는 경우에만 비공개로 하도록 되어 있으나(국회법 제57조 제5항), 실제로는 거의 비공개로 이루어지고 있다. 과거에는 소위원회가 회의록을 작성하지 않거나 회의록에 전체가 아닌 요지만 작성하도록 하였으나, 의정활동 투명화에 대한 요구가 증대하고 국회법이 개정되어, 현재는 소위원회 회의에 대하여도 속기로 기록하고 원칙적으로 이를 공개하도록 하고 있다(국회법 제69조, 제118조 제1항 본문).

⑥ 축조심사

소위원회의 심사가 끝나면, 위원회는 소위원회의 심사결과를 보고받아 법률안에 대하여 축조심사[3]를 진행하게 된다. 현행 국회법은 제정법률안과 전부개정법률안을 제외하고는 축조심사를 생략할 수 있도록 하고 있다(국회법 제58조 제5항).

....

3   축조심사(逐條審査)란 의안 심사 방법의 한 형태로, 의안을 한 조항씩 낭독하면서 차례차례 심사하는 일이다.

입법절차 사례 살펴보기 2: 국회 보건복지위원회의
법률안 심사

국회의안정보시스템(https://likms.assembly.go.kr/bill/main.do)에서 법안을 검색하면 국회에서 해당 법안이 심사되는 절차를 살펴볼 수 있다.

장애인복지법 일부개정법률안(인재근 의원 대표발의, 의안번호 2111117)은 국회 보건복지위원회 전체회의에 상정되어(2021. 11. 11.), 그날 제안설명, 검토보고, 대체토론, 소위원회 회부 절차를 거쳤으며, 보건복지위원회 산하 법안심사소위에 상정하여(2021. 11. 24.) 심사하고 대안을 반영하여 폐기하기로 하고, 다음날 보건복지위원회 전체회의에서 대안의결(보건복지위원회에서 대안법률안을 발의하는 것으로 하고 이 법안은 폐기함)을 하였다(2021. 11. 25.).

단, 이 대안법률안은 인재근 의원의 안을 그대로 반영하고 다른 장애인복지법 개정 내용을 추가한 것이라, 내용은 변경되지 않았다.

대안법률안은 장애인복지법 일부개정법률안(보건복지위원장 대안, 의안번호 2113632)이다. 이 대안법률안이 본회의에서 의결되고(2021. 12. 2.), 같은 달 10일 정부에 이송되고, 21일 공포되어, 정신장애인의 장애인복지법 적용을 배제하는 조항을 삭제하는 내용으로 장애인복지법이 개정되었다(2021. 12. 21. 법률 제18625호).

장애인복지법 일부개정법률안(인재근의원 대표발의, 의안번호 2111117)의 심사과정

⑦ 찬반토론과 표결

축조심사 이후 찬반토론과 표결을 거친다(국회법 제58조 제1항). 법률안을 의결하는 형태는, 원안의결, 수정의결, 대안의결, 폐기의결이 있다. 원안의결은 위원회에 회부된 법률안의 내용을 그대로 의결하는 것이며, 수정의결은

원안의 기본취지와 성격이 변경되지 않는 범위 안에서 일부 내용을 추가, 삭제, 변경하는 것을 말한다. 대안의결은 원안과 일반적으로 취지는 같으나 전면수정하거나 체계를 다르게 하여 제출하는 것으로 일종의 수정안이며, 실무적으로는 국회법 제51조에 따라 위원회 대안으로 이루어지는 경우가 많다. 폐기의결은 법률안을 본회의에 부의하지 않기로 결정하는 것이다.

이상 살펴본 절차는 구체적인 진행내용과 회의록 등이 공개되어 있어, 국회 의안정보시스템을 통하여 확인할 수 있다.

⑧ 법제사법위원회의 체계, 자구 심사

각 상임위원회가 법률안의 심사를 마치거나 입안하였을 때 법제사법위원회에 체계·자구 심사를 의뢰하고 심사결과를 반영하여 심사보고를 하도록 하는 제도이다(국회법 제86조 제1항). 체계·자구 심사는 국회에서 제정하거나 개정하는 법률안이 헌법에 위배되는지 심사하여 위헌가능성을 차단하고 법률 상호 간의 충돌이나 모순을 시정하여 법체계상 조화를 도모하고 법형식의 통일을 유지하는 등의 목적이 있다(임종훈·이정은, 2021). 그러나 실제 상임위원회 통과 이후 다양한 사유로 법제사법위원회에서 입법이 좌절되는 경우가 종종 발생하고 있으며, 법제사법위원회가 사실상 입법 전체를 통제하고 있다는 비판이 제기되기도 한다.

⑨ 본회의 의결

본회의에서는 법안에 대한 최종 표결이 진행된다. 상임위원회 위원장 또는 소속의원 중 위원장 지명을 받은 의원이 심사보고를 하고 질의와 토론을 거쳐 표결에 붙여지는데, 실제로는 질의와 토론을 하지 않고 바로 전자표결을 통해 신속하게 가결되는 경우가 대부분이다.

(3) 정부 이송 및 공포

① 이송

이송은 국회에서 통과된 법률안을 정부에 이송하는 절차를 말하며, 국회법에 따라 국회의장이 법률안을 정부에 이송한다(국회법 제98조 제1항).

② 공포

정부에 이송된 법률안은 15일 이내에 대통령이 공포하며(헌법 제53조 제1항), 만약 이 기간 내에 대통령이 법률을 공포하거나 국회에 재의를 요구하지 않으면 해당 법률안은 법률로서 확정되고 국회의장이 공포한다(헌법 제53조 제6항).

대통령은 국회에서 의결된 법률안에 이의가 있는 경우 15일 이내에 이의서를 붙여 국회에 다시 보내서 재의를 요구할 수 있는바(헌법 제53조 제2항), 이를 대통령의 법률안거부권이라고 한다. 이는 대통령이 국회를 견제하는 수단이라고 할 수 있다.

공포된 법률안은 특별한 규정이 없는 한 공포한 날부터 20일이 경과하면 효력이 발생한다고 헌법에서 규정하고 있으나(헌법 제53조 제7항), 통상 법률의 부칙에서 효력발생일을 규정하고 있다. 참고로 지금까지 살펴본 장애인복지법 제15조 개정안의 시행일은 부칙 규정에서 2022년 12월 22일로 정하고 있다.

개념정리

1 **입법** 법을 만드는 과정을 말하며, 일반적으로 국회가 법률의 형식을 가진 법을 제정, 개정하는 것을 의미한다.

2 **국회** 300인의 국회의원으로 구성되며, 의장과 부의장, 의안 처리를 위한 상임위원회와 특별위원회를 두고 있다.

3 **국회의 입법절차** 법안의 발의, 법안의 심사, 정부 이송 및 공포 단계로 나뉜다.

4 **법안 발의** 국회의원 10인 이상의 찬성, 국회 위원회의 발의, 정부의 제출로 발의된다.

5 **법안 의결 및 공포** 발의된 법안은 해당 상임위에서 심사를 하고(상정, 취지설명, 전문위원 검토보고, 대체토론, 법안심사 소위원회의 심사, 축조심사, 찬반토론과 표결), 법제사법위원회의 체계·자구 심사를 거쳐 본회의에서 의결된다. 국회에서 통과된 법률안은 정부에 이송되어 대통령에 의하여 공포된다.

2. 행정부의 입법 과정

넓은 의미의 입법권은 국회에만 한정되는 것은 아니다. 행정의 기능이 복잡해지고 전문화되어 가면서 입법기관인 국회가 행정부에 입법권의 일부를 위임하고, 이러한 위임에 근거하여 행정부가 입법하는 행정입법이 점점 늘어나고 있다. 특히 사회복지법은 그 내용이 방대하고 복잡하며, 전문화되어 있어, 현장에서 적용되는 내용들이 시행령, 시행규칙과 같은 행정입법에 위임되어 있는 경우가 많다. 헌법 제75조와 제95조는 행정입법의 근거에 대하여 규정하고 있다.

> **헌법** 제75조 대통령은 법률에서 구체적으로 범위를 정하여 위임받은 사항과 법률을 집행하기 위하여 필요한 사항에 관하여 대통령령을 발할 수 있다.
> 제95조 국무총리 또는 행정각부의 장은 소관사무에 관하여 법률이나 대통령령의 위임 또는 직권으로 총리령 또는 부령을 발할 수 있다.

이하에서는 행정입법의 입법절차를 알아본 다음, 행정입법에 대한 통제방안을 살펴본다.

1) 대통령령의 입법절차

대통령령의 입법절차를 간략히 살펴보면, 주무부처의 성안, 관계 기관과의 협의, 입법예고, 규제개혁위원회 심사, 법제처 심사, 차관회의와 국무회의의 심의를 거쳐, 대통령의 재가와 공포를 통하여 효력이 발생하게 된다.

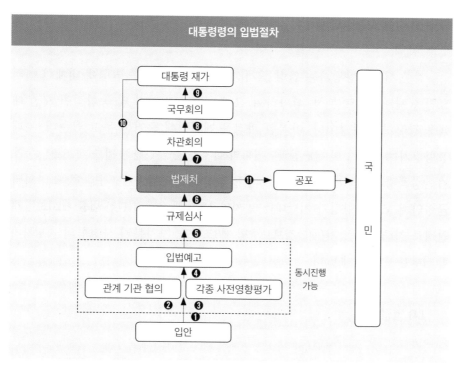

그림 4-2 대통령령의 입법절차

출처: 법제처(2024: 4)

(1) 법령안 입안

대통령령은 대통령이 발령하지만, 그 안을 만드는 과정은 소관 행정청에서 주관하여 진행한다. 법령안을 만드는 기관은 정부조직법에 설치근거를 두고 있는 부, 처, 청과 헌법이나 개별 법률에 따라 설치된 중앙행정기관이 포함된다. 법률의 일부 내용을 하위법령(대통령령, 총리령, 부령)에 위임하고 있는 경우에는 위임받은 사항을 하위법령에서 정해야 법률의 시행이 가능하므로, 법률의 시행일 전에 하위법령의 입법이 완료될 필요가 있다.

(2) 관계 기관과의 협의

행정청은 법령안을 입안한 후 그 내용과 관계있는 다른 기관의 장과 협의하고 필요한 경우에는 그 내용을 조정하여야 한다.

(3) 각종 사전영향평가

각종 사전영향평가는 법령을 개정, 제정하려는 경우 법령에 내재한 여러 요인을 체계적으로 분석, 평가하여 그에 대한 사전정비 및 종합적인 개선 대책을 강구하는 과정이다. 이러한 과정을 개별법에 근거를 두고 있는데, 부패영향평가(부패방지 및 국민권익위원회의 설치와 운영에 관한 법률 제28조), 통계기반정책평가(통계법 제12조의2), 성별영향평가(성별영향평가법 제5조), 지역균형인재 고용영향평가(지방대학 및 지역균형인재 육성에 관한 법률 제20조), 개인정보 침해요인 평가(개인정보보호법 제8조의2), 자치분권 사전협의(지방자치법 시행령 제11조)가 있다.

(4) 입법예고

입법예고는 정부가 법령안을 마련하는 과정에서 국민의 의견을 수렴하여 민주적 정당성을 확보하기 위한 제도이다. 종전에는 각 부처에서 입법예고 공고문을 관보에 게재하고, 각 부처 홈페이지에 등록, 공개하는 방식으로 이루어졌으나, 이처럼 이원화된 입법예고 실시로 국민이 법령개정 내용을 파

통합입법예고가 이루어지는 국민참여입법센터 홈페이지
출처: https://opinion.lawmaking.go.kr

악하기 어렵고 간편한 의견제출이 이루어지지 않는 점을 해결하기 위하여 통합입법예고 제도가 도입되었다.

입법예고는 특별한 사정이 없으면 40일 이상이 원칙이며(행정절차법 제43조), 누구나 입법예고된 법령에 대하여 의견이 있는 경우 의견을 제출할 수 있다(행정절차법 제44조 제1항). 행정청은 의견을 제출한 사람에게 해당 의견의 처리결과를 통지하여야 한다(행정절차법 제44조 제4항).

(5) 규제심사

법령안을 주관하는 행정청의 장은 규제를 신설 또는 강화하는 내용의 법령을 제정하거나 개정하려는 경우 규제개혁위원회에 규제심사를 요청하여야 한다(행정규제기본법 제10조).

(6) 법제처 심사

행정청은 법령안의 입안, 관계 기관과의 협의, 입법예고, 규제심사 등을 거친 후 법제처에 심사를 의뢰하게 된다. 법제처는 법령안의 자구, 체계 등 표현 형식에 관한 심사와 법령안의 필요성, 법적 타당성, 합헌성 등 내용에 대한 심사도 수행하고 있다.

(7) 차관회의 및 국무회의

국무회의에 상정될 중요한 사항을 사전심의하는 차관회의를 거쳐 행정부 최고정책심의기관인 국무회의의 심의를 받는다.

(8) 공포

대통령이 당해 대통령령안을 결재하면 법제처에서 행정안전부에 공포를 의뢰하고 행정안전부는 이를 관보에 게재하여 공포하게 된다. 대통령령,

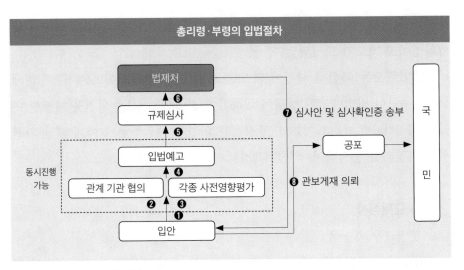

그림 4-3 총리령, 부령의 입법절차
출처: 법제처(2024: 5)

총리령, 부령은 특별한 규정이 없는 한 공포한 날부터 20일이 경과하면 효력이 발생한다(법령 등 공포에 관한 법률 제13조). 그러나 일반적으로 법령의 부칙에 시행일에 관한 규정을 두고 있다.

2) 총리령 및 부령의 입법절차

총리령, 부령은 각각 국무총리와 행정 각 부의 장관이 발하는 법령으로 대통령령과 입법과정이 유사하나, 차관회의와 국무회의의 심의를 요하지 않는다. 따라서 주무부처의 성안, 관계 기관과의 협의, 입법예고, 규제심사, 법제처의 심사가 끝나면 법령안 소관 행정청이 관보에 게재함으로써 공포절차를 마치게 된다.

3) 행정입법에 대한 통제

행정입법의 입법과정은 입법예고를 거치도록 하고 있으나, 행정청 내에서 비공개적으로 이루어지고, 내용도 상당히 전문적, 기술적이라 시민들이 입법과정을 감시하거나 문제 제기하기가 어렵다(임종훈·이정은, 2021).

따라서 행정입법에 대한 감시와 통제가 필요한데, 이와 관련한 제도를 살펴본다.

(1) 국회의 행정입법검토제도(국회법 제98조의2)

행정입법이 국회에서 제정한 법률의 취지와 내용에 위반한 경우 국회가 이를 통제하도록 하는 제도이다. 중앙행정기관의 장이 법률에서 위임한 사항이나 법률을 집행하기 위한 사항을 규정한 대통령령, 총리령, 부령, 훈령, 예규, 고시 등이 제정, 개정 또는 폐지되었을 때는 10일 이내에 이를 국회 소관 상임위원회에 제출하여야 하며, 상임위원회는 이 행정입법의 검토결과 (1) 대통령령 또는 총리령이 법률의 취지 또는 내용에 합치되지 않는다고 판단하는 경우 검토결과보고서를 국회 의장을 통해 본회의 표결을 거쳐 정부에 송부하고, (2) 부령이 법률의 취지 또는 내용에 합치되지 않는다고 판단하는 경우에는 소관 행정청의 장에게 직접 그 내용을 통보할 수 있다. 정부는 이를 검토하고 결과를 국회에 제출하거나(대통령령, 총리령의 경우), 상임위원회에 보고하여야 한다(부령의 경우).

그러나 행정입법에 대한 통제의 필요성에도 불구하고 국회의 행정입법 검토제도는 실무상 거의 이루어지지 않고 있는데, 국회에서 논의해야 하는 법률안이 급증하여 상임위원회의 업무부담이 가중된 것도 원인으로 보인다(임종훈·이정은, 2021).

(2) 법원에 의한 통제

행정입법의 헌법 혹은 법률 위반 여부가 재판의 전제가 된 때에는 대법원이 이를 최종적으로 심사할 권한을 가진다(헌법 제107조 제2항). [판례 6](188쪽)은 법원이 보건사회부장관이 정한 노인복지사업지침이 노인복지법에 위반되었는지 여부를 심사하여 위법하다고 인정한 판례이다.

(3) 헌법재판소에 의한 통제

행정입법이 별도의 행정청의 행위 없이 직접 국민의 기본권을 침해하는 경우에는 헌법소원의 대상이 된다. [판례 2](58쪽)는 최저생계비를 정하는 보건복지부 고시가 국민기초생활보장법의 직접적 위임에 따른 것으로, 국민에 대하여 효력을 가지고 있으며, 행정소송법에 의한 행정소송 등 다른 구제절차를 거치기 어려워 헌법소송의 대상이라고 보고 헌법재판소에서 판단한 판결이다.

개념정리

1 **행정입법** 입법기관인 국회가 행정부에 입법권의 일부를 위임하고 이러한 위임에 근거하여 행정부가 입법하는 것을 의미한다.

2 **대통령령의 입법절차** 주무부처의 성안, 관계 기관과의 협의, 입법예고, 규제개혁위원회 심사, 법제처 심사, 차관회의와 국무회의의 심의를 거쳐, 대통령의 재가와 공포를 통하여 효력이 발생하게 된다.

3 **총리령과 부령의 입법절차** 총리령과 부령은 각각 국무총리와 행정 각 부의 장관이 발하는 법령으로 대통령령과 입법과정이 유사하나, 차관회의와 국무회의의 심의를 요하지 않는다.

4 **행정입법에 대한 통제** 국회의 행정입법검토제도, 법원에 의한 통제, 헌법재판소에 의한 통제가 있다.

---

3. 사회복지 입법운동과 입법에의 참여

법률의 입법은 국회에서, 행정입법은 행정부에서 주로 이루어지지만, 입법과정에 국민들의 관심과 참여도 필요하다. 공익단체들이 공익 실현을 위한 목적으로 법과 제도를 제정, 개정, 폐지하는 과정에 참여하는 것을 공익입법운동이라고 하는데, 사회복지법과 관련해서도 공익입법운동은 이루어지고 있다. 사회복지법은 헌법상 보장된 사회권을 구체적인 권리로 이끌어 내는 공익적 측면을 가지고 있으며, 사회권의 보장을 위하여 노력한 여러 시민사회단체가 사회복지법의 입법에 적극적인 역할을 해 왔다.

　사회복지법 중 가장 대표적인 공익입법운동 사례라고 할 수 있는 국민기초생활보장법 입법운동에 대하여 살펴보고, 의미있는 사회복지법이 만들어지기 위하여 참여할 수 있는 다양한 방법에 대하여 알아보자.

1) 시민단체가 주도한 입법운동: 국민기초생활보장법 입법운동

　1999년 8월 제정된 국민기초생활보장법은 우리나라 공공부조제도를 근본적으로 바꾸었으며, 이 과정에서 시민단체가 청원부터 제정까지 주도적인 역할을 했다는 점에서 사회복지 역사에서 중요한 법률이다(안병영, 2000). 국민기초생활보장법 제정에는 시민단체인 참여연대가 결정적인 역할을 했는데, 참여연대는 1994년 출범 이후 생활보호급여의 적정기준에 대한 헌법소원 청구, 생활보호법 개정 청원 등을 통하여 국가의 사회보장 의무 이행을 통한 국민 삶의 보장을 촉구해 왔다.

국민기초생활보장법 제정 추진 연대회의 준비위원회 발족식
사진 출처: 참여연대

1997년 외환위기 이후 실업과 빈곤문제가 절박한 사회적 문제로 부각되면서 공공부조제도는 사회적 쟁점이 되었으며 기존의 생활보호법으로는 적절한 사회안전망을 마련할 수 없다는 공감대가 형성되었다. 경제위기는 누구나 실업자와 빈민이 될 수 있다는 사실을 확인시켜 주었고, 결과적으로 기초생활보장의 책임은 개인이 아니라 국가에 있다는 생각이 널리 퍼지게 되었다(허선, 2005). 참여연대는 1998년 봄 이후 국민기초생활보장법 제정을 사회쟁점화하기 위한 조직적 노력을 하였으며, 공청회, 정책토론회 등을 개최하며 새로운 법 제정을 이슈화하였다. 핵심적인 내용은 선별적인 보호가 아니라 헌법상 모든 국민의 인간다운 생활을 할 권리를 구체화한다는 것이었다. 1998년 7월 23일 참여연대는 한나라당 김홍신 의원을 소개의원으로 26개 사회단체와 연대하여 국민기초생활보장법 청원안을 국회에 제출하고 제정촉구대회를 열었다.

　　1998년 9월에 빈곤한 아버지가 보상금을 타기 위하여 자기 자식의 손가락을 자른 끔찍한 사건이 터졌고, 참여연대는 이 사건을 계기로 저소득층 생활보장을 위한 국민기초생활보장법의 제정을 촉구하며 긴급토론회를 개최하였다. 참여연대는 사회복지학계 교수들의 공동성명을 이끌어 내고 집회를 연달아 개최하는 등 노력을 기울였으며, 국민기초생활보장법은 같은 해 12월 국회 보건복지위원회 법안심사소위를 통과하였으나, 본회의까지는 상정되지 못했다.

　　1999년 참여연대는 64개 단체와 국민기초생활보장법 제정 추진 연대회의를 발족하고 기자회견을 가졌으며, 이후 종교계 지도자 성명과 연대회의 성명을 발표하는 등 총력을 기울였다. 그 해 6월 김대중 대통령은 "중산층과 서민들이 안심하고 살 수 있도록 국민기초생활보장법을 제정하겠다"고 밝혔다. 그러나 정부 당직자들은 여전히 미온적이었다. 연대회의는 한나라당을 접촉하여 설득을 시도하고, 한나라당은 연대회의 의견을 대폭 수용한 법안을 발의하여, 법 제정을 놓고 여야가 경쟁적으로 나서게 되었다.

　　결국 국민기초생활보장법은 8월 국회에서 통과되고, 9월 대통령이 공포함으로써 제정되었다. 국민기초생활보장법이 제정됨으로써 기초생활보장이 국가의 의무이자 국민의 권리로 규정되었고, 한국의 공공부조 제도는 비로소 국민의 권리로 자리매김하게 되었다. 국민기초생활보장법이 제정된 것은 외환위기에 따른 대량실업 상황, 이 과정에서 사회복지 확대에 대한 사회적 요구, 정치권의 역할 등이 맞물린 결과이나, 그 과정에서 시민단체를 비롯한 시민들의 문제제기와 참여가 결정적인 역할을 하였다.

2) 입법절차의 감시와 참여

공익입법을 위한 활동은 현재에도 다양한 방식으로 이루어지고 있으며, 사회복지법이 의미있는 내용으로 제정되고 개정되기 위해서는 사회복지에 대한 시민들의 관심과 참여가 필요하다. 이하에서는 입법절차에 참여할 수 있는 다양한 방법을 소개해 본다.

(1) 입법예고에 의견 남기기: 국민참여입법센터와 국회입법예고시스템

국회와 정부는 입법과정에 국민들의 의견을 수렴하기 위한 입법예고 제도를 운영하고 있으며(국회법 제82조의2, 행정절차법 제41조), 국회의 입법예고를 위하여 국회는 국회입법예고시스템(https://pal.assembly.go.kr), 정부는 국민참여입법센터(https://opinion.lawmaking.go.kr)를 운영하고 있다. 누구나 이 홈페이지들에 접속하여 입법안에 대한 의견을 남길 수 있으며, 정부는 국민참여입법센터에 남긴 의견에 대하여 의견의 처리결과를 통지하여야 하므로, 국민참여입법센터에 남긴 의견에 대해서는 정부의 답변을 받을 수 있다.

(2) 국회의안정보시스템

국회에서 법안이 발의되면 법안이 심사되는 과정은 국회의안정보시스템(https://likms.assembly.go.kr/bill)을 통하여 상세하게 볼 수 있다. 국회의안정보시스템에서는 국회에서 논의되는 법률안, 전문위원의 검토보고서, 국회 본회의, 상임위원회와 소위원회의 회의록 등을 볼 수 있으며, 법안의 심사과정을 감시하고, 국회의원들이 실제로 어떤 발언을 하는지 알아볼 수 있다.

(3) 국회의사중계

국회인터넷의사중계시스템(https://assembly.webcast.go.kr)은 국회의 본회의, 상임위원회, 특별위원회 등의 국회에서 진행되는 회의를 생중계하고 지난 회의영상을 시청할 수 있는 시스템이며, 스마트폰 애플리케이션인 국회의사중계는 위 사이트에서 볼 수 있는 국회 회의를 스마트폰으로도 시청할 수 있는 애플리케이션이다. 국회에서 공개된 회의들을 직접 보면서, 국회의 활동에 대하여 감시가 가능하다.

(4) 입법청원

국민은 일정한 수의 국민의 동의를 받아 국회에 청원서를 제출할 수 있으며, 청원의 내용 중에는 법률 제정, 개정에 대한 내용도 포함된다(청원법 제4조). 국회는 국회법 제123조의2에 따라 청원을 위한 전자시스템인 국민동의청원(https://petitions.assembly.go.kr) 홈페이지를 운영하며, 이 홈페이지를 통하여 국민들이 입법청원을 하는 것도 가능하다.

입법청원을 하기 위해서는 누구나 시스템에 정해진 서식에 따라 청원서를 등록하고, 30일 이내에 100명 이상의 찬성을 받으면 공개청원이 되는데, 공개청원에 대하여 30일 이내에 5만 명의 동의를 받으면 국회에 청원이 접수되어, 해당 상임위원회에서 회부된다(국회청원심사규칙 참고). 제21대 국회에서는 중대재해기업처벌법 제정에 관한 청원이 국민동의청원을 통하여 접수되어, 국회 법제사법위원회에서 다른 국회의원들의 법안과 함께 논의된 바 있다.

개념정리

1   **공익입법운동** 공익단체들이 공익 실현을 위한 목적으로 법과 제도를 제정, 개정, 폐지하는 과정에 참여하는 것을 의미한다.

2   **입법절차의 감시와 참여** 국민참여입법센터와 국회입법예고시스템의 입법예고에 의견 개진, 국회의안정보시스템과 국회의사중계를 통한 감시, 국민동의청원을 통한 입법청원운동 등이 있다.

사회복지법상의 권리구제

어떻게 구제받는가?

법은 강제력을 가진 규범이므로, 법에 따른 권리를 침해당한 자는 법에 따라 보호받을 수 있다. 자신의 소유물을 타인에게 부당하게 빼앗긴 경우, 민사소송을 통하여 손해배상이나 소유물반환을 청구할 수 있다. 범죄의 피해자가 된다면 형사소송 절차를 통하여 범죄자의 처벌을 요구하게 된다.

그렇다면 사회복지법에 따른 권리를 침해당한 경우는 어떨까? 사회복지법은 주로 국가기관이 개인에게 급여를 지급하는 방식으로 실현되므로, 사회복지법상 권리침해는 급여를 지급받을 권리가 있는 개인에게 국가가 급여를 지급하지 않거나 지급한 급여가 부당한 경우 발생하게 된다.

법에는 수급자의 권리를 보호하기 위하여 여러 구제절차를 두고 있다. 이 장에서는 사회복지급여를 신청하였으나 급여를 받지 못하거나, 급여가 깎인 경우, 수급자가 어떤 방식으로 문제제기를 할 수 있는지 설명한다. 구체적으로 행정청에 제기하는 이의절차와 법원에 소를 제기하는 소송절차가 그것이다.

사회복지법상 권리는 소송을 통하여 구제될 수 있을 때 실질적인 법적 권리로 효력을 발휘할 수 있다. 지금까지 사회복지분야에서 의미있는 변화를 이끌어 낸 공익소송과 판례에 대하여 알아보고, 사회복지법의 권리들이 소송으로 실현될 수 있는 방안에 대하여 고민해 본다.

1. 권리구제절차의 개관

1) 권리구제절차의 종류

법에 따른 권리가 침해되었을 때, 구제받는 다양한 방법이 있다. 법에는 공공이 아닌 개인 상호 간의 사적인 법률관계를 다루는 사법私法, private law과 국가기관과 국민 간의 공적인 법률관계를 다루는 공법公法, public law이 있는데, 사법에 따른 권리가 침해된 경우 사법상 권리구제절차에 따르고, 공법에 따른 권리가 침해된 경우 공법상 권리구제절차에 따른다.

(1) 사법상의 구제제도

민사소송

사법상의 권리가 침해된 경우, 민사소송을 통하여 권리를 구제받을 수 있다. 민사소송은 민사소송법 등 법률이 정한 절차에 따라 법원에 보호를 구하는 제도이다. 예를 들어, 타인의 불법행위로 손해를 입은 경우 손해배상청구소송을 제기하여 배상을 받을 수 있고, 상대가 빌린 돈을 갚지 않을 경우 대여금 청구소송을 제기할 수 있다. 민사소송은 권리를 구제받고자 하는 자(원고)가 법원에 상대방(피고)에 대한 청구를 적은 소장을 제출함으로써 시작되며, 재판기일을 거쳐 법원이 판결을 내리게 된다. 소송은 일반적으로 세 번의 재판을 거칠 수 있는데(3심제), 1심 판결에 불이익을 받는 당사자는 항소를 제기할 수 있고(2심), 항소심 판결에 불복하는 당사자는 대법원에 상고를 제기할 수 있다(3심). 단 대법원에 제기하는 상고심은 법률심으로 항소심 판

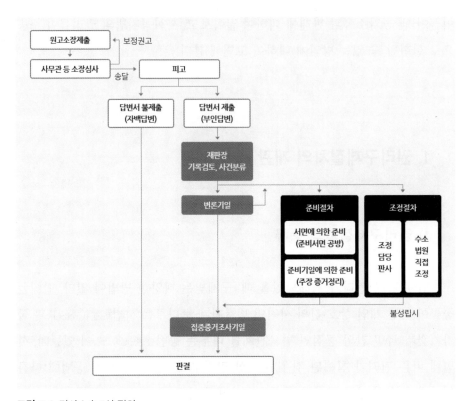

그림 5-1 민사소송 1심 절차
출처: 대법원 홈페이지(https://www.scourt.go.kr/nm/min_1/min_1_2/min_1_2_1/index.html)

결의 법률판단에 잘못이 있거나 재판절차에 중대한 법률위반이 있는 경우에
만 제기할 수 있다.

민사조정

민사조정은 판사나 조정위원, 조정위원회가 분쟁 양 당사자의 주장을 듣
고 여러 사정을 참작하여 조정안을 제기하고 서로 양보와 타협을 통해 합의
에 이르게 함으로써 분쟁을 평화적이고 신속하게 해결하는 제도이다(민사조
정법 참고). 조정제도는 소송에 비하여 인지대가 저렴하고 보통 1회의 기일로
종료되므로 분쟁을 신속하게 해결할 수 있는 장점이 있다.

(2) 공법상의 구제제도

행정심판

행정심판이란 행정청의 위법, 부당한 처분 또는 부작위에 대하여 행정기관이 심판하는 행정법상 절차를 말한다. 행정심판을 행정심판법에 따른 절차로 한정해서 보는 경우도 있고(협의의 행정심판), 행정처분을 내린 행정청에 제기하는 이의신청 제도 같은 것을 모두 포괄해서 보는 경우도 있다(광의의 행정심판). 행정심판은 국민에게 처분을 내린 행정청에 위법하거나 부당한 처분을 시정할 기회를 주어 자율적으로 시정하도록 하고, 저렴한 비용으로 신속하게 문제를 해결할 수 있게 하는 장점이 있다.

국가나 지방자치단체가 사회복지법상 급여를 제대로 지급하지 않은 경우, 이를 문제 삼는 당사자는 행정청에 이의신청 등을 제기하는데 이는 광의의 행정심판의 일종이다.

행정소송

행정소송은 행정청의 위법한 처분으로 국민의 권리, 이익이 침해된 경우 행정청을 상대로 법원에 소송을 제기하여 분쟁을 해결하는 재판절차이다. 가장 일반적인 형태의 행정소송은 행정청의 위법한 처분을 취소 또는 변경하는 것을 구하는 행정처분 취소소송이다. 사회복지법과 관련한 소송의 대부분은 바로 행정처분 취소소송에 해당한다.

헌법소송

국민의 헌법상 권리가 국가권력에 의하여 침해된 경우 헌법재판소에 제소하여 위헌을 확인받는 제도가 헌법소송이다. 법률이 헌법에 위반되는 경우 위헌법률심판 절차로 위헌을 확인받을 수 있고, 공권력의 행위에 대하여 헌법소원을 제기할 수도 있다. 지금까지 사회복지법의 여러 조문에 대하여도 헌법소송이 제기된 바 있으며, 이에 대하여는 1장 5절에서 살펴본 바 있다.

국가배상청구소송

공무원의 직무를 집행하면서 고의 또는 과실로 법령에 위반하여 타인에게 손해를 입힌 경우 국가나 지방자치단체는 이에 대하여 손해배상책임을 진다(국가배상법 제2조). 공무원의 불법행위로 손해를 입은 당사자는 국가배상청구소송을 제기할 수 있는데, [판례 10](197쪽)은 사회복지분야의 국가배상청구소송 사례이다.

형사소송

형사소송은 범죄를 저지른 자에 대하여 국가가 형벌권을 실현하는 절차로, 수사기관의 수사를 거쳐 검사가 공소를 제기하면 형사법원에서 처벌여부 및 형벌을 정하게 된다. 범죄의 피해자 또는 목격자는 수사기관에 범죄사실을 신고하여 범인의 처벌을 구할 수 있으며, 이를 고소(피해자가 신고한 경우) 또는 고발(피해자가 아닌 사람이 신고한 경우)이라고 한다.

2) 사회복지법과 관련한 권리구제절차

사회복지법은 주로 국가 또는 지방자치단체가 급여를 제공하는 내용이므로, 사회복지법에 따른 수급권자가 복지를 제공받지 못하거나 받은 급여의 내용에 문제가 있는 경우 권리구제가 필요하다. 다음의 구체적인 사례를 통하여 사회복지법상 권리구제절차가 어떻게 이루어질 수 있는지 알아보자.

[사례]

(1) A는 노인장기요양보험법상 장기요양급여를 받기 위하여 국민건강보험공단에 신청을 하였으나, 등급판정 결과 장기요양을 받지 못하게 되었다. A는 등급판정에 대하여 어떻게 다툴 수 있을까?

(2) B는 국민기초생활보장법에 따라 생계급여를 지급받고 있던 수급자인데, 급여를 삭감한다는 구청장의 통지를 받게 되었다. B는 급여삭감에 대하여 어떻게 다툴 수 있을까?

사례 (1)에서 A가 노인장기요양보험법상 장기요양급여를 받기 위해서는 등급판정이 달라져야 한다. 사회복지법에서는 수급자의 권리를 보호하기 위하여 문제를 제기하고 시정을 요구할 수 있는 권리구제절차에 대한 규정을 두고 있다. 노인장기요양보험법상 권리구제 규정에 따라, A는 장기요양등급 처분에 이의가 있을 경우 문서로 국민건강보험공단에 심사청구를 해야 하고, 장기요양심사위원회에서 이 내용을 심사하여 결정한다. 만약 심사위원회에서도 등급판정을 유지하면, A는 보건복지부 산하 장기요양재심사위원회에 재심사를 청구할 수 있다.

노인장기요양보험법의 권리구제절차

제55조(심사청구) ① 장기요양인정·장기요양등급·장기요양급여·부당이득·장기요양급여비용 또는 장기요양보험료 등에 관한 공단의 처분에 이의가 있는 자는 공단에 심사청구를 할 수 있다.

② 제1항에 따른 심사청구는 그 처분이 있음을 안 날부터 90일 이내에 문서(「전자정부법」 제2조제7호에 따른 전자문서를 포함한다)로 하여야 하며, 처분이 있은 날부터 180일을 경과하면 이를 제기하지 못한다. 다만, 정당한 사유로 그 기간에 심사청구를 할 수 없었음을 증명하면 그 기간이 지난 후에도 심사청구를 할 수 있다.

③ 제1항에 따른 심사청구 사항을 심사하기 위하여 공단에 장기요양심사위원회(이하 "심사위원회"라 한다)를 둔다.

④ 심사위원회의 구성·운영 및 위원의 임기, 그 밖에 필요한 사항은 대통령령으로 정한다.

제56조(재심사청구) ① 제55조에 따른 심사청구에 대한 결정에 불복하는 사람은 그 결정통지를 받은 날부터 90일 이내에 장기요양재심사위원회(이하 "재심사위원회"라 한다)에 재심사를 청구할 수 있다.

② 재심사위원회는 보건복지부장관 소속으로 두고, 위원장 1인을 포함한 20인 이내의 위원으로 구성한다.

사례 (2)에서 B가 국민기초생활보장법상 급여삭감에 대하여 다투기 위해서는 구청장에게 이의신청을 할 수 있고, 구청장은 이의신청을 시·도지사

에게 송부하며, 시·도지사는 필요한 심사를 하여 처분을 변경, 취소하거나 필요한 급여를 명할 수 있다. 만약 시·도지사의 처분에 이의가 있으면, 시·도지사에게 이의신청을 하며, 이는 보건복지부장관이 심사하여 결정을 내린다.

국민기초생활보장법의 권리구제절차

제38조(시·도지사에 대한 이의신청) ① 수급자나 급여 또는 급여 변경을 신청한 사람은 시장·군수·구청장(제7조제1항제4호의 교육급여인 경우에는 시·도교육감을 말한다)의 처분에 대하여 이의가 있는 경우에는 그 결정의 통지를 받은 날부터 90일 이내에 해당 보장기관을 거쳐 시·도지사(특별자치시장·특별자치도지사 및 시·도교육감의 처분에 이의가 있는 경우에는 해당 특별자치시장·특별자치도지사 및 시·도교육감을 말한다)에게 서면 또는 구두로 이의를 신청할 수 있다. 이 경우 구두로 이의신청을 접수한 보장기관의 공무원은 이의신청서를 작성할 수 있도록 협조하여야 한다.

② 제1항에 따른 이의신청을 받은 시장·군수·구청장은 10일 이내에 의견서와 관계 서류를 첨부하여 시·도지사에게 보내야 한다.

제39조(시·도지사의 처분 등) ① 시·도지사가 제38조제2항에 따라 시장·군수·구청장으로부터 이의신청서를 받았을 때(특별자치시장·특별자치도지사 및 시·도교육감의 경우에는 직접 이의신청을 받았을 때를 말한다)에는 30일 이내에 필요한 심사를 하고 이의신청을 각하 또는 기각하거나 해당 처분을 변경 또는 취소하거나 그 밖에 필요한 급여를 명하여야 한다.

② 시·도지사는 제1항에 따른 처분 등을 하였을 때에는 지체 없이 신청인과 해당 시장·군수·구청장에게 각각 서면으로 통지하여야 한다.

제40조(보건복지부장관 등에 대한 이의신청) ① 제39조에 따른 처분 등에 대하여 이의가 있는 사람은 그 처분 등의 통지를 받은 날부터 90일 이내에 시·도지사를 거쳐 보건복지부장관(제7조제1항제2호 또는 제4호의 주거급여 또는 교육급여인 경우에는 소관 중앙행정기관의 장을 말하며, 보건복지부장관에게 한 이의신청은 소관 중앙행정기관의 장에게 한 것으로 본다)에게 서면 또는 구두로 이의를 신청할 수 있다. 이 경우 구두로 이의신청을 접수한 보장기관의 공무원은 이의신청서를 작성할 수 있도록 협조하여야 한다.

② 시·도지사는 제1항에 따른 이의신청을 받으면 10일 이내에 의견서와 관계 서류를 첨부하여 보건복지부장관 또는 소관 중앙행정기관의 장(제7조제1항제2호 또는 제4호의 주거급여 또는 교육급여인 경우에 한정한다)에게 보내

야 한다.

③ 제1항 및 제2항에 규정된 사항 외에 이의신청의 방법 등은 대통령령으로 정한다.

제41조(이의신청의 결정 및 통지) ① 보건복지부장관 또는 소관 중앙행정기관의 장은 제40조제2항에 따라 이의신청서를 받았을 때에는 30일 이내에 필요한 심사를 하고 이의신청을 각하 또는 기각하거나 해당 처분의 변경 또는 취소의 결정을 하여야 한다. (후략)

그런데 (1)의 사례에서 장기요양재심사위원회에서 A의 재심사청구를 받아들이지 않거나, (2)의 사례에서 보건복지부장관도 B의 이의신청을 기각하는 경우 A와 B는 어떻게 해야 할까? A와 B는 법원에 소를 제기하여 소송절차를 통해 다툴 수 있다. 다만, 소송절차는 일반적으로 소송비용의 부담이 발생하고, 비용부담 등으로 변호사 등 법률전문가의 도움을 받기 쉽지 않아서, 사회복지법상 수급자들이 소송을 통하여 권리구제를 받는 경우는 많지 않다. 여러 제도 개선을 통하여 사회복지 분야에서 소송을 통한 권리구제를 활성화해야 한다는 주장도 제기되고 있다.

앞의 사례에서 A가 제기하는 노인장기요양보험법상 심사청구, B가 제기하는 국민기초생활보장법상 이의신청과 같이 사회보장법상 권리를 침해당한 당사자가 행정청에 문제제기하는 것은 행정적 구제절차인데, 이에 관한 내용은 2절에서 더 자세히 살펴본다. 또한 법원에 소송을 제기하여 구제를 받는 방법이 소송절차인데, 3절에서는 법원에서 소송절차를 진행하는 방법, 당사자가 사회복지법상 권리를 구제받기 위한 정책적 개선방안도 알아본다.

개념정리

1 **권리구제절차의 종류** 사법에 따른 권리가 침해된 경우 사법상 권리구제절차에 따르고, 공법에 따른 권리가 침해된 경우 공법상 권리구제절차에 따른다.

2 **사법상의 구제제도** 민사소송과 민사조정이 있다.

3 **공법상의 구제제도** 행정심판, 행정소송, 헌법소송, 국가배상청구소송, 형사소송이 있다.

2. 행정적 구제절차

1) 사회복지법상 행정적 구제절차: 이의신청과 행정심판의 관계

사회복지 분야의 구제절차에 관하여는 사회복지분야 일반법인 사회보장기본법에 일반규정이 있다. 사회보장기본법은 "위법 또는 부당한 처분을 받거나 필요한 처분을 받지 못함으로써 권리 또는 이익을 침해받은 국민은 행정심판법에 따른 행정심판을 청구하거나 행정소송법에 따른 행정소송을 제기하여 그 처분의 취소 또는 변경 등을 청구할 수 있다"라고 규정하고 있어(사회보장기본법 제39조) 사회복지법 관련 행정청의 처분을 행정심판으로 다툴 수 있는 권리를 보장하고 있다. 또한 행정심판법은 다른 법률에 특별한 규정이 있는 경우 이에 따르도록 하고 있으므로(행정심판법 제3조 제1항), 관련 개별법에 행정적 불복절차에 대하여 별도의 규정이 있는 경우에는 개별법의 절차에 따른다.

그런데 개별법에 규정된 이의신청이 행정심판법에 따른 행정심판의 성격을 갖는 경우에는 개별법에 정한 절차가 행정심판으로 작용한다. 따라서 이를 거친 후 행정심판을 제기할 수 없지만, 개별법의 이의신청절차가 행정심판의 성격이 아닌 경우 개별법상 절차를 거친 이후에도 행정심판법상 행정심판을 거칠 수 있다. 이의신청 절차가 행정심판의 성격을 가졌는지 여부는 판단기관의 독립성과 공정성, 당사자의 절차적 권리보장 등을 살펴보아야 한다. 이 내용을 사회복지 분야 개별 법률들을 보면서 확인해 보자.

사회복지 분야의 주요 법률들은 개별적으로 행정청에 권리구제를 요구할 수 있는 규정을 두고 있다. 국민기초생활보장법상 이의신청(국민기초생활보장법 제38조, 제41조), 기초연금법상 이의신청(기초연금법 제22조), 국민연금법상 국민연금심사위원회 및 재심사위원회에 대한 심사청구(국민연금법 제108조, 제111조), 노인장기요양보험법상 심사위원회 및 재심사위원회에 대한 심사청구(노인장기요양보험법 제55조, 57조), 국민건강보험법상 이의신청 및 건강보험분쟁조정위원회에 대한 심판청구(국민건강보험법 제87조, 제89조), 장애인복지법상 이의신청(장애인복지법 제84조) 등이 그것이다.

이 중 행정적 권리구제절차 중에는 심사청구, 이의신청 및 심판청구의 경우 이의에 대하여 심사할 수 있는 독립된 위원회를 두고, 위원회의 구성에 공무원이 아닌 위원이 절반 이상이 되도록 하는 규정을 두어 행정청과의 독립성을 보장하는 등 판단기관의 독립성과 공정성을 담보하기 위한 규정을 두고 있다(국민연금법 제111조 제2항, 노인장기요양보험법 제56조 제3항, 국민건강보험법 제89조 제3항, 제4항). 이러한 이의신청 절차는 행정심판법상 행정심판의 성격을 갖는 것으로 이러한 이의신청 절차에 대하여는 따로 행정심판을 별도로 제기할 수 없다(국민연금법 제112조, 노인장기요양보험법 제56조의2, 국민건강보험법 제90조).

반면 기초연금법상 이의신청, 장애인복지법상 이의신청, 국민기초생활보장법상 이의신청의 경우 해당 조치를 취한 행정청에 직접 이의신청을 하여 다시 판단을 구하는 것으로, 판단기관의 행정청으로부터 독립성과 공정성이 요구되는 행정심판법상 행정심판이라고 보기 어렵다. 따라서 이러한 이의신청 절차를 거친 이후에도 결정에 이의가 있으면 별도로 행정심판법에 따른 행정심판을 제기할 수 있다(장애인복지법 제4항).

단, 개별 법률에 따라서는 이의신청 이후 행정심판을 별도로 제기할 수 있는지 여부가 불명확한 경우도 있다. 행정청에 여러 번 이의제기를 반복하는 것보다는 법원의 판단을 받는 것이 당사자의 권리구제에 더 유효한 수단일 수 있으므로, 이의신청 절차에서 권리구제를 받지 못한 경우 행정심판을 다시 제기하는 것보다는 법원에 행정소송을 제기하는 것이 실효적일 수 있다. 이하에서는 사회복지 주요 법률에 규정된 행정적 구제절차를 살펴본다.

2) 개별 사회복지법상의 행정적 구제절차

(1) 국민연금법

국민연금법상 권리구제를 위한 절차는 심사청구와 재심사청구가 있다

(국민연금법 제108조, 제112조). 가입자의 자격, 기준소득월액, 연금보험료, 그 밖의 처분에 이의가 있는 자는 처분을 한 국민연금공단 또는 건강보험공단에 심사청구를 할 수 있고, 심사청구를 심사하기 위하여 국민연금공단에는 국민연금심사위원회, 건강보험공단에는 징수심사위원회를 둔다(국민연금법 제109조). 심사청구는 처분이 있음을 안 날부터 90일 내, 처분이 있은 날부터 180일 내에 문서로 하여야 한다(국민연금법 제108조 제2항). 심사청구 결정에 불복하는 자는 결정통지를 받은 날부터 90일 이내에 재심사위원회에 재심사를 청구할 수 있다(국민연금법 제110조). 재심사청구를 심사하기 위하여 보건복지부에 국민연금재심사위원회를 둔다(국민연금법 제111조).

국민연금법과 시행령은 심사의 전문성과 공정성을 보장하기 위하여 심사위원회의 구성에 대한 자세한 규정을 두고 있다. 국민연금심사위원회는 공단의 실장급 임직원, 사용자단체가 추천하는 자, 근로자단체가 추천하는 자, 지역가입자를 대표하는 단체가 추천하는 자, 법률이나 의료 또는 사회보험 분야에 관한 학식과 경험이 있는 사람 중에서 임명 또는 위촉하며(국민연금법 시행령 제89조 제2항), 징수심사위원회는 건강보험공단 상임이사 중 1명이 위원장이 되고, 건강보험공단 직원 1명, 사용자단체와 근로자단체가 각각 4명씩 추천하는 8명, 시민단체와 소비자단체, 농어업인단체, 지역가입자를 대표하는 단체가 각각 2명씩 추천하는 8명, 변호사, 사회보험 및 의료에 관한 학식과 경험이 풍부한 사람 7명, 총 25명으로 구성된다(국민연금법 시행령 제102조의2). 또한 심사의 공정성을 보장하기 위하여, 국민연금재심사위원회의 경우 공무원이 아닌 위원회 전체 위원의 과반수가 되도록 하고 있다(국민연금법 제111조 제2항).

(2) 국민건강보험법

국민건강보험법상 권리구제를 위한 절차는 심사의 대상에 따라 이원화되어 있다. 가입자 및 피부양자의 자격, 보험료, 보험급여, 보험급여 비용에 관한 건강보험공단의 처분에 이의가 있는 자는 공단에 이의신청을 할 수 있고, 요양급여비용 및 요양급여의 적정성 평가에 대한 건강보험심사평가원의 처분에 이의가 있는 자는 심사평가원에 이의신청을 할 수 있다(국민건강보험법 제87조). 이의신청은 처분이 있음을 안 날부터 90일 내, 처분이 있은 날부터 180일 내 문서로 하여야 한다(국민건강보험법 제87조 제3항). 이의신청위원회의 구성에 대해서는 국민건강보험법 시행령에 자세한 규정을 두고 있다(국민건강보험법 시행령 제54조).

위 이의신청의 결정에 대하여 불복하는 자는 보건복지부에 설치된 건강보험분쟁조정위원회에 심판청구를 할 수 있다(국민건강보험법 제88조). 건강보험분쟁조정위원회의 회의는 위원장, 당연직위원(심판청구를 담당하는 공무원) 및 위원장이 지정하는 7명의 위원으로 구성하되, 심판의 공정성을 위하여 공무원이 아닌 위원이 과반수가 되도록 하여야 한다(국민건강보험법 제89조 제3항).

(3) 국민기초생활보장법

국민기초생활보장법상 권리구제를 위한 절차는 (1) 시도지사, (2) 장관에 대하여 2회에 걸친 이의신청으로 이루어진다. 수급권자나 급여 또는 급여변경을 신청한 사람은 시장, 군수, 구청장의 처분에 이의가 있는 경우 시·도지사에게, 특별시장, 특별도지사, 시·도교육감 처분에 이의가 있는 경우 특별시장, 특별도지사, 시·도 교육감에게 이의신청을 할 수 있다(국민기초생활보장법 제38조, 제40조). 이의신청의 결과에 대하여 이의가 있는 경우 소관 장관(교육급여는 교육부장관, 주거급여는 국토교통부장관, 기타 급여는 보건복지부장관)에게 이의신청을 할 수 있다. 국민기초생활보장법상 이의신청은 통지를 받은 날부터 90일 내 서면 또는 구두로 신청할 수 있고(국민기초생활보장법 제38조 제1항, 제40조 제1항), 구두로 신청을 접수한 공무원은 이의신청서 작성에 협조할 의무를 부과하고 있다. 이처럼 구두로 이의신청이 가능하도록 한 이유는 수급자들이 서면으로 이의신청 하는 데 어려움을 겪을 수 있는 사정을 고려한 것이다.

(4) 장애인복지법

장애인이나 법정대리인 등은 장애인복지법상 복지조치에 대하여 이의가 있으면 해당 조치를 한 행정청(실시기관)에 이의신청을 할 수 있다(장애인 복지법 제84조 제1항). 장애인복지법상 이의신청은 복지조치가 있음을 안 날 부터 90일 내, 정당한 사유로 기간 내 이의신청을 할 수 없음을 증명한 때에 는 그 사유가 소멸한 날부터 60일 이내에 이의신청을 문서로 하여야 한다(장 애인복지법 제84조 제2항). 해당 행정청은 이의신청에 대하여 30일 내 심사, 결 정하여 신청인에게 통보하여야 하며, 위 결정에 이의가 있는 자는 행정심판 법에 따른 행정심판을 청구할 수 있다(장애인복지법 제84조 제4항). 장애인복 지법상 이의신청과 같이 처분을 내린 행정청이 별도의 독립적 위원회 구성 없이 다시 판단하는 경우에는 별도로 행정심판법상 행정심판이 가능하다.

3) 행정심판법의 행정심판 절차

사회복지법 중 개별법에 별도의 이의신청에 대한 규정이 없거나(예: 아 동복지법), 이의신청 규정이 있어도 행정심판적 성격을 가지지 않은 경우에는 행정심판법에 따른 행정심판 절차로 권리구제를 요구할 수 있으므로, 행정심 판법상 행정심판 절차를 간략히 알아본다.

행정심판법은 행정심판법에 관련 절차를 자세히 규정하고 있다. 행정심 판법에 따라 행정심판을 담당하는 행정심판위원회가 설치되는데, 시·군·자 치구의 처분 등에 대한 심판청구를 위해서는 시·도지사 소속으로 행정심판 위원회가 설치되고, 시장·도지사·기타 공공기관의 처분에 대한 심판청구는 원칙적으로 국민권익위원회에 두는 중앙행정심판위원회에서 담당한다(행정 심판법 제6조). 행정심판을 청구하려는 자는 심판청구서를 작성하여 문제를 제기하려는 행정청이나 행정심판위원회에 제출하여야 하며(행정심판법 제23 조), 위원회는 구술 또는 서면 심리를 거쳐(행정심판법 제40조), 심판에 대한 재결을 내린다(행정심판법 제43조). 위원회는 심판청구가 적법하지 않으면 각 하를, 심판청구가 이유가 없으면 기각하고, 취소심판의 청구가 이유가 있다 고 인정하면 처분을 취소하거나 다른 처분으로 변경하거나 처분을 다른 처분 으로 변경할 것을 행정청에 명한다(행정심판법 제43조). 행정심판 중에는 행 정청에게 적극적으로 처분을 할 것을 명하는 의무이행심판을 청구하는 것도 가능한데(행정심판법 제5조 제3호), 이러한 의무이행심판이 이유가 있을 경우 위원회는 지체 없이 신청에 따른 처분을 하거나, 처분을 할 것을 행정청에 명한다.

4) 행정적 구제절차의 장점과 행정심판임의주의

지금까지 사회복지법상 권리를 보장받기 위한 행정적 구제절차에 대하여 살펴보았다. 행정적 구제절차는 일반적으로 소송에 비하여 소요되는 시간이 적고 비용이 적게 들기 때문에 저소득층인 수급자들에게 장점이 있고, 행정소송이 행정청의 처분이 위법한지 문제만을 따지는 것에 비하여 행정절차를 통한 권리구제에서는 부당성 문제까지 포함하여 좀 더 폭넓게 심사하여 권리구제가 가능하다.

그러나 지금까지 살펴본 행정적 구제절차를 반드시 거쳐야 하는 것은 아니다. 사회복지법과 관련하여 행정청의 처분으로 권리를 침해받은 당사자는 소송으로 다툴 수 있는 사안의 경우에는 바로 법원에 소송을 제기하는 것도 가능하다. 행정청의 처분에 대하여 행정심판을 제기할 수 있는 경우에도 행정심판을 제기하지 않고 바로 법원에 행정소송을 제기할 수 있는데(행정소송법 제18조), 이를 행정심판임의주의라 한다. 또한 행정심판의 결과에 대하여도 소송의 대상이 되는 경우 행정소송을 제기할 수 있다. 행정소송에 대하여는 다음 절에서 자세히 살펴본다.

개념정리

1 **협의의 행정심판** 행정심판법상 행정심판이 있다.

2 **광의의 행정심판** 개별법에 정해진 행정청에 대한 이의절차로서 이의신청이 있다.

   가. 행정심판적 성격을 가진 이의신청: 판단기관의 독립성과 공정성이 보장되는 절차의 경우, 행정심판을 대체하는 것으로 별도로 행정심판을 제기할 수 없다. (국민연금법상 심사청구, 노인장기요양보험법상 심사청구, 국민건강보험법상 이의신청 등)

   나. 행정심판적 성격을 가지지 않은 이의신청: 별도의 행정심판을 제기할 수 있다. (장애인복지법상 이의신청 등)

3 **행정심판임의주의** 위 구제절차의 결과에 대하여 법원에 행정소송을 제기할 수 있고, 원칙적으로 위 절차를 거치지 않고도 행정소송을 제기할 수 있다.

3. 소송절차

1) 사회복지 분야 권리구제의 특징과 소송절차

사회복지법과 관련한 권리구제는 타법과 달리 특수성이 있다. 우선 사회복지법과 관련한 권리구제는 행정청의 적극적인 처분이 필요하다는 점이다. 또한 사회복지법과 관련하여 권리구제를 요구하는 당사자가 경제적으로 빈곤하거나 사회적 위험 상태에 놓인 경우가 많으며 가급적 빨리 분쟁을 해결하여야 하는 신속성이 요구된다. 또한 사회복지법들은 내용이 복잡하고 잦은 법개정으로 법률의 내용을 시의적으로 파악하는 것이 중요하지만, 당사자가 이러한 내용을 파악하기 어렵다. 이러한 특수성을 고려하면 사회복지법과 관련한 권리구제에는 다음과 같은 특성이 필요하다. 권리구제의 절차가 간소하고 용이해야 한다는 점, 법적 분쟁의 해결이 짧은 시간 내에 이루어져야 한다는 점, 권리구제의 비용이 최소화되어야 한다는 점, 분쟁을 담당하는 사람이 전문적이고 당사자를 적극적으로 지원하여야 한다는 점이다.

독일의 경우, 사회복지 분야의 특수성을 고려하여 사회보장 분야의 분쟁을 전담하는 사회법원이 설치되어 있고, 법원에서 몇 가지 특별한 규정을 두어 당사자가 손쉽게 소송을 제기하고 권리구제를 받을 수 있도록 하고 있다. 소송을 제기할 때 엄격한 형식을 갖추지 않고 구두의 형식을 취할 수도 있으며, 소송비용이 면제되고, 법원이 적극적으로 사실을 발견하고 조사할 수 있도록 하여(직권탐지주의) 당사자의 부담이 적고, 신속한 권리구제를 위하여 가구제[1]가 가능하다는 특징이 있다.

그러나 현재 우리나라의 소송제도는 사회복지 분야의 특수성을 반영하고 있지 않아서, 사회복지 분야의 소송은 활성화되지 못하고 있으며, 법원에 제기

---

1   가구제(假救濟)란 공법상 권리관계에 대하여 가정적인 임시 효력을 발휘하도록 하여, 본안 판결이 확정되기 전에 임시적으로 급여를 지급하는 등 권리구제를 행하는 일이다.

된 사회복지와 관련한 소송은 극소수에 불과하다. 즉 복지급여를 지급받지 못하거나 지급받은 복지급여에 대하여 다투려고 할 경우, 법원에 이에 대한 소송을 제기하게 되면 비용이 너무 많이 들고(소송비용의 문제), 변호사를 선임하기 어렵고 선임하게 되어도 비용이 많이 들고(변호사비용의 문제), 소송결과가 나올 때까지 시간이 너무 오래 걸리며(소송기간의 문제), 소송으로는 행정청에 처분 취소를 요구할 수 있을 뿐 권리를 적극적으로 요구할 수 있는 소송이 없다. 이러한 한계점을 염두에 두고 행정소송에 의한 권리구제 방안을 살펴본다.

2) 행정소송을 통한 권리구제와 그 한계

[사례]
(1) B는 국민기초생활보장법에 따라 생계급여를 지급받고 있던 수급자인데, 급여를 삭감한다는 구청장의 통지를 받게 되었다. B는 급여삭감에 대하여 소송을 제기할 수 있을까?
(2) C는 장애인복지법에 따른 복지서비스를 구청에 신청하였으나, 구청에서 이에 대하여 아무런 응답을 하지 않고 있다. C는 소송을 제기하여 다툴 수 있을까?

행정소송에 대한 이해를 돕기 위하여 사회복지법상 권리를 침해당한 사례를 예시로 들어 본다. B와 C가 어떤 소송을 제기할 수 있는지와 구체적인 소송절차를 살펴본다.

개인이 관할 행정청에 사회복지급여를 신청하였으나 행정청이 이에 거부를 하거나 행정청이 내린 처분에 대하여 다투려고 하는 경우, 현행 행정소송법에 따라 행정청의 처분에 대한 취소소송을 제기할 수 있다(행정소송법 제19조). 따라서 위의 사례에서 B는 구청장을 피고로 하는 급여삭감처분 취소소송을 법원에 제기할 수 있다. 또한 행정청에 사회복지급여를 신청하였으나 행정청이 상당한 기간이 지나도록 아무런 응답을 하지 않은 C의 경우, 행정청에 대한 권리구제 수단으로 부작위위법확인소송을 제기할 수 있으므로(행정소송법 제36조), C는 구청장을 피고로 하는 부작위위법확인소송을 제기할 수 있다.

아래 판례는 B와 같은 사례에서, 법원이 구청장의 처분을 위법하다고 취소하여 수급권을 구제받은 사례이다.

[판례 6] 부양하지 않는 딸과 사위의 부양능력을 이유로 생계, 주거급여를 감액하는 행정청의 처분은 위법하다. (부산지방법원 2012. 4. 5. 선고 2011구합4436 판결)

(1) 사건의 개요

원고는 2006년부터 국민기초생활보장법상 수급자로 선정되어 생계급여, 주거급여를 받아오고 있었는데, 구청장이 매년 조사하던 부양의무자 조사에서 원고의 딸과 사위의 재산과 소득을 조사하여 부양능력이 있는 부양의무자로 판단하고 2011년 6월 20일 원고가 받아오던 361,780원의 생계, 주거급여를 133,620원으로 감액하는 처분을 하였다. 원고는 딸과 사위는 자신과 관계가 좋지 않고 자신을 전혀 부양하고 있지 않아 부양의무자가 있어도 부양을 받을 수 없는 경우에 해당하므로 구청장의 감액처분이 위법하다고 취소소송을 제기하였다.

(2) 판결의 요지

국민기초생활보장법과 시행령에서 "부양의무자가 부양을 기피 또는 거부하는 경우"를 부양의무자가 있어도 부양을 받을 수 없는 경우로 규정하고 있다는 점 등을 보면 수급자에게 부양능력이 있는 부양의무자가 있고, 부양을 받을 수 있는 경우에 보장기관은 수급자의 급여를 변경할 수 있다고 보아야 한다.

원고는 배우자와 이혼하고, 원고의 딸은 연락처나 거주지를 부모에게 알려주지 않고 자신이 직접 연락하고 있었으며 남편과 시어머니를 모시고 살고 있는데 경제적으로 넉넉하지 못하여 원고를 부양하지 못한다고 진술한 점 등을 인정할 수 있다. 따라서 수급기관이 수급자에 대한 급여를 삭감하는 경우 충실하게 조사를 하여야 한다고 해석되는 점, 원고의 딸이 부양능력이 없는 경우에 해당하거나 원고의 딸이 부양을 기피하여 원고가 부양의무자가 있어도 부양을 받을 수 없는 경우에 해당될 여지가 있다는 점 등을 보면 원고에게 부양능력이 있는 부양의무자가 있다고 보기에 부족하다.

(결론) 원고의 급여를 삭감한 처분은 위법하여 취소되어야 한다. (원고 승소)

(3) 판례에 대한 평가

국민기초생활보장법과 관련 규정은 부양의무자가 있다고 인정될 경우 수급자가 될 수 없거나, 소득인정액에서 간주부양비를 추정, 반영하여 수급액을 삭감하고 있다. 다만, 부양의무자가 있어도 부양을 받을 수 없는 경우 생계급여 수급자가 될 수 있도록 하고 있으며(국민기초생활보장법 제8조 제2항), 부양의무자가 부양을 기피 또는 거부하는 경우에도 부양능력이 없는 것으로 보고 있다(국민기초생활보장법 제8조의2 제2항 제7호). 사안에서 원고의 딸은 원고의 이혼 및 가정불화로 인하여 가족간의 관계가 좋지 않으며, 자신도 시어머니를 모시고 어렵게 살고 있어 원고를 부양하지 못하고 있었다. 판결은 수급자와 부양의무자의 관계가 악화되고 경제적 지원이 실제로 행해지지 않은 경우는 부양의무자에게 부양받을 수 없는 경우로 보았으며, 구청장이 이러한 점을 충분히 조사하지 않고 원고의 급여를 삭감한 처분을 위법하다고 하여 취소하였다. 법원이 행정청 처분의 구체적 타당성을 사안의 사실관계를 살펴 적극적으로 심사하여 당사자가 구제받은 의미 있는 판결이다.

그러나 실제 현장에서 B나 C와 같은 당사자가 소송을 통해 권리구제를 받기에는 많은 어려움이 있다. 첫째, B가 소송을 통하여 구제받고자 하는 금액이 너무 적고, B가 경제적 능력이 없기 때문에 소송비용이나 변호사비용을 감당하기 어렵다. 둘째, B나 C와 같은 복지수급자는 급여가 중단되면 바로 생활에 타격이 올 수 있는 시급성이 있는데, 길게는 몇 년이 걸릴 수 있는 소송절차의 전 과정을 기다리는 것이 당사자에게 가혹할 수 있다. 셋째, 행정소송에서 행정청의 적극적인 급여제공의무를 요구할 수 없기 때문에, 분쟁이 한번에 해결되기 어렵다. B의 경우 급여삭감에 대한 행정청의 처분을 취소하는 승소판결을 받아도, 행정청이 다른 이유를 들어 다시 급여를 삭감하게 되면 이는 별도의 소송을 다투어야 한다. 또한 C의 경우 부작위위법확인 소송에서 승소를 해도 이는 행정청의 '부작위'가 위법하다는 것을 확인한 것이라 행정청이 어떠한 처분을 하도록 강제하는 것에 그치고, 행정청이 판결에 따라 C의 신청을 거부하는 처분을 하는 것도 가능하다. 이 경우 C는 다시 행정청의 거부처분에 대하여 거부처분 취소소송을 다시 제기하여 다투어야 한다.

3) 사회복지 분야 소송의 활성화 방안

그동안 소송을 통한 권리구제의 현실적 어려움 때문에 시민단체나 공익변호사들의 적극적인 노력에 의한 공익기획소송을 제외하고는(이는 4절에서 소개한다) 사회복지 분야에서 권리를 침해당한 사람이 소송을 적극적으로 다투는 사안은 많지 않았다. 그러나 권리를 침해당한 당사자가 자신의 권리를 소송을 통하여 구제받지 못한다면, 이를 실질적인 권리라고 보기 어렵다. 또한 사회복지 분야 소송이 활성화되지 않았기 때문에 사회복지법에 대하여 법원을 통한 통제가 이루어지지 않고 행정청은 행정청의 내부 사무처리규정을 중심으로 사회복지행정을 운영하여 당사자의 사회복지수급권이 침해되는 사례도 적지 않다. 따라서 사회복지 소송을 활성화하기 위해서는 제도개선이 필요하다는 목소리가 높다.

사회복지 소송을 활성화하기 위하여 필요한 몇 가지 정책 개선방안을 소개한다.

(1) 가구제와 의무이행소송의 도입

사회복지법과 관련하여 급여를 신청하였으나 행정청이 이를 거부한 경우, 지금은 당사자가 이로 인하여 생계에 큰 타격을 입는 상황이어도 임시적으로 이를 구제할 수 있는 방안이 없다. 따라서 사회복지 분야에서 소송을 활성화하기 위해서는 당사자가 소송을 제기하였을 때, 즉각적으로 잠정적인 급여를 제공하는 가구제 제도를 도입하는 것도 검토해 볼 수 있다.

또한 행정소송에서 행정청의 적극적인 급여제공 의무를 판결할 수 없기 때문에 당사자의 권리보호가 되지 못하는 문제를 해결하기 위하여, 법원이 행정청에 직접 의무이행을 명할 수 있는 의무이행소송을 도입할 필요가 있다.

(2) 소송비용의 감면

소송비용과 변호사비용은 사회적 약자들의 사회복지 분야의 소송을 가로막는 중요한 장벽이다. 독일의 경우 사회법원에서 사회복지 관련 소송에서 법원의 소송비용이 면제되는 규정을 두고 있는데, 한국의 경우에도 사회복지 관련 소송에서 소송비용을 감면하고, 변호사비용 등을 지원하는 소송구조를 활성화하는 방안의 도입이 필요하다.

(3) 절차정비 및 절차보장 지원

사회복지 분야의 권리구제절차가 개별법에 따라 다르게 규정되어 있는 경우가 많고, 소송과정에서 적절한 지원을 받을 수 있는 절차도 마련되어 있지 않다. 사회복지 분야의 권리구제절차를 전체적으로 정비하고, 사회복지 분야에 특화하여 취약한 당사자를 지원할 수 있는 시스템도 필요하다.

(4) 사회법원의 도입

장기적으로는 사회복지 분야에 대한 사회법원 또는 노동사회법원과 같은 전문법원을 설립하여 사회복지 분야의 권리구제절차를 특수화하고, 원고 친화적인 소송절차를 도입하는 것도 필요하다.

개념정리

1   **사회복지 분야 권리구제의 특징** 사회복지법과 관련한 권리구제는 행정청의 적극적인 처분이 필요하고, 권리구제를 요구하는 당사자는 사회경제적으로 취약집단이며, 분쟁을 시급히 해결해야 하는 신속성이 요구되고, 사회복지법의 내용의 복잡성과 잦은 변경으로 인해 당사자가 파악하기 어렵다. 따라서 권리구제의 절차가 간소하고 용이해야 한다는 점, 법적 분쟁의 해결이 짧은 시간 내에 이루어져야 한다는 점, 권리구제의 비용이 최소화되어야 한다는 점, 분쟁을 담당하는 사람이 전문적이고 당사자를 적극적으로 지원하여야 한다는 점이 사회복지 분야 권리구제에 요구되는 특징이다.

2   **행정소송을 통한 권리구제와 그 한계** 소송비용의 문제, 변호사비용의 문제, 소송기간의 문제가 있다. 소송으로는 행정청에 처분 취소를 요구할 수 있을 뿐 권리를 적극적으로 요구할 수 있는 소송이 없다는 한계가 있다.

3   **사회복지 분야 소송의 활성화 방안** 가구제와 의무이행소송의 도입, 소송비용의 감면, 절차정비 및 절차보장 지원, 사회법원의 도입 등이 있다.

4. 사회복지분야 공익소송과 주요 판례

1) 사회복지법과 공익소송운동

공익소송은 주로 미국사회를 중심으로 발전된 개념으로 기존의 법체계에서 충분히 보호받지 못하는 사회적 소수자와 약자의 권리나 이익을 법적으로 보호하기 위한 소송을 말한다(황승흠, 2010). 공익소송운동은 경제적, 사회적 결핍으로 인하여 변호사 비용이나 법원에 내야 하는 소송비용을 감당할 수 없는 사회적 약자, 스스로 권리를 행사하기 힘든 상태에 놓인 소수자를 옹호하고 환경, 프라이버시 문제와 같이 흩어져 있기 때문에 적절하게 대변되지 못하는 공익의 문제를 해결하는 역할을 한다. 공익의 실현을 목적으로 하는 시민사회단체와 공익변호사들이 공익소송운동을 주도하고 있으며, 의미 있는 판결을 통하여 사회변화를 이끌어 내고자 한다.

사회복지법은 주로 사회적 약자들의 문제를 해결하기 위하여 작용하는 법이며, 사회복지법과 관련하여 권리를 침해받은 당사자들은 경제적 여력이 없어 자신의 노력과 비용으로 소송을 제기하기 어려운 경우가 많다. 그동안 사회복지 분야에서는 소송을 통하여 당사자가 직접 권리구제를 받은 사례가 많지 않으며, 사회복지법상의 권리가 법적 권리로 제대로 보호받고 있지 못하다. 이런 상황을 개선하기 위하여 사회복지법상 권리를 실현시키기 위한 목적으로 사회복지 공익소송운동이 진행되어 왔다.

1990년대를 기점으로 참여연대, 경제정의실천시민연합 등 시민사회단체는 사회문제에 대한 해결수단으로 법을 이용하는 경향이 두드러지게 나타났는데, 이러한 움직임이 사회복지 분야에서도 나타났다. 참여연대 사회복지위원회는 1994년 말부터 노령수당에 대한 소송, 생활보호급여수준 위헌확인소송, 의료보험에 대한 행정심판 등 공익소송을 순차적으로 기획하고 진행하여 국민의 삶을 충분히 보장해 주지 못하는 사회복지제도에 대한 문제제기를 하였으며, 이는 사회복지분야 공익소송운동의 시발점이 되었다.

2000년대 이후에는 여성, 장애인, 이주노동자, 난민, 빈곤 등 다양한 분야에서 활동하는 공익변호사들이 늘어나고 공익소송 활동도 다변화되었으며, 사회복지 분야에서도 다양한 공익소송이 진행되었다. 이러한 공익소송의 결과로 사회복지 수급자들의 권리보장이 강화되었고, 때로는 정책의 변화를 이끌어 내는 성과가 있었다.

2) 사회복지 관련 주요 판례

사회복지 분야에서 공익소송을 통해 의미 있는 결과를 내고 사회의 변화에 영향을 미친 판결 중 몇 가지를 소개한다.

[판례 7] 상위법규에 위반된 지침에 근거한 노령수당 지급 거부처분은 위법하다. (대법원 1996. 4. 12. 선고 95누7727 판결)

(1) 사건 개요

1994년 당시 노인복지법에는 65세 이상의 생활보호대상인 노인에게 노령수당을 지급하도록 하고 있었다. 생활보호대상자였던 원고는 만 65세가 되어 노령수당 지급신청을 하였으나, 지자체장은 보건사회부장관이 정한 노인복지사업지침에서 만 70세 이상의 생활보호대상 노인에게만 노령수당을 지급하도록 되어있다는 이유로 지급을 거부하였다. 이에 원고는 시민단체들의 도움을 받아 노령수당지급 거부에 대한 취소소송을 제기하였다.

(2) 판결의 요지

보건사회부장관이 정한 노인복지사업지침은 노인복지법과 시행령에 따른 것으로 실질적으로 법령의 규정 내용을 보충하면서 결합하여 법규명령으로 구속력을 가지는 것이다. 그러나 이러한 규정은 당해 법령의 위임 한계를 벗어나지 아니하는 범위 내에서만 효력을 갖는 것인데… 법과 시행령은 '65세 이상의 자'로 반복하여 규정하고 대상자 선정기준과 지급수준을 보건사회부장관에게 위임하고 있으므로, 보건사회부장관이 노령수당의 지급대상자에 관하여 정할 수 있는 것은 65세 이상의 자 중에서 일정 소득 이하인 자로 지급대상자의 범위를 정할 수 있는 것이지, 최저연령을 법령상의 규정보다 높게 정하는 등 지급대

상자의 범위를 법령의 규정보다 축소조정할 수 없다. 따라서 위 지침 중 노령수당의 지급대상자를 70세 이상으로 규정한 부분은 법령의 위임 한계를 벗어난 것이어서 효력이 없다.

(결론) 노령수당 지급을 거부한 처분은 위법하다. (원고 승소)

(3) 판례에 대한 평가
이 판결은 참여연대 사회복지위원회에서 기획소송을 진행한 것으로 법에 '할 수 있다.'라고 규정되어 있는 재량적 복지급여의 권리성을 인정받은 의미 있는 판결이다. 이 판결을 통하여 재량규정으로 된 사회복지 분야 급부라고 하더라도 법령에 명시될 경우 급부청구권이 인정되고 이에 위반되는 하위규정(지침 등)으로 인하여 지급받지 못하게 될 경우 권리침해를 원인으로 소송을 제기하여 구제받을 수 있다는 것을 확인하게 되었다. 소송이 진행되던 중 보건사회부는 65세 이상 일정한 소득수준 이하의 노인들 전원에게 노령수당을 지급하는 것으로 정책을 변경하여 13만 명의 노인들이 노령수당을 지급받을 수 있게 되었다. 또한 국회는 노인복지법을 전면 개정하여 경로연금으로 대체하고 지급범위를 확대하였다. 이 소송의 결과로 정책의 변화를 가져왔으며, 노령수당은 점점 확대되어 오늘날의 기초연금으로 발전하였다.

65~69세 生保者 노령수당 줘야

大法판결 "복지부 70세 규정은 잘못"

이용택 기자

노령수당 지급대상을 70세 이상의 생활보호 대상자로 정한 보건복지부의 노인복지사업지침 규정은 노인복지법의 입법취지에 어긋난다는 대법원 판결이 나왔다.

대법원 특별2부(주심 朴萬緖대법관)는 13일 추기남(67·서울관악구신림6동)씨가 서울시 관악구청장을 상대로 낸 노령수당 지급대상자 선정 제외처분 취소소송 상고심서 이같이 판시, 원심을 깨고 사건을 서울고법으로 돌려보냈다.

이번 판결은 노령수당 지급대상을 70세 이상의 생활보호대상자에서 65세 이상의 생활보호대상자로 확대해야 한다는 것으로 노인복지 향상을 위한 진향적인 판결로 주목된다.

재판부는 판결문에서 「현행 노인복지법은 노령수당 지급 대상자를 「65세이상 대상자중 소득수준등을 참작해 보건복지부 장관이 정하는 일정소득 이하의 사람으로 한다」고 규정 돼 있다」며 「그러나 복지부의 노인복지사업지침 규정이 지급대상자를 「70세 이상의 생활보호대상자」로 규정한 것은 법령의 위임한계를 벗어난 것」이라고 밝혔다.

재판부는 또 「복지부 장관이 노령수당 지급 대상자에 관해 정할 수 있는 것은 65세이상의 노령자중 소득수준이하인 지급대상자의 범위와 매년 예산확보 상황등을 고려한 구체적인 지급수준·지급시기·지급방법 등을 정할 수 있는 것이지 대상자 연령을 법령 규정 보다 높게 잡을 수는 없다」고 덧붙였다.

추씨는 91년 생활보호법상의 자활보호 대상자로 지정된뒤 만65세가 된 94년 노령수당 지급신청을 했으나 관악구청측이 94년 제정된 노인복지사업 지침 규정상 70세이상의 생활보호 대상자에게만 수당을 지급할 수 있다며 거절하자 소송을 냈다.

96년 04월 14일 중앙일보

승소 당시 중앙일보 기사(출처: 참여연대 홈페이지)

[판례 8] 난민 아동에 대한 장애인 등록신청 거부는 위법하다. (부산고등법원 2017. 10. 27. 선고 2017누22336 판결)

(1) 사건 개요

원고는 부모와 함께 한국에 입국하여 난민으로 인정받아 거주하던 아동으로, 공립 특수학교에 등교하게 되었는데 병원에서 뇌병변장애 진단을 받고 장애인 복지서비스를 제공받기 위해 관할 구청장에게 등록신청을 하였으나, 구청장은 원고의 체류자격이 장애인 등록이 허용되지 않는 체류자격이라고 등록을 거부하였다. 원고는 공익단체와 로펌 공익재단의 도움을 받아 구청장의 장애인 등록거부처분에 대하여 취소를 구하는 소송을 제기하였다.

(2) 판결의 요지

난민법 제30조에 따르면 우리나라에 체류하는 난민인정자는 다른 법률에도 불구하고 난민의 지위에 관한 1951년 협약(이하 '난민협약'이라 한다)에 따른 처우를 받는데, 난민협약 제24조 제1항에 따르면 체약국은 합법적으로 그 영역 내에 체재하는 난민에게 사회보장에 관하여 자국민에게 부여하는 대우와 동일한 대우를 부여한다고 규정하고 있는 점, 난민법 제31조는 사회보장 관계 법령에서 외국인에 대한 사회보장 제한 또는 사회보장 특례를 규정하고 있더라도 난민의 경우에는 대한민국 국민과 같은 수준의 사회보장을 받는다는 의미로 보아야 하는 점, 장애인복지법 제32조의2 제1항 제3호에 따르면 거주(F-2) 체류자격의 경우 장애인 등록을 할 수 있는 외국인에 해당하지 않으나 같은 법 제32조의2가 난민법 제30조, 제31조의 규정에도 불구하고 위 조항에 해당하지 아니하는 외국인은 장애인 등록을 할 수 없다는 의미가 아닌 점 등에 비추어, 난민인정자인 갑에게 장애인복지법 제32조 제1항 등에 근거하여 장애인 등록을 하고 그에 따른 복지서비스를 제공받을 수 있는 권리가 인정된다.

결론 : 난민 아동에 대한 장애인 등록신청 거부는 위법하다. (원고 승소)

(3) 판례에 대한 평가

난민법 제30조, 제31조, 난민협약 제24조에서는 난민에 대하여 자국민과 동일한 사회보장에 대한 권리를 인정하고 있으나, 장애인복지법 제32조의2에서는 장애인 등록을 할 수 있는 재외동포 및 외국인에 대하여 열거하면서 난민에 대한 규정이 없어 문제가 된 사안이다. 이 판결에서 법원은 난민법의 규정이 단순히 선언적인 규정이 아니라 난민의 사회보장수급권을 구체적으로 보장하는 규정이라고 보고, 장애인복지법 규정에 난민이 빠져 있어도 장애인 등록이 가능하다고 보아야 한다고 적극적인 해석을 하였다. 이 판결 이후, 국회는 판결의 취지를 반영하여 장애인복지법 제32조의2를 개정하여 난민인정자를 장애인 등록 대상자에 포함시켰다.

[판례 9] 시설에서 나와 자립생활을 하려는 장애인의 주거지원서비스 신청을 거부한 처분은 위법하다. (서울행정법원 2011. 1. 28. 선고 2010구합 28434 판결)

(1) 사건 개요

원고는 약 19년간 중증장애인 요양시설에서 생활하다가, 2009년 12월경 시설에서 나와 자립생활을 하겠다는 취지로 관할 구청장에게 주거지원(임대주택), 생활비 지원(정착금, 생계비), 활동보조지원 등을 신청하는 사회복지서비스 변경신청을 하였다. 구청장은 원고가 (원고와 연락이 끊긴 원고의 아버지가 경제적 능력이 있어) 국민기초생활보장 수급자가 아니라는 이유로 제공할 수 있는 복지서비스가 없다는 내용의 통지를 하였다. 원고는 여러 공익단체의 도움으로 사회복지서비스 변경 거부처분에 대한 취소소송을 제기하였다.

(2) 판결의 요지

인간다운 생활을 할 권리(헌법 제34조)가 모든 국민에게 보장된 헌법상 권리라는 점, 국가가 사회보장, 사회복지의 증진에 노력할 의무가 있다는 점, 사회복지사업법에 구청장에게 보호신청이 있는 경우 소속 공무원으로 하여금 복지요구에 관한 조사를 하도록 할 절차적 의무가 있음이 명문으로 규정되어 있는 점 등을 고려하면 사회보장 행정의 절차에 관하여 엄격한 사법심사가 필요하다. 그런데 피고(구청장)는 적어도 원고의 신청 취지에 부합하는 사회복지서비스를 제공하는 기관이나 단체가 있는지 여부를 충분히 조사한 후 회신을 하여야 하는데, 이러한 조치를 취하지 아니하였다.

(결론) 피고(구청장)의 사회복지서비스 변경 거부처분은 위법하다. (원고 승소)

(3) 판례에 대한 평가

 장애인을 격리된 시설에 가두지 않고 지역사회에서 함께 살아가는 탈시설은 국제적인 흐름이다. 이 판결은 여러 장애인권 활동가와 인권변호사의 기획으로 진행되어, 처음으로 탈시설과 관련한 장애인의 권리를 법적으로 문제제기하였다. 비리로 폐쇄된 시설에서 독립하여 지역사회에서 살아가고자 하는 장애인의 요구에 대하여 지자체가 적극적으로 가능한 사회복지서비스를 알아보지 않은 것은 위법하다고 본 의미 있는 판결이다. 이후 장애인의 탈시설에 대한 다양한 사회적 논의가 진행되었으며, 2021년 8월에는 정부에서 '탈시설 장애인 지역사회 자립지원 로드맵'을 발표하고 구체적인 추진계획을 발표하였다.

소송 기자회견
사진 출처: 임성택 변호사 제공

[판례 10] 한국의 '나, 다니엘 블레이크' 판결 (수원지방법원 2019. 12. 20. 선고 2017가단531037 판결, 수원지방법원 2020. 10. 29. 선고 2020나 51686 판결)

(1) 사건 개요

 C는 심혈관계 질환으로 일을 하지 못해 기초생활수급을 받던 중, 국민연금 공단의 부실한 근로능력 평가 결과 '근로능력 있음' 판정을 받고 조건부 수급

자가 되었다. 근로능력 있음 판정을 받은 수급자는 모두 취업성공패키지에 참여시키라는 보건복지부 조치에 따라 C는 아픈 상태에서 지하주차장 청소부로 일하다가 3개월 만에 이식받은 인공혈관 주변 감염으로 쓰러져 사망하였다. 이에 공익인권법재단 공감 등 여러 단체의 공익변호사들은 C의 유족을 대리하여 국민연금공단과 지방자치단체를 상대로 손해배상청구소송을 제기하였다.

(2) 판결의 요지

C가 두 차례 심혈관 수술로 근로능력이 없음에도 근로능력이 있다고 본 국민연금공단(피고)의 판단은 위법하고 과실도 있다. C는 피고 공단의 근로능력 평가와 C의 사망은 상당인과관계가 있다.

(결론) 피고들(국민연금공단, 지자체)은 C의 유족에게 손해배상하라. (C 유족 승소)

(3) 판례에 대한 평가

영화 '나, 다니엘 블레이크'에서 심장질환으로 일을 할 수 없게 된 주인공은 복지급여를 원하지만 관련자들의 불합리한 조치에 문제제기하다가 쓰러져 사망하게 된다. 영화와 유사한 사안에서 C는 복지급여를 완전히 빼앗길까 두려워 일을 하다 쓰러져 사망하였다. 이 소송은 사회복지제도 운용에 있어서 국가와 공공기관이 과실로 당사자의 권리를 제대로 보호하지 않거나 침해할 경우 이에 대하여 배상책임을 질 수 있음을 보여 준 사례로 의미가 있다.

| 연습하기 |

판결문 찾아보기

판결문(민사소송)은 아래와 같은 구조로 되어 있다. 법원에서 중요하다고 판단하여 판례공보로 발간하여 외부에 공개하는 판결문은 판시사항(판결의 쟁점)과 판결요지를 판결문 앞에 첨부한다.

법원이름

사건명
원　고
피　고
변론종결일
판결선고일

주문 (판결의 결론)

1. [판례 6] 부산지방법원 2012. 4. 5. 선고 2011구합4436 판결을 인터넷에서 검색하여 찾아보자. 국가법령정보센터(www.law.go.kr)에서 판례검색도 가능하다.

2. 판례를 읽고 다음을 찾아보자.
   - 원고와 피고
   - 판결을 내린 판사
   - 판결의 결론(주문)

3. 판결의 결론에 대하여 동의하는가? 각자 자기 생각을 이야기해 보자.

개념정리

1 　**공익소송**　미국사회를 중심으로 발전된 개념으로 기존의 법체계에서 충분히 보호받지 못하는 사회적 소수자와 약자의 권리나 이익을 법적으로 보호하기 위한 소송을 말한다.

2 　**공익소송운동**　경제적, 사회적 결핍으로 인하여 변호사비용이나 법원에 내야 하는 소송비용을 감당할 수 없는 사회적 약자, 스스로 권리를 행사하기 힘든 상태에 놓인 소수자를 옹호하고 환경, 프라이버시 문제와 같이 흩어져 있기 때문에 적절하게 대변되지 못하는 공익의 문제를 해결하기 위한 소송운동을 말한다.

3 　**공익소송의 결과**　사회복지 수급자들의 권리보장이 강화되었고, 때로는 정책의 변화를 이끌어내는 성과가 있었다.

06

사회복지조례

지역사회에서의 법, 어떻게 만들 수 있는가?

1995년 제1회 전국동시지방선거를 통해 지방자치제가 본격화되었다. 행정과 재정의 중앙집권화가 아닌 지방분권화를 지향하는 지방자치시대의 강조는 사회복지 부문에서도 지방정부의 복지사업 자율성 증가, 지역특화적 복지정책 수립, 지역주민의 참여 확대를 추구하는 계기가 되었다.

그렇다면 지방자치시대와 사회복지는 어떠한 관계를 맺을까? 내가 살아가고 있는 지역사회에서 자치법규는 나의 삶에 어떻게 영향을 미치고 있을까? 우리는 조례에 주목해야 한다. 조례는 지방자치시대와 사회복지의 관계를 맺어 주는 연결고리이자, 지역사회와 나를 연결하는 매개체이다. 조례는 곧 지역주민의 삶의 변화에 직접적으로 영향을 미친다.

'사회복지실천론', '사회복지실천기술론', '프로그램 개발과 평가', '사회복지현장실습' 등 다양한 사회복지교과목을 통해 우리는 현장, 주민, 사회복지서비스라는 용어와 친밀해진다. 그러나 '사회복지법제와 실천' 교과목은 이러한 용어들과 동떨어져 있는 느낌이다.

이제 사회복지법도 현장 속으로, 주민 속으로 들어갈 필요가 있다. 바로 사회복지조례를 직접 제·개정하는 것이다. 사회복지조례 제·개정 프로젝트를 수행하며, 우리 힘으로 지역사회를 바꾸어 보자. 최종 목표는 지역의회에서 우리가 만든 조례안이 의결되는 것이다.

이 장은 사회복지조례 제·개정의 안내서이다. 먼저 지방자치와 사회복지가 밀접히 연결되어 있음을 확인한다. 다음으로 사회복지조례 제·개정 매뉴얼을 살펴본다.

1. 지방자치와 사회복지조례

1) 지방자치와 자치권

지방자치는 주민이 스스로 지역의 사무를 처리하는 과정으로, 일정한 지역을 단위로 자치단체가 설립되어 지방정부로서의 역할을 하는 제도라고 할 수 있다(행정안전부, 2024). 대통령과 같은 한 사람에게 권한이 집중되는 것을 방지하고, 전국 단위가 아닌 지역 단위의 특성을 반영한 행정을 추구하며, 전체 국민이 아닌 지역주민의 이해와 요구를 반영하는 제도적 특징을 갖는다. 이에 지방자치는 중앙집중이 아니라 지방분권을 목적으로 하는 행정 시스템으로서, 일정한 지역 단위를 기초로 하는 단체나 지역주민이 선출한 기관을 통해서 그 지방의 행정을 처리하는 제도라고 할 수 있다.

지방자치단체가 그 지방의 행정을 처리하기 위해서는 독립적 권한, 즉 자치권이 필요하다. 지방정부가 갖는 자치권에 대한 규정은 그 구분, 위계, 범위 등에서 학자마다 차이가 있는데, 대표적인 자치권은 자치입법권, 자치행정권, 자치조직권, 자치재정권, 자치사법권이라고 할 수 있다(이시원·하정봉, 2015: 355).

각각의 개념을 살펴보면 첫째, 자치입법권은 "지방자치단체로 하여금 자신의 사무에 대하여 자신의 책임 아래 일정한 규율을 정립할 수 있는 입법권능"이라고 할 수 있으며(최환용, 2008), 필수 요소는 재원확보 및 예산집행에 관한 권한이다. 헌법 제117조 제1항에서는 '법령의 범위 안에서 자치에 관한 규정 제정'을 명시하고 있다. 지방자치법 제47조(지방의회의 의결사항) 제1항 제1호에서는 '조례의 제정·개정 및 폐지'를 규정하고 있다.

둘째, 자치행정권은 "지방자치단체가 자기의 독자적 사무를 원칙적으로 국가의 관여를 받음이 없이 자주적으로 처리할 수 있는 권능"이라고 할 수 있으며(지방의회발전연구원, 1999), 필수 요소는 지방사무 처리에 관한 권한이다. 헌법 제117조 제1항에서는 '지방자치단체의 주민의 복리에 관한 사무 처리'를 명시하고 있다. 지방자치법 제13조(지방자치단체의 사무 범위)의 제2항 제1호에서는 "지방자치단체는 관할 구역의 자치사무와 법령에 따라 지방자치단체에 속하는 사무를 처리한다"라고 규정하고 있으며, 그 외에 제116조(사무의 관리 및 집행권) 등이 있다.

셋째, 자치조직권은 "지방자치단체 스스로 고유한 재량으로 법령의 범위 안에서 내부조직을 형성, 변경, 폐지할 수 있는 권한"이라고 할 수 있으며(홍정선, 2009), 필수 요소는 행정기관 및 인력 구성에 관한 권한이다. 헌법 제118조 제2항에서는 '지방자치단체의 조직과 운영에 관한 사항'의 법률 위임을 명시하고 있다. 지방자치법에서는 제47조(지방의회의 의결사항) 제1항 제7호 '대통령령으로 정하는 공공시설의 설치·처분' 이외에도 제118조(직원에 대한 임면권 등), 제123조(부지사·부시장·부군수·부구청장) 제1항, 제125조(행정기구와 공무원) 제1항, 제126조(직속기관), 제127조(사업소), 제128조(출장소), 제129조(합의제행정기관), 제130조(자문기관의 설치 등), 제161조(공공시설) 제1항 등에서 규정하고 있다.

넷째, 자치재정권은 "예산제도에 따라 자기의 책임으로 세입과 세출을 유지하는 지방자치단체의 권한"이라고 할 수 있다(최승필, 2013). 헌법 제117조 제1항에서는 '재산의 관리'를 명시하고 있다. 지방자치법 제47조(지방의회의 의결사항) 제1항 제2호부터 제6호까지에서는 '예산의 심의·확정, 결산의 승인, 법령에 규정된 것을 제외한 사용료·수수료·분담금·지방세 또는 가입금의 부과와 징수, 기금의 설치·운용, 대통령령으로 정하는 중요 재산의 취득·처분'을 규정하고 있으며, 보다 구체적으로는 제7장 재무에서 다루는데, 주요 조항은 제139조(지방채무 및 지방채권의 관리), 제142조(예산의 편성 및 의

표 6-1 지방자치단체의 자치권

구분	주요 권한	헌법	지방자치법	국내 인정 여부
자치입법권	자치법규 (조례와 규칙) 제정, 개정, 폐지	헌법 제117조 제1항 '법령의 범위 안에서 자치에 관한 규정 제정'	제47조(지방의회의 의결사항) 제1항 제1호	○
자치행정권	지방사무 처리	헌법 제117조 제1항 '지방자치단체의 주민의 복리에 관한 사무 처리'	제13조(지방자치단체의 사무 범위) 제2항 제1호 제116조(사무의 관리 및 집행권)	○
자치조직권	행정기관 및 인력 구성	헌법 제118조 제2항 '지방자치단체의 조직과 운영에 관한 사항'의 법률 위임	제47조(지방의회의 의결사항) 제1항 제7호 제118조(직원에 대한 임면권 등) 제125조(행정기구와 공무원) 제1항 제3절 소속 행정기관 제126조(직속기관) 제127조(사업소) 제128조(출장소) 제129조(합의제행정기관) 제130조(자문기관의 설치 등) 제161조(공공시설) 제1항	○
자치재정권	재원확보 및 예산집행	헌법 제117조 제1항 '재산의 관리'	제47조(지방의회의 의결사항) 제1항 제2호 예산의 심의·확정 제3호 결산의 승인 제4호 법령에 규정된 것을 제외한 사용료·수수료·분담금·지방세 또는 가입금의 부과와 징수 제5호 기금의 설치·운용 제6호 대통령령으로 정하는 중요 재산의 취득·처분 제7장 재무 제139조(지방채무 및 지방채권의 관리) 제142조(예산의 편성 및 의결) 제152조(지방세) 제153조(사용료) 제154조(수수료) 제155조(분담금) 제159조(재산과 기금의 설치) 제160조(재산의 관리와 처분)	○
자치사법권	자치법원	-	-	×

결), 제152조(지방세), 제153조(사용료), 제154조(수수료), 제155조(분담금), 제159조(재산과 기금의 설치), 제160조(재산의 관리와 처분)이다.

다섯째, 자치사법권은 "국가로부터 독립적인 자치법원이 지역 내 법적 분쟁을 처리할 수 있는 입법권능"이라고 할 수 있으며, 필수 요소는 자치법원이다. 우리나라 헌법과 지방자치법에서는 자치사법권에 관한 규정이 부재하여, 자치사법권은 우리나라에서 인정되지 않는다.

이상의 지방자치단체의 5대 권한으로 볼 때, 지방자치단체가 일정한 지역 내에서 국가로부터 독립적인 입법, 행정, 조직, 재정, 사법에 관한 권한을 행사, 관리, 운영한다고 볼 수 있다.

2) 자치입법권과 사회복지조례

일반적으로 지방자치는 현대 국가에서 헌법으로 보장하고 있다. 앞서 확인하였듯이, 우리나라에서도 지방자치를 헌법에서 규정하고 있는데, 헌법 제8장의 명칭이 '지방자치'이다. 헌법에서는 지방자치단체가 지역주민의 복지와 관련된 규정을 제정할 수 있다고 규정하고 있다. 또한 지방자치법에서는 지역주민의 복지와 관련된 사업을 명시하고 있으며, 조례라는 자치입법권을 규정하고 있다. 이에 지방자치단체의 자치입법권을 조례제정권이라고도 부른다.

먼저 헌법을 살펴보자. 헌법 제117조 제1항에 따르면, "지방자치단체는 주민의 복리에 관한 사무를 처리하고 재산을 관리하며, 법령의 범위 안에서 자치에 관한 규정을 제정할 수 있다"고 규정하고 있다. 헌법에서는 주민의 사회복지를 위해 "지방자치단체가 자치입법권을 가진다"고 명시하고 있는 것이다. 이러한 자치입법권에 대한 구체적 조항, 즉 조례의 제정, 개정, 폐지 및 그 운영과 관리에 대한 규정이 지방자치법에도 명시되어 있다. 지방자치법 제13조(지방자치단체의 사무 범위)의 제2항 제1호 '지방자치단체의 구역, 조직, 행정관리 등'의 제나목에 따르면, '조례·규칙의 제정·개정·폐지 및 그 운영·관리'를 명시하고 있다.

그렇다면 지방자치단체는 주민의 어떠한 복지를 증진하기 위해 노력해야 할까? 이 또한 지방자치법에서 명확히 제시하고 있다. 지방자치법 제12조(사무처리의 기본원칙) 제1항에 따르면, "지방자치단체는 사무를 처리할 때 주민의 편의와 복리증진을 위하여 노력하여야 한다"고 규정하고 있다. 지역주민의 복지 증진을 위한 지방정부의 노력을 의무규정으로 명시하고 있는 것이다. 또한 지방자치법 제13조(지방자치단체의 사무 범위) 제2항 제2호 '주민의 복지증진'에 따르면, '가. 주민복지에 관한 사업', '나. 사회복지시설의 설치·운영 및 관리', '다. 생활이 어려운 사람의 보호 및 지원', '라. 노인·아동·장애인·청소년 및 여성의 보호와 복지증진', '마. 공공보건의료기관의 설립·운영', '바. 감염병과 그 밖의 질병의 예방과 방역', '사. 묘지·화장장(火葬場) 및 봉안당의 운영·관리', '아. 공중접객업소의 위생을 개선하기 위한 지도', '자. 청소, 생활폐기물의 수거 및 처리', '차. 지방공기업의 설치 및 운영'을 규정하고 있다.

이상과 같이 헌법과 지방자치법에 따르면, 지방자치단체가 주민복지 증진을 위해 조례를 만들 수 있다고 정리할 수 있다. 바꾸어 말하면, 지방자치단체가 조례를 만들지 않는다면 주민복지 증진을 꾀하기 어렵다고 할 수 있다.

헌법과 지방자치법에서의 법적 규정 외에도, 지방자치단체의 사회복지조례는 다양한 의의를 가지고 있다. 첫째, 지역주민의 삶의 질 개선이다. 자치단체의 사회복지조례는 사회복지사업이 실질적으로 집행되는 지역사회를 무대로 하고 있으며, 생활밀착형의 방식으로 작동하여 지역사회에 거주하는 지역주민의 삶을 변화시킬 수 있다는 점에서 의의를 갖는다(민기채, 2024: 31). 둘째, 지역사회의 진보적 변화이다. 탈중앙화 시대에서의 조례는 지역사회운동의 일환으로 이해될 수 있다. 사회복지조례는 빈약한 조례 제정 실적, 단체장의 낮은 책임성 및 강제력이 낮은 재정책임성, 위원회 구성 조항의 부재, 전문인력 채용과 배치의 부재 등의 문제점을 갖는바, 사회복지조례는 지역사회의 변화를 추구하는 운동적 관점에서 바라볼 필요가 있다고 주장되기도 한다(윤찬영 1997: 115-117). 셋째, 지방분권의 강화와 지방자치의 확대를 위해 기능한다는 점에서도 의의가 있다(윤찬영, 2003: 27). 전국적 범위의 법적 효력을 갖는 법률이 있다면, 지역적 범위의 법적 효력을 갖는 조례가 있는데, 바로 조례의 강화는 지방분권의 강화로 이어지고, 지방자치제도가 안착화되는데 기여할 수 있다. 특히 사회복지조례는 지역사회 주민의 복리증진에 크게 기여할 수 있으므로, 지방분권과 지방자치의 유력한 도구가 될 수 있다.

넷째, 조례는 법의 본성적 측면에서도 의의를 갖는다. 구체적으로 조례는 규범의 창조 기능, 법률 제정의 선도 기능, 법률의 보완 기능, 법률과 사회현실 간의 괴리 조정 기능이라는 측면에서 의의를 갖는다(윤찬영, 1997: 112).

이러한 4대 기능을, 예를 들어 '청년주거' 조례와 연결한다면, 첫째, 이미 시행되고 있던 청년주거 사업이라는 미성숙한 행위규범을 청년주거 조례라는 성숙한 제정법으로 새롭게 창조하는 기능을 가지며, 둘째, 2018년에 제정된 '서울특별시 청년주거 기본 조례'가 언젠가는 '(가칭)청년주거기본법' 제정에 대한 추동 효과를 가질 수 있으며, 셋째, 전 국민 대상의 주거기본법이 담아내지 못하는 청년의 특수한 주거욕구가 존재하는 상황에서, 각 자치단체별 '청년주거 기본 조례'에 대한 내용분석을 통해 주거기본법 보완을 위한 개정을 유인할 수 있으며, 넷째, 중앙정부 차원의 청년기본법과 지역 청년의 삶에서의 간극을 각 자치단체별 '청년주거 기본 조례'가 메워줄 수 있다(민기채, 2023c: 14).

개념정리

1 **지방자치단체의 자치권** 자치입법권, 자치행정권, 자치조직권, 자치재정권, 자치사법권이 있으며, 우리나라의 경우 자치사법권이 부재하다.

2 **헌법에서의 조례** 헌법에서는 자치입법권, 자치행정권, 자치조직권, 자치재정권을 명시하고 있으며, 특히 '법령의 범위 안에서 자치에 관한 규정 제정'을 규정하고 있다.

3 **지방자치법에서의 조례** 지방자치법에서도 자치입법권, 자치행정권, 자치조직권, 자치재정권을 명시하고 있으며, 특히 '조례의 제정·개정 및 폐지'를 규정하고 있다.

4 **지방자치 시대 사회복지조례의 의의** 사회복지조례의 의의 지역주민의 삶의 질 개선, 지역사회의 진보적 변화, 지방분권의 강화와 지방자치의 확대, 법의 본성적 측면에서의 의의(규범의 창조 기능, 법률 제정의 선도 기능, 법률의 보완 기능, 법률과 사회현실 간의 괴리 조정 기능)

2. 사회복지조례 제·개정의 실제

2020년부터 '사회복지법제론'에서 '사회복지법제와 실천'으로 교과목의 명칭 변경을 하였다. '사회복지법제와 실천' 교과목의 목표는 "사회복지실천의 환경이 되는 사회복지법과 제도의 체계를 이해하고, 실천에 활용하기 위한 기초 지식과 방법들을 습득하게 한다"이다(한국사회복지교육협의회, 2022: 41). 특히 교과목 명칭이 변경된 2020년 교과목 개요에서부터 "실제 현장 적용에 대하여 교육하는 것"이라는 실천성을 보다 강조하였다(한국사회복지교육협의회, 2020: 33).

'실천'이라는 용어의 삽입 취지는 사회복지법 학습이 현장과 동떨어져서는 안 된다는 의미를 내포하고 있다. 이 취지를 살리는 방법 중 하나는 지방자치단체의 조례를 실제 제·개정해 보는 것이다. 궁극적으로는 조례의 제·개정을 통해 지역주민의 삶을 변화시키는 것이 '사회복지법제와 실천'의 학습목표라고 할 수 있다. 실제 '사회복지법제와 실천' 교과목의 7주차 강의주제인 '지역사회복지와 사회복지조례'에서는 "유의미한 사회복지조례의 내용을 제시하고 지역적 차원에서 실현시킬 수 있도록 사회복지조례를 검토 및 분석하는 연습을 해 본다"고 안내하고 있다(한국사회복지교육협의회, 2022: 42, 47).

1) 조례 제·개정 프로젝트 수행체계 구축

가장 먼저 조례 제·개정 프로젝트 수행체계를 구축하는 것이 중요하다. 예를 들어 충주시 다문화가족 지원조례를 개정하는 프로젝트를 수행한다고 하자. 프로젝트명은 '충주시 다문화가족 지원조례 전면개정안 의결'이 될 수 있다. 목표는 '강의실을 넘어 의회로! 충주시 다문화가족 지원조례 전면개정을 통해 다문화가족을 위한 복지서비스의 법제화'로 설정할 수 있다. 세부목표는 첫째, '사회복지법제와 실천' 교과목과 실제 현장과의 접목 및 캡스톤디

조례 제·개정 프로젝트 수행체계 만들기

체계 안에는 프로젝트명, 목표와 세부목표, 주체, 역할 등을 포함할 수 있다.

자인 교과목의 모델 마련, 둘째, 산-관-학-정-언론 연계 모델 구축을 통한 지역사회 혁신을 위한 거버넌스 모델 구축, 셋째, 다문화가족의 복지욕구를 반영한 실질적 복지서비스 향상이 될 수 있다. 수행주체들은 건강가정다문화가족지원센터, 충북방송, 한국교통대 사회복지학전공, 충주시 여성청소년과, 충주시의회로, 각각의 주요 역할은 자문, 여론, 콘텐츠 제작, 콘텐츠 지원, 상정 및 의결이 된다. 이러한 수행체계는 과정평가를 통해 프로젝트 수행 과정에서 수정될 수 있다.

2) 조례 제·개정 프로젝트 실제 과정

(1) 지역사회의 욕구 파악

먼저 지역사회의 욕구를 파악해야 한다. 한 학기 이내에 지역사회 조사를 현장에서 진행하는 것은 물리적으로 쉽지 않다. 이에 지역사회의 욕구 파악을 위해서는 2가지의 방법을 추천할 수 있다. 첫째, 1차 자료를 활용하는 방법이다. '사회복지조사론', '사회복지자료분석론', '지역사회복지론' 등의 교과목에서 지역사회의 문제를 조사·분석하였다면, 그 연장선상에서 지역사회의 욕구를 선정할 수 있다. 둘째 2차 자료를 활용하는 방법이다. 지역사회의 각종 통계자료를 활용하여 주제를 선정할 수 있다. 이때 통계청 홈페이지의 국내통계 자료 중 노동, 보건, 복지, 교육·훈련, 문화·여가, 주거, 교통·물류, 정보통신, 임금, 환경, 에너지 관련 지역통계를 참고하여 지역사회의 욕구 파악이 가능하다. 또는 매해 진행되는 광역단위의 사회보장통계를 활용하는 것도 좋은 방법이다. 매해 생산되는 사회보장통계에는 지역사회의 세부적인 욕구 파악이 가능하다. 또한 4년에 한 번씩 시행되는 '지역사회보장계획 수립을 위한 지역주민 욕구조사' 결과보고서 활용도 가능하다.

① 1차 자료 활용: '사회복지조사론', '사회복지자료분석론', '지역사회복지론' 등의 교과목에서 진행했던 지역주민욕구 조사 자료가 있을 경우
② 2차 자료 활용: ①번이 없을 경우, 통계청 홈페이지의 국내통계, 지역사회보장통계 보고서(1년에 한 번), 지역사회보장계획 수립을 위한 지역주민 욕구조사 결과보고서(4년에 한 번)

(2) 지역사회의 조례 현황 분석

지역사회의 욕구 파악이 마무리되었다면 이제 조례 제정 현황을 분석해야 한다. 해당 욕구를 해결하기 위한 조례가 있는지를 확인하는 것이다. 조례가 없다면 조례 제정안을 마련하면 된다. 만약 조례가 있다면 다른 주제를 선정하는 것이 좋다. 이때 조례의 제정 또는 개정 이후 일정한 시간이 지났다면 조례 개정안을 마련할 수 있다.

① 조례가 없을 경우: 조례 제정안 마련
② 조례가 있을 경우: 조례 제정 또는 개정일 이후 일정한 시간이 경과하였다면, 조례 개정안 마련

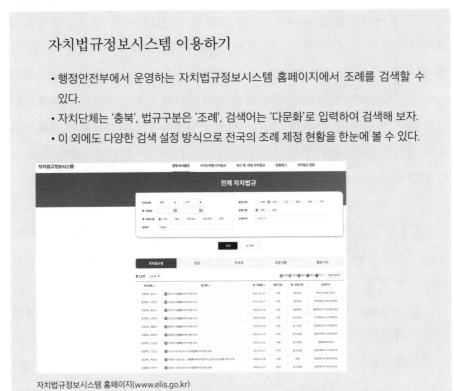

자치법규정보시스템 홈페이지(www.elis.go.kr)

(3) 지역사회의 조례 제·개정 주제 선정

지역사회의 욕구 파악이 마무리되었다면 이제 주제를 선정해야 한다. 제·개정할 조례 주제를 선정하는 방법은 위에서 언급한 지역사회의 욕구 파악에 기초하여 선정하면 된다. 이때 두 가지가 고려되어야 하는데, 주제의 개수와 주제의 제안 방식이다.

먼저 주제의 개수와 관련해서는 단일 주제로 할 것인지와 복수 주제로 할 것인지 판단해야 한다. 단일 주제를 선정하면, 특정 주제에만 초점을 맞춘 조례 제·개정안이 팀별로 제안된다. 팀별 조례 제·개정안을 종합하여 하나의 깊이 있는 조례 제·개정안이 도출될 수 있다는 장점이 있다. 복수 주제를 선정하면, 지역사회의 다양한 욕구 현황을 파악하고 그에 기초한 다양한 주제의 조례 제·개정안이 도출될 수 있다는 장점이 있다.

- 단일 주제: 팀별 조례 제·개정안들을 종합하여 하나의 깊이 있는 조례 제·개정안을 도출할 수 있음
- 복수 주제: 지역사회의 다양한 욕구 현황을 파악하고 그에 기초한 다양한 주제의 조례 제·개정안들을 도출할 수 있음

다음으로 주제의 제안 방식을 선택해야 한다. 주제 선정을 교수자가 하향식Top-down으로 제시할 것인지, 아니면 학생들의 수요조사를 통해 상향식Bottom-up으로 선정할 것인지를 판단할 필요가 있다. 하향식은 교수자가 전문가적 식견에 따라 지역사회욕구 해결의 시급성과 지역사회 조례의 현황에 대한 안목이 전제될 경우 적합한 방식이다. 반면 이러한 접근에 확신이 없을 경우, 수강생들이 관심을 갖는 주제를 중심으로 지역사회의 욕구 파악 및 지역사회의 조례 현황 파악에 기초하여 접근하는 것이 좋다.

- 하향식: 교수자가 Top-down 방식으로 주제를 제시해 주는 방법으로서, 교수자의 전문가적 식견이 있을 경우
- 상향식: 수강생들의 수요조사를 통해 Bottom-up 방식으로 주제를 선정하는 방법으로서, 지역사회의 욕구 파악 및 지역사회의 조례 현황 파악이 뒷받침될 경우

(4) 산-관-학-정 협력 프로젝트 구성

지역사회의 조례 제·개정은 프로젝트기반학습project-based learning이 적합하다. 특정한 목적이 분명하고, 수평적 관계로서 프로젝트에 참여하고, 연구가 종료된 이후 각자의 영역으로 돌아가기 때문이다.

그렇다면 프로젝트팀을 어떻게 구성할 것인가? 가장 바람직한 구성방식은 산-관-학-정 협력형 프로젝트팀을 구성하는 것이다. 가령 '다문화가족'이라는 키워드를 선정하였다면, 지역사회에 있는 가족센터(산), 지방자치단

체의 가족복지 주무부서(관), 다문화가족 대학생팀(학), 지방의회 가족 관련 위원회 또는 소속 의원(정)이 공동의 협력체계를 구축하는 것이 좋다. 물론 교수자는 해당 학기 시작 전에 산-관-학-정 협력형 프로젝트팀을 구성하기 위한 사전 작업을 선행하여야 할 것이다.

만약 산-관-학-정 중 특정 주체의 참여가 쉽지 않을 경우에는 축소해도 좋다. 산-관-학, 산-학, 관-학, 정-학 등의 다양한 방식이 있다.

- 프로젝트 참여주체: 산-관-학-정 〉산-관-학 〉산-학 또는 관-학 또는 정-학

(5) 지역사회의 조례 제·개정 프로젝트 계획서 작성

이제 프로젝트 계획서를 작성할 차례이다. 프로젝트 계획서에 담아야 할 기본 내용은 팀명, 팀원, 참여기관 주체, 학습목표, 프로젝트명, 수행계획, 학습과제, 연구방법, 예상 목차이다.

팀명은 팀원(사람), 참여기관 주체(조직), 프로젝트명(주제)이 잘 드러날 수 있는 명칭을 정한다. 팀원은 수강생들의 이름을 적는다. 참여기관 주체는 산-관-학-정에 해당하는 조직의 공식 명칭과 담당 주체를 적는다. 예시로는 ○○시 가족센터 사례관리팀 김사회(산), ○○시 여성가족과 가족복지팀 이복지(관), ○○대학교 사회복지학과 4학년 다문화청소년팀 팀장 김인본(학), ○○시의회 여성아동가족위원회 위원장 최실천(정)으로 적을 수 있다.

학습목표는 프로젝트 수행을 통해 얻을 수 있는 성과를 중심으로 목표를 3가지 정도 선정한다. 대상자의 삶의 질 강화라는 대중적 목표, 네트워크 강화를 통한 조직의 발전이라는 조직적 목표, 나와 동료들의 성장이라는 주체적 목표 등을 설정할 수 있다.

프로젝트명은 최종보고서의 제목과 동일하게 적는다. 일반적으로 '사회복지법제와 실천'은 4학년 교과목이므로 사회과학 연구보고서의 성격을 갖도록 작성한다. '사회복지조사론'과 '사회복지자료분석론'에서 사회과학적 글쓰기를 습득하였고, '사회복지정책론'에서 정책분석에 대한 기본적 지식을

지역사회 조례 제·개정 프로젝트 계획서를 작성해 보기

- 팀명, 팀원, 참여기관 주체, 학습목표, 프로젝트명, 수행계획, 학습과제, 연구방법, 예상 목차를 작성한다.
- 이 외에도 평가계획, 자기성찰, 지역사회 환원 계획 등 다양한 항목을 추가할 수 있다.

팀명	다문화청소년 학교적응 대학생 지킴이
팀원	김인본, 이평등, 박존엄, 최자유, 정생존, 강정의, 조민주, 윤결정
참여기관 주체	○○시 가족센터 사례관리팀 팀장 김사회(산), ○○시 여성가족과 가족복지팀 이복지 주무관(관), ○○대학교 사회복지학과 4학년 다문화청소년팀 팀장 김인본(학), ○○시 의회 여성아동가족위원회 위원장 최실천(정)
학습목표	1. (대중적 목표) ○○○○년도까지 ○○시 다문화가족지원조례 개정을 통해 다문화청 소년의 학교생활 적응력을 제고한다. 2. (조직적 목표) 산-관-학-정 협력 프로젝트를 통해 지역사회복지조직의 네트워크를 강화하고 그 과정에서 사회복지학과의 조직역량을 강화한다. 3. (주체적 목표) 지역사회 조례 제·개정을 위한 팀별 프로젝트 학습을 통해 사회복지 법제의 이론적 이해력 및 실무 능력을 배양하고 함께 성장한다.
프로젝트명	다문화가족 청소년의 학교생활적응을 위한 충주시 다문화가족 지원 조례 개정 방안: 경기도 안산시 조례와의 비교 분석을 중심으로

수행계획	수행내용(학습과제 포함)	수행 주체	추진일정														
			1	2	3	4	5	6	7	8	9	10	11	12	13	14	15
	산-관-학-정 네트워크 구축 및 기획	김인본															
	법률 및 조례 현황 분석	이평등															
	대상자 욕구 현황 분석	박존엄															
	대상자를 위한 제도 현황 분석	최자유															
	통계자료 분석	정생존															
	선행연구 분석	박존엄															
	인터뷰 수행 및 녹취록 작성	강정의															
	연구보고서 및 발표용 자료 작성	모두															
	최종보고서 발표 및 제출	모두															
	자문	조민주															
	지역사회 환원	윤결정															
	프로젝트팀 회의	모두															

연구방법	문헌 연구, 통계분석, 인터뷰(다문화가족 청소년 5명 FGI, ○○시 가족센터 담당 사회 복지사, ○○시의회 의원)

예상목차

다문화가족 청소년의 학교생활적응을 위한 충주시 다문화가족 지원 조례 개정 방안: 경기도 안산시 조례와의 비교 분석을 중심으로

I. 서론
　1. 문제제기　　2. 연구의 필요성
II. 이론적 배경
　1. 전이 이론
　2. 주요 용어
　　　1) 다문화가족 청소년
　　　2) 학교생활부적응
　3. 선행연구 검토
　　　1) 다문화가족 청소년의 학교생활 부적응에 관한 연구
　　　2) 다문화가족 지원 조례에 관한 연구
III. 다문화가족 청소년의 실태
　1. 다문화가족 청소년의 일반 현황
　2. 다문화가족 청소년의 취학률
　3. 다문화가족 청소년의 학업중단율
　4. 다문화가족 청소년의 서비스 욕구
IV. 연구방법
　1. 분석틀　　2. 분석대상 및 분석자료　　3. 연구방법
V. 조례 비교 분석
　1. 조례의 기본사항 분석　　2. 규범적 체계　　3. 실효성 체계
VI. 결론 및 조례개정안
■ 참고문헌

보유하고 있으므로, 연구보고서를 작성한다는 자세로 임한다.

　수행계획은 프로젝트 진행시간표이다. 간트 차트의 형태로 만든다면 한눈에 볼 수 있다. 가로축은 15주로 구분하고, 세로축에는 아래의 학습과제를 포함한 프로젝트 과정에서 수행해야 할 내용들을 작성한다. 각 세부 수행내용에 대하여 담당할 주제를 선정하여 제시한다.

　학습과제는 프로젝트 팀원들이 수행해야 할 학습목록을 작성한다. 학습과제 목록은 크게 법률·조례 현황, 욕구 현황, 제도 현황 분석으로 구분된다. 예를 들어 '다문화'를 주제로 선정하였다고 하자. 법률·조례 현황에서는 다문화가족지원법·다문화가족지원법 시행령·다문화가족지원법 시행규칙 학습하기, 타지역 광역자치단체 및 지방자치단체 조례 학습하기, 외국의 다문화가족지원법 및 조례 학습하기 등이 있다. 욕구 현황에서는 통계자료를 활용하는 것이 좋은데, 전국 통계와 지역 통계를 보는 것이 좋다. 통계청 국내

통계를 활용한 다문화가족의 욕구 현황, 다문화청소년패널조사 결과보고서, 지역사회 가족센터의 결혼이주여성 또는 다문화 아동·청소년의 욕구 및 만족도 조사 결과보고서를 활용할 수 있다. 제도 현황에서는 정부의 공식자료를 활용한 한국의 다문화가족 복지 현황을 파악하기 위하여 매해 발간되는 여성가족부 가족사업 안내, 다문화가족지원포털 다누리(https://www.livein-korea.kr/portal/main/intro.do), 지역사회 가족센터의 사업평가서 등을 활용할 수 있다.

연구방법에는 문헌 연구, 통계 분석, 인터뷰 등이 있다. 문헌 연구와 통계분석 대상은 앞에서 제시한 학습목록이 된다. 인터뷰 참여자는 실제 결혼이주여성, 다문화 아동, 중도입국 청소년, 가족센터의 담당 사회복지사, 시군구의회 의원 등이 가능하다.

예상목차는 최종보고서에서 삽입될 목차를 예상하여 작성한다. 예시와 같은 예상목차를 작성할 수 있다. 이외에도 평가계획, 자기성찰, 지역사회 환원 계획 등 다양한 항목을 추가할 수 있다.

(6) 조례 비교 분석방법 선정

이제 본격적으로 프로젝트를 수행한다. 수행계획에 기초하여 예상목차대로 최종보고서를 작성해 나가는 것이다. 이때 프로젝트 진행 시 여러 차례의 프로젝트 팀 회의를 진행할 필요가 있다. 또한 참여기관 간 협업을 위한 프로젝트 진행도 중요하다. 이에 대한 진행 과정을 잘 기록하여 보고서 작성 시 활용한다.

조례 제·개정 프로젝트를 수행할 때 비교 분석은 다양한 방법으로 가능하다. 국내 법률에 따른 조례 제·개정, 광역자치단체의 상위 조례와 기초자치단체의 하위 조례 비교, 타 지역의 광역자치단체와 해당 지역의 광역자치단체와의 조례 비교, 타 지역의 기초자치단체와 해당 지역의 기초자치단체와의 조례 비교, 해외 법률 또는 조례에 따른 조례 제·개정 등의 방식이 있다. 이상의 비교 분석방법을 복수로 활용해도 좋다.

지역사회 조례 제 · 개정을 위한 비교 분석방법 결정하기

　　다양한 분석 방법 중 어떠한 비교 분석방법을 차용할 것인지를 선택한다. 비교 분석 방법은 5가지로 나눌 수 있는데, 법률과의 비교, 광역조례와 기초조례 간 비교, 광역조례 간 비교, 기초조례 간 비교, 해외 법률 또는 외국 조례와의 비교 방법이 있다.

　　다음의 예시는 교과목 명칭이 변경된 이후부터 Top-down 방식으로 다문화, 1인가구, 청년 주제를 수강생들에게 제시한 후, 각 팀이 제출한 프로젝트명이다. 각 프로젝트명에서는 비교 분석방법이 드러나는데, 각 팀이 차용한 비교 분석방법을 분류하였다. 예시를 참고하여 본인이 속한 프로젝트팀의 비교 분석방법을 선택해 보자.

구분	프로젝트명	법률과의 비교	광역조례와 기초조례 간 비교	광역조례 간 비교	기초조례 간 비교	해외 법률 또는 조례와의 비교
다문화	다문화가족 청소년의 학교생활적응을 위한 충주시 다문화가족 지원조례 개정 방안: 경기도 안산시 조례와의 비교 분석을 중심으로				○	
	충주시 결혼이주여성 양육 관련 복지욕구에 기반한 충주시 다문화가족 지원조례 개정 방안: 충주·목포의 다문화가족 지원 조례 및 상위 조례와의 비교 분석을 중심으로		○		○	
	다문화가족과 미등록외국인의 지원강화를 위한 조례 비교연구: 충청북도와 충주시 조례를 중심으로		○			
	다문화가족의 언어교육을 위한 상위법 개정을 통한 충주시 다문화가족 지원 조례 제·개정 방안: 일본의 '일본어 교육의 추진을 위한 법' 비교·분석을 중심으로					○
	다문화가족의 의사소통 강화를 위한 충주시 다문화가족 지원조례 개정 방안: 다문화가족지원법을 바탕으로 한 경기도 안산시 조례와의 비교·분석을 중심으로	○			○	
	다문화가족 결혼이주여성의 일자리 지원을 위한 충주시 다문화가족 지원조례 개정 방안: 서울특별시 조례 및 대만의 신주민기본법과의 비교 분석 중심으로		○			○

구분	프로젝트명	법률과의 비교	광역조례와 기초조례 간 비교	광역조례 간 비교	기초조례 간 비교	해외 법률 또는 조례와의 비교
1인가구	충주시 1인 가구 노인 고독사 예방 조례 개정에 관한 연구: 경기도 용인시, 전라남도 나주시와의 비교 분석을 중심으로				○	
	서울특별시 성동구 청년 1인가구 지원에 관한 조례 개정 방안: 서울특별시 청년 기본 조례와의 비교 분석을 중심으로		○			
	충청북도 1인가구 지원조례 제정 방안: 경기도와 전라남도의 1인가구 지원조례 비교 분석을 중심으로			○		
	충주시 중장년 1인 가구의 사회적 고립 및 고독사 예방에 관한 조례 제정에 관한 연구: 서울시 양천구와 청주시 조례를 비교하여				○	
	충주시 1인 가구의 사회적 고립 및 고독사 예방 조례 제정에 관한 연구: 서울특별시와 대전광역시의 기초자치단체 조례를 비교하여				○	
청년	충청북도 충주시 청년주거 기본 조례 제정: 서울특별시와 경상남도 김해시 청년주거 기본 조례 비교 분석 중심으로		○		○	
	충주시 청년 생활안정을 위한 청년 기본소득 지원 제정 방안: 성남시와 청양군 비교				○	
	충주시 청년 1인 가구의 사회적 고립 및 고독사 예방에 관한 조례 제정에 관한 연구: 대전 서구와 광주 남구 조례를 비교하여				○	
	충주시 사회적 고립청년 지원에 관한 조례 제정에 관한 연구: 서울특별시 양천구와 원주시의 조례를 비교하여				○	
	안산시 청년주거 기본 조례 제정: 서울특별시·김해시를 중점으로 기본 조례 비교 분석		○		○	

노력의무규정은 임의규정에 불과할까? 법 조항의 규정 수준은 어떤 의미를 가질까?

사회복지법 분야의 일부 연구자들은 노력의무규정이 임의규정에 불과하다고 여긴다. 반면 앞의 '사회복지조례의 내용적 체계 비교 분석틀 및 측정'에서는 "강행규정은 '해야 한다', 노력의무규정은 '노력해야 한다', 임의규정은 '할 수 있다'를 의미"한다고 하였다. 이 구분에 따르면, 노력의무규정은 임의규정이 아니며, 강행규정과 임의규정 사이에 위치하는 규정 수준이다.

노력의무규정에 대하여는 박영도(2015)의 '노력의무규정에 대한 입법론적 고찰' 논문에서 구체적으로 확인된다. 이 연구에서는 노력의무규정이 강행규정으로 변모되었던 고용상 연령차별금지 및 고령자고용촉진에 관한 법률과 청년고용촉진특별법의 사례를 들면서, 노력의무규정을 단순히 임의규정만으로 볼 수 없다고 주장한다. 임의규정이 곧바로 강행규정으로 변모하기는 쉽지 않다는 점을 생각하면, 노력의무규정은 그 지위 차원에서 의미를 갖는다고 할 수 있다.

한편 규정 수준은 사회복지실천에서 중요한 의미를 갖는다. 사회복지실천에 대한 국가의 의무 측면에서 볼 때, 법 조문상 강행규정일 때만이 중앙행정기관의 장 또는 지방자치단체의 장은 사무를 집행한다. 노력의무규정은 '노력의 정도'를 측정하지 않고, 임의규정은 '해도 되고 안 해도 되므로' 강행규정이 필요한 것이다.

또한 상위법에서의 규정 수준이 하위법에서의 규정 수준을 구속하므로, 강행규정이 필요하다. 물론 상위법에서의 규정 수준이 하위법에서의 규정 수준을 통제하기 쉽지 않다. 예를 들어 상위법에서 자치단체장의 재정책임성에 대하여 강행규정으로 명시한 경우라도, 어떤 자치단체는 상위법의 정신을 반영하여 강행규정으로 명시하지만, 다른 자치단체는 노력의무규정이나 임의규정으로 강제성을 낮추거나, 아예 재정부담 규정을 명시하지 않기도 한다(민기채, 2023c: 141). 그러나 상위법에서 임의규정을 명시하였다면, 하위법에서 강행규정이나 노력의무규정으로 명시하는 경우는 찾아보기 쉽지 않기 때문에, 상위법에서의 규정 수준이 강할수록 지방자치단체의 조례에 대한 구속력도 커지기 마련이다. 따라서 상위법에서의 강행규정은 기본적으로 하위법에서의 강행규정 명시를 지향하므로, 강행규정은 사회복지실천 측면에서 중요한 의미를 갖는다. 결국 규정 수준은 사회복지수급권의 차이를 결과할 수 있으므로, 법 제·개정 시 중요하다.

(7) 프로젝트 보고서 작성

이제 보고서를 작성한다. '사회복지조사론'과 '사회복지자료분석론' 교과목을 통해 사회과학적 글쓰기를 해 보았을 것이다. 물론 다른 교과목을 통해서도 사회과학적 글쓰기를 배웠을 것이다. 그렇지 않다면 대학 내 다양한 글쓰기 교양특강을 수업 시간에 기획하는 것도 좋다.

　프로젝트 보고서 작성은 기본적으로 예상목차에 따른 순서대로 작성하도록 한다. 팀원들 내에서 각 장별, 절별 작성주체를 선정한다. 이후 서로가 각 팀원이 작성한 파트에 대하여 상호검증cross-check하는 시간을 갖는다. 발표용 자료(예: PPT)를 작성하는 과정에서 다시 한번 보고서 내용을 수정한다. 핵심 내용이 보고서에 잘 담겨 있는지, 중요 정보가 누락되지는 않았는지 등을 파악함으로써 보고서를 보완한다. 다른 조와 보고서를 교환하여 품앗이로 읽고 코멘트를 해 주는 방법도 좋다.

| 더 알아보기 |

조례 비교 분석틀

　조례 비교 분석방법에서 중요한 분석틀은 다양한데, 그 중 '사회복지조례의 내용적 체계 비교 분석틀 및 측정'을 소개한다.

구분	구성요소	구성내용	측정방법	해석
규범적 타당성	권리성	조례의 목적지향성	-	질적 해석
		주민의 권리성	-	질적 해석
		자치단체장의 책무성	① 항목 수 ② 항목별 규정 수준 (강행 > 노력의무 > 임의 > 부재)	항목 수가 많을수록, 강행규정일수록, 책무성 강함
	적용대상	적용대상의 보편성	① 가구 단위 vs. 개인 단위 ② 거주기간 ③ 종사기간 ④ 농어업경영정보등록 유무 ⑤ 1인만 지급하는 요건 수 ⑥ 지급 제외 요건 수	가구 단위보다 개인 단위 지급이, 최소 거주기간이 짧을수록, 종사기간이 짧을수록, 농어업경영정보등록 요건 존재보다 부재가, 1인만 지급하는 요건이 적을수록, 지급 제외 요건이 적을수록, 보편성 강함
	급여	급여수준의 적절성	급여액(1년)	급여수준이 높을수록, 적절성 강함
		급여주기의 단기성	급여 횟수(1년 중 몇 회)	급여 횟수가 많을수록, 단기성 강함
		급여형태의 자율성	지역화폐만 vs. 현금 또는 지역화폐	지역화폐만보다 현금 또는 지역화폐가, 자율성 강함
		급여사용의 무제약성	관내만 vs. 관내와 관외 모두	관내만보다 관내와 관외 모두가, 무제약성 강함
		급여사용기간의 무제한성	급여사용기간(1년 중 며칠)	급여사용기간이 길수록 무제한성 강함
		급여종류의 포괄성	항목 수	항목 수가 많을수록 포괄성 강함
	재정부담	자치단체장의 재정책임성	① 항목 수 ② 항목별 규정 수준 (강행 > 노력의무 > 임의 > 부재)	항목 수가 많을수록, 강행규정일수록, 재정책임성 강함

규범적 실효성	전달체계	전달체계의 책임성· 통합성	① 항목 수 ② 항목별 규정 수준 (강행 > 노력의무 > 임의 > 부재)	항목 수가 많을수록, 강행규정일수록, 책임성 및 통합성 강함
	인력	인력의 전문성	① 항목 수 ② 항목별 규정 수준 (강행 > 노력의무 > 임의 > 부재)	항목 수가 많을수록, 강행규정일수록, 전문성 강함
	권리구제	권리구제의 보장성	① 이의신청 등 권리구제 유무 ② 절차의 간편성 정도	이의신청 조항부재보다 존재가, 복잡하지 않고 간편할수록, 보장성 강함
	벌칙	벌칙의 엄격성	① 벌칙준용 유무 ② 환수 유무 ③ 지급 중지 유무 및 기간	벌칙준용 조항 부재보다 존재가, 환수 조항 부재보다 존재가, 지급 중지 조항 부재보다 존재가, 지급 중지 기간이 길수록, 엄격성 강함

주: 강행규정은 '해야 한다', 노력의무규정은 '노력해야 한다', 임의규정은 '할 수 있다'를 의미함.
자료: 윤찬영(1998)의 '사회복지법의 내용적 체계화: 사회복지법의 규범적 타당성과 실효성 기준' 분석틀을 수정한 민기채(2023a: 34)의 '사회복지
조례의 내용적 체계 비교 분석틀 및 측정'

(8) 지역사회로의 환원

지역사회로의 환원은 곧 '실천'이다. '사회복지법제와 실천'이라는 교과목 명칭을 실제 이행하는 중요한 단계이다. 지역사회로 환원하는 방식은 다양한데, 대표적으로 관련 기관에 이메일 발송 또는 홈페이지에 시민의견 작성, 포스터 제작을 통한 학내 및 학외 경진대회에 참가, 학술세미나 또는 학술토론회 개최, 최종 개정안에 대한 산-관-학-정 공개 토론회, 광역의회 및 지방의회 조례 제·개정 심의·의결 시 참관 등이 있다.

① 관련 기관에 이메일 발송 또는 홈페이지에 시민의견 작성

지역사회로의 환원 중 가장 낮은 수위는 조례 제·개정 결과물을 첨부하여, 관련 기관에 이메일을 보내는 것이다. 주요 요약문을 1페이지 정도로 정리하고, 원본을 첨부한다. 이때 관련 기관이라 함은 지역사회에 있는 사회복지기관, 지방자치단체의 주무부서, 지방의회 사회복지위원회 위원장 및 소속 의원들, 클라이언트 가족단체 등이며, 이들에게 이메일을 보낼 수 있다. 또한 지방자치단체 홈페이지에 있는 시민의견란에 작성하여 의견을 개진할 수 있다.

지역사회로의 환원을 위한 이메일 보내기

- 이메일 본문에 들어갈 내용: 사회복지법제와 실천 교과목 명칭, 팀명, 팀원, 참여 기관 주체(산-관-학-정), 프로젝트명, 수행기간, 연구방법, 주요 목차, 주요 제·개정 요약
- 이메일에 첨부할 파일: 주요 제·개정 요약문(1페이지), 프로젝트 보고서

[○○대학교 사회복지학과] 다문화가족 및 미등록외국인 지원강화를 위한 조례비교연구

∧ 보낸사람

받는사람

2025년 2월 18일 (화) 오후 3:43

∧ 첨부 1개 12KB 모두저장   이미지로 보기   ! 파일 저장 시 바이러스 검사 자동 수행

한 다문화가족 및 미등록외국인 지원강화를 위한 조례비교연구.hwp 12.0KB 🔍   ⬇ ⊚ ✕

안녕하세요, 저희는 ○○대학교 사회복지학과에 재학 중인 김인본, 이평등, 박존엄, 최자유입니다.

저희가 이번에 '**다문화가족 및 미등록외국인 지원강화를 위한 조례비교**'를 주제로 연구를 진행하였습니다.

이에 대해 도움이 될 수 있는 사항이 있다면 참고 부탁드립니다.

감사합니다.

② 포스터 제작을 통한 학내 및 학외 학술경진대회 참가

학내 및 학외 학술경진대회에 참가하여 경진대회 출품작을 통해 다양한 이슈를 던질 수 있다. 학내 경진대회의 경우, '사회복지법제와 실천' 교과목을 대학 내 캡스톤디자인 수업으로 운영한다면, 소액의 재정적 지원과 함께 결과보고서를 작성하게 된다. 행정상 번거로움은 있지만, 캡스톤디자인 경진대회에 참가함으로써 수강생들에게 동기부여를 할 수 있다. 보다 우수한 작품은 학외 경진대회에도 참가할 수 있다. 이때 경진대회용 또는 학술행사용 포스터를 제작할 수 있다. 경진대회 출품작으로 또는 학술대회용 포스터로 활용되는 것도 중요한 '실천'이다. 한 면으로 제작된 포스터는 SNS에도 활용될 수 있어 유용하다.

경진대회 출품 포스터 제작해 보기

경진대회 출품 포스터를 제작한다. 포스터에는 연구보고서를 일목요연하게 요약하여 한 페이지로 핵심 메시지를 전달해 보자.

1인 가구 사회적 고립 및 고독사 예방 및 지원을 위한 충주시 조례 개정방안

[서울특별시 성동구 1인 가구의 사회적 고립 및 고독사 예방에 관한 조례]의 전후 비교 분석을 중심으로

김 한국* 김 교통** 류 대학*** 이 교육**** 진 복지*****

*○○대학교 사회복지학전공(hankook@zz.ac.kr) **○○대학교 사회복지학전공(traffic@zz.ac.kr)
○○대학교 사회복지학전공(university@zz.ac.kr) *○○대학교 사회복지학전공(education@zz.ac.kr)
*****○○대학교 사회복지학전공(welfare@zz.ac.kr)

Background & Purpose

- 최근 들어 고독사가 홀로 사는 노인에게서만 발생 되는 것이 아니라 중·장년층 에게서도 발생이 증가하고 있으며, 시간이 지날수록 고독사 발생 연령층이 낮아지고 있어 청년층까지 광범위하게 발생하고 있음

- 서울특별시 성동구의 경우 기존의 '홀로 사는 노인 고독사 예방 및 지원 조례'를 폐지하고 '1인 가구의 사회적 고립 및 고독사 예방에 관한 조례'를 제정하였음

- 1인 가구의 비율이 계속해서 증가하는 충주시도 '홀로 사는 노인 고독사 예방 조례'에서 '1인 가구'로 범위를 확대할 필요가 있다고 생각하여, 서울특별시 성동구 조례의 전·후 비교분석을 통해 조례 개정방안을 도출하고자 하였음

구분	2015년	2016년	2017년	2018년	2019년
일반가구	83,585	85,152	86,367	88,711	90,191
1인 가구	26,212	27,502	28,412	29,880	30,972
1인 가구 비율	31.4%	32.3%	32.9%	33.7%	34.3%

충주시 1인가구 수 및 비율

Method

자료수집: 국가법령정보센터, 논문
제도분석: 서울특별시 성동구의 조례 전후 비교
분석방법: 고독사예방 조례 분석틀

Result

Table 1. 충주시, 서울특별시 성동구 고독사 지원 조례 현황

		목적	정책책무	예방시행/지원/재원 확보	실태조사	지원대상	예방업체제/협력체계구축(사업)	포상	시행규칙	기타
1	충주시	O	O	O	O	X	O	O	X	O
2	성동구 (전)	O	O	O	O	O	O	O	X	O
3	성동구 (후)	O	O	O	O	O	O	O	X	O

① 고독사의 개념 비교
- 개정 후 성동구의 조례는 '가족, 친척, 등 주변 사람들과 단절된 채 홀로 사는 사람'이라는 내용을 제시함으로써 임종 전 사회적으로 고립된 상태에 놓인 고립가구임을 강조하고, 고독사의 원인에 포함하여 범주를 확대하고 있음

② 권리성 비교
- 충주시와 성동구(전) 조례에서는 단체장의 책임을 강제조항으로 명문화하고있어 고독사예방이 의무화되어 있음
- 성동구(후) 조례는 고독사 예방 뿐만 아니라 사회적 고립 예방에도 초점을 맞춰 단절된 1인 가구의 사회적 고립 및 고독사를 예방하고 삶의 질을 향상하고 있으며 민간자원활용 및 지원을 강조하고 있음

- 이 연구는 2021년 한국교통대학교 지원을 받아 수행하였음

Result

③ 대상자 범위의 포괄성 및 적절성 비교
- 모두 홀로 사는 노인이 대상에 포함되어 있지만 개정 후 성동구의 조례가 대상자 범위에서 조금 더 포괄적인 범위를 보여나 사회적 고립 가구와 무연고 사망자, 경제적 어려움이나 정신적·신체적 건강의 이상으로 고독사가 우려되는 사람을 선정 요건으로 규정하고 있음

④ 급여의 종류와 수준 비교
- 3개 조례 모두 심리상담 및 치료, 안전확인 장치 설치, 무연고사망자 장례 지원, 정부사업, 민간자원발굴·연계, 그밖에 지원 필요성 인정한 사항이 조례에 포함되어 있음
- 성동구의 조례에는 구청장이 직권으로 비용을 지원할 수 있는 사항이 포함되어 있지만, 충주시의 조례에는 포함되어 있지 않아 성동구에 비해 지원이 미비함.

⑤ 재정의 책임성 비교
- 충주시와 성동구(전) 조례에는 재정의 책임과 관련한 규정이 마련되어 있음
- 성동구(후)조례 모두 재정의 책임과 관련한 규정이 세 조례 모두 '소요 비용의 일부 또는 전부를 예산의 범위에서 지원할 수 있다'는 임의규정으로 되어 있어 재정책임 관련 정도는 낮은 것으로 보임

⑥ 전달체계 비교
- 충주시와 성동구(전)성동구(후) 조례에는 시장 및 구청장을 서비스의 전달 주체로써 명시하고 있기 때문에 기본적인 책임성을 확보하고 있음
- 충주시와 성동구(전·후)의 조례에는 지원 사업 내용에 생활관리사 파견이 규정되어 있지만 성동구(후) 조례에는 그 내용이 전무함.

Conclusion

- 기존 충주시의 조례 개정 제안

① 고독사
- 현재 충주 조례의 고독사 정의는 임종 전에 대한 상태를 나타내고 있지 않기 때문에 임종 전 가족, 친척 등 주변 사람들과 단절된 채 고독한 생활을 살아왔다는 내용을 강조하고 자살, 병사 등과 같은 이유를 제시하여 범주를 확대하여야 함

② 권리성
- 1인 가구의 사회적 고립을 예방하고 고독사 위험자를 그 위험으로부터 적극 보호하기 위하여 시장는 다양한 지원정책을 수립해야 하며 지역사회의 관심과 다양한 민간자원의 활용에 관한 내용과 홀로 사는 노인에 관한 것 대신 1인 가구의 사회적 고립및 및 고독사 예방추진계획으로 수정함

③ 대상자 범위의 포괄성 및 적절성
- 고독사의 대상 범위를 확대하고, 고독사의 대표적 원인인 사회적 고립에 관한 내용을 포함하여 더욱 포괄적인 방향으로 변화하여 사회적 고립과 고독사에 대한 구체적인 기준을 마련하여 대상에 대한 적절성을 높임

④ 급여 및 서비스
- 고독사의 대표적원인이 되는 사회적 고립에 대응하는 데있어서는 한계가 있기 때문에, 1인 가구의 다양한 욕구를 충족시켜 줄 수 있는 서비스가 필요함

⑤ 재정의 책임성
- 현재 충주시와 서울특별시의 재정의 책임성 정도가 낮게 측정되어 충주시의 고독사예방을 위한 사업이 시행되기 위해 재원확보와 지원에 대한 지자체의 책임 정도를 높게 조례 개정을 제안

⑥ 전달체계
- 충주시 조례는 단순히 협력관계만을 규정하고 있기 때문에 조례에 관련 기관과의 업무협약체결, 실무협의체 구성, 관련 정보의 공유 등 유기적인 협력체계 구축에 관한 구체적인 사항을 규정함

③ 학술세미나 또는 학술토론회 개최

학술세미나 또는 학술토론회를 개최할 수 있다. 학술토론회는 산-관-학-정 협력 프로젝트 구성 시에 참여기관들과 사전 협의하는 것이 좋다. 대학에서는 최종보고서 발표 내용에 대한 피드백을 통해 발표용 자료를 수정·보완한다. 학술토론회 형식으로 좌장, 발표자, 토론자를 구성하고, 지역사회의 복지기관들에 홍보한다. 프로젝트 팀별 학생 대표가 발표 경험을 한다면 한층 성장할 수 있다. 이때 대학의 홍보실을 통해 언론사의 취재 협조를 구하는 것도 매우 중요하다. 지역의 방송국이 함께하는 학술토론회를 진행한다면 지역사회 주민들에게 한 걸음 더 다가갈 수 있다.

④ 산-관-학-정 공개 토론회 개최

지방자치단체의 주무부서 및 지방의회 의원들과 함께 최종 개정안에 대한 산-관-학-정 공개 토론회를 개최한다. 프로젝트 결과보고서를 집대성하여, 중요 제·개정 조항과 문구를 정리한다. 지방의회 사무처의 도움을 받을 수 있다.

| 연습하기 |

학술토론회 개최하기

• 학술세미나를 산-관-학-정이 함께 만들어 보자.

• 학술세미나 플래카드를 제작하여 홍보해 보자.

⑤ 광역의회 및 지방의회 조례 제·개정 심의·의결 시 참관

광역자치단체 또는 기초자치단체의 광역의회 또는 지방의회에 학생들과 함께 해당 조례의 제·개정의 심의·의결 시 참관한다. 학생들이 실제 제·개정을 위해 제시했던 조례 제정 또는 조항 수정이 어떻게 되었는지 현장에서 확인한다.

(9) 성과보고서 작성

조례 제·개정 프로젝트 결과가 어떠하였는지를 평가한 결과에 기초하여 성과보고서를 작성한다. 평가의 과정은 두 차례로 진행될 필요가 있다. 내부평가로서 교수자와 수강생들이 함께 모여 집체적 토론을 통해 평가를 진행하는 것이다. 외부평가로서 산-관-학-정 협력 프로젝트로 진행했다면, 참여기관들과 함께 평가를 진행해야 할 것이다. 목표 기반의 평가에 기초하여 성과 중심으로 보고서를 작성한다.

| 연습하기 |

성과보고서 작성하기

대중적 목표, 조직적 목표, 주체적 목표에 기반하여 정성적 평가를 진행한다.

1. 대중적 목표에 대한 평가
   • 0000년 충주시 다문화가족 지원조례 개정을 통해 다문화청소년의 학교생활 적응력을 제고하기 위한 법적 기초를 마련함.
   • 0000년 「충주시 다문화가족 결혼이주여성 복지욕구조사」 결과에 따르면, 복지제도 개선 수요가 높으며, 이를 위한 법 개정이 요청되었음. 그 해결을 위해서는 조례 개정이 필수적이었는데, 조례 개정 프로젝트 수행 후, 실질적으로 「충주시 다문화가족 지원조례 전부개정안」을 상정 및 의결함.
2. 조직적 목표에 대한 평가
   • 조례 개정을 위해서는 다양한 행위자(actor) 간 연계가 필수적으로 요청되는데, 산-관-학-정-언론 연계 모델을 구축함.
   • 산(충주시건강가정다문화가족지원센터)-관(충주시 여성청소년과)-학(한국교

통대 사회복지학과)-의회(충주시 시의원)-언론(충북방송) 연계 성과를 기초로 하여 지역사회의 혁신적 거버넌스 창출에 기여함.

- 사회복지학과 재학생-사회복지시설 현장 활동가들의 네트워크 형성을 도모함.
- 산-관-학-정 협력 프로젝트를 통해 지역사회복지조직의 네트워크를 강화함.
- 보건복지부 「2020년도 사회복지교과목 명칭 변경」(사회복지법제론 → 사회복지법제와 실천)의 의도를 수업과정을 통해 구현함.

3. 주체적 목표
- 사회복지법제와 실천 교과목을 '캡스톤디자인' 교과목으로 변경함으로써, 강의실을 넘어 결과물 산출을 목표로 하는 프로젝트로 승화하였고, 그 과정에서 학생들의 주도적 참여로 성과를 도출함.
- 사회복지법제의 이론적 이해력 및 실무 능력을 배양함으로써 지역사회복지 현장에 적합한 맞춤형 사회복지사 육성에 기여함.

개념정리

1   **조례 제·개정 프로젝트 과정** 지역사회의 욕구 파악 → 지역사회의 조례 현황 분석 → 지역사회의 조례 제·개정 주제 선정 → 산-관-학-정 협력 프로젝트 구성 → 프로젝트 계획서 작성 → 조례 비교 분석방법 선정 → 프로젝트 보고서 작성 → 지역사회로의 환원 → 성과보고서 작성

07

사회복지 기본법

이 장에서는 구체적인 사회복지법의 내용을 살펴본다. 현대 국가의 사회복지제도는 사회보험과 공공부조 그리고 사회서비스로 구성되어 있다. 따라서 사회복지법은 크게 사회복지에 관한 기본법, 사회보험과 관련한 법, 공공부조와 관련한 법, 사회서비스와 관련한 법으로 나눌 수 있다.

가장 먼저 살펴볼 법들은 사회복지에 관한 기본법들이다. 사회복지 3대 기본법이라고 할 수 있는 사회보장기본법, 사회보장급여의 이용제공 및 수급권자 발굴에 관한 법률(약칭: 사회보장급여법), 사회복지사업법을 차례로 살펴본다. 이와 함께 사회복지사업법에 규정된 사회복지사의 권리와 의무를 별도로 살펴본다. 별도로 사회복지사의 권리와 의무를 검토하는 것은, 사회복지 실천 현장에서 살아갈 예비 사회복지사 스스로가 자신의 권리와 의무를 명확히 인지하기 위함이다.

구체적인 법에 대하여 학습할 때는 국가법령정보센터에서 법률명을 검색하여 법률의 전문을 함께 보면서 이해하는 것이 좋다. 또한 앞에서 배웠던 사회복지법의 규범적 타당성과 규범적 실효성을 표에 넣어가면서 학습하면, 현행 법률에서 어떤 조항이 부족한지 확인할 수 있을 것이다.

1. 사회보장기본법

1) 사회보장기본법의 의의

사회보장기본법은 사회보장에 관한 기본법이다. 사회보장기본법은 모법 母法이라고도 부르는데, 모든 사회복지법은 사회보장기본법이 근원이 되며, 사회보장기본법의 영향을 받아 성립되었기 때문이다. 사회보장기본법은 사회보장의 이념, 기본 방향을 규정하여 사회보장 입법의 지침으로 작용하며, 사회보장에 관한 법률을 제정하거나 개정할 때는 사회보장기본법에 부합되어야 한다(법 제4조).

사회보장제도에 대한 통일된 법전을 두고 있는 독일과 달리(이 책의 1장 4절 참조), 우리나라는 사회복지에 대한 법들이 개별적으로 존재하고 있다. 이에 독일의『사회법전(Sozialgesetzbuch; SGB)』제1권 '총칙' 편에 해당하는 역할을 사회보장기본법이 대신하고 있다고 볼 수 있다. 요컨대, 우리나라는 통합법전이 아니라 개별법으로 되어 있기에 통합법전의 총론적 역할을 사회보장기본법이 수행하고 있다.

사회보장기본법은 사회보장의 기본 이념, 기본 방향, 각 법률에서 사용하고 있는 용어 규정 등을 명시하여, 사회복지법들의 입법 나침반의 기능을 하고 있다. 사회보장기본법은 사회복지 분야의 일반법으로 역할을 하며, 다른 개별 법률에 별도의 규정이 있으면 그에 따른다(특별법 우선의 원칙).

2) 사회보장기본법의 연혁

(1) 사회보장기본법의 제정

우리나라에서 사회보장에 관한 기본법이 처음 만들어진 때는 박정희가 윤보선 대통령의 사퇴로 대통령 권한을 대행했던 제2공화국(1962.3.24.~

1963.12.16.) 시기였다. 1963년 11월 5일 제정된 법률 명칭은 사회보장에 관한 법률이다. 이 법은 "국민의 인간다운 생활을 도모하기 위한 사회보장제도의 확립과 그 효율적인 발전에 기함을 목적으로" 제정되었다. 그러나 겨우 7개의 조문으로 이루어져 실질적 내용이 없고, 사회보장을 국민의 권리로 인정하고 있지 않으며, 사회보장사업을 "국가의 경제적 실정을 참작하여 순차적으로 법률에 정하는 바에 의하여 행"하도록 하여(제3조 제3항), 사회복지를 경제적 논리에 종속하게 한 한계가 있었다. 이 법은 실질적으로 작동하지 못하고 사실상 죽은 법으로 오랫동안 남아 있었다(전광석, 2019; 151)

| 더 알아보기 |

사회보장에 관한 법률 전문

박정희가 1961년 5·16 군사정변으로 정권을 찬탈한 후, 국가재건최고회의(1961.5.18.~1963.12.17.)를 구성하였다. 입법·행정·사법의 3권을 행사했던 통치기구였던 국가재건최고회의 시절에 사회보장에 관한 법률이 제정되었다. 현재의 시각에서 당시의 법률을 볼 때, 조악했다.

사회보장에관한법률
[시행 1963. 11. 5.] [법률 제1437호, 1963. 11. 5., 제정]

제1조 (목적) 이 법은 국민의 인간다운 생활을 도모하기 위한 사회보장제도의 확립과 그 효율적인 발전을 기함을 목적으로 한다.

제2조 (사회보장의 정의) 이 법에서 "사회보장"이라 함은 사회보험에 의한 제급여와 무상으로 행하는 공적부조를 말한다.

제3조 (사회보장사업의 관장 및 그 내용) ① 정부는 사회보장사업을 행하며 필요하다고 인정할 때에는 그 일부를 지방자치단체 또는 기타의 법인으로 하여금 행하게 할 수 있다.

② 정부는 사회보장사업을 행함에 있어서 국민의 자립정신을 조해하지 아니하도록 하여야 한다.

③ 사회보장사업은 국가의 경제적 실정을 참작하여 순차적으로 법률이 정하는 바에 의하여 행한다.

④ 제1항의 규정에 의하여 사회보장사업을 지방자치단체 또는 법인으로 하여금 행하게 할 경우에는 그 비용은 국고가 부담한다.

제4조 (사회보장심의위원회) ① 사회보장에 관한 중요사항에 대한 자문에 응하게 하기 위하여 보건사회부장관소속하에 사회보장심의위원회(이하 "委員會"라 한다)를 둔다.

② 보건사회부장관은 사회보장에 관한 계획을 수립하고자 할 때에는 미리 위원회의 자문을 거쳐야 한다.

제5조 (위원회의 구성) ① 위원회는 위원장 1인과 부위원장 2인을 포함한 위원 11인이내로 구성한다.

② 위원장은 보건사회부차관이 되고, 부위원장은 위원중에서 호선한다.

③ 위원은 다음 각호의 자중에서 보건사회부장관이 위촉한다.

1. 관계행정부처의 2급공무원이상의 자

2. 근로자를 대표하는 자 및 사용자를 대표하는 자

3. 사회보장에 관한 학식과 경험이 있는 자

④ 위원의 임기는 2년으로 한다. 다만, 공무원인 위원의 임기는 그 재직기간으로 한다.

⑤ 보결위원의 임기는 전임자의 잔임기간으로 한다.

⑥ 위원회의 운영에 관하여 필요한 사항은 각령으로 정한다.

제6조 (관계행정기관의 협력) ① 위원회는 행정기관에 대하여 사회보장에 관한 자료의 제출과 위원회의 업무에 관하여 필요한 협력을 요청할 수 있다.

② 관계행정기관은 위원회로부터 전항의 요청을 받은 때에는 이에 응하여야 한다.

제7조 (시행령) 이 법 시행에 관하여 필요한 사항은 각령으로 정한다.

부칙 〈제1437호, 1963. 11. 5.〉

이 법은 공포한 날로부터 시행한다.

(2) 사회보장기본법의 주요 개정 내용

1963년 사회보장에 관한 법률의 제정은 사회복지에 관한 기본법을 최초로 마련하였다는 데에서 의의를 찾을 수 있다. 그러나 이 법은 30년 넘게 실질적으로 작동하지 못하였다. 1995년 국민경제 수준과 국민의 복지욕구에 부합하는 방향으로 사회보장기본법이 제정되었고, 이후 수차례에 걸쳐 개정이 되었는데, 주요 개정내용은 표 7-1과 같다.

표 7-1 사회보장기본법의 주요 개정 연혁

연도	주요 내용
1963.11.5.	- 사회보장에 관한 법률 제정 및 시행 - 사회보장의 범위를 사회보험에 의한 제 급여와 무상으로 행하는 공적부조라고 정의 - 사회보장에 대한 관점에서 소극적이며 제한적 특징을 지님
1995.12.30.	- 사회보장에 관한 법률을 대신하여, 사회보장기본법 제정(1996.7.1. 시행) - 사회보장제도의 기본이념, 주요 사회보장제도의 정의, 사회보장에 대한 국가 및 지방자치단체의 책임, 역할 및 비용부담 등을 규정 - 국민의 사회보장 급여를 받을 권리인 사회보장수급권 명시 - 사회보장급여의 수준 및 사회보장급여의 신청 명시 - 사회보장수급권의 보호, 제한, 포기 명시 - 사회보장에 관한 주요 시책을 심의하기 위하여 국무총리 산하 사회보장심의위원회 명시 - 사회보장장기발전방향 5년 주기 수립 - 사회보장제도의 운영원칙, 국가와 지방자치단체의 역할 조정, 민간의 참여 명시 - 사회보장전달체계 마련 및 전문인력의 양성 명시
2005.1.27.	- 사회보장심의위원회 위원의 확대: 사회보장심의위원회는 위원장(국무총리)과 부위원장(재정경제부장관, 보건복지부장관)을 포함하여 20인 이내의 위원으로 구성하도록 하던 것을 부위원장에 부총리인 교육인적자원부장관을 추가하고, 위원수를 30인 이내로 확대함 - 주요시책 추진실적 평가제도의 도입: 보건복지부장관은 관계중앙행정기관의 장 및 시·도지사가 제출한 전년도 사회보장에 관한 추진실적과 보건복지부소관 주요시책의 추진실적을 종합하여 성과를 평가하고 그 결과를 사회보장심의위원회에 보고하도록 함
2009.6.9.	- 사회보장심의위원회의 사회보장정책에 대한 총괄기능 강화
2012.1.26.	- 사회보장기본법 전부 개정 - 정의 규정에서 사회적 위험의 범위에 '출산, 양육, 빈곤' 추가 - 사회복지서비스와 관련 복지제도를 '사회서비스'로 포괄하여 확대 - 기본욕구와 특수욕구를 고려하여 소득과 서비스를 보장하는 평생사회안전망 개념 도입 - 보건복지부장관이 5년마다 사회보장 기본계획을, 매년 연도별 시행계획을 각각 수립·시행하고, 지방자치단체의 장은 사회보장 지역계획을 수립·시행 - 사회보장 통계 작성, 관리 신설 - 사회보장정보시스템 신설
2015.12.29.	- 국민기초생활보장제도를 맞춤형 빈곤정책으로 전환하여 급여별 수급자 선정기준을 다층화 - 최저생계비에서 최저보장수준으로 용어 변경 - 중위소득 도입
2018.12.11.	- 보건복지부장관을 포함한 중앙행정기관의 장과 지방자치단체의 장이 사회보장제도의 신설 또는 변경에 관한 협의 업무를 수행하기 위하여 필요하다고 인정하는 경우 자료의 수집·조사 및 분석에 관한 업무 위탁 기관(정부출연연구기관, 사회보장정보원)의 추가
2020.4.7.	- 사회보장제도를 신설·변경할 경우 지역별 특성, 지역복지 활성화에 미치는 영향을 고려하도록 함 - 보건복지부장관이 사회보장 재정추계 및 사회보장통계 업무를 정부출연연구기관 등에 위탁할 수 있는 근거를 마련

연도	주요 내용
2021.6.8.	- 사회보장위원회가 사회보장 관련 행정데이터를 제공받아 주요 시책의 심의·조정에 활용할 수 있도록 법적 근거를 명확히 하는 한편, 보건복지부장관이 사회보장 행정데이터 분석센터를 설치·운영할 수 있도록 함

3) 사회보장기본법의 주요 내용

사회보장기본법(2021. 12. 9. 시행, 법률 제18215호)은 총 7장, 43개의 조문으로 이루어져 있다. 법의 중요한 내용들을 총칙(목적, 기본이념, 지위, 상호주의, 사회보장정책의 기본방향), 정의, 사회보장수급권, 사회보장기본계획, 사회보장제도의 운영(운영원칙, 사회보장제도 신설·변경 협의 및 조정, 사회보장급여의 관리, 사회보장통계, 사회보장정보의 관리, 정보 공개 및 홍보, 사회보장에 관한 설명·상담·통지 의무, 국민의견수렴), 보장기관, 전달체계, 인력(국가와 지방자치단체의 책임, 국민의 책임, 사회보장위원회, 민간의 참여, 사회보장 전달체계, 전문인력의 양성), 재정(비용의 부담, 재정추계), 권리구제로 구분하여 살펴본다.

(1) 총칙

총칙 중 제1조는 이 법의 목적에 대해, 제2조는 이 법이 추구하는 기본이념에 대해 규정하고 있다. 제1조 목적에서는 권리와 의무(책임) 관계를 명시하고 있다. 이것은 국민의 권리와 국가의 의무는 헌법 제10조에서 명시한 인간의 존엄과 가치 및 행복추구에 대한 권리와 국가의 의무를 반영한 것이라고 할 수 있다. 제2조 기본 이념에서는 '모든 국민'을 대상으로 한 보편주의 복지이념을 반영한 법률임을 명시하고 있다. '행복하고 인간다운 생활'은 헌법 제10조 '인간의 존엄과 가치 및 행복추구권', 헌법 제34조 제1항 '인간다운 생활을 할 권리'를 반영한다. '사회참여'는 가장 높은 수준의 복지 메커니즘인 참여복지(Participation Welfare)를 지향하며, 매슬로의 욕구위계설 중 가장 높은 수준의 욕구인 '자아실현'을 명시하고 있다.

제1조(목적) 이 법은 사회보장에 관한 국민의 권리와 국가 및 지방자치단체의
책임을 정하고 사회보장정책의 수립·추진과 관련 제도에 관한 기본적인 사항
을 규정함으로써 국민의 복지증진에 이바지하는 것을 목적으로 한다.
제2조(기본 이념) 사회보장은 모든 국민이 다양한 사회적 위험으로부터 벗어
나 행복하고 인간다운 생활을 향유할 수 있도록 자립을 지원하며, 사회참여·자
아실현에 필요한 제도와 여건을 조성하여 사회통합과 행복한 복지사회를 실현
하는 것을 기본 이념으로 한다.

| 더 알 아 보 기 |

사회참여는 참여복지를 지향한다. 참여복지는 실현능력접근을 통해 행복을 추구한다.

2012년 사회보장기본법에서 '사회참여'라는 용어가 등장하였다. 1995년 제정된 사회보장기본법에서는 '개인·법인 또는 단체와 같은 민간부문의 참여'를 명시한 반면, 2012년 전부개정된 사회보장기본법에서는 '민간의 참여' 이외에도, '기본이념으로서 사회참여'를 제시한 것이다.

'참여복지(Participation Welfare)'는 사회적 참여를 통해 시민의 복지와 권리를 증진하고자 하는 사회복지 이념 및 실천이라고 할 수 있다. 자신의 복지와 관련된 의사결정에 능동적으로 참여하고, 자율적인 복지서비스를 제공 및 이용하는 것이다. 전통적인 복지시스템에서 복지수급자는 수동적 객체라면, 새로운 복지시스템에서 복지수급자는 능동적 주체라고 할 수 있다. 참여복지는 자기결정권, 민주적 참여, 참여할 수 있는 능력, 참여할 권리를 강조한다.

그렇다면 참여복지는 어떤 방식으로 행복을 추구할까? 사회보장기본법에서 '사회보장'은 궁극적으로 '행복한 복지사회를 실현하는 것'이라고 정의하고 있다. 여기에서의 행복한 복지사회는 참여복지를 통해 가능하다고 볼 수 있다. '뉴질랜드 웰빙 예산(New Zealand Government Wellbeing Budget)'에서는 '웰빙'을 "사람들이 능동적 참여를 통해 목적, 균형, 의미를 갖고 만족스러운 삶을 영위할 수 있는 상황"으로 규정하고 있다(New Zealand Government, 2019: 5). 또한 '웰빙 관점(Wellbeing Approach)'은 "사람들이 목적, 균형, 의미를 갖는 삶을 살아가는 데 필요한 실현능력(capabilities)을 갖도록 하는 것"으로 설명한다(New Zealand Government, 2018: 3). 이른바 아마르티아 센(Amartya Sen)의 '실현능력접근(capability approach)'으로서, 행복하다고 여기는 주관적 감정을 넘어 의미 있게 여기는 무언가를 자유롭게 추구하고 이룰 수 있는지에 대한 관점이다(Alkire, 2002: 4-6). 요컨대 뉴질랜드가 바라보는 웰빙은 단순히 주관적 행복 점수 향상이 아니라 능동적 참여에 기초하여 실현능력 향상을 통한 진정한 자유를 추구하는 것이다. 주관적인 감정 또는 물질적 소유를 중심으로 웰빙을 정의하는 것이 아닌 실현능력을 중심으로 접근하고 있다는 점이 주목할 만하다.

우리나라의 사회보장기본법이 뉴질랜드 웰빙 예산처럼 웰빙 관점을 명시하지는 않았지만, 사회참여라는 용어의 등장은 참여복지의 철학을 내포하며, 참여복지는 실현능력접근을 통해 행복을 추구한다는 점에서 의의가 있다. 사회보장기본법에서 명시한 '사회참여'라는 용어의 의미를 각인할 필요가 있으며, 실천적으로 참여복지를 구축하고 행복한 복지사회 건설을 위해 사회복지사의 분투가 요청된다.

사회보장기본법은 개별 사회복지법에 대한 일반법으로서의 지위를 갖는다.

제4조(다른 법률과의 관계) 사회보장에 관한 다른 법률을 제정하거나 개정하는 경우에는 이 법에 부합되도록 하여야 한다.

사회보장기본법은 국내에 거주하는 외국인에 대하여 사회보장제도를 적용할 때는 상호주의 원칙에 따르되, 관계 법령에 정하는 바에 의한다고 규정하고 있다. 상호주의 원칙이란 국제법 관계에서 상대국가에서 조치하는 것과 동등한 수준의 조치를 하는 원칙을 말한다. 즉, 국내에 거주하는 외국인의 경우 원칙적으로 사회보장권이 없고, 그 외국인의 국적국에서 한국인에 대하여 사회보장을 제공하는 수준에 맞게 외국인에 대한 사회보장제도를 적용하게 된다는 것이다.

그러나 인간다운 삶을 보장하기 위하여 적용되는 사회보장제도에 엄격한 상호주의를 적용하게 되면, 국적에 따라 인간답게 살아갈 기본적인 인권을 차별적으로 적용받게 된다는 문제가 발생할 수 있다는 점에서 사회보장기본법 제8조는 비판받고 있다. 점점 많은 외국인들이 사회의 일원으로 함께 살아가고 있는 현실에서 더욱 그러하다.

한편 사회보장기본법도 상호주의의 원칙을 제시하되, 구체적으로는 개별 법령에 따르도록 하고 있으며, 사회복지에 대한 개별 법령은 외국인에 대한 적용에 관하여 각각 다르게 정하고 있다. 보험료의 납부를 통하여 보장되는 사회보험의 경우 기여를 한 외국인의 권리를 내국인과 유사하게 보장하는 규정들이 있거나(국민연금법 제126조, 국민건강보험법 제109조), 국가 간에 이를 조정하기 위한 사회보장협정을 체결하고 있다(이 책의 2장 2절 4항 참고). 반면 별도의 기여금 없이 국가나 지방자치단체의 책임하에 지급되는 공공부조나 사회서비스의 경우 외국인에 대하여 매우 제한적으로 보장한다(국민기초생활보장법 제5조의2, 장애인복지법 제32조의2). 한편 난민으로 인정되어 국내에 체류하는 외국인은 대한민국 국민과 같은 수준의 사회보장을 받도록 규정하고 있으며(난민법 제31조), 이와 관련하여 [판례 8](195쪽)의 내용을 참고해 볼 수 있다.

제8조(외국인에 대한 적용) 국내에 거주하는 외국인에게 사회보장제도를 적용할 때에는 상호주의의 원칙에 따르되, 관계 법령에서 정하는 바에 따른다.

사회보장기본법에서는 사회보장정책의 기본방향을 제시하고 있다. 구체적으로는 평생사회안전망의 구축과 운영, 사회서비스 보장, 소득 보장을 명시하고 있다(법 제22조, 제23조, 제24조).

제22조(평생사회안전망의 구축·운영) ① 국가와 지방자치단체는 모든 국민이 생애 동안 삶의 질을 유지·증진할 수 있도록 평생사회안전망을 구축하여야 한다.
② 국가와 지방자치단체는 평생사회안전망을 구축·운영함에 있어 사회적 취약계층을 위한 공공부조를 마련하여 최저생활을 보장하여야 한다.
제23조(사회서비스 보장) ① 국가와 지방자치단체는 모든 국민의 인간다운 생활과 자립, 사회참여, 자아실현 등을 지원하여 삶의 질이 향상될 수 있도록 사회서비스에 관한 시책을 마련하여야 한다.
② 국가와 지방자치단체는 사회서비스 보장과 제24조에 따른 소득보장이 효과적이고 균형적으로 연계되도록 하여야 한다.
제24조(소득 보장) ① 국가와 지방자치단체는 다양한 사회적 위험 하에서도 모든 국민들이 인간다운 생활을 할 수 있도록 소득을 보장하는 제도를 마련하

여야 한다.

② 국가와 지방자치단체는 공공부문과 민간부문의 소득보장제도가 효과적으로 연계되도록 하여야 한다.

(2) 정의

사회보장기본법의 제3조는 사회보장과 관련한 주요 용어들을 정의하고 있으며, 이 조문의 내용은 다른 사회복지법을 해석할 때도 참고할 수 있다. 사회보장에서 규정하는 사회적 위험은 8개로 명시되어 있고, 일부 국민만을 선별하지 않고 모든 국민을 대상으로 하는 제도이며, 3대 사회보장제도는 사회보험, 공공부조, 사회서비스이다. 생애주기에 따른 기본욕구와 특수욕구를 모두 고려하는 맞춤형 사회보장제도를 평생사회안전망으로 정의하고 있다.

제3조(정의) 이 법에서 사용하는 용어의 뜻은 다음과 같다.

1. "사회보장"이란 출산, 양육, 실업, 노령, 장애, 질병, 빈곤 및 사망 등의 사회적 위험으로부터 모든 국민을 보호하고 국민 삶의 질을 향상시키는 데 필요한 소득·서비스를 보장하는 사회보험, 공공부조, 사회서비스를 말한다.

2. "사회보험"이란 국민에게 발생하는 사회적 위험을 보험의 방식으로 대처함으로써 국민의 건강과 소득을 보장하는 제도를 말한다.

3. "공공부조"(公共扶助)란 국가와 지방자치단체의 책임 하에 생활 유지 능력이 없거나 생활이 어려운 국민의 최저생활을 보장하고 자립을 지원하는 제도를 말한다.

4. "사회서비스"란 국가·지방자치단체 및 민간부문의 도움이 필요한 모든 국민에게 복지, 보건의료, 교육, 고용, 주거, 문화, 환경 등의 분야에서 인간다운 생활을 보장하고 상담, 재활, 돌봄, 정보의 제공, 관련 시설의 이용, 역량 개발, 사회참여 지원 등을 통하여 국민의 삶의 질이 향상되도록 지원하는 제도를 말한다.

5. "평생사회안전망"이란 생애주기에 걸쳐 보편적으로 충족되어야 하는 기본욕구와 특정한 사회위험에 의하여 발생하는 특수욕구를 동시에 고려하여 소득·서비스를 보장하는 맞춤형 사회보장제도를 말한다.

(3) 사회보장수급권

사회보장수급권이란, 사회보장기본법에 규정된 국민의 권리로 사회보장급여를 받을 권리를 의미한다(법 제9조). 사회보장기본법은 사회보장수급권의 주요한 성격을 규정하고 있다.

사회보장수급권의 수준은 모든 국민이 건강하고 문화적인 생활을 유지하는 것을 목표로 하고, 사회보장급여의 수준을 정할 때는 국가가 매년 공포하는 최저보장수준과 최저임금을 고려한다(법 제10조). 최저보장수준은 국민기초생활보장법에 따라 중앙생활보장위원회의 심의, 의결을 거쳐 공표되고(국민기초생활보장법 제6조), 최저임금은 최저임금위원회의 심의, 의결을 통하여 결정된다(최저임금법 제8조).

제9조(사회보장을 받을 권리) 모든 국민은 사회보장 관계 법령에서 정하는 바에 따라 사회보장급여를 받을 권리(이하 "사회보장수급권"이라 한다)를 가진다.

제10조(사회보장급여의 수준) ① 국가와 지방자치단체는 모든 국민이 건강하고 문화적인 생활을 유지할 수 있도록 사회보장급여의 수준 향상을 위하여 노력하여야 한다.

② 국가는 관계 법령에서 정하는 바에 따라 최저보장수준과 최저임금을 매년 공표하여야 한다.

③ 국가와 지방자치단체는 제2항에 따른 최저보장수준과 최저임금 등을 고려하여 사회보장급여의 수준을 결정하여야 한다.

사회보장수급권을 행사하기 위하여 원칙적으로 신청주의에 따라 수급권자의 신청이 필요하며(법 제11조 제1항 본문), 관계 법령에서 따로 정하는 경우 국가나 지방자치단체가 신청을 대신할 수 있도록 하여 직권주의에 의한 보완을 하고 있다(법 제11조 제1항 단서). 신청주의에 대한 더 자세한 내용은 사회보장급여법에서 다룬다.

사회보장수급권은 양도하거나 담보로 제공하거나 압류의 대상이 될 수 없는 보호를 받고 있고(법 제12조), 관계 법령에서 따로 정한 경우가 아닌 한 제한되거나 정지될 수 없다(법 제13조). 사회보장수급권은 정당한 권한이 있는 기관에 서면으로 통지하여 포기할 수 있다(법 제14조). 사회보장수급권의 제한 및 정지는 개별법들이 규정하고 있는 경우가 있는바, 이하 살펴볼 법들에도 관련 규정들이 있다(예: 국민연금법 제82조, 국민건강보험법 제53조 등).

제11조(사회보장급여의 신청) ① 사회보장급여를 받으려는 사람은 관계 법령에서 정하는 바에 따라 국가나 지방자치단체에 신청하여야 한다.(신청주의) 다만, 관계 법령에서 따로 정하는 경우에는 국가나 지방자치단체가 신청을 대신할 수 있다.(직권주의)

② 사회보장급여를 신청하는 사람이 다른 기관에 신청한 경우에는 그 기관은 지체 없이 이를 정당한 권한이 있는 기관에 이송하여야 한다. 이 경우 정당한 권한이 있는 기관에 이송된 날을 사회보장급여의 신청일로 본다.

제12조(사회보장수급권의 보호) 사회보장수급권은 관계 법령에서 정하는 바에 따라 다른 사람에게 양도하거나 담보로 제공할 수 없으며, 이를 압류할 수 없다.

제13조(사회보장수급권의 제한 등) ① 사회보장수급권은 제한되거나 정지될 수 없다. 다만, 관계 법령에서 따로 정하고 있는 경우에는 그러하지 아니하다.

② 제1항 단서에 따라 사회보장수급권이 제한되거나 정지되는 경우에는 제한 또는 정지하는 목적에 필요한 최소한의 범위에 그쳐야 한다.

제14조(사회보장수급권의 포기) ① 사회보장수급권은 정당한 권한이 있는 기관에 서면으로 통지하여 포기할 수 있다.

② 사회보장수급권의 포기는 취소할 수 있다.

③ 제1항에도 불구하고 사회보장수급권을 포기하는 것이 다른 사람에게 피해를 주거나 사회보장에 관한 관계 법령에 위반되는 경우에는 사회보장수급권을 포기할 수 없다.

고딕체로 표기된 부분은 저자가 추가한 것이다.

(4) 사회보장기본계획

보건복지부장관은 관계 중앙행정기관의 장과 협의하여 사회보장 증진을 위하여 사회보장 기본계획을 5년마다 수립하여야 한다(법 제16조). 보건복지부장관 및 관계 중앙행정기관의 장은 기본계획에 따라 연도별 시행계획을 매년 수립·시행하여야 한다(법 제18조). 각 지방자치단체의 장은 사회보장에 관한 지역계획을 수립·시행하여야 하며, 지역계획은 기본계획과 연계되어야 한다(법 제19조).

제16조(사회보장 기본계획의 수립) ① 보건복지부장관은 관계 중앙행정기관의 장과 협의하여 사회보장 증진을 위하여 사회보장에 관한 기본계획(이하 "기본계획"이라 한다)을 5년마다 수립하여야 한다.

② 기본계획에는 다음 각 호의 사항이 포함되어야 한다.

1. 국내외 사회보장환경의 변화와 전망
2. 사회보장의 기본목표 및 중장기 추진방향
3. 주요 추진과제 및 추진방법
4. 필요한 재원의 규모와 조달방안
5. 사회보장 관련 기금 운용방안
6. 사회보장 전달체계
7. 그 밖에 사회보장정책의 추진에 필요한 사항

③ 기본계획은 제20조에 따른 사회보장위원회와 국무회의의 심의를 거쳐 확정한다. 기본계획 중 대통령령으로 정하는 중요한 사항을 변경하려는 경우에도 같다.

제17조(다른 계획과의 관계) 기본계획은 다른 법령에 따라 수립되는 사회보장에 관한 계획에 우선하며 그 계획의 기본이 된다.

제18조(연도별 시행계획의 수립·시행 등) ① 보건복지부장관 및 관계 중앙행정기관의 장은 기본계획에 따라 사회보장과 관련된 소관 주요 시책의 시행계획(이하 "시행계획"이라 한다)을 매년 수립·시행하여야 한다.

제19조(사회보장에 관한 지역계획의 수립·시행 등) ① 특별시장·광역시장·특별자치시장·도지사 또는 특별자치도지사·시장(「제주특별자치도 설치 및 국제자유도시 조성을 위한 특별법」 제11조제1항에 따른 행정시장을 포함한

다)·군수·구청장(자치구의 구청장을 말한다. 이하 같다)(광역 및 기초 자치단체장)은 관계 법령으로 정하는 바에 따라 사회보장에 관한 지역계획(이하 "지역계획"이라 한다)을 수립·시행하여야 한다.

② 지역계획은 기본계획과 연계되어야 한다.

고딕체로 표기된 부분은 저자가 추가한 것이다.

(5) 사회보장제도의 운영

사회보장기본법은 사회보장제도의 운영에 관한 원칙들을 제시하고 있다(법 제25조). 사회보장제도를 필요로 하는 모든 국민에게 적용하여야 하고(보편성), 급여 수준과 비용 부담 등에서 형평성을 유지해야 하고(형평성), 사회보장제도의 정책 결정과 시행 과정에 공익의 대표자 및 이해관계인 등을 참여시켜 민주적으로 결정하고 시행하여야 하며(민주성), 국민의 다양한 복지 욕구를 효율적으로 충족시키기 위하여 연계성과 전문성을 높여야 하고(효율성, 연계성 및 전문성), 사회보험은 국가의 책임으로 시행하고, 공공부조와 사회서비스는 국가와 지방자치단체의 책임으로 시행하는 것을 원칙으로 한다(공공성).

제25조(운영원칙) ① 국가와 지방자치단체가 사회보장제도를 운영할 때에는 이 제도를 필요로 하는 모든 국민에게 적용하여야 한다.

② 국가와 지방자치단체는 사회보장제도의 급여 수준과 비용 부담 등에서 형평성을 유지하여야 한다.

③ 국가와 지방자치단체는 사회보장제도의 정책 결정 및 시행 과정에 공익의 대표자 및 이해관계인 등을 참여시켜 이를 민주적으로 결정하고 시행하여야 한다.

④ 국가와 지방자치단체가 사회보장제도를 운영할 때에는 국민의 다양한 복지 욕구를 효율적으로 충족시키기 위하여 연계성과 전문성을 높여야 한다.

⑤ 사회보험은 국가의 책임으로 시행하고, 공공부조와 사회서비스는 국가와 지방자치단체의 책임으로 시행하는 것을 원칙으로 한다. 다만, 국가와 지방자치단체의 재정 형편 등을 고려하여 이를 협의·조정할 수 있다.

사회보험, 공공부조, 사회서비스의 책임 주체는 누구인가?

제5조(국가와 지방자치단체의 책임)에서는 국가와 지방자치단체의 책임과 역할을 명시하고 있다. 제25조(운영원칙) 제5항에서도 국가와 지방자치단체의 책임을 규정하고 있다. 나아가 제3조(정의)에서 사회보험, 공공부조, 사회서비스를 규정할 때, 책임 주체가 다르다는 것을 알 수 있다.

사회보험의 경우, 책임 주체가 명시되지는 않았으나, 전국 균일한 사회보험 제도를 운영하기 위해서는 중앙정부가 독자적으로 책임을 져야 할 것이다. 제25조(운영원칙) 제5항에서는 국가의 책임임을 밝히고 있다. 사회보험의 책임 주체에 대하여 제3조(정의) 제2호에서는 명시하지 않았으나, 제25조(운영원칙) 제5항에서는 국가의 책임이라고 규정하였다.

공공부조의 경우, '국가와 지방자치단체'의 책임을 명시하고 있다. 공공부조의 책임 주체에 대하여 제3조(정의) 제3호와 제25조(운영원칙) 제5항에서는 국가와 지방자치단체의 책임이라고 하였다.

사회서비스의 경우, '국가, 지방자치단체, 민간부문'의 책임이라고 할 수 있다. 제25조(운영원칙) 제5항에서는 국가와 지방자치단체의 책임이라고만 하였지만, 민간부문의 역할이 있는 것이다. 이에 제3조(정의) 제4호에서는 "'국가·지방자치단체 및 민간부문'의 도움이 필요한 모든 국민"이라고 명시함으로써, 국가와 지방자치단체 이외에도 민간부문의 원조 역할을 규정하고 있다. 여기에서 민간부문이 누구인지 명확하게 정의하고 있지 않지만, 사회서비스를 제공하는 민간 사회복지기관이라고 가늠할 수 있다. 제27조에서는 민간의 참여를 유도하고 지원하기 위한 국가와 지방자치단체의 역할을 규정하고, 민간의 참여 과정에서 소요되는 경비 지원도 명시하고 있다. 따라서 사회서비스의 경우 민간 사회복지기관의 역할이 있으며, 국민의 세금으로 사회복지사업을 운영하는 민간 사회복지기관은 책임감 있게 사업을 시행해야 할 것이다.

표 7-2 사회보장기본법에서 사회보험, 공공부조, 사회서비스의 책임 주체

구분	국가	지방자치단체	민간 사회복지기관
사회보험	○	×	×
공공부조	○	○	×
사회서비스	○	○	○

국가나 지방자치단체는 사회보장제도를 신설하거나 변경할 경우 기존 제도와의 관계, 사회보장 전달체계에 미치는 영향, 재원의 규모, 조달방안을 포함한 재정에 미치는 영향 및 지역별 특성 등을 사전에 충분히 검토하고 상호협력하여 사회보장제도가 중복 또는 누락되지 않도록 하여야 하고, 중앙행정기관의 장과 지방자치단체의 장은 사회보장제도의 신설 또는 변경 시 보건복지부장관과 협의하여야 하고, 협의가 이루어지지 않을 경우 사회보장위원회가 이를 조정한다(법 제26조). 사회보장제도의 협의, 조정 제도는 복지의 중복 또는 누락을 막기 위한 제도이나, 지방자치단체의 자율적인 사회복지 발전을 가로막는 방식으로 작동해서는 안 될 것이다.

제26조(협의 및 조정) ① 국가와 지방자치단체는 사회보장제도를 신설하거나 변경할 경우 기존 제도와의 관계, 사회보장 전달체계와 재정 등에 미치는 영향 등을 사전에 충분히 검토하고 상호협력하여 사회보장급여가 중복 또는 누락되지 아니하도록 하여야 한다.
② 중앙행정기관의 장과 지방자치단체의 장은 사회보장제도를 신설하거나 변경할 경우 신설 또는 변경의 타당성, 기존 제도와의 관계, 사회보장 전달체계에 미치는 영향 및 운영방안 등에 대하여 대통령령으로 정하는 바에 따라 보건복지부장관과 협의하여야 한다.

| 더 알아보기 |

사회보장제도의 신선 또는 변경을 위한 협의 및 조정

사회보장제도를 신설하거나 변경할 경우, "중앙행정기관의 장과 지방자치단체의 장은 사회보장제도의 신설 또는 변경 시 보건복지부장관과 협의하여야 하고, 협의가 이루어지지 않을 경우 사회보장위원회가 이를 조정"해야 한다. 이를 위해 지방자치단체에서 제안한 사회보장제도 신설 또는 변경 사업에 대하여, 검토할 필요가 있다. 법률에 규정된 사회보장위원회의 역할(법 제26조)을 한국보건사회연구원이 대행하고 있는데, 한국보건사회연구원에서는 다음과 같은 검토의견서 작성 틀을 통해 의견을 제시하고 있다. 우리 지역사회에서 새로운 사회보장제도를 만든다고 할 때, 다음의 작성 틀에 비추어 문제는 없는지 확인해 보자.

사회보장제도 협의요청 안건 검토의견

검토 정보	검토자 성명		검토자 소속	검토일	구분	검토	
						분야별 책임	연구책임자
사업 정보	구분		지자체명 (부처명)	안건명	확인일		
	신설	변경			성명		

1. 쟁점 사항 검토

	구분	기본 검토 사항	중점 검토 사항	충족 여부	조사 검토 의견
1. 지원 대상	1) 사업 목적과 집행 수당의 부합성	• 사업목적에 맞는 지원대상, 지원수단이 설정되어 있는지?		☐ 설정 ☐ 미설정	
	2) 선발 기준 마련 여부	• 목적에 맞는 대상자 선발 우선순위 기준이 마련되었는지?		☐ 설정 ☐ 미설정	
2. 지원 내용	1) 지원 수준의 적절성	• 유사 수준의 지자체 또는 중앙/광역 등 유사 사업의 지원 수준을 고려하여 지원 수준을 설정하였는지?		☐ 설정 ☐ 미설정	
	2) 본인 부담금 설정 여부	• 소득수준별 본인부담금 차등 설정(최소 본인부담금 설정 포함)하여 지원하는 사업인지?		☐ 설정 ☐ 미설정	
	3) 기준중위소득 설정 여부	• 기준중위소득 설정이 되었는지? • 해당 사업목적과 맞는 기준 설정인지?		☐ 설정 ☐ 미설정	
	4) 사회서비스 제공 형태의 사업 여부	• 바우처 및 사회서비스 방식의 사업으로 설계하였는지? • 바우처 및 사회서비스 방식의 사업 설계가 아니라면, 해당 사업 설계를 활용할 수 없는 적절한 사유가 있는지?		☐ 설계 ☐ 비설계	

	5) 지역 간 복지급여 격차 최소화 노력 여부	• 타 지역의 복지급여와 얼마나 격차가 있는지? • 현재 인구 등 지역적 상황에 따른 지원 수준이 설정되었는지? • 해당 복지사업을 시행할 경우, 타 지역에 어떤 영향을 미칠 수 있는지?	☐ 있음 ☐ 없음	
3. 전달 체계	1) 전달체계 미치는 영향	• 전달체계가 기존에 수행하고 있던 역할은? • 해당 제도로 인해 추가적인 역할을 하게 되었을 때, 어떤 영향이 예상되는지?	☐ 영향 있음 ☐ 영향 없음	
	2) 전달체계의 구체성	• 해당 제도가 구체적인 전달체계를 설계하였는지? • 해당 전달체계가 제도를 수행하는 데 적합한 전달체계인지?	☐ 적합 ☐ 부적합	
	3) 제공기관 인프라 확보 여부	• 사업 수행을 위한 인프라를 지역 내,외에서 확보하였는지? • 전달체계의 접근성 등을 감안했을 때 제도이용자가 해당 전달체계·제공기관으로 원활하게 복지급여 또는 서비스 등을 제공받을 수 있는지?	☐ 적합 ☐ 부적합	
4. 성과 지표	1) 사후점검 체계 마련 여부	• 사업 시행 이후 사업성과 관리가 정기적으로 가능하도록 사후점검 체계가 있는지? (사업평가 체계 포함) • 성과지표가 적절한지?	☐ 적절 ☐ 부적절	
5. 재정에 미치는 영향	1) 재정 투입 적절성	• 현재 지자체 재정 여건과 해당 사업과 관련된 재정 투입 비율은? • 현재 재정 여건에서 해당 제도로 추가 재정 투입하는 것이 적절한지?	☐ 적절 ☐ 부적절	

6. 기존 제도와의 관계	1) 중복/ 보충성 여부	• 유사한 대상에게 유사한 복지급여 또는 서비스를 제공하는 사업이 있는지? • 있다면 해당 제도는 보충적으로 인정할 수 있는지?		☐ 중복성 ☐ 보충성 ☐ 해당 없음	
	2) 제도통합 노력 여부	• 지역 내 유사사업과 통합하여 진행 할 수 있는 사업인지? • 통합할 수 없다면, 통합해서 진행할 수 없는 사유는?		☐ 해당 있음 ☐ 해당 없음	
	3) 장기적 정책 방향 적합 여부	• 상위 광역(중앙)에서 도입 예정 사업인지? • 앞으로의 인구사회학적 변화에 맞는 사업인지?		☐ 해당 있음 ☐ 해당 없음	
	4) 사업 집행을 위한 법률적 제한사항 여부	• 해당 제도에 추가로 검토해야 하는 법률적, 윤리적 제한 사항이 있는지? (예: 신생아 기형아 검사지원 등과 같이 초기 사업목적과 달리 낙태 등 유발 가능)		☐ 해당 있음 ☐ 해당 없음	
7. 기타	• 각 구분에 해당되지 않는 질의가 있는 경우			☐ 해당 없음	

조사 검토 의견은 다음 ①~⑤ 중 해당 사항 토대로 작성: ① 정책 통계 및 근거자료, ② 국책연구기관 전문가 의견, ③ 관련 연구용역, ④ 국가, 광역 및 인접 지자체 정책과의 관계, ⑤ 언론, 국회 등 외부지적 사항 등

2. 쟁점 사항 세부검토

_____

_____

_____

3. 종합 의견

_____

_____

_____

출처: 한국보건사회연구원(2024)

사회보장기본법은 사회보장급여의 관리체계 구축·운영을 명시하고 있으며(법 제30조), 사회보장급여법에서 구체적으로 다루고 있다.

제30조(사회보장급여의 관리) ① 국가와 지방자치단체는 국민의 사회보장수급권의 보장 및 재정의 효율적 운용을 위하여 다음 각 호에 관한 사회보장급여의 관리체계를 구축·운영하여야 한다.
1. 사회보장수급권자 권리구제
2. 사회보장급여의 사각지대 발굴
3. 사회보장급여의 부정·오류 관리
4. 사회보장급여의 과오지급액의 환수 등 관리
② 보건복지부장관은 사회서비스의 품질기준 마련, 평가 및 개선 등의 업무를 수행하기 위하여 필요한 전담기구를 설치할 수 있다.

사회보장기본법은 사회보장통계 작성·관리를 통해 효과적인 사회보장정책의 수립 및 시행을 꾀하고 있다(법 제32조).

제32조(사회보장통계) ① 국가와 지방자치단체는 효과적인 사회보장정책의 수립·시행을 위하여 사회보장에 관한 통계(이하 "사회보장통계"라 한다)를 작성·관리하여야 한다.

국가와 지방자치단체는 사회보장수급권자 선정 및 급여 관리 등에 관한 정보를 통합, 연계하여 처리, 기록 및 관리하는 시스템인 사회보장정보시스템을 구축, 운영할 수 있다(법 제37조). 보건복지부장관은 사회보장정보시스템의 운영, 지원을 위한 전담기구를 설치할 수 있다(법 제37조 제7항). 사회보장정보시스템의 구축, 운영에 대한 더 자세한 내용은 사회보장급여의 이용·제공 및 수급권자 발굴에 관한 법률 제23조 이하에 규정되어 있는데, 사회보장정보시스템의 운영·지원을 위한 기관으로 한국사회보장정보원이 있다.

제37조(사회보장정보시스템의 구축·운영 등) ① 국가와 지방자치단체는 국민 편익의 증진과 사회보장업무의 효율성 향상을 위하여 사회보장업무를 전자적으로 관리하도록 노력하여야 한다.

② 국가는 관계 중앙행정기관과 지방자치단체에서 시행하는 사회보장수급권자 선정 및 급여 관리 등에 관한 정보를 통합·연계하여 처리·기록 및 관리하는 시스템(이하 "사회보장정보시스템"이라 한다)을 구축·운영할 수 있다.

③ 보건복지부장관은 사회보장정보시스템의 구축·운영을 총괄한다.

④ 보건복지부장관은 사회보장정보시스템 구축·운영의 전 과정에서 개인정보 보호를 위하여 필요한 시책을 마련하여야 한다.

⑤ 보건복지부장관은 관계 중앙행정기관, 지방자치단체 및 관련 기관·단체에 사회보장정보시스템의 운영에 필요한 정보의 제공을 요청하고 제공받은 목적의 범위에서 보유·이용할 수 있다. 이 경우 자료의 제공을 요청받은 자는 정당한 사유가 없으면 이에 따라야 한다.

⑥ 관계 중앙행정기관 및 지방자치단체의 장은 제2항의 사회보장정보와 관련하여 사회보장정보시스템의 활용이 필요한 경우 사전에 보건복지부장관과 협의하여야 한다. 이 경우 보건복지부장관은 관련 업무에 필요한 범위에서 정보를 제공할 수 있고 정보를 제공받은 관계 중앙행정기관 및 지방자치단체의 장은 제공받은 목적의 범위에서 보유·이용할 수 있다.

⑦ 보건복지부장관은 사회보장정보시스템의 운영·지원을 위하여 전담기구를 설치할 수 있다.

개인정보 보호에 관해서는, 사회보장 업무에 종사하거나 종사하였던 자는 사회보장업무 수행과 관련하여 알게 된 개인, 법인 또는 단체의 정보를 관계 법령에서 정하는 바에 따라 보호하여야 하며(법 제38조 제1항), 국가와 지방자치단체, 공공기관, 법인, 단체, 개인이 조사하거나 제공받은 정보는 이 법과 관련 법률에 근거하지 아니하고 보유, 이용, 제공되어서는 안 된다(법 제38조 제2항).

제38조(개인정보 등의 보호) ① 사회보장 업무에 종사하거나 종사하였던 자는 사회보장업무 수행과 관련하여 알게 된 개인·법인 또는 단체의 정보를 관계 법령에서 정하는 바에 따라 보호하여야 한다.
② 국가와 지방자치단체, 공공기관, 법인·단체, 개인이 조사하거나 제공받은 개인·법인 또는 단체의 정보는 이 법과 관련 법률에 근거하지 아니하고 보유, 이용, 제공되어서는 아니 된다.

사회보장제도의 운영에 있어서, 국가와 지방자치단체는 정보 공개 및 홍보(법 제33조), 사회보장에 관한 설명(법 제34조), 상담(법 제35조), 통지(법 제36조) 의무가 있으며, 국민과 전문가로부터 의견을 수렴(법 제40조)해야 한다.

제33조(정보의 공개) 국가와 지방자치단체는 사회보장제도에 관하여 국민이 필요한 정보를 관계 법령에서 정하는 바에 따라 공개하고, 이를 홍보하여야 한다.
제34조(사회보장에 관한 설명) 국가와 지방자치단체는 사회보장 관계 법령에서 규정한 권리나 의무를 해당 국민에게 설명하도록 노력하여야 한다.
제35조(사회보장에 관한 상담) 국가와 지방자치단체는 사회보장 관계 법령에서 정하는 바에 따라 사회보장에 관한 상담에 응하여야 한다.
제36조(사회보장에 관한 통지) 국가와 지방자치단체는 사회보장 관계 법령에서 정하는 바에 따라 사회보장에 관한 사항을 해당 국민에게 알려야 한다.
제40조(국민 등의 의견수렴) 국가와 지방자치단체는 국민생활에 중대한 영향을 미치는 사회보장 계획 및 정책을 수립하려는 경우 공청회 및 정보통신망 등을 통하여 국민과 관계 전문가의 의견을 충분히 수렴하여야 한다.

(6) 보장기관, 전달체계, 인력

사회보장기본법에서 명시된 보장기관은 기본적으로 국가와 지방자치단체이다. 사회보장기본법은 국가와 지방자치단체는 헌법에 명시된 모든 국민의 인간다운 생활을 유지, 증진하는 책임을 지고(법 제5조), 가정의 유지와 기능 향상 및 가정과 지역공동체의 자발적 복지 촉진을 하여야 하며(법 제6조), 국민은 자신의 능력을 최대한 발휘하여 자립, 자활할 수 있도록 노력할 책임을 가진다고(법 제7조) 규정하고 있다. 이러한 규정은 개별 법률에서 반영되고 있다. 기초연금법 제4조 제1항에서는 "국가와 지방자치단체는 기초연금이 제1조의 목적에 따라 노인의 생활안정을 지원하고 복지를 증진하는 데 필요한 수준이 되도록 최대한 노력하여야 한다"고 규정하고 있는데, 이는 국가와 지방자치단체의 책임을 반영하는 조항이라고 할 수 있다. 국민기초생활보장법 제3조 제1항의 경우, 공공부조 급여는 수급자가 자신의 생활의 유지·향상을 위하여 최대한 노력하는 것을 전제로 하여 이를 보충하는 것을 원칙으로 정하고 있는데, 이는 국민의 책임을 반영하고 있는 조항이라고 볼 수 있다.

제5조(국가와 지방자치단체의 책임) ① 국가와 지방자치단체는 모든 국민의 인간다운 생활을 유지·증진하는 책임을 가진다.

② 국가와 지방자치단체는 사회보장에 관한 책임과 역할을 합리적으로 분담하여야 한다.

③ 국가와 지방자치단체는 국가 발전수준에 부응하고 사회환경의 변화에 선제적으로 대응하며 지속가능한 사회보장제도를 확립하고 매년 이에 필요한 재원을 조달하여야 한다.

④ 국가는 사회보장제도의 안정적인 운영을 위하여 중장기 사회보장 재정추계를 격년으로 실시하고 이를 공표하여야 한다.

제6조(국가 등과 가정) ① 국가와 지방자치단체는 가정이 건전하게 유지되고 그 기능이 향상되도록 노력하여야 한다.

② 국가와 지방자치단체는 사회보장제도를 시행할 때에 가정과 지역공동체의 자발적인 복지활동을 촉진하여야 한다.

제7조(국민의 책임) ① 모든 국민은 자신의 능력을 최대한 발휘하여 자립·자활(自活)할 수 있도록 노력하여야 한다.

② 모든 국민은 경제적·사회적·문화적·정신적·신체적으로 보호가 필요하다고 인정되는 사람에게 지속적인 관심을 가지고 이들이 보다 나은 삶을 누릴 수

있는 사회환경 조성에 서로 협력하고 노력하여야 한다.

③ 모든 국민은 관계 법령에서 정하는 바에 따라 사회보장급여에 필요한 비용의 부담, 정보의 제공 등 국가의 사회보장정책에 협력하여야 한다.

사회보장에 관한 주요 시책을 심의, 조정하기 위하여 국무총리 소속으로 사회보장위원회를 둔다(법 제20조). 사회보장위원회의 위원장은 국무총리, 부위원장은 기획재정부장관 및 보건복지부장관이고, 행정안전부장관, 고용노동부장관, 여성가족부장관, 국토교통부장관, 대통령이 위촉하는 근로자대표, 사용자대표 등을 포함한 30명 이내의 위원으로 구성한다(법 제21조).

제20조(사회보장위원회) ① 사회보장에 관한 주요 시책을 심의·조정하기 위하여 국무총리 소속으로 사회보장위원회(이하 "위원회"라 한다)를 둔다.

② 위원회는 다음 각 호의 사항을 심의·조정한다.

1. 사회보장 증진을 위한 기본계획

2. 사회보장 관련 주요 계획

3. 사회보장제도의 평가 및 개선

4. 사회보장제도의 신설 또는 변경에 따른 우선순위

5. 둘 이상의 중앙행정기관이 관련된 주요 사회보장정책

6. 사회보장급여 및 비용 부담

7. 국가와 지방자치단체의 역할 및 비용 분담

8. 사회보장의 재정추계 및 재원조달 방안

9. 사회보장 전달체계 운영 및 개선

10. 제32조제1항에 따른 사회보장통계

11. 사회보장정보의 보호 및 관리

12. 그 밖에 위원장이 심의에 부치는 사항

제21조(위원회의 구성 등) ① 위원회는 위원장 1명, 부위원장 3명과 행정안전부장관, 고용노동부장관, 여성가족부장관, 국토교통부장관을 포함한 30명 이내의 위원으로 구성한다.

② 위원장은 국무총리가 되고 부위원장은 기획재정부장관 및 보건복지부장관

이 된다.

③ 위원회의 위원은 다음 각 호의 어느 하나에 해당하는 사람으로 한다.

1. 대통령령으로 정하는 관계 중앙행정기관의 장

2. 다음 각 목의 사람 중에서 대통령이 위촉하는 사람

가. 근로자를 대표하는 사람

나. 사용자를 대표하는 사람

다. 사회보장에 관한 학식과 경험이 풍부한 사람

라. 변호사 자격이 있는 사람

④ 위원의 임기는 2년으로 한다.

사회보장기본법은 국가와 지방자치단체가 사회보장에 대한 민간부문의 참여를 유도하도록 지원하고 있다. 국가와 지방자치단체로부터 재정 지원을 받는 민간부문도 사회보장 실시기관이라고 할 수 있다.

제27조(민간의 참여) ① 국가와 지방자치단체는 사회보장에 대한 민간부문의 참여를 유도할 수 있도록 정책을 개발·시행하고 그 여건을 조성하여야 한다.

② 국가와 지방자치단체는 사회보장에 대한 민간부문의 참여를 유도하기 위하여 다음 각 호의 사업이 포함된 시책을 수립·시행할 수 있다.

1. 자원봉사, 기부 등 나눔의 활성화를 위한 각종 지원 사업

2. 사회보장정책의 시행에 있어 민간 부문과의 상호협력체계 구축을 위한 지원사업

사회보장기본법은 국가와 지방자치단체 간, 지역과 지역 간, 기능과 기능 간(예: 법률과 조례 간, 자치단체와 자치단체 간, 공공부문과 민간부문 간) 균형 잡힌 사회보장 전달체계를 구축하도록 하고 있다(법 제29조).

제29조(사회보장 전달체계) ① 국가와 지방자치단체는 모든 국민이 쉽게 이용할 수 있고 사회보장급여가 적시에 제공되도록 지역적·기능적으로 균형잡힌 사회보장 전달체계를 구축하여야 한다.

② 국가와 지방자치단체는 사회보장 전달체계의 효율적 운영에 필요한 조직, 인력, 예산 등을 갖추어야 한다.

③ 국가와 지방자치단체는 공공부문과 민간부문의 사회보장 전달체계가 효율적으로 연계되도록 노력하여야 한다.

사회보장기본법은 사회복지사, 사회복지전담공무원, 사회보험공단 직원 등 전문인력의 양성을 위한 국가와 지방자치단체의 노력을 명시하고 있다.

제31조(전문인력의 양성 등) 국가와 지방자치단체는 사회보장제도의 발전을 위하여 전문인력의 양성, 학술 조사 및 연구, 국제 교류의 증진 등에 노력하여야 한다.

(7) 재정

사회보장 비용의 부담은 사회보장제도의 목적에 따라 국가, 지방자치단체 및 민간 간에 합리적으로 조정하는데, 사회보험의 경우 사용자, 피용자 및 자영업자가 부담하는 것을 원칙으로 하고 국가가 그 비용의 일부를 부담할 수 있으며, 공공부조 및 저소득자에 대한 사회서비스는 비용의 전부 또는 일부를 국가 또는 지방자치단체가 부담한다.

제28조(비용의 부담) ① 사회보장 비용의 부담은 각각의 사회보장제도의 목적에 따라 국가, 지방자치단체 및 민간부문 간에 합리적으로 조정되어야 한다.

② 사회보험에 드는 비용은 사용자, 피용자(被傭者) 및 자영업자가 부담하는

것을 원칙으로 하되, 관계 법령에서 정하는 바에 따라 국가가 그 비용의 일부를 부담할 수 있다.

③ 공공부조 및 관계 법령에서 정하는 일정 소득 수준 이하의 국민에 대한 사회서비스에 드는 비용의 전부 또는 일부는 국가와 지방자치단체가 부담한다.

④ 부담 능력이 있는 국민에 대한 사회서비스에 드는 비용은 그 수익자가 부담함을 원칙으로 하되, 관계 법령에서 정하는 바에 따라 국가와 지방자치단체가 그 비용의 일부를 부담할 수 있다.

즉 사회보험은 원칙적으로 사용자와 근로자, 또는 자영업자가 비용을 부담하는 것이 원칙인데, 사회보험의 보험료율과 부담 주체를 살펴보면 다음과 같다.

표 7-3 사회보험의 보험료율과 부담 주체

국민연금	건강보험	고용보험	산업재해보상보험	노인장기요양보험
사업장근로자 9% (근로자 4.5% + 사용자 4.5%) 지역가입자, 임의가입자, 임의계속가입자 9% (본인부담)	직장가입자 7.09% (근로자 3.545% + 사용자 3.545%) 지역가입자: 부과점수 × 208.4원 (자신이 모두 부담)	실업급여 1.8% (근로자 0.9% + 사용자 0.9%) 고용안정, 직업능력개발사업: 사업장 규모에 따라 0.25~0.85% (사용자 전액 부담)	기업별 차등(사용자 전액부담): 업종별 요율제(등급요율)과 개별실적요율제 함께 적용	건강보험료의 12.81%
국민연금법 제88조	국민건강보험법 제73조, 시행령 44조, 2024년 기준	고용보험 및 산업재해보상보험의 보험료 징수 등에 관한 법률 시행령 제12조	고용보험 및 산업재해보상보험의 보험료 징수 등에 관한 법률 시행규칙 제12조, 고용노동부 고시	노인장기요양보험법 시행령 제4조, 2024년 기준

사회보장 재정추계에 대한 보건복지부 장관의 책임이 명시되어 있으며, 재정추계는 정부출연기관 등에 위탁 가능하다.

제32조의2(사회보장 재정추계 및 사회보장통계 등에 대한 민간위탁) 보건복지부장관은 제5조제4항에 따른 사회보장 재정추계 및 제32조에 따른 사회보

장통계 업무를 효율적으로 수행하기 위하여 필요하다고 인정하는 경우에는 관련 자료의 수집·조사 및 분석에 관한 업무 등을 다음 각 호의 기관 또는 단체에 위탁할 수 있다.

1. 「정부출연연구기관 등의 설립·운영 및 육성에 관한 법률」에 따라 설립된 정부출연연구기관
2. 그 밖에 대통령령으로 정하는 전문기관 또는 단체

(8) 권리구제

위법 또는 부당한 처분을 받거나 필요한 처분을 받지 못함으로써 권리 또는 이익을 침해받은 국민은 행정심판 또는 행정소송으로 처분의 취소 또는 변경을 구할 수 있다(법 제39조). 사회복지 분야의 권리구제에 관한 상세한 내용은 이 책 제5장을 참고한다.

제39조(권리구제) 위법 또는 부당한 처분을 받거나 필요한 처분을 받지 못함으로써 권리 또는 이익을 침해받은 국민은 「행정심판법」에 따른 행정심판을 청구하거나 「행정소송법」에 따른 행정소송을 제기하여 그 처분의 취소 또는 변경 등을 청구할 수 있다.

| 법률 개정으로 무엇이 바뀌었는가? |

소득과 서비스의 균형 발전을 추구하는 복지국가를 지향하게 되었다!

2012년 사회보장기본법 전부개정으로 사회보장이라는 용어에 대한 정의가 변화함에 따라 '소득·서비스'가 추가되었다.

이외에도 2012년 사회보장기본법 전부개정으로 '소득·서비스'의 연계를 강조하였다.

'소득·서비스' 관련 2012년 사회보장기본법 전부개정으로 변화된 지점은 '소득·서비스의 균형적 연계에 대한 지향'을 명확히 하였다고 평가할 수 있다.

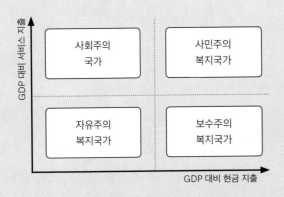

그림 7-1 복지 사회주의와 복지 자본주의의 서비스 급여와 현금 급여에 따른 유형화
출처: 민기채(2017: 466)

GDP 대비 서비스 지출과 GDP 대비 현금 지출을 비교하면 복지 자본주의(welfare capitalism)는 3가지 유형으로 구분된다. 사회서비스 통합형 복지국가(스웨덴, 덴마크, 노르웨이, 독일)는 서비스와 현금의 비중이 높은 수준에서 유사하고, 공공부조형 복지국가(미국, 호주, 뉴질랜드, 아일랜드, 일본)는 서비스

와 현금의 비중이 낮은 수준에서 유사하며, 사회보험형 복지국가(오스트리아, 벨기에, 프랑스, 스위스, 영국, 핀란드)는 현금이 서비스보다 2배 가량 높다(안상훈, 2007: 138). 사회서비스 통합형 복지국가는 사민주의 복지국가로, 공공부조형 복지국가는 자유주의 복지국가로, 사회보험형 복지국가는 보수주의 복지국가로 대응된다. 나머지 유형인 복지 사회주의(welfare socialism)는 사회주의 국가로서, 비대한 서비스와 약한 현금을 특징으로 한다.

결국 사회보장기본법 전부개정으로 추가된 '소득·서비스의 균형적 연계에 대한 지향'은 보수주의 복지국가처럼 비대한 현금과 약한 서비스(cash heavy and service light)가 아니고, 동시에 사회주의 국가처럼 비대한 서비스와 약한 현금(service heavy and cash light)을 특징으로 하는 국가가 아니다. 궁극적으로 '건강하고 문화적인 생활'을 위해 사회보장급여의 수준이 향상되어(법 제10조), 사회민주주의 모델처럼 소득과 사회서비스가 높은 수준에서 균형적 발전을 이루는 복지국가라고 할 수 있다.

표 7-4 복지 사회주의와 복지 자본주의의 서비스 급여와 현금 급여에 따른 유형화

복지 사회주의	복지 자본주의		
	사민주의	자유주의	보수주의
서비스 > 현금	서비스 = 현금	서비스 = 현금	서비스 < 현금
비대한 서비스, 약한 현금	높은 수준에서 수렴	낮은 수준에서 수렴	1 : 2

출처: 민기채(2017: 467)

생각해 볼 과제

1 사회보장기본법은 2012년 전부개정된 이후 전부개정된 적이 없다. 빠르게 변화하는 사회복지환경에서 사회보장기본법을 전부개정한다면, 어떤 방향으로의 개정이 필요한지에 대하여 자신의 의견과 그 근거를 이야기해 보자.

2 사회보장기본법에서는 "국가와 지방자치단체는 사회보장에 관한 책임과 역할을 합리적으로 분담하여야 한다"고 규정하고 있다. 국가와 지방자치단체의 사회보장에 대한 책임은 상호 어느 정도의 비중이어야 하는지에 대하여 자신의 의견과 그 근거를 이야기해 보자.

3 사회보장 행정데이터란 국가, 지방자치단체, 공공기관 및 법인이 법령에 따라 생성 또는 취득하여 관리하고 있는 자료 또는 정보이다. 이때 개인의 사회보장정보가 수집되어 개인정보 보호에 관한 이슈가 제기되고 있다. 개인의 사회보장정보는 어떻게 보호되어야 하는지에 대하여 자신의 의견과 그 근거를 이야기해 보자.

2. 사회보장급여의 이용·제공 및 수급권자 발굴에 관한 법률(사회보장급여법)

1) 사회보장급여법의 의의

2014년 2월 26일 서울 송파구의 세 모녀가 생활고를 비관하며 자살하였다. 사회적 지원이 필요함에도 불구하고 사회보장급여를 받지 못한 시민들이었다. 사회보장급여가 필요한 시민들을 발굴하지 못하고, 그들에게 제때 사회보장급여를 제공하지 못하는 전달체계에 대한 문제가 대두되었다. 이에 복지 사각지대의 문제와 사회보장급여의 효율적 전달을 위하여 2014년 사회보장급여법이 제정되었다.

사회보장급여법은 사회보장기본법의 법률적 지향을 실천하기 위한 세부적 실행방법이라고 할 수 있다. 또한 기존의 사회복지사업법에서 다루었던 사회보장급여의 신청, 조사, 결정·지급, 사후관리까지의 서비스 이용 절차를 전반적으로 보완하였다는 의의를 갖는다. 복지사각지대에 놓인 시민을 발굴하여 사회보장수급권을 보호하고 사회복지서비스의 이용에 대한 권리를 강화하고자 하였다는 점도 의미 있는 변화라고 할 수 있다.

2) 사회보장급여법의 연혁

(1) 사회보장급여법의 제정

2014년 12월 30일 사회보장급여법이 제정되었고, 2015년 7월 1일 시행되었다. 기존에도 사회복지사업법 하에서 사회보장급여의 전반적 절차를 명시하고 있었지만, 사회보장수급권을 더욱 명확하게 하기 위하여 해당 법률이 제정되었다. 특히 복지사각지대에서 위기에 처한 시민들을 발굴하여 사회보장수급권을 보장하기 위한 목적을 달성하고자 제정되었다. 2014년 제정 당시 사회보장급여법은 총 6장, 55개 조문 및 부칙으로 구성되어 있었다. 동법의 제1조 목적은 문구의 수정 없이 현재까지 유지되고 있다.

(2) 사회보장급여법의 주요 개정 내용

사회보장급여법의 제정은 복지사각지대의 심각성을 인식하면서, 복지사각지대에 처한 시민들을 발굴하고 사회보장수급권을 강화하기 위한 법률 제정이었다는 점에서 의의가 크다. 그러나 복지사각지대의 해소라는 당초의 목표는 실현되지 못하였다. 여전히 복지사각지대에 처한 우리 이웃들의 자살이 계속되고 있기 때문이다. 이에 복지사각지대의 해소와 사회보장수급권의 강화를 위해 수차례에 걸쳐 개정이 되었는데, 주요 개정내용은 표 7-5에 정리하였다.

표 7-5 사회보장급여법의 주요 개정 연혁

연도	주요 내용
2014.12.30.	- 사회보장급여법 제정, 2015.07.01. 시행 - 기존의 사회복지사업법에서 규정하고 있었던 사회보장급여의 신청, 조사, 결정·지급, 사후관리까지의 서비스 이용 절차를 전반적으로 보완 - 사회보장의 사각지대 발굴을 위한 신고의무 조항 마련 - 보호계획 수립·지원 조항 마련 - 상담·안내·의뢰 등 수급권자 보호 강화를 통한 사회보장수급권 강화 명시 - 사회복지사업법에 있던 사회보장정보 관리, 사회복지전담공무원 및 사회복지사무 전담기구, 지역사회보장계획, 시·도 사회보장위원회, 시·군·구 지역사회보장협의체 등을 사회보장급여법으로 이동
2016.2.3.	- 수급자격의 조사 시, 해당 법률에서 정하는 사항을 제외하고는 행정조사기본법을 따르도록 함
2017.3.21.	- 지원대상자 발굴을 위해, 연체정보(대출금·신용카드대금)와 같은 개인신용정보를 정보이용 대상에 추가 - 보장기관의 장이 사회보장정보시스템을 통한 사회보장정보를 목적 외의 용도로 이용 금지함. 기존에는 보장기관이 아닌 다른 기관이 사회보장정보시스템의 이용 및 제공 목적 외의 용도로 사회보장정보를 이용하려는 경우에는 정보보유기관의 장의 심사를 거쳐 보건복지부장관의 승인을 받도록 하였음 - 지방자치단체의 장이 지역사회보장계획 수립 시, 사회보장 관련 기관·법인·단체·시설에 자료 또는 정보의 제공과 협력을 요청할 수 있는 규정 마련 - 시·도사회보장위원회 및 지역사회보장협의체 위원으로 읍·면·동 단위 지역사회보장협의체의 위원장 추가 - 읍·면·동 단위 지역사회보장협의체 및 관련 조례 제정 신설 - 통합사례관리 관련 역할, 통합사례관리사의 자격과 업무 기준 등 신설 - 읍·면·동 단위 복지위원 규정 삭제

연도	주요 내용
2018.12.11.	- 보장기관의 장의 위기가구 발굴 및 지원 규정 신설 - 보장기관의 장의 위기가구에 대한 정기적인 발굴조사의 실시, 실태점검, 개선방안 마련 규정 신설 - 보건복지부장관의 3년 주기 사회보장급여 부정수급 실태조사 실시 및 결과 공개 규정 신설 - 시·군·구 지역사회보장계획의 내용에 지역 내 부정수급 발생 현황 및 방지대책 추가 - 광역 지방자치단체의 지역사회보장계획의 내용에 시·군·구의 부정수급 방지대책을 지원하기 위한 방안 추가 - 비밀유지의무에 통합사례관리에 관한 업무 추가
2020.4.7.	- 위기가구의 발굴 시, 관계 기관·법인·단체·시설의 장에게 공유받은 정보 활용 규정 추가 - 지원대상자의 발굴을 위한 정보공유 등의 협조 요청 대상에 공공주택 특별법 상의 공공주택사업자, 관리주체, 공동주택관리정보시스템을 위탁받아 운영하는 자 추가 - 지원대상자 발굴을 위해, 국민건강보험료 체납 기준 정보 활용 기준을 6개월에서 3개월로 변경 - 가구 또는 개인이 위기가구에 포함되는지를 판단하기 위하여 국민건강보험료 정보 처리 규정 신설 - 시·도사회보장위원회의 효율적 운영을 위한 경비 지원 규정 신설
2020.12.29	- 맞춤형 급여 안내 규정 신설: 맞춤형 급여 안내란 사회보장급여 신청권자의 신청을 받아 주기적으로 사회보장 급여의 수급가능성을 확인하여 그 결과를 안내하는 것임. 맞춤형 급여 대상자가 급여를 신청하지 않고 신청거 부도 하지 않는 경우, 맞춤형 급여 안내를 신청한 것으로 인정하는 대상을, 국민기초생활보장법, 한부모가족지 원법, 기초연금법, 장애인연금법, 장애인복지법상의 수급자로 규정
2021.7.27	- 지원대상자 발굴을 위해, 보장기관의 장 또는 시·도의 교육감은 보건복지부장관으로부터 제공받은 자료 또는 정보를 지원대상자의 동의를 받아 대통령령으로 정하는 법인·단체·시설의 장이 활용할 수 있도록 지원할 수 있는 규정 마련 - 지원대상자 발굴을 위해, 시·도의 교육감은 학생에 대한 학대 예방 및 지원을 위하여 보건복지부장관으로부터 제공받은 자료 또는 정보를 대통령령으로 정하는 바에 따라 유치원의 장 또는 초·중등학교의 장에게 제공할 수 있는 규정 마련 - 사회보장정보 보호 교육 위탁 대상을 조직 명칭 변경에 따라, 한국보건복지인력개발원에서 한국보건복지인재 원으로 변경
2023.3.28	- 사회보장급여의 신청에 있어서, 지원대상자의 주소지와 실제 거주지가 다른 경우에는 실제 거주지 관할 보장 기관에도 신청할 수 있고, 지원대상자의 이용 편의, 사회보장급여의 제공 유형 등을 고려하여 필요하다고 결정 한 사회보장급여의 경우 지원대상자의 주소지 관할이 아닌 보장기관에도 신청할 수 있는 규정을 마련하여 사 회보장수급권자의 편의성 강화 - 정부공유 등의 협조 요청에 있어서, 신용회복위원회와 한국정보통신진흥협회를 협조 요청 기관으로 추가, 전 기통신사업법에 따른 전기통신사업자에게 지원대상자의 전화번호 제공 요청 추가, 이때 전화번호를 제공받은 경우 보장기관의 장은 지원대상자에게 30일 이내에 통지 - 자료 또는 정보의 처리에 있어서, 국민연금공단의 자금 대여사업을 이용하는 자의 가구정보, 기간통신사업자 가 보유한 이용자의 이동전화번호 추가
2023.6.13	- 지원대상자 발견 시 신고 의무자에서, 전기사업법, 수도법 및 도시가스사업법에 따른 검침 및 안전점검 관련 업무 종사자, 국민연금법 제24조에 따른 국민연금공단, 국민건강보험법 제13조에 따른 국민건강보험공단 및 산업재해보상보험법 제10조에 따른 근로복지공단에서 보험료의 납부·징수나 연금·보험급여의 지급 등과 관 련한 민원 또는 상담 업무에 종사하는 자를 추가함
2023.8.16.	- 사회보장정보시스템에서 지원대상자 발굴을 위해 처리할 수 있는 개인신용정보의 범위에 채무액도 포함
2024.1.2.	- 사회보장급여가 누락되지 않고 효과적으로 제공될 수 있도록 보장기관의 장이 출생 미신고 등의 사유로 주민 등록번호를 부여받지 못한 사람 등에 대하여 전산관리번호를 임시로 부여할 수 있도록 하는 등 현행 제도의 운 영상 나타난 일부 미비점을 개선·보완

연도	주요 내용
2024.1.23.	- 지원대상자 발굴을 위한 정보공유 등 협조 요청 대상기관에 집합건물의 소유 및 관리에 관한 법률에 따른 관리단 추가 - 지원대상자 발굴을 위한 처리 정보에 집합건물 관리단의 사무 집행을 위한 비용과 분담금을 체납한 구분소유자 등의 정보 추가 - 지원대상자 발견 시 신고의무자에 우편집배원 추가

3) 사회보장급여법의 주요 내용

사회보장급여법(2024. 7. 24. 시행, 법률 제20097호)은 총 6장, 55개 조문 및 부칙으로 구성되어 있다. 법의 중요한 내용들을 원칙(목적, 기본원칙, 지위), 정의, 사회보장급여의 이용(사회보장급여의 신청 → 사회보장 요구의 조사 → 수급자격의 조사 → 금융정보 등의 제공 → 사회보장급여 결정), 지원대상자의 발굴(위기가구의 발굴, 위기가구 발굴을 위한 자료 또는 정보의 처리, 발굴조사의 실시 및 실태점검, 지원대상자 발견 시 신고의무), 사회보장급여의 제공 및 관리(지원계획의 수립 및 시행, 급여 적정성 확인조사, 부정수급 실태조사, 사회보장급여의 변경·중지, 사회보장급여의 환수), 지역사회보장계획(지역사회보장 계획의 수립, 지역사회보장계획의 내용, 지역사회보장계획의 시행·변경·평가), 보장기관 및 인력(국가기관과 지방자치단체, 사회복지전담공무원, 통합사례관리사, 시·도사회보장위원회, 시·군·구 지역사회보장협의체, 사회보장사무 전담기구, 한국사회보장정보원), 권리구제 및 벌칙으로 구분하여 살펴본다.

(1) 원칙

사회보장급여법은 헌법에서 규정하고 있는 '인간다운 생활을 할 권리'에 대한 최대한의 보장 및 급여의 공정성, 효과성, 통합성 구축을 목적으로 하고 있다. 사회보장급여법은 사회보장기본법을 따르며, 특히 사회보장급여의 이용 및 제공에 관한 사항을 구체화시킨 법률임을 밝히고 있다.

제1조(목적) 이 법은 「사회보장기본법」에 따른 사회보장급여의 이용 및 제공에 관한 기준과 절차 등 기본적 사항을 규정하고 지원을 받지 못하는 지원대상자를 발굴하여 지원함으로써 사회보장급여를 필요로 하는 사람의 인간다운 생활을 할 권리를 최대한 보장하고, 사회보장급여가 공정하고 효과적으로 제공되도록 하며, 사회보장제도가 지역사회에서 통합적으로 시행될 수 있도록 그 기반을 구축하는 것을 목적으로 한다.

사회보장급여법 제4조는 기본원칙을 제시하고 있는데, 주체성과 충분성(제1항), 발굴 노력 의무화(제2항), 공정·투명·적정 제공(제3항), 공공과 민간의 서비스 연계(제4항), 편리성(제5항), 지역 균등(제6항)이라는 조문이 있다.

제4조(기본원칙) ① 사회보장급여가 필요한 사람은 누구든지 자신의 의사에 따라 사회보장급여를 신청할 수 있으며, 보장기관은 이에 필요한 안내와 상담 등의 지원을 충분히 제공하여야 한다.
② 보장기관은 지원이 필요한 국민이 급여대상에서 누락되지 아니하도록 지원대상자를 적극 발굴하여 이들이 필요로 하는 사회보장급여를 적절하게 제공받을 수 있도록 노력하여야 한다.
③ 보장기관은 국민의 다양한 복지욕구를 충족시키고 생애주기별 필요에 맞는 사회보장급여가 공정·투명·적정하게 제공될 수 있도록 노력하여야 한다.
④ 보장기관은 사회보장급여와 「사회복지사업법」 제2조제3호 및 제4호의 사회복지법인, 사회복지시설 등 사회보장 관련 민간 법인·단체·시설이 제공하는 복지혜택 또는 서비스를 효과적으로 연계하여 제공할 수 있도록 노력하여야 한다.
⑤ 보장기관은 국민이 사회보장급여를 편리하게 이용할 수 있도록 사회보장 정책 및 관련 제도를 수립·시행하기 위하여 노력하여야 한다.
⑥ 보장기관은 지역의 사회보장 수준이 균등하게 실현될 수 있도록 노력하여야 한다.

사회보장급여법은 사회보장급여의 이용 및 제공에 필요한 기준, 방법, 절차와 지원대상자의 발굴 및 지원 등과 관련하여 일반법으로서의 지위를 갖고 있다.

> 제3조(다른 법률과의 관계) 사회보장급여의 이용 및 제공에 필요한 기준, 방법, 절차와 지원대상자의 발굴 및 지원 등에 관하여는 다른 법률에 특별한 규정이 있는 경우를 제외하고는 이 법에 따른다.

(2) 정의

사회보장급여법의 핵심 개념은 제2조에서 규정하고 있다. 사회보장급여는 4가지인데, 현금, 현물, 서비스, 이용권(바우처)이다.

> 제2조(정의) 이 법에서 사용하는 용어의 뜻은 다음과 같다.
> 1. "사회보장급여"란 제5호의 보장기관이 「사회보장기본법」 제3조제1호에 따라 제공하는 현금, 현물, 서비스 및 그 이용권을 말한다.
> 2. "수급권자"란 「사회보장기본법」 제9조에 따른 사회보장급여를 제공받을 권리를 가진 사람을 말한다.
> 3. "수급자"란 사회보장급여를 받고 있는 사람을 말한다.
> 4. "지원대상자"란 사회보장급여를 필요로 하는 사람을 말한다.
> 5. "보장기관"이란 관계 법령 등에 따라 사회보장급여를 제공하는 국가기관과 지방자치단체를 말한다.

(3) 사회보장급여의 이용

사회보장급여는 발생주의가 아닌 신청주의에 기초한다. 서비스 이용자의 신청에 의해서만 사회보장급여 제공 여부가 결정된다는 것이다. 급여를 이용하기 위한 기본적인 절차는 사회보장급여의 신청 → 사회보장 요구의

조사 → 수급자격의 조사 → 금융정보 등의 제공 → 사회보장급여 결정의 순
이다.

서비스 이용을 원하는 사회보장급여 신청권자는 신청주의에 기초하여
사회보장급여를 신청한다(법 제5조 제1항). 직권주의도 보완적으로 작동하고
있다(법 제5조 제2항). 필요한 경우, 주소지 관할이 아닌 행정구역에서도 신청
이 가능하다(법 제5조 제1항 단서).

제5조(사회보장급여의 신청) ① 지원대상자와 그 친족, 「민법」에 따른 후견인,
「청소년 기본법」에 따른 청소년상담사·청소년지도사, 지원대상자를 사실상
보호하고 있는 자(관련 기관 및 단체의 장을 포함한다) 등은 지원대상자의 주
소지 관할 보장기관에 사회보장급여를 신청할 수 있다. 다만, 지원대상자의 주
소지와 실제 거주지가 다른 경우에는 실제 거주지 관할 보장기관에도 신청할
수 있고, 중앙행정기관의 장이 지원대상자의 이용 편의, 사회보장급여의 제공
유형 등을 고려하여 필요하다고 결정한 사회보장급여의 경우에는 지원대상자
의 주소지 관할이 아닌 보장기관에도 신청할 수 있다.
② 보장기관의 업무담당자는 지원대상자가 누락되지 아니하도록 하기 위하여
관할 지역에 거주하는 지원대상자에 대한 사회보장급여의 제공을 직권으로 신
청할 수 있다. 이 경우 지원대상자의 동의를 받아야 하며, 동의를 받은 경우에
는 지원대상자가 신청한 것으로 본다.

보장기관의 장은 사회보장급여 신청권자의 욕구, 생활 실태 등을 조사
한다.

제6조(사회보장 요구의 조사) 보장기관의 장은 제5조에 따른 사회보장급여의
신청을 받으면 다음 각 호의 사항을 조사하여야 한다.
1. 지원대상자의 사회보장 요구와 관련된 사항
2. 지원대상자의 건강상태, 가구 구성 등 생활 실태에 관한 사항
3. 그 밖에 지원대상자에게 필요하다고 인정되는 사회보장급여에 관한 사항

보장기관의 장은 인적사항, 경제상태, 수급이력 등을 조사한다.

제7조(수급자격의 조사) ① 보장기관의 장은 제5조에 따른 사회보장급여의 신청을 받으면 지원대상자와 그 부양의무자(배우자와 1촌의 직계혈족 및 그 배우자를 말한다. 이하 같다)에 대하여 사회보장급여의 수급자격 확인을 위하여 다음 각 호의 어느 하나에 해당하는 자료 또는 정보를 제공받아 조사하고 처리(「개인정보 보호법」 제2조제2호의 처리를 말한다. 이하 같다)할 수 있다. 다만, 부양의무자에 대한 조사가 필요하지 아니하거나 그 밖에 대통령령으로 정하는 사유에 해당하는 경우는 제외한다.
1. 인적사항 및 가족관계 확인에 관한 사항
2. 소득·재산·근로능력 및 취업상태에 관한 사항
3. 사회보장급여 수급이력에 관한 사항
4. 그 밖에 수급권자를 선정하기 위하여 보장기관의 장이 필요하다고 인정하는 사항

2024년 법률 개정으로 사회보장 전산관리번호 부여 조항이 신설되었다. 출생 미신고자, 거소 불분명 무연고자 등이 주민등록번호를 알지 못하는 상황 대응 및 개인정보 보호가 필요한 범죄피해자, 위기임산부를 보호하기 위한 목적이었다.

제7조의2(사회보장 전산관리번호의 부여 등) ① 보장기관의 장은 대통령령으로 정하는 사회보장급여가 누락되지 아니하고 효과적으로 제공될 수 있도록 다음 각 호의 어느 하나에 해당하는 지원대상자에 대하여 보건복지부령으로 정하는 바에 따라 전산관리번호를 임시로 부여할 수 있다.
1. 출생 미신고 등의 사유로 주민등록번호를 부여받지 못한 사람
2. 일정한 거소가 없는 무연고자로서 주민등록번호 부여 사실을 확인할 수 없는 사람
3. 「국민기초생활보장법」 제32조에 따른 보장시설의 입소자로서 범죄 피해 예방 등을 위하여 개인정보의 보호가 필요한 사람

4. 「위기 임신 및 보호출산 지원과 아동 보호에 관한 특별법」 제7조에 따라 상담을 요청한 위기임산부, 같은 법 제9조에 따라 보호출산을 신청한 위기임부 또는 같은 법 제14조에 따라 비식별화를 신청한 위기산부

보장기관의 장은 사회보장급여의 결정을 위해 금융정보, 신용정보, 보험정보를 활용한다. 이 세 가지의 정보는 사회복지 개별법들에서도 규정하고 있다.

제8조(금융정보등의 제공 등) ① 중앙행정기관의 장 또는 지방자치단체의 장은 지원대상자와 그 부양의무자에 대하여 제7조제1항에 따라 금융정보 등에 대한 조사가 필요한 경우 다음 각 호의 자료 또는 정보의 제공에 대하여 동의한다는 서면을 받아야 한다.
1. 「금융실명거래 및 비밀보장에 관한 법률」 제2조제2호 및 제3호의 금융자산 및 금융거래의 내용에 대한 자료 또는 정보 중 예금의 평균잔액과 그 밖에 대통령령으로 정하는 자료 또는 정보(이하 이 조에서 "금융정보"라 한다)
2. 「신용정보의 이용 및 보호에 관한 법률」 제2조제1호의 신용정보 중 채무액과 그 밖에 대통령령으로 정하는 자료 또는 정보(이하 이 조에서 "신용정보"라 한다)
3. 「보험업법」 제4조제1항에 따른 보험에 가입하여 낸 보험료와 그 밖에 대통령령으로 정하는 자료 또는 정보(이하 이 조에서 "보험정보"라 한다)

보장기관의 장은 사회보장급여 여부 및 제공할 급여 유형을 결정한다. 기존 급여와는 중복되어서는 안 된다는 중복금지 규정이 있다(법 제9조 제1항).

제9조(사회보장급여 제공의 결정) ① 보장기관의 장이 제6조 및 제7조에 따른 조사를 실시한 경우에는 사회보장급여의 제공 여부 및 제공 유형을 결정하되,

제공하고자 하는 사회보장급여는 지원대상자가 현재 제공받고 있는 사회보장
급여와 보장내용이 중복되도록 하여서는 아니 된다.

(4) 지원대상자의 발굴

보장기관의 장은 누락된 지원대상자가 적절한 사회보장급여를 제공받
을 수 있도록 위기가구 발굴을 위해 노력할 의무를 갖는다. 발굴조사를 위한
자료 또는 정보의 이용, 발굴조사의 실시 및 실태점검, 지원대상자 발견 시
신고의무 등을 규정하고 있다.

제9조의2(위기가구의 발굴) ① 보장기관의 장은 누락된 지원대상자가 적절한
사회보장급여를 제공받을 수 있도록 지원이 필요한 다음 각 호의 가구(이하 이
조에서 "위기가구"라 한다)를 발굴하기 위하여 노력하여야 한다.
1. 제11조제1항 각 호에 해당하는 관계 기관·법인·단체·시설의 장에게 공유
받은 정보와 제12조제1항 각 호의 자료 또는 정보의 처리 결과 보장기관의 장
이 위기상황에 처하여 있다고 판단한 사람의 가구
2. 자살자가 발생한 가구 또는 자살시도자가 발생한 가구로서 대통령령으로 정
하는 기준에 해당하는 가구
② 보장기관의 장은 제1항에 따라 발굴한 위기가구의 구성원이 필요로 하는 적
절한 사회보장급여를 제공받을 수 있도록 지원하여야 한다.

위기가구의 발굴을 위해서는 다양한 자료 또는 정보를 이용하는데, 단
전·단수·단가스, 위기학생, 국민건강보험료 체납, 사회보장급여 신청 또는
지원 중 탈락, 사회복지시설 입소 탈락 또는 퇴소, 대출금·신용카드대금·통
신요금 연체, 공공주택 임대료 체납 등의 자료 또는 정보를 활용한다.

제12조(자료 또는 정보의 처리 등) ① 보건복지부장관은 보장기관이 제10조에 따른 업무를 효율적으로 수행할 수 있도록 지원하기 위하여 「사회보장기본법」 제37조에 따른 사회보장정보시스템(이하 "사회보장정보시스템"이라 한다)을 통하여 다음 각 호의 자료 또는 정보를 처리할 수 있다.

1. 「전기사업법」 제14조에 따른 단전(전류제한을 포함한다), 「수도법」 제39조에 따른 단수, 「도시가스사업법」 제19조에 따른 단가스 가구정보(가구정보는 주민등록전산정보·가족관계등록전산정보를 포함한다. 이하 같다)
2. 「초·중등교육법」 제25조에 따른 학교생활기록 정보 중 담당교원이 위기상황에 처하여 있다고 판단한 학생의 가구정보
3. 「국민건강보험법」 제69조에 따른 보험료를 3개월 이상 체납한 사람의 가구정보
4. 「국민기초생활보장법」 또는 「긴급복지지원법」에 따른 신청 또는 지원 중 탈락가구의 가구정보
5. 「사회복지사업법」 제35조에 따른 시설의 장이 입소 탈락자나 퇴소자 중 위기상황에 처하여 있다고 판단한 사람의 가구정보
6. 「신용정보의 이용 및 보호에 관한 법률」 제25조제2항제1호에 따른 종합신용정보집중기관과 같은 항 제2호에 따른 개별신용정보집중기관이 보유하고 있는 개인신용정보 중 보건복지부장관이 위기상황에 처하여 있다고 판단한 사람의 대통령령으로 정하는 기준에 해당하는 연체정보(대출금·신용카드대금·통신요금 등을 말한다) 및 해당 연체정보와 관련된 채무액으로서 금융위원회 위원장과 협의하여 정하는 개인신용정보
7. 「공공주택 특별법」 제4조제1항에 따른 공공주택사업자가 보유하고 있는 정보로서 같은 법 제49조에 따른 임대료를 3개월 이상 체납한 임차인의 가구정보
8. 「공동주택관리법」 제2조제1항제10호에 따른 관리주체가 보유하고 있는 정보로서 같은 법 제23조제1항에 따른 관리비를 3개월 이상 체납한 입주자의 가구정보
9. 「집합건물의 소유 및 관리에 관한 법률」 제26조의5에 따라 시·도지사 또는 시장·군수·구청장이 보고 또는 제출받은 자료로서 같은 법 제25조제1항제2호에 따른 관리단의 사무 집행을 위한 비용과 분담금을 3개월 이상 체납한 구분소유자 또는 점유자의 가구정보
10. 「국민연금법」 제46조제1항제1호에 따라 국민연금공단에서 실시하는 자금의 대여사업을 이용하는 자의 가구정보

11. 기간통신사업자가 보유한 이용자의 정보로서 「전기통신사업법」 제4조제6항에 따른 전자정보시스템을 통하여 제공할 수 있는 정보 중 보건복지부장관이 위기상황에 처하여 있다고 판단한 이용자의 이동전화번호 정보

12. 그 밖에 지원대상자의 발굴을 위하여 필요한 정보로서 대통령령으로 정하는 정보

② 보건복지부장관은 제1항 각 호에 해당하는 가구 또는 개인이 위기가구에 포함되는지를 판단하기 위하여 「국민건강보험법」 제69조에 따른 보험료 정보를 처리할 수 있다.

발굴조사는 분기마다 정기적으로 실시하여야 하며, 실태점검은 매해 정기적으로 실시하여야 한다.

제12조의2(발굴조사의 실시 및 실태점검) ① 보장기관의 장은 지원대상자에 대한 발굴조사를 분기마다 정기적으로 실시하여야 한다. 다만, 「긴급복지지원법」 제7조의2에 따라 발굴조사를 실시한 경우에는 그러하지 아니하다.

② 보건복지부장관은 지원대상자 발굴체계의 운영 실태를 매년 정기적으로 점검하고 개선방안을 마련하여야 한다.

지원대상자 발견 시 신고의무를 지닌 신고의무자는 지속적으로 확대되어 왔다.

제13조(지원대상자 발견 시 신고의무) ① 누구든지 출산, 양육, 실업, 노령, 장애, 질병, 빈곤 및 사망 등의 사회적 위험으로 인하여 사회보장급여를 필요로 하는 지원대상자를 발견하였을 때에는 보장기관에 알려야 한다.

② 다음 각 호의 어느 하나에 해당하는 사람은 그 직무상 제1항과 같은 사회적 위험으로 인하여 사망 또는 중대한 정신적·신체적 장애를 입을 위기에 처한 지원대상자를 발견한 경우 지체 없이 보장기관에 알리고, 지원대상자가 신속하게 지원을 받을 수 있도록 노력하여야 한다.

1. 「사회복지사업법」제35조 및 제35조의2에 따른 사회복지시설의 장과 그 종사자

2. 「장애인활동 지원에 관한 법률」제20조에 따른 활동지원기관의 장 및 그 종사자와 같은 법 제16조에 따른 활동지원인력

3. 「의료법」제2조 및 제3조의 의료인과 의료기관의 장

4. 「의료기사 등에 관한 법률」제1조의2의 의료기사

5. 「응급의료에 관한 법률」제36조의 응급구조사

6. 「소방기본법」제34조에 따른 구조대 및 구급대의 대원

7. 「국가공무원법」제2조제2항제2호에 따른 경찰공무원

8. 「지방공무원법」제2조제2항제2호에 따른 자치경찰공무원

9. 「정신건강증진 및 정신질환자 복지서비스 지원에 관한 법률」제3조제3호에 따른 정신건강복지센터의 장과 그 종사자

10. 「영유아보육법」제10조에 따른 어린이집의 원장 등 보육교직원

11. 「유아교육법」제20조에 따른 교직원 및 같은 법 제23조에 따른 강사 등

12. 「초·중등교육법」제19조에 따른 교직원, 같은 법 제19조의2에 따른 전문상담교사 등 및 같은 법 제22조에 따른 산학겸임교사 등

13. 「학원의 설립·운영 및 과외교습에 관한 법률」제6조에 따른 학원의 운영자·강사·직원 및 같은 법 제14조에 따른 교습소의 교습자·직원

14. 「성폭력방지 및 피해자보호 등에 관한 법률」제10조에 따른 성폭력피해상담소의 장과 그 종사자 및 같은 법 제12조에 따른 성폭력피해자보호시설의 장과 그 종사자

15. 「성매매방지 및 피해자보호 등에 관한 법률」제10조에 따른 지원시설의 장과 그 종사자 및 같은 법 제17조에 따른 성매매피해상담소의 장과 그 종사자

16. 「가정폭력방지 및 피해자보호 등에 관한 법률」제5조에 따른 가정폭력 관련 상담소의 장과 그 종사자 및 같은 법 제7조에 따른 가정폭력피해자 보호시설의 장과 그 종사자

17. 「건강가정기본법」제35조에 따른 건강가정지원센터의 장과 그 종사자

18. 「노인장기요양보험법」제31조에 따른 장기요양기관의 장과 그 종사자

19. 「지역보건법」제11조제1항제5호사목에 따른 보건소의 방문간호 업무 종사자

20. 「다문화가족지원법」제12조에 따른 다문화가족지원센터의 장과 그 종사자

21. 「지방자치법」제7조제4항에 따른 행정리의 이장 및 같은 조 제5항에 따른 행정동의 하부조직으로 두는 통의 통장

22.「공동주택관리법」제2조제1항제10호에 따른 관리주체

23.「자살예방 및 생명존중문화 조성을 위한 법률」제13조에 따른 자살예방센터의 장과 그 종사자

24.「전기사업법」,「수도법」및「도시가스사업법」에 따른 검침 및 안전점검 관련 업무 종사자

25.「국민연금법」제24조에 따른 국민연금공단,「국민건강보험법」제13조에 따른 국민건강보험공단 및「산업재해보상보험법」제10조에 따른 근로복지공단에서 보험료의 납부·징수나 연금·보험급여의 지급 등과 관련한 민원 또는 상담 업무에 종사하는 자

26.「우편법」에 따라 우편업무를 집행하는 우편집배원

(5) 사회보장급여의 제공 및 관리

사회보장급여는 적절하게 관리되어 제공될 필요가 있다. 주요한 사회보장급여의 제공 및 관리 방안으로는 지원계획의 수립 및 시행, 급여 적정성 확인조사, 부정수급 실태조사, 사회보장급여의 변경·중지, 사회보장급여의 환수가 있다.

보장기관의 장은 수급권자별로 사회보장급여 제공계획(지원계획)을 수립하고 시행한다.

제15조(지원계획의 수립 및 시행) ① 보장기관의 장은 제9조제1항에 따라 사회보장급여의 제공을 결정한 때에는 필요한 경우 다음 각 호의 사항이 포함된 수급권자별 사회보장급여 제공계획(이하 이 조에서 "지원계획"이라 한다)을 수립하여야 한다. 이 경우 수급권자 또는 그 친족이나 그 밖의 관계인의 의견을 고려하여야 한다.

1. 사회보장급여의 유형·방법·수량 및 제공기간

2. 사회보장급여를 제공할 기관 및 단체

3. 동일한 수급권자에 대하여 사회보장급여를 제공할 보장기관 또는 관계 기

관·법인·단체·시설이 둘 이상인 경우 상호간 연계방법

4. 사회보장 관련 민간 법인·단체·시설이 제공하는 복지혜택과 연계가 필요한 경우 그 연계방법

보장기관의 장은 적정성 확인을 위해 수급자격 조사에 해당하는 정보를 조사할 수 있다.

제19조(사회보장급여의 적정성 확인조사) ① 보장기관의 장은 수급자에 대한 사회보장급여의 적정성을 확인하기 위하여 제7조제1항 각 호에 해당하는 정보를 조사할 수 있다.

보건복지부장관은 사회보장급여 부정수급 실태조사를 3년마다 실시하여야 한다.

제19조의2(사회보장급여 부정수급 실태조사) ① 보건복지부장관은 속임수 등의 부정한 방법으로 사회보장급여를 받거나 타인으로 하여금 사회보장급여를 받게 한 경우에 대하여 보장기관이 효과적인 대책을 세울 수 있도록 그 발생현황, 피해사례 등에 관한 실태조사를 3년마다 실시하고, 그 결과를 공개하여야 한다.

적정성 확인조사, 인적사항, 가족관계, 소득·재산 상태, 근로능력 등의 변동에 따라 사회보장급여는 변경 또는 중지될 수 있다.

제21조(사회보장급여의 변경·중지) ① 보장기관의 장은 제19조에 따른 사회보장급여의 적정성 확인조사 및 제20조에 따른 수급자의 변동신고에 따라 수

급자 및 그 부양의무자의 인적사항, 가족관계, 소득·재산 상태, 근로능력 등에 변동이 있는 경우에는 직권 또는 수급자나 그 친족, 그 밖의 관계인의 신청에 따라 수급자에 대한 사회보장급여의 종류·지급방법 등을 변경할 수 있다.

② 보장기관의 장은 제1항에 따른 변동으로 수급자에 대한 사회보장급여의 전부 또는 일부가 필요 없게 된 때에는 사회보장급여의 전부 또는 일부를 중지하거나 그 종류·지급방법 등을 변경하여야 한다.

③ 제1항 또는 제2항에 따른 사회보장급여의 변경 또는 중지는 서면(수급자의 동의에 의한 전자문서를 포함한다)으로 그 이유를 명시하여 수급자에게 통지하여야 하며, 필요한 경우 구두 등의 방법을 병행할 수 있다.

신고의 고의적 회피, 속임수 등 부정한 방법으로 사회보장급여를 받았을 경우 환수될 수 있다.

제22조(사회보장급여의 환수) ① 수급자가 제20조에 따른 신고를 고의로 회피하거나 속임수 등의 부정한 방법으로 사회보장급여를 받거나 타인으로 하여금 사회보장급여를 받게 한 경우에는 사회보장급여를 제공한 보장기관의 장은 그 사회보장급여의 전부 또는 일부를 그 사회보장급여를 받거나 받게 한 자(이하 "부정수급자"라 한다)로부터 환수할 수 있다.

② 보장기관의 장은 수급권이 없는 자에게 사회보장급여를 제공하거나 그 변경·중지로 인하여 수급자에게 이미 제공한 사회보장급여 중 과잉지급분이 발생한 경우에는 즉시 이를 제공받은 사람에 대하여 그 전부 또는 일부의 반환을 명하여야 한다. 다만, 이를 이미 소비하였거나 그 밖에 수급자에게 부득이한 사유가 있는 때에는 그 반환을 면제할 수 있다.

(6) 지역사회보장계획

보건복지부장관이 수립한 5년 주기의 사회보장 기본계획과 연계하여(사회보장기본법 제16조), 광역 및 기초 자치단체는 지역사회보장계획을 4년마다 수립하고, 매년 연차별 시행계획을 수립하고 제출하여야 한다(법 제35조).

제35조(지역사회보장에 관한 계획의 수립) ① 특별시장·광역시장·특별자치시장·도지사·특별자치도지사(이하 "시·도지사"라 한다) 및 시장·군수·구청장은 지역사회보장에 관한 계획(이하 "지역사회보장계획"이라 한다)을 4년마다 수립하고, 매년 지역사회보장계획에 따라 연차별 시행계획을 수립하여야 한다. 이 경우 「사회보장기본법」 제16조에 따른 사회보장에 관한 기본계획과 연계되도록 하여야 한다.

② 시장·군수·구청장은 해당 시(「제주특별자치도 설치 및 국제자유도시 조성을 위한 특별법」 제10조제2항에 따른 행정시를 포함한다. 이하 같다)·군·구(자치구를 말한다. 이하 같다)의 지역사회보장계획(연차별 시행계획을 포함한다. 이하 이 조에서 같다)을 지역주민 등 이해관계인의 의견을 들은 후 수립하고, 제41조에 따른 지역사회보장협의체의 심의와 해당 시·군·구 의회의 보고(보고의 경우 「제주특별자치도 설치 및 국제자유도시 조성을 위한 특별법」에 따른 행정시장은 제외한다)를 거쳐 시·도지사에게 제출하여야 한다.

③ 시·도지사(특별자치시장은 제외한다)는 제2항에 따라 제출받은 시·군·구의 지역사회보장계획을 지원하는 내용 등을 포함한 해당 특별시·광역시·도·특별자치도의 지역사회보장계획을 수립하여야 한다.

④ 특별자치시장은 지역주민 등 이해관계인의 의견을 들어 지역사회보장계획을 수립하여야 한다.

⑤ 시·도지사는 제3항 및 제4항에 따른 지역사회보장계획을 제40조에 따른 시·도사회보장위원회의 심의와 해당 특별시·광역시·특별자치시·도·특별자치도(이하 "시·도"라 한다) 의회의 보고를 거쳐 보건복지부장관에게 제출하여야 한다. 이 경우 보건복지부장관은 제출된 계획을 사회보장위원회에 보고하여야 한다.

⑥ 시·도지사 또는 시장·군수·구청장은 지역사회보장계획을 수립할 때 필요하다고 인정하는 경우에는 사회보장 관련 기관·법인·단체·시설에 자료 또는 정보의 제공과 협력을 요청할 수 있다.

⑦ 보장기관의 장은 지역사회보장계획의 수립 및 지원 등을 위하여 지역 내 사회보장 관련 실태와 지역주민의 사회보장에 관한 인식 등에 관하여 필요한 조사(이하 "지역사회보장조사"라 한다)를 실시할 수 있으며, 시·도지사 및 시장·군수·구청장은 지역사회보장계획 수립 시 지역사회보장조사 결과를 반영할 수 있다.

지역사회보장계획에 포함되어야 할 내용이 명시되어 있다.

제36조(지역사회보장계획의 내용) ① 제35조제2항에 따른 시·군·구 지역사회보장계획은 다음 각 호의 사항을 포함하여야 한다.

1. 지역사회보장 수요의 측정, 목표 및 추진전략

2. 지역사회보장의 목표를 점검할 수 있는 지표(이하 "지역사회보장지표"라 한다)의 설정 및 목표

3. 지역사회보장의 분야별 추진전략, 중점 추진사업 및 연계협력 방안

4. 지역사회보장 전달체계의 조직과 운영

5. 사회보장급여의 사각지대 발굴 및 지원 방안

6. 지역사회보장에 필요한 재원의 규모와 조달 방안

7. 지역사회보장에 관련한 통계 수집 및 관리 방안

② 제35조제3항에 따른 특별시·광역시·도·특별자치도 지역사회보장계획은 다음 각 호의 사항을 포함하여야 한다.

1. 시·군·구의 사회보장이 균형적이고 효과적으로 추진될 수 있도록 지원하기 위한 목표 및 전략

2. 지역사회보장지표의 설정 및 목표

3. 시·군·구에서 사회보장급여가 효과적으로 이용 및 제공될 수 있는 기반 구축 방안

4. 시·군·구 사회보장급여 담당 인력의 양성 및 전문성 제고 방안

5. 지역사회보장에 관한 통계자료의 수집 및 관리 방안

지역사회보장계획의 시행(법 제37조), 변경(법 제38조), 평가(법 제39조)에 관하여 명시하고 있다.

제37조(지역사회보장계획의 시행) ① 시·도지사 또는 시장·군수·구청장은 지역사회보장계획을 시행하여야 한다.

② 시·도지사 또는 시장·군수·구청장은 지역사회보장계획을 시행할 때 필요하다고 인정하는 경우에는 사회보장 관련 민간 법인·단체·시설에 인력, 기술,

재정 등의 지원을 할 수 있다.

제38조(지역사회보장계획의 변경) 시·도지사 또는 시장·군수·구청장은 사회보장의 환경 변화, 「사회보장기본법」 제16조에 따른 사회보장에 관한 기본계획의 변경 등이 있는 경우에는 지역사회보장계획을 변경할 수 있으며, 그 변경절차는 제35조를 준용한다.

제39조(지역사회보장계획 시행결과의 평가) ① 보건복지부장관은 시·도 지역사회보장계획의 시행결과를, 시·도지사는 시·군·구 지역사회보장계획의 시행결과를 각각 보건복지부령으로 정하는 바에 따라 평가할 수 있다.

(7) 보장기관 및 인력

사회보장급여를 제공하는 보장기관은 국가 및 지방자치단체이다. 급여는 국가기관과 지방자치단체에 신청할 수 있으며, 급여 지급은 국가기관과 지방자치단체에서 결정한다.

제2조(정의) 5. "보장기관"이란 관계 법령 등에 따라 사회보장급여를 제공하는 국가기관과 지방자치단체를 말한다.

이 법에 따른 사회복지사업과 관련된 현장 인력은 지방자치단체의 사회복지전담공무원이다(법 제43조). 또한 통합사례관리를 담당할 통합사례관리사가 있다(법 제42조의 2).

제43조(사회복지전담공무원) ① 사회복지사업에 관한 업무를 담당하게 하기 위하여 시·도, 시·군·구, 읍·면·동 또는 사회보장사무 전담기구에 사회복지전담공무원을 둘 수 있다.

② 사회복지전담공무원은 「사회복지사업법」 제11조에 따른 사회복지사의 자격을 가진 사람으로 하며, 그 임용 등에 필요한 사항은 대통령령으로 정한다.

③ 사회복지전담공무원은 사회보장급여에 관한 업무 중 취약계층에 대한 상담과 지도, 생활실태의 조사 등 보건복지부령으로 정하는 사회복지에 관한 전문적 업무를 담당한다.

④ 국가는 사회복지전담공무원의 보수 등에 드는 비용의 전부 또는 일부를 보조할 수 있다.

⑤ 시·도지사 및 시장·군수·구청장은 「지방공무원 교육훈련법」 제3조에 따라 사회복지전담공무원의 교육훈련에 필요한 시책을 수립·시행하여야 한다.

제42조의2(통합사례관리) ① 보건복지부장관, 시·도지사 및 시장·군수·구청장은 지원대상자의 사회보장 수준을 높이기 위하여 지원대상자의 다양하고 복합적인 특성에 따른 상담과 지도, 사회보장에 대한 욕구조사, 서비스 제공 계획의 수립을 실시하고, 그 계획에 따라 지원대상자에게 보건·복지·고용·교육 등에 대한 사회보장급여 및 민간 법인·단체·시설 등이 제공하는 서비스를 종합적으로 연계·제공하는 통합사례관리를 실시할 수 있다.

② 제1항에 따른 통합사례관리를 실시하기 위하여 필요한 경우에는 특별자치시 및 시·군·구에 통합사례관리사를 둘 수 있다.

지역사회보장 운영체계는 크게 시·도사회보장위원회와 시·군·구 지역사회보장협의체로 구성된다.

제40조(시·도사회보장위원회) ① 시·도지사는 시·도의 사회보장 증진을 위하여 시·도사회보장위원회를 둔다.

제41조(지역사회보장협의체) ① 시장·군수·구청장은 지역의 사회보장을 증진하고, 사회보장과 관련된 서비스를 제공하는 관계 기관·법인·단체·시설과 연계·협력을 강화하기 위하여 해당 시·군·구에 지역사회보장협의체를 둔다.

시·군·구에 사회보장사무를 전담하는 전담기구를 설치할 수 있다.

> 제42조(사회보장사무 전담기구) ① 특별자치시장 및 시장·군수·구청장은 사회보장에 관한 업무를 효율적으로 수행하기 위하여 관련 조직, 인력, 관계 기관 간 협력체계 등을 마련하여야 하며, 필요한 경우에는 사회보장에 관한 사무를 전담하는 기구(이하 "사회보장사무 전담기구"라 한다)를 별도로 설치할 수 있다.

사회보장정보시스템의 운영·지원을 위한 전담조직은 한국사회보장정보원이다.

> 제29조(한국사회보장정보원) ① 사회보장정보시스템의 운영·지원을 위하여 한국사회보장정보원(이하 "한국사회보장정보원"이라 한다)을 설립한다.

(8) 권리구제 및 벌칙

사회보장급여법상 급여와 관련하여 이의가 있는 경우, 급여를 실시한 기초자치단체장의 장 또는 국가기관의 장에게 이의신청을 할 수 있다. 다만 행정심판 전치주의가 이미 폐지되었기 때문에, 행정심판 임의주의에 따라 별도의 이의신청 없이 법원에 행정소송을 제기해도 무방하다.

> 제17조(이의신청) ① 이 법에 따른 처분에 이의가 있는 수급권자 등은 그 처분을 받은 날로부터 90일 이내에 처분을 결정한 보장기관의 장에게 이의신청을 할 수 있다. 다만, 정당한 사유로 인하여 그 기간 내에 이의신청을 할 수 없음을 증명한 때에는 그 사유가 소멸한 때부터 60일 이내에 이의신청을 할 수 있다.
> ② 보장기관의 장은 이의신청을 받은 날부터 10일 이내에 그 이의신청에 대하여 결정하고 그 결과를 신청인에게 지체 없이 통지하여야 한다. 다만, 부득이한 사유로 정하여진 기간 이내에 결정할 수 없을 때에는 그 기간의 만료일 다음

날부터 기산하여 10일 이내의 범위에서 연장할 수 있으며, 연장 사유를 신청인에게 통지하여야 한다.

법적 실효성 보장을 위하여 다양한 벌칙 규정이 있다. 예를 들어 "거짓이나 부정한 방법으로 기초연금을 지급받은 경우"에 대하여 1년 이하의 징역 또는 1천만원 이하의 벌금에 처할 수 있다.

제54조(벌칙) ① 제31조제1호(사회보장정보의 처리업무를 방해할 목적으로 사회보장정보를 위조·변경·훼손하거나 말소하는 행위)를 위반한 사람은 10년 이하의 징역 또는 1억원 이하의 벌금에 처한다.

고딕체로 표기된 부분은 저자가 추가한 것이다.

| 법률 개정으로 무엇이 바뀌었는가? |

빅데이터 분석을 통해 복지사각지대 발굴시스템을 지속적으로 개선해 왔다!

한국사회보장정보원은 복지사각지대 발굴관리시스템을 활용하여 발굴대상자의 특성, 지방자치단체 발굴실태와 성과를 파악하고, 지속적인 발굴시스템 개선 체계를 제안해 왔다.

2023년도 한국사회보장정보원 보고서 '복지 사각지대 대상자 유형별 위기 진단과 사례 연구'에서는 "복지 사각지대 사망사고가 다양한 사유로 계속되는 현실에서 재발 방지를 위한 방안 마련이 중요한 과제이며, 개인이나 가구의 어려움이 지속되는 상황에서 위기 집단의 사회적 위험신호를 놓치는 일이 없도록 재점검할 필요"가 있다고 하였다(최정은 외, 2023).

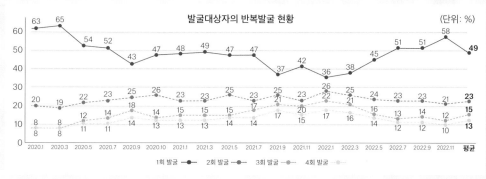

발굴대상자의 반복발굴 현황 (단위: %)

출처: 최정은 외(2023)

2020년부터 2022년까지 복지 사각지대 대상 인원 총 348만 9천여 명에 대한 빅데이터 분석을 하였다. 1회 발굴 대상이 49~65% 수준으로 가장 높았지만, 2회 발굴 19~23%, 3회 발굴 8~22%, 4회 발굴 8~17% 수준이었다.

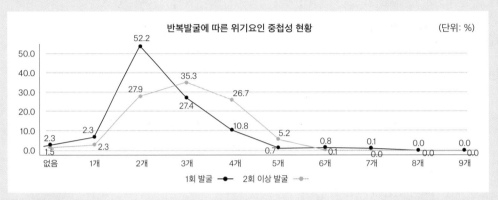

출처: 최정은 외(2023)

1회 발굴 대상 중 위기 요인이 2개인 경우가 52.2%로 가장 높았지만, 2회 이상 발굴 대상은 위기 요인이 3개인 경우가 35.3%로 가장 높았다. 반복 발굴 대상자일 경우, 위기요인이 중첩되어 나타난다는 것을 알 수 있다.

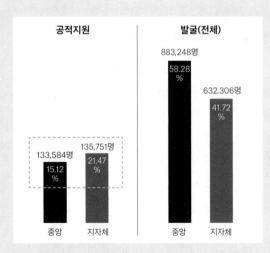

출처: 최정은 외(2023)

2020년 기준 중앙에서의 발굴은 883.248명으로 58.28%였고, 지자체에서의 발굴은 632,306명으로 41.72%였다. 반면 발굴대상자에 대한 공적 지원은 중앙이 133,584명으로 발굴 대상자 중 15.12%가 지원을 받았고, 지자체가 135,751명으로 발굴 대상자 중 21.47%가 지원을 받았다. 지방자치단체는 지역적 특성을 고려하여 다양한 공적 지원을 수행해 나가고 있음이 확인되었다.

사회보장급여법이 제정됨으로써, 사회보장 수급권자 발굴에 관한 국가와 지방자치단체의 역할이 강화되었다고 볼 수 있다.

생각해 볼 과제

1 복지사각지대에 있는 시민의 발굴조사를 위해 현재 활용하고 있는 자료 또는 정보는 단전·단수·단가스, 위기학생, 국민건강보험료 체납, 사회보장급여 신청 또는 지원 중 탈락, 사회복지시설 입소 탈락 또는 퇴소, 대출금·신용카드대금·통신요금 연체, 공공주택 임대료 체납 등이다. 이외에 추가할 수 있는 자료 또는 정보는 무엇이 있는지 자신의 의견과 함께 그 근거를 이야기해 보자.

2 사회보장수급자에 대한 적정성 확인조사, 인적사항, 가족관계, 소득·재산 상태, 근로능력 등의 변동에 따라 사회보장급여를 중단하는 것은 법률에 부합한다. 그런데 사회보장급여의 변경과 중지 과정에서 복지사각지대가 발생하고 있다. 이러한 딜레마를 어떻게 해결하는 것이 법률의 취지에 부합하는지 자신의 의견과 함께 그 근거를 이야기해 보자.

3 2014년 송파 세 모녀 사건의 심각성을 인식하고 사회보장급여법이 제정되었지만, 2022년에도 수원 세 모녀 사건이 발생하였다. 이에 사회보장급여법에서 원칙으로 삼고 있는 신청주의에 대하여 논란이 일고 있다. 신청주의의 문제점을 이야기해 보고, 그 대안으로서 발생주의에 대해 어떻게 생각하는지 자신의 의견과 함께 그 근거를 이야기해 보자.

3. 사회복지사업법

1) 사회복지사업법의 의의

한국전쟁 이후 외국의 원조기관에 의하여 현대적 의미의 사회복지서비스가 제공되기 시작하였다. 이후 1960년대 산업화의 진전에 따라 다양한 사회문제가 발생하였고, 복지사업도 대상과 영역별로 분화되기 시작하였다. 이와 함께 사회복지서비스를 제공하기 위한 다양한 기관과 시설, 특화된 전문인력들이 등장하였다. 이때 해당 대상과 영역에 상응하는 개별 법률들이 제정되기 시작하였다. 1970년 이전까지 생활보호법, 아동복리법, 윤락행위 등 방지법, 심신장애자복지법, 노인복지법, 모자복지법 등 사회복지서비스 관련 법률들이 계속 제정되어 왔다. 그러나 해당 법률들이 독립적으로 제정되다보니 개별 법률마다 기준이 상이하였으며, 통일적이며 체계적인 사회복지서비스의 기준 마련이 대두되었다. 즉 복지사업의 대상, 영역, 기관과 시설, 제공

인력 등의 체계적 기준 마련이 요청되었는데, 그 법률적 대응을 위하여 1970년 사회복지사업법이 제정되었다.

사회복지사업법은 복지사업에 대한 일반법의 지위를 갖고 있어, 다양한 사회복지사업의 하위 법률들을 규정한다. 따라서 사회복지사업법 제정의 의의는 사회복지사업의 내용 및 절차를 규정한 일반법의 등장이라고 할 수 있다. 또한 법률 제정 이전에는 임시방편적으로 시행되었던 각종 사회복지사업을 체계화하였다는 의의를 갖는다. 특히 사회복지사업의 대상, 영역, 기관과 시설, 제공인력 등 기본적 내용들을 총괄적으로 규정함으로써 복지사업의 기준에 대한 법적 체계성을 갖추게 되었다.

2) 사회복지사업법의 연혁

(1) 사회복지사업법의 제정

1970년 1월 1일 사회복지사업법이 제정되었고, 1970년 4월 2일 시행되었다. 기존에는 사회복지사업 관련 법률들을 통일적으로 규정하는 법률이 존재하지 않았다. 사회복지사업법이 제정됨으로써 우리나라 사회복지사업의 내용 및 절차와 관련된 기준이 제시될 수 있었다. 즉 사회복지사업법의 제정은 사회복지사업에 대한 법률적 기본 사항을 총괄적으로 규정한 일반법의 등장이었다.

1970년 제정 당시 사회복지사업법은 별도의 장 구분 없이 29개 조문과 부칙으로 구성되어 있었다. 당시 제1조 목적에 따르면, "이 법은 사회복지사업에 관한 기본적 사항을 규정하여 그 운영의 공정적절을 기함으로써 사회복지의 증진을 도모함을 목적으로 한다"고 명시하였다. 현행 사회복지사업법의 목적에는 헌법에서 규정한 '인간의 존엄성과 인간다운 생활을 할 권리를 보장', '사회복지의 전문성, 지역사회복지 체계 구축, 사회복지서비스의 질'이라는 용어가 추가되어 있다. 특히 1970년 당시 '공정적절'의 용어는 '공정·투명·적정'으로 변경되었다.

(2) 사회복지사업법의 주요 개정 내용

사회복지사업법의 제정은 사회복지사업에 관한 기본적 사항을 규정하여, 우리나라의 사회복지사업의 기준을 마련하였다는 점에서 의의가 크다. 그러나 사회복지사업은 그 대상과 영역에서 매우 빠르게 분화되고 확장되어 왔다. 또한 지방정부 차원의 복지체계 구축, 사회복지서비스의 전문성과 질의 문제도 강조되어 왔다. 이에 사회복지사업법은 수차례에 걸쳐 개정되었는데, 주요 개정내용을 살펴보면 표 7-6과 같다.

표 7-6 사회복지사업법의 주요 개정 연혁

연도	주요 내용
1970.1.1.	- 사회복지사업법 제정(1970.4.2. 시행) - 제2조 정의에서 사회복지사업을 생활보호법, 아동복리법, 윤락행위등방지법에 의한 보호사업·복지사업·선도사업·복지시설의 운영을 목적으로 하는 사업으로 규정 - 사회복지법인 설립 시, 보건사회부장관의 설립 인가를 받도록 함
1983.5.21.	- 사회복지사업에 생활보호법, 아동복지법, 윤락행위등방지법 이외에 노인복지법, 심신장애자복지법 추가(복지 5법으로 확대) - 국가와 지방자치단체의 복지증진의 책임 규정 신설
1992.12.8. (전부개정)	- 사회복지사업에 모자복지법, 영유아보육법 추가(복지 7법)
1997.8.22. (전부개정)	- 사회복지사업에 정신보건법, 성폭력범죄의처벌및피해자보호등에관한법률, 입양촉진및절차에관한특례법, 일제하일본군위안부에대한생활안정지원법, 사회복지공동모금법, 장애인·노인·임산부등의편의증진보장에관한법률 추가(복지 13법) - 국가시험을 합격한 자에게 사회복지사 1급 자격 부여 규정 마련 - 사회복지시설의 설치·운영에 대한 허가제를 신고제로 변경 - 자원봉사활동에 대한 법적 근거 마련
1999.4.30.	- 사회복지사업에 가정폭력방지및피해자보호등에관한법률 추가(복지 14법)
2000.1.12.	- 사회복지의 날 제정(9월 7일 '국민기초생활보장법의 제정일')
2003.7.3.	- 국가와 지방자치단체의 책임 중 사회복지서비스와 보건의료서비스를 함께 필요로 하는 사람에게 두 서비스가 연계되어 제공되도록 노력하여야 한다는 노력의무규정 신설 - 지역사회복지협의체 설치(시군구) 규정 마련 - 지역사회복지계획 수립·시행 시, 사회복지서비스와 보건의료서비스의 연계를 통한 지역사회 중심의 효율적 사회복지사업 추진 규정 마련 - 재가복지서비스 우선 제공 명시
2005.7.13.	- 사회복지사업에 농어촌주민의보건복지증진을위한특별법 추가(복지 15법)
2006.3.24.	- 사회복지사업에 식품기부활성화에관한법률 추가(복지 16법)
2007.3.7.	- 사회복지서비스 이용권 제도의 시행에 관한 규정 마련

연도	주요 내용
2007.12.4.	- 사회복지사업에 의료급여법 추가(복지 17법)
2009.6.9.	- 사회복지사업에 기초노령연금법, 긴급복지지원법, 다문화가족지원법 추가(복지 20법) - 사회보장정보시스템 운영 전담기구 설립 규정 신설 - 정보보호 조치 마련(정보취득 이후 5년 초과 시 파기)
2010.4.12.	- 사회복지사업에 장애인연금법 추가(복지 21법)
2011.1.14.	- 사회복지사업에 장애인활동지원에관한법률 추가(복지 22법)
2011.6.7.	- 사회복지사업에 노숙인등의복지및자립지원에관한법률 추가(복지 23법)
2011.8.4.	- 사회복지사업에 보호관찰등에관한법률 추가(복지 24법)
2012.1.26.	- 사회복지사업에 장애아동복지지원법 추가(복지 25법) - '도가니법' 마련: 법인 및 시설 대표자의 전횡, 시설 내 인권 침해 등 사회문제로 대두되었고, 그 해결을 위해 투명성과 인권보호를 위한 조항 마련(법인이사 외부추천, 성폭력 범죄자 및 퇴직 2년 경과 미만 공무원의 법인 임원 금지, 서비스 최저기준)
2013.6.4.	- 보호대상자에 대한 시설 운영자의 손해배상책임 강화를 통해 안전보장 강화
2014.5.20.	- 사회복지사업에 발달장애인권리보장및지원에관한법률 추가(복지 26법)
2017.10.24.	- 기본이념에서 사회복지서비스 이용자의 선택권을 사회복지서비스 제공자가 보장하도록 신설 - 사회복지사업에 청소년복지지원법 추가(복지 27법) - 사회보장정보시스템 운영 전담기구 설립 규정 마련 - 사회복지위원회, 지역사회복지협의체, 복지위원, 사회복지 전담공무원, 복지사무 전담기구의 설치, 사회복지서비스의 실시 등 조문 삭제 (해당 조문들을 모두 사회보장급여법으로 이동) - 사회복지사의 등급을 1급·2급·3급에서 1급·2급으로 변경
2018.12.11.	- 사회복지법인과 사회복지시설의 종사자 채용 시 준수사항으로서, 채용광고의 내용을 종사자가 되려는 사람에게 불리하도록 변경 금지 규정 신설 - 정신건강사회복지사·의료사회복지사·학교사회복지사의 자격 규정 마련 - 사회복지사의 자격기준과 발급절차에 대한 대통령령 규정 신설
2019.1.15.	- 시설의 설치·운영 신고 시 시장·군수·구청장의 신고 수리 조항 신설
2019.12.3.	- 사회복지사 자격증 발급 시, 결격사유에 해당하는 사람에게 자격증 발급 금지 규정 신설
2020.3.31.	- 사회복지사 자격증의 대여 및 대여 알선 금지 규정 신설 - 사회복지사 자격 취소 또는 정지 시, 한국사회복지사협회의 장 등 관계 전문가의 의견 청취 규정 신설
2021.12.21.	- 형법과 아동복지법, 보조금관리에관한법 등의 경합범에 대한 벌금형의 분리 선고 규정 신설
2023.6.13.	- 사회복지시설의 개선, 사업의 정지, 시설의 장 교체 또는 시설의 폐쇄를 명할 수 있는 사유에 장애인학대관련범죄를 추가
2023.7.18.	- 사회복지사업에서 입양특례법을 국내입양에 관한 특별법 및 국제입양에 관한 법률로 변경

연도	주요 내용
2024.1.2.	- 시·군·구 단위의 시·군·구 사회복지협의회 설치를 임의규정에서 의무규정으로 변경 ('둘 수 있다'에서 '둔다'로 변경)
2024.10.22.	- 과도한 형벌규정으로 인한 민간 경제활동의 어려움을 경감하기 위하여 보건복지부장관이 명하는 교육을 받지 않은 사회복지사에 대하여 종전에는 300만 원 이하의 벌금에 처하도록 하였으나, 앞으로는 300만 원 이하의 과태료를 부과 - 사회복지법인·사회복지시설에 종사하는 사회복지사가 정기적으로 보수교육을 받지 않은 경우나 사회복지법인·사회복지시설을 운영하는 자가 해당 보수교육을 이유로 사회복지사에게 불리한 처분을 한 경우에 대하여 종전에는 300만 원 이하의 벌금 또는 300만 원 이하의 과태료를 부과하도록 하였으나, 앞으로는 과태료 부과로 입법목적 달성이 가능한 점을 고려하여 형사처벌 대상에서 제외

3) 사회복지사업법의 주요 내용

사회복지사업법(2024. 10. 22. 시행, 법률 제20513호)은 총 5장, 58개 조문 및 부칙으로 구성되어 있다. 법의 중요한 내용들을 원칙(목적, 기본이념, 지위, 사회복지서비스 제공의 원칙, 법정 기념일), 정의, 사회복지법인의 설립과 운영 (설립허가제, 정관, 임원의 구성과 임기, 임원의 결격사유, 수익사업, 설립허가 취소, 동일명칭 사용 금지), 사회복지시설의 설치와 운영(설치신고제, 보험가입, 안전점검, 서류 비치, 시설의 휴지·재개·폐지 신고, 수용인원 제한, 서비스 최저기준, 시설 평가, 시설 설치의 방해 금지), 보장기관, 전달체계, 인력(국가와 지방자치단체의 책임, 사회복지관의 설치, 재가복지서비스, 사회복지종사자의 책임, 운영위원회, 한국사회복지사협회, 한국사회복지협의회, 사회복지시설 업무 전자화), 재정(보조금, 지원금, 비용 징수), 권리구제 및 벌칙으로 구분하여 살펴본다.

(1) 원칙

사회복지사업법은 헌법 제34조 제1항에서 규정하고 있는 '인간다운 생활을 할 권리'에 대한 보장 및 사회복지의 전문성, 사회복지사업의 공정성, 투명성, 적정성 도모, 지역복지체계 구축, 사회복지서비스 질 제고를 목적으로 하고 있다.

제1조(목적) 이 법은 사회복지사업에 관한 기본적 사항을 규정하여 사회복지를 필요로 하는 사람에 대하여 인간의 존엄성과 인간다운 생활을 할 권리를 보장하고 사회복지의 전문성을 높이며, 사회복지사업의 공정·투명·적정을 도모하고, 지역사회복지의 체계를 구축하고 사회복지서비스의 질을 높여 사회복지의 증진에 이바지함을 목적으로 한다.

사회복지사업법 제1조의2는 주체성(제1항), 공공성(제2항), 인권보장(제3항), 선택권 보장(제4항)의 이념을 담고 있다.

제1조의2(기본이념) ① 사회복지를 필요로 하는 사람은 누구든지 자신의 의사에 따라 서비스를 신청하고 제공받을 수 있다.
② 사회복지법인 및 사회복지시설은 공공성을 가지며 사회복지사업을 시행하는 데 있어서 공공성을 확보하여야 한다.
③ 사회복지사업을 시행하는 데 있어서 사회복지를 제공하는 자는 사회복지를 필요로 하는 사람의 인권을 보장하여야 한다.
④ 사회복지서비스를 제공하는 자는 필요한 정보를 제공하는 등 사회복지서비스를 이용하는 사람의 선택권을 보장하여야 한다.

사회복지사업법은 사회복지사업 관련 법률 28개에 대한 일반법으로서의 지위를 갖는다.

제3조(다른 법률과의 관계) ① 사회복지사업의 내용 및 절차 등에 관하여 제2조제1호 각 목의 법률에 특별한 규정이 있는 경우를 제외하고는 이 법에서 정하는 바에 따른다.
② 제2조제1호 각 목의 법률을 개정하는 경우에는 이 법에 부합하도록 하여야 한다.

사회복지사업법에서는 사회복지서비스의 현물제공 원칙(제1항), 사회복지서비스 이용권을 통한 서비스 제공(제2항), 사회복지서비스 품질향상을 위한 시책 마련(제3항), 품질관리를 위한 평가(제4항)에 관하여 규정하고 있다.

제5조의2(사회복지서비스 제공의 원칙) ① 사회복지서비스를 필요로 하는 사람(이하 "보호대상자"라 한다)에 대한 사회복지서비스 제공(이하 "서비스 제공"이라 한다)은 현물(現物)로 제공하는 것을 원칙으로 한다.
② 시장(「제주특별자치도 설치 및 국제자유도시 조성을 위한 특별법」 제11조 제2항에 따른 행정시장을 포함한다. 이하 같다)·군수·구청장(자치구의 구청장을 말한다. 이하 같다)은 국가 또는 지방자치단체 외의 자로 하여금 제1항의 서비스 제공을 실시하게 하는 경우에는 보호대상자에게 사회복지서비스 이용권(이하 "이용권"이라 한다)을 지급하여 국가 또는 지방자치단체 외의 자로부터 그 이용권으로 서비스 제공을 받게 할 수 있다.
③ 국가와 지방자치단체는 사회복지서비스의 품질향상과 원활한 제공을 위하여 필요한 시책을 마련하여야 한다.
④ 국가와 지방자치단체는 사회복지서비스의 품질을 관리하기 위하여 사회복지서비스를 제공하는 기관·법인·시설·단체의 서비스 환경, 서비스 제공 인력의 전문성 등을 평가할 수 있다.

국민기초생활보장법이 제정된 9월 7일은 사회복지의 날이다.

제15조의2(사회복지의 날) ① 국가는 국민의 사회복지에 대한 이해를 증진하고 사회복지사업 종사자의 활동을 장려하기 위하여 매년 9월 7일을 사회복지의 날로 하고, 사회복지의 날부터 1주간을 사회복지주간으로 한다.

(2) 정의

사회복지사업법의 핵심 개념은 제2조의 정의에서 규정하고 있다. 사회복지사업 관련 법률 28개의 목록이 제시되어 있다.

제2조(정의) 이 법에서 사용하는 용어의 뜻은 다음과 같다.
1. "사회복지사업"이란 다음 각 목의 법률에 따른 보호·선도(善導) 또는 복지에 관한 사업과 사회복지상담, 직업지원, 무료 숙박, 지역사회복지, 의료복지, 재가복지(在家福祉), 사회복지관 운영, 정신질환자 및 한센병력자의 사회복귀에 관한 사업 등 각종 복지사업과 이와 관련된 자원봉사활동 및 복지시설의 운영 또는 지원을 목적으로 하는 사업을 말한다.
가.「국민기초생활 보장법」
나.「아동복지법」
다.「노인복지법」
라.「장애인복지법」
마.「한부모가족지원법」
바.「영유아보육법」
사.「성매매방지 및 피해자보호 등에 관한 법률」
아.「정신보건법」
자.「성폭력방지 및 피해자보호 등에 관한 법률」
차.「입양특례법」
카.「일제하 일본군위안부 피해자에 대한 생활안정지원 및 기념사업 등에 관한 법률」
타.「사회복지공동모금회법」
파.「장애인·노인·임산부 등의 편의증진 보장에 관한 법률」
하.「가정폭력방지 및 피해자보호 등에 관한 법률」
거.「농어촌주민의 보건복지증진을 위한 특별법」
너.「식품기부 활성화에 관한 법률」
더.「의료급여법」
러.「기초연금법」
머.「긴급복지지원법」
버.「다문화가족지원법」

서. 「장애인연금법」

어. 「장애인활동 지원에 관한 법률」

저. 「노숙인 등의 복지 및 자립지원에 관한 법률」

처. 「보호관찰 등에 관한 법률」

커. 「장애아동 복지지원법」

터. 「발달장애인 권리보장 및 지원에 관한 법률」

퍼. 「청소년복지 지원법」

허. 그 밖에 대통령령으로 정하는 법률

2. "지역사회복지"란 주민의 복지증진과 삶의 질 향상을 위하여 지역사회 차원에서 전개하는 사회복지를 말한다.

3. "사회복지법인"이란 사회복지사업을 할 목적으로 설립된 법인을 말한다.

4. "사회복지시설"이란 사회복지사업을 할 목적으로 설치된 시설을 말한다.

5. "사회복지관"이란 지역사회를 기반으로 일정한 시설과 전문인력을 갖추고 지역주민의 참여와 협력을 통하여 지역사회의 복지문제를 예방하고 해결하기 위하여 종합적인 복지서비스를 제공하는 시설을 말한다.

6. "사회복지서비스"란 국가·지방자치단체 및 민간부문의 도움을 필요로 하는 모든 국민에게 상담, 재활, 직업 소개 및 지도, 사회복지시설의 이용 등을 제공하여 정상적인 사회생활이 가능하도록 제도적으로 지원하는 것을 말한다.

7. "보건의료서비스"란 국민의 건강을 보호·증진하기 위하여 보건의료인이 하는 모든 활동을 말한다.

(3) 사회복지법인의 설립과 운영

사회복지사업법에서 규정하는 사회복지사업의 시행은 사회복지법인의 설립과 운영 및 사회복지시설의 설치와 운영으로 구분될 수 있다. 먼저 사회복지법인에 대하여 살펴보자.

개별 인간에게만 법인격을 부여한다면, 집단의 공동목표를 달성하기 위한 행동을 하기 어렵다. 이에 공동의 목표 달성을 위한 법인의 설립과 운영을 현대 국가에서는 인정하고 있다. 물론 법인은 인류와 같은 자연인이라고 할 수는 없지만, 인격이 부여된 법적 주체로 간주되고 있다. 우리나라에서는 민법에서 다양한 법인을 규정하고 있으며, 특히 사회복지법인의 설립과 운영은 공익법인의 설립·운영에 관한 법률(약칭: 공익법인법)에 준한다. 사회복지법인의 설립허가, 정관, 임원의 구성과 임기, 임원의 결격사유, 재산, 수익사업, 설립 취소와 관련한 규정을 알아보자.

사회복지법인의 설립은 엄격하여, 신고가 아닌 허가를 통해 설립하도록 하고 있다(제1항). 설립등기는 법인의 주된 사무소 주소로 해야 한다(제2항).

제16조(법인의 설립허가) ① 사회복지법인(이하 이 장에서 "법인"이라 한다)을 설립하려는 자는 대통령령으로 정하는 바에 따라 시·도지사의 허가를 받아야 한다.

② 제1항에 따라 허가를 받은 자는 법인의 주된 사무소의 소재지에서 설립등기를 하여야 한다.

사회복지법인의 정관에는 목적, 명칭, 소재지, 사업의 종류 등이 필수적으로 포함되어야 한다.

제17조(정관) ① 법인의 정관에는 다음 각 호의 사항이 포함되어야 한다.

1. 목적
2. 명칭
3. 주된 사무소의 소재지
4. 사업의 종류
5. 자산 및 회계에 관한 사항
6. 임원의 임면(任免) 등에 관한 사항
7. 회의에 관한 사항
8. 수익(收益)을 목적으로 하는 사업이 있는 경우 그에 관한 사항
9. 정관의 변경에 관한 사항
10. 존립시기와 해산 사유를 정한 경우에는 그 시기와 사유 및 남은 재산의 처리방법

---

11. 공고 및 공고방법에 관한 사항

② 법인이 정관을 변경하려는 경우에는 시·도지사의 인가를 받아야 한다. 다만, 보건복지부령으로 정하는 경미한 사항의 경우에는 그러하지 아니하다.

대표이사, 이사, 감사 등의 구성(제1항), 임기(제2항), 임면(제3항)에 관련한 임원 규정이 있다.

제18조(임원) ① 법인은 대표이사를 포함한 이사 7명 이상과 감사 2명 이상을 두어야 한다.

② 법인은 제1항에 따른 이사 정수의 3분의 1(소수점 이하는 버린다) 이상을 다음 각 호의 어느 하나에 해당하는 기관이 제7조제2항 각 호(제2호, 제3호 및 제5호를 제외한다)의 어느 하나에 해당하는 사람 중 2배수로 추천한 사람 중에서 선임하여야 한다.

1. 제7조에 따른 사회복지위원회

2. 제7조의2에 따른 지역사회복지협의체

<제7조제2항 사회복지위원회>

1. 사회복지 또는 보건의료에 관한 학식과 경험이 풍부한 사람

2. 사회복지법인의 대표자

3. 사회복지사업을 하는 비영리법인 또는 단체의 대표자

4. 사회복지를 필요로 하는 사람의 이익 등을 대표하는 사람

5. 제7조의2에 따른 지역사회복지협의체의 대표자

6. 공익단체(「비영리민간단체 지원법」 제2조에 따른 비영리민간단체를 말한다. 이하 같다)에서 추천한 사람

7. 「사회복지공동모금회법」 제14조에 따른 사회복지공동모금지회에서 추천한 사람

③ 이사회의 구성에 있어서 대통령령으로 정하는 특별한 관계에 있는 사람이 이사 현원(現員)의 5분의 1을 초과할 수 없다.

④ 이사의 임기는 3년으로 하고 감사의 임기는 2년으로 하며, 각각 연임할 수 있다.

⑤ 외국인인 이사는 이사 현원의 2분의 1 미만이어야 한다.

⑥ 법인은 임원을 임면하는 경우에는 보건복지부령으로 정하는 바에 따라 지체 없이 시·도지사에게 보고하여야 한다.

⑦ 감사는 이사와 제3항에 따른 특별한 관계에 있는 사람이 아니어야 하며, 감사 중 1명은 법률 또는 회계에 관한 지식이 있는 사람 중에서 선임하여야 한다. 다만, 대통령령으로 정하는 일정 규모 이상의 법인은 시·도지사의 추천을 받아 「주식회사의 외부감사에 관한 법률」 제3조제1항에 따른 감사인에 속한 사람을 감사로 선임하여야 한다.

⑧ 제2항 각 호의 기관은 제2항에 따라 이사를 추천하기 위하여 매년 다음 각 호의 어느 하나에 해당하는 사람으로 이사 후보군을 구성하여 공고하여야 한다. 다만, 사회복지법인의 대표자, 사회복지사업을 하는 비영리법인 또는 단체의 대표자, 「사회보장급여의 이용·제공 및 수급권자 발굴에 관한 법률」 제41조에 따른 지역사회보장협의체의 대표자는 제외한다.

1. 사회복지 또는 보건의료에 관한 학식과 경험이 풍부한 사람
2. 사회복지를 필요로 하는 사람의 이익 등을 대표하는 사람
3. 「비영리민간단체 지원법」 제2조에 따른 비영리민간단체에서 추천한 사람
4. 「사회복지공동모금회법」 제14조에 따른 사회복지공동모금지회에서 추천한 사람

대인서비스를 제공해야 하는 의무를 갖는 사회복지법인의 특성상, 임원으로서의 결격사유를 갖고 있다.

제19조(임원의 결격사유) ① 다음 각 호의 어느 하나에 해당하는 사람은 임원이 될 수 없다.

1. 미성년자
1의2. 피성년후견인 또는 피한정후견인
1의3. 파산선고를 받고 복권되지 아니한 사람
1의4. 법원의 판결에 따라 자격이 상실되거나 정지된 사람
1의5. 금고 이상의 실형을 선고받고 그 집행이 끝나거나(집행이 끝난 것으로

보는 경우를 포함한다) 집행이 면제된 날부터 3년이 지나지 아니한 사람

1의6. 금고 이상의 형의 집행유예를 선고받고 그 유예기간 중에 있는 사람

법인이 갖추어야 할 재산과 관련한 규정이 있다.

제23조(재산 등) ① 법인은 사회복지사업의 운영에 필요한 재산을 소유하여야 한다.

② 법인의 재산은 보건복지부령으로 정하는 바에 따라 기본재산과 보통재산으로 구분하며, 기본재산은 그 목록과 가액(價額)을 정관에 적어야 한다.

③ 법인은 기본재산에 관하여 다음 각 호의 어느 하나에 해당하는 경우에는 시·도지사의 허가를 받아야 한다. 다만, 보건복지부령으로 정하는 사항에 대하여는 그러하지 아니하다.

1. 매도·증여·교환·임대·담보제공 또는 용도변경을 하려는 경우

2. 보건복지부령으로 정하는 금액 이상을 1년 이상 장기차입(長期借入)하려는 경우

④ 제1항에 따른 재산과 그 회계에 관하여 필요한 사항은 보건복지부령으로 정한다.

제24조(재산 취득 보고) 법인이 매수·기부채납(寄附採納), 후원 등의 방법으로 재산을 취득하였을 때에는 지체 없이 이를 법인의 재산으로 편입조치하여야 한다. 이 경우 법인은 그 취득 사유, 취득재산의 종류·수량 및 가액을 매년 시·도지사에게 보고하여야 한다.

사회복지법인도 수익사업이 가능하다.

제28조(수익사업) ① 법인은 목적사업의 경비에 충당하기 위하여 필요할 때에는 법인의 설립 목적 수행에 지장이 없는 범위에서 수익사업을 할 수 있다.

② 법인은 제1항에 따른 수익사업에서 생긴 수익을 법인 또는 법인이 설치한

사회복지시설의 운영 외의 목적에 사용할 수 없다.

③ 제1항에 따른 수익사업에 관한 회계는 법인의 다른 회계와 구분하여 회계처리하여야 한다.

시·도지사는 법인의 귀책 사유가 확인되면 설립허가를 취소하여야 한다.

제26조(설립허가 취소 등) ① 시·도지사는 법인이 다음 각 호의 어느 하나에 해당할 때에는 기간을 정하여 시정명령을 하거나 설립허가를 취소할 수 있다. 다만, 제1호 또는 제7호에 해당할 때에는 설립허가를 취소하여야 한다.

1. 거짓이나 그 밖의 부정한 방법으로 설립허가를 받았을 때
2. 설립허가 조건을 위반하였을 때
3. 목적 달성이 불가능하게 되었을 때
4. 목적사업 외의 사업을 하였을 때
5. 정당한 사유 없이 설립허가를 받은 날부터 6개월 이내에 목적사업을 시작하지 아니하거나 1년 이상 사업실적이 없을 때
6. 법인이 운영하는 시설에서 반복적 또는 집단적 성폭력범죄가 발생한 때
7. 법인 설립 후 기본재산을 출연하지 아니한 때
8. 제18조제1항의 임원정수를 위반한 때
9. 제18조제2항을 위반하여 이사를 선임한 때
10. 제22조에 따른 임원의 해임명령을 이행하지 아니한 때
11. 그 밖에 이 법 또는 이 법에 따른 명령이나 정관을 위반하였을 때

사회복지법인이라는 명칭을 해당 법인이 아닌 자가 사용해서는 안 된다.

제31조(동일명칭 사용 금지) 이 법에 따른 사회복지법인이 아닌 자는 사회복지법인이라는 명칭을 사용하지 못한다.

(4) 사회복지시설의 설치와 운영

먼저 사회복지시설의 설치와 관련된 규정을 살펴보고, 사회복지시설의 운영과 관련된 규정 중 보험가입 의무, 시설의 안전점검, 시설의 서류 비치, 시설의 휴지·재개·폐지 신고, 시설 수용인원의 제한, 서비스 최저기준, 시설 평가, 시설 설치의 방해 금지와 관련한 규정을 알아보자.

사회복지법인에 비해 사회복지시설의 설치는 상대적으로 자유롭다(법 제34조). 하나의 시설에서 둘 이상의 사회복지사업을 통합하여 수행할 수 있다(법 제34조의2).

제34조(사회복지시설의 설치) ① 국가나 지방자치단체는 사회복지시설(이하 "시설"이라 한다)을 설치·운영할 수 있다.
② 국가 또는 지방자치단체 외의 자가 시설을 설치·운영하려는 경우에는 보건복지부령으로 정하는 바에 따라 시장·군수·구청장에게 신고하여야 한다. 다만, 다음 각 호의 어느 하나에 해당하는 자는 시설의 설치·운영 신고를 할 수 없다.
1. 제40조에 따라 폐쇄명령을 받고 3년이 지나지 아니한 자
2. 제19조제1항제1호 및 제1호의2부터 제1호의8까지의 어느 하나에 해당하는 개인 또는 그 개인이 임원인 법인
③ 시설을 설치·운영하는 자는 보건복지부령으로 정하는 재무·회계에 관한 기준에 따라 시설을 투명하게 운영하여야 한다.
④ 제1항에 따라 국가나 지방자치단체가 설치한 시설은 필요한 경우 사회복지법인이나 비영리법인에 위탁하여 운영하게 할 수 있다.
제34조의2(시설의 통합 설치·운영 등에 관한 특례) ① 이 법 또는 제2조제1호 각 목의 법률에 따른 시설을 설치·운영하려는 경우에는 지역특성과 시설분포의 실태를 고려하여 이 법 또는 제2조제1호 각 목의 법률에 따른 시설을 통합하여 하나의 시설로 설치·운영하거나 하나의 시설에서 둘 이상의 사회복지사업을 통합하여 수행할 수 있다. 이 경우 국가 또는 지방자치단체 외의 자는 통합하여 설치·운영하려는 각각의 시설이나 사회복지사업에 관하여 해당 관계 법령에 따라 신고하거나 허가 등을 받아야 한다.
② 제1항에 따라 둘 이상의 시설을 통합하여 하나의 시설로 설치·운영하거나

하나의 시설에서 둘 이상의 사회복지사업을 통합하여 수행하는 경우 해당 시설에서 공동으로 이용하거나 배치할 수 있는 시설 및 인력 기준 등은 보건복지부령으로 정한다.

사회복지시설은 보호대상자의 생명·신체의 안전을 위해 보험가입 의무를 갖는다.

제34조의3(보험가입 의무) ① 시설의 운영자는 화재로 인한 손해배상책임을 이행하기 위하여 손해보험회사의 책임보험에 가입하거나 「사회복지사 등의 처우 및 지위 향상을 위한 법률」 제4조에 따른 한국사회복지공제회의 책임공제에 가입하여야 한다.
② 국가나 지방자치단체는 예산의 범위에서 제1항에 따른 책임보험 또는 책임공제의 가입에 드는 비용의 전부 또는 일부를 보조할 수 있다.

사회복지지설은 정기적이며 수시적으로 안전점검을 실시해야 한다.

제34조의4(시설의 안전점검 등) ① 시설의 장은 시설에 대하여 정기 및 수시 안전점검을 실시하여야 한다.
② 시설의 장은 제1항에 따라 정기 또는 수시 안전점검을 한 후 그 결과를 시장·군수·구청장에게 제출하여야 한다.
③ 시장·군수·구청장은 제2항에 따른 결과를 받은 후 필요한 경우에는 시설의 운영자에게 시설의 보완 또는 개수(改修)·보수를 요구할 수 있으며, 이 경우 시설의 운영자는 요구에 따라야 한다.
④ 국가나 지방자치단체는 예산의 범위에서 제1항부터 제3항까지의 규정에 따른 안전점검, 시설의 보완 및 개수·보수에 드는 비용의 전부 또는 일부를 보조할 수 있다.

사회복지시설은 필수서류를 갖추어야 한다.

> 제37조(시설의 서류 비치) 시설의 장은 후원금품대장 등 보건복지부령으로 정하는 서류를 시설에 갖추어 두어야 한다.

시설 운영의 시작, 중단, 중단 후 재시작, 폐지 등과 관련하여 사회복지시설은 의무적으로 행해야 할 규정을 갖추고 있다.

> 제38조(시설의 휴지·재개·폐지 신고 등) ① 제34조제2항에 따른 신고를 한 자는 지체 없이 시설의 운영을 시작하여야 한다.
> ② 시설의 운영자는 그 운영을 일정 기간 중단하거나 다시 시작하거나 시설을 폐지하려는 경우에는 보건복지부령으로 정하는 바에 따라 시장·군수·구청장에게 신고하여야 한다.
> ③ 시장·군수·구청장은 제2항에 따라 시설 운영이 중단되거나 시설이 폐지되는 경우에는 보건복지부령으로 정하는 바에 따라 시설 거주자의 권익을 보호하기 위하여 다음 각 호의 조치를 하여야 한다.
> 1. 시설 거주자가 다른 시설을 선택할 수 있도록 하고 그 이행을 확인하는 조치
> 2. 시설 거주자가 이용료·사용료 등의 비용을 부담하는 경우 납부한 비용 중 사용하지 아니한 금액을 반환하게 하고 그 이행을 확인하는 조치
> 3. 보조금·후원금 등의 사용 실태 확인과 이를 재원으로 조성한 재산 중 남은 재산의 회수조치
> 4. 그 밖에 시설 거주자의 권익 보호를 위하여 필요하다고 인정되는 조치

사회복지시설의 최대 수용인원은 300명이다.

> 제41조(시설 수용인원의 제한) 각 시설의 수용인원은 300명을 초과할 수 없다. 다만, 대통령령으로 정하는 경우에는 그러하지 아니하다.

사회복지시설은 보건복지부령에 기초한 사회복지서비스의 최저기준 이상으로 서비스를 제공해야 한다.

제43조(시설의 서비스 최저기준) ① 보건복지부장관은 시설에서 제공하는 서비스의 최저기준을 마련하여야 한다.
② 시설 운영자는 제1항의 서비스 최저기준 이상으로 서비스 수준을 유지하여야 한다.

사회복지시설은 정기적으로 평가를 받는다.

제43조의2(시설의 평가) ① 보건복지부장관과 시·도지사는 보건복지부령으로 정하는 바에 따라 시설을 정기적으로 평가하고, 그 결과를 공표하거나 시설의 감독·지원 등에 반영할 수 있으며 시설 거주자를 다른 시설로 보내는 등의 조치를 할 수 있다.
② 보건복지부장관이나 시·도지사는 제1항의 평가 결과에 따라 시설 거주자를 다른 시설로 보내는 경우에는 제38조제3항의 조치(시설 거주자의 자립지원, 다른 시설 선택 등)를 하여야 한다.

고딕체로 표기된 부분은 저자가 추가한 것이다.

사회복지시설의 설치를 방해하는 행위는 금지되어 있다.

제6조(시설 설치의 방해 금지) ① 누구든지 정당한 이유 없이 사회복지시설의 설치를 방해하여서는 아니 된다.
② 시장·군수·구청장은 정당한 이유 없이 사회복지시설의 설치를 지연시키거나 제한하는 조치를 하여서는 아니 된다.

(5) 보장기관, 전달체계, 인력

사회복지서비스를 제공하는 보장기관은 국가 및 지방자치단체이다. 보장기관은 인권 옹호, 서비스 연계, 상담·작업치료·직업훈련 제공, 전국적 균형감을 갖춘 사회복지시설의 설치, 민간부문과의 연계, 인권교육 강화, 인권침해에 대한 신속 대응, 지역사회보호체계 하에서의 서비스 제공, 사회복지서비스 정보 제공, 권리구제조치에 대한 책임을 갖고 있다.

제4조(복지와 인권증진의 책임) ① 국가와 지방자치단체는 사회복지서비스를 증진하고, 서비스를 이용하는 사람에 대하여 인권침해를 예방하고 차별을 금지하며 인권을 옹호할 책임을 진다.

② 국가와 지방자치단체는 사회복지서비스와 보건의료서비스를 함께 필요로 하는 사람에게 이들 서비스가 연계되어 제공되도록 노력하여야 한다.

③ 국가와 지방자치단체, 그 밖에 사회복지사업을 하는 자는 사회복지를 필요로 하는 사람에 대하여 그 사업과 관련한 상담, 작업치료(作業治療), 직업훈련 등을 실시하고 필요한 경우에는 주민의 복지 욕구를 조사할 수 있다.

④ 국가와 지방자치단체는 도움을 필요로 하는 국민이 본인의 선호와 필요에 따라 적절한 사회복지서비스를 제공받을 수 있도록 사회복지서비스 수요자 등을 고려하여 사회복지시설이 균형 있게 설치되도록 노력하여야 한다.

⑤ 국가와 지방자치단체는 민간부문의 사회복지 증진활동이 활성화되고 국가 및 지방자치단체의 사회복지사업과 민간부문의 사회복지 증진활동이 원활하게 연계될 수 있도록 노력하여야 한다.

⑥ 국가와 지방자치단체는 사회복지를 필요로 하는 사람의 인권이 충분히 존중되는 방식으로 사회복지서비스를 제공하고 사회복지와 관련된 인권교육을 강화하여야 한다.

⑦ 국가와 지방자치단체는 사회복지서비스를 이용하는 사람이 긴급한 인권침해 상황에 놓인 경우 신속히 대응할 체계를 갖추어야 한다.

⑧ 국가와 지방자치단체는 시설 거주자 또는 보호자의 희망을 반영하여 지역사회보호체계에서 서비스가 제공될 수 있도록 노력하여야 한다.

⑨ 국가와 지방자치단체는 사회복지서비스를 필요로 하는 사람들에게 사회복지서비스의 실시에 대한 정보를 제공하여야 한다.

⑩ 국가와 지방자치단체는 사회복지서비스를 제공하는 자로부터 위법 또는 부당한 처분을 받아 권리나 이익을 침해당한 사람을 위하여 간이하고 신속한 구제조치를 마련하여야 한다.

국가와 지방자치단체는 사회복지 자원봉사활동을 지원·육성하기 위한 사업을 수행해야 한다.

제9조(사회복지 자원봉사활동의 지원·육성) ① 국가와 지방자치단체는 사회복지 자원봉사활동을 지원·육성하기 위하여 다음 각 호의 사항을 실시하여야 한다.
1. 자원봉사활동의 홍보 및 교육
2. 자원봉사활동 프로그램의 개발·보급
3. 자원봉사활동 중의 재해에 대비한 시책의 개발
4. 그 밖에 자원봉사활동의 지원에 필요한 사항
② 국가와 지방자치단체는 제1항 각 호의 사항을 효율적으로 수행하기 위하여 사회복지법인이나 그 밖의 비영리법인·단체에 이를 위탁할 수 있다.

민간 부문에서는 사회복지법인, 사회복지시설, 사회복지관이 실질적으로 사회복지서비스를 제공한다. 사회복지법인과 사회복지시설은 앞에서 별도로 다루었으므로, 여기에서는 사회복지관 관련 조항을 제시한다.

제34조의5(사회복지관의 설치 등) ① 제34조제1항과 제2항에 따른 시설 중 사회복지관은 지역사회의 특성과 지역주민의 복지욕구를 고려하여 서비스 제공 등 지역복지증진을 위한 사업을 실시할 수 있다.
② 사회복지관은 모든 지역주민을 대상으로 사회복지서비스를 실시하되, 다음 각 호의 지역주민에게 우선 제공하여야 한다.
1. 「국민기초생활 보장법」에 따른 수급자 및 차상위계층
2. 장애인, 노인, 한부모가족 및 다문화가족
3. 직업 및 취업 알선이 필요한 사람

4. 보호와 교육이 필요한 유아·아동 및 청소년

5. 그 밖에 사회복지관의 사회복지서비스를 우선 제공할 필요가 있다고 인정되는 사람

재가복지서비스는 사회복지사업 시행에 있어 주요한 전달체계가 된다.

제41조의2(재가복지서비스) ① 국가나 지방자치단체는 보호대상자가 다음 각 호의 어느 하나에 해당하는 재가복지서비스를 제공받도록 할 수 있다.

1. 가정봉사서비스: 가사 및 개인활동을 지원하거나 정서활동을 지원하는 서비스

2. 주간·단기 보호서비스: 주간·단기 보호시설에서 급식 및 치료 등 일상생활의 편의를 낮 동안 또는 단기간 동안 제공하거나 가족에 대한 교육 및 상담을 지원하는 서비스

② 시장·군수·구청장은 「사회보장급여의 이용·제공 및 수급권자 발굴에 관한 법률」 제15조에 따른 보호대상자별 서비스 제공 계획에 따라 보호대상자에게 사회복지서비스를 제공하는 경우 시설 입소에 우선하여 제1항 각 호의 재가복지서비스를 제공하도록 하여야 한다.

사회복지종사자는 인권존중, 차별금지, 최대봉사의 의무를 갖는다.

제5조(인권존중 및 최대 봉사의 원칙) ① 이 법에 따라 복지업무에 종사하는 사람은 그 업무를 수행할 때에 사회복지를 필요로 하는 사람을 위하여 인권을 존중하고 차별 없이 최대로 봉사하여야 한다.

② 국가와 지방자치단체는 복지업무에 종사하는 사람이 그 업무를 수행할 때에 사회복지를 필요로 하는 사람의 인권을 침해하는 행위를 한 경우에는 제2조 제1호 각 목의 법률이 정하는 바에 따라 처분하고 그 사실을 공표하는 등의 조치를 하여야 한다.

이 법에 따른 사회복지서비스와 관련된 현장 인력은 사회복지시설의 장과 사회복지사, 가정봉사원 등의 사회복지 종사자이다. 시설의 장과 종사자가 될 수 없는 조항도 마련되어 있다.

제35조(시설의 장) ① 시설의 장은 상근(常勤)하여야 한다.

제41조의4(가정봉사원의 양성) 국가나 지방자치단체는 재가복지서비스를 필요로 하는 가정 또는 시설에서 보호대상자가 일상생활을 하기 위하여 필요한 각종 편의를 제공하는 가정봉사원을 양성하도록 노력하여야 한다.

사회복지시설은 필수적으로 운영위원회를 구성해야 한다.

제36조(운영위원회) ① 시설의 장은 시설의 운영에 관한 다음 각 호의 사항을 심의하기 위하여 시설에 운영위원회를 두어야 한다. 다만, 보건복지부령으로 정하는 경우에는 복수의 시설에 공동으로 운영위원회를 둘 수 있다.

1. 시설운영계획의 수립·평가에 관한 사항
2. 사회복지 프로그램의 개발·평가에 관한 사항
3. 시설 종사자의 근무환경 개선에 관한 사항
4. 시설 거주자의 생활환경 개선 및 고충 처리 등에 관한 사항
5. 시설 종사자와 거주자의 인권보호 및 권익증진에 관한 사항
6. 시설과 지역사회의 협력에 관한 사항
7. 그 밖에 시설의 장이 운영위원회의 회의에 부치는 사항

한국사회복지사협회는 사회복지사의 전문성 강화 및 복지를 위한 법정 조직이다.

제46조(한국사회복지사협회) ① 사회복지사는 사회복지에 관한 전문지식과 기술을 개발·보급하고, 사회복지사의 자질 향상을 위한 교육훈련을 실시하며, 사회복지사의 복지증진을 도모하기 위하여 한국사회복지사협회(이하 "협회"라 한다)를 설립한다.

② 제1항에 따른 협회는 법인으로 하되, 협회의 조직과 운영 등에 필요한 사항은 대통령령으로 정한다.

③ 협회에 관하여 이 법에서 규정한 사항을 제외하고는 「민법」 중 사단법인에 관한 규정을 준용한다.

사회복지 소외계층 발굴 및 민간사회복지자원과의 연계·협력 등의 역할을 하는 한국사회복지협의회를 둔다.

제33조(사회복지협의회) ① 사회복지에 관한 다음 각 호의 업무를 수행하기 위하여 전국 단위의 한국사회복지협의회(이하 "중앙협의회"라 한다)와 시·도 단위의 시·도 사회복지협의회(이하 "시·도협의회"라 한다)를 두며, 필요한 경우에는 시(「제주특별자치도 설치 및 국제자유도시 조성을 위한 특별법」 제10조제2항에 따른 행정시를 포함한다. 이하 같다)·군·구(자치구를 말한다. 이하 같다) 단위의 시·군·구 사회복지협의회(이하 "시·군·구협의회"라 한다)를 둘 수 있다.

1. 사회복지에 관한 조사·연구 및 정책 건의
2. 사회복지 관련 기관·단체 간의 연계·협력·조정
3. 사회복지 소외계층 발굴 및 민간사회복지자원과의 연계·협력
4. 대통령령으로 정하는 사회복지사업의 조성 등

② 중앙협의회, 시·도협의회 및 시·군·구협의회는 이 법에 따른 사회복지법인으로 하되, 제23조제1항(법인은 사회복지사업의 운영에 필요한 재산을 소유하여야 한다.)은 적용하지 아니한다.

③ 중앙협의회의 설립 및 운영 등에 관한 허가, 인가, 보고 등에 관하여 제16조제1항, 제17조제2항, 제18조제6항·제7항, 제22조, 제23조제3항, 제24조, 제26조제1항 및 제30조제1항을 적용할 때에는 "시·도지사"는 "보건복지부장관"으로 본다.

> ④ 중앙협의회, 시·도협의회 및 시·군·구협의회의 조직과 운영 등에 필요한
> 사항은 대통령령으로 정한다.

사회복지법인과 사회복지시설의 종사자, 거주자, 이용자에 관한 정보 처리와 관리를 위해 전담기구인 한국사회보장정보원에서 정보시스템을 구축·운영한다.

> 제6조의2(사회복지시설 업무의 전자화) ① 보건복지부장관은 사회복지법인
> 및 사회복지시설의 종사자, 거주자 및 이용자에 관한 자료 등 운영에 필요한 정
> 보의 효율적 처리와 기록·관리 업무의 전자화를 위하여 정보시스템을 구축·
> 운영할 수 있다.

(6) 재정

사회복지사업에 소요되는 재원은 국가 또는 지방자치단체의 부담을 원칙으로 하고 있다(법 제42조). 또한 사회복지시설의 설치·사업운영에 필요한 경우, 국유·공유 재산을 우선 매각하거나 임대하게 할 수 있다(법 제42조의2). 정부는 지방자치단체의 사회복지사업의 수행에 필요한 비용을 지원할 수 있다(법 제42조의3). 사회복지서비스 이용자 또는 부양의무자는 서비스 이용료의 전부 또는 일부를 납부하도록 규정하고 있다(법 제44조). 후원금의 수입·지출 내용 공개 및 관리에 관하여 명시하고 있다(법 제45조).

> 제42조(보조금 등) ① 국가나 지방자치단체는 사회복지사업을 하는 자 중 대
> 통령령으로 정하는 자에게 운영비 등 필요한 비용의 전부 또는 일부를 보조할
> 수 있다.
> ② 제1항에 따른 보조금은 그 목적 외의 용도에 사용할 수 없다.

③ 국가나 지방자치단체는 제1항에 따라 보조금을 받은 자가 다음 각 호의 어느 하나에 해당할 때에는 이미 지급한 보조금의 전부 또는 일부의 반환을 명할 수 있다. 다만, 제1호 및 제2호의 경우에는 반환을 명하여야 한다.

1. 거짓이나 그 밖의 부정한 방법으로 보조금을 받았을 때

2. 사업 목적 외의 용도에 보조금을 사용하였을 때

3. 이 법 또는 이 법에 따른 명령을 위반하였을 때

제42조의2(국유·공유 재산의 우선매각) 국가나 지방자치단체는 사회복지사업과 관련한 시설을 설치하거나 사업을 육성하기 위하여 필요하다고 인정하면 「국유재산법」과 「공유재산 및 물품 관리법」에도 불구하고 사회복지법인 또는 사회복지시설에 국유·공유 재산을 우선매각하거나 임대할 수 있다.

제42조의3(지방자치단체에 대한 지원금) ① 보건복지부장관은 시·도지사 및 시장·군수·구청장에게 사회복지사업의 수행에 필요한 비용을 지원할 수 있다.

② 보건복지부장관은 「사회보장급여의 이용·제공 및 수급권자 발굴에 관한 법률」 제39조에 따른 평가결과를 반영하여 제1항에 따른 지원을 할 수 있다.

③ 제1항에 따른 지원금의 지급기준·지급방법 등에 관하여 필요한 사항은 보건복지부령으로 정한다.

제44조(비용의 징수) 이 법에 따른 복지조치에 필요한 비용을 부담한 지방자치단체의 장이나 그 밖에 시설을 운영하는 자는 그 혜택을 받은 본인 또는 그 부양의무자로부터 대통령령으로 정하는 바에 따라 그가 부담한 비용의 전부 또는 일부를 징수할 수 있다.

제45조(후원금의 관리) ① 사회복지법인의 대표이사와 시설의 장은 아무런 대가 없이 무상으로 받은 금품이나 그 밖의 자산(이하 "후원금"이라 한다)의 수입·지출 내용을 공개하여야 하며 그 관리에 명확성이 확보되도록 하여야 한다.

(7) 권리구제 및 벌칙

사회복지사의 자격취소, 사회복지법인의 설립허가 취소, 사회복지시설의 폐쇄의 경우, 청문을 의무화하고 있다.

제49조(청문) 보건복지부장관, 시·도지사 또는 시장·군수·구청장은 다음 각 호의 어느 하나에 해당하는 처분을 하려면 청문을 실시하여야 한다.
1. 제11조의3에 따른 사회복지사의 자격취소
2. 제26조에 따른 설립허가 취소
3. 제40조에 따른 시설의 폐쇄

법적 실효성 보장을 위하여 다양한 벌칙 규정이 있다. 예를 들어 "매도·증여·교환·임대·담보제공 또는 용도변경" 위반에 대하여 5년 이하의 징역 또는 5천만 원 이하의 벌금에 처할 수 있다.

제53조(벌칙) 다음 각 호의 어느 하나에 해당하는 자는 5년 이하의 징역 또는 5천만원 이하의 벌금에 처한다.

| 법률 개정으로 무엇이 바뀌었는가? |

시·군·구는 '시·군·구 사회복지협의회'를 의무적으로 설치하게 되었다

2024년 1월 2일 사회복지사업법 제33조(사회복지협의회) 개정을 통해, 시·군·구 단위의 시·군·구 사회복지협의회 설치를 임의규정에서 의무규정으로 변경하였다. 과거 임의규정(둘 수 있다)에서 의무규정(둔다)로 변경한 것이다.

협의회에 관한 규정은 1997년 8월 22일 사회복지사업법 전부개정을 통해 신설되었다. 당시 법 제33조에 전국 단위의 한국사회복지중앙협의회, 시·도 단위의 시·도 사회복지협의회 법적 근거가 마련되었다. 2003년 7월 30일 법률 개정으로 '필요 시' 시·군·구 단위의 시·군·구 사회복지협의회를 둘 수 있도록 개정되었다. 시·군·구 협의회 설립을 위한 법적 근거가 마련된 것은 환영할 만한 일이었지만, 의무규정은 아니었기에 시·군·구 협의회를 만든 기초자치단체가 있는 반면 그렇지 않은 기초자치단체도 있었다. 또한 시·군·구 협의회를 설립한 지역이더라도, 실제 운영에 많은 어려움을 겪었다.

시·군·구 사회복지협의회 의무 설치는 어떤 의미를 갖는가? 무엇보다도 시·군·구 사회복지협의회 설치로 사회복지 거버넌스가 실질적으로 구축될 수 있게 되었다. 중앙협의회-보건복지부, 시·도 사회복지협의회-광역자치단체 사회복지 관련 실·국, 시·군·구 사회복지협의회-기초자치단체 사회복지 관련 부서·팀으로 연결되는 거버넌스가 확보된 것이다. 다음으로 민간 사회복지전달체계의 구심점이 마련된 것이다. 지역사회에서 펼쳐지는 사회복지서비스는 공공과 민간의 공동의 역할이 중요한데, 민간 사회복지전달체계로서 시·군·구 사회복지협의회가 조정과 연계 등의 역할을 보다 적극적으로 수행할 수 있게 된 것이다. 마지막으로 지역사회보장협의체와 시·군·구 사회복지협의회 간 파트너십을 통해 지역복지 발전의 새로운 도약을 기대할 수 있게 되었다. 대표협의체, 실무협의체, 분과위원회 등으로 구성된 지역사회보장협의체는 지역사회보장계획 수립 시 주민참여를 통한 민관협력체계 강화를 강조해 왔다. 이번 시·군·구 사회복지협의회 의무 설치로 민간사회복지의 대표 조직으로 자리매김함으로써, 지역사회보장협의체와 시·군·구 사회복지협의회 간 협력으로 주민 역량을 강화하고 시민 참여를 적극화하는 방향으로 지역사회복지가 발전할 수 있을 것이다.

생각해 볼 과제

1 사회복지분권화 과정에서 지방자치단체의 사회복지재정도 확대되었다. 그러나 지방자치단체의 재정자립도의 차이로 인해, 지역 간 사회복지의 불평등이 발생하고 있다. 이 문제를 해결하기 위해 사회복지사업법은 어떻게 대응해야 하는지 자신의 의견과 함께 그 근거를 이야기해 보자.

2 사회복지사업법에는 다양한 이념을 담고 있다. 그것들은 주체성, 공공성, 인권보장, 선택권보장, 국가와 지방자치단체의 복지와 인권증진의 책임, 인권존중 및 최대 봉사의 원칙, 시설 설치의 방해 금지 등이다. 이외에 사회복지사업법에 추가되어야 할 이념은 무엇인지 자신의 의견과 함께 그 근거를 이야기해 보자.

3 지역이기주의로 인해 사회복지시설을 혐오시설로 간주하여 사회복지시설의 설치를 반대하고 있는 사건들을 접할 수 있다(예: 거주지 근처에 노인요양시설의 설치를 반대하는 사례). 가장 바람직한 해결 방안은 시설이 설치될 지역사회와 사회복지시설 이용자들이 공생하는 것이라고 할 수 있다. 이러한 방향으로 해결될 수 있도록 제6조 시설 설치의 방해 금지 조항을 개정하는 것에 대한 자신의 의견과 함께 그 근거를 이야기해 보자.

4. 사회복지사의 권리와 의무

1) 사회복지사의 권리

(1) 사회복지사의 정의와 자격

사회복지사업법 제11조(사회복지사 자격증의 발급 등) 제1항은 "보건복지부장관은 사회복지에 관한 전문지식과 기술을 가진 사람에게 사회복지사 자격증을 발급할 수 있다"고 규정하고 있다. 이 조항에 따라, 사회복지사란 "사회복지에 관한 전문지식과 기술을 가진 사람"으로 정의할 수 있다. 사회복지사의 자격을 갖추기 위해서는 보건복지부장관으로부터 사회복지사 자격증을 발급받아야 한다.

제11조(사회복지사 자격증의 발급 등) ① 보건복지부장관은 사회복지에 관한 전문지식과 기술을 가진 사람에게 사회복지사 자격증을 발급할 수 있다.

사회복지사업법 제12조(국가시험)을 보면, 사회복지사가 되기 위해서는 국가시험에 통과해야 함을 알 수 있다. 즉 사회복지사로서 자격을 갖추기 위해서는 보건복지부장관이 시행하는 국가시험에 합격해야만 한다. 국가시험의 합격 이후에 비로소 사회복지사로서 권리 효력이 발생할 수 있다.

제12조(국가시험) ① 제11조제3항에 따른 국가시험은 보건복지부장관이 시행하되, 시험의 관리는 대통령령으로 정하는 바에 따라 시험관리능력이 있다고 인정되는 관계 전문기관에 위탁(한국산업인력공단)할 수 있다.

고딕체로 표기된 부분은 저자가 추가한 것이다.

사회복지사업법 제11조의4(유사명칭의 사용금지)에 따르면, 공인된 사회복지사 외에는 사회복지사라는 명칭뿐만 아니라 사회복지사와 유사한 명칭을 사용할 수 없다. 유사명칭의 사용금지에 관한 규정은 사회복지사가 갖는 권리라고 해석할 수 있다.

제11조의4(유사명칭의 사용금지) 이 법에 따른 사회복지사가 아니면 사회복지사 또는 이와 유사한 명칭을 사용하지 못한다.

(2) 사회복지사의 종류

사회복지사업법 제11조(사회복지사 자격증의 발급 등)에 따르면, '사회복지사의 등급은 1급·2급'으로 규정하고 있다(제2항). 또한 사회복지의 세부 영역은 '정신건강·의료·학교 영역'이 있고, 그 영역에 따라 사회복지사는 '정신건강사회복지사, 의료사회복지사, 학교사회복지사'로 구분된다(제2항). 각 등급별 및 영역별 자격기준과 자격증의 발급절차는 대통령령으로 규정하고 있다(제3항).

제11조(사회복지사 자격증의 발급 등) ② 제1항에 따른 사회복지사의 등급은 1급·2급으로 하되, 정신건강·의료·학교 영역에 대해서는 영역별로 정신건강사회복지사·의료사회복지사·학교사회복지사의 자격을 부여할 수 있다.
③ 사회복지사 1급 자격은 국가시험에 합격한 사람에게 부여하고, 정신건강사회복지사·의료사회복지사·학교사회복지사의 자격은 1급 사회복지사의 자격이 있는 사람 중에서 보건복지부령으로 정하는 수련기관에서 수련을 받은 사람에게 부여한다.
④ 제2항에 따른 사회복지사의 등급별·영역별 자격기준 및 자격증의 발급절차 등은 대통령령으로 정한다.

(3) 사회복지사의 결격사유

헌법에 보장된 직업선택의 자유를 법률적 규정 없이 제한할 수 없다. 이에 각종 법률에서는 관련 종사자의 결격사유를 규정하고 있는데, 사회복지사도 마찬가지이다. 특히 사회복지사는 국민의 행복과 복지를 위한 사회복지서비스를 제공하는 역할을 해야 하므로, 자질에 해당하는 전문성과 도덕성은 중요한 요건이라고 볼 수 있다. 사회복지사업법 제11조2(사회복지사의 결격사유)에 따르면, 5가지의 사례로 결격사유를 규정하고 있다.

제11조의2(사회복지사의 결격사유) 다음 각 호의 어느 하나에 해당하는 사람은 사회복지사가 될 수 없다.
1. 피성년후견인
2. 금고 이상의 실형을 선고받고 그 집행이 끝나거나(집행이 끝난 것으로 보는 경우를 포함한다) 집행이 면제되지 아니한 사람
2의2. 금고 이상의 형의 집행유예를 선고받고 그 유예기간 중에 있는 사람
3. 법원의 판결에 따라 자격이 상실되거나 정지된 사람
4. 마약·대마 또는 향정신성의약품의 중독자
5. 「정신건강증진 및 정신질환자 복지서비스 지원에 관한 법률」 제3조제1호에 따른 정신질환자. 다만, 전문의가 사회복지사로서 적합하다고 인정하는 사람은 그러하지 아니하다.

(4) 사회복지사의 자격취소

사회복지사의 권리는 자격취소 또는 자격정지의 방식으로 박탈 내지 제한될 수 있다. 사회복지사로의 권리가 완전히 박탈당하는 자격취소에 해당하는 경우로는, 첫째, 거짓이나 그 밖의 부정한 방법으로 자격을 취득한 경우(제1항 제1호), 둘째, 사회복지사의 5가지 결격사유 유형에 해당하는 경우(제1항 제2호), 셋째, 자격증을 대여·양도 또는 위조·변조한 경우(제1항 제3호)이다. 그 외는 1년의 범위에서 자격정지 될 수 있다(제1항 제4호, 제5호, 제5호).

제11조의3(사회복지사의 자격취소 등) ① 보건복지부장관은 사회복지사가 다음 각 호의 어느 하나에 해당하는 경우 그 자격을 취소하거나 1년의 범위에서 정지시킬 수 있다. 다만, 제1호부터 제3호까지에 해당하면 그 자격을 취소하여야 한다.

1. 거짓이나 그 밖의 부정한 방법으로 자격을 취득한 경우

2. 제11조의2(사회복지사의 결격사유) 각 호의 어느 하나에 해당하게 된 경우

3. 자격증을 대여·양도 또는 위조·변조한 경우

4. 사회복지사의 업무수행 중 그 자격과 관련하여 고의나 중대한 과실로 다른 사람에게 손해를 입힌 경우

5. 자격정지 처분을 3회 이상 받았거나, 정지 기간 종료 후 3년 이내에 다시 자격정지 처분에 해당하는 행위를 한 경우

6. 자격정지 처분 기간에 자격증을 사용하여 자격 관련 업무를 수행한 경우

④ 보건복지부장관은 제1항에 따라 자격이 취소된 사람에게는 그 취소된 날부터 2년 이내에 자격증을 재교부하지 못한다.

고딕체로 표기된 부분은 저자가 추가한 것이다.

(5) 사회복지사의 채용 및 교육

사회복지사가 갖는 가장 중요한 권리는 사회복지사의 노동권이라고 할 수 있다. 사회복지사의 노동권은 사회복지사업법 제13조(사회복지사의 채용 및 교육 등)에서 규정하고 있다. 동법 동조의 제1항에서는, "사회복지법인 및 사회복지시설을 설치·운영하는 자는 대통령령으로 정하는 바에 따라 사회복지사를 그 종사자로 채용하고, 보고방법·보고주기 등 보건복지부령으로 정하는 바에 따라 특별시장·광역시장·특별자치시장·도지사·특별자치도지사(이하 "시·도지사"라 한다) 또는 시장·군수·구청장에게 사회복지사의 임면에 관한 사항을 보고하여야 한다"고 규정하고 있다.

사회복지사의 중요한 권리 중 하나는 교육받을 권리라고 할 수 있다. 동법 동조의 제2항에서는, "보건복지부장관은 사회복지사의 자질 향상을 위하여 필요하다고 인정하면 사회복지사에게 교육을 받도록 명할 수 있다. 다만,

사회복지법인 또는 사회복지시설에 종사하는 사회복지사는 정기적으로 인권에 관한 내용이 포함된 보수교육(補修敎育)을 받아야 한다"고 규정하고 있다. 또한 동법 동조의 제2항에서는 사회복지사가 교육을 받는다고 하여 소속된 법인이나 시설에서 불리한 처분을 할 수 없도록 하여, 사회복지사의 교육받을 권리를 보장하고 있다.

제13조(사회복지사의 채용 및 교육 등) ① 사회복지법인 및 사회복지시설을 설치·운영하는 자는 대통령령으로 정하는 바에 따라 사회복지사를 그 종사자로 채용하고, 보고방법·보고주기 등 보건복지부령으로 정하는 바에 따라 특별시장·광역시장·특별자치시장·도지사·특별자치도지사(이하 "시·도지사"라 한다) 또는 시장·군수·구청장에게 사회복지사의 임면에 관한 사항을 보고하여야 한다. 다만, 대통령령으로 정하는 사회복지시설은 그러하지 아니하다.
② 보건복지부장관은 사회복지사의 자질 향상을 위하여 필요하다고 인정하면 사회복지사에게 교육을 받도록 명할 수 있다. 다만, 사회복지법인 또는 사회복지시설에 종사하는 사회복지사는 정기적으로 인권에 관한 내용이 포함된 보수교육(補修敎育)을 받아야 한다.
③ 사회복지법인 또는 사회복지시설을 운영하는 자는 그 법인 또는 시설에 종사하는 사회복지사에 대하여 제2항 단서에 따른 교육을 이유로 불리한 처분을 하여서는 아니 된다.

---

(6) 사회복지전담공무원의 임용

사회복지사가 갖는 가장 중요한 권리는 사회복지사의 노동권이라고 앞에서 언급하였다. 이 중 민간 사회복지 부문이 아닌 공공 사회복지 부문에서의 노동은 사회복지전담공무원으로서의 노동이라고 할 수 있다.

사회복지전담공무원으로서의 노동은 사회보장급여법 제43조(사회복지전담공무원) 제2항에서 규정하고 있다. 동법 동조의 제1항에서는 "사회복지사업에 관한 업무를 담당하게 하기 위하여 시·도, 시·군·구, 읍·면·동 또는 사회보장사무 전담기구에 사회복지전담공무원을 둘 수 있다"고 규정하고 있다. 이때 사회복지전담공무원이 될 수 있는 자는 '사회복지사의 자격을 가진 사람'으로 제한하고 있다.

사회복지전담공무원으로 임용될 경우, 재산상의 권리를 갖게 된다. 동법 동조의 제4항은 "국가는 사회복지전담공무원의 보수 등에 드는 비용의 전부 또는 일부를 보조할 수 있다"고 규정하고 있다. 보다 명확한 규정은 지방공무원법 제47조에서의 보수 규정이다. 나아가 공무원 퇴직 이후의 재산상의 권리는 공무원연금법을 통해 보장하고 있다.

제43조(사회복지전담공무원) ① 사회복지사업에 관한 업무를 담당하게 하기 위하여 시·도, 시·군·구, 읍·면·동 또는 사회보장사무 전담기구에 사회복지전담공무원을 둘 수 있다.
② 사회복지전담공무원은 「사회복지사업법」 제11조에 따른 사회복지사의 자격을 가진 사람으로 하며, 그 임용 등에 필요한 사항은 대통령령으로 정한다.
③ 사회복지전담공무원은 사회보장급여에 관한 업무 중 취약계층에 대한 상담과 지도, 생활실태의 조사 등 보건복지부령으로 정하는 사회복지에 관한 전문적 업무를 담당한다.
④ 국가는 사회복지전담공무원의 보수 등에 드는 비용의 전부 또는 일부를 보조할 수 있다.

---

2) 사회복지사의 의무

(1) 사회복지사의 인권존중 및 최대봉사 의무

사회복지사업법 제5조(인권존중 및 최대 봉사의 원칙) 제1항은 "이 법에 따라 복지업무에 종사하는 사람은 그 업무를 수행할 때에 사회복지를 필요로 하는 사람을 위하여 인권을 존중하고 차별 없이 최대로 봉사하여야 한다"고 규정하고 있다. 이 조항에 따르면, 사회복지사에게는 사회복지서비스 이용자의 인권을 존중하고 차별대우를 하지 않아야 할 의무가 있다. 또한 사회복지사는 사회복지 제공 시 최대로 봉사해야 하는 의무를 갖는다.

제5조(인권존중 및 최대 봉사의 원칙) ① 이 법에 따라 복지업무에 종사하는 사람은 그 업무를 수행할 때에 사회복지를 필요로 하는 사람을 위하여 인권을 존중하고 차별 없이 최대로 봉사하여야 한다.

② 국가와 지방자치단체는 복지업무에 종사하는 사람이 그 업무를 수행할 때에 사회복지를 필요로 하는 사람의 인권을 침해하는 행위를 한 경우에는 제2조 제1호 각 목의 법률이 정하는 바에 따라 처분하고 그 사실을 공표하는 등의 조치를 하여야 한다.

(2) 사회복지사의 비밀누설금지 의무

사회복지사업법 제47조(비밀누설의 금지)에서는 "사회복지사업 또는 사회복지업무에 종사하였거나 종사하고 있는 사람은 그 업무 수행 과정에서 알게 된 다른 사람의 비밀을 누설하여서는 아니 된다"고 규정하고 있다. 사회복지서비스 제공 과정에서 이용자의 정보를 취득할 수 있게 되는데, 이때 개인정보를 발설하지 않아야 한다.

제47조(비밀누설의 금지) 사회복지사업 또는 사회복지업무에 종사하였거나 종사하고 있는 사람은 그 업무 수행 과정에서 알게 된 다른 사람의 비밀을 누설하여서는 아니 된다.

(3) 사회복지사 윤리강령에 의한 의무

법률로서 규정한 사회복지사의 의무도 중요하지만, 사회복지사 윤리강령에서 규정하고 있는 사회복지사의 의무도 윤리적으로 지켜야 할 필요성이 있다. 우리나라의 사회복지사 윤리강령은 한국사회복지사협회에서 1967년 채택하였다.

사회복지사 윤리강령에서 확인할 수 있는 사회복지사의 의무는 첫째, 사회복지사의 기본적 윤리기준으로서, 전문가로서의 자세, 전문성 개발을 위한 노력, 경제적 이득에 대한 태도가 있다. 둘째, 사회복지사의 클라이언트에 대한 윤리기준으로서, 클라이언트와의 관계 및 동료의 클라이언트와의 관계가 있다. 셋째, 사회복지사의 동료에 대한 윤리기준으로서 동료 및 슈퍼바이저에 관한 윤리기준, 넷째, 사회복지사의 사회에 대한 윤리기준, 다섯째, 사회복지사의 기관에 대한 윤리기준이 있다.

| 법률 개정으로 무엇이 바뀌었는가? |

사회복지사의 전문성이 강화되었다!

사회복지사업법 개정(법률 제15887호, 2018.12.11. 공포, 2020.12.12. 시행)으로 사회복지의 세부 영역은 '정신건강·의료·학교 영역'이 있고, 그 영역에 따라 사회복지사는 '정신건강사회복지사, 의료사회복지사, 학교사회복지사'로 구분된다(법 제2항). 또한 각 등급별 및 영역별 자격기준과 자격증의 발급절차를 대통령령으로 규정하였다(제3항). 이에 사회복지사업법 시행령 제2조(사회복지사의 등급별 자격기준 등) 제1항도 변경되었다. 기존의 "법 제11조제2항의 규정에 의한 사회복지사의 등급별 자격기준은 별표 1과 같다"에서 "법 제11조제2항에 따른 사회복지사의 등급별·영역별 자격기준은 별표 1과 같다"고 개정하였다. '등급별'을 '등급별·영역별'로 수정한 것이다. 별표 1에서는 정신건강사회복지사, 의료사회복지사, 학교사회복지사의 자격기준을 구체적으로 정하고 있다.

표 7-7 사회복지사의 등급별·영역별 자격기준(별표 1) 중 영역별 자격기준

영역	자격기준
가. 정신건강사회복지사	「정신건강증진 및 정신질환자 복지서비스 지원에 관한 법률 시행령」 별표 1에 따른 정신건강사회복지사의 자격기준을 갖춘 사람
나. 의료사회복지사 또는 학교사회복지사	사회복지사 1급 자격을 취득한 후 법 제11조제3항에 따른 수련기관에서 1년 이상 보건복지부령으로 정하는 수련과정을 이수한 사람

이와 같은 법률 개정으로 첫째, 민간단체에서 운영하던 '의료사회복지사 및 학교사회복지사 자격'을 국가자격으로 발급할 수 있게 되었다. 보다 더 전문성을 공식적으로 확보하게 되었다. 참고로 정신건강사회복지사는 정신건강증진 및 정신질환자 복지서비스 지원에 관한 법률에 따른 정신건강전문요원 중 정신건강사회복지사 자격을 1997년부터 국가자격으로 발급하여 왔다. 둘째, 법령 시행일 당시(2020년 12월 12일) 민간단체에서 발급한 자격증 소지자인 의료사회복지사 1,302명, 학교사회복지사 1,598명은 보건복지부장관이 실시하는 별도의 교육을 이수하고 평가를 통과하는 경우에 국가자격으로 전환 발급을 하도록 하

였다. 기존의 민간자격증을 보유한 의료사회복지사와 학교사회복지사에게는 별도의 교육이수 규정으로 자격증을 교부한 것이다. 셋째, 사회복지사업법 시행규칙 제4조의2(영역별 사회복지사 수련기관 및 수련과정)를 신설하였다. 이를 통해 시행규칙에서는 수련기관의 요건, 수련과정을 명시하였고, 수련기관의 지정, 수련과정의 운영 및 실태 조사 등에 필요한 사항은 보건복지부장관 고시를 통해 정하도록 하였다.

표 7-8 영역별 사회복지사 수련기관(사회복지사업법 시행규칙 제4조의2)

영역	자격기준
의료사회복지사	의료사회복지 업무를 수행하는 담당 부서를 갖추고, 5년 이상의 의료사회복지사 실무경험이 있는 사람 1명 이상이 수련지도자로 상시 근무하는 「의료법」 제3조제2항제3호에 따른 병원급 의료기관(같은 호 마목에 따른 정신병원은 제외한다)
학교사회복지사	학교사회복지 업무를 수행하는 담당 부서를 갖추고, 5년 이상의 학교사회복지사 실무경험이 있는 사람 1명 이상이 수련지도자로 상시 근무하는 「초·중등교육법」 제2조에 따른 학교

생각해 볼 과제

1　사회복지사업법 제2조의 정의에 '사회복지사'에 관한 정의를 추가한다면, 어떻게 정의할 수 있는지에 대하여 자신의 의견과 그 근거를 이야기해 보자.

2　우리 사회에서 사회복지사와 유사한 명칭은 없는지 조사해 보자. 만약에 유사 명칭이 있다면 어떻게 해결해야 하는지에 대하여 자신의 의견과 그 근거를 이야기해 보자.

3　법률에서 규정하고 있는 사회복지의 세부 영역은 '정신건강·의료·학교 영역'이며, 그 영역에 따라 사회복지사는 '정신건강사회복지사·의료사회복지사·학교사회복지사'로 구분된다. 추가될 영역과 관련 사회복지사의 명칭에 대하여 자신의 의견과 그 근거를 이야기해 보자.

08

공공부조법

공공부조란 "국가와 지방자치단체의 책임하에 생활 유지 능력이 없거나 생활이 어려운 국민의 최저생활을 보장하고 자립을 지원하는 제도"를 말한다(사회보장기본법 제3조 제3호). 즉 소득이 없어 자력으로 생활유지가 어려운 경우에 국가가 생존을 보장하기 위하여 급여를 제공하는 제도로, 무엇보다 헌법상 인간답게 살 권리(헌법 제34조)를 보장하기 위한 대표적인 사회복지 제도이다.

우리나라의 대표적인 공공부조법은 1961년 생활보호법으로 시작된 이래로 변모되어 온 국민기초생활보장법을 들 수 있다. 그 외에도 1977년 의료보호법으로 시작되어 2001년 전부개정된 의료급여법, 기초생활보장제도가 맞춤형 급여체계로 개편되면서 2014년 독립적으로 제정된 주거급여법, 2005년 한시법으로 시작되었다가 위기상황에 놓인 가구에 대한 긴급복지 지원제도로 자리잡은 긴급복지지원법, 18세 이상의 저소득 중증장애인의 생활 지원을 위해 2010년 제정된 장애인연금법, 2007년 기초노령연금법이라는 이름으로 도입되어 현재 노인의 빈곤 문제 해결을 위해 저소득 노인에게 정액의 현금을 지급하는 기초연금법에 대하여 알아본다.

1. 국민기초생활보장법

1) 국민기초생활보장법의 의의

국민기초생활보장법은 헌법상 인간다운 생활을 할 권리를 실현하고, 모든 국민의 생존권을 보장하기 위한 법으로, IMF 구제금융이라는 시대적 상황에서 시민단체의 적극적인 노력과 입법운동을 통하여 제정되었다(이 책의 4장 3절 1항 참조). 국민기초생활보장법은 우리나라 사회복지법의 역사에 매우 큰 의미를 가진다. 일정한 요건에 해당하는 사람의 복지수급권을 법으로 보장하고 권리로 명시하여, 권리에 기반한 사회안전망을 구축하였다고 할 수 있다.

국민기초생활보장법의 의의를 살펴보면, 공공부조 수급권을 법적으로 명확히 하였다는 점, 수급권자라는 용어를 사용하여 공공부조 수급자의 법적 권리를 강조하였다는 점, 최저생계보장에 대한 국가책임을 강조하였다는 점, 인구학적 기준(연령)을 폐지하고 빈곤기준(최저생계비) 이하인 국민은 누구나 수급자격을 갖게 되었다는 점 등을 들 수 있다. 이러한 변화로 인하여 한국의 공공부조제도는 놀랄만한 성장을 하였는데, 국민기초생활보장법 제정 이전인 1995년 당시 생활보호예산은 5,938억원에 불과하였으나, 2000년 기초생활보장법이 시행된 이후인 2004년 기초생활보장제도 예산은 3조 7,697억원으로 10년 사이에 6배가 넘게 증가하였다(허선, 2005).

2) 국민기초생활보장법의 연혁

(1) 국민기초생활보장법 제정 이전 공공부조법(조선구호령과 생활보호법)

한국에서 최초의 근대적인 공공부조법의 시작은 일제강점기인 1944년에 제정된 '조선구호령'에서 그 기원을 찾을 수 있는데, 조선구호령은 1961

년 생활보호법이 제정되기 전까지 한국의 공공부조법으로 존속하였다. 조선구호령은 연령상의 요건 또는 일정한 정신 또는 신체적 장애 등으로 인하여 노동이 불가능한 사람만을 구호의 대상으로 하고 있으며(조선구호령 제1조 제1항), 지급하는 구호의 범위, 정도 및 방법을 전부 조선총독이 독자적으로 정하도록 하고 있어(조선구호령 제10조 제2항), 공공부조 대상자가 법을 근거로 요구할 수 있는 권리가 없다는 점이 특징이다.

조선구호령 제1조 ① 다음 각호의 자가 빈곤으로 인하여 생활이 불가능한 때에는 이 영에 의하여 구호한다.

1. 65세 이상의 노약자

2. 13세 이하의 유자

3. 임산부

4. 불구폐질, 질병, 상이 기타 정신 또는 신체장애로 인하여 노무를 하기에 장애가 있는 자

(중략)

제10조 ① 구호의 종류는 다음과 같다.

1. 생활부조

2. 의료

3. 조산

4. 생업부조

② 전항 각호의 구호의 범위·정도 및 방법은 조선총독이 이를 정한다.

1961년 5.16 군사정변을 통해 정권을 찬탈한 박정희 군사정부는 생활보호법을 제정하였다. 1961년 12월 30일 생활보호법이 제정되는 과정에는 민생고의 해결이라는 목표가 제시되었으나, 생활보호법의 내용은 조선구호령과 근본적으로 달라지지는 않았다. 보호대상의 범위를 근로능력이 없는 것으로 보이는 연령, 신체 및 정신적 조건을 기준으로 하였으며(법 제3조 제1항), 보호의 구체적인 수준은 행정부의 재량에 맡겨져 있었다(법 제6조 제3항 등). 실제로 생활보호법이 제정된 이후에도 보호대상자의 규모는 거의 증가하지

않았으며, 국민기초생활보장법이 시행되기까지 30년 이상 보호대상자의 규모는 큰 변동이 없었다.

생활보호법(법률 제5836호, 2000. 10. 1. 법률 제6204호로 폐지되기 이전의 것)

제3조 (보호대상자의 범위) ① 이 법에 의한 보호대상자는 부양의무자가 없거나 부양의무자가 있어도 부양능력이 없거나 부양을 받을 수 없는 다음 각호의 1에 해당하는 자로서 최저생계비를 감안하여 보건복지부장관이 소득과 재산을 기준으로 하여 매년 정하는 보호대상자 선정기준에 해당하는 자를 말한다.

1. 65세 이상의 노쇠자
2. 18세 미만의 아동
3. 임산부
4. 질병, 사고 등의 결과로 인하여 근로능력을 상실하였거나 장애로 인하여 근로능력이 없는 자
5. 제1호 내지 제4호의 자와 생계를 같이하는 자로서 이들의 부양, 양육, 간병과 기타 이에 준하는 사유로 인하여 생활이 어려운 자
6. 기타 생활이 어려운 자로서 자활을 위하여 이 법에 의한 보호의 일부가 필요한 자

---

(2) 국민기초생활보장법의 제정

1961년 이래 공공부조의 근거법으로 적용되어 온 생활보호법은 사회경제적 변화에 적절하게 대응하지 못한다는 비판을 받았다. 대표적인 이유는 대상자에 연령기준과 같은 인구학적 제한을 두고 있어 근로가능 연령대(18~64세)의 빈곤층은 보호하지 못한다는 것이었다. 1997년 외환위기로 인하여 수많은 실업자와 명예퇴직자가 발생하면서 기존의 생활보호법으로는 보호받지 못하는 빈곤층이 많아졌고, 빈곤계층의 생활안정을 위해 새로운 형태의 공공부조법에 대한 요구가 높아졌다. 국민기초생활보장법의 제정을 위한 시민단체들의 지속적인 노력, 사회적 위기상황에서 복지 확대에 대한 사회적 요구, 정치권의 역할 등이 맞물려 1999년 국민기초생활보장법이 제정되었다.

(3) 국민기초생활보장법의 주요 개정 내용

국민기초생활보장법의 제정은 우리나라 공공부조법을 발전시켰으나, 제정 당시부터 부양의무자 제도로 인한 넓은 사각지대, 낮은 보장수준으로 인하여 여러 아쉬움이 있었다. 국민기초생활보장법은 1999년 제정 이후 여러 차례에 걸쳐 개정되며 지금에 이르렀다. 국민기초생활보장법의 주요 개정 내용은 표 8-1과 같다.

표 8-1 국민기초생활보장법의 주요 개정 연혁

연도	주요 내용
1944.03.01.	- 일제강점기 조선구호령 제정: 근대적 의미의 최초의 공공부조
1961.12.30.	- 생활보호법 제정: 우리나라 공공부조 사업이 본격적으로 실시
1999.09.07.	- 국민기초생활보장법 제정
2000.10.01.	- 국민기초생활보장법 시행
2004.03.05.	- 최저생계비 결정 시 수급권자의 가구유형 등 생활실태 고려 - 최저생계비 계측조사주기를 종전 5년에서 3년으로 단축 - 부양의무자 범위 축소: 1촌의 직계혈족 및 그 배우자, 생계를 같이 하는 2촌 이내의 혈족(기존: 직계혈족 및 그 배우자, 생계를 같이 하는 2촌 이내의 혈족)
2005.12.23.	- 부양의무자 범위 축소: 수급권자의 1촌 직계혈족 및 그 배우자(기존: 1촌의 직계혈족 및 그 배우자, 생계를 같이 하는 2촌 이내의 혈족) - 국내체류 외국인 중 한국인과 결혼하여 한국 국적의 미성년 자녀를 양육하고 있는 자도 수급권자에 포함시킴으로써 외국인배우자와 그 자녀의 복지 증진
2006.12.28.	- 차상위계층에 대한 주거, 교육, 의료, 장제 및 자활급여 등 부분급여 지급 - 중앙자활센터 설치 - 자활후견기관을 지역자활센터로 변경 - 시군구 자활기관협의체 의무적 설치 - 상시근로자의 일정비율 이상을 수급자로 채용하는 기업에 대하여 대통령령이 정하는 바에 따라 지원 - 보장기금을 자활기금으로 명칭 변경
2007.10.17.	- 시군구 재정여건과 사회보장비 지출 등에 따라 광역시도 및 시군구 간 분담비율을 서로 다르게 할 수 있도록 조정
2011.06.07.	- 가구별 특성을 감안하여 관련 기관의 고용지원서비스 연계 - 수급자의 취업활동으로 인하여 필요하게 된 아동·노인 등에 대한 사회서비스 지원 - 자활에 필요한 자산을 형성할 수 있도록 재정적인 지원 - 수급권자 명의의 급여수급계좌에 급여 입금 및 압류 금지

연도	주요 내용
2012.02.01.	- 중앙자활센터의 사업으로 수급자와 차상위자에 대한 취업·창업 지원 조항 추가 - 광역자활센터의 지정 및 취소, 수행사업 내용, 경비보조 등의 법적 근거를 마련 - 자활공동체의 명칭을 자활기업으로 변경하고, 그 설립조건을 2인 이상 공동 창업에서 1인으로 완화
2014.12.30.	- 맞춤형 급여체계로의 개편 - 맞춤형 급여체계와 기준중위소득 도입, 최저생계비에서 최저보장수준으로 변경, 교육급여 부양의무자 기준 폐지
2016.02.03.	- 사회복지전담공무원은 급여를 신청한 수급권자 등이 급여에 관한 정보의 부족 등으로 불리한 입장에 놓이지 아니하도록 알기 쉽게 설명하고, 급여 신청의 철회나 포기를 유도하는 행위를 하지 못하도록 함 - 사회복지전담공무원이 신청자를 조사할 때 권한을 표시하는 증표뿐만 아니라 조사기간, 조사범위 등이 기재된 서류를 제시
2017.09.19.	- 징역형 대비 적정 벌금액의 일반기준인 '징역형 1년당 벌금형 1천만원'에 따라 벌금형의 금액을 상향조정 - 금융정보, 신용정보 및 보험정보의 목적 외 사용 및 제공·누설 등에 대한 벌칙 수준을 개인정보 보호법의 벌칙 수준인 5년 이하의 징역 또는 5천만 원 이하의 벌금으로 통일함으로써 법정형의 편차를 조정하고 형사처벌의 공정성을 기함
2017.12.12.	- 행정기관의 처분에 대한 이의신청 기간을 60일에서 90일로 연장
2018.12.11.	- 급여수급계좌로 입금하여야 하는 급여에 같은 지방자치단체가 실시하는 급여를 포함시키고, 부가급여 자체가 압류의 대상이 될 수 없도록 함
2019.01.15.	- 중앙자활센터의 명칭을 한국자활복지개발원으로 변경하고, 한국자활복지개발원에 한국자활연수원을 둠 - 보장기관은 자활기금을 의무적으로 적립하도록 함 - 자활지원사업의 수행·관리 및 효과분석에 필요한 각종 자료 및 정보를 효율적으로 처리하고 기록·관리하는 자활지원사업 통합정보전산망을 구축·운영
2019.04.23.	- 가정에서 보호·양육할 수 있도록 조치된 아동, 아동의 보호를 희망하는 사람에게 가정위탁된 아동, 아동복지시설에 입소된 아동은 친부모로부터 분리되어 실제 부양을 받지 못함에도 불구하고 친부모의 소득발생 등으로 인하여 기초생활보장급여 수급권자에서 탈락하거나 급여 액수가 감소하는 불합리한 점이 있으므로 해당 아동은 부양을 받을 수 없는 것으로 보아 수급권자로 인정 - 수급자 명의의 계좌 개설이 곤란한 사유 등으로 수급자의 급여를 대리 수령하는 배우자 등이 해당 급여를 목적 외로 사용하는 것을 방지하기 위하여 대리 수령자가 해당 급여를 목적 외로 사용한 경우 1년 이하의 징역, 1천만 원 이하의 벌금, 구류 또는 과료에 처하도록 함
2019.12.03.	- 급여 실시 여부와 급여 내용을 수급자에게 통지할 때 급여의 산출 근거를 포함하여 통보·통지하도록 함으로써 수급권자의 알권리를 보다 두텁게 보장
2021.07.27.	- 자활복지개발원의 업무 확대, 자활기업 설립·운영 요건 강화, 보장기관의 자활기업, 자활복지개발원, 광역 및 지역자활센터 지원 내용 확대, 공공기관의 자활기업 상품 우선구매 신설, 자활기업의 인정취소 조항 신설, 자활기업 유사명칭 사용금지 신설 등 자활관련 조항 개정
2021.12.21.	- 수급자 및 차상위자에게 가구별 특성을 고려하여 고용지원서비스 연계 - 자산형성지원의 대상에 청년 추가
2023.08.16.	- 개인 단위 급여실시 대상에서 '장애의 정도가 심한 장애인'을 구체적으로 명시
2024.09.20.	- 지방자치단체 수행 사무에 관한 지방의 자율성을 제고하고 중앙행정기관과 지방자치단체의 관계를 상호 협력적인 방향으로 설정하기 위하여 종전에는 시장·군수·구청장이 수급권자, 수급자, 부양의무자 및 차상위계층 조사 결과를 시·도지사에게 '보고'하도록 하고 시·도지사는 이를 보건복지부장관 및 소관 중앙행정기관의 장에게 '보고'하도록 하던 것을, 앞으로는 시장·군수·구청장이 시·도지사에게 '통보'하도록 하고 시·도지사는 이를 보건복지부장관 및 소관 중앙행정기관의 장에게 '통보'하도록 개정(제25조의 제목 '조사 결과의 보고 등'을 '조사 결과의 통보 등'으로 변경

3) 국민기초생활보장법의 주요 내용

국민기초생활보장법(2025. 3. 21. 시행, 법률 제20446호)은 총 8장, 51개 조문 및 부칙으로 구성되어 있다. 법의 중요한 내용들을 원칙(목적, 급여의 기본원칙, 지위, 급여 실시 장소), 정의, 적용대상(수급권자, 수급자, 외국인, 조건부수급자, 차상위계층), 급여의 종류와 내용(생계급여, 주거급여, 의료급여, 교육급여, 해산급여, 장제급여, 자활급여), 급여의 실시[신청 → 조사(확인조사) → 결과 보고 → 결정 → 실시 → (필요시) 변경 또는 중지], 보장기관 및 인력(국가와 지방자치단체, 사회복지 전담공무원, 생활보장위원회, 보장시설), 재정(보장비용, 보장비용의 부담 구분, 비용의 징수), 권리구제 및 벌칙으로 구분하여 살펴본다.

(1) 원칙

국민기초생활보장법의 목적은 '생활이 어려운 사람'이라고 표현된 사회적 취약계층을 선별하여, 국민기초생활보장법에서 명시하고 있는 급여 종류를 맞춤형으로 제공함으로써, 최저생활을 보장하는 것과 함께 자활을 돕는 것이다.

제1조(목적) 이 법은 생활이 어려운 사람에게 필요한 급여를 실시하여 이들의 최저생활을 보장하고 자활을 돕는 것을 목적으로 한다.

국민기초생활보장법에 나타난 기본원칙은 다양하다. 먼저 급여는 건강하고 문화적인 최저생활을 유지할 수 있는 수준이어야 한다(최저생활보장의 원칙, 법 제4조 제1항). 수급자가 자신의 생활 유지 및 향상을 위하여 소득, 재산, 근로능력을 활용하여 최대한 노력하는 것을 전제로 한다(자립지원의 원칙, 법 제3조 제1항). 소득인정액이 최저보장수준에 미달하는 부분(소득이 없을 경우 '전부', 소득이 있을 경우 '일부')만 보충적으로 제공한다는 원칙을 갖는다(보충성의 원칙, 법 제7조 제2항, 법 제9조 제4항). 국민기초생활보장법 제3조 제2항

에서는 두 개의 원칙을 제시하고 있는데, 먼저 법에서 제공하는 급여에 우선하여 부양의무자의 보호가 먼저 행해져야 한다는 원칙이 있으며(가족부양 우선의 원칙, 법 제3조 제2항), 다른 법령에 따른 보호가 먼저 행해져야 한다는 원칙이 있다(타급여 우선의 원칙, 법 제3조 제2항). 급여는 수급자의 연령, 가구 규모, 거주지역 등을 고려하여 개별가구 단위로 실시하되, 장애의 정도가 심한 장애인일 경우 개안 단위 실시도 가능하다(개별성의 원칙, 법 제4조 제2항, 법 제4조 제3항). 법에서 규정하고 있는 수급요건을 모두 충족하였다면, 성별·연령·직업·교육수준·소득수준 등의 이유로 차별해서는 안 된다는 원칙이 있다(평등성의 원칙 또는 차별금지의 원칙, 법 제33조 제3항). 이 외에도 국민기초생활보장법에서 규정한 범위와 수준을 초과하여 지방자치단체에서 급여를 실시할 수 있다(법 제4조 제4항).

제3조(급여의 기본원칙) ① 이 법에 따른 급여는 수급자가 자신의 생활의 유지·향상을 위하여 그의 소득, 재산, 근로능력 등을 활용하여 최대한 노력하는 것을 전제로 이를 보충·발전시키는 것을 기본원칙으로 한다.

② 부양의무자의 부양과 다른 법령에 따른 보호는 이 법에 따른 급여에 우선하여 행하여지는 것으로 한다. 다만, 다른 법령에 따른 보호의 수준이 이 법에서 정하는 수준에 이르지 아니하는 경우에는 나머지 부분에 관하여 이 법에 따른 급여를 받을 권리를 잃지 아니한다.

제4조(급여의 기준 등) ① 이 법에 따른 급여는 건강하고 문화적인 최저생활을 유지할 수 있는 것이어야 한다.

② 이 법에 따른 급여의 기준은 수급자의 연령, 가구 규모, 거주지역, 그 밖의 생활여건 등을 고려하여 급여의 종류별로 보건복지부장관이 정하거나 급여를 지급하는 중앙행정기관의 장(이하 "소관 중앙행정기관의 장"이라 한다)이 보건복지부장관과 협의하여 정한다.

③ 보장기관은 이 법에 따른 급여를 개별가구 단위로 실시하되, 「장애인복지법」 제32조에 따라 등록한 장애인 중 장애의 정도가 심한 장애인으로서 보건복지부장관이 정하는 사람에 대한 급여 등 특히 필요하다고 인정하는 경우에는 개인 단위로 실시할 수 있다.

④ 지방자치단체인 보장기관은 해당 지방자치단체의 조례로 정하는 바에 따라

이 법에 따른 급여의 범위 및 수준을 초과하여 급여를 실시할 수 있다. 이 경우 해당 보장기관은 보건복지부장관 및 소관 중앙행정기관의 장에게 알려야 한다.
제7조(급여의 종류) ② 수급권자에 대한 급여는 수급자의 필요에 따라 제1항 제1호부터 제7호까지의 급여의 전부 또는 일부를 실시하는 것으로 한다.
제9조(생계급여의 방법) ④ 생계급여는 보건복지부장관이 정하는 바에 따라 수급자의 소득인정액 등을 고려하여 차등지급할 수 있다.
제33조(보장시설의 장의 의무) ③ 보장시설의 장은 위탁받은 수급자에게 급여를 실시할 때 성별·신앙 또는 사회적 신분 등을 이유로 차별대우를 하여서는 아니 된다.

국민기초생활보장법은 개별 공공부조법에 대한 일반법으로서의 지위를 갖는다.

제4조의2(다른 법률과의 관계) 제11조 및 제12조의3에 따른 급여와 관련하여 다른 법률에 특별한 규정이 있는 경우를 제외하고는 이 법이 정하는 바에 따른다.

국민기초생활보장법은 수급자의 주거에서 실시하는 것을 원칙으로 하며, 예외적으로 보장시설이나 위탁가정에서 실시할 수도 있다.

제10조(생계급여를 실시할 장소) ① 생계급여는 수급자의 주거에서 실시한다. 다만, 수급자가 주거가 없거나 주거가 있어도 그곳에서는 급여의 목적을 달성할 수 없는 경우 또는 수급자가 희망하는 경우에는 수급자를 제32조에 따른 보장시설이나 타인의 가정에 위탁하여 급여를 실시할 수 있다.
② 제1항에 따라 수급자에 대한 생계급여를 타인의 가정에 위탁하여 실시하는 경우에는 거실의 임차료와 그 밖에 거실의 유지에 필요한 비용은 수급품에 가산하여 지급한다. 이 경우 제7조제1항제2호의 주거급여가 실시된 것으로 본다.

생계급여의 부양의무자 요건은 폐지되었는가?

부양의무자 요건이 폐지되어 가고 있지만, 부양의무자의 부양과 다른 법에 의한 보호가 우선적으로 이루어져야 한다는 내용이 포함되어 있다. 이처럼 빈곤상태에 있는 자가 자신의 능력과 재산, 부양의무자의 지원 등을 받고, 그럼에도 부족한 경우 공공부조에 의한 보호를 실시하여야 한다는 원칙을 보충성의 원칙이라고 한다. 그런데 가족에 의하여 부양이 가능한 경우 국가가 개입하지 않는다는 내용의 부양의무자 제도는 그동안 전통적으로 효와 가족주의를 강조한 우리나라 상황과 맞물려 엄격하게 적용되어 왔다. 부양의무자 제도의 적용으로 인하여 소득이 최저생계비 이하인데도 수급을 받지 못하는 비수급빈곤층이 많았기에, 이는 법의 사각지대를 만드는 주요 원인으로 비판받아 왔다. 부양의무자 제도는 빈곤단체, 장애단체들의 지속적인 문제제기로 개편되어, 교육급여와 주거급여에 대하여는 폐지되고 의료급여와 생계급여(2023년 기준 부양의무자 가구가 월 소득 834만원 이하, 재산 9억원 이하에 해당하면 부양의무자 기준의 적용을 받지 않음)에 대해서만 일부 적용되는 방향으로 대폭 축소되었다.

(2) 정의

법의 핵심적인 개념들은 제2조 정의 규정을 참고한다. 국민기초생활보장법에서 핵심적인 개념은 맞춤형 개별급여 개편 이전에는 '최저생계비'(법 제2조 제7호)였으며, 수급권자 가구의 소득인정액(법 제2조 제9호)이 최저생계비에 미치지 못한 경우, 최저생계비와 소득인정액의 차액을 급여로 보전해 주는 방식으로 운영되었다. 그러나 2014년 맞춤형 개별급여로 개편된 이후에는, 급여에 따라 소득인정액이 기준 중위소득의 일정 비율(2024년 기준 생계급여는 중위소득의 32%, 의료급여는 중위소득의 40%, 주거급여는 중위소득의 48%, 교육급여는 중위소득의 50%) 이하에 해당하는 경우 각 급여의 수급권자가 되며, 보건복지부장관 등은 매년 8월 1일까지 다음 연도의 급여 종류별 수급자 선정기준과 최저보장수준을 공표하도록 변경하였다(법 제6조 제2항). 현재는 상대적 빈곤개념인 '기준 중위소득'과 '최저보장수준'이 급여 산정에 있어 중요한 의미를 갖는다.

한편 '소득인정액'이란 개별 가구의 소득평가액에 재산의 소득환산액을 합한 개념인데, 소득평가액은 개별 가구의 실제 소득에서 가구특성별 지출비용이나 근로소득 등을 공제한 것이고, 재산의 소득환산액은 개별가구의 재산가액에서 기본재산액(기초생활의 유지에 필요하다고 보건복지부장관이 정하여 고시하는 재산액) 및 부채를 공제한 금액에 소득환산율을 곱하여 정한다(법 제6조의3, 시행령 제5~5조의4). 장애, 아동양육 등의 사유로 인한 가구의 특수상황을 반영하고, 빈곤층이 생활의 유지를 위한 일정한 자산은 보유할 수 있도록 하기 위해서 이러한 공식이 적용된다. 다만, 재산의 소득환산제도 때문에 실제 소득수준이 낮은데도 재산 때문에 수급에서 배제되는 결과가 발생하기도 한다.

제2조(정의) 이 법에서 사용하는 용어의 뜻은 다음과 같다.

1. "수급권자"란 이 법에 따른 급여를 받을 수 있는 자격을 가진 사람을 말한다.

2. "수급자"란 이 법에 따른 급여를 받는 사람을 말한다.

3. "수급품"이란 이 법에 따라 수급자에게 지급하거나 대여하는 금전 또는 물품을 말한다.

4. "보장기관"이란 이 법에 따른 급여를 실시하는 국가 또는 지방자치단체를 말한다.

5. "부양의무자"란 수급권자를 부양할 책임이 있는 사람으로서 수급권자의 1촌의 직계혈족 및 그 배우자를 말한다. 다만, 사망한 1촌의 직계혈족의 배우자는 제외한다.

6. "최저보장수준"이란 국민의 소득·지출 수준과 수급권자의 가구 유형 등 생활실태, 물가상승률 등을 고려하여 제6조에 따라 급여의 종류별로 공표하는 금액이나 보장수준을 말한다.

7. "최저생계비"란 국민이 건강하고 문화적인 생활을 유지하기 위하여 필요한 최소한의 비용으로서 제20조의2제4항(수급권자, 수급자 및 차상위계층 등의 규모·생활실태 파악, 최저생계비 계측 등을 위하여 3년마다 실태조사를 실시·공표)에 따라 보건복지부장관이 계측하는 금액을 말한다.

8. "개별가구"란 이 법에 따른 급여를 받거나 이 법에 따른 자격요건에 부합하는지에 관한 조사를 받는 기본단위로서 수급자 또는 수급권자로 구성된 가구

를 말한다. 이 경우 개별가구의 범위 등 구체적인 사항은 대통령령으로 정한다.

9. "소득인정액"이란 보장기관이 급여의 결정 및 실시 등에 사용하기 위하여 산출한 개별가구의 소득평가액과 재산의 소득환산액을 합산한 금액을 말한다.

10. "차상위계층"이란 수급권자(제14조의2에 따라 수급권자로 보는 사람은 제외한다)에 해당하지 아니하는 계층으로서 소득인정액이 대통령령으로 정하는 기준 이하인 계층을 말한다.

11. "기준 중위소득"이란 보건복지부장관이 급여의 기준 등에 활용하기 위하여 제20조제2항에 따른 중앙생활보장위원회의 심의·의결을 거쳐 고시하는 국민 가구소득의 중위값을 말한다.

제6조(최저보장수준의 결정 등) ① 보건복지부장관 또는 소관 중앙행정기관의 장은 급여의 종류별 수급자 선정기준 및 최저보장수준을 결정하여야 한다.

② 보건복지부장관 또는 소관 중앙행정기관의 장은 매년 8월 1일까지 제20조제2항에 따른 중앙생활보장위원회의 심의·의결을 거쳐 다음 연도의 급여의 종류별 수급자 선정기준 및 최저보장수준을 공표하여야 한다.

제6조의3(소득인정액의 산정) ① 제2조제9호에 따른 개별가구의 소득평가액은 개별가구의 실제소득에도 불구하고 보장기관이 급여의 결정 및 실시 등에 사용하기 위하여 산출한 금액으로 다음 각 호의 소득을 합한 개별가구의 실제소득에서 장애·질병·양육 등 가구 특성에 따른 지출요인, 근로를 유인하기 위한 요인, 그 밖에 추가적인 지출요인에 해당하는 금액을 감하여 산정한다.

1. 근로소득
2. 사업소득
3. 재산소득
4. 이전소득

② 제2조제9호에 따른 재산의 소득환산액은 개별가구의 재산가액에서 기본재산액(기초생활의 유지에 필요하다고 보건복지부장관이 정하여 고시하는 재산액을 말한다) 및 부채를 공제한 금액에 소득환산율을 곱하여 산정한다. 이 경우 소득으로 환산하는 재산의 범위는 다음 각 호와 같다.

1. 일반재산(금융재산 및 자동차를 제외한 재산을 말한다)
2. 금융재산
3. 자동차

③ 실제소득, 소득평가액 및 재산의 소득환산액의 산정을 위한 구체적인 범위·기준 등은 대통령령으로 정한다.

고딕체로 표기된 부분은 저자가 추가한 것이다.

(3) 적용대상

국민기초생활보장법의 수급권자는 소득기준과 부양의무자 기준(의료급여와 생계급여의 경우)을 모두 충족한 사람이다. 2014년 맞춤형 급여 체계로 개편함에 따라, 수급권자는 각 급여종류별로 차이가 있다. 이것은 후술할 급여의 종류와 내용에서 함께 다룬다. 이외에도 근로능력이 있는 수급자에게 자활사업에 참가할 것을 조건으로 하여 생계급여를 받는 조건부 수급자(법 제9조), 소득인정액이 기준 중위소득의 100분의 50 이하인 차상위계층(시행령 제3조), 외국인에 대한 특례 규정(법 제5조의2)이 있다. 국민기초생활보장법은 원칙적으로 '국민'을 적용대상으로 하지만, 일정한 조건을 충족하면 외국인도 가능하다. 외국인의 경우, 대한민국 국민과 혼인하여 본인 또는 배우자가 임신 중이거나 대한민국 국적의 미성년 자녀를 양육하고 있거나 배우자의 대한민국 국적인 직계존속과 생계나 주거를 같이 하는 사람으로 외국인 등록을 한 사람도 수급권자가 될 수 있다(법 제5조의2, 시행령 제4조).

제2조(정의) 이 법에서 사용하는 용어의 뜻은 다음과 같다.

1. "수급권자"란 이 법에 따른 급여를 받을 수 있는 자격을 가진 사람을 말한다.

2. "수급자"란 이 법에 따른 급여를 받는 사람을 말한다.

제9조(생계급여의 방법) ⑤ 보장기관은 대통령령으로 정하는 바에 따라 근로능력이 있는 수급자에게 자활에 필요한 사업에 참가할 것을 조건으로 하여 생계급여를 실시할 수 있다. 이 경우 보장기관은 제28조에 따른 자활지원계획을 고려하여 조건을 제시하여야 한다.

제5조의2(외국인에 대한 특례) 국내에 체류하고 있는 외국인 중 대한민국 국민과 혼인하여 본인 또는 배우자가 임신 중이거나 대한민국 국적의 미성년 자녀를 양육하고 있거나 배우자의 대한민국 국적인 직계존속(直系尊屬)과 생계나 주거를 같이하고 있는 사람으로서 대통령령으로 정하는 사람이 이 법에 따른 급여를 받을 수 있는 자격을 가진 경우에는 수급권자가 된다.

국민기초생활보장법 시행령 제3조(차상위계층) 법 제2조제10호에서 "소득인정

액이 대통령령으로 정하는 기준 이하인 계층"이란 소득인정액이 기준 중위소득의 100분의 50 이하인 사람을 말한다.

(4) 급여의 종류와 내용

국민기초생활보장법상 급여는 모두 7가지이다.

제7조(급여의 종류) ① 이 법에 따른 급여의 종류는 다음 각 호와 같다.
1. 생계급여
2. 주거급여
3. 의료급여
4. 교육급여
5. 해산급여
6. 장제급여
7. 자활급여

생계급여는 기초생활보장법에서 가장 핵심적인 급여로, 생계유지가 어려운 빈곤층에게 생계유지를 위한 기본적인 급여를 제공하는 것이며(법 제8조 제1항), 현금으로 지급되는 것이 원칙이다(법 제9조 제1항). 생계급여 수급권자는 소득인정액이 생계급여 선정기준 이하인 사람으로 2024년 생계급여 선정기준은 기준 중위소득의 32% 이하이다.

제8조(생계급여의 내용 등) ① 생계급여는 수급자에게 의복, 음식물 및 연료비와 그 밖에 일상생활에 기본적으로 필요한 금품을 지급하여 그 생계를 유지하게 하는 것으로 한다.
② 생계급여 수급권자는 부양의무자가 없거나, 부양의무자가 있어도 부양능력이 없거나 부양을 받을 수 없는 사람으로서 그 소득인정액이 제20조제2항에 따른 중앙생활보장위원회의 심의·의결을 거쳐 결정하는 금액(이하 이 조에서

"생계급여 선정기준"이라 한다) 이하인 사람으로 한다. 이 경우 생계급여 선정
기준은 기준 중위소득의 100분의 30 이상으로 한다.

③ 생계급여 최저보장수준은 생계급여와 소득인정액을 포함하여 생계급여 선
정기준 이상이 되도록 하여야 한다.

④ 제2항 및 제3항에도 불구하고 제10조제1항 단서에 따라 제32조에 따른 보
장시설에 위탁하여 생계급여를 실시하는 경우에는 보건복지부장관이 정하는
고시에 따라 그 선정기준 등을 달리 정할 수 있다.

제9조(생계급여의 방법) ① 생계급여는 금전을 지급하는 것으로 한다. 다만,
금전으로 지급할 수 없거나 금전으로 지급하는 것이 적당하지 아니하다고 인
정하는 경우에는 물품을 지급할 수 있다.

② 제1항의 수급품은 대통령령으로 정하는 바에 따라 매월 정기적으로 지급하
여야 한다. 다만, 특별한 사정이 있는 경우에는 그 지급방법을 다르게 정하여
지급할 수 있다.

주거급여는 수급자에게 주거 안정에 필요한 임차료, 유지, 수선비 등을
지급하는 급여이며(법 제11조 제1항), 주거급여 수급권자는 기준 중위소득의
48% 이하에 해당하는 사람이다(2024년 기준). 주거급여에 대하여는 주거급
여법에서 따로 정하는데, 주거급여는 국토교통부에서 관장하고 있다.

제11조(주거급여) ① 주거급여는 수급자에게 주거 안정에 필요한 임차료, 수
선유지비, 그 밖의 수급품을 지급하는 것으로 한다.

② 주거급여에 관하여 필요한 사항은 따로 법률에서 정한다.

의료급여는 수급자에게 건강한 생활을 유지하는 데 필요한 각종 검사 및
치료 등을 지급하는 것으로 한다(법 제12조의3 제1항). 의료급여 수급권자는
기준 중위소득의 40% 이하에 해당하는 사람이다(법 제12조의3 제2항, 2024년
기준). 의료급여에 대하여는 의료급여법에서 자세한 내용을 정하고 있다.

제12조의3(의료급여) ① 의료급여는 수급자에게 건강한 생활을 유지하는 데 필요한 각종 검사 및 치료 등을 지급하는 것으로 한다.

② 의료급여 수급권자는 부양의무자가 없거나, 부양의무자가 있어도 부양능력이 없거나 부양을 받을 수 없는 사람으로서 그 소득인정액이 제20조제2항에 따른 중앙생활보장위원회의 심의·의결을 거쳐 결정하는 금액(이하 이 항에서 "의료급여 선정기준"이라 한다) 이하인 사람으로 한다. 이 경우 의료급여 선정기준은 기준 중위소득의 100분의 40 이상으로 한다.

③ 의료급여에 필요한 사항은 따로 법률에서 정한다.

교육급여는 초,중등교육법, 평생교육법에 따른 학교 또는 시설에 입학하거나 재학하는 사람에게 입학금, 수업료, 학용품비 등을 지급하는 것으로 한다(법 제12조, 시행령 제16조). 교육급여 수급권자는 기준 중위소득의 50% 이하에 해당하는 사람이다(법 제12조 제3항, 2024년 기준). 교육급여는 교육부장관의 소관으로 한다(법 제12조 제2항).

제12조(교육급여) ① 교육급여는 수급자에게 입학금, 수업료, 학용품비, 그 밖의 수급품을 지급하는 것으로 하되, 학교의 종류·범위 등에 관하여 필요한 사항은 대통령령으로 정한다.

② 교육급여는 교육부장관의 소관으로 한다.

③ 교육급여 수급권자는 부양의무자가 없거나, 부양의무자가 있어도 부양능력이 없거나 부양을 받을 수 없는 사람으로서 그 소득인정액이 제20조제2항에 따른 중앙생활보장위원회의 심의·의결을 거쳐 결정하는 금액(이하 "교육급여 선정기준"이라 한다) 이하인 사람으로 한다. 이 경우 교육급여 선정기준은 기준 중위소득의 100분의 50 이상으로 한다.

④ 교육급여의 신청 및 지급 등에 대하여는 「초·중등교육법」 제60조의4부터 제60조의9까지 및 제62조제3항에 따른 교육비 지원절차를 준용한다.

해산급여는 임신 전후 출산 관련 급여이다.

제13조(해산급여) ① 해산급여는 제7조제1항제1호부터 제3호까지의 급여 중 하나 이상의 급여를 받는 수급자에게 다음 각 호의 급여를 실시하는 것으로 한다.
1. 조산(助産)
2. 분만 전과 분만 후에 필요한 조치와 보호
② 해산급여는 보건복지부령으로 정하는 바에 따라 보장기관이 지정하는 의료기관에 위탁하여 실시할 수 있다.
③ 해산급여에 필요한 수급품은 보건복지부령으로 정하는 바에 따라 수급자나 그 세대주 또는 세대주에 준하는 사람에게 지급한다. 다만, 제2항에 따라 그 급여를 의료기관에 위탁하는 경우에는 수급품을 그 의료기관에 지급할 수 있다.

장제급여는 수급자의 사망 후 장제 관련 급여이다.

제14조(장제급여) ① 장제급여는 제7조제1항제1호부터 제3호까지의 급여 중 하나 이상의 급여를 받는 수급자가 사망한 경우 사체의 검안(檢案)·운반·화장 또는 매장, 그 밖의 장제조치를 하는 것으로 한다.
② 장제급여는 보건복지부령으로 정하는 바에 따라 실제로 장제를 실시하는 사람에게 장제에 필요한 비용을 지급하는 것으로 한다. 다만, 그 비용을 지급할 수 없거나 비용을 지급하는 것이 적당하지 아니하다고 인정하는 경우에는 물품을 지급할 수 있다.

자활급여는 수급자의 자활을 위하여 자활에 필요한 금품의 지급 또는 대여, 자활에 필요한 근로능력의 향상 및 기능습득의 지원, 취업알선 등 정보의 제공, 근로기회의 제공, 창업지원 등을 실시하는 것을 말한다(법 제15조). 자활촉진에 필요한 사업을 수행하기 위하여 여러 기관이 설립되어 있는데, 중앙자활센터(법 제15조의2), 광역자활센터(법 제15조의10), 지역자활센터(법 제16조), 자활기관협의체(법 제17조) 등이다. 수급자 및 차상위자는 자활기업을 설립, 운영할 수 있다(법 제18조).

제15조(자활급여) ① 자활급여는 수급자의 자활을 돕기 위하여 다음 각 호의 급여를 실시하는 것으로 한다.

1. 자활에 필요한 금품의 지급 또는 대여

2. 자활에 필요한 근로능력의 향상 및 기능습득의 지원

3. 취업알선 등 정보의 제공

4. 자활을 위한 근로기회의 제공

5. 자활에 필요한 시설 및 장비의 대여

6. 창업교육, 기능훈련 및 기술·경영 지도 등 창업지원

7. 자활에 필요한 자산형성 지원

8. 그 밖에 대통령령으로 정하는 자활을 위한 각종 지원

② 제1항의 자활급여는 관련 공공기관·비영리법인·시설과 그 밖에 대통령령으로 정하는 기관에 위탁하여 실시할 수 있다. 이 경우 그에 드는 비용은 보장기관이 부담한다.

제15조의2(중앙자활센터) ① 수급자 및 차상위자의 자활촉진에 필요한 다음 각 호의 사업을 수행하기 위하여 중앙자활센터를 둘 수 있다.

제15조의3(광역자활센터) ① 보장기관은 수급자 및 차상위자의 자활촉진에 필요한 다음 각 호의 사업을 수행하게 하기 위하여 사회복지법인, 사회적협동조합 등 비영리법인과 단체(이하 이 조에서 "법인등"이라 한다)를 법인등의 신청을 받아 특별시·광역시·도·특별자치도(이하 "시·도"라 한다) 단위의 광역자활센터로 지정할 수 있다.

제16조(지역자활센터 등) ① 보장기관은 수급자 및 차상위자의 자활 촉진에 필요한 다음 각 호의 사업을 수행하게 하기 위하여 사회복지법인, 사회적협동조합 등 비영리법인과 단체(이하 이 조에서 "법인등"이라 한다)를 법인등의 신청을 받아 지역자활센터로 지정할 수 있다.

제17조(자활기관협의체) ① 시장·군수·구청장은 자활지원사업의 효율적인 추진을 위하여 제16조에 따른 지역자활센터, 「직업안정법」 제2조의2제1호의 직업안정기관, 「사회복지사업법」 제2조제4호의 사회복지시설의 장 등과 상시적인 협의체계(이하 "자활기관협의체"라 한다)를 구축하여야 한다.

제18조(자활기업) ① 수급자 및 차상위자는 상호 협력하여 자활기업을 설립·운영할 수 있다.

자활급여와 관련하여 수급자의 고용촉진 지원(법 제18조의2), 자활기금의 적립(법 제18조의3), 자산형성지원(법 제18조의4) 규정이 있다.

제18조의2(고용촉진) ① 보장기관은 수급자 및 차상위자의 고용을 촉진하기 위하여 상시근로자의 일정비율 이상을 수급자 및 차상위자로 채용하는 기업에 대하여는 대통령령으로 정하는 바에 따라 제18조제3항 각 호에 해당하는 지원을 할 수 있다.

② 시장·군수·구청장은 수급자 및 차상위자에게 가구별 특성을 감안하여 관련 기관의 고용지원서비스를 연계할 수 있다.

③ 시장·군수·구청장은 수급자 및 차상위자의 취업활동으로 인하여 지원이 필요하게 된 해당 가구의 아동·노인 등에게 사회복지서비스를 지원할 수 있다.

제18조의3(자활기금의 적립) ① 보장기관은 이 법에 따른 자활지원사업의 원활한 추진을 위하여 일정한 금액과 연한을 정하여 자활기금을 적립할 수 있다.

제18조의4(자산형성지원) ① 보장기관은 수급자 및 차상위자가 자활에 필요한 자산을 형성할 수 있도록 재정적인 지원을 할 수 있다.

---

(5) 급여의 실시

국민기초생활보장법에 의한 급여 실시 순서는 '신청 → 조사(확인조사) → 결과 보고 → 결정 → 실시 → (사후관리) 변경 또는 중지'의 순이다. 급여는 수급권자 등의 신청에 의하여 이루어지는 것이 원칙이나(신청주의의 원칙, 법 제21조 제1항), 사회복지 전담공무원이 직권으로 신청할 수 있도록 하는 보완규정을 두었다(직권주의의 보완, 법 제21조 제2항).

제21조(급여의 신청) ① 수급권자와 그 친족, 그 밖의 관계인은 관할 시장·군수·구청장에게 수급권자에 대한 급여를 신청할 수 있다. 차상위자가 급여를 신청하려는 경우에도 같으며, 이 경우 신청방법과 절차 및 조사 등에 관하여는 제2항부터 제5항까지, 제22조, 제23조 및 제23조의2를 준용한다.

---

② 사회복지 전담공무원은 이 법에 따른 급여를 필요로 하는 사람이 누락되지 아니하도록 하기 위하여 관할지역에 거주하는 수급권자에 대한 급여를 직권으로 신청할 수 있다. 이 경우 수급권자의 동의(금융정보, 신용정보, 보험정보 제공 동의)를 구하여야 하며 수급권자의 동의는 수급권자의 신청으로 볼 수 있다.

제22조(신청에 의한 조사) ① 시장·군수·구청장은 제21조에 따른 급여신청이 있는 경우에는 사회복지 전담공무원으로 하여금 급여의 결정 및 실시 등에 필요한 다음 각 호의 사항을 조사하게 하거나 수급권자에게 보장기관이 지정하는 의료기관에서 검진을 받게 할 수 있다.

1. 부양의무자의 유무 및 부양능력 등 부양의무자와 관련된 사항

2. 수급권자 및 부양의무자의 소득·재산에 관한 사항

3. 수급권자의 근로능력, 취업상태, 자활욕구 등 제28조에 따른 자활지원계획 수립에 필요한 사항

4. 그 밖에 수급권자의 건강상태, 가구 특성 등 생활실태에 관한 사항

제23조(확인조사) ① 시장·군수·구청장은 수급자 및 수급자에 대한 급여의 적정성을 확인하기 위하여 매년 연간조사계획을 수립하고 관할구역의 수급자를 대상으로 제22조제1항 각 호의 사항을 매년 1회 이상 정기적으로 조사하여야 하며, 특히 필요하다고 인정하는 경우에는 보장기관이 지정하는 의료기관에서 검진을 받게 할 수 있다. 다만, 보건복지부장관이 정하는 사항은 분기마다 조사하여야 한다.

제25조(조사 결과의 보고 등) 제22조, 제23조, 제23조의2 및 제24조에 따라 시장·군수·구청장이 수급권자, 수급자, 부양의무자 및 차상위계층을 조사하였을 때에는 보건복지부령으로 정하는 바에 따라 관할 시·도지사에게 보고하여야 하며 보고를 받은 시·도지사는 이를 보건복지부장관 및 소관 중앙행정기관의 장에게 보고하여야 한다. 시·도지사가 조사하였을 때에도 또한 같다.

제26조(급여의 결정 등) ① 시장·군수·구청장은 제22조에 따라 조사를 하였을 때에는 지체 없이 급여 실시 여부와 급여의 내용을 결정하여야 한다.

④ 신청인에 대한 제3항의 통지는 제21조에 따른 급여의 신청일부터 30일 이내에 하여야 한다. 다만, 다음 각 호의 어느 하나에 해당하는 경우에는 신청일부터 60일 이내에 통지할 수 있다.

제27조(급여의 실시 등) ① 제26조제1항에 따라 급여 실시 및 급여 내용이 결정된 수급자에 대한 급여는 제21조에 따른 급여의 신청일부터 시작한다. 다만, 제6조에 따라 보건복지부장관 또는 소관중앙행정기관의 장이 매년 결정·공표하는 급여의 종류별 수급자 선정기준의 변경으로 인하여 매년 1월에 새로 수

급자로 결정되는 사람에 대한 급여는 해당 연도의 1월 1일을 그 급여개시일로 한다.

② 시장·군수·구청장은 제26조제1항에 따른 급여 실시 여부의 결정을 하기 전이라도 수급권자에게 급여를 실시하여야 할 긴급한 필요가 있다고 인정할 때에는 제7조제1항 각 호에 규정된 급여의 일부를 실시할 수 있다.

제27조의2(급여의 지급방법 등) ① 보장기관이 급여를 금전으로 지급할 때에는 수급자의 신청에 따라 수급자 명의의 지정된 계좌(이하 "급여수급계좌"라 한다)로 입금하여야 한다. 다만, 정보통신장애나 그 밖에 대통령령으로 정하는 불가피한 사유로 급여수급계좌로 이체할 수 없을 때에는 대통령령으로 정하는 바에 따라 급여를 지급할 수 있다.

제29조(급여의 변경) ① 보장기관은 수급자의 소득·재산·근로능력 등이 변동된 경우에는 직권으로 또는 수급자나 그 친족, 그 밖의 관계인의 신청에 의하여 그에 대한 급여의 종류·방법 등을 변경할 수 있다.

② 제1항에 따른 급여의 변경은 산출 근거 등 이유를 구체적으로 밝혀 서면으로 수급자에게 통지하여야 한다.

제30조(급여의 중지 등) ① 보장기관은 수급자가 다음 각 호의 어느 하나에 해당하는 경우에는 급여의 전부 또는 일부를 중지하여야 한다.

1. 수급자에 대한 급여의 전부 또는 일부가 필요 없게 된 경우

2. 수급자가 급여의 전부 또는 일부를 거부한 경우

② 근로능력이 있는 수급자가 제9조제5항의 조건을 이행하지 아니하는 경우 조건을 이행할 때까지 제7조제2항에도 불구하고 근로능력이 있는 수급자 본인의 생계급여의 전부 또는 일부를 지급하지 아니할 수 있다.

고딕체로 표기된 부분은 저자가 추가한 것이다.

(6) 보장기관 및 인력

국민기초생활보장법상 보장기관이란 법에 따른 급여를 실시하는 국가 또는 지방자치단체를 말하며(법 제2조 제4호), 구체적으로, 급여를 실시하는 보장기관은 수급권자 또는 수급자의 거주지를 관할하는 시·도지사와 시장·군수·구청장이다. 교육급여의 경우 교육감이 보장기관이 된다.

제2조(정의) 이 법에서 사용하는 용어의 뜻은 다음과 같다.
4. "보장기관"이란 이 법에 따른 급여를 실시하는 국가 또는 지방자치단체를 말한다.
제19조(보장기관) ① 이 법에 따른 급여는 수급권자 또는 수급자의 거주지를 관할하는 시·도지사와 시장·군수·구청장[제7조제1항제4호의 교육급여인 경우에는 특별시·광역시·특별자치시·도·특별자치도의 교육감(이하 "시·도교육감"이라 한다)을 말한다. 이하 같다]이 실시한다. 다만, 주거가 일정하지 아니한 경우에는 수급권자 또는 수급자가 실제 거주하는 지역을 관할하는 시장·군수·구청장이 실시한다.

보장기관은 수급권자, 수급자, 차상위계층에 대한 조사와 수급자 결정 및 급여의 실시 등 보장업무를 수행하게 하기 위하여 사회복지 전담공무원을 배치하여야 하며, 자활급여 업무를 수행하는 사회복지 전담공무원은 따로 배치하여야 한다.

제19조(보장기관) ④ 보장기관은 수급권자·수급자·차상위계층에 대한 조사와 수급자 결정 및 급여의 실시 등 이 법에 따른 보장업무를 수행하게 하기 위하여 「사회복지사업법」 제14조에 따른 사회복지 전담공무원(이하 "사회복지 전담공무원"이라 한다)을 배치하여야 한다. 이 경우 제15조에 따른 자활급여 업무를 수행하는 사회복지 전담공무원은 따로 배치하여야 한다.

이 법에 따른 생활보장사업의 기획, 조사, 실시에 관한 사항을 심의, 의결하기 위하여 보건복지부에는 중앙생활보장위원회를(법 제20조 제2항), 시, 도 및 시, 군, 구에는 지방생활보장위원회를 각각 둔다(법 제20조 제4항, 시행령 제28조). 중앙생활보장위원회는 3년마다 기초생활보장 기본계획을 수립하고, 소득인정액 산정방식과 기준 중위소득을 결정하고, 수급자 선정기준과 최저보장수준을 결정하는 등 중요한 기능을 하고 있다(법 제20조 제2항). 지방생활보장위원회는 각 지자체의 생활보장사업의 기본방향과 시행계획을 수립하고, 지자체에서 실시하는 급여에 관한 사항 등을 심의, 의결하고, 수급권자에 해당하지 않아도 생활이 어려운 사람에 대한 급여, 보장비용 징수 제외 및 결정, 금품의 반환, 징수, 감면 등의 결정을 내린다(시행령 제29조).

제20조(생활보장위원회) ① 이 법에 따른 생활보장사업의 기획·조사·실시 등에 관한 사항을 심의·의결하기 위하여 보건복지부와 시·도 및 시·군·구(자치구를 말한다. 이하 같다)에 각각 생활보장위원회를 둔다. 다만, 시·도 및 시·군·구에 두는 생활보장위원회는 그 기능을 담당하기에 적합한 다른 위원회가 있고 그 위원회의 위원이 제4항에 규정된 자격을 갖춘 경우에는 시·도 또는 시·군·구의 조례로 정하는 바에 따라 그 위원회가 생활보장위원회의 기능을 대신할 수 있다.

② 보건복지부에 두는 생활보장위원회(이하 "중앙생활보장위원회"라 한다)는 다음 각 호의 사항을 심의·의결한다.

1. 제20조의2제3항에 따른 기초생활보장 종합계획의 수립

2. 소득인정액 산정방식과 기준 중위소득의 결정

3. 급여의 종류별 수급자 선정기준과 최저보장수준의 결정

4. 제20조의2제2항 및 제4항에 따른 급여기준의 적정성 등 평가 및 실태조사에 관한 사항

5. 급여의 종류별 누락·중복, 차상위계층의 지원사업 등에 대한 조정

6. 제18조의3에 따른 자활기금의 적립·관리 및 사용에 관한 지침의 수립

7. 그 밖에 위원장이 회의에 부치는 사항

③ 중앙생활보장위원회는 위원장을 포함하여 16명 이내의 위원으로 구성하고 위원은 보건복지부장관이 다음 각 호의 어느 하나에 해당하는 사람 중에서 위촉·지명하며 위원장은 보건복지부장관으로 한다.

1. 공공부조 또는 사회복지와 관련된 학문을 전공한 전문가로서 대학의 조교수 이상인 사람 또는 연구기관의 연구원으로 재직 중인 사람 5명 이내

2. 공익을 대표하는 사람 5명 이내

3. 관계 행정기관 소속 3급 이상 공무원 또는 고위공무원단에 속하는 일반직공무원 5명 이내

④ 제1항에 따른 시·도 및 시·군·구 생활보장위원회의 위원은 시·도지사 또는 시장·군수·구청장이 다음 각 호의 어느 하나에 해당하는 사람 중에서 위

촉·지명하며 위원장은 해당 시·도지사 또는 시장·군수·구청장으로 한다. 다만, 제1항 단서에 따라 다른 위원회가 생활보장위원회의 기능을 대신하는 경우 위원장은 조례로 정한다.

1. 사회보장에 관한 학식과 경험이 있는 사람

2. 공익을 대표하는 사람

3. 관계 행정기관 소속 공무원

국민기초생활보장법에서는 급여를 실시하기 위한 보장시설의 범위를 법률로 정하고 있다.

제32조(보장시설) 이 법에서 "보장시설"이란 제7조에 규정된 급여를 실시하는 「사회복지사업법」에 따른 사회복지시설로서 다음 각 호의 시설 중 보건복지부령으로 정하는 시설을 말한다.

1. 「장애인복지법」 제58조제1항제1호의 장애인 거주시설

2. 「노인복지법」 제32조제1항의 노인주거복지시설 및 같은 법 제34조제1항의 노인의료복지시설

3. 「아동복지법」 제52조제1항 및 제2항에 따른 아동복지시설 및 통합 시설

4. 「정신보건법」 제3조제4호 및 제5호의 정신질환자사회복귀시설 및 정신요양시설

5. 「노숙인 등의 복지 및 자립지원에 관한 법률」 제16조제1항제3호 및 제4호의 노숙인재활시설 및 노숙인요양시설

6. 「가정폭력방지 및 피해자보호 등에 관한 법률」 제7조에 따른 가정폭력피해자 보호시설

7. 「성매매방지 및 피해자보호 등에 관한 법률」 제9조제1항에 따른 성매매피해자등을 위한 지원시설

8. 「성폭력방지 및 피해자보호 등에 관한 법률」 제12조에 따른 성폭력피해자보호시설

9. 「한부모가족지원법」 제19조제1항의 한부모가족복지시설

10. 「사회복지사업법」 제2조제4호의 사회복지시설 중 결핵 및 한센병요양시설

11. 그 밖에 보건복지부령으로 정하는 시설

(7) 재정

국민기초생활보장사업에 드는 비용을 보장비용이라고 하며(법 제42조), 보장비용은 국가와 지방자치단체가 부담하고, 그 구체적인 내용과 비율은 법에 상세하게 규정되어 있다(법 제43조). 급여 실시 후 부양능력을 가진 부양의무자가 있음이 확인된 경우, 부양의무자에게 집행한 급여 비용을 징수할 수 있으며(법 제46조 제1항), 부정수급의 경우에도 부정수급자에게 징수할 수 있다(법 제46조 제2항).

제42조(보장비용) 이 법에서 "보장비용"이란 다음 각 호의 비용을 말한다.

1. 이 법에 따른 보장업무에 드는 인건비와 사무비

2. 제20조에 따른 생활보장위원회의 운영에 드는 비용

3. 제8조, 제11조, 제12조, 제12조의3, 제13조, 제14조, 제15조, 제15조의2, 제15조의3, 제15조의10 및 제16조부터 제18조까지의 규정에 따른 급여 실시 비용

제43조(보장비용의 부담 구분) ① 보장비용의 부담은 다음 각 호의 구분에 따른다.

4. 시·군·구가 수행하는 보장업무에 드는 비용 중 제42조제3호 및 제4호의 비용(이하 이 호에서 "시·군·구 보장비용"이라 한다)은 시·군·구의 재정여건, 사회보장비 지출 등을 고려하여 국가, 시·도 및 시·군·구가 다음 각 목에 따라 차등하여 분담한다.

가. 국가는 시·군·구 보장비용의 총액 중 100분의 40 이상 100분의 90 이하를 부담한다.

나. 시·도는 시·군·구 보장비용의 총액에서 가목의 국가부담분을 뺀 금액 중 100분의 30 이상 100분의 70 이하를 부담하고, 시·군·구는 시·군·구 보장비용의 총액 중에서 국가와 시·도가 부담하는 금액을 뺀 금액을 부담한다. 다만, 특별자치시·특별자치도는 시·군·구 보장비용의 총액 중에서 국가가 부담하는 금액을 뺀 금액을 부담한다.

② 국가는 매년 이 법에 따른 보장비용 중 국가부담 예정 합계액을 각각 보조금으로 지급하고, 그 과부족(過不足) 금액은 정산하여 추가로 지급하거나 반납하게 한다.

⑤ 지방자치단체의 조례에 따라 이 법에 따른 급여 범위 및 수준을 초과하여 급여를 실시하는 경우 그 초과 보장비용은 해당 지방자치단체가 부담한다.

제46조(비용의 징수) ① 수급자에게 부양능력을 가진 부양의무자가 있음이 확인된 경우에는 보장비용을 지급한 보장기관은 제20조에 따른 생활보장위원회의 심의·의결을 거쳐 그 비용의 전부 또는 일부를 그 부양의무자로부터 부양의무의 범위에서 징수할 수 있다.

② 속임수나 그 밖의 부정한 방법으로 급여를 받거나 타인으로 하여금 급여를 받게 한 경우에는 보장비용을 지급한 보장기관은 그 비용의 전부 또는 일부를 그 급여를 받은 사람 또는 급여를 받게 한 자(이하 "부정수급자"라 한다)로부터 징수할 수 있다.

(8) 권리구제 및 벌칙

국민기초생활보장법상 급여와 관련하여 이의가 있는 경우, 급여를 한 기초자치단체장(시장·군수·구청장)에게 이의신청을 할 수 있고, 기초자치단체장은 이의신청을 광역자치단체장(시·도지사)에게 송부하며, 광역자체단체장(시·도지사)은 필요한 심사를 하여 처분을 변경, 취소하거나 필요한 급여를 명할 수 있다(법 제38조, 제39조). 만약 시·도지사의 처분에 관하여 이의가 있으면 시·도지사에게 이의신청을 하며, 이는 보건복지부장관이 심사하여 결정을 내린다(법 제40조).

이 책의 5장에서 살펴본 바와 같이, 행정기관에 문제제기를 하지 않고, 바로 법원에 행정소송을 제기하여 재판으로 다툴 수 있다. 기초생활보장법과 관련한 주요한 판례는 [판례 2](58쪽), [판례 6](188쪽), [판례 10](197쪽) 등을 참고한다.

제38조(시·도지사에 대한 이의신청) ① 수급자나 급여 또는 급여 변경을 신청한 사람은 시장·군수·구청장(제7조제1항제4호의 교육급여인 경우에는 시·도교육감을 말한다)의 처분에 대하여 이의가 있는 경우에는 그 결정의 통지를 받은 날부터 60일 이내에 해당 보장기관을 거쳐 시·도지사(특별자치시장·특별

자치도지사 및 시·도교육감의 처분에 이의가 있는 경우에는 해당 특별자치시장·특별자치도지사 및 시·도교육감을 말한다)에게 서면 또는 구두로 이의를 신청할 수 있다. 이 경우 구두로 이의신청을 접수한 보장기관의 공무원은 이의 신청서를 작성할 수 있도록 협조하여야 한다.

② 제1항에 따른 이의신청을 받은 시장·군수·구청장은 10일 이내에 의견서와 관계 서류를 첨부하여 시·도지사에게 보내야 한다.

제39조(시·도지사의 처분 등) ① 시·도지사가 제38조제2항에 따라 시장·군수·구청장으로부터 이의신청서를 받았을 때(특별자치시장·특별자치도지사 및 시·도교육감의 경우에는 직접 이의신청을 받았을 때를 말한다)에는 30일 이내에 필요한 심사를 하고 이의신청을 각하 또는 기각하거나 해당 처분을 변경 또는 취소하거나 그 밖에 필요한 급여를 명하여야 한다.

② 시·도지사는 제1항에 따른 처분 등을 하였을 때에는 지체 없이 신청인과 해당 시장·군수·구청장에게 각각 서면으로 통지하여야 한다.

제40조(보건복지부장관에 대한 이의신청) ① 제39조에 따른 처분 등에 대하여 이의가 있는 사람은 그 처분 등의 통지를 받은 날부터 60일 이내에 시·도지사를 거쳐 보건복지부장관(제7조제1항제2호 또는 제4호의 주거급여 또는 교육급여인 경우에는 소관 중앙행정기관의 장을 말하며, 보건복지부장관에게 한 이의신청은 소관 중앙행정기관의 장에게 한 것으로 본다)에게 서면 또는 구두로 이의를 신청할 수 있다. 이 경우 구두로 이의신청을 접수한 보장기관의 공무원은 이의신청서를 작성할 수 있도록 협조하여야 한다.

② 시·도지사는 제1항에 따른 이의신청을 받으면 10일 이내에 의견서와 관계 서류를 첨부하여 보건복지부장관 또는 소관 중앙행정기관의 장(제7조제1항제2호 또는 제4호의 주거급여 또는 교육급여인 경우에 한정한다)에게 보내야 한다.

③ 제1항 및 제2항에 규정된 사항 외에 이의신청의 방법 등은 대통령령으로 정한다.

제41조(이의신청의 결정 및 통지) ① 보건복지부장관 또는 소관 중앙행정기관의 장은 제40조제2항에 따라 이의신청서를 받았을 때에는 30일 이내에 필요한 심사를 하고 이의신청을 각하 또는 기각하거나 해당 처분의 변경 또는 취소의 결정을 하여야 한다.

② 보건복지부장관 또는 소관 중앙행정기관의 장은 제1항에 따른 결정을 하였을 때에는 지체 없이 시·도지사 및 신청인에게 각각 서면으로 결정 내용을 통지하여야 한다. 이 경우 소관 중앙행정기관의 장이 결정 내용을 통지하는 때에는 그 사실을 보건복지부장관에게 알려야 한다.

법의 실효성을 확보하기 위하여 법을 위반한 경우 형벌 또는 과태료가 부과될 수 있다. 국민기초생활보장법도 금융정보 누설(법 제48조 제1항), 조사를 통해 취득한 정보 및 자료를 목적 외 사용하거나 타인에게 제공(법 제48조 제2항), 부정수급(법 제49조 제1호), 가족의 급여 대리수령 후 목적 외 사용(법 제49조 제2호) 등의 법위반 행위에 대한 벌칙 조항을 두고 있다.

제48조(벌칙) ① 제23조의2제6항을 위반하여 금융정보등을 사용·제공 또는 누설한 자는 5년 이하의 징역 또는 5천만원 이하의 벌금에 처한다.

② 제22조제6항(제23조제2항에서 준용하는 경우를 포함한다)을 위반하여 정보 또는 자료를 사용하거나 제공한 자는 3년 이하의 징역 또는 3천만원 이하의 벌금에 처한다.

제49조(벌칙) 다음 각 호의 어느 하나에 해당하는 자는 1년 이하의 징역, 1천만원 이하의 벌금, 구류 또는 과료에 처한다.

1. 거짓이나 그 밖의 부정한 방법으로 급여를 받거나 다른 사람으로 하여금 급여를 받게 한 자

2. 제27조의3제3항을 위반하여 지급받은 급여를 목적 외의 용도로 사용한 자

| 법률 개정으로 무엇이 바뀌었는가? |

맞춤형 급여체계 개편으로 수급권이 강화되었다!

2000년부터 시행된 기초생활보장제도는 경제성장 및 복지수요의 다양화로 기존의 문제점이 대두되기 시작했다. 보건복지부는 2013년 5월 탈빈곤 유인 강화와 사각지대 해소를 위해, 기초생활보장제도를 생계, 의료, 주거, 교육 등 각 급여 대상별 특성에 맞게 급여별 최저보장수준을 현실화한다는 취지로 '기초생활보장제도 맞춤형급여체계' 개편을 발표하였다. 당시 기초생활보장제도의 '맞춤형 급여체계 개편방안'은 전문가, 학계, 관계부처가 참여한 '맞춤형복지급여기획단'이 마련하고, 대국민 공청회 등의 의견수렴과 '사회보장위원회' 심의를 거쳐 확정되었다.

맞춤형 급여체계 개편으로 첫째, 통합급여에서 개별급여로 전환하였다. 2000년에 시행된 국민기초생활보장제도는 부양의무자가 없고 최저생계비 이하인 경우 7가지 급여(생계·주거·의료·교육·자활·해산·장제급여)를 일괄 지원하는 통합급여 방식이었다. 새로운 맞춤형 급여체계는 개인의 복지수요에 맞추는

개별급여 방식으로 개편하여 생계·주거·의료·교육급여별 대상자 선정 및 급여수준을 별도 설정하는 방식으로 변화하였다. 둘째, 부양의무자 판정기준 완화로 사각지대를 축소하였다. 당시 부양의무자(수급권자의 1촌 직계혈족 및 그 배우자)인 자녀, 부모, 사위·며느리가 소득, 재산을 보유하여 부양능력이 있는 경우에는 우선 부양의무자의 부양을 받도록 하고 있었으나, 실제 도움을 받지 못하는 경우가 있었다. 이러한 보호의 사각지대를 줄이고 부양의무자가 느끼는 부양부담을 완화하기 위해 부양의무자가 수급자를 부양하면서도 중위소득 수준의 생활을 유지할 수 있는 수준으로, 부양의무자의 부양능력 판단기준이 완화되었다. 셋째, 논쟁이 많았던 최저생계비 기준에서 중위소득 기준으로 변경하면서, 절대적 빈곤에서 상대적 빈곤 관점으로 변화되었다. 기존 제도에서는 수급자 가구의 소득인정액이 최저생계비 이하인 경우에 지원하였다. 이때 최저생계비는 3년마다 실시하는 계측조사를 토대로 결정하였다. 그러나 최저생계비 계측방식과 수준에 대한 논쟁이 매년 계속되었다. 또한 경제발전 및 생활수준 향상과 연동하여 저소득층의 최저생활을 현실적으로 보장하기 위해 상대적 빈곤 관점을 반영하여 차상위계층까지 포괄하는 방식으로 빈곤기준을 완화하였다. 선정기준을 최저생계비에서 중위소득 개념으로 변경한 것이다. 넷째, 근로유인을 보다 더 확보할 수 있게 되었다. 일정수준 이상 소득이 증가하면 기초생활보장제도 급여가 중단되어 일할 능력이 있는 수급자라도 근로유인에 어려움이 있었으나, 개별급여로 전환하여 근로능력자가 자립·자활을 통해 수급대상에서 벗어날 수 있도록 유도할 수 있는 가능성이 높아졌다.

그림 8-1 국민기초생활보장 수급자 현황: 2001-2023
출처: e-나라지표

표 8-2 2024년 가구규모별, 급여종류별 수급자 선정기준

구분	기준중위소득	생계급여기준 (중위소득 32%)	의료급여기준 (중위소득 40%)	주거급여기준 (중위소득 48%)	교육급여기준 (중위소득 50%)
1인가구	2,228,445	713,102	891,378	1,069,654	1,114,222
2인가구	3,682,609	1,178,435	1,473,044	1,767,652	1,841,305
3인가구	4,714,657	1,508,690	1,885,863	2,263,035	2,357,328
4인가구	5,729,913	1,833,572	2,291,965	2,750,358	2,864,956

출처: 보건복지부 홈페이지(https://www.mohw.go.kr/menu.es?mid=a10708010300)

2. 의료급여법

1) 의료급여법의 의의

의료급여법은 사회적 약자와 저소득층에게 의료서비스를 제공함으로써 국민의 건강권을 보장하고 사회적 안전망을 구축하는 데 기여하는 법률이다. 경제적 어려움으로 인해 의료서비스를 받기 힘든 취약계층들이 이용할 건강보장제도가 없다면, 심각한 건강위험에 빠질 수밖에 없을 것이다. 헌법상 보장된 인간다운 생활을 할 권리 및 국민의 건강권 실현에 이바지함으로써, 의료급여 수급자의 건강수준을 향상시킬 수 있다. 조세를 통해 국가가 직접 지원하는 공공의료체계 속에 저소득층도 포괄함으로써 건강 불평등을 감소시키는 점에서도 의의를 찾을 수 있다. 의료급여법을 통해 사회적 안전망을 강화하여 국민 건강 수준을 제고하고 사회적 통합을 높이는 데 중요한 역할을 한다고 볼 수 있다.

2) 의료급여법의 연혁

(1) 의료급여법의 제정

1977년 12월 31일 의료보호법이 제정·시행되었다. 당시 보건의료서비스에 대한 접근이 자신의 경제적 형편에 따라 제한되던 상황에서, 의료보호법은 저소득층을 비롯한 사회적 취약계층이 기본적인 의료서비스를 받을 수 있도록 국가가 법적 근거를 마련한 공공의료체계로서의 의미를 갖는다. 의료보호법은 빈곤층을 대상으로 의료비를 국가와 지방자치단체가 일부 또는 전액 부담하는 제도를 도입하여, 의료 접근성을 대폭 개선하고 국민의 건강권 보장을 제도화하였다는 점에서 역사적 의의를 찾을 수 있다. 특히 의료보호법은 국민건강보험제도와 병행하여 건강 불평등 해소와 보편적 의료복지 실현을 향한 기반을 다졌다.

2001년 의료보호법에서 의료급여법으로 법률 명칭을 변경하여 전부개정 되었을 당시 의료급여법은 장 구분 없이 36조와 부칙으로 구성되어 있었다. 의료급여법 제1조 목적에서는, "이 법은 생활이 어려운 자에게 의료급여를 실시함으로써 국민보건의 향상과 사회복지의 증진에 이바지함을 목적으로 한다"고 규정하였다. 현행 의료급여법의 목적도 2001년 제정 당시의 목적과 동일하다. 다만 2001년 이후 의료급여법은 저소득층의 건강보장제도를 확대하였는데, 의료급여 수급권자 확대, 과다납부금을 환불, 보장기관의 범위 확장, 의료급여 관리사 도입 등의 법 조항을 개정해 왔다.

(2) 의료급여법의 주요 개정 내용

의료급여법의 제정은 저소득층의 건강권 보장, 건강불평등 완화, 사회통합 추구를 시도하였다는 점에서 의의가 크다. 그러나 의료보호법에서 의료급여법으로의 변화에도 불구하고 저소득층의 건강 문제는 지속적인 사회 이슈였다. 이에 저소득층의 건강한 삶의 보장을 위해 여러 차례에 걸쳐 개정이 되었는데, 주요 개정내용은 표 8-3과 같다.

표 8-3 의료급여법의 주요 개정 연혁

연도	주요 내용
1977.12.31.	- 의료보호법 제정
1991.03.08.	- 의료보호대상자 확대와 전국민의료보험의 실시(1989.7.1.) 등 의료보장 여건이 변화됨에 따라 의료보호의 내용을 확대하고 의료보호사업의 내실화를 도모하기 위하여 의료보호법을 전부개정 - 광역 및 기초 자치단체에 의료보호심의위원회를 두어 의료보호사업에 관하여 필요한 사항 심의 - 무제한으로 되어 있는 보호기간을 연간 180일 이내로 제한하되, 보호기관이 시·군·구 의료보호심의위원회의 심의를 거쳐 보호기간을 연장할 수 있도록 함 - 부정한 방법으로 보호를 받은 자나 보호비용을 받은 진료기관에 대하여 그 보호내용 또는 보호비용에 상당한 부당이득 징수 - 보호대상자나 진료기관에 대하여 진료·약제의 지급등 보호내용에 관한 자료의 제출을 명하거나 조사할 수 있도록 함 - 진료기관에서 의료보호기준을 위반하여 부당하게 보호하였거나 진료비를 청구한 때에는 의료보호진료기관의 지정을 취소하고 관련의료인에 대하여 1년 이하의 면허·자격정지처분을 할 수 있도록 함 - 이 법에 의한 보건사회부장관의 권한을 대통령령이 정하는 바에 따라 시·도지사나 전문기관에 위임 또는 위탁 - 정당한 이유없이 의료보호진료기관의 지정을 거부하거나 의료보호와 관련하여 보건사회부장관이 행하는 조사와 보고 등을 거부·방해·기피한 개인·단체 또는 의료기관의 종사자에 대하여는 1년 이하의 징역 또는 100만원 이하의 벌금에 처하도록 함
2001.05.24.	- 의료급여법 제정(2001.10.1 시행): 국민기초생활보장법에서 기존의 '의료보호'를 '의료급여'로 변경함에 따라 이 법의 이름을 의료급여법으로 변경 - 중앙의료급여심의위원회 설치 - 생활이 어려운 저소득 국민의 의료에 대한 권리 강화 - 의료급여를 받을 수 있는 기간 제한의 폐지 - 요양비 지급, 건강검진 - 의료급여 제한의 범위 축소: 수급권자 자신의 고의 또는 중대한 과실로 발생한 범죄 행위로 인한 사고에만 의료급여를 하지 않도록 의료급여 제한의 범위를 축소
2003.05.15.	- 문화재보호법상의 중요무형문화재가 전수교육이 어려워 명예보유자로 인정되는 경우 의료급여 수급대상자에 추가
2004.03.05.	- 국내에 입양된 18세 미만의 아동을 의료급여 수급권자로 포함
2005.12.23.	- 의료기관의 서류보존의무 신설(처방전 3년, 급여비용 청구 서류 5년)
2006.10.04.	- 난민으로 인정된 자 중 국민기초생활보장법 수급기준에 해당하는 자에 대한 수급권 인정 규정 신설
2006.12.28.	- 본인부담금이 과다하게 납부된 경우 과다납부금을 환불받을 수 있도록 함 - 의료급여기관이 입원보증금 등 다른 명목의 비용을 청구할 수 없도록 함
2011.03.30.	- 의료기관에 관한 업무를 행하는 보장기관의 범위를 시장, 군수, 구청장뿐만 아니라 시장, 광역시장, 도지사까지 확대 - 의료급여 수급권자에 대하여 사례관리 실시를 위해 의료급여 관리사를 시도 및 시군구에 두기로 함
2013.06.12.	- 의료급여 수급권자의 인정 절차 마련: 의료급여 수급권자는 국민기초생활보장법에 따른 수급자와 다른 법령에 따라 수급권자가 되는 사람 등이 포함되어 있으나, 그러한 사람에 대하여 소득, 재산 등을 확인하는 등 수급권자로 인정하는 절차에 관한 규정이 명확하지 않아 구체적인 인정 절차를 마련함 - 이의신청 제도 개선: 종전에는 처분이 있은 날부터 90일 이내에 문서로만 하도록 하던 것을 처분이 있음을 안 날부터 90일 이내, 처분이 있은 날부터 180일 이내에 문서 또는 전자문서로 신청할 수 있도록 함

연도	주요 내용
2014.01.28.	- 이의신청 결정에 대한 행정심판을 국민건강보험법 상 건강보험분쟁조정위원회로 이관
2015.12.29.	- 급여비용의 지급을 청구한 의료급여기관이 의료법 제33조 제2항 또는 약사법 제20조 제1항을 위반하였다는 사실을 수사기관의 수사결과로 확인한 경우, 해당 의료급여기관이 급여비용의 지급을 청구하면 시장·군수·구청장이 지급을 보류할 수 있도록 법적 근거를 마련함으로써, 부적절한 급여비용 지급을 방지
2019.04.23.	- 어려운 한자어인 '보장구(保障具)'를 '보조기기'로 변경하여 국민이 법 문장을 이해하기 쉽게 정비
2023.03.28.	- 의료급여증 등을 양도·대여하여 의료급여를 받거나 받게 하는 행위 금지 - 수급자 명의 요양비 등 지급계좌 및 해당 계좌에 입금된 요양비 등의 압류 금지 근거 마련 - 부당이득금 징수 대상 및 연대징수 대상에 보조기기를 판매하는 자 등을 추가 - 의료급여 부당청구 의료기관의 위반사실 공표 근거 마련
2023.12.26.	- 모바일 주민등록증을 신분증명서로 대체
2024.01.16.	- 보건복지부장관이 의료급여기관, 의료급여를 받는 자 등에 대한 보고·질문 또는 검사업무를 효율적으로 수행하기 위하여 건강보험심사평가원이 업무 지원
2024.01.23.	- 의료급여 및 의료급여비용의 부정수급자에 대하여 부당이득을 전액 환수하도록 제도를 정비함

3) 의료급여법의 주요 내용

의료급여법(2024. 7. 17. 시행, 법률 제20035호)은 37개 조문 및 부칙으로 구성되어 있다. 법의 중요한 내용들을 원칙, 정의, 적용대상, 급여의 종류와 내용(의료급여의 내용, 사례관리, 요양비, 장애인 및 임산부에 대한 특례, 의료급여의 제한, 의료급여의 변경, 의료급여의 중지), 급여의 실시, 보장기관 및 인력(보장기관, 의료급여기관, 의료급여심의위원회, 의료급여 관리사), 재정(급여비용의 분담,의료급여기금의 설치 및 조성, 급여비용의 청구와 지급, 급여 대상 여부의 확인)으로 구분하여 살펴본다.

(1) 원칙

의료급여법의 목적은 저소득층에 대한 의료서비스 제공을 통해 국민보건의 향상을 꾀하는 것이다.

제1조(목적) 이 법은 생활이 어려운 자에게 의료급여를 실시함으로써 국민보건의 향상과 사회복지의 증진에 이바지함을 목적으로 한다.

(2) 정의

의료급여법의 핵심 개념은 제2조에서 규정하고 있다.

제2조(정의) 이 법에서 사용하는 용어의 정의는 다음과 같다.
1. "수급권자"라 함은 이 법에 따라 의료급여를 받을 수 있는 자격을 가진 자를 말한다.
2. "의료급여기관"이라 함은 수급권자에 대한 진료·조제 또는 투약 등을 담당하는 의료기관 및 약국 등을 말한다.
3. "부양의무자"라 함은 수급권자를 부양할 책임이 있는 자로서 수급권자의 1촌의 직계혈족 및 그 배우자를 말한다.

(3) 적용대상

급여의 대상은 제3조(수급권자)에서 규정하고 있다. 주된 수급권자는 국민기초생활보장법에 따른 의료급여 수급자이며, 그 외 사회적으로 보호가 필요한 계층들이다.

제3조(수급권자) 이 법에 따른 수급권자는 다음 각 호와 같다.
1. 「국민기초생활보장법」에 따른 의료급여 수급자
2. 「재해구호법」에 따른 이재민으로서 보건복지부장관이 의료급여가 필요하다고 인정한 사람

3. 「의사상자 등 예우 및 지원에 관한 법률」에 따라 의료급여를 받는 사람

4. 「국내입양에 관한 특별법」에 따라 입양된 18세 미만의 아동

5. 「독립유공자예우에 관한 법률」, 「국가유공자 등 예우 및 지원에 관한 법률」 및 「보훈보상대상자 지원에 관한 법률」의 적용을 받고 있는 사람과 그 가족으로서 국가보훈부장관이 의료급여가 필요하다고 추천한 사람 중에서 보건복지부장관이 의료급여가 필요하다고 인정한 사람

6. 「무형유산의 보전 및 진흥에 관한 법률」에 따라 지정된 국가무형유산의 보유자(명예보유자를 포함한다)와 그 가족으로서 국가유산청장이 의료급여가 필요하다고 추천한 사람 중에서 보건복지부장관이 의료급여가 필요하다고 인정한 사람

7. 「북한이탈주민의 보호 및 정착지원에 관한 법률」의 적용을 받고 있는 사람과 그 가족으로서 보건복지부장관이 의료급여가 필요하다고 인정한 사람

8. 「5·18민주화운동 관련자 보상 등에 관한 법률」 제8조에 따라 보상금 등을 받은 사람과 그 가족으로서 보건복지부장관이 의료급여가 필요하다고 인정한 사람

9. 「노숙인 등의 복지 및 자립지원에 관한 법률」에 따른 노숙인 등으로서 보건복지부장관이 의료급여가 필요하다고 인정한 사람

10. 그 밖에 생활유지 능력이 없거나 생활이 어려운 사람으로서 대통령령으로 정하는 사람

난민인정자도 특례로서 의료급여 수급권자가 될 수 있다.

제3조의2(난민에 대한 특례) 「난민법」에 따른 난민인정자로서 「국민기초생활보장법」 제12조의3제2항에 따른 의료급여 수급권자의 범위에 해당하는 사람은 수급권자로 본다.

다른 사회복지법을 통해 급여를 받은 경우, 중복금지의 원칙에 따라 의료급여에서 수급권자에서 적용 배제된다.

제4조(적용 배제) ① 수급권자가 업무 또는 공무로 생긴 질병·부상·재해로 다른 법령에 따른 급여나 보상(報償) 또는 보상(補償)을 받게 되는 경우에는 이 법에 따른 의료급여를 하지 아니한다.

(4) 급여의 종류와 내용

의료급여법에서는 다양한 급여를 명시하고 있다. 기본적으로 국민건강보험법에서 제시하는 급여 내용과 유사하다(법 제7조). 의료급여 수급권자도 건강검진을 받을 수 있다(법 제14조).

제7조(의료급여의 내용 등) ① 이 법에 따른 수급권자의 질병·부상·출산 등에 대한 의료급여의 내용은 다음 각 호와 같다.
1. 진찰·검사
2. 약제(藥劑)·치료재료의 지급
3. 처치·수술과 그 밖의 치료
4. 예방·재활
5. 입원
6. 간호
7. 이송과 그 밖의 의료목적 달성을 위한 조치
제14조(건강검진) ① 시장·군수·구청장은 이 법에 따른 수급권자에 대하여 질병의 조기발견과 그에 따른 의료급여를 하기 위하여 건강검진을 할 수 있다.

의료급여 수급권자는 사례관리를 받을 수 있다.

제5조의2(사례관리) ① 보건복지부장관, 특별시장·광역시장·도지사 및 시장·군수·구청장은 수급권자의 건강관리 능력 향상 및 합리적 의료이용 유도 등을 위하여 사례관리를 실시할 수 있다.

의료급여법도 국민건강보험법과 마찬가지로 요양비라는 현금 급여를 받을 수 있다(법 제12조). 수급권자는 요양비 수급계좌를 개설하여 신청할 수 있으며, 보장기관은 이 계좌로 입금하여야 한다(법 제12조의 2).

제12조(요양비) ① 시장·군수·구청장은 수급권자가 보건복지부령으로 정하는 긴급하거나 그 밖의 부득이한 사유로 의료급여기관과 같은 기능을 수행하는 기관으로서 보건복지부령으로 정하는 기관(제28조제1항에 따라 업무정지기간 중인 의료급여기관을 포함한다)에서 질병·부상·출산 등에 대하여 의료급여를 받거나 의료급여기관이 아닌 장소에서 출산을 하였을 때에는 그 의료급여에 상당하는 금액을 보건복지부령으로 정하는 바에 따라 수급권자에게 요양비로 지급한다.
제12조의2(요양비등수급계좌) ① 시장·군수·구청장은 이 법에 따른 의료급여로 지급되는 현금(이하 "요양비등"이라 한다)을 받는 수급권자의 신청이 있는 경우에는 요양비등을 수급권자 명의의 지정된 계좌(이하 "요양비등수급계좌"라 한다)로 입금하여야 한다.

장애인에게 보조기기를 지급할 수 있으며, 임신한 수급권자에게 출산비용 등의 추가급여를 제공할 수 있다.

제13조(장애인 및 임산부에 대한 특례) ① 시장·군수·구청장은 「장애인복지법」에 따라 등록한 장애인인 수급권자에게 「장애인·노인 등을 위한 보조기기 지원 및 활용촉진에 관한 법률」 제3조제2호에 따른 보조기기(이하 이 조에서 "보조기기"라 한다)에 대하여 급여를 실시할 수 있다.
② 시장·군수·구청장은 임신한 수급권자가 임신기간 중 의료급여기관에서 받는 진료에 드는 비용(출산비용을 포함한다)에 대하여 추가급여를 실시할 수 있다.

---

(5) 급여의 실시

특정 사유가 발생한 경우, 의료급여를 제한하고(법 제15조), 의료급여를 변경하며(법 제16조), 의료급여를 중지할 수 있다(법 제17조).

제15조(의료급여의 제한) ① 시장·군수·구청장은 수급권자가 다음 각 호의 어느 하나에 해당하면 이 법에 따른 의료급여를 하지 아니한다. 다만, 보건복지부장관이 의료급여를 할 필요가 있다고 인정하는 경우에는 그러하지 아니하다.

1. 수급권자가 자신의 고의 또는 중대한 과실로 인한 범죄행위에 그 원인이 있거나 고의로 사고를 일으켜 의료급여가 필요하게 된 경우

2. 수급권자가 정당한 이유 없이 이 법의 규정이나 의료급여기관의 진료에 관한 지시에 따르지 아니한 경우

제16조(의료급여의 변경) ① 시장·군수·구청장은 수급권자의 소득, 재산상황, 근로능력 등이 변동되었을 때에는 직권으로 또는 수급권자나 그 친족, 그 밖의 관계인의 신청을 받아 의료급여의 내용 등을 변경할 수 있다.

② 시장·군수·구청장은 제1항에 따라 의료급여의 내용 등을 변경하였을 때에는 서면으로 그 이유를 밝혀 수급권자에게 알려야 한다.

제17조(의료급여의 중지 등) ① 시장·군수·구청장은 수급권자가 다음 각 호의 어느 하나에 해당하면 의료급여를 중지하여야 한다.

1. 수급권자에 대한 의료급여가 필요 없게 된 경우

2. 수급권자가 의료급여를 거부한 경우

② 시장·군수·구청장은 수급권자가 의료급여를 거부한 경우에는 수급권자가 속한 가구원 전부에 대하여 의료급여를 중지하여야 한다.

③ 시장·군수·구청장은 제1항에 따라 의료급여를 중지하였을 때에는 서면으로 그 이유를 밝혀 수급권자에게 알려야 한다.

---

(6) 보장기관 및 인력

의료급여 업무를 담당하는 보장기관은 시·도지사 또는 시장·군수·구청장이다(법 제5조). 그 외에 의료급여기관을 명시하고 있으며(법 제9조), 의료급여사업의 실시에 관한 사항을 심의하기 위하여 보건복지부, 시·도 및 시·군·구에 각각 의료급여심의위원회를 두고 있다(법 제6조).

제5조(보장기관) ① 이 법에 따른 의료급여에 관한 업무는 수급권자의 거주지를 관할하는 특별시장·광역시장·도지사와 시장·군수·구청장이 한다.

② 제1항에도 불구하고 주거가 일정하지 아니한 수급권자에 대한 의료급여 업무는 그가 실제 거주하는 지역을 관할하는 시장·군수·구청장이 한다.

③ 특별시장·광역시장·도지사 및 시장·군수·구청장은 수급권자의 건강 유지 및 증진을 위하여 필요한 사업을 실시하여야 한다.

제9조(의료급여기관) ① 의료급여는 다음 각 호의 의료급여기관에서 실시한다. 이 경우 보건복지부장관은 공익상 또는 국가시책상 의료급여기관으로 적합하지 아니하다고 인정할 때에는 대통령령으로 정하는 바에 따라 의료급여기관에서 제외할 수 있다.

1. 「의료법」에 따라 개설된 의료기관

2. 「지역보건법」에 따라 설치된 보건소·보건의료원 및 보건지소

3. 「농어촌 등 보건의료를 위한 특별조치법」에 따라 설치된 보건진료소

4. 「약사법」에 따라 개설등록된 약국 및 같은 법 제91조에 따라 설립된 한국희귀·필수의약품센터

② 의료급여기관은 다음 각 호와 같이 구분하되, 의료급여기관별 진료범위는 보건복지부령으로 정한다.

1. 제1차 의료급여기관

가. 「의료법」 제33조제3항에 따라 개설신고를 한 의료기관

나. 제1항제2호부터 제4호까지의 규정에 따른 의료급여기관

2. 제2차 의료급여기관: 「의료법」 제33조제4항 전단에 따라 개설허가를 받은 의료기관

3. 제3차 의료급여기관: 제2차 의료급여기관 중에서 보건복지부장관이 지정하는 의료기관

제6조(의료급여심의위원회) ① 이 법에 따른 의료급여사업의 실시에 관한 사항을 심의하기 위하여 보건복지부, 시·도 및 시·군·구에 각각 의료급여심의위원회를 둔다. 다만, 시·도 및 시·군·구에 두는 의료급여심의위원회의 경우에는 그 기능을 담당하기에 적합한 다른 위원회가 있고 그 위원회의 위원이 제4항에 규정된 자격을 갖춘 경우 시·도 또는 시·군·구의 조례로 각각 정하는 바에 따라 그 위원회로 하여금 의료급여심의위원회의 기능을 수행하게 할 수 있다.

② 보건복지부에 두는 의료급여심의위원회(이하 "중앙의료급여심의위원회"

라 한다)는 다음 각 호의 사항을 심의한다.

1. 의료급여사업의 기본방향 및 대책 수립에 관한 사항

2. 의료급여의 기준 및 수가에 관한 사항

3. 그 밖에 보건복지부장관 또는 위원장이 부의하는 사항

③ 중앙의료급여심의위원회는 위원장을 포함하여 15명 이내의 위원으로 구성하고 위원은 보건복지부장관이 다음 각 호의 어느 하나에 해당하는 사람 중에서 위촉·지명하며 위원장은 보건복지부차관으로 한다.

1. 공익을 대표하는 사람(의료보장에 관한 전문가로서 대학의 조교수 이상인 사람 또는 연구기관의 연구원으로 재직 중인 사람)

2. 의약계를 대표하는 사람 및 사회복지계를 대표하는 사람

3. 관계 행정기관 소속의 3급 이상 공무원

의료급여 수급권자의 사례관리를 위해 의료급여 관리사를 두고 있다.

제5조의2(사례관리) ② 제1항에 따른 사례관리를 실시하기 위하여 특별시·광역시·특별자치시·도·특별자치도(이하 "시·도"라 한다) 및 시(특별자치도의 행정시를 제외한다. 이하 같다)·군·구(자치구를 말한다. 이하 같다)에 의료급여 관리사를 둔다.

③ 보건복지부장관은 제1항에 따른 사례관리 사업의 전문적인 지원을 위하여 해당 업무를 공공 또는 민간 기관·단체 등에 위탁하여 실시할 수 있다.

(7) 재정

의료급여 사업에 지출되는 재정은 의료급여기금에서 부담하며, 의료급여기금에서 전부가 아닌 일부를 부담하는 경우 본인부담금이 발생할 수 있다.

제10조(급여비용의 부담) 급여비용은 대통령령으로 정하는 바에 따라 그 전부 또는 일부를 제25조에 따른 의료급여기금에서 부담하되, 의료급여기금에서 일부를 부담하는 경우 그 나머지 비용은 본인이 부담한다.

의료급여 사업에 지출되는 재정을 충당하기 위하여, 의료급여기금의 설치 및 조성에 관한 규정이 있다. 국고보조금과 지방자치단체의 출연금 등으로 재원을 조성한다.

제25조(의료급여기금의 설치 및 조성) ① 이 법에 따른 급여비용의 재원에 충당하기 위하여 시·도에 의료급여기금(이하 "기금"이라 한다)을 설치한다.
② 기금은 다음 각 호의 재원으로 조성한다.
1. 국고보조금
2. 지방자치단체의 출연금
3. 제21조에 따라 상환받은 대지급금(2종 수급권자 본인부담금 일정액의 초과분을 지자체가 대지급)
4. 제23조에 따라 징수한 부당이득금
5. 제29조에 따라 징수한 과징금
6. 기금의 결산상 잉여금 및 그 밖의 수입금
③ 국가와 지방자치단체는 기금운영에 필요한 충분한 예산을 확보하여야 한다.
④ 제2항제1호의 국고보조금의 비율은 「보조금 관리에 관한 법률」 및 관계 법령에서 정하는 바에 따른다.

고딕체로 표기된 부분은 저자가 추가한 것이다.

의료급여기관이 시장·군수·구청장에게 급여비용 지급을 심사청구하면, 심사청구를 담당하는 급여비용심사기관은 심사내용을 의료급여기관과 시장·군수·구청장에게 통보해야 하며, 시장·군수·구청장은 심사내용에 따라 의료급여기관에 급여비용을 지급한다(법 제11조). 본인부담금 외 부담비용이 비급여비용에 해당하는지에 대하여 급여비용심사기관에 확인을 요청할 수 있다(법 제11조의3).

제11조(급여비용의 청구와 지급) ① 의료급여기관은 제10조에 따라 의료급여 기금에서 부담하는 급여비용의 지급을 시장·군수·구청장에게 청구할 수 있 다. 이 경우 제2항에 따른 심사청구는 시장·군수·구청장에 대한 급여비용의 청구로 본다.

② 제1항에 따라 급여비용을 청구하려는 의료급여기관은 급여비용심사기관에 급여비용의 심사청구를 하여야 하며, 심사청구를 받은 급여비용심사기관은 이 를 심사한 후 지체 없이 그 내용을 시장·군수·구청장 및 의료급여기관에 알려 야 한다.

③ 제2항에 따라 심사의 내용을 통보받은 시장·군수·구청장은 지체 없이 그 내용에 따라 급여비용을 의료급여기관에 지급하여야 한다. 이 경우 수급권자 가 이미 납부한 본인부담금(제10조에 따라 수급권자가 부담하여야 하는 급여 비용을 말한다. 이하 같다)이 과다한 경우에는 의료급여기관에 지급할 금액에 서 그 과다하게 납부된 금액을 공제하여 수급권자에게 반환하여야 한다.

제11조의3(급여 대상 여부의 확인 등) ① 수급권자는 본인부담금 외에 부담한 비용이 제7조제3항에 따라 의료급여의 대상에서 제외되는 사항에 해당하는 비 용(이하 "비급여비용"이라 한다)인지에 대하여 급여비용심사기관에 확인을 요청할 수 있다.

② 제1항에 따라 확인을 요청받은 급여비용심사기관은 그 확인결과를 확인을 요청한 수급권자에게 알려야 하며, 확인을 요청한 비용이 급여비용에 해당하 는 것으로 확인되었을 때에는 급여비용지급기관 및 관련 의료급여기관에도 각 각 알려야 한다.

의료급여 정률제
도입해야 하는가? 도입해서는 안 되는가? 대안은 무엇인가?

2024년 11월 윤석열 정부는 의료급여제도의 본인부담 정액제를 정률제로 개편하는 방안을 추진하였다. 이에 대하여 사회복지 및 건강 관련 4개 학회는 의료급여 정률제 도입 반대 성명을 발표하였다. 아래의 성명서를 읽고 의료급여 정률제에 대한 이해와 함께 어떠한 문제점이 있는지 논의해 보자.

[성명서] 의료급여 외래 정률제 도입 반대 성명
- 의료급여 수급자의 건강권을 침해하는 정률제 도입을 철회하라 -

현재 보건복지부(이하 '복지부')는 저소득층 의료보장제도인 의료급여의 본인부담체계를 개편하는 방안을 추진하고 있다. 핵심은 기존 외래 본인부담 정액제를 정률제로 변경하는 것이다. 진료비의 일정 비율(4~8%)을 환자가 부담해야 하는 정률제가 도입되면 수급자들의 본인부담은 늘어날 수밖에 없고, 이는 의료이용의 경제적 접근성 저하로 이어질 우려가 크다.

복지부는 지난 17년간 본인부담금 동결로 인해 수급자의 비용의식이 약화되어 '불필요'한 과다의료이용이 양산되고 있다며 정률제를 반드시 도입해야 한다는 입장이다. 하지만 우리는 다음과 같은 이유로 이번 의료급여 정률제 도입은 가난한 이들의 건강권을 침해하는 '개악'일 수밖에 없다고 생각한다.

첫째, 정책 목표와 수단이 서로 맞지 않는다. 수급자 중 상당수는 의료필요도가 높은 노인, 장애인, 환자 등이라는 점에서 건강보험 가입자에 비해 의료이용량과 진료비 지출이 많다는 사실만으로 '과다' 의료이용이 발생하고 있다고 단정해서는 곤란하다.

설사 복지부 주장대로 부적절한 과다이용 문제가 존재한다고 보더라도, 이 경우 해당되는 문제 해결에 적합한 수준과 방식의 정책 대안을 마련해야 한다. 그런데 복지부가 그간 과다이용의 대표 사례로 제시했던 물리치료가 포함된 외래진료의 경우 진료비 수준이 상대적으로 낮다는 점에서 정률제 도입에 따른 이용억제 효과 역시 상대적으로 크지 않을 것으로 예측할 수 있다.

반면, 외래 진료라 할지라도 질환 중증도가 높아 고강도 치료가 요구되는 사례들이 존재하는데, 이 경우 더 큰 진료비 지출이 발생한다는 점에서 정률제 도입에 따른 비용부담 증가가 상대적으로 더 클 수밖에 없다. 즉, 정률제는 의료필요도가 높은 이들의 의료 이용을 한층 더 제한할 수 있는 모순된 정책인 것이다.

둘째, 정률제 도입이 수급자의 의료접근성과 그에 따른 건강 결과에 미칠 영향에 대한 검토가 미흡하다. 복지부는 기존 본인부담상한제(사후 환급)와 건강생활유지비 인상 등을 감안하면 본인부담 증가분이 크지 않을 것이라 밝혔다. 설사 그렇다 할지라도, 정률제가 필요한 의료이용을 제한할 수 있는 위험성이 완전히 해소되는 것은 아니다.

개별 수급자들은 의료 필요를 느꼈더라도 내원을 결심하기까지 많은 요인을 고려하게 되는데, 자신이 부담해야 할 의료비에 대한 예측이 결정적인 영향을 끼칠 수밖에 없다. 정률제는 이러한 예측의 불확실성을 높임으로써 가용 자금 여력이 부족한 수급자들이 의료이용을 주저하고 포기하게 만들 우려가 있다. 그런데 복지부 계획에는 이러한 '심리적 장벽'에 대한 고려와 대안을 전혀 찾아볼 수 없다.

셋째, 비용부담의 증가 여부와 크기를 논하기 이전에 '정률 부담금'이라는 비용 부과 방식 자체가 의료급여 제도의 기본 취지에 부합하는지 의문이다. 진료비가 많이 나올수록 더 많이 부담해야 한다는 것은 전형적인 시장 원리에 기초한 방식이다. 건강보험료와 치료비를 부담할 형편이 안 되는 이들을 위해 별도로 운영하는 공적 의료보장제도에 이러한 시장 메커니즘을 강화하는 것이 과연 그렇게 '필수불가결'한 조치인지 묻고 싶다.

복지부가 필요성이 낮다고 판단한 경증의 외래 이용을 줄이고자 한다면 기존 정액을 일정 수준 인상하는 방안이나, 혹은 문제 삼고 있는 특정 서비스 항목에 국한된 규제책을 검토할 수도 있었을 것이다. 그 대신에 모든 수급자에게 일괄 적용되는 본인부담방식을 변경하겠다는 것은 과잉 대응일 뿐 아니라, 이를 빌미로 제도의 기본 취지에 반하는 친시장적 운영 체계를 강화하려는 의도로밖에 해석할 수 없다.

넷째, 과다의료이용 문제에 대한 책임과 대안을 수급자 측면에서만 찾는 것은 부당하다. 오히려 치료 개시 여부를 결정하고 치료 수단을 선택할 권한을 가진 의료 공급자 측면에 더 초점을 맞추는 것이 바람직하다. '공급자 유인 수요'를 억제할 수 있는 공급자 관리 대책과 더불어 이러한 의료기관의 지나친 영리추구 행태를 조장하는 제도적 문제에 대한 근본 개선책을 마련하는 것이 우선될 필요가 있다.

지금 정부가 추진해야 할 정책은 정률제가 아니라 의료급여의 제도적 보장성을 강화하는 것이어야 한다. 여러 실태조사에서 확인된 바와 같이 의료급여 수급자의 미충족의료 경험률은 건강보험 가입자에 비해 최소 두 배 이상 높고, 그중 상당부분이 경제적 이유(비급여 진료비와 간병비 등)에서 기인한 것이다. 아울러 건강보험 대비 75% 수준의 낮은 종별가산율과 만성적인 의료급여 진료비 체불 등은 의료기관이 의료급여 환자를 기피하고 차별하도록 만들고 있다.

또한, 정부는 그동안 의료급여 대상자 규모를 전체 인구의 3% 수준에 묶어둔 채 광범위한 의료보장 사각지대 문제를 사실상 방치해왔다. 재정 부담을 이유로 다른 기초생활보장 급여에서는 이미 폐지(또는 대폭 완화)된 부양의무자 기준을 고수하면서 말이다. 소득기준은 충족하지만 부양의무자 기준으로 의료급여 자격을 얻지 못하는 비수급 빈곤층이 무려 73만 명(2020년)인 것으로 추정되는 실정이다.

가난하다는 이유 때문에 제때 적절한 치료를 받지 못하는 일이 없도록 하기 위해 존재하는 제도가 바로 의료급여 아닌가. 정부는 이제라도 수급자의 건강권 보장에 역행하는 정률제 도입 계획을 철회하고, 최후의 의료안전망으로서 의료급여가 가지는 공적 가치에 부합하는 방향으로 제도를 운영해 나갈 것을 촉구한다.

2024년 11월 19일
비판과대안을위한건강정책학회, 비판과대안을위한사회복지학회,
한국건강형평성학회, 한국사회복지정책학회 한국사회정책학회

(8) 권리구제 및 벌칙

권리구제와 관련하여, 의료급여법상 수급권자의 자격, 의료급여 및 급여비용에 대하여 이의가 있는 경우, 급여를 실시한 기초자치단체장의 장에게 처분이 있음을 안 날부터 90일 이내에 이의신청을 할 수 있다(법 제30조). 이의신청에 대한 결정에 동의하지 못할 경우, 건강보험분쟁조정위원회에 심판청구가 가능하다(법 제30조의2).

제30조(이의신청 등) ① 수급권자의 자격, 의료급여 및 급여비용에 대한 시장·군수·구청장의 처분에 이의가 있는 자는 시장·군수·구청장에게 이의신청을 할 수 있다.
② 급여비용의 심사·조정, 의료급여의 적정성 평가 및 급여 대상 여부의 확인에 관한 급여비용심사기관의 처분에 이의가 있는 제5조에 따른 보장기관, 의료급여기관 또는 수급권자는 급여비용심사기관에 이의신청을 할 수 있다.
③ 제1항 및 제2항에 따른 이의신청은 처분이 있음을 안 날부터 90일 이내에 문서(전자문서를 포함한다)로 하여야 하며, 처분이 있은 날부터 180일이 지나면 제기하지 못한다. 다만, 정당한 사유에 따라 그 기간에 이의신청을 할 수 없었음을 소명한 경우에는 그러하지 아니하다.
제30조의2(심판청구) ① 제30조제2항에 따른 급여비용심사기관의 이의신청에 대한 결정에 불복이 있는 자는 「국민건강보험법」 제89조에 따른 건강보험분쟁조정위원회에 심판청구를 할 수 있다. 이 경우 심판청구의 제기기간 및 제기방법에 관하여는 제30조제3항을 준용한다.

의료급여의 법적 실효성 보장을 위하여 다양한 벌칙 규정이 있다. 예를 들어 "금융정보·신용정보 또는 보험정보를 사용·제공·누설할 경우"에 대하여 5년 이하의 징역 또는 5천만 원 이하의 벌금에 처할 수 있다.

제35조(벌칙) ① 제3조의3제3항에 따라 준용되는 「국민기초생활보장법」 제23조의2제6항을 위반하여 금융정보·신용정보 또는 보험정보를 사용·제공 또는

누설한 사람은 5년 이하의 징역 또는 5천만원 이하의 벌금에 처한다.

| 법률 개정으로 무엇이 바뀌었는가? |

본인부담 보상금이 법적으로 보장되었다!

의료급여법 개정으로 의료급여 수급권자의 본인부담 보상금이 지급되고 있다. 의료급여법 시행령 제13조(급여비용의 부담) 제5항에서는 "수급권자의 급여대상 본인부담금이 대통령령에서 정하는 금액을 초과한 경우, 그 초과금액의 100분의 50에 해당하는 금액을 보상한다"고 규정하고 있다. 본인부담 보상금의 지급액을 보면, 1종 수급자에게는 매 30일간 2만원을 초과한 경우 초과금액의 50%를 보상하고 있으며, 2종 수급자에게는 매 30일간 20만원을 초과한 경우 초과금액의 50%를 보상하고 있다. 본인부담 보상금에는 입원진료비 외에 외래진료비와 약제비도 포함하고 있다. 의료급여법 시행규칙 제19조의2에 따라 수급권자 또는 부양의무자가 의료급여기관에 본인부담금을 납부한 후, 보장기관에 본인부담금의 일부지급 청구서를 제출하면, 시장·군수·구청장이 지급하는 방식을 취하고 있다. 이후 지급대상 내역을 건강보험공단 → 시장·군수·구청장 → 수급권자로 통보하도록 되어 있다. 본인부담 보상금 제도는 의료급여 수급권자에게 소액이나마 소득 지원을 통해 생활 안정을 꾀한다는 측면에서 의의를 갖는다.

그러나 여전히 본인부담 보상금 제도는 한계가 있다. 향후 의료급여법상 본인부담금 보상 관련 조항 개정이 요청되는 것이다. 현재 보상대상에서 제외되는 노인틀니, 치과임플란트, 선별급여, 상급종합병원·종합병원·병원·한방병원 이상 의료기관 상급병실료(2·3인실), 추나요법 및 연장승인 미신청 등으로 인한 건강보험부담 적용금액 등은 본인부담금 보상금 발췌 대상에서 제외되고 있는데(의료급여법 시행령 별표 1 제3호), 관련 항목을 검토하여 점진적으로 본인부담금 보상 항목으로 변경될 필요가 있다. 또한 지급금액이 2,000원 미만일 경우에는 지급하지 않는데(의료급여법 제34조 제2항), 현금급여 집행 차원에서 볼 때 행정적 어려움이 크지 않으므로, 이 조항의 폐기도 검토할 필요가 있다.

3. 주거급여법

1) 주거급여법의 의의

주거급여법은 사회적 약자와 저소득층에게 주거서비스를 제공함으로써 국민의 주거권을 보장하고 사회적 안전망을 구축하는 데 기여하는 법률로, 국민의 기본적 주거권을 보장하고 주거 안정성을 강화하는 것을 목적으로 제정되었다. 헌법 제35조 제3항에서는 "국가는 주택개발정책등을 통하여 모든 국민이 쾌적한 주거생활을 할 수 있도록 노력하여야 한다"고 명시하고 있다. 따라서 주거급여법은 헌법에 명시된 인간다운 생활을 할 권리 실현의 일환이자, 쾌적한 주거생활 보장을 위한 사회적 안전망의 중요한 축을 담당하고 있다는 의의가 있다. 주거급여법은 저소득층의 주거비 부담을 줄이고 최소한의 주거 환경을 보장함으로써 인간다운 삶을 영위할 수 있는 조건을 제공할 법적 근거를 보유하고 있다. 경제적 곤궁함으로 인해 살 집이 없거나 최저주거기준 미만의 삶을 살아간다면 인간다운 생활이 아닐 것이다. 주거급여법을 통해 주거로 인한 빈곤 악화를 예방하고 사회적 불평등을 완화한다는 점에서도 그 의의가 크다.

2) 주거급여법의 연혁

(1) 주거급여법의 제정

2014년 1월 24일 주거급여법이 제정·시행되었다. 법적 근거는 국민기초생활보장법이라고 할 수 있다. 2014년 국민기초생활보장법에 따른 기초생활보장제도가 맞춤형 급여체계로 개편되었다. 이에 따라 주거급여 수급권자의 범위, 임차료 및 수선유지비의 지급 기준 등 주거급여의 실시를 위하여 필요한 사항을 규정할 별도의 법률 제정이 요청되었다. 즉 맞춤형 개별급여 체계로 전환된 조건에서, 독립적인 주거급여법 제정의 필요성이 생긴 것이다. 국민기초생활보장법 개정에 따라 주거급여법이 탄생한 것이므로, 주거급여 수급자의 불편 또는 일선 행정기관의 업무상 혼란을 방지하기 위해, 급여의 신청, 조사, 결정, 지급 등의 절차와 같은 일반적인 사항은 국민기초생활보장법을 따르도록 하였다.

(2) 주거급여법의 주요 개정 내용

주거급여법의 제정은 저소득층의 주거권 보장, 주거빈곤 완화, 주거불평등 완화, 사회통합 추구를 시도하였다는 점에서 의의가 크다. 그러나 맞춤형 급여체계 개편 후 별도의 주거급여법 제정이라는 변화에도 불구하고 주거취약계층의 주거 문제는 지속적인 사회 이슈였다. 이에 주거취약계층의 실질적 주거권 보장을 위해 수차례에 걸쳐 개정이 되었는데, 주요 개정내용은 표 8-4와 같다.

표 8-4 주거급여법의 주요 개정 연혁

연도	주요 내용
1999.09.07.	- 국민기초생활보장법 제정으로 주거급여 법적 근거 마련
2000.10.01.	- 국민기초생활보장법 시행으로 주거급여 시행

연도	주요 내용
2014.01.24.	- 주거급여법 제정 및 주거급여법 시행(2015.01.01.) - 국민기초생활보장제도의 맞춤형 급여제도 변경으로 생활이 어려운 사람에게 주거급여 실시 - 주거급여의 수급권자는 부양의무자가 없거나, 부양의무자가 있어도 부양능력이 없거나 부양을 받을 수 없는 사람으로서 소득인정액이 국토교통부장관이 정하는 기준 이하인 사람으로 함 - 임차료는 타인의 주택 등에 거주하는 사람에게 지급하고, 그 지급기준은 가구규모, 소득인정액, 거주형태, 임차료 부담수준 및 지역별 기준임대료 등을 고려하여 정하도록 하며, 수급자 명의의 지정된 계좌로 지급하는 것을 원칙으로 함 - 수선유지비는 주택 등을 소유하고 그 주택 등에 거주하는 사람에게 지급하고, 그 지급기준은 가구규모, 소득인정액, 수선유지비 소요액, 주택의 노후도 등을 고려하여 정하도록 함 - 국토교통부장관은 주거급여에 필요한 각종 자료 또는 정보의 효율적 처리와 기록·관리업무의 전산화를 위하여 정보시스템을 구축·운영할 수 있도록 함 - 보건복지부에서 국토교통부로 이관
2015.08.11.	- 2014년 12월 30일 국민기초생활보장법 개정을 통해, 기초생활보장 수급권자에 대한 지원을 확대하기 위하여 부양의무자의 범위에서 '사망한 1촌의 직계혈족의 배우자'를 제외 - 이에 주거급여법에서 규정하고 있는 부양의무자의 범위에서도 사망한 1촌의 직계혈족의 배우자를 제외
2017.11.28.	- 징역형 대비 적정 벌금액의 일반기준인 '징역형 1년당 벌금형 1천만원'에 따라 벌금형의 금액을 상향조정함으로써 법정형의 편차를 조정하고 형사처벌의 공정성을 기함
2018.01.16.	- 부양의무자 요건의 경우 부양의무자가 부양을 거부하거나 기피하는 경우 수급희망자가 소명하여 수급자격을 인정받아야 하므로 오히려 가족해체의 원인으로 작용할 수 있고, 엄격한 부양의무자 기준으로 인하여 최우선적으로 도움이 필요한 빈곤층이 오히려 복지사각지대로 방치되는 상황이 발생하고 있음 - 이에 주거급여 수급권자가 되기 위한 부양의무자 요건 폐지
2023.04.18.	- 수급자의 미혼자녀 중 19세 이상 30세 미만인 청년가구원에 대한 임차료의 분리 지급

3) 주거급여법의 주요 내용

주거급여법(2023. 10. 19. 시행, 법률 제19390호)은 25개 조문 및 부칙으로 구성되어 있다. 법의 중요한 내용들을 원칙, 정의, 적용대상, 급여의 종류와 내용(임차료의 지급, 수선유지비의 지급, 주거급여의 분리 지급), 급여의 실시[신청 조사 → 확인조사 → 지급 → (필요시 사후관리) 각하 및 중지, 비용징수 및 반환명령], 보장기관 및 인력(국가 및 지방자치단체의 의무, 보장기관, 주거급여 지급업무의 전산화, 지도·감독), 재정(주거급여의 부담), 권리구제 및 벌칙으로 구분하여 살펴본다.

(1) 원칙

주거급여법의 목적은 저소득층에 대한 주거급여 제공을 통해 주거안정 및 주거수준 향상을 꾀하는 것이다.

> 제1조(목적) 이 법은 생활이 어려운 사람에게 주거급여를 실시하여 국민의 주거안정과 주거수준 향상에 이바지함을 목적으로 한다.

국민기초생활보장법이 주거급여법에 대한 일반법으로서의 지위를 갖는다.

> 제4조(다른 법률과의 관계) 주거급여에 관하여 이 법에서 정하지 아니한 사항에 대하여는 「국민기초생활 보장법」에 따른다.

(2) 정의

주거급여법의 핵심 개념은 제2조에서 규정하고 있다.

> 제2조(정의) 이 법에서 사용하는 용어의 뜻은 다음과 같다.
> 1. "주거급여"란 「국민기초생활 보장법」 제7조제1항제2호의 주거급여로서 주거안정에 필요한 임차료, 수선유지비, 그 밖의 수급품을 지급하는 것을 말한다.
> 2. "수급권자"란 주거급여를 받을 수 있는 자격을 가진 사람을 말한다.
> 3. "수급자"란 주거급여를 받는 사람을 말한다.
> 4. "수급품"이란 이 법에 따라 수급자에게 지급하거나 대여하는 금전 또는 물품을 말한다.
> 5. "보장기관"이란 주거급여를 실시하는 국가 또는 지방자치단체를 말한다.

7. "소득인정액"이란 「국민기초생활 보장법」 제2조제9호의 소득인정액을 말한다.

8. "주택등"이란 「주택법」 제2조제1호의 주택 및 「주택법」 제2조제4호의 준주택을 포함하여 거주를 목적으로 하는 시설을 말하며, 그 범위와 종류는 국토교통부장관이 정한다.

(3) 적용대상

급여의 대상은 제5조(수급권자의 범위)에서 규정하고 있다. 부양의무자 기준 폐지로 국민기초생활보장법 상 주거급여 선정기준 이하, 즉 소득기준을 충족하면 주거급여 수급권자가 된다.

제5조(수급권자의 범위) ① 수급권자는 소득인정액이 「국민기초생활 보장법」 제20조제2항에 따른 중앙생활보장위원회의 심의·의결을 거쳐 결정하는 금액(이하 이 항에서 "주거급여 선정기준"이라 한다) 이하인 사람으로 한다. 이 경우 주거급여 선정기준은 기준 중위소득의 100분의 43 이상으로 한다.

(4) 급여의 종류와 내용

주거급여법에서는 대표적으로 두 가지 급여를 명시하고 있다. 타인의 주택 등에 거주하는 사람에게는 임차료를(법 제7조), 자신이 소유한 주택 등에 거주하는 사람에게는 수선유지비를(법 제8조) 지급한다.

제7조(임차료의 지급)① 제2조제1호의 임차료(이하 "임차료"라 한다)는 타인의 주택등에 거주하는 사람으로서 국토교통부장관이 정하는 사람에게 지급한다.

② 임차료의 지급기준은 국토교통부장관이 수급자의 가구규모, 소득인정액,

거주형태, 임차료 부담수준 및 제3항의 지역별 기준임대료 등을 고려하여 정한다.

③ 국토교통부장관은 임차료의 지급수준을 정하기 위하여 가구규모, 「주거기본법」 제17조의 최저주거기준 등을 고려하여 지역별 기준임대료를 정할 수 있다.

④ 임차료는 「국민기초생활 보장법」 제27조의2제1항에 따라 수급자 명의의 지정된 계좌로 지급하여야 한다. 다만, 수급자가 국가, 지방자치단체, 한국토지주택공사 또는 지방공기업이 임대하는 주택등을 임차한 경우에는 해당 수급자와 임대차계약을 체결한 임대인 명의의 지정된 계좌로 지급할 수 있으며, 국토교통부령으로 정하는 불가피한 사유가 있는 경우에는 국토교통부령으로 정하는 바에 따라 그 지급방법을 달리할 수 있다.

제8조(수선유지비의 지급) ① 제2조제1호의 수선유지비(이하 "수선유지비"라 한다)는 주택등을 소유하고 그 주택등에 거주하는 사람에게 지급한다.

② 수선유지비의 지급기준은 국토교통부장관이 수급자의 가구규모, 소득인정액, 수선유지비 소요액, 주택의 노후도 등을 고려하여 정한다.

③ 수선유지비를 현금으로 지급하는 경우에는 「국민기초생활 보장법」 제27조의2제1항에 따라 수급자 명의의 지정된 계좌로 지급하여야 한다. 다만, 국토교통부령으로 정하는 불가피한 사유가 있는 경우에는 국토교통부령으로 정하는 바에 따라 그 지급방법을 달리할 수 있다.

④ 수선유지비의 지급 절차 및 방법 등에 관하여 필요한 사항은 국토교통부령으로 정한다.

청년가구원(수급자의 미혼자녀 중 19세 이상 30세 미만인 자)에 대한 주거급여의 분리 지급 제도를 도입함으로써, 저소득 청년의 주거부담을 덜어주고자 하였다.

제7조의2(주거급여의 분리 지급) ① 수급자의 미혼자녀 중 19세 이상 30세 미만인 자(이하 이 조에서 "청년가구원"이라 한다)가 수급자와 거주지를 달리하는 경우에는 수급자와 분리하여 별도의 임차료를 지급할 수 있다.

(5) 급여의 실시

주거급여의 실시는 국민기초생활 보장법을 준용하여 실시한다(법 제9조). 주거급여법에 의한 급여 실시 순서는 '신청조사 → 확인조사 → 지급 → (필요시 사후관리) 각하 및 중지, 비용징수 및 반환명령의 순이다(법 제10조, 제11조, 제14조, 제20조). 주거복지 업무의 전문성과 경험을 갖춘 기관에 신청 조사 및 확인조사를 의뢰할 수 있으며(법 제12조), 보장기관은 임대차 계약을 증명하는 자료 요구, 수급자의 주거에 출입하여 거주 여부 및 주택등의 상태 등의 조사, 토지·건물 등 관련 전산망 또는 자료 제출에 대한 관계기관 협조 요청을 할 수 있다(법 제13조).

제9조(주거급여의 실시) 주거급여의 신청, 결정, 변경 등 주거급여의 실시 등에 관한 사항은 제10조부터 제14조까지에서 정한 것을 제외하고는 「국민기초생활 보장법」을 준용한다.

제10조(신청조사) ① 특별자치시장·특별자치도지사·시장·군수·구청장이 임차료의 지급 신청을 받아 「국민기초생활 보장법」 제22조제1항의 신청에 의한 조사를 하는 경우 다음 각 호의 사항을 포함하여 조사(이하 "신청조사"라 한다)할 수 있다.

1. 해당 주택등의 임대차계약에 관한 사항

2. 그 밖에 임차료의 지급에 필요한 사항으로서 국토교통부령으로 정하는 사항

② 특별자치시장·특별자치도지사·시장·군수·구청장이 수선유지비의 지급 신청을 받아 신청조사를 하는 경우 다음 각 호의 사항을 포함하여 조사할 수 있다.

1. 해당 주택등의 구조 안전성, 방수, 단열 등 물리적 상태에 관한 사항

2. 그 밖에 수선유지비의 지급에 필요한 사항으로서 국토교통부령으로 정하는 사항

제11조(확인조사) ① 특별자치시장·특별자치도지사·시장·군수·구청장은 주거급여의 적정성을 확인하기 위하여 매년 연간 조사계획을 수립하여 다음 각 호의 사항을 조사(이하 "확인조사"라 한다)하여야 한다.

1. 제10조제1항제1호에 따른 임대차계약에 관한 사항

2. 제10조제2항제1호에 따른 주택등의 물리적 상태에 관한 사항

---

3. 그 밖에 주거급여의 실시에 필요한 사항으로서 국토교통부령으로 정하는 사항

제12조(조사의 의뢰) ① 특별자치시장·특별자치도지사·시장·군수·구청장은 신청조사 및 확인조사를 주택임대, 주택개량 등 주거복지 업무의 전문성과 경험을 갖춘 기관에 의뢰할 수 있다.

제13조(조사의 방법·절차 등) ① 특별자치시장·특별자치도지사·시장·군수·구청장과 제12조에 따라 신청조사 및 확인조사를 의뢰받아 수행하는 기관(이하 이 조에서 "보장기관등"이라 한다)은 신청조사 및 확인조사에 필요한 경우 수급권자·수급자, 그 밖의 관계인에게 임대차 계약을 증명하는 자료 등 국토교통부령으로 정하는 자료의 제출을 요구할 수 있다.

② 신청조사 및 확인조사를 하는 사람은 필요한 경우 수급자의 주거에 출입하여 거주 여부 및 주택등의 상태 등을 조사할 수 있다. 이 경우 신청조사 및 확인조사를 하는 사람은 그 권한을 표시하는 증표를 지니고 이를 관계인에게 보여주어야 한다.

③ 보장기관등은 신청조사 및 확인조사를 하기 위하여 토지·건물 등 관련 전산망 또는 자료를 이용하려는 경우에는 관계 기관의 장에게 협조를 요청할 수 있다. 이 경우 관계 기관의 장은 특별한 사유가 없으면 이에 따라야 한다.

④ 보장기관등은 신청조사 및 확인조사의 업무를 위하여 「개인정보 보호법」 제24조에 따른 고유식별정보 등 대통령령으로 정하는 개인정보가 포함된 자료를 처리할 수 있다.

⑤ 보장기관등의 소속 직원 또는 소속 직원이었던 사람은 제1항부터 제3항까지의 규정에 따라 얻은 정보와 자료를 이 법에서 정한 목적 외에 다른 용도로 사용하거나 다른 사람 또는 기관에 제공하거나 누설하여서는 아니 된다.

제14조(주거급여신청의 각하 및 주거급여의 중지) ① 보장기관은 수급권자가 제13조에 따른 자료제출 요구 또는 조사를 2회 이상 거부·방해 또는 기피하면 주거급여신청을 각하(却下)할 수 있다.

② 보장기관은 수급자가 다음 각 호의 어느 하나에 해당하는 경우에는 대통령령으로 정하는 바에 따라 그 다음 달에 속하는 주거급여일부터 주거급여의 전부 또는 일부를 중지할 수 있다.

1. 수급자가 제13조에 따른 자료제출 요구 또는 조사를 2회 이상 거부·방해 또는는 기피하는 경우

2. 수급자가 지급받은 임차료를 다른 용도로 사용하여 국토교통부령으로 정하는 기간 이상으로 차임(借賃)을 연체한 경우

③ 보장기관이 제1항에 따라 주거급여신청을 각하하는 경우와 제2항에 따라 주거급여를 중지하는 경우에는 서면으로 그 이유를 구체적으로 밝혀 수급권자·수급자에게 통지하여야 한다.

제20조(비용의 징수 및 반환명령) ① 보장기관은 속임수나 그 밖의 부정한 방법으로 주거급여를 받거나 타인으로 하여금 주거급여를 받게 한 경우에는「국민기초생활 보장법」제46조에 따라 비용을 징수할 수 있다.

② 보장기관은 수급자에게 이미 지급한 수급품 중 과잉지급분이 발생한 경우,「국민기초생활 보장법」제27조제2항에 따라 긴급급여를 실시하였으나 조사결과에 따라 주거급여를 실시하지 아니하기로 결정한 경우에는「국민기초생활 보장법」제47조에 따라 반환을 명할 수 있다.

(6) 보장기관

주거급여 업무를 담당하는 보장기관은 국가와 지방자치단체이다(법 제3조). 실제 주거급여는 시·도지사 또는 시장·군수·구청장이 실시한다(법 제6조 제1항). 주거급여 실시를 위하여 사회복지 전담공무원이 주요 인력이 된다(법 제6조 제3항). 그 외에 주거급여 정보시스템 구축·운영을 명시하고 있으며(법 제17조), 국토부장관의 지방자치단체에 대한 지도·감독 권한을 규정하고 있다(법 제18조).

제3조(국가 및 지방자치단체의 의무) 국가와 지방자치단체는 다음 각 호의 사항을 고려하여 주거급여에 관한 정책을 수립·시행하여야 한다.
1. 수급자가 쾌적하고 안전한 주거생활을 할 수 있도록 할 것
2. 주거급여에 필요한 재원을 조성할 것

제6조(보장기관) ① 주거급여는 수급권자 또는 수급자의 거주지를 관할하는 특별시장·광역시장·특별자치시장·도지사·특별자치도지사와 시장·군수·구청장이 실시한다.

② 수급권자나 수급자가 거주지를 변경하는 경우의 처리방법과 보장기관 간의 협조, 그 밖에 업무처리에 필요한 사항은 국토교통부령으로 정한다.

③ 보장기관은 수급권자·수급자에 대한 조사와 수급자 결정 및 급여의 실시 등 이 법에 따른 보장업무를 수행하게 하기 위하여 「사회복지사업법」 제14조에 따른 사회복지 전담공무원을 배치하여야 한다.

제17조(주거급여 지급업무의 전산화) ① 국토교통부장관은 주거급여에 필요한 각종 자료 또는 정보의 효율적 처리와 기록·관리업무의 전산화를 위하여 정보시스템(이하 "정보시스템"이라 한다)을 구축·운영할 수 있다.

② 제1항에 따른 정보시스템은 「사회복지사업법」 제6조의2에 따른 정보시스템과 전자적으로 연계하여 활용할 수 있다.

③ 국토교통부장관은 정보시스템을 구축·운영하기 위하여 다음 각 호의 자료를 수집·관리·보유할 수 있으며, 관련 기관 및 단체에 필요한 자료의 제공을 요청할 수 있다. 이 경우 요청을 받은 기관 및 단체는 특별한 사유가 없으면 그 요청에 따라야 한다.

1. 임차료 및 수선유지비를 지급받기 위하여 수급자가 제출하는 서류(「개인정보 보호법」 제24조에 따른 고유식별정보 등 대통령령으로 정하는 개인정보를 포함한다)

2. 임차료 및 수선유지비의 지급 여부 및 지급액에 관한 자료

3. 신청조사 및 확인조사의 결과

4. 제15조에 따른 금융정보등의 자료

5. 그 밖에 임차료 및 수선유지비를 지급하는 데 필요한 자료로서 국토교통부령으로 정하는 자료

④ 국토교통부장관은 제1항에 따른 정보시스템 구축·운영 업무를 신청조사 및 확인조사와의 연계성, 정보시스템 관련 업무의 전문성 등을 고려하여 국토교통부장관이 정하는 기관에 위탁할 수 있다. 이 경우 그에 필요한 경비의 전부 또는 일부를 지원할 수 있다.

제18조(지도·감독 등) 국토교통부장관은 필요한 경우에는 주거급여와 관련된 사항에 관하여 지방자치단체의 장을 지도·감독하거나 지방자치단체의 장에게 필요한 보고를 하게 할 수 있다.

(7) 재정

주거급여 사업에 지출되는 재정은 국민기초생활보장법 제43조(보장비용의 부담 구분)에 따라, 국가와 지방자치단체가 공동 분담한다.

> 제19조(주거급여의 부담) 주거급여를 실시하기 위한 비용은 국가 및 지방자치
> 단체가 「국민기초생활 보장법」 제43조(보장비용의 부담 구분)에 따라 부담한다.

고딕체로 표기된 부분은 저자가 추가한 것이다.

(8) 권리구제 및 벌칙

주거급여법에서 이의신청, 심사청구 등과 같은 권리구제에 관한 조항은
없으나, 주거급여법 제4조(다른 법률과의 관계)에서 명시한대로 국민기초생활
보장법에 따른 권리구제를 준용한다고 해석할 수 있다. 주거급여법에서는 벌
칙 규정을 명시하고 있다. 예를 들어 "금융정보·신용정보 또는 보험정보를
사용·제공·누설할 경우" 5년 이하의 징역 또는 5천만 원 이하의 벌금에 처할
수 있으며(법 제21조), "획득한 정보와 자료를 법률에서 정한 목적 외에 다른
용도로 사용하거나 다른 사람 또는 기관에 제공하거나 누설할 경우" 3년 이
하의 징역 또는 3천만 원 이하의 벌금에 처할 수 있다(법 제22조).

> 제21조(벌칙) 제15조제6항을 위반하여 금융정보등을 사용·제공 또는 누설한
> 사람은 5년 이하의 징역 또는 5천만원 이하의 벌금에 처한다.
> 제23조(벌칙) 제13조제5항을 위반하여 정보 또는 자료를 사용·제공 또는 누
> 설한 사람은 3년 이하의 징역 또는 3천만원 이하의 벌금에 처한다.

| 법률 개정으로 무엇이 바뀌었는가? |

최저주거기준에 미치지 못하는 주거 취약계층의 주거권이 강화되었다!

1999년 국민기초생활보장법 제정으로 주거급여의 법적 근거가 마련되었고, 2000년부터 국민기초생
활보장법 시행으로 주거급여가 시행되었다. 이후 2014년 국민기초생활보장제도의 맞춤형 급여제도 변경
으로 2014년 1월 독립적인 주거급여법이 제정되었고, 생활이 어려운 사람에게 2015년부터 주거급여가

본격적으로 실시되었다.

2022년 주거실태조사에 따르면, 주거급여를 받는 수급가구는 42,858가구이다. 평균 주거급여 수급 금액은 24.4만원이며, 25~30만원 미만이 30.7%로 가장 높고, 20~25만원 미만이 27.9%, 30만원 이상이 26.9%, 20만원 미만이 14.4%로 가장 낮다. 거처 유형을 보면, 고시원·고시텔 등, 숙박업소의 객실, 일하는 곳의 일부공간(무주택자), 판잣집·비닐하우스, 일하는 곳의 일부공간(유주택자)의 순이었다. 그 외에 주거면적은 6.5~14㎡ 미만이 가장 많았다. 가구주 연령은 60세 이상이 가장 많았다. 가구원 수는 1인 가구가 가장 많았다. 주거점유형태는 월세가 가장 많았다.

표 8-5 주거실태조사(2022년): 주거급여 수급 금액

구분1	구분2	전체	평균 주거급여 수급 금액	20만원 미만	20~25만원 미만	25~30만원 미만	30만원 이상
전국	계	42,858	24.4	14.4	27.9	30.7	26.9
거처 유형	숙박업소의 객실	10,570	21.8	24.6	33.8	30.2	11.4
	판잣집·비닐하우스	787	20.4	38.9	15.3	36.1	9.6
	고시원·고시텔 등	27,127	26.2	5.4	25.3	32.3	37
	일하는 곳의 일부공간(유주택자)	103	20	55.7	-	44.3	-
	일하는 곳의 일부공간(무주택자)	2,209	19.2	43.3	36.8	17.3	2.6
	기타	2,063	19.5	43	29.3	23.3	4.4
주거 면적	6.5m^2 미만	10,360	26.7	5.4	22.6	26.6	45.4
	6.5~14m^2 미만	23,987	24.7	8.9	31.5	34.8	24.8
	14~26m^2 미만	4,856	21.3	36.6	29.1	18.1	16.2
	26~36m^2 미만	1,513	16.7	69.8	10.1	18.5	1.6
	36m^2 이상	2,142	20.9	33.7	23	42.1	1.2
가구주 연령	30세 미만	257	24.9	-	54.4	-	45.6
	30~39세	1,038	22.6	27	29.2	23	20.7
	40~49세	4,265	24	14.1	34.4	24.1	27.4
	50~59세	11,139	25	10.5	28.1	30.1	31.3
	60세 이상	26,160	24.2	15.8	26.5	32.7	25

구분1	구분2	전체	평균 주거급여 수급 금액	20만원 미만	20~25만원 미만	25~30만원 미만	30만원 이상
가구원 수	1인	41,090	24.6	12.9	27.9	31.3	28
	2인	1,545	17.2	57.8	24.9	17.3	-
	3인	145	20.9	-	100	-	-
	4인 이상	79	20.8	55.5	-	44.5	-
주거 점유 형태	자가	140	20.3	37.1	62.9	-	-
	전세	652	19.8	49.7	19.2	23.1	8
	보증부 월세	5,541	22	29.3	28.9	26.8	15
	월세	35,366	24.9	10.5	27.8	31.9	29.8
	무상거주	1,160	20.1	48.2	25.5	19.6	6.7

단위: 가구, 만원

출처: 국토교통 통계누리(2024)

생각해 볼 과제

1. 임차가구의 주거급여 지원 금액이 낮으므로, 시장 임대료와 주거비 상승률을 반영하여 주거급여 기준을 조정하고, 대도시와 지방의 임대료 차이를 고려한 지역별 차등 지급 체계를 강화해야 한다는 주장에 대하여 자신의 의견과 그 근거를 이야기해 보자.

2. 자가가구에 대한 주택 개보수 지원이 예산 부족 및 제도적 한계로 인해 충분히 이루어지지 않고 있으며, 주거 환경 개선에 실질적인 도움을 주지 못하여 제도 개선이 필요하다는 주장에 대하여 자신의 의견과 그 근거를 이야기해 보자.

3. 주거비는 지역별로 다르다. 지역별 주거비 특성을 반영한 맞춤형 급여 체계를 구축하여 지원의 형평성을 제고하고, 지방정부와 협력을 강화하여 지역 특화 정책을 병행할 필요가 있다. 우리 지역사회에서 시행하고 있는 주거비 지원제도는 무엇이 있고, 다른 지역에서 벤치마킹할 주거비 지원제도는 무엇이 있는지 조사하고 비교해 보자.

4. 긴급복지지원법

1) 긴급복지지원법의 의의

긴급복지지원법은 갑작스러운 위기 상황에 처한 국민에게 신속하고 효과적인 지원을 통해 최소한의 인간다운 삶을 보장하는 데 기여하는 법률이다. 이는 기존의 복지 제도로는 해결하기 어려운 갑작스러운 위기 상황(실직, 질병, 이혼, 화재, 자연재해, 폭력 등)에 대응하여 신속하게 지원을 제공함으로써 위기 가정이 더 극심한 곤경에 빠지지 않도록 돕는다. 일반적인 사회복지법은 수급결정까지의 행정절차의 복잡성으로 인해 사각지대가 발생할 수밖에 없는데 반해, 긴급복지지원법은 기존 복지 제도가 포괄하지 못하는 사각지대를 메워 주어 기존 복지 제도를 보완한다는 점에서 의의가 있다. 행정적 절차를 간소화하여 실질적인 도움을 신속히 제공할 수 있다는 점이 일반적인 사회복지법과 가장 큰 차이점이다. 나아가 긴급복지지원법은 위기 극복을 통한 자립 지원을 지향함으로써, 단순히 일회성 지원에 그치지 않고 긴급지원 대상자가 위기 상황에서 벗어나 자립할 수 있도록 돕는 법률이라는 점에서도 의의를 찾을 수 있다.

2) 긴급복지지원법의 연혁

(1) 긴급복지지원법의 제정

2005년 12월 23일 긴급복지지원법이 제정되었고, 2006년 3월 24일 시행되었다. 긴급복지지원법은 경제 양극화 및 이혼 증가 등 사회변화 속에서 소득상실, 질병과 같은 갑작스러운 위기상황이 발생한 경우 누구든지 손쉽게 도움을 청하고 필요한 지원을 받을 수 있는 제도를 마련하고자 도입되었다. 지역사회의 각종 복지지원을 활용하여 위기상황에 처한 자를 조기에 찾을 수 있는 체계를 갖추고 이들에게 필요한 지원을 신속하게 실시하며, 기존의 공공부조제도나 사회복지서비스와 연계되도록 하려는 목적으로 긴급복지지원법은 출발하였다. 법 제정 당시 긴급복지에 대한 국가 및 지방자치단체의 책무, 긴급지원대상자의 범위 설정, 긴급지원의 종류 및 내용 규정, 긴급지원심의위원회의 구성, 사후 조사 및 긴급지원의 적정성 심사 등을 명시하였다. 긴급복지지원법 제정 당시에는 시행일로부터 5년 동안만 효력을 가진 한시법, 즉 일몰법이었다. 그러나 기존 복지 제도가 담당하지 못하는 선지원 후조사와 같은 신속성을 담보하는 긴급복지지원법의 기능이 평가되어, 2009년 5월 28일 법률 개정을 통해 한시법 조항을 삭제하였다.

(2) 긴급복지지원법의 주요 개정 내용

긴급복지지원법의 제정은 위기 상황에 놓인 국민의 즉각적인 보장, 최소한의 인간다운 삶의 보장, 국민의 기본권인 생존권 보장, 위기 상황 극복을 넘어 자립 생활로의 연계 등을 시도하였다는 점에서 의의가 크다. 그러나 긴급복지지원법의 시행에도 불구하고, 우리 사회에는 여전히 긴급복지 지원대상자가 많으며, 긴급복지 지원체계에 대한 비판은 지속되고 있다. 이에 긴급복지 지원대상자의 실질적 생존권 보장을 위해 수차례에 걸쳐 개정되었는데, 주요 개정내용은 표 8-6과 같다.

표 8-6 긴급복지지원법의 주요 개정 연혁

연도	주요 내용
2005.12.23.	- 긴급복지지원법 제정(2006.3.24 시행) - 시행일로부터 5년간 그 효력을 가짐: 한시법으로 출발
2009.05.28.	- 한시법(시행일로부터 5년간 그 효력을 가짐) 조항을 삭제 - 긴급지원의 기간을 최장 4개월에서 6개월로 연장하고, 시·군·구청장이 1개월씩 2회 연장할 수 있도록 함 - 위기에 처한 초중고 학생의 입학금 및 수업료 지원
2012.10.22.	- 위기상황에 대한 정의에서 최저생계비 이하 소득기준 규정 삭제 - 주거지원 기간의 상한을 6개월에서 12개월로 연장 - 운영 실적이 없는 긴급지원협의회 폐지

연도	주요 내용
2014.12.30.	- 국가 및 지방자치단체의 긴급지원사업 안내에 관한 의무규정 추가 - 긴급복지지원 사유인 위기상황에 대하여 지방자치단체가 상황별 사유를 조례로 정할 수 있도록 함으로써 지방자치단체의 재량 확대 - 긴급지원대상자 신고의무자의 범위에 장애인활동지원기관의 종사자 등 추가 - 국가 및 지방자치단체가 연 1회 이상 정기적으로 위기상황에 처한 사람에 대한 발굴조사를 실시하도록 하고, 발굴체계의 운영 실태를 정기적으로 점검하며 개선방안을 수립 - 위기사항에 처한 사람에 대한 신속한 선지원을 위하여 긴급지원대상자에게 신속히 지원할 필요가 있다고 판단되는 경우 긴급지원담당공무원이 우선 필요한 지원 가능 - 긴급지원수급계좌 제도 도입 - 교육지원의 횟수를 총 2회에서 4회로 늘림
2015.12.29.	- 긴급지원담당공무원이 신청자를 조사할 때 권한을 표시하는 증표뿐만 아니라 조사기간, 조사범위 등이 기재된 서류를 제시하도록 하며, 행정조사의 내용·절차·방법 등에 관하여 이 법에서 정하는 사항을 제외하고는 「행정조사기본법」에서 정하는 바를 따르도록 함
2016.12.02.	- 획득한 정보와 자료를 법률에서 정한 목적 외에 다른 용도로 사용하거나 다른 사람 또는 기관에 제공하거나 누설한 사람은 '1천만원 이하의 벌금'에서 '3천만원 이하의 벌금'으로 상향 조정
2018.12.11.	- 긴급지원담당공무원은 '긴급지원사업을 포함한 복지 관련 교육훈련을 받은 사람'으로 하여 업무 수행의 전문성을 제고 - 위기상황에 해당하는 사유에 '자연재해' 및 '휴업·폐업 또는 사업장의 화재 등으로 실질적인 영업이 곤란해지거나 실직으로 소득을 상실한 경우' 등을 추가하여 위기상황에 처한 국민을 보다 폭넓게 보호 - 학원·교습소의 강사·교습자 등에게도 긴급지원대상자를 알게 된 경우 신고하도록 하며, 신고의무자에게 필요한 교육·홍보 실시
2021.07.27.	- 위기상황에 처한 사람이 희망하는 경우 시장·군수·구청장이 지정한 민간법인·단체·시설·기관에서도 수급자의 요청에 따라 긴급복지 신청서 작성, 제출 등을 지원할 수 있도록 하여 제도의 접근성을 높이고자 함
2023.06.13.	- 긴급지원의 실효성을 높이기 위해 생계지원에 대한 긴급지원 기간을 1개월에서 3개월로 연장

3) 긴급복지지원법의 주요 내용

긴급복지지원법(2023. 12. 14. 시행, 법률 제19448호)은 19개 조문 및 부칙으로 구성되어 있다. 법의 중요한 내용들을 원칙(목적, 기본원칙), 정의, 적용대상(긴급지원대상자, 외국인에 대한 특례), 급여의 종류와 내용(긴급지원의 종류 및 내용, 긴급지원수급계좌, 긴급지원의 기간), 급여의 실시(지원요청 및 신고 또는 위기상황 발굴 → 현장 확인 및 지원 → 사후조사(적정성 검사, 지원중단 또는 비용환수), 보장기관 및 인력(국가 및 지방자치단체의 의무, 긴급지원담당공무원, 담당기구 설치, 긴급지원심의위원회), 재정(예산분담), 권리구제 및 벌칙으로 구분하여 살펴본다.

(1) 원칙

긴급복지지원법의 목적은 위기상황에 처하여 도움이 필요한 사람에 대한 신속한 지원을 통해 위기상황 극복 및 건강하고 인간다운 생활을 영위하도록 꾀하는 것이다.

> 제1조(목적) 이 법은 생계곤란 등의 위기상황에 처하여 도움이 필요한 사람을 신속하게 지원함으로써 이들이 위기상황에서 벗어나 건강하고 인간다운 생활을 하게 함을 목적으로 한다.

긴급복지지원법의 기본원칙은 일시성과 신속성(법 제3조 제1항), 중복금지 원칙(법 제3조 제2항)이다.

> 제3조(기본원칙) ① 이 법에 따른 지원은 위기상황에 처한 사람에게 일시적으로 신속하게 지원하는 것을 기본원칙으로 한다.
> ② 「재해구호법」, 「국민기초생활 보장법」, 「의료급여법」, 「사회복지사업법」, 「가정폭력방지 및 피해자보호 등에 관한 법률」, 「성폭력방지 및 피해자보호 등에 관한 법률」 등 다른 법률에 따라 이 법에 따른 지원 내용과 동일한 내용의 구호·보호 또는 지원을 받고 있는 경우에는 이 법에 따른 지원을 하지 아니한다.

(2) 정의

긴급복지지원법의 핵심 개념인 위기상황은 제2조에서 규정하고 있다.

제2조(정의) 이 법에서 "위기상황"이란 본인 또는 본인과 생계 및 주거를 같이 하고 있는 가구구성원이 다음 각 호의 어느 하나에 해당하는 사유로 인하여 생계유지 등이 어렵게 된 것을 말한다.

1. 주소득자(主所得者)가 사망, 가출, 행방불명, 구금시설에 수용되는 등의 사유로 소득을 상실한 경우
2. 중한 질병 또는 부상을 당한 경우
3. 가구구성원으로부터 방임(放任) 또는 유기(遺棄)되거나 학대 등을 당한 경우
4. 가정폭력을 당하여 가구구성원과 함께 원만한 가정생활을 하기 곤란하거나 가구구성원으로부터 성폭력을 당한 경우
5. 화재 또는 자연재해 등으로 인하여 거주하는 주택 또는 건물에서 생활하기 곤란하게 된 경우
6. 주소득자 또는 부소득자(副所得者)의 휴업, 폐업 또는 사업장의 화재 등으로 인하여 실질적인 영업이 곤란하게 된 경우
7. 주소득자 또는 부소득자의 실직으로 소득을 상실한 경우
8. 보건복지부령으로 정하는 기준에 따라 지방자치단체의 조례로 정한 사유가 발생한 경우

(3) 적용대상

급여의 대상은 긴급지원대상자로 통칭하며, 위기상황에 처한 사람이다(법 제5조). 외국인도 위기상황에 처한다면, 긴급지원대상자가 된다(법 제5조의2).

제5조(긴급지원대상자) 이 법에 따른 지원대상자는 위기상황에 처한 사람으로서 이 법에 따른 지원이 긴급하게 필요한 사람(이하 "긴급지원대상자"라 한다)으로 한다.
제5조의2(외국인에 대한 특례) 국내에 체류하고 있는 외국인 중 대통령령으로 정하는 사람이 제5조에 해당하는 경우에는 긴급지원대상자가 된다.

(4) 급여의 종류와 내용

긴급복지지원법에서는 크게 두 가지 급여를 명시하고 있다. 금전 또는 현물 직접지원(법 제9조 제1항 제2호)과 민간기관·단체와의 연계 지원(법 제9조 제1항 제2호)이 있다. 생계지원과 주거지원의 급여수준은 기준 중위소득의 100분의 40이다(법 제9조 제2항). 시장·군수·구청장은 사회복지시설의 장에게 지원을 요청할 수 있다(법 제9조 제3항).

제9조(긴급지원의 종류 및 내용) ① 이 법에 따른 지원의 종류 및 내용은 다음과 같다.

1. 금전 또는 현물(現物) 등의 직접지원

가. 생계지원: 식료품비·의복비 등 생계유지에 필요한 비용 또는 현물 지원

나. 의료지원: 각종 검사 및 치료 등 의료서비스 지원

다. 주거지원: 임시거소(臨時居所) 제공 또는 이에 해당하는 비용 지원

라. 사회복지시설 이용 지원: 「사회복지사업법」에 따른 사회복지시설 입소(入所) 또는 이용 서비스 제공이나 이에 필요한 비용 지원

마. 교육지원: 초·중·고등학생의 수업료, 입학금, 학교운영지원비 및 학용품비 등 필요한 비용 지원

바. 그 밖의 지원: 연료비나 그 밖에 위기상황의 극복에 필요한 비용 또는 현물 지원

2. 민간기관·단체와의 연계 등의 지원

가. 「대한적십자사 조직법」에 따른 대한적십자사, 「사회복지공동모금회법」에 따른 사회복지공동모금회 등의 사회복지기관·단체와의 연계 지원

나. 상담·정보제공, 그 밖의 지원

② 1항의 구체적인 지원기준·방법 및 절차 등에 관하여 필요한 사항은 대통령령으로 정한다. 이 경우 제1항제1호가목(생계지원) 및 다목(주거지원)의 지원은 「국민기초생활 보장법」 제2조제11호에 따른 기준 중위소득의 100분의 40을 각각 한도로 한다.

③ 시장·군수·구청장은 제1항제1호라목에 따른 사회복지시설 이용 지원을 하는 경우 관할 사회복지시설의 장에게 지원을 요청할 수 있다. 이 경우 지원요청을 받은 사회복지시설의 장은 정당한 사유가 없으면 해당 시설의 입소기준에

도 불구하고 긴급지원대상자가 제10조에 따른 기간에 그 시설을 이용할 수 있
도록 조치하여야 한다.

고딕체로 표기된 부분은 저자가 추가한 것이다.

긴급지원대상자가 긴급지원수급계좌를 신청하는 경우, 시장·군수·구청
장은 금전을 해당 계좌로 입금하여야 하며(제9조의2 제1항), 금융기관은 긴급
지원금만이 입금되도록 관리하여야 한다(제9조의2 제2항).

제9조의2(긴급지원수급계좌) ① 시장·군수·구청장은 긴급지원대상자의 신
청이 있는 경우에는 긴급지원대상자에게 지급하는 금전(이하 "긴급지원금"이
라 한다)을 긴급지원대상자 명의의 지정된 계좌(이하 "긴급지원수급계좌"라
한다)로 입금하여야 한다. 다만, 정보통신장애나 그 밖에 대통령령으로 정하는
불가피한 사유로 긴급지원수급계좌로 이체할 수 없을 때에는 현금 지급 등 대
통령령으로 정하는 바에 따라 지급할 수 있다.
② 긴급지원수급계좌가 개설된 금융기관은 긴급지원금만이 긴급지원수급계좌
에 입금되도록 하고, 이를 관리하여야 한다.

긴급지원심의위원회의 심의를 거쳐 긴급지원을 연장할 수 있는데, 최장
기간 및 횟수는 생계지원, 사회복지시설 이용 지원, 그 밖의 지원의 경우 6개
월, 주거지원의 경우 12개월, 의료지원의 경우 2회, 교육지원의 경우 4회이다
(법 제10조 제3항).

제10조(긴급지원의 기간 등) ① 제9조제1항제1호가목(생계지원)에 따른 긴급지
원은 3개월간, 같은 호 다목(주거지원)·라목(사회복지시설 이용 지원) 및 바목(그 밖
의 지원)에 따른 긴급지원은 1개월간의 생계유지 등에 필요한 지원으로 한다. 다
만, 같은 호 다목·라목 및 바목에 따른 긴급지원은 시장·군수·구청장이 긴급

지원대상자의 위기상황이 계속된다고 판단하는 경우에는 1개월씩 두 번의 범위에서 기간을 연장할 수 있다.

② 제9조제1항제1호나목(의료지원)에 따른 지원은 위기상황의 원인이 되는 질병 또는 부상을 검사·치료하기 위한 범위에서 한 번 실시하며, 같은 호 마목(교육지원)에 따른 지원도 한 번 실시한다.

③ 시장·군수·구청장은 제1항 및 제2항에 따른 지원에도 불구하고 위기상황이 계속되는 경우에는 제12조에 따른 긴급지원심의위원회의 심의를 거쳐 지원을 연장할 수 있다. 이 경우 제9조제1항제1호가목(생계지원)·라목(사회복지시설 이용 지원) 및 바목(그 밖의 지원)에 따른 지원은 제1항에 따른 지원기간을 합하여 총 6개월을 초과하여서는 아니 되고, 같은 호 다목(주거지원)에 따른 지원은 제1항에 따른 지원기간을 합하여 총 12개월을 초과하여서는 아니 되며, 같은 호 나목(의료지원)에 따른 지원은 제2항에 따른 지원횟수를 합하여 총 두 번, 같은 호 마목(교육지원)에 따른 지원은 제2항에 따른 지원횟수를 합하여 총 네 번을 초과하여서는 아니 된다.

고딕체로 표기된 부분은 저자가 추가한 것이다.

(5) 급여의 실시

긴급복지지원의 급여 실시 순서는 '지원요청 및 신고 또는 위기상황 발굴 → 현장 확인 및 지원 → 사후조사(적정성 검사, 지원중단, 비용환수)의 순이다(법 제7조, 제7조의 2, 제8조, 제13조, 제14조, 제15조).

제7조(지원요청 및 신고) ① 긴급지원대상자와 친족, 그 밖의 관계인은 구술 또는 서면 등으로 관할 시장·군수·구청장에게 이 법에 따른 지원을 요청할 수 있다.

② 누구든지 긴급지원대상자를 발견한 경우에는 관할 시장·군수·구청장에게 신고하여야 한다.

③ 다음 각 호의 어느 하나에 해당하는 사람은 진료·상담 등 직무수행 과정에서 긴급지원대상자가 있음을 알게 된 경우에는 관할 시장·군수·구청장에게 이를 신고하고, 긴급지원대상자가 신속하게 지원을 받을 수 있도록 노력하여

야 한다.

1. 「의료법」에 따른 의료기관의 종사자

2. 「유아교육법」, 「초·중등교육법」 및 「고등교육법」에 따른 교원, 직원, 산학겸임교사, 강사

3. 「사회복지사업법」에 따른 사회복지시설의 종사자

4. 「국가공무원법」 및 「지방공무원법」에 따른 공무원

5. 「장애인활동 지원에 관한 법률」 제20조에 따른 활동지원기관의 장 및 그 종사자와 같은 법 제26조에 따른 활동지원인력

6. 「학원의 설립·운영 및 과외교습에 관한 법률」 제6조에 따른 학원의 운영자·강사·직원 및 같은 법 제14조에 따른 교습소의 교습자·직원

7. 「건강가정기본법」 제35조에 따른 건강가정지원센터의 장과 그 종사자

8. 「청소년 기본법」 제3조제6호에 따른 청소년시설 및 같은 조 제8호에 따른 청소년단체의 장과 그 종사자

9. 「청소년 보호법」 제35조에 따른 청소년 보호·재활센터의 장과 그 종사자

10. 「평생교육법」 제2조에 따른 평생교육기관의 장과 그 종사자

11. 그 밖에 긴급지원대상자를 발견할 수 있는 자로서 보건복지부령으로 정하는 자

④ 시장·군수·구청장이 지정한 법인·단체·시설·기관 등은 긴급지원대상자의 요청에 따라 제1항에 따른 지원요청을 지원할 수 있다.

⑤ 관계 중앙행정기관의 장은 제3항 각 호의 어느 하나에 해당하는 사람의 자격취득 또는 보수교육 과정에 긴급지원사업의 신고와 관련된 교육 내용을 포함하도록 하여야 하며, 긴급복지 신고의무자가 소속된 기관·시설 등의 장은 소속 긴급복지 신고의무자에게 신고의무 교육을 실시하고, 그 결과를 관계 중앙행정기관의 장에게 제출하여야 한다.

⑦ 국가 및 지방자치단체는 제3항 각 호의 어느 하나에 해당하는 사람에게 긴급지원사업에 관한 홍보를 실시하여야 한다.

제7조의2(위기상황의 발굴) ① 국가 및 지방자치단체는 위기상황에 처한 사람에 대한 발굴조사를 연 1회 이상 정기적으로 실시하여야 한다.

② 국가 및 지방자치단체는 제1항에 따른 정기 발굴조사 또는 수시 발굴조사를 위하여 필요한 경우 관계 기관·법인·단체 등의 장에게 자료의 제출, 위기상황에 처한 사람의 거주지 등 현장조사 시 소속 직원의 동행 등 협조를 요청할 수 있다. 이 경우 관계 기관·법인·단체 등의 장은 정당한 사유가 없으면 이에 따라야 한다.

③ 국가 및 지방자치단체는 위기상황에 처한 사람에 대한 발굴체계의 운영 실태를 정기적으로 점검하고 개선방안을 수립하여야 한다.

제8조(현장 확인 및 지원) ① 시장·군수·구청장은 제7조에 따른 지원요청 또는 신고를 받거나 위기상황에 처한 사람을 찾아낸 경우에는 지체 없이 긴급지원담당공무원으로 하여금 긴급지원대상자의 거주지 등을 방문하여 위기상황을 확인하여야 한다.

② 시장·군수·구청장은 위기상황을 확인하기 위하여 필요한 경우에는 관할 경찰관서, 소방관서 등 관계 행정기관의 장에게 협조를 요청할 수 있다. 이 경우 관계 행정기관의 장은 정당한 사유가 없으면 그 요청에 따라야 한다.

③ 시장·군수·구청장은 제1항에 따른 현장 확인 결과 위기상황의 발생이 확인된 사람에 대하여는 지체 없이 제9조에 따른 지원의 종류 및 내용을 결정하여 지원을 하여야 한다. 이 경우 긴급지원대상자에게 신속히 지원할 필요가 있다고 판단되는 경우 긴급지원담당공무원으로 하여금 우선 필요한 지원을 하도록 할 수 있다.

④ 제1항에 따라 현장을 확인하는 긴급지원담당공무원은 권한을 표시하는 증표 및 조사기간, 조사범위, 조사담당자, 관계 법령 등 보건복지부령으로 정하는 사항이 기재된 서류를 지니고 이를 관계인에게 내보여야 한다.

⑤ 제1항에 따른 조사의 내용·절차·방법 등에 관하여 이 법에서 정하는 사항을 제외하고는 「행정조사기본법」에서 정하는 바를 따른다.

제13조(사후조사) ① 시장·군수·구청장은 제8조제3항에 따라 지원을 받았거나 받고 있는 긴급지원대상자에 대하여 소득 또는 재산 등 대통령령으로 정하는 기준에 따라 긴급지원이 적정한지를 조사하여야 한다.

② 시장·군수·구청장은 제1항에 따른 조사를 위하여 금융·국세·지방세·건강보험·국민연금 및 고용보험 등 관련 전산망을 이용하려는 경우에는 해당 법률에서 정하는 바에 따라 관계 기관의 장에게 협조를 요청할 수 있다. 이 경우 관계 기관의 장은 정당한 사유가 없으면 그 요청에 따라야 한다.

③ 보건복지부장관은 제1항에 따른 조사를 위하여 「금융실명거래 및 비밀보장에 관한 법률」 제4조제1항과 「신용정보의 이용 및 보호에 관한 법률」 제32조제1항에도 불구하고 긴급지원대상자 및 가구구성원이 제8조의2에 따라 제출한 동의 서면을 전자적 형태로 바꾼 문서에 따라 금융기관등(「금융실명거래 및 비밀보장에 관한 법률」 제2조제1호에 따른 금융회사등, 「신용정보의 이용 및 보호에 관한 법률」 제25조에 따른 신용정보집중기관을 말한다. 이하 같다)의 장에게 금융정보·신용정보 또는 보험정보(이하 "금융정보등"이라 한다)의 제

공을 요청할 수 있다.

제14조(긴급지원의 적정성 심사) ① 제12조에 따른 긴급지원심의위원회는 제13조제1항에 따라 시장·군수·구청장이 한 사후조사 결과를 참고하여 긴급지원의 적정성을 심사한다.

② 긴급지원심의위원회는 긴급지원대상자가 「국민기초생활 보장법」 또는 「의료급여법」에 따른 수급권자로 결정된 경우에는 제1항에 따른 심사를 하지 아니할 수 있다.

③ 시장·군수·구청장은 제1항에 따른 심사결과 긴급지원대상자에 대한 지원이 적정하지 아니한 것으로 결정된 경우에도 긴급지원담당공무원의 고의 또는 중대한 과실이 없으면 이를 이유로 긴급지원담당공무원에 대하여 불리한 처분이나 대우를 하여서는 아니 된다.

제15조(지원중단 또는 비용환수) ① 시장·군수·구청장은 제14조제1항에 따른 심사결과 거짓이나 그 밖의 부정한 방법으로 제8조제3항에 따른 지원을 받은 것으로 결정된 사람에게는 긴급지원심의위원회의 결정에 따라 지체 없이 지원을 중단하고 지원한 비용의 전부 또는 일부를 반환하게 하여야 한다.

② 시장·군수·구청장은 제14조제1항에 따른 심사결과 긴급지원이 적정하지 아니한 것으로 결정된 사람에게는 지원을 중단하고 지원한 비용의 전부 또는 일부를 반환하게 할 수 있다.

③ 시장·군수·구청장은 제9조제2항에 따른 지원기준을 초과하여 지원받은 사람에게는 그 초과 지원 상당분을 반환하게 할 수 있다.

④ 시장·군수·구청장은 제1항 또는 제2항에 따른 반환명령에 따르지 아니하는 사람에게는 지방세 체납처분의 예에 따라 징수한다.

(6) 보장기관 및 인력

긴급복지지원 업무를 담당하는 보장기관은 국가와 지방자치단체이다 (법 제4조). 실제 긴급복지지원은 시장·군수·구청장이 실시한다(법 제6조 제1항). 긴급지원담당공무원이 긴급복지지원의 주요 인력이 되며, 긴급지원담당공무원은 긴급지원사업을 포함한 복지 관련 교육훈련을 받은 사람으로 한다 (법 제6조 제3항). 그 외에 연계서비스를 제공하기 위하여 담당기구 설치·운영을 명시하고 있으며(법 제11조), 시·군·구에 설치할 긴급지원심의위원회를 규정하고 있다(법 제12조).

제4조(국가 및 지방자치단체의 책무) ① 국가 및 지방자치단체는 위기상황에 처한 사람을 찾아 내어 최대한 신속하게 필요한 지원을 하도록 노력하여야 하며, 긴급지원의 지원대상 및 소득 또는 재산 기준, 지원 종류·내용·절차와 그 밖에 필요한 사항 등 긴급지원사업에 관하여 적극적으로 안내하여야 한다.

② 국가 및 지방자치단체는 이 법에 따른 지원 후에도 위기상황이 해소되지 아니하여 계속 지원이 필요한 것으로 판단되는 사람에게는 다른 법률에 따른 구호·보호 또는 지원을 받을 수 있도록 노력하여야 한다.

③ 국가 및 지방자치단체는 제2항에 따른 구호·보호 또는 지원이 어렵다고 판단되는 경우에는 민간기관·단체와의 연계를 통하여 구호·보호 또는 지원을 받을 수 있도록 노력하여야 한다.

제6조(긴급지원기관) ① 이 법에 따른 지원은 긴급지원대상자의 거주지를 관할하는 시장(「제주특별자치도 설치 및 국제자유도시 조성을 위한 특별법」 제11조제2항에 따른 행정시장을 포함한다. 이하 같다)·군수·구청장(자치구의 구청장을 말한다. 이하 같다)이 한다. 다만, 긴급지원대상자의 거주지가 분명하지 아니한 경우에는 제7조에 따른 지원요청 또는 신고를 받은 시장·군수·구청장이 한다.

② 제1항 단서에도 불구하고 거주지가 분명하지 아니한 사람에게 제7조에 따른 지원요청 또는 신고가 특정지역에 집중되는 경우에는 보건복지부령으로 정하는 바에 따라 긴급지원기관을 달리 정할 수 있다.

③ 시장·군수·구청장은 이 법에 따른 긴급지원사업을 수행할 담당공무원(이하 "긴급지원담당공무원"이라 한다)을 지정하여야 한다. 이 경우 긴급지원담당공무원은 긴급지원사업을 포함한 복지 관련 교육훈련을 받은 사람으로 한다.

제11조(담당기구 설치 등) ① 보건복지부장관은 위기상황에 처한 사람에게 상담·정보제공 및 관련 기관·단체 등과의 연계서비스를 제공하기 위하여 담당기구를 설치·운영할 수 있다.

③ 시장·군수·구청장은 긴급지원사업을 원활하게 수행하기 위하여 「사회복지사업법」 제7조의2에 따른 지역사회복지협의체를 통하여 사회복지·보건의료 관련 기관·단체 간의 연계·협력을 강화하여야 한다.

제12조(긴급지원심의위원회) 다음 각 호의 사항을 심의·의결하기 위하여 시(「제주특별자치도 설치 및 국제자유도시 조성을 위한 특별법」 제10조제2항에

따른 행정시를 포함한다. 이하 같다)·군·구(자치구를 말한다. 이하 같다)에 긴급지원심의위원회를 둔다.

1. 제10조제3항에 따른 긴급지원연장 결정
2. 제14조제1항에 따른 긴급지원의 적정성 심사
3. 제15조제1항에 따른 긴급지원의 중단 또는 지원비용의 환수 결정
4. 그 밖에 긴급지원심의위원회의 위원장이 회의에 부치는 사항

② 긴급지원심의위원회는 위원장 1명을 포함한 15명 이내의 위원으로 구성한다.

③ 위원장은 시장·군수·구청장이 되고, 위원은 다음 각 호의 어느 하나에 해당하는 사람 중에서 시장·군수·구청장이 임명하거나 위촉한다. 이 경우 제1호 및 제2호에 해당하는 사람이 2분의 1 이상 되도록 구성하여야 한다.

1. 사회보장에 관한 학식과 경험이 있는 사람
2. 「비영리민간단체 지원법」 제2조에 따른 비영리민간단체에서 추천한 사람
3. 해당 시·군·구 또는 관계 행정기관 소속의 공무원
4. 해당 시·군·구 지방의회가 추천하는 사람

④ 시·군·구에 「국민기초생활 보장법」 제20조제1항 본문에 따른 생활보장위원회가 있는 경우 그 위원회는 조례로 정하는 바에 따라 긴급지원심의위원회의 기능을 대신할 수 있다.

(7) 재정

긴급복지지원 사업에 지출되는 재정은 국가와 지방자치단체가 공동 분담한다.

제17조(예산분담) 국가 및 지방자치단체는 긴급지원 업무를 수행하기 위하여 필요한 비용을 분담하여야 한다.

(8) 권리구제 및 벌칙

긴급복지지원법에서는 이의신청 제도를 명시하고 있다.

> 제16조(이의신청) ① 제8조제3항에 따른 결정이나 제15조제1항 또는 제2항에
> 따른 반환명령에 이의가 있는 사람은 그 처분을 고지받은 날부터 30일 이내에
> 해당 시장·군수·구청장을 거쳐 특별시장·광역시장·도지사·특별자치도지사
> (이하 "시·도지사"라 한다)에게 서면으로 이의신청할 수 있다. 이 경우 시장·
> 군수·구청장은 이의신청을 받은 날부터 10일 이내에 의견서와 관련 서류를 첨
> 부하여 시·도지사에게 송부하여야 한다.
> ② 시·도지사는 제1항에 따른 송부를 받은 날부터 15일 이내에 이를 검토하고
> 처분이 위법·부당하다고 인정되는 때는 시정, 그 밖에 필요한 조치를 하여야
> 한다.

긴급복지지원법에서는 벌칙 규정을 명시하고 있다. "획득한 정보와 자
료를 법률에서 정한 목적 외에 다른 용도로 사용하거나 다른 사람 또는 기관
에 제공하거나 누설할 경우" 3년 이하의 징역 또는 3천만원 이하의 벌금에
처할 수 있다(법 제19조).

> 제19조(벌칙) 제13조제7항을 위반한 사람은 3년 이하의 징역 또는 3천만원 이
> 하의 벌금에 처한다.

| 법률 개정으로 무엇이 바뀌었는가? |

긴급복지지원법으로 위기상황을 벗어나 최소한의 인간다운 생활을 보장받았다!

긴급복지지원제도는 "위기상황에 놓여 생계유지가 곤란한 저소득 가구에 생계·의료·주거지원 등 필
요한 지원을 일시적으로 신속하게 지원하여 위기상황에서 벗어날 수 있도록 돕는 제도"이다. 긴급복지지
원법은 지속적으로 위기상황을 추가하고, 지원기간을 확대하고, 제도 문턱을 낮춤으로써 다양한 위기상황
가구원을 지원하도록 개정되어 왔다.

대표적인 위기상황 추가 관련 개정으로는 위기에 처한 초중고 학생의 입학금 및 수업료 지원(2009년), '자연재해' 및 '휴업·폐업 또는 사업장의 화재 등으로 실질적인 영업이 곤란해지거나 실직으로 소득을 상실한 경우'(2018년) 등이다. 대표적인 지원기간 및 횟수 확대 관련 재정으로는 긴급지원의 기간을 최장 4개월에서 6개월로 연장(2009년), 주거지원 기간의 상한을 6개월에서 12개월로 연장(2012년), 교육지원의 횟수를 총 2회에서 4회로 연장(2014년), 생계지원에 대한 긴급지원 기간을 1개월에서 3개월로 연장(2023년) 등이다. 대표적인 제도문턱 완화 관련 개정으로는 위기상황에 대한 정의에서 최저생계비 이하 소득기준 규정 삭제(2012년), 긴급복지지원 사유인 위기상황에 대하여 지방자치단체가 상황별 사유를 조례로 정할 수 있도록 함으로써 지방자치단체의 재량 확대(2014년) 등이다.

표 8-7 2024년 긴급복지지원 지원내역

종류		지원내용	지원금액	최대횟수
금전·현물 지원	위기상황 주지원	생계	식료품비, 의복비, 냉방비 등 생계 유지비	- 71만 3,100원/월(1인 기준) - 183만 3,500원/월 (4인 기준)	6회
		의료	각종 검사 및 치료 등 의료서비스	300만 원 이내	2회

		주거	국가·지자체 소유 또는 타인 소유의 임시거소 제공: 지원상한액 내 실비 지원	- 39만 8,900원/월 이내
				  (대도시 1인 기준)
				- 66만 2,500원/월 이내
				  (대도시 4인 기준)
					12회

		복지시설 이용	사회복지시설 입소 또는 이용서비스: 지원상한액 내 실비 지원	- 55만 2,000원/월 이내
				  (1인 기준)
				- 149만 4,100원/월 이내
				  (4인 기준)
					6회

	부가지원	교육	가구원 내 초·중·고등학생의 학용품비 등	- 초: 12만 7,900원/분기 - 중: 18만 원/분기 - 고: 21만 4,000원/분기 및 수업료·입학금	2회(4회)
		그 밖의 지원	- 위기사유 발생으로 생계유지가 곤란한 사람에게 연료비, 해산비 등 지원 - 동절기(10월~3월) 연료비: 15만 원/월 - 해산비(70만 원)·장제비(80만 원)·전기요금 (50만 원 이내): 각 1회	1회 (연료비 6회)
민간기관·단체 연계지원 등			- 사회복지공동모금회, 대한적십자사 등 민간의 긴급지원프로그램으로 연계 - 상담 등 기타 지원	횟수 제한 없음

주 1: 위기상황이 복합(複合)으로 나타난 경우 주지원 종류별 복합지원 가능
주 2: 부가지원은 해당사항이 있을 경우 주지원과 병행 지원이 가능하나 반드시 지원해야 하는 것은 아니며, 예산 여건 등을 고려하여 지자체에서 병행 지원 여부 결정
주 3: 주거지원(최대 12개월)대상자의 교육지원 횟수는 최대 4회(분기)로, 분기별 지원해야 함에 주의
출처: 보건복지부(2024b)

1   긴급복지지원법에서는 '위기상황'을 정의하고 있는데, 위기상황에 대한 엄격한 기준을 개선할 필요성이 제기되어 왔다. 위기상황에 대한 정의를 어떻게 변경해야 위기에 처한 가구가 더 많이 긴급지원대상자로 선정되어 지원을 받을 수 있는지 생각하여 자신의 의견과 그 근거를 이야기해 보자.

2   긴급복지지원법의 핵심은 신속성인데, 위기 상황에 대한 현장 조사가 신속성에 걸림돌이 된다는 비판이 있다. 제8조(현장 확인 및 지원)를 어떻게 개정하면 보다 신속성이 담보될 수 있는지 생각하여 자신의 의견과 그 근거를 이야기해 보자.

3   긴급지원의 종류와 긴급지원의 기간을 어떻게 개정하면, 급여의 충분성이 담보될 수 있는지 생각하여 자신의 의견과 그 근거를 이야기해 보자.

5. 장애인연금법

1) 장애인연금법의 의의

장애인연금법은 장애로 인해 소득활동이 어려운 중증장애인에게 매달 일정 금액의 연금을 지급하여 기본적인 생활을 유지하도록 돕는 법률이다. 소득수준이 낮은 중증장애인을 대상으로 한 지원을 통해, 빈곤 상태에 빠질 위험을 줄이고 장애인의 복지수준을 높이고자 한다. 이러한 현금 지원을 통해 장애로 인한 경제적 부담을 완화하고 생활 안정을 높이는 데 기여한다. 장애인연금법은 단순한 경제적 지원을 넘어 장애인의 기본 권리를 보장하고, 이들이 사회의 구성원으로서 존중받으며 살아갈 수 있는 환경을 조성하는 데 기여한다. 또한 장애인을 위한 사회적 안전망의 일부로, 장애로 인한 불평등과 소외감을 줄이고 사회통합을 추구하는 법률이라는 점에서도 의의가 있다.

2) 장애인연금법의 연혁

(1) 장애인연금법의 제정

2010년 4월 12일 장애인연금법이 제정되었고, 2010년 7월 1일 시행되었다. 경제활동이 어려운 근로무능력 중증장애인은 생활수준이 열악하고 국민연금 등 공적소득보장제도의 사각지대에 놓인 경우가 많으므로, 18세 이상의 중증장애인으로서 소득인정액이 일정 수준 이하인 장애인에게 매월 일정액의 무기여 연금을 지급함으로써 중증장애인에 대한 사회보장 사각지대를 해소하고 사회통합을 강화하기 위한 목적으로 도입되었다. 법 제정 당시 장애인연금 지급에 대한 국가 및 지방자치단체의 책무, 일정 소득 이하의 18세 이상의 중증장애인이라는 장애인연금 수급권자의 범위 설정, 장애인연금의 종류(기초급여와 부가급여)와 내용, 기초급여액과 부가급여액 수준, 장애인연금의 이용(신청, 조사, 결정, 사후관리), 장애인연금정보시스템의 구축 및 운영, 이의신청 등을 명시하였다.

(2) 장애인연금법의 주요 개정 내용

장애인연금법의 제정은 소득활동이 어려운 중증장애인에 대한 정기적인 현금 급여를 통한 소득 보장, 최소한의 인간다운 삶의 보장, 빈곤 감소와 복지 증진, 사회통합 도모 등을 시도하였다는 점에서 의의가 크다. 그러나 장애인연금법의 시행에도 불구하고, 장애인연금에 대한 정보 부족으로 수급기회 상실, 장애인연금의 낮은 급여수준, 장애인연금 신청 장벽 등에 대한 비판이 지속되어 왔다. 이에 18세 이상 저소득 중증장애인의 장애인연금 수급권을 보장하기 위해 수차례에 걸쳐 개정되었는데, 주요 개정내용은 표 8-8과 같다.

표 8-8 장애인연금법의 주요 개정 연혁

연도	주요 내용
2010.04.12.	- 장애인연금법 제정(2010.7.1 시행)
2014.05.20.	- 18세 이상의 중증장애인에게 지급하는 장애인연금 중 기초급여를 현행 금액의 2배 이상으로 인상(2010년 91,000원에서 20만원으로 변경) - 기초급여액은 20만원으로 하되, 그 이후에는 전년도의 기초급여액에 전국소비자물가상승률을 반영하여 보건복지부장관이 정하여 고시하도록 함 - 선정기준액을 정하는 경우 18세 이상의 중증장애인 중 수급자가 100분의 70 수준이 되도록 함 - 개별 법률에 따른 직역연금 수급권자 등은 장애인연금 수급권자에서 제외. 다만 그 직역연금 수급권자 등이 법 시행 당시 18세 이상이고 이 법 시행 전부터 장애인연금을 받아오던 사람인 경우 등 일정한 요건을 갖춘 경우에는 장애인연금 중 기초급여의 50%를 지급 - 장애인연금을 부정한 방법으로 받은 경우 등 장애인연금을 환수하여야 하는 경우에 환수 대상이 되는 장애인연금을 받은 사람이나 그 유족에게 지급할 장애인연금이 있으면 그 지급할 장애인연금을 환수할 장애인연금의 지급에 충당할 수 있도록 함
2016.02.03.	- 중증장애인이 장애인연금에 대한 개별 안내 및 홍보의 부족, 정보취득능력의 부족 등으로 인하여 연금 신청을 하지 아니하여 연금을 지급받지 못하는 문제가 빈번하게 발생 - 이에 중증장애인에게 수급권자의 범위, 장애인연금의 종류·내용·신청방법 등 장애인연금 관련 정보를 제공하도록 함으로써, 중증장애인이 정보 부족 등을 이유로 부당하게 장애인연금 수급기회를 상실하는 것을 방지
2016.05.29.	- 장애인연금만이 입금되는 수급자 명의의 지정된 계좌로 장애인연금을 입금하도록 하고, 해당 수급계좌의 예금에 관한 채권은 압류할 수 없도록 규정함으로써 장애인연금에 대한 압류 방지의 실효성을 확보하고 장애인의 생계 보호를 강화
2017.02.08.	- 장애인연금을 신청하였으나 수급권을 가지지 못한 경우, 추후 선정기준을 충족하게 되어도 재신청하지 않는 사례가 발생하고 있음. 이에 장애인연금 수급의 사각지대 해소를 위하여 장애인연금 신청자가 수급권을 가지지 못한 경우 매년 이력조사를 통하여 수급이 가능할 것으로 예상되는 수급희망자에게 장애인연금을 신청하도록 안내하는 장애인연금 수급희망 이력관리의 근거를 마련 - 징역 1년당 벌금형 1천만원의 기준으로 벌금액을 상향 조정하여 벌금형의 금액을 현실화하고, 형벌 유형 간 형평성을 확보
2017.12.19.	- 기존의 장애 등급을 장애 정도에 따라 중증(1~3급)과 경증(4~6급)으로 개편하는 내용으로 장애인복지법이 개정됨에 따라 장애등급제 변경을 이 법에 반영하기 위하여 '장애등급' 용어를 '장애 정도'로 변경 - 장애인연금의 수급권자 또는 그 배우자가 공무원연금 등 직역연금의 수급권을 취득한 경우 장애인연금 수급권이 소멸되고 있음에도 불구하고 현행법상 수급권의 소멸사유 및 서면통지 대상으로 명확하게 규정되어 있지 않은 상황이므로 장애인복지법상 장애인연금의 소멸사유 및 서면통지 대상에 수급권자 또는 그 배우자가 직역연금을 취득한 경우를 명시
2018.03.27.	- 2016년 기준 장애인가구 빈곤율이 31.3%로서 전체가구 빈곤율의 1.9배를 넘는 등 여전히 장애인가구의 빈곤 문제가 심각함을 고려하여, 현재 20만원 수준인 장애인연금 기초급여액을 2018년에 25만원으로 인상
2018.12.11.	- 현행법상 재학 중인 20세 이하 중증장애인은 장애인연금이 아닌 중증장애아동수당을 받도록 규정하고 있음. 이는 2014년 7월 장애인연금법 개정 전, 중증장애아동수당은 20만원이었고, 장애인연금은 17만 9,000원이었기 때문에, 재학 중인 18세 이상 중증장애인을 보호하기 위한 차원에서 마련된 것이나, 2014년 7월 장애인연금법이 개정됨에 따라 현재는 장애인연금이 최대 28만6,050원까지 인상되어, 동 규정을 유지할 필요가 없게 되었음 - 이에 중증장애인에게는 중증장애수당이 아닌 장애인연금을 지급함으로써 입법목적을 달성하고 중증장애인의 경제적 부담을 완화하는 데 기여
2019.01.15.	- 장애인연금 수급자 중 특히 생활이 어려운 국민기초생활보장법에 따른 생계급여 수급자 및 의료급여 수급자에 대한 2019년의 기초급여액을 30만원으로 조기 인상함으로써 중증장애인 저소득층에 대한 지원을 강화

연도	주요 내용
2020.01.21.	- 국민기초생활 보장법에 따른 주거급여 수급자 및 교육급여 수급자와 차상위계층에 대한 2020년 기초급여액을 30만원으로 인상하고, 2021년에는 모든 장애인연금 수급자의 기초급여액을 30만원으로 인상 - 해당 조정연도 4월부터 다음 연도 3월까지였던 기초급여액의 적용기간을 해당 조정연도 1월부터 12월까지로 변경함으로써 다른 공적 연금과의 형평성을 확보
2021.06.08.	- 장애인연금 신청 시 특별자치시·특별자치도·시·군·구 간 경계 없이 전국 어느 지역에서나 장애인연금을 신청할 수 있도록 제도 개선 - 장애인연금의 적정성 확인조사 결과 소득인정액의 변동이 소득·재산 상태 등의 변동수준, 수급기간 등을 고려하여 일정 기준에 해당하는 경우에는 수급자격 중지·변동의 예외를 인정하도록 근거 마련

3) 장애인연금법의 주요 내용

장애인연금법(2022. 1. 1. 시행, 법률 제18221호)은 27개 조문 및 부칙으로 구성되어 있다. 법의 중요한 내용들을 원칙, 정의, 적용대상, 급여의 종류와 내용(장애인연금의 종류 및 내용, 기초급여액, 부가급여액), 급여의 실시(신청 → 조사 → 결정 → 사후관리(매년 연간조사계획 수립, 수급희망 이력관리), 장애인연금의 지급기간 및 지급시기, 장애인연금수급계좌, 수급권의 소멸과 지급정지, 장애인연금의 환수), 보장기관 및 인력(국가 및 지방자치단체의 책무, 업무의 위탁, 장애인연금정보시스템의 구축 및 운영), 재정, 권리구제 및 벌칙으로 구분하여 살펴본다.

(1) 원칙

장애인연금법의 목적은 생활이 어려운 중증장애인에게 장애인연금을 지급하여 생활을 안정시킴으로써 최소한의 인간다운 생활을 영위하도록 꾀하는 것이다.

> 제1조(목적) 이 법은 장애로 인하여 생활이 어려운 중증장애인에게 장애인연금을 지급함으로써 중증장애인의 생활 안정 지원과 복지 증진 및 사회통합을 도모하는 데 이바지함을 목적으로 한다.

(2) 정의

장애인연금법의 핵심 개념은 제2조에서 규정하고 있다.

제2조(정의) 이 법에서 사용하는 용어의 뜻은 다음과 같다.

1. "중증장애인"이란 「장애인복지법」 제32조에 따라 등록한 장애인 중 근로능력이 상실되거나 현저하게 감소된 사람으로서 같은 법 제2조제2항에 따라 제1급 및 제2급의 장애등급을 받은 사람과 제3급의 장애등급을 받은 사람 중 대통령령으로 정하는 사람을 말한다.

2. "수급권"이란 이 법에 따라 장애인연금을 받을 수 있는 자격을 말한다.

3. "수급권자"란 수급권을 가진 사람을 말한다.

4. "수급자"란 이 법에 따라 장애인연금을 받는 사람을 말한다.

5. "소득인정액"이란 수급권자와 그 배우자의 소득평가액과 재산의 소득환산액을 합산한 금액을 말한다.

6. "수급권자와 그 배우자의 소득평가액"이란 수급권자와 그 배우자의 실제 소득에도 불구하고 장애인연금의 지급 결정 및 실시 등에 사용하기 위하여 산출한 금액을 말한다. 이 경우 소득평가액 산출의 기초가 되는 소득의 범위는 대통령령으로 정하고, 구체적인 산정방식은 보건복지부령으로 정한다.

7. "재산의 소득환산액"이란 수급권자와 그 배우자의 재산가액에 재산의 소득환산율을 곱하여 산출한 금액을 말한다. 이 경우 수급권자와 그 배우자의 재산범위, 재산가액의 산정기준, 재산의 소득환산율, 그 밖에 재산의 소득환산액 산정방식에 필요한 사항은 보건복지부령으로 정한다.

(3) 적용대상

급여의 대상은 18세 이상의 중증장애인으로서 소득인정액이 선정기준액 이하인 사람이다(법 제4조 제1항). 18세 이상의 중증장애인 중 수급자가 70% 수준이 되도록 한다(법 제4조 제2항). 직역연금 수급권자와 배우자, 수급자와 배우자는 장애인연금 수급대상이 아니다(법 제4조 제3항).

제4조(수급권자의 범위 등) ① 수급권자는 18세 이상의 중증장애인으로서 소득인정액이 그 중증장애인의 소득·재산·생활수준과 물가상승률 등을 고려하여 보건복지부장관이 정하여 고시하는 금액(이하 "선정기준액"이라 한다) 이하인 사람으로 한다.

② 보건복지부장관은 선정기준액을 정하는 경우에 18세 이상의 중증장애인 중 수급자가 100분의 70 수준이 되도록 한다.

③ 제1항에도 불구하고 다음 각 호의 어느 하나에 해당하는 연금을 받을 자격이 있는 사람과 그 배우자나 다음 각 호의 어느 하나에 해당하는 연금을 받은 사람 중 대통령령으로 정하는 사람과 그 배우자에게는 장애인연금을 지급하지 아니한다.

1. 「공무원연금법」 제28조, 「공무원 재해보상법」 제8조 또는 「사립학교교직원 연금법」 제42조제1항에 따른 퇴직연금, 퇴직연금일시금, 퇴직연금공제일시금, 장해연금, 비공무상 장해연금, 비직무상 장해연금, 장해일시금, 비공무상 장해일시금, 비직무상 장해일시금, 퇴직유족연금, 장해유족연금, 순직유족연금, 직무상유족연금, 위험직무순직유족연금, 퇴직유족연금일시금 또는 퇴직유족일시금[퇴직유족일시금의 경우에는 「공무원 재해보상법」 제20조제1항에 따라 순직유족연금의 수급권자가 순직유족연금을 갈음하여 선택한 경우(「사립학교교직원 연금법」 제42조제1항에 따른 직무상유족연금의 수급권자가 직무상유족연금을 갈음하여 선택한 경우를 포함한다) 및 같은 법 제20조제2항에 따라 위험직무순직유족연금의 수급권자가 위험직무순직유족연금을 갈음하여 선택한 경우로 한정한다]

2. 「군인연금법」 제7조에 따른 퇴역연금, 퇴역연금일시금, 퇴역연금공제일시금, 퇴역유족연금, 퇴역유족연금일시금 또는 「군인 재해보상법」 제7조에 따른 상이연금, 상이유족연금, 순직유족연금, 순직유족연금일시금

3. 「별정우체국법」 제24조제2항에 따른 퇴직연금, 퇴직연금일시금, 퇴직연금공제일시금, 유족연금 또는 유족연금일시금

4. 「국민연금과 직역연금의 연계에 관한 법률」 제10조 또는 제13조에 따른 연계퇴직연금 또는 연계퇴직유족연금 중 같은 법 제2조제1항제7호에 따른 직역재직기간이 10년 이상인 경우의 연계퇴직연금 또는 연계퇴직유족연금

(4) 급여의 종류와 내용

장애인연금은 기초급여와 부가급여가 있다.

제5조(장애인연금의 종류 및 내용) 이 법에 따른 장애인연금의 종류 및 내용은 다음 각 호와 같다.
1. 기초급여: 근로능력의 상실 또는 현저한 감소로 인하여 줄어드는 소득을 보전(補塡)하여 주기 위하여 지급하는 급여
2. 부가급여: 장애로 인하여 추가로 드는 비용의 전부 또는 일부를 보전하여 주기 위하여 지급하는 급여

기초급여액은 전국소비자물가변동률을 반영하여 매년 고시한다(법 제6조 제1항). 기초연금법에 따라 기준연금액을 고시한 경우, 그 기준연금액을 장애인연금의 기초급여액으로 한다(법 제6조 제2항). 부부감액 조항이 있고(법 제6조 제3항), 소득역전 방지 감액이 있으며(법 제6조 제4항), 기초연금 수급권자는 장애인연금의 기초급여를 받을 수 없다(법 제6조 제5항). 부가급여액은 월정액이며, 소득 수준 및 장애 정도에 따라 급여액이 결정된다(법 제7조).

제6조(기초급여액) ① 기초급여의 금액(이하 "기초급여액"이라 한다)은 보건복지부장관이 그 전년도 기초급여액에 대통령령으로 정하는 바에 따라 전국소비자물가변동률(「통계법」 제3조에 따라 통계청장이 매년 고시하는 전국소비자물가변동률을 말한다)을 반영하여 매년 고시한다. 다만, 2018년부터 2021년까지의 기초급여액은 다음 각 호의 구분에 따른다.
1. 2018년의 기초급여액: 25만원
2. 「국민기초생활 보장법」 제7조제1항제1호에 따른 생계급여 수급자 및 같은 항 제3호에 따른 의료급여 수급자에 대한 2019년의 기초급여액: 30만원
3. 「국민기초생활 보장법」 제7조제1항제1호부터 제4호까지에 따른 생계급여 수급자, 주거급여 수급자, 의료급여 수급자 및 교육급여 수급자와 같은 법 제2

조제10호에 따른 차상위계층에 대한 2020년의 기초급여액: 30만원

4. 2021년의 기초급여액: 30만원

② 제1항에도 불구하고 「기초연금법」 제9조제3항(보건복지부장관은 기준연금액을 고시하여야 한다.)에 따라 기준연금액을 고시한 경우 그 기준연금액을 기초급여액으로 한다.

③ 수급권자와 그 배우자가 모두 기초급여를 받는 경우에는 각각의 기초급여액에서 기초급여액의 100분의 20에 해당하는 금액을 감액한다.

④ 제1항 및 제2항에도 불구하고 소득인정액과 기초급여액을 합한 금액이 선정기준액 이상인 경우에는 대통령령으로 정하는 바에 따라 기초급여액의 일부를 감액하여 지급할 수 있다.

⑤ 수급권자 중 「기초연금법」에 따른 기초연금 수급권자에게는 기초급여를 지급하지 아니한다.

제7조(부가급여액) 부가급여액은 월정액으로 하며, 수급권자와 그 배우자의 소득 수준 및 장애로 인한 추가비용 등을 고려하여 대통령령으로 정한다.

고딕체로 표기된 부분은 저자가 추가한 것이다.

(5) 급여의 실시

장애인연금의 급여 실시 순서는 '신청 → 조사 → 결정 → 사후관리'의 순이다(법 제8조, 제8조의 2, 제9조, 제10조).

제8조(장애인연금의 신청) ① 장애인연금을 지급받으려는 사람(이하 "수급희망자"라 한다)은 특별자치시장·특별자치도지사·시장·군수·구청장(자치구의 구청장을 말한다. 이하 같다)에게 장애인연금의 지급을 신청할 수 있다.

② 특별자치시·특별자치도·시·군·구(자치구를 말한다. 이하 같다) 소속 공무원은 이 법에 따른 장애인연금을 필요로 하는 사람이 누락되지 아니하도록 하기 위하여 관할 지역에 거주하는 수급희망자 또는 수급권자에 대한 장애인연금의 지급을 신청할 수 있다. 이 경우 그 수급희망자 또는 수급권자의 동의를 받아야 하며, 그 동의는 수급희망자 또는 수급권자의 신청으로 본다.

③ 제1항에 따라 장애인연금을 신청할 때나 제2항에 따라 특별자치시·특별자

치도·시·군·구 소속 공무원이 장애인연금을 신청하는 것에 수급희망자 또는 수급권자가 동의하였을 때에는 그 수급희망자 또는 수급권자와 그 배우자는 다음 각 호의 자료 또는 정보를 보건복지부장관 및 특별자치시장·특별자치도지사·시장·군수·구청장에게 제공한다는 것에 대하여 동의한다는 뜻을 서면(전자문서를 포함한다. 이하 같다)으로 제출하여야 한다.

1. 「금융실명거래 및 비밀보장에 관한 법률」 제2조제2호 및 제3호에 따른 금융자산 및 금융거래의 내용에 대한 자료 또는 정보 중 예금의 평균잔액과 그 밖에 대통령령으로 정하는 자료 또는 정보(이하 "금융정보"라 한다)

2. 「신용정보의 이용 및 보호에 관한 법률」 제2조제1호에 따른 신용정보 중 채무액과 그 밖에 대통령령으로 정하는 자료 또는 정보(이하 "신용정보"라 한다)

3. 「보험업법」 제4조제1항 각 호에 따른 보험에 가입하여 납부한 보험료와 그 밖에 대통령령으로 정하는 자료 또는 정보(이하 "보험정보"라 한다)

제8조의2(장애인연금 관련 정보의 제공) ① 보건복지부장관 또는 특별자치시장·특별자치도지사·시장·군수·구청장은 중증장애인에게 수급권자의 범위, 장애인연금의 종류·내용·신청방법 등 장애인연금 관련 정보를 제공하여야 한다.

제9조(신청에 따른 조사) ① 보건복지부장관 또는 특별자치시장·특별자치도지사·시장·군수·구청장은 제8조제1항 및 제2항에 따른 장애인연금의 신청을 받으면 소속 공무원으로 하여금 장애인연금의 지급 결정 및 실시 등에 필요한 다음 각 호의 사항을 조사하게 할 수 있다.

1. 수급희망자 또는 수급권자와 그 배우자의 소득 및 재산에 관한 사항

2. 수급희망자 또는 수급권자의 가구 특성 및 장애 정도에 관한 사항

3. 수급희망자 또는 수급권자의 지급계좌 등 장애인연금의 지급에 필요한 사항

② 보건복지부장관 또는 특별자치시장·특별자치도지사·시장·군수·구청장은 제8조제1항 및 제2항에 따른 신청을 받은 경우에는 해당 수급희망자 또는 수급권자의 장애 상태와 장애 정도를 확인하기 위하여 장애 정도를 재심사할 수 있다.

③ 보건복지부장관 또는 특별자치시장·특별자치도지사·시장·군수·구청장은 제1항 각 호의 사항을 확인하거나 제2항에 따른 재심사를 하기 위하여 필요한 자료를 확보하기 곤란한 경우에는 보건복지부령으로 정하는 바에 따라 수급희망자·수급권자, 그 배우자 또는 그 밖의 관계인(이하 "수급권자등"이라 한다)에게 소득·재산 및 장애 정도 등의 확인에 필요한 자료의 제출을 요구할 수 있다.

④ 보건복지부장관 또는 특별자치시장·특별자치도지사·시장·군수·구청장은 제1항 각 호의 사항에 대한 조사를 위하여 국세·지방세, 토지·주택·건축물·자동차·선박·항공기, 국민건강보험·국민연금·고용보험·산업재해보상보험·보훈급여·군인연금·사립학교교직원연금·공무원연금·공무원재해보상급여·별정우체국연금·기초연금, 출입국, 교정시설·치료감호시설의 입소·출소, 매장·화장·장례, 주민등록·가족관계등록 등에 관한 자료의 제공을 관계 기관의 장에게 요청할 수 있다. 이 경우 자료의 제공을 요청받은 관계 기관의 장은 특별한 사유가 없으면 이에 따라야 한다.

⑤ 제1항에 따라 조사를 하는 공무원은 그 권한을 표시하는 증표를 지니고 이를 관계인에게 보여 주어야 한다.

⑥ 보건복지부 또는 특별자치시·특별자치도·시·군·구의 소속 공무원 또는 소속 공무원이었던 자와 제23조에 따라 업무를 위탁받은 자는 제1항부터 제4항까지의 규정에 따라 얻은 정보와 자료를 이 법에서 정한 목적 외의 다른 용도로 사용하거나 다른 사람 또는 기관에 제공하거나 누설하여서는 아니 된다.

제10조(장애인연금 지급의 결정 등) ① 특별자치시장·특별자치도지사·시장·군수·구청장은 제9조에 따라 조사를 하였을 때에는 지체 없이 장애인연금 지급의 여부와 내용을 결정하여야 한다.

② 특별자치시장·특별자치도지사·시장·군수·구청장은 제1항에 따라 장애인연금 지급의 여부와 내용을 결정하였을 때에는 그 결정의 요지, 장애인연금의 종류 및 지급 개시시기 등을 서면으로 해당 수급희망자 또는 수급권자에게 통지하여야 한다.

③ 수급희망자 또는 수급권자에 대한 제2항의 통지는 제8조에 따른 장애인연금 지급의 신청일부터 30일 이내에 하여야 한다.

④ 다음 각 호의 어느 하나에 해당하는 경우에는 제3항에도 불구하고 신청일부터 60일 이내에 통지할 수 있다. 이 경우 통지서에 그 사유를 분명하게 밝혀야 한다.

1. 수급희망자 또는 수급권자와 그 배우자의 소득·재산의 조사나 수급희망자 또는 수급권자의 장애등급의 재심사에 시일이 필요한 특별한 사유가 있는 경우

2. 수급권자등이 제9조에 따른 조사나 자료제출 요구를 거부·방해 또는 기피하는 경우

사후관리는 매년 연간조사계획 수립, 수급희망 이력관리, 수급권의 소멸, 지급정지, 환수 조치가 있다. 국가와 지방자치단체는 연간조사계획을 수립하여야 하고(법 제11조), 장애인연금 수급희망 이력관리 제도가 있으며(법 제10조의2), 수급권의 소멸 사유와 지급정지 사유가 있으며(법 제15조), 부정한 방법으로 연금을 받은 경우 등 장애인연금은 환수 대상이 될 수 있다(법 제17조).

제11조(수급자에 대한 사후관리) ① 보건복지부장관은 수급자에 대한 장애인 연금 지급의 적정성을 확인하기 위하여 매년 연간조사계획을 수립하고, 전국의 수급자를 대상으로 제9조제1항 각 호의 사항을 조사하여야 한다.

② 특별자치시장·특별자치도지사·시장·군수·구청장은 제1항에 따른 연간조사계획에 따라 관할 지역의 연간조사계획을 수립하고, 관할 지역의 수급자를 대상으로 제9조제1항 각 호의 사항을 조사하여야 한다.

④ 특별자치시장·특별자치도지사·시장·군수·구청장은 수급자, 그 배우자 또는 그 밖의 관계인이 제1항과 제2항에 따른 조사 및 제3항에 따라 준용되는 제9조제3항에 따른 자료제출 요구를 두 번 이상 거부·방해 또는 기피한 경우에는 수급자에 대한 장애인연금 지급 결정을 취소하거나 장애인연금 지급을 정지할 수 있다. 이 경우 서면으로 그 이유를 분명하게 밝혀 수급자에게 통지하여야 한다.

제10조의2(장애인연금 수급희망 이력관리) ① 제8조에 따른 장애인연금의 지급을 신청한 수급희망자 등 보건복지부령으로 정하는 사람은 수급권을 가지지 못한 경우에 특별자치시장·특별자치도지사·시장·군수·구청장에게 제4조에 따른 수급권자의 범위에 포함될 가능성을 확인받을 수 있다.

② 제1항에 따라 수급권자의 범위에 포함될 가능성을 확인받으려는 사람은 보건복지부령으로 정하는 신청서를 작성하여 특별자치시장·특별자치도지사·시장·군수·구청장에게 제출하여야 한다.

③ 특별자치시장·특별자치도지사·시장·군수·구청장은 제2항에 따라 신청서를 제출한 사람에 대하여 제4조에 따른 수급권자의 범위에 포함될 가능성을 확인하여야 한다.

④ 특별자치시장·특별자치도지사·시장·군수·구청장은 제3항에 따른 확인 결과 제4조에 따른 수급권자의 범위에 포함될 가능성이 확인된 사람에게 장애인연금 신청 방법 및 절차를 안내하여야 한다.

제15조(수급권의 소멸과 지급정지) ① 수급권자가 다음 각 호의 어느 하나에 해당하게 되면 그 수급권은 소멸한다. 다만, 제3호의 경우 소득·재산 상태 등의 변동수준, 수급기간 등을 고려하여 보건복지부장관이 정하는 기준에 해당하는 경우에는 그러하지 아니하다.

1. 사망한 경우

2. 국적을 상실하거나 외국으로 이주하기 위하여 출국하는 경우

3. 제4조에 따른 수급권자의 범위에 해당하지 아니하게 된 경우

4. 장애 정도의 변경 등으로 중증장애인에 해당하지 아니하게 된 경우

② 특별자치시장·특별자치도지사·시장·군수·구청장은 수급자가 다음 각 호의 어느 하나에 해당하게 되면 장애인연금의 지급을 정지한다.

1. 수급자가 금고 이상의 실형을 선고받고「형의 집행 및 수용자의 처우에 관한 법률」또는「치료감호법」에 따른 교정시설 또는 치료감호시설에 수용 중인 경우

2. 수급자가 행방불명 또는 실종 등의 사유로 사망한 것으로 추정되는 경우

3. 수급자의 국외 체류기간이 60일 이상 지속되는 경우. 이 경우 국외 체류 60일이 되는 날을 지급 정지의 사유가 발생한 날로 본다.

③ 특별자치시장·특별자치도지사·시장·군수·구청장은 제1항제3호 및 제4호에 따라 수급권이 소멸하거나 제2항에 따라 장애인연금의 지급을 정지하는 경우에는 서면으로 그 이유를 분명하게 밝혀 수급권자 또는 수급자나 그 배우자에게 통지하여야 한다.

제17조(장애인연금의 환수) ① 특별자치시장·특별자치도지사·시장·군수·구청장은 이 법에 따라 장애인연금을 받은 자가 다음 각 호의 어느 하나에 해당되면 그가 받은 장애인연금의 전부 또는 일부를 환수하여야 한다. 다만, 제1호에 해당하는 경우에는 대통령령으로 정하는 이자를 가산하여 환수하여야 한다.

1. 거짓이나 그 밖의 부정한 방법으로 장애인연금을 받은 경우

2. 장애인연금을 받은 후 그 장애인연금을 받게 된 사유가 소급하여 소멸한 경우

3. 잘못 지급된 경우

② 제1항에 따라 환수하여야 할 장애인연금을 받은 사람(그 사람이 사망한 경우에는 제14조에 따른 유족을 말한다)에게 지급할 장애인연금이 있는 경우 그 지급할 장애인연금을 환수할 장애인연금과 상계(相計)할 수 있다.

장애인연금은 신청한 달부터 소멸한 날까지 매월 정기적으로 지급한다.

제13조(장애인연금의 지급기간 및 지급시기) ① 특별자치시장·특별자치도지사·시장·군수·구청장은 제10조에 따라 장애인연금의 지급이 결정되면 해당 수급권자에게 장애인연금을 신청한 날이 속하는 달부터 수급권이 소멸한 날이 속하는 달까지 매월 정기적으로 지급한다.
② 장애인연금은 그 지급을 정지하여야 할 사유가 발생한 경우에는 그 사유가 발생한 날이 속하는 달의 다음 달부터 그 사유가 소멸한 날이 속하는 달까지는 지급하지 아니한다. 다만, 정지 사유가 발생한 날과 그 사유가 소멸한 날이 같은 달에 속하는 경우에는 그 지급을 정지하지 아니한다.

수급권자가 장애인연금수급계좌를 신청하는 경우, 보장기관은 장애인연금수급계좌로 입금하여야 하며, 그 계좌는 압류대상이 되지 않는다.

제13조의2(장애인연금수급계좌) ① 특별자치시장·특별자치도지사·시장·군수·구청장은 수급자의 신청이 있는 경우에는 장애인연금을 수급자 명의의 지정된 계좌(이하 "장애인연금수급계좌"라 한다)로 입금하여야 한다. 다만, 정보통신장애나 그 밖에 대통령령으로 정하는 불가피한 사유로 장애인연금수급계좌로 이체할 수 없을 때에는 현금 지급 등 대통령령으로 정하는 바에 따라 장애인연금을 지급할 수 있다.
② 장애인연금수급계좌가 개설된 금융기관은 이 법에 따른 장애인연금만이 장애인연금수급계좌에 입금되도록 관리하여야 한다.

(6) 보장기관 및 인력

장애인연금 제도를 담당하는 보장기관은 국가 및 지방자치단체이며, 장애인연금의 안정적인 집행은 보장기관의 책무이다(법 제3조). 장애인연금 업부는 관계된 전문기관에 위탁할 수 있다(법 제23조). 자료나 정보의 전산 처리를 위하여 장애인연금정보시스템을 구축 및 운영할 수 있다(법 제22조). 급여

의 실시 과정에서 사회복지전담공무원이 신청(직권주의), 조사 등의 장애인
연금 사업을 담당한다.

제3조(국가 및 지방자치단체의 책무) ① 국가 및 지방자치단체는 장애인연금
이 중증장애인의 생활 안정을 지원하고 복지를 증진하는 데 필요한 수준이 되
도록 최대한 노력하여야 하며, 매년 필요한 재원(財源)을 조달하여야 한다.
② 국가 및 지방자치단체는 장애인연금의 지급에 따라 계층 간 소득 역전(逆
轉) 현상이 발생하지 아니하고 근로 의욕 및 저축 유인이 저하되지 아니하도록
최대한 노력하여야 한다.
제23조(업무의 위탁) 이 법에 따른 보건복지부장관 또는 특별자치시장·특별
자치도지사·시장·군수·구청장의 업무는 그 일부를 대통령령으로 정하는 바
에 따라 관계 전문기관에 위탁할 수 있다
제22조(장애인연금정보시스템의 구축 및 운영) 보건복지부장관은 제8조부터
제18조까지 및 제27조와 관련된 장애인연금 사업에 필요한 각종 자료 또는 정
보의 효율적 처리와 기록·관리 업무의 전산화를 위하여 대통령령으로 정하는
바에 따라 장애인연금정보시스템을 구축·운영할 수 있다.

(7) 재정

장애인연금 사업에 지출되는 재정은 국가와 지방자치단체가 공동 분담
한다.

제21조(비용의 부담) 장애인연금은 지방자치단체의 재정 여건 등을 고려하여
대통령령으로 정하는 바에 따라 국가, 특별시·광역시·도 또는 특별자치시·특
별자치도·시·군·구가 부담한다.

(8) 권리구제 및 벌칙

장애인연금법에서는 이의신청 제도를 명시하고 있다.

> 제18조(이의신청) ① 제10조제1항에 따른 장애인연금의 지급 결정이나 그 밖에 이 법에 따른 처분에 이의가 있는 사람은 특별자치시장·특별자치도지사·시장·군수·구청장에게 이의신청을 할 수 있다.
>
> ② 제1항에 따른 이의신청은 그 처분이 있음을 안 날부터 90일 이내에 서면으로 할 수 있다. 다만, 정당한 사유로 그 기간 내에 이의신청을 할 수 없음을 증명한 경우에는 그 사유가 소멸한 날부터 60일 이내에 이의신청을 할 수 있다.

장애인연금법에서는 벌칙 규정을 명시하고 있다. "획득한 정보와 자료를 법률에서 정한 목적 외에 다른 용도로 사용하거나 다른 사람 또는 기관에 제공하거나 누설할 경우" 3년 이하의 징역 또는 3천만원 이하의 벌금에 처할 수 있다(법 제25조 제2항).

> 제25조(벌칙) ① 제12조제6항을 위반하여 금융정보등을 사용·제공 또는 누설한 자는 5년 이하의 징역 또는 5천만원 이하의 벌금에 처한다.
>
> ② 제9조제6항(제10조의2제5항 및 제11조제3항에서 준용하는 경우를 포함하고, 제12조제6항을 위반한 경우는 제외한다)을 위반하여 정보 또는 자료를 사용·제공 또는 누설한 사람은 3년 이하의 징역 또는 3천만원 이하의 벌금에 처한다.
>
> ③ 거짓이나 그 밖의 부정한 방법으로 장애인연금을 받거나 다른 사람으로 하여금 장애인연금을 받게 한 자는 1년 이하의 징역 또는 1천만원 이하의 벌금에 처한다.

장애인연금법을 통해 공적이전소득이 증가되었다!

장애인연금 급여 수준은 장애인연금법 제정 이후 증가해 왔다. 장애인연금법 제정 당시였던 2010년 9만 1,000원에서 2014년 법 개정으로 20만 원으로 변경되었고, 2018년 법 개정으로 25만 원, 2019년 법 개정으로 30만 원(생계급여 수급자 및 의료급여 수급자 한정), 2020년 법 개정으로 30만 원(주거급여 수급자, 교육급여 수급자, 차상위계층 한정) 및 2021년에는 30만 원(모든 장애인연금 수급자)으로 기초급여액을 인상해 왔다.

그러나 장애인연금 예산이 삭감될 예정이다. 2024년 국회 본예산의 장애인연금 총액은 8,931억 5,700만 원이며, 이는 전체 장애인복지 예산 중 17.7%이다. 그러나 보건복지부(정부안)의 2025년 장애인정책 예산안 총액은 8,846억 5,800만 원으로, 전체 장애인복지 예산 중 16.2%로 감소하였다. 정부안대로 통과된다면 2024년 대비 2025년 장애인연금 예산은 약 84억 9,900만 원, 즉 1.5%p가량 삭감될 예정이다.

장애인 가구의 소득원은 근로·사업·재산소득 71.9%, 공적이전 소득(국민기초생활보장 급여, 기초연금, 장애인연금(장애수당), 장애아동수당, 국민연금 등 공적연금, 고용 및 산재보험 급여, 보훈급여, 기타 정부 지원금 포함) 23.3%, 사적이전 소득 4.6% 등으로 나타났다. 장애인 가구 소득에서 공적이전소득은 23.3%나 차지하므로, 공적이전소득은 장애인의 삶에서 매우 중요하다. 지속적인 장애인연금 인상을 통해 18세 이상 중증장애인이 최소한의 인간다운 생활을 할 수 있도록 보장해야 할 것이다.

표 8-9 장애인 가구소득의 소득원별 비율

구분	2014년도	2017년도	2020년도	2023년도
근로·사업·재산소득	76.2	76.0	72.6	71.9
공적이전	18.1	18.7	23.4	23.3
사적이전	5.5	5.2	3.2	4.6
기타	0.2	0.1	0.8	0.2
계	100.0	100.0	100.0	100.0

단위: %
출처: 보건복지부(2024a)

1 장애인연금법에서는 '수급권자의 범위'를 '18세 이상의 중증장애인으로서 소득인정액이 그 중증장애인의 소득·재산·생활수준과 물가상승률 등을 고려하여 보건복지부장관이 정하여 고시하는 금액(이하 "선정기준액"이라 한다) 이하인 사람'으로 정의하고 있다. 중증장애인 이외에 경증장애인까지 확대해야 하는지에 대하여 자신의 의견과 함께 그 근거를 이야기해 보자.

2 장애인연금은 소비자물가상승률 3.6%를 반영하고, 11년만에 부가급여액을 1만 원 인상하여, 2024년 기준 월 42만 4,810원(기초급여액 33만 4,810원 + 부가급여액 9만 원) 수준이다. 연구결과에 따르면, 공적이전소득의 확대에도 불구하고 시장소득 기준 장애인 빈곤율은 오히려 증가하였다. 장애인연금 급여액 인상에 찬성하는지에 대하여 자신의 의견과 그 근거를 이야기해 보자.

3 장애인 개인예산제는 장애인에게 제공되는 다양한 서비스들을 하나의 예산으로 통합한 후, 그 통합된 예산 내에서 장애인 당사자 스스로의 선택권을 보장하는 것이다. 그러나 현재 국가가 추진하고 있는 개인예산제는 기존급여 일부를 활용하게 하며, 그 일부도 활동지원급여의 20%에 불과한 규모여서, 장애인 당사자의 선택권을 행사하는 데 어려움이 있다는 비판이 제기되고 있다. 장애인 개인예산제 제도 설계 방향에 대하여 자신의 의견과 그 근거를 이야기해 보자.

6. 기초연금법

1) 기초연금법의 의의

노년기에는 근로활동의 중단으로 인한 소득상실의 위험에 빠질 수 있다. 이에 소득불안정 문제를 해결하기 위한 수단으로 복지국가에서는 다양한 공적연금제도를 발전시켜 왔다. 이 중 비기여형이자 자산조사형의 공적연금제도가 있는데, 우리나라에서는 기초연금이라고 부른다.

기초연금법은 2007년 기초노령연금법이라는 이름으로 제정되었다. 이후 2014년 기초연금법으로 명칭을 변경하였다. 이후에도 급여산정방식의 변경 등 다양한 조항이 개정되어 왔다. 적정한 노후를 보장하고 있지만 못하지만, 노인빈곤 문제를 완화하기 위한 공적연금 제도를 도입하였다는 점에서

의의를 찾을 수 있다. 또한 보험료를 주된 재원으로 하는 기여형 연금제도인 국민연금 제도의 미성숙에 따라, 세금을 재원으로 하는 비기여형 연금제도를 도입하였다는 점도 중요하다.

2) 기초연금법의 연혁

(1) 기초연금법의 제정

2007년 4월 25일 기초노령연금법이 제정되었고, 2008년 1월 1일 시행되었다. 기존에도 노인복지법하에서 경로연금이 지급되었지만, 급여수준과 적용범위가 제한적이었다. 특히 한국의 노인빈곤율이 50%에 육박하는 시기였기에, 적용범위의 획기적인 확대가 요청되었다. 2007년 기준 노인빈곤율이 44.6% 수준이었으니(OECD, 2023), 노년기 빈곤문제는 우리 사회의 심각한 사회문제였다. 이와 동시에 1988년 1월부터 2007년 12월까지 국민연금 보험료를 20년 동안 꾸준히 납부한 가입자가 2008년 1월부터 완전노령연금을 받게 되면서, 국민연금 수급 노인과 연금 사각지대에 놓인 무연금 노인 간의 노후소득 불평등도 사회 이슈가 되었다. 이러한 배경하에 기초연금법은 '생활이 어려운 노인'의 생활안정을 위해 도입되었다.

2007년 제정 당시 기초노령연금법은 장 구분 없이 23조와 부칙으로 구성되어 있었다. 기초노령연금법 제1조 목적에 따르면, "이 법은 노인이 후손의 양육과 국가 및 사회의 발전에 이바지하여 온 점을 고려하여 생활이 어려운 노인에게 기초노령연금을 지급함으로써 노인의 생활안정을 지원하고 복지를 증진함을 목적으로 한다"고 규정하였다. 현행 기초연금법의 목적도 2007년 제정 당시의 목적과 유사하다. 다만 2007년의 기초노령연금법의 대상은 '생활이 어려운 노인'이었다면, 2014년 기초연금법의 대상은 '노인'이라는 점에서 차이가 있다.

(2) 기초연금법의 주요 개정 내용

기초연금법의 제정은 절반에 육박하는 노인 빈곤문제의 심각성을 인식하면서, 실질적인 비기여형 공적연금제도를 도입하였다는 점에서 의의가 크다. 그러나 기초노령연금법의 도입과 기초연금법으로의 변화에도 불구하고 노인 빈곤문제는 획기적으로 감소하지 못하였다. 이에 노후소득의 불안정 문제를 해결하고자 수차례에 걸쳐 개정되었는데, 주요 개정내용은 표 8-10과 같다.

표 8-10 기초연금법의 주요 개정 연혁

연도	주요 내용
2007.04.25.	- 기초노령연금법 제정, 2008.01.01. 시행 - 노령수당(1991년부터 생활보호대상 노인에게 지급) → 경로수당(1998년부터 국민기초생활보장수급자와 저소득 노인에게 지급) → 기초노령연금(2008년부터 전체 노인의 60%에게 지급, 이후 70%로 확대)
2007.07.27.	- 기초노령연금액을 국민연금법 상의 평균소득월액의 5%에서 10%가 되도록 단계적으로 2028년까지 상향 조정 - 기초노령연금과 다른 연금의 동시(병급) 수급 가능 - 연금의 지급에 따라 계층간 소득역전현상이 발생하지 않고, 근로의욕 및 저축유인이 저하되지 않도록 국가와 지방자치단체의 노력에 대한 규정 마련 - 부부가 모두 기초연금을 받는 경우, 1000분의 165 감액 규정에서 100분의 20 감액 규정으로 변경 - 금융정보, 신용정보, 보험정보 제공 동의서 제출 규정 신설 - 기초노령연금정보시스템의 구축 및 운영 규정 명시
2008.02.29.	- 기초노령연금 지급을 위한 정보에 대한 조사 및 질문 규정 마련
2011.03.30.	- 교정시설 및 치료감호시설 수용자에 대한 지급 정지 규정 마련
2014.05.20.	- 기초노령연금법을 폐지 및 기초연금법 제정, 2014.07.01. 시행 - 기초연금수급권자의 범위 명확화: 전체 노인 인구의 70%(100분의 70), 특수직역연금 수급자의 배우자 제외 규정 마련 - 기초연금액의 산정 기준 구체화 - 기초연금액의 적정성 평가 규정 마련
2016.02.03.	- 65세 이상인 사람에게 기초연금의 지급대상, 금액 및 신청방법 등 기초연금 관련 정보를 제공하도록 함 - 관계공무원이 기초연금 수급신청자 및 수급권자 등의 집이나 그 밖의 필요한 장소를 출입하여 조사할 때 권한을 표시하는 증표뿐만 아니라 조사기간, 조사범위 등이 기재된 서류를 제시하도록 함 - 기초연금 수급자의 사망신고를 한 경우에는 수급권 상실신고를 한 것으로 간주함
2017.09.19.	- 징역형 대비 적정 벌금액의 일반기준인 '징역형 1년당 벌금형 1천만원'에 따라 벌금형의 금액을 상향 조정함 - 개인정보 누설 등에 대한 벌칙 수준을 개인정보 보호법의 벌칙 수준인 5년 이하의 징역 또는 5천만원 이하의 벌금으로 통일함으로써 법정형의 편차를 조정하고 형사 처벌의 공정성을 기함

연도	주요 내용
2018.03.27.	- 2018년의 기준연금액을 25만원으로 결정
2019.01.15.	- 저소득 기초연금 수급권자에 대한 기초연금액 산정의 특례 규정 신설: 소득인정액이 100분의 20 이하인 사람에게 적용하는 기준연금액을 30만원으로 인상 - 인상된 기초연금액 수령으로 기초연금 수급자 사이에 가처분 소득의 역전 현상이 발생할 우려가 있으므로 기초연금액을 감액할 수 있는 근거 규정 신설
2020.01.21.	- 2021년의 기준연금액을 30만원으로 결정 - 저소득 기초연금 수급권자에 대한 기초연금액 산정의 특례 조항 추가: 소득인정액이 100분의 40 이하인 노인에게 적용하는 별도의 기준연금액 기준을 30만원으로 규정 - 기준연금액에 물가변동률을 반영하는 시기를 매년 4월로 하고 있어 보다 일찍 물가상승률을 반영하는 다른 공적 연금에 비하여 급여의 실질가치 보전에 불리하여, 기준연금액에 물가변동률을 반영하는 시기를 매년 1월로 앞당김으로써 다른 공적 연금과의 형평성을 확보하고, 기초연금의 실질적인 소득 보장 효과를 강화
2021.06.08.	- 기초연금 수급희망자의 요청에 따라 기초연금 지급 신청을 법인·단체·시설·기관 등에서도 할 수 있도록 지방자치단체의 장이 지원할 수 있는 규정 마련 - 신청자의 소득·재산 수준이 일정기준 이하인 경우에 추가적인 조사를 생략하고, 공적자료를 기반으로 조사·판정할 수 있도록 제도 보완

3) 기초연금법의 주요 내용

기초연금법(2022. 1. 1. 시행, 법률 제18213호)은 총 7장, 31개 조문 및 부칙으로 구성되어 있다. 법의 중요한 내용들을 원칙, 정의, 적용대상, 급여의 종류와 내용(기초연금액의 산정, 저소득 기초연금 수급권자 특례, 국민연금 급여액에 따른 특례, 기초연금액의 한도, 기초연금액의 감액), 급여의 실시[신청 → 조사·질문 → 결정 → 지급 → (필요시 사후관리) 미지급 기초연금의 지급, 지급 정지, 수급권 상실], 보장기관 및 인력(국가와 지방자치단체의 책무, 정보 제공, 권한의 위임·위탁, 기초연금정보시스템), 재정(비용의 분담), 권리구제 및 벌칙으로 구분하여 살펴본다.

(1) 원칙

기초연금법의 목적은 기초연금이라는 현금제공을 통한 노년기 생활안정이다.

제1조(목적) 이 법은 노인에게 기초연금을 지급하여 안정적인 소득기반을 제공함으로써 노인의 생활안정을 지원하고 복지를 증진함을 목적으로 한다.

(2) 정의

기초연금법의 핵심 개념은 제2조에서 규정하고 있다.

제2조(정의) 이 법에서 사용하는 용어의 뜻은 다음과 같다.
1. "기초연금 수급권(受給權)"이란 이 법에 따른 기초연금을 받을 권리를 말한다.
2. "기초연금 수급권자"란 기초연금 수급권을 가진 사람을 말한다.
3. "기초연금 수급자"란 이 법에 따라 기초연금을 지급받고 있는 사람을 말한다.
4. "소득인정액"이란 본인 및 배우자의 소득평가액과 재산의 소득환산액을 합산한 금액을 말한다. 이 경우 소득평가액과 재산의 소득환산액을 산정하는 소득 및 재산의 범위는 대통령령으로 정하고, 소득평가액과 재산의 소득환산액의 구체적인 산정방법은 보건복지부령으로 정한다.

(3) 적용대상

급여의 대상은 제3조(기초연금 수급권자의 범위 등)에서 규정하고 있다. 65세 중 소득하위 70%가 급여대상이 된다. 다만 공무원연금, 사립학교교직원연금, 군인연금, 별정우체국연금 수급자의 배우자는 급여대상에서 제외된다.

제3조(기초연금 수급권자의 범위 등) ① 기초연금은 65세 이상인 사람으로서 소득인정액이 보건복지부장관이 정하여 고시하는 금액(이하 "선정기준액"이

라 한다) 이하인 사람에게 지급한다.

② 보건복지부장관은 선정기준액을 정하는 경우 65세 이상인 사람 중 기초연금 수급자가 100분의 70 수준이 되도록 한다.

③ 제1항에도 불구하고 다음 각 호의 어느 하나에 해당하는 연금의 수급권자와 그 배우자나 다음 각 호의 어느 하나에 해당하는 연금을 받은 사람 중 대통령령으로 정하는 사람과 그 배우자에게는 기초연금을 지급하지 아니한다.

1. 「공무원연금법」 제42조 및 「사립학교교직원 연금법」 제42조에 따른 퇴직연금, 퇴직연금일시금, 퇴직연금공제일시금, 장해연금, 장해보상금, 유족연금, 유족연금일시금, 순직유족연금 또는 유족일시금(유족일시금의 경우에는 「공무원연금법」 제56조제1항제3호에 해당하는 경우로서 유족이 같은 법 제60조에 따라 유족연금을 갈음하여 선택한 경우로 한정한다)

2. 「군인연금법」 제6조에 따른 퇴역연금, 퇴역연금일시금, 퇴역연금공제일시금, 상이연금, 유족연금 또는 유족연금일시금

3. 「별정우체국법」 제24조제2항에 따른 퇴직연금, 퇴직연금일시금, 퇴직연금공제일시금, 유족연금 또는 유족연금일시금

4. 「국민연금과 직역연금의 연계에 관한 법률」 제10조 또는 제13조에 따른 연계퇴직연금 또는 연계퇴직유족연금 중 같은 법 제2조제1항제7호에 따른 직역재직기간이 10년 이상인 경우의 연계퇴직연금 또는 연계퇴직유족연금

(4) 급여의 종류와 내용

기초연금법에서의 급여의 종류는 기초연금 하나이다. 급여의 내용은 기초연금액의 산정 및 감액과 관련된다. 기준연금액, 국민연금 급여액, 전국소비자물가변동률 등을 고려하여 산정한다. 기초연금액이 기준연금액을 초과하는 경우 기준연금액을 기초연금액으로 보고 있다. 물가상승률을 반영하여 기준연금액은 매해 인상되고 있다.

제5조(기초연금액의 산정) ① 기초연금 수급권자에 대한 기초연금의 금액(이하 "기초연금액"이라 한다)은 제2항에 따른 기준연금액(이하 "기준연금액"이

라 한다)과 국민연금 급여액 등을 고려하여 산정한다.

② 기준연금액은 보건복지부장관이 그 전년도의 기준연금액에 대통령령으로 정하는 바에 따라 전국소비자물가변동률(「통계법」 제3조에 따라 통계청장이 매년 고시하는 전국소비자물가변동률을 말한다. 이하 같다)을 반영하여 매년 고시한다. 이 경우 그 고시한 기준연금액의 적용기간에 관하여는 「국민연금법」 제51조제3항을 준용한다.

저소득 기초연금 수급권자에 대한 기초연금액 산정 시 특례 조항이 있다.

제5조의2(저소득 기초연금 수급권자에 대한 기초연금액 산정의 특례) ① 제5조제2항 전단에도 불구하고 65세 이상인 사람 중 소득인정액이 100분의 40 이하인 사람에게 적용하는 기준연금액은 30만원으로 한다.

② 보건복지부장관은 제1항의 기준연금액을 적용받는 사람을 선정하기 위한 소득인정액(이하 "저소득자 선정기준액"이라 한다)을 정하여 고시하여야 한다.

③ 저소득자 선정기준액의 기준, 고시 시기 및 적용기간 등은 대통령령으로 정한다.

국민연금 급여액에 따른 기초연금액 산정의 특례 조항이 있다.

제6조(국민연금 급여액등에 따른 기초연금액 산정의 특례) ① 제5조에도 불구하고 제5조제4항 각 호 또는 같은 조 제6항에 해당하는 사람 중 「국민연금법」 및 「국민연금과 직역연금의 연계에 관한 법률」에 의한 수급권에 따라 매월 지급 받을 수 있는 급여(「국민연금법」 제52조에 따른 부양가족연금액을 제외한 금액으로 한다. 이하 "국민연금 급여액등"이라 한다)이 기준연금액의 100분의 150 이하인 사람에게 지급하는 기초연금액은 기준연금액으로 한다.

② 제5조에도 불구하고 제5조제4항 각 호 또는 같은 조 제6항에 해당하는 사람

중 국민연금 급여액등이 기준연금액의 100분의 150 초과 100분의 200 이하인 사람에게 지급하는 기초연금액은 기준연금액의 범위에서 대통령령으로 정하는 바에 따라 제5조에 따라 산정된 금액 이상으로 달리 정할 수 있다.

기초연금액에는 한도가 있다.

제7조(기초연금액의 한도) 제5조제4항부터 제6항까지의 규정에 따라 산정한 기초연금액이 기준연금액을 초과하는 경우 기준연금액을 기초연금액으로 본다.

부부 모두 수급권자일 경우, 각각 20%씩을 감액한다(부부 감액). 소득역전 방지를 위해, 소득인정액과 기초연금액을 합한 금액이 선정기준액 이상일 경우, 그 초과분을 감액한다(소득역전 방지 감액). 일정액 이상의 국민연금을 수급하는 경우, 기초연금 지급액이 최대 50% 감액될 수 있다(국민연금 연계 감액). 예를 들어 2022년 기초연금 기준연금액(월 30만 7,500원)의 1.5배인 46만 1,250원 이상의 국민연금을 받는 경우, 감액된 기초연금을 받게 된다.

제8조(기초연금액의 감액) ① 본인과 그 배우자가 모두 기초연금 수급권자인 경우에는 각각의 기초연금액에서 기초연금액의 100분의 20에 해당하는 금액을 감액한다.
② 소득인정액과 제5조, 제5조의2, 제6조 및 제7조에 따른 기초연금액(제1항이 적용되는 경우에는 그 감액분이 반영된 금액을 말한다)을 합산한 금액이 선정기준액 이상인 경우에는 선정기준액을 초과하는 금액의 범위에서 기초연금액의 일부를 감액할 수 있다.
제6조(국민연금 급여액등에 따른 기초연금액 산정의 특례) ① 제5조에도 불구하고 제5조제4항 각 호 또는 같은 조 제6항에 해당하는 사람 중 「국민연금법」 및 「국민연금과 직역연금의 연계에 관한 법률」에 의한 수급권에 따라 매월 지

급 받을 수 있는 급여액(「국민연금법」 제52조에 따른 부양가족연금액을 제외한 금액으로 한다. 이하 "국민연금 급여액등"이라 한다)이 기준연금액의 100분의 150 이하인 사람에게 지급하는 기초연금액은 기준연금액으로 한다.

② 제5조에도 불구하고 제5조제4항 각 호 또는 같은 조 제6항에 해당하는 사람 중 국민연금 급여액등이 기준연금액의 100분의 150 초과 100분의 200 이하인 사람에게 지급하는 기초연금액은 기준연금액의 범위에서 대통령령으로 정하는 바에 따라 제5조에 따라 산정된 금액 이상으로 달리 정할 수 있다.

5년마다 노인생활 실태 등을 고려하여 기초연금 급여액의 적절성에 대하여 평가하도록 규정하고 있다.

제9조(기초연금액의 적정성 평가 등) ① 보건복지부장관은 제5조제2항에도 불구하고 5년마다 기초연금 수급권자의 생활 수준, 「국민연금법」 제51조제1항 제1호에 따른 금액의 변동률, 전국소비자물가변동률 등을 종합적으로 고려하여 기초연금액의 적정성을 평가하고 그 결과를 반영하여 기준연금액을 조정하여야 한다.

② 제1항에 따른 적정성 평가를 할 때에는 노인 빈곤에 대한 실태 조사와 기초연금의 장기적인 재정 소요에 대한 전망을 함께 실시하여야 한다.

(5) 급여의 실시

국민기초생활보장법에 의한 급여 실시 순서는 '신청 → 조사·질문 → 결정 → 지급 → (필요시 사후관리) 미지급 기초연금의 지급, 지급 정지, 수급권 상실'의 순이다. 급여는 지방자치단체와 국민연금공단에 신청할 수 있으며, 급여 지급은 지방자치단체에서 결정한다.

제10조(기초연금 지급의 신청) ① 기초연금을 지급받으려는 사람(이하 "기초연금 수급희망자"라 한다) 또는 보건복지부령으로 정하는 대리인은 특별자치시장·특별자치도지사·시장·군수·구청장(자치구의 구청장을 말한다. 이하 같다)에게 기초연금의 지급을 신청할 수 있다.

② 기초연금 수급희망자와 그 배우자는 제1항에 따른 신청을 할 때 다음 각 호의 자료 또는 정보를 보건복지부장관 및 특별자치시장·특별자치도지사·시장·군수·구청장(제28조제2항에 따라 업무를 위탁받은 자를 포함한다)에게 제공하는 것에 대하여 동의한다는 서면을 제출하여야 한다.

제11조(조사·질문 등) ① 보건복지부장관 또는 특별자치시장·특별자치도지사·시장·군수·구청장은 기초연금 수급권의 발생·변경·상실 등을 확인하기 위하여 기초연금을 신청한 기초연금 수급희망자, 기초연금 수급권자, 기초연금 수급자와 그 각각의 배우자 및 고용주(이하 이 조에서 "기초연금 수급권자 등"이라 한다)에게 필요한 서류나 그 밖에 소득·재산 등에 관한 자료의 제출을 요구할 수 있으며, 소속 공무원으로 하여금 기초연금 수급권자등의 집이나 그 밖의 필요한 장소에 방문하여 서류 등을 조사하게 하거나 관계인에게 필요한 질문을 하게 할 수 있다.

제13조(기초연금 지급의 결정 등) ① 특별자치시장·특별자치도지사·시장·군수·구청장은 제11조에 따른 조사를 한 후 기초연금 수급권의 발생·변경·상실 등을 결정한다.

② 특별자치시장·특별자치도지사·시장·군수·구청장은 제1항에 따른 기초연금 수급권의 발생 여부를 결정할 때 제11조 또는 제12조에 따라 제공받은 자료·정보의 전부 또는 일부를 통해 평가한 기초연금 수급희망자와 그 배우자의 소득·재산 수준이 보건복지부장관이 정하는 기준 이하인 경우에는 관련 조사의 일부를 생략하고 기초연금 수급권의 발생을 결정할 수 있다.

③ 특별자치시장·특별자치도지사·시장·군수·구청장은 제1항에 따른 결정을 한 경우에는 그 결정 내용을 서면으로 그 이유를 구체적으로 밝혀 기초연금 수급권자에게 지체 없이 통지하여야 한다.

제14조(기초연금의 지급 및 지급 시기) ① 특별자치시장·특별자치도지사·시장·군수·구청장은 제13조제1항에 따라 기초연금 수급권자로 결정한 사람에 대하여 기초연금의 지급을 신청한 날이 속하는 달부터 제17조에 따라 기초연금 수급권을 상실한 날이 속하는 달까지 매월 정기적으로 기초연금을 지급한다.

② 제16조제1항에 따라 기초연금의 지급이 정지된 기간에는 기초연금을 지급하지 아니한다.

제15조(미지급 기초연금) ① 기초연금 수급자가 사망한 경우로서 그 기초연금 수급자에게 지급되지 아니한 기초연금액이 있는 경우에는 그 기초연금 수급자의 사망 당시 생계를 같이 한 부양의무자(배우자와 직계혈족 및 그 배우자를 말한다)는 미지급 기초연금을 청구할 수 있다. 이 경우 특별자치시장·특별자치도지사·시장·군수·구청장은 지체 없이 그 지급 여부를 결정하여 그 부양의무자에게 통지하여야 한다.

제16조(기초연금 지급의 정지) ① 특별자치시장·특별자치도지사·시장·군수·구청장은 기초연금 수급자가 다음 각 호의 어느 하나의 경우에 해당하면 그 사유가 발생한 날이 속하는 달의 다음 달부터 그 사유가 소멸한 날이 속하는 달까지는 기초연금의 지급을 정지한다.

1. 기초연금 수급자가 금고 이상의 형을 선고받고 교정시설 또는 치료감호시설에 수용되어 있는 경우

2. 기초연금 수급자가 행방불명되거나 실종되는 등 대통령령으로 정하는 바에 따라 사망한 것으로 추정되는 경우

3. 기초연금 수급자의 국외 체류기간이 60일 이상 지속되는 경우. 이 경우 국외 체류 60일이 되는 날을 지급 정지의 사유가 발생한 날로 본다.

제17조(기초연금 수급권의 상실) 기초연금 수급권자는 다음 각 호의 어느 하나에 해당하게 된 때에 기초연금 수급권을 상실한다.

1. 사망한 때

2. 국적을 상실하거나 국외로 이주한 때

3. 제3조(기초연금 수급권자의 범위 등)에 따른 기초연금 수급권자에 해당하지 아니하게 된 때

제19조(기초연금액의 환수) ① 특별자치시장·특별자치도지사·시장·군수·구청장은 기초연금을 받은 사람이 다음 각 호의 어느 하나에 해당하는 경우에는 지급한 기초연금액을 대통령령으로 정하는 바에 따라 환수하여야 한다. 이 경우 제1호에 해당하는 경우에는 지급한 기초연금액에 대통령령으로 정하는 이자를 붙여 환수한다.

1. 거짓이나 그 밖의 부정한 방법으로 기초연금을 받은 경우

2. 제16조에 따라 기초연금의 지급이 정지된 기간에 대하여 기초연금이 지급된 경우

3. 그 밖의 사유로 기초연금이 잘못 지급된 경우

② 특별자치시장·특별자치도지사·시장·군수·구청장은 제1항에 따라 환수할 기초연금액(이하 "환수금"이라 한다)의 환수 대상자에게 지급할 기초연금액이 있는 경우 그 지급할 기초연금액을 환수금과 상계(相計)할 수 있다.
③ 특별자치시장·특별자치도지사·시장·군수·구청장은 환수금이 대통령령으로 정하는 금액 미만인 경우에는 환수하지 아니할 수 있다.

고딕체로 표기된 부분은 저자가 추가한 것이다.

(6) 보장기관 및 인력

기초연금을 책임있게 제공해야 하는 보장기관은 국가 및 지방자치단체이다(법 제4조). 보장기관은 기초연금 관련 정보를 제공해야 한다(법 제10조의2). 국가는 국민연금공단에 위탁하여 기초연금 사업을 수행하고 있다(법 제28조). 기초연금 신청, 조사·질문, 지급 결정과 관련된 현장 인력은 지방자치단체의 소속 공무원 및 관계 공무원으로 칭하고 있으며(법 제11조 제3항), 기초연금 사업을 지방자치단체에 위임(법 제28조 제1항) 및 국민연금공단에 위탁(법 제28조 제2항)하고 있기에, 사회복지전담공무원과 국민연금공단의 직원이 기초연금 사업의 주요 인력이라고 할 수 있다.

제4조(국가와 지방자치단체의 책무) ① 국가와 지방자치단체는 기초연금이 제1조의 목적에 따라 노인의 생활안정을 지원하고 복지를 증진하는 데 필요한 수준이 되도록 최대한 노력하여야 한다.
② 국가와 지방자치단체는 제1항에 따라 필요한 비용을 부담할 수 있도록 재원(財源)을 조성하여야 한다. 이 경우 「국민연금법」 제101조제1항에 따라 설치된 국민연금기금은 기초연금 지급을 위한 재원으로 사용할 수 없다.
③ 국가와 지방자치단체는 기초연금의 지급에 따라 계층 간 소득역전 현상이 발생하지 아니하고 근로의욕 및 저축유인이 저하되지 아니하도록 최대한 노력하여야 한다.
제10조의2(기초연금 관련 정보의 제공) ① 보건복지부장관 또는 특별자치시장·특별자치도지사·시장·군수·구청장은 65세 이상인 사람에게 기초연금의

지급대상, 금액 및 신청방법 등 기초연금 관련 정보를 제공하여야 한다.

제11조(조사·질문 등) ③ 제1항에 따라 방문·조사·질문을 하는 관계 공무원은 그 권한을 표시하는 증표 및 조사기간, 조사범위, 조사담당자, 관계 법령 등 보건복지부령으로 정하는 사항이 기재된 서류를 지니고 이를 관계인에게 보여주어야 한다.

제28조(권한의 위임·위탁) ① 이 법에 따른 보건복지부장관의 권한은 대통령령으로 정하는 바에 따라 그 일부를 특별시장·광역시장·특별자치시장·도지사·특별자치도지사 또는 시장·군수·구청장에게 위임할 수 있다.

② 보건복지부장관 또는 특별자치시장·특별자치도지사·시장·군수·구청장은 기초연금사업의 원활한 수행을 위하여 대통령령으로 정하는 바에 따라 다음 각 호의 업무를 「국민연금법」 제24조에 따른 국민연금공단에 위탁할 수 있다.

기초연금 관련 자료 또는 정보의 효율적 처리·관리를 위하여 기초연금 정보시스템을 구축 및 운영할 수 있으며(제1항), 업무 효율화를 위해 정보시스템 간 연계 사용할 수 있다(제2항).

제26조(기초연금정보시스템의 구축·운영) ① 보건복지부장관은 이 법에 따른 기초연금 관련 자료 또는 정보의 효율적 처리·관리를 위하여 대통령령으로 정하는 바에 따라 기초연금정보시스템(이하 "기초연금정보시스템"이라 한다)을 구축·운영할 수 있다.

② 보건복지부장관은 기초연금 업무를 효율적으로 수행하기 위하여 「사회복지사업법」 제6조의2제2항에 따른 정보시스템과 기초연금정보시스템을 연계하여 사용할 수 있다.

(7) 재정

재정조달과 관련하여, 기초연금에 소요되는 재원은 국가와 지방자치단체의 공동 부담을 원칙으로 하고 있다. 부담비율은 중앙정부와 지방정부의 상호 협의에 기초하여, 각 지방자치단체의 조례로 정하도록 규정하고 있다.

제25조(비용의 분담) ① 국가는 지방자치단체의 노인인구 비율 및 재정 여건 등을 고려하여 기초연금의 지급에 드는 비용 중 100분의 40 이상 100분의 90 이하의 범위에서 대통령령으로 정하는 비율에 해당하는 비용을 부담한다.
② 제1항에 따라 국가가 부담하는 비용을 뺀 비용은 특별시·광역시·특별자치시·도·특별자치도(이하 "시·도"라 한다)와 시·군·구(자치구를 말한다. 이하 같다)가 상호 분담한다. 이 경우, 그 부담비율은 노인인구 비율 및 재정여건 등을 고려하여 보건복지부장관과 협의하여 시·도의 조례 및 시·군·구의 조례로 정한다.

---

(8) 권리구제 및 벌칙

권리구제와 관련하여, 기초연금법상 급여와 관련하여 이의가 있는 경우, 급여를 실시한 기초자치단체장의 장에게 이의신청을 할 수 있다. 다만 행정심판 전치주의가 이미 폐지되었기 때문에, 별도의 이의신청 없이 법원에 행정소송을 제기해도 무방하다.

제22조(이의신청) ① 제13조에 따른 결정이나 그 밖에 이 법에 따른 처분에 이의가 있는 사람은 특별자치시장·특별자치도지사·시장·군수·구청장에게 이의신청을 할 수 있다.
② 제1항에 따른 이의신청은 그 처분이 있음을 안 날부터 90일 이내에 서면으로 하여야 한다. 다만, 정당한 사유로 인하여 그 기간 이내에 이의신청을 할 수 없었음을 증명한 때에는 그 사유가 소멸한 때부터 60일 이내에 이의신청을 할 수 있다.

법적 실효성 보장을 위하여 다양한 벌칙 규정이 있다. 예를 들어 "거짓이나 부정한 방법으로 기초연금을 지급받은 경우"에 1년 이하의 징역 또는 1천만원 이하의 벌금에 처할 수 있다.

제29조(벌칙) ① 제12조제6항을 위반하여 금융정보등을 다른 자에게 제공하거나 누설한 자는 5년 이하의 징역 또는 5천만원 이하의 벌금에 처한다.
③ 거짓이나 그 밖의 부정한 방법으로 기초연금을 지급받은 사람은 1년 이하의 징역 또는 1천만원 이하의 벌금에 처한다.

| 법률 개정으로 무엇이 바뀌었는가? |

기초연금 지급을 위해 국비와 지방비의 비율이 결정되었으며, 노인인구 비율과 재정자주도에 따라 국비는 차등보조 되고 있다!

기초연금법 제25조(비용의 분담) 제1항에서는 "국가는 지방자치단체의 노인인구 비율 및 재정 여건 등을 고려하여 기초연금의 지급에 드는 비용 중 100분의 40 이상 100분의 90 이하의 범위에서 대통령령으로 정하는 비율에 해당하는 비용을 부담한다"고 규정하고 있다. 이 규정에 따라 노인인구 비율과 재정자주도에 따라 국비 차등보조 비율이 최소 40%에서 최대 90%로 결정되어 있다.

표 8-11 기초연금에 대한 국가 차등보조 기준

구분		노인인구 비율		
		14% 미만	14% 이상~ 20% 미만	20% 이상
재정자주도	90% 이상	40% 지원	50% 지원	60% 지원
	80% 이상~ 90% 미만	50% 지원	60% 지원	70% 지원
	80% 미만	70% 지원	80% 지원	90% 지원

출처: 보건복지부(2023)

각 연도별 소요예산을 보면, 국비와 지방비가 지속적으로 증가 경향을 보이고 있다. 다만 국비 비율은 증가하는 반면, 지방비 비율은 감소하고 있다. 노인인구의 증가로 노인인구 비율은 증가하고, 지방소멸 위기로 재정자주도는 하락하는 상황에서 기초연금의 지방비 예산 마련이 보다 더 중요해질 것이다. 기초연금을 전액 국고로 전환하자는 주장에도 귀를 기울일 필요가 있다.

표 8-12 기초연금 소요예산: 국비 대 지방비

연도	총 예산	국비(%)	지방비(%)
2014년	69,001	51,771 (75.0)	17,230 (25.0)
2015년	100,090	75,634 (75.6)	24,456 (24.4)
2016년	102,896	78,497 (76.3)	24,399 (23.7)
2017년	105,461	80,762 (76.6)	24,699 (23.4)
2018년	118,222	91,028 (77.0)	27,194 (23.0)
2019년	147,202	114,745 (78.0)	32,457 (22.0)
2020년	167,716	131,401 (78.3)	36,315 (21.7)
2021년	188,581	149,414 (79.2)	39,167 (20.8)
2022년	199,703	160,917 (80.5)	38,786 (19.5)

단위: 억 원
출처: 보건복지부(2023)

생각해 볼 과제

1 국민연금 수급액과 연계하여 기초연금을 감액하는 조항이 시행되고 있다. 이에 대하여 자신의 의견과 그 근거를 이야기해 보자.

2 기초연금의 재정은 중앙정부와 지방정부가 상호 부담하도록 규정하고 있다. 기초연금 재정의 전액을 국고로 부담하는, 즉 중앙정부가 전액 부담하자는 주장이 있다. 이에 대하여 자신의 의견과 그 근거를 이야기해 보자.

3 기초연금의 지급 대상은 소득 하위 70%로 규정하고 있다. 지급 대상을 줄이자는 측과 지급 대상을 확대하자는 측의 주장이 대립되어 왔다. 이에 대하여 자신의 의견과 그 근거를 이야기해 보자.

09

사회보험법

사회보험은 "국민에게 발생하는 사회적 위험을 보험의 방식으로 대처함으로써 국민의 건강과 소득을 보장하는 제도"를 말한다(사회보장기본법 제3조 제2호). 사회보험은 일반적으로 특정한 사회적 위험(노년, 실업, 산업재해, 질병 등)을 대비하기 위하여 사회적 위험이 발생하기 전에 본인 또는 제3자가 보험료를 납부하고, 해당 사회적 위험이 발생한 경우 급여를 지급하는 방식으로 운영된다. 사회보험에 드는 비용은 사용자, 노동자, 자영업자가 부담하는 것을 원칙으로 하되, 관계 법령에서 정하는 바에 따라 국가가 그 비용의 일부를 부담할 수 있어서(사회보장기본법 제28조 제2항) 국가와 지방자치단체가 비용 부담을 하는 공공부조 제도와 비교된다.

우리나라의 대표적인 사회보험 제도로는 노후의 소득상실을 대비하기 위한 국민연금, 건강보장을 위한 국민건강보험, 고령노인의 생활지원을 위한 노인장기요양보험, 실업에 대비하는 고용보험, 산업재해를 대비하는 산업재해보상보험을 들 수 있다. 이 제도들의 근거법으로 국민연금법, 국민건강보험법, 노인장기요양보험법, 고용보험법, 산업재해보상보험법이 각각 작용한다. 이 장에서는 이 5가지 법률에 대하여 알아본다.

1. 국민연금법

1) 국민연금법의 의의

노령, 장애로 인하여 일을 할 수 없게 되면, 노인 또는 장애인은 소득상실의 위험에 처하게 된다. 연금제도는 노령, 장애, 부양자의 사망으로 인하여 소득상실의 위험이 발생할 때 소득을 대체하는 급여(연금)를 지급하여 생활을 안정시키는 제도이다. 국민연금은 국민들이 경제활동을 하는 시기에 소득의 일부를 보험료로 납부하고, 은퇴하게 되면 연금을 받아 안정적인 노후생활을 하도록 설계된 사회보험제도이다. 세계 170개국에서 국가가 노후를 보장하는 공적 연금제도를 시행하고 있으며, 국민연금은 우리나라의 대표적 공적연금 제도로 기능하고 있다. 국민연금은 사회적인 연대를 통하여 노후를 대비하는 사회연대의 원리로 운영되고 있으며, 연금수령액의 절반은 가입자 전체의 평균소득을 기반으로 산정되어 노후소득 불평등을 일정 부분 조정하는 역할도 하고 있다.

2) 국민연금법의 연혁

(1) 공무원연금법의 도입과 국민복지연금법의 제정 및 시행유보
(1960년~1970년대)

우리나라의 공적연금 제도는 1960년 제정된 공무원연금법이 시초였으나, 그 대상이 공무원과 군인에 한정된 제도였다. 공무원연금이 도입된 배경에는 민간에 비해 낮은 공무원의 임금을 보상하는 한편 연금을 통하여 관료를 통제하려는 목적이 있었다. 공무원이 아닌 국민을 대상으로 한 공적연금 제도는 이보다 늦게 도입되었다.

1960년대부터 도시화와 핵가족화를 수반한 산업화의 영향으로 가족에 의한 노후부양 기능이 약화되어 가는 가운데, 공적연금 제도 도입에 대한 논의가 시작되었으며, 1973년 드디어 국민복지연금법이 제정되었다. 그러나 제4차 중동전쟁으로 인한 석유파동의 여파로 경제가 불안정해지자 이 법의 시행은 유보되었고, 결국 시행되지 않았다.

(2) 국민연금법 시행(1988년)

국민복지연금법은 시행이 유보된 이후 13년이나 경과한 이후인 1986년에 전면 개정되어 국민연금법이 되었다. 국민연금법은 1988년 1월 1일부터 시행되었으며, 상시 10인 이상 사용하는 사업장의 근로자를 가입대상으로 하였다.

(3) 국민연금 가입범위의 확대(1990년대~2003년)

국민연금법의 가입범위는 지속적으로 확대되어, 1992년에는 5인 이상 사업장 근로자, 1995년 7월에는 농어민, 1999년 4월에는 도시지역 거주자, 그리고 2003년 7월에는 1인 이상 사업장 근로자까지 확대되었다.

(4) 국민연금 소득대체율의 삭감(2007년)

국민연금은 최초 도입 시 낮은 보험료율로 시작하였기 때문에 연금재정이 지속 가능하지 않다는 문제제기가 있었으며, 2007년에는 연금급여의 소득대체율을 40년 가입기준 60%에서 40%까지 단계적으로 낮추는 내용으로 대폭적인 개정이 이루어졌다. 이때 법 개정으로 출산 및 군복무에 대하여 가입기간을 추가 산입하는 크레딧 제도가 도입되었고, 유족연금 수급요건의 남녀차별을 폐지하고, 중복급여의 조정제도가 개선되기도 하였다.

(5) 국민연금법의 주요 개정 내용

오늘날 국민연금법은 공적연금 제도의 시작점인 공무원연금법에서 출발하여 국민복지연금법을 거쳐 지금의 체계를 갖추었다. 국민연금법의 주요 개정 내용은 표 9-1과 같다.

표 9-1 국민연금법의 주요 개정 연혁

연도	주요 내용
1960.01.01.	- 공무원연금법 제정 및 시행
1973.12.24.	- 국민복지연금법 제정(시행령 미비, 시행 연기)
1986.12.31.	- 국민연금법 제정(국민복지연금법 폐지) - 국민연금 가입할 수 있는 자를 18세부터 60세 미만으로 명시 - 가입자는 사업장가입자·지역가입자 및 임의계속가입자로 구분 - 급여는 노령연금·장해연금·유족연금 및 반환일시금으로 구분
1988.01.01.	- 국민연금제도 실시(상시 근로자 10인 이상 사업장)
1995.07.01.	- 국민연금 당연적용 대상을 농어민과 농어촌지역 자영업자(농어촌 지역가입자) 확대
1999.04.01.	- 도시지역 가입자 확대 실시(전 국민 연금 시작)(1998.12.31 개정)
2000.12.23.	- 경기변동에 따른 국민연금 급여액의 급격한 변동을 완화하고 연금재정의 장기적인 안정을 도모하기 위하여 기본연금액 산정방식을 일부 조정
2003.07.01.	- 사업장 적용범위 확대(근로자 1인 이상 사업장)
2007.07.23.	- 연금보험료와 급여를 산정하기 위한 금액이 '표준소득월액'에서 '기준소득월액'으로 변경 - 출산 및 군복무에 대한 가입기간 추가 산입(크레딧 제도 도입) - 기본연금액 조정(급여의 소득대체율이 60%에서 50%로 조정, 2028년까지 40%로 단계적으로 조정)
2009.01.30.	- 공단업무에 '노후설계상담 및 소득활동지원'사업 및 노인복지법에 따른 노인복지시설의 설치 및 운영 업무 추가 - 복지사업 시행 시 국민연금기금 출자를 가능하게 함
2009.02.06.	- 국민연금의 가입기간과 공무원연금, 사립학교교직원연금, 군인연금 등 직역연금의 재직기간을 연계하여 연계노령연금, 연계퇴직연금 등의 연계급여를 지급함으로써 공적연금의 사각지대를 해소
2009.05.21.	- 사회보험료 징수업무의 성격 유사성을 고려하여 사회보험료 징수업무를 국민건강보험공단으로 일원화
2014.01.14.	- 농어업인에 대한 연금보험료 지원기한을 2014년에서 2019년 12월 31일까지 연장
2015.01.28.	- 실업크레딧 도입
2015.06.22.	- 노후준비지원법 제정에 따른 공단의 노후준비서비스 관련 규정 정비 - 연체금 계산방식을 월할계산에서 일할계산으로 전환

연도	주요 내용
2016.05.29.	- 연금가입자의 무소득배우자의 적용제외기간에 대하여 보험료 추후 납부 허용 - 장애, 사망일 당시 적용제외자인 전업주부 및 경력단절여성도 일정한 가입시간이 있는 경우 가입자와 동일한 요건으로 장애연금 또는 유족연금 수급 가능 - 부부가입자 확산 추세를 반영하여 유족연금의 중복지급률 인상 조정 - 청년의 경제활동 시작시점을 고려하여 유족연금 수급가능 자녀연령을 19세 미만에서 25세 미만으로 확대 - 군복무크레딧의 적용대상에 현역병과 사회복무요원뿐만 아니라 전환복무자 및 상근예비역까지 추가
2017.03.21.	- 조기노령연금수급자가 신청하는 경우에 조기노령연금의 지급을 정지할 수 있는 권리 보장: 현행 법령은 60세 미만인 조기노령연금 수급자 중 조기노령연금 지급 정지 대상을 월평균 소득이 국민연금 A값을 초과하는 경우로 한정하고 있어, 그 이하의 소득이 발생한 경우에는 현재의 조기노령연금 지급을 정지하여 장래의 노후보장을 강화할 수 있는 제도적 장치가 마련되어 있지 아니함. 이에 본인의 선택에 따라 국민연금에 재가입하여 보장 - 신용카드 납부액 한도 폐지: 현행 법령은 신용카드 등을 이용한 연금보험료 등의 납부액 한도를 1천만원으로 정하고 있어 1천만원 이상의 보험료를 납부하는 자는 현금이용 등 자금운용상 어려움을 겪는 경우가 있고, 신용카드 등을 이용한 납부금액에 한도가 없는 국세, 건강보험료 등의 경우와도 형평성이 맞지 않았음
2017.10.24.	- 유족연금의 수급권자인 자녀나 손자녀가 다른 사람에게 입양되는 때 및 장애로 수급권을 취득한 자가 장애등급 2급 이상에 해당하지 아니하게 된 때에 유족연금수급권을 일시적으로 정지하였다가, 입양된 자가 다시 파양되거나 장애등급의 조정으로 2급 이상에 해당하게 된 때에 본인의 청구에 의하여 지급정지를 해제: 유족의 생계 보호 강화 차원 - 반환일시금을 반납한 사람의 경우에도 최초로 연금보험료를 납부한 날 이후의 적용제외 기간에 대하여 추후 납부 신청 가능: 반환일시금 수급권 강화 차원 - 반환일시금 수급권의 소멸시효를 현행 5년에서 10년으로 연장: 반환일시금 수급권 강화 차원
2017.12.19.	- 분할연금을 산정함에 있어 '혼인 기간'을 배우자의 가입기간 중의 혼인 기간으로서 별거·가출 등의 사유로 인하여 실질적인 혼인관계가 존재하지 않았던 기간을 제외한 기간으로 규정하고, 혼인기간의 인정 기준 및 방법 등에 필요한 사항은 대통령령으로 정하도록 함으로써 현행 제도의 위헌성을 제거: 기존 법률은 배우자의 국민연금가입기간 중의 혼인기간이 5년 이상인 자로서 이혼한 자가 60세에 도달하고, 배우자였던 사람이 노령연금 수급권자인 경우에 배우자였던 자의 노령연금액 중 혼인기간에 해당하는 연금액을 균분한 분할연금을 받을 수 있도록 하고 있음. 이에 대하여 헌법재판소는 분할연금을 산정함에 있어 법률혼 관계에 있던 기간 중 별거·가출 등으로 실질적인 혼인관계가 존재하지 않았던 기간을 일률적으로 혼인기간에 포함시키도록 하고 있는 현행의 규정은 혼인 중 쌍방의 협력으로 형성된 공동재산의 분배라는 분할연금제도의 재산권적 성격을 몰각하고 있다는 이유로 헌법불합치결정을 내리는 한편, 개선입법의 마련을 촉구하였음(2015헌바182)
2018.12.11.	- 국민연금심의위원회에 수급자를 대표하는 위원을 4명 추가하고, 국민연금공단 이사로 수급자 대표 추가: 국민연금심의위원회와 국민연금공단 이사회에 수급자를 대표할 수 있는 위원·이사가 포함되어 있지 않아 의사결정 과정에서 수급자 권익이 반영되지 못할 우려가 제기됨 - 연금보험료를 2회 이상 체납한 지역가입자에 대하여 체납처분을 하기 전에 분할납부를 신청할 수 있음을 알리고, 절차·방법 등에 관한 사항 안내 신설: 현행법은 가입자가 연금보험료 등을 납부하지 않는 경우에는 국세체납처분의 예에 따라 압류절차 등을 진행하도록 하고 있어, 연금보험료 체납처분 사전 안내 절차 강화 필요성 제기됨
2019.01.15.	- 국민연금도 공무원연금법, 사립학교교직원연금법, 군인연금법과 마찬가지로 전국소비자물가변동률에 따라 연금액을 조정하는 시기를 매년 4월에서 1월로 앞당기도록 하여, 국민연금 수급액의 실질가치 하락을 방지하고 다른 공적연금과의 형평성 제고: 기존에는 해당연도 4월부터 다음연도 3월까지로 규정하고 있어 국민연금 수급자의 연금급여 실질가치 보전이 불리한 측면이 존재하였음 - 국민연금기금 운용 전문인력 양성 및 이를 위한 교육·연수 프로그램 운영, 국내외 교육기관·연구소 등에 교육훈련 위탁: 대부분의 대학과 대학원이 은행, 보험, 증권에 집중하고 있어 국민연금기금에 대한 이론과 실무를 완비할 수 있는 국가 차원의 전문교육훈련 프로그램 보완 필요성 제기되었음

연도	주요 내용
2020.01.21.	- 연금보험료 납부 의무자가 납부 기한까지 연금보험료를 납부하지 아니하는 경우의 1일당 연체금을 체납된 연금보험료의 1천분의 1에서 1천500분의 1로, 연체금 상한을 체납된 연금보험료의 1천분의 30에서 1천분의 20으로 하는 등 연금보험료 미납 시 연체금과 그 상한을 인하 - 사업 중단, 실직 또는 휴직으로 인해 연금보험료를 내지 못하고 있던 지역가입자로서 재산 및 종합소득이 일정 기준 미만인 사람이 연금보험료 납부를 재개한 경우 12개월 이내의 범위에서 연금보험료 중 일부를 지원할 수 있도록 함 - 국민연금공단은 국민연금사업을 수행하기 위하여 가족관계등록법에 따른 전산정보자료를 공동이용할 수 있도록 하되, 전산정보자료를 목적 외의 용도로 이용하거나 활용한 경우에는 처벌 - 농어업인에 대한 연금보험료 보조 특례의 적용기한을 2019년 12월 31일에서 2024년 12월 31일까지로 5년 연장함
2020.12.29.	- 국민연금 재정 수지 계산 등의 국회 제출일을 해당 연도 10월말까지로 법률에 규정하고, 국민연금 재정 수지 계산 등을 수시로 할 수 있는 근거 마련 - 사망일시금 수급대상에 노령연금 수급권자와 장애연금 수급권자를 추가하고, 추가된 대상자의 사망일시금 지급액은 사망할 때까지 지급받은 연금액이 사망일시금 상당액보다 적은 경우 그 차액에 해당하는 금액으로 함 - 연금보험료 신용카드 자동이체 시 감액근거를 마련 - 연금보험료 추후 납부 기간을 10년 미만의 범위로 제한: 국민연금 추후납부 제도가 고소득자의 재테크 수단으로 악용되는 문제 방지 - 고액·상습 체납자의 인적사항 공개 요건을 체납기간 2년 이상, 체납금액 5천만원 이상에서 체납기간 1년 이상, 체납금액 2천만원 이상으로 완화
2021.06.08.	- 사업장가입자인 사용자가 연금보험료를 체납한 경우 근로자가 기여금뿐만 아니라 부담금도 납부할 수 있도록 하고, 기여금과 부담금을 모두 납부한 경우에는 체납기간 전체를 가입기간으로 산입하고 기준소득월액 전체를 인정 - 체납분의 개별 납부 기한은 제한 없이 확대하되, 10년 경과 후에는 시행령으로 정하는 이자를 더하여 납부하도록 함으로써 근로자의 연금수급권을 강화
2021.07.27.	- 사용자가 연금보험료를 내지 아니한 경우 국민건강보험공단이 근로자에게 그 사업장의 체납 사실을 통지하고 해당 사실을 문자메세지, 전자우편 등으로 추가 안내하도록 함으로써 근로자의 연금수급권을 보호
2021.12.21.	- 수급권자의 선택권 보장을 위하여 노령연금의 지급연기 신청을 1회로 한정하는 부분을 삭제함으로써 수급권자가 희망하는 경우 횟수 제한 없이 지급연기 신청 가능 - 수급권자가 1년 이상 소재불명인 경우에 대한 급여의 지급 정지, 지급 정지의 취소, 미지급 급여의 지급 등에 관한 법적 근거를 명시하여 법적 미비를 보완
2022.07.01.	- 지역가입자 보험료 지원 제도 도입: 기존 보험료 지원제도가 주로 사업장가입자를 대상으로 하고 있어, 사각지대 문제가 심각한 지역가입자와의 형평성 문제 제기, 일정 소득 수준 이하의 지역 납부재개자에게 연금보험료의 1/2(월 45,000원) 지원
2023.03.28.	- 18세 미만 근로자가 사업장가입자가 되어 연금보험료를 최초로 납부한 이후에 스스로 선택하여 연금보험료를 내지 않은 기간에 대해서도 연금보험료의 추후 납부를 신청할 수 있도록 변경
2023.06.13.	- 부양가족연금 및 유족연금 지급 대상의 장애 인정 기준이 되는 장애상태에 장애인복지법에 따른 장애인 중 장애의 정도가 심한 장애에 해당하는 상태까지를 포함(기존에는 장애등급 2급 이상) - 국민연금기금 관련 담당부서는 국민연금기금운용전문위원회의 요구에 따라 회의에 필요한 자료를 사전에 제출
2024.09.20.	- 농어업인의 연금보험료 납부에 대한 부담을 완화하기 위하여 농어업인에 대한 연금보험료 보조 특례의 적용기한을 2024년 12월 31일에서 2031년 12월 31일로 7년 연기

3) 국민연금법의 주요 내용

국민연금법(2024. 9. 20. 시행, 법률 제20447호)은 총 9장, 132개 조문 및 부칙으로 나누어져 있다. 법의 중요한 내용들을 원칙, 정의, 적용대상(가입 대상, 가입자의 종류, 가입자 자격의 취득과 상실), 급여의 종류와 내용(급여종류, 가입기간 계산, 크레딧 제도, 기본연금액, 부양가족연금액, 급여종류별 수급권자 및 연금액), 급여의 실시(연금 지급기간 및 지급시기, 중복급여의 조정, 급여 제한, 지급 정지, 급여 환수), 보장기관 및 인력(국가의 책무, 관장, 공단 설립 및 업무, 국민연금심의위원회, 국민연금기금운용위원회), 재정(보험료 부과·징수, 국고 부담, 기금의 설치 및 조성, 국민연금 재정 계산), 권리구제 및 벌칙으로 구분하여 살펴본다.

(1) 원칙

국민연금법은 노령, 장애, 주소득자의 사망에 대한 연금급여를 지급하는 것을 주된 목적으로 한다.

> 제1조(목적) 이 법은 국민의 노령, 장애 또는 사망에 대하여 연금급여를 실시함으로써 국민의 생활 안정과 복지 증진에 이바지하는 것을 목적으로 한다.

(2) 정의

국민연금법의 핵심 개념은 제2조에서 규정하고 있다.

> 제2조(정의) 이 법에서 사용하는 용어의 정의는 다음과 같다.
> 1. "근로자"란 직업의 종류가 무엇이든 사업장에서 노무를 제공하고 그 대가로 임금을 받아 생활하는 자(법인의 이사와 그 밖의 임원을 포함한다)를 말한다. 다만, 대통령령으로 정하는 자는 제외한다.

2. "사용자(使用者)"란 해당 근로자가 소속되어 있는 사업장의 사업주를 말한다.

3. "소득"이란 일정한 기간 근로를 제공하여 얻은 수입에서 대통령령으로 정하는 비과세소득을 제외한 금액 또는 사업 및 자산을 운영하여 얻는 수입에서 필요경비를 제외한 금액을 말한다. 이 경우 국민연금가입자(이하 "가입자"라 한다)의 종류에 따른 소득 범위는 대통령령으로 정한다.

4. "평균소득월액"이란 매년 사업장가입자 및 지역가입자 전원(全員)의 기준소득월액을 평균한 금액을 말하며, 그 산정방법은 대통령령으로 정한다.

5. "기준소득월액"이란 연금보험료와 급여를 산정하기 위하여 가입자의 소득월액을 기준으로 하여 대통령령으로 정하는 금액을 말하며, 그 결정방법 및 적용기간 등에 관하여는 대통령령으로 정한다.

6. "사업장가입자"란 사업장에 고용된 근로자 및 사용자로서 제8조에 따라 국민연금에 가입된 자를 말한다.

7. "지역가입자"란 사업장가입자가 아닌 자로서 제9조에 따라 국민연금에 가입된 자를 말한다.

8. "임의가입자"란 사업장가입자 및 지역가입자 외의 자로서 제10조에 따라 국민연금에 가입된 자를 말한다.

9. "임의계속가입자"란 국민연금 가입자 또는 가입자였던 자가 제13조제1항에 따라 가입자로 된 자를 말한다.

10. "연금보험료"란 국민연금사업에 필요한 비용으로서 사업장가입자의 경우에는 부담금 및 기여금의 합계액을, 지역가입자·임의가입자 및 임의계속가입자의 경우에는 본인이 내는 금액을 말한다.

11. "부담금"이란 사업장가입자의 사용자가 부담하는 금액을 말한다.

12. "기여금"이란 사업장가입자가 부담하는 금액을 말한다.

13. "사업장"이란 근로자를 사용하는 사업소 및 사무소를 말한다.

14. "수급권"이란 이 법에 따른 급여를 받을 권리를 말한다.

15. "수급권자"란 수급권을 가진 자를 말한다.

16. "수급자"란 이 법에 따른 급여를 받고 있는 자를 말한다.

국민연금 보험료의 소득기준(기준소득월액) 변화 과정

표 9-2 국민연금 보험료 소득기준 변화 과정

구분	내용 및 특징
소득기준 변화과정	- 1988년 표준소득월액등급체계 도입 당시 하한액 7만 원, 상한액 200만 원, 총 53개 등급으로 시행 - 1995년 하한액 22만 원(20년 가입 시 1등급 가입자의 예상 소득대체율 100%), 상한액 360만 원(당시 전체 사업장 가입자의 평균소득월액의 4배), 총 45개 등급체계로 변경 - 2007년 표준소득월액등급체계 폐지, 상한과 하한만 설정하고 실제소득을 기준으로 보험료를 부과하는 기준소득월액체계로 전환 - 2010년부터 가입자 평균소득월액의 3년간 평균액(A값)의 변동률에 따라 매년 기준소득월액의 하한액과 상한액을 조정 • 기준소득월액 상·하한액 결정 방법 국민연금 전체 가입자의 3년간 평균소득월액의 평균액(A값) 변동률에 연동하여 조정 ① 2022년 적용 A값: 2,681,724원 ② 2023년 적용 A값: 2,861,091원 ③ A값 변동률: 1.067(②÷①)=1.0668... (소수점 넷째자리에서 반올림) ④ 하한액: 현재 하한액(350,000원)×1.067=370,000원 (만 원 미만 반올림) ⑤ 상한액: 현재 상한액(5,530,000원)×1.067=5,900,000원 (만 원 미만 반올림)

	적용기간	하한액	상한액	구간/소득개념
소득기준 하한액과 상한액 변화과정	1988.01.-1995.03.	7만 원	200만 원	53개 등급 / 표준소득월액
	1995.05.-2007.12.	22만 원	360만 원	45개 등급 / 표준소득월액
	2008.01.-2010.06.	22만 원	360만 원	등급폐지 / 기준소득월액
	2010.07.-2011.06.	23만 원	368만 원	
	2011.07.-2012.06.	23만 원	375만 원	
	2012.07.-2013.06.	24만 원	389만 원	
	2013.07.-2014.06.	25만 원	398만 원	
	2014.07.-2015.06.	26만 원	408만 원	
	2015.07.-2016.06.	27만 원	421만 원	
	2016.07.-2017.06.	28만 원	434만 원	
	2017.07.-2018.06.	29만 원	449만 원	
	2018.07.-2019.06.	30만 원	468만 원	
	2019.07.-2020.06.	31만 원	486만 원	
	2020.07.-2021.06.	32만 원	503만 원	
	2021.07.-2022.06.	33만 원	524만 원	
	2022.07.-2023.06.	35만 원	553만 원	
	2023.07.-2024.06.	37만 원	590만 원	

(3) 적용대상

국민연금의 가입대상은 국내에 거주하는(거주요건), 18세 이상 60세 미만의(연령요건), 국민(국적요건)으로, 공무원연금, 군인연금, 사학연금 등 특수직역연금의 대상이 아닌 자(직업요건)이다(법 제6조). 외국인이 국민연금의 가입 대상이 되는 경우에 대해서는 국민연금법 제126조에서 별도로 다룬다(법 제126조).

> 제6조(가입 대상) 국내에 거주하는 국민으로서 18세 이상 60세 미만인 자는 국민연금 가입 대상이 된다. 다만, 「공무원연금법」, 「군인연금법」, 「사립학교교직원 연금법」 및 「별정우체국법」을 적용받는 공무원, 군인, 교직원 및 별정우체국 직원, 그 밖에 대통령령으로 정하는 자는 제외한다.
> 제126조(외국인에 대한 적용) ① 이 법의 적용을 받는 사업장에 사용되고 있거나 국내에 거주하는 외국인으로서 대통령령으로 정하는 자 외의 외국인은 제6조에도 불구하고 당연히 사업장가입자 또는 지역가입자가 된다. 다만, 이 법에 따른 국민연금에 상응하는 연금에 관하여 그 외국인의 본국 법이 대한민국 국민에게 적용되지 아니하면 그러하지 아니하다.

국민연금 가입자의 종류는 사업장가입자, 지역가입자, 임의가입자 및 임의계속가입자가 있다.

> 제7조(가입자의 종류) 가입자는 사업장가입자, 지역가입자, 임의가입자 및 임의계속가입자로 구분한다.

사업장가입자는 국민연금 가입자 중 가장 큰 비중을 차지한다. 사업장가입자는 국민연금에 가입된 사업장의 근로자와 사용자이다(법 제8조 제1항). 근로자란 사업장에서 노무를 제공하고 그 대가로 임금을 받아 생활하는 자(법 제3조 제1항 1호)이고, 사용자는 근로자가 소속되어 있는 사업장의 사업주를 말한다(법 제3조 제1항 2호). 특수직역연금 가입자는 사업장 가입자에서 제외되며, 국민기초생활보장 생계급여 및 의료급여 수급자는 국민연금 가입을 자신이 선택할 수 있다.

제8조(사업장가입자) ① 사업의 종류, 근로자의 수 등을 고려하여 대통령령으로 정하는 사업장(이하 "당연적용사업장"이라 한다)의 18세 이상 60세 미만인 근로자와 사용자는 당연히 사업장가입자가 된다. 다만, 다음 각 호의 어느 하나에 해당하는 자는 제외한다.

1. 「공무원연금법」, 「사립학교교직원 연금법」 또는 「별정우체국법」에 따른 퇴직연금, 장해연금 또는 퇴직연금일시금이나 「군인연금법」에 따른 퇴역연금, 퇴역연금일시금, 「군인 재해보상법」에 따른 상이연금을 받을 권리를 얻은 자(이하 "퇴직연금등수급권자"라 한다). 다만, 퇴직연금등수급권자가 「국민연금과 직역연금의 연계에 관한 법률」 제8조에 따라 연계 신청을 한 경우에는 그러하지 아니하다.

② 제1항 및 제6조에도 불구하고 국민연금에 가입된 사업장에 종사하는 18세 미만 근로자는 사업장가입자가 되는 것으로 본다. 다만, 본인이 원하지 아니하면 사업장가입자가 되지 아니할 수 있다.

③ 제1항에도 불구하고 「국민기초생활 보장법」 제7조제1항제1호에 따른 생계급여 수급자 또는 같은 항 제3호에 따른 의료급여 수급자는 본인의 희망에 따라 사업장가입자가 되지 아니할 수 있다.

지역가입자는 가입대상 국민(18세 이상 60세 미만인 자) 중 사업장가입자가 아닌 사람은 당연히 지역가입자가 된다. 단, 특수직역연금 가입자 등의 배우자로 소득이 없는 자, 퇴직연금 수급권자, 18세 이상 27세 미만의 학생 또는 군복무 등으로 소득이 없는 자, 국민기초생활보장법의 생계급여 또는 의료급여 수급자, 1년 이상 행방불명자는 제외한다.

제9조(지역가입자) 제8조에 따른 사업장가입자가 아닌 자로서 18세 이상 60세 미만인 자는 당연히 지역가입자가 된다. 다만, 다음 각 호의 어느 하나에 해당

하는 자는 제외한다.

1. 다음 각 목의 어느 하나에 해당하는 자의 배우자로서 별도의 소득이 없는 자

가. 제6조 단서(특수직역연금적용대상)에 따라 국민연금 가입 대상에서 제외되는 자

나. 사업장가입자, 지역가입자 및 임의계속가입자

라. 노령연금 수급권자 및 퇴직연금등수급권자

2. 퇴직연금등수급권자. 다만, 퇴직연금등수급권자가 「국민연금과 직역연금의 연계에 관한 법률」 제8조에 따라 연계 신청을 한 경우에는 그러하지 아니하다.

3. 18세 이상 27세 미만인 자로서 학생이거나 군 복무 등의 이유로 소득이 없는 자(연금보험료를 납부한 사실이 있는 자는 제외한다)

4. 「국민기초생활 보장법」 제7조제1항제1호에 따른 생계급여 수급자 또는 같은 항 제3호에 따른 의료급여 수급자

5. 1년 이상 행방불명된 자. 이 경우 행방불명된 자에 대한 인정 기준 및 방법은 대통령령으로 정한다.

고딕체로 표기된 부분은 저자가 추가한 것이다.

사업장가입자와 지역가입자가 아닌 자로 18세 이상 60세 미만의 자는 국민연금공단에 가입을 신청하여 임의가입자가 될 수 있다(법 제10조 제1항). 예를 들면, 소득이 없는 전업주부가 연금수령을 위하여 국민연금에 가입하는 경우가 이에 해당한다. 즉 소득이 없는 전업주부는 지역가입자는 아니지만, 아래 내용에 따라 임의가입자가 될 수 있다. 임의가입자는 국민연금공단에 신청하여 탈퇴할 수 있다(법 제10조 제2항).

제10조(임의가입자) ① 다음 각 호의 어느 하나에 해당하는 자 외의 자로서 18세 이상 60세 미만인 자는 보건복지부령으로 정하는 바에 따라 국민연금공단에 가입을 신청하면 임의가입자가 될 수 있다.

1. 사업장가입자

2. 지역가입자

② 임의가입자는 보건복지부령으로 정하는 바에 따라 국민연금공단에 신청하여 탈퇴할 수 있다.

임의계속가입자는 국민연금 가입자 또는 가입자였던 자로 60세에 달한 자가 가입기간이 부족하여 연금을 받지 못하거나 가입기간을 연장하여 더 많은 연금을 받고자 하는 경우 65세에 달할 때까지 신청에 의하여 임의계속가입자가 될 수 있다.

제13조(임의계속가입자) ① 다음 각 호의 어느 하나에 해당하는 자는 제6조 본문에도 불구하고 65세가 될 때까지 보건복지부령으로 정하는 바에 따라 국민연금공단에 가입을 신청하면 임의계속가입자가 될 수 있다. 이 경우 가입 신청이 수리된 날에 그 자격을 취득한다.
1. 국민연금 가입자 또는 가입자였던 자로서 60세가 된 자. 다만, 다음 각 목의 어느 하나에 해당하는 자는 제외한다.
가. 연금보험료를 납부한 사실이 없는 자
나. 노령연금 수급권자로서 급여를 지급받고 있는 자
다. 제77조제1항제1호에 해당하는 사유로 반환일시금을 지급받은 자

가입자 자격의 취득과 상실 시기에 대하여는 법 제11조와 제12조에서 규정하고 있다.

제11조(가입자 자격의 취득 시기) ① 사업장가입자는 다음 각 호의 어느 하나에 해당하게 된 날에 그 자격을 취득한다.
1. 제8조제1항 본문에 따른 사업장에 고용된 때 또는 그 사업장의 사용자가 된 때
2. 당연적용사업장으로 된 때
② 지역가입자는 다음 각 호의 어느 하나에 해당하게 된 날에 그 자격을 취득한다. 제3호 또는 제4호의 경우 소득이 있게 된 때를 알 수 없는 경우에는 제21조제2항에 따른 신고를 한 날에 그 자격을 취득한다.
1. 사업장가입자의 자격을 상실한 때
2. 제6조 단서(특수직역연금적용대상)에 따른 국민연금 가입 대상 제외자에 해당하지 아니하게 된 때

3. 제9조제1호에 따른 배우자가 별도의 소득이 있게 된 때

4. 18세 이상 27세 미만인 자가 소득이 있게 된 때

③ 임의가입자는 가입 신청이 수리된 날에 자격을 취득한다.

제12조(가입자 자격의 상실 시기) ① 사업장가입자는 다음 각 호의 어느 하나에 해당하게 된 날의 다음 날에 자격을 상실한다. 다만, 제5호의 경우에는 그에 해당하게 된 날에 자격을 상실한다.

1. 사망한 때

2. 국적을 상실하거나 국외로 이주한 때

3. 사용관계가 끝난 때

4. 60세가 된 때

5. 제6조 단서에 따른 국민연금 가입 대상 제외자에 해당하게 된 때

② 지역가입자는 다음 각 호의 어느 하나에 해당하게 된 날의 다음 날에 자격을 상실한다. 다만, 제3호와 제4호의 경우에는 그에 해당하게 된 날에 그 자격을 상실한다.

1. 사망한 때

2. 국적을 상실하거나 국외로 이주한 때

3. 제6조 단서에 따른 국민연금 가입 대상 제외자에 해당하게 된 때

4. 사업장가입자의 자격을 취득한 때

5. 제9조제1호에 따른 배우자로서 별도의 소득이 없게 된 때

6. 60세가 된 때

③ 임의가입자는 다음 각 호의 어느 하나에 해당하게 된 날의 다음 날에 자격을 상실한다. 다만, 제6호와 제7호의 경우에는 그에 해당하게 된 날에 그 자격을 상실한다.

1. 사망한 때

2. 국적을 상실하거나 국외로 이주한 때

3. 제10조제2항에 따른 탈퇴 신청이 수리된 때

4. 60세가 된 때

5. 대통령령으로 정하는 기간 이상 계속하여 연금보험료를 체납한 때

6. 사업장가입자 또는 지역가입자의 자격을 취득한 때

7. 제6조 단서에 따른 국민연금 가입 대상 제외자에 해당하게 된 때

고딕체로 표기된 부분은 저자가 추가한 것이다.

(4) 급여의 종류와 내용

국민연금법에 따른 급여는 노령연금, 장애연금, 유족연금, 반환일시금이 있다.

제49조(급여의 종류) 이 법에 따른 급여의 종류는 다음과 같다.
1. 노령연금
2. 장애연금
3. 유족연금
4. 반환일시금

국민연금 가입기간은 월 단위로 계산하되, 가입자의 자격을 취득한 날이 속하는 달의 다음 달부터 자격을 상실한 날의 전날이 속하는 달까지로 한다 (법 제17조 제1항). 가입기간을 계산할 때 연금보험료를 내지 않은 기간은 가입기간에 산입하지 않지만, 사용자가 근로자의 임금에서 기여금을 공제하고 연금보험료를 내지 않은 경우에는 2분의 1에 해당하는 기간을 근로자의 가입기간으로 산입한다(법 제17조 제2항).

제17조(국민연금 가입기간의 계산) ① 국민연금 가입기간(이하 "가입기간"이라 한다)은 월 단위로 계산하되, (후략)
② 가입기간을 계산할 때 연금보험료를 내지 아니한 기간은 가입기간에 산입하지 아니한다. 다만, 사용자가 근로자의 임금에서 기여금을 공제하고 연금보험료를 내지 아니한 경우에는 그 내지 아니한 기간의 2분의 1에 해당하는 기간을 근로자의 가입기간으로 산입한다. 이 경우 1개월 미만의 기간은 1개월로 한다.

연금보험료를 내지 않은 기간은 원칙적으로 가입기간에 산입되지 않지만, 정책적인 목적으로 연금보험료를 내지 않은 기간도 가입기간으로 추가산입해주는 크레딧 제도가 운용되고 있다. 국민연금법상 크레딧 제도는 군복무기간에 대한 크레딧(법 제18조), 출산에 대한 크레딧(법 제19조), 실업크레딧(법 제19조의2)이 있다.

먼저 군 복무기간에 대한 가입기간 추가 산입 제도로서 군복무크레딧이 있다. 병역의무를 이행한 자에게 6개월의 가입기간을 추가로 인정하고 해당 기간의 소득은 A값(전체가입자 평균소득)의 1/2을 인정함으로써, 국방을 위한 기여를 인정해 주는 제도이다.

제18조(군 복무기간에 대한 가입기간 추가 산입) ① 다음 각 호의 어느 하나에 해당하는 자가 노령연금 수급권을 취득한 때(이 조에 따라 가입기간이 추가 산입되면 노령연금 수급권을 취득할 수 있는 경우를 포함한다)에는 6개월을 가입기간에 추가로 산입한다. 다만, 「병역법」에 따른 병역의무를 수행한 기간이 6개월 미만인 경우에는 그러하지 아니한다.
1. 「병역법」 제5조제1항제1호에 따른 현역병
2. 「병역법」 제2조제1항제7호에 따른 전환복무를 한 사람
3. 「병역법」 제2조제1항제8호에 따른 상근예비역
4. 「병역법」 제2조제1항제10호에 따른 사회복무요원
③ 제1항에 따라 가입기간을 추가로 산입하는데 필요한 재원은 국가가 전부를 부담한다.

출산에 대한 가입기간 추가 산입 제도로서 출산크레딧이 있다. 두 자녀 이상 출산 시 가입기간을 추가로 인정하고 해당기간의 소득은 A값(전체가입자 평균소득) 전액을 인정한다. 출산과 미래 세대의 양육으로 연금제도에 대해 기여한 것을 보상하기 위한 목적으로 도입되었다.

제19조(출산에 대한 가입기간 추가 산입) ① 2 이상의 자녀가 있는 가입자 또는 가입자였던 자가 노령연금수급권을 취득한 때(이 조에 따라 가입기간이 추가 산입되면 노령연금수급권을 취득할 수 있는 경우를 포함한다)에는 다음 각

호에 따른 기간을 가입기간에 추가로 산입한다. 다만, 추가로 산입하는 기간은 50개월을 초과할 수 없으며, 자녀 수의 인정방법 등에 관하여 필요한 사항은 대통령령으로 정한다.

1. 자녀가 2명인 경우: 12개월

2. 자녀가 3명 이상인 경우: 둘째 자녀에 대하여 인정되는 12개월에 2자녀를 초과하는 자녀 1명마다 18개월을 더한 개월 수

② 제1항에 따른 추가 가입기간은 부모가 모두 가입자 또는 가입자였던 자인 경우에는 부와 모의 합의에 따라 2명 중 1명의 가입기간에만 산입하되, 합의하지 아니한 경우에는 균등 배분하여 각각의 가입기간에 산입한다. 이 경우 합의의 절차 등에 관하여 필요한 사항은 보건복지부령으로 정한다.

③ 제1항에 따라 가입기간을 추가로 산입하는데 필요한 재원은 국가가 전부 또는 일부를 부담한다.

실업에 대한 가입기간 추가 산입 제도로서 실업크레딧이 있다. 고용보험법상 구직급여 수급자가 연금보험료의 납부를 희망하고 본인 부담분 연금보험료(25%)를 납부하는 경우, 국가에서 보험료(75%)를 지원하여 최대 12개월까지 가입기간으로 추가 산입한다.

제19조의2(실업에 대한 가입기간 추가 산입) ① 다음 각 호의 요건을 모두 갖춘 사람이 「고용보험법」 제37조제1항에 따른 구직급여를 받는 경우로서 구직급여를 받는 기간을 가입기간으로 산입하기 위하여 국민연금공단에 신청하는 때에는 그 기간을 가입기간에 추가로 산입한다. 다만, 추가로 산입하는 기간은 1년을 초과할 수 없다.

1. 18세 이상 60세 미만인 사람 중 가입자 또는 가입자였을 것

2. 대통령령으로 정하는 재산 또는 소득이 보건복지부장관이 정하여 고시하는 기준 이하일 것

② 제1항에 따라 산입되는 가입기간에 대하여는 「고용보험법」 제45조에 따른 구직급여의 산정 기초가 되는 임금일액을 월액으로 환산한 금액의 절반에 해당하는 소득(이하 이 조에서 "인정소득"이라 한다)으로 가입한 것으로 본다. 다만, 인정소득의 상한선 및 하한선은 보건복지부장관이 정하여 고시하는 금액으로 한다.

③ 가입자 또는 가입자였던 사람은 제1항에 따라 구직급여를 받는 기간을 가입기간으로 추가 산입하려는 경우 인정소득을 기준으로 연금보험료를 납부하여야 한다. 이 경우 국가는 연금보험료의 전부 또는 일부를 일반회계, 제101조에 따른 국민연금기금 및 「고용보험법」 제78조에 따른 고용보험기금에서 지원할 수 있다.

자격상실 시기가 있다 하더라도 기존의 모든 가입기간은 합산된다.

제20조(가입기간의 합산) ① 가입자의 자격을 상실한 후 다시 그 자격을 취득한 자에 대하여는 전후(前後)의 가입기간을 합산한다.
② 가입자의 가입 종류가 변동되면 그 가입자의 가입기간은 각 종류별 가입기간을 합산한 기간으로 한다.

국민연금 급여액은 기본연금액에 부양가족연금액을 더해져서 산정된다. 기본연금액은 전체 가입자의 평균소득을 기초로 하는 균등부분과 개인별 가입기간 동안의 평균소득을 기초로 하는 소득비례부분을 합하여 산출된다. 균등부분은 연금수급 직전 3년간 전체가입자의 평균소득월액의 평균액(A값)을, 소득비례부분은 가입자 본인의 보험가입기간 중 기준소득월액의 평균액(B값)을 가지고 산정되며, 여기에 보험가입기간을 곱하여 산출된다. 국민연금액이 절반은 가입자의 평균소득으로 산정되기 때문에, 국민연금은 소득불평등을 어느 정도 조정하는 역할을 하고 있다. 평균소득보다 낮은 가입자는 소득대체율이 높아지고, 평균소득보다 높은 가입자는 소득대체율이 낮아지게 된다. 이는 국민연금 가입자 간 노후소득 불평등을 일정 부분 완화하는 기능을 하고 있다.

제51조(기본연금액) ① 수급권자의 기본연금액은 다음 각 호의 금액을 합한 금액에 1천분의 1천200을 곱한 금액으로 한다. 다만, 가입기간이 20년을 초과하면 그 초과하는 1년(1년 미만이면 매 1개월을 12분의 1년으로 계산한다)마다 본문에 따라 계산한 금액에 1천분의 50을 곱한 금액을 더한다.

1. 다음 각 목에 따라 산정한 금액을 합산하여 3으로 나눈 금액

가. 연금 수급 3년 전 연도의 평균소득월액을 연금 수급 3년 전 연도와 대비한 연금 수급 전년도의 전국소비자물가변동률(「통계법」제3조에 따라 통계청장이 매년 고시하는 전국소비자물가변동률을 말한다. 이하 이 조에서 같다)에 따라 환산한 금액

나. 연금 수급 2년 전 연도의 평균소득월액을 연금 수급 2년 전 연도와 대비한 연금 수급 전년도의 전국소비자물가변동률에 따라 환산한 금액

다. 연금 수급 전년도의 평균소득월액

2. 가입자 개인의 가입기간 중 매년 기준소득월액을 대통령령으로 정하는 바에 따라 보건복지부장관이 고시하는 연도별 재평가율에 의하여 연금 수급 전년도의 현재가치로 환산한 후 이를 합산한 금액을 총 가입기간으로 나눈 금액.

| 더 알아보기 |

기본연금액 산정식(1년 기준)

$$기본연금액 = [2.4(A+0.75B) \times P_1/P + 1.8(A+B) \times P_2/P + 1.5(A+B) \times P_3/P + \cdots + 1.2(A+B) \times P_{23}/P] \times (1+0.05n/12)$$

표 9-3 보험가입기간별 소득대체율 및 비례상수

가입기간	1988-1998 (P_1)	1999-2007 (P_2)	2008 (P_3)	2009 (P_4)	2010 (P_5)	2011 (P_6)	(…)	2028 이후 (P_{23})
소득 대체율	70%	60%	50%	49.5%	49%	48.5%	(…)	40%
비례상수	2.4	1.8	1.5	1.485	1.47	1.455	(…)	1.2

A(균등부분): 연금수급 전 3년간의 평균소득월액의 평균액(전체가입자 평균소득)

B(소득비례부분): 가입자 본인의 가입기간 중 기준소득월액의 평균액(본인 평균소득)

P: 전체 가입월수(보험료 납부월수)

P_1~P_{23}: 연도별 가입월수

n: 20년 초과 가입월수

비례상수: 소득대체율을 70%~40%로 만들어주는 역할

A: 균등부분으로 A에 곱하는 계수가 커질수록 소득재분배 효과는 커짐

B: 소득비례부분으로 B에 곱하는 계수가 커질수록 소득비례 효과는 커짐

ㄴ 자신의 소득이 A값보다 낮으면 소득대체율이 높고, A값보다 높으면 소득대체율이 낮음

부양가족연금액은 연금수급권자로 인하여 생계가 유지되고 있던 피부양자를 보호하기 위하여 지급되는 연금이며, 연금액은 배우자 또는 자녀 및 부모에 대하여 정액으로 규정되고 있다.

제52조(부양가족연금액) ① 부양가족연금액은 수급권자(유족연금의 경우에는 사망한 가입자 또는 가입자였던 자를 말한다)를 기준으로 하는 다음 각 호의 자로서 수급권자에 의하여 생계를 유지하고 있는 자에 대하여 해당 호에 규정된 각각의 금액으로 한다. 이 경우 생계유지에 관한 대상자별 인정기준은 대통령령으로 정한다.

1. 배우자: 연 15만원

2. 19세 미만이거나 제52조의2에 따른 장애상태에 있는 자녀(배우자가 혼인 전에 얻은 자녀를 포함한다. 이하 이 조에서 같다): 연 10만원

3. 60세 이상이거나 제52조의2에 따른 장애상태에 있는 부모(부 또는 모의 배우자, 배우자의 부모를 포함한다. 이하 이 조에서 같다): 연 10만원

표 9-4 부양가족연금액 지급대상별 요건 및 연금액

지급대상	요건	2023년	2024년	2025년
배우자	사실혼 포함	283,380원	293,580원	300,330원
자녀(1인당)	18세 미만 또는 장애등급 2급 이상	188,870원	195,660원	200,160원
부모(1인당)	60세 미만 또는 장애등급 2급 이상	188,870원	195,660원	200,160원

　　노령연금은 가입기간이 10년 이상인 가입자 또는 가입자였던 자에 대하여 60세가 된 때부터 그가 생존하는 동안 노령연금을 지급한다(법 제61조 제1항). 노령연금 수급연령은 국민연금 제정 당시에는 60세였으나, 급속한 고령인구 증가 등 사회환경의 변화에 대응하기 위하여 1998년 노령연금 수급연령을 2013년부터 상향조정하여 2033년부터는 65세 이상부터 수급자격이 발생하는 것으로 개정되었다(1998. 12. 31. 개정 법률 제5623호 부칙 제3조). 가입자의 출생연도에 따라 1952년생 이전은 60세, 1953~1956년생은 61세, 1957~1960년생은 62세, 1961~1964년생은 63세, 1966~1968년생은 64세, 1969년생 이후는 65세이다. 조기은퇴로 생활이 어렵게 된 55세 이상인 자는 60세 이전이라도 일정 부분 감액한 조기노령연금을 받을 수 있다(법 제61조 제2항).

제61조(노령연금 수급권자) ① 가입기간이 10년 이상인 가입자 또는 가입자였던 자에 대하여는 60세(특수직종근로자는 55세)가 된 때부터 그가 생존하는 동안 노령연금을 지급한다.
② 가입기간이 10년 이상인 가입자 또는 가입자였던 자로서 55세 이상인 자가 대통령령으로 정하는 소득이 있는 업무에 종사하지 아니하는 경우 본인이 희망하면 제1항에도 불구하고 60세가 되기 전이라도 본인이 청구한 때부터 그가 생존하는 동안 일정한 금액의 연금(이하 "조기노령연금"이라 한다)을 받을 수 있다.

　　노령연금액은 기본연금액과 부양가족연금액을 합한 금액으로 매월 수급한다.

제63조(노령연금액) ① 제61조제1항에 따른 노령연금액은 다음 각 호의 구분에 따른 금액에 부양가족연금액을 더한 금액으로 한다.
1. 가입기간이 20년 이상인 경우: 기본연금액
2. 가입기간이 10년 이상 20년 미만인 경우: 기본연금액의 1천분의 500에 해당하는 금액에 가입기간 10년을 초과하는 1년(1년 미만이면 매 1개월을 12분의 1년으로 계산한다)마다 기본연금액의 1천분의 50에 해당하는 금액을 더한 금액

지급의 연기에 따라 연금은 증액된다(법 제62조). 연금수급자가 수급개시연령 이후 소득활동에 종사하는 경우 소득활동에 종사하는 수급자의 연금액을 감액하여 지급한다(법 제63조의2),

제62조(지급의 연기에 따른 가산) ① 제61조에 따른 노령연금의 수급권자로서 60세 이상 65세 미만인 사람(특수직종근로자는 55세 이상 60세 미만인 사람)이 연금지급의 연기를 희망하는 경우에는 65세(특수직종근로자는 60세) 전까지의 기간에 대하여 그 연금의 전부 또는 일부의 지급을 연기할 수 있다.
② (전략) 연기되는 매 1개월마다 그 금액의 1천분의 6을 더한 액으로 한다. (후략)
※ 연 7.2%(월 0.6%)씩 연금액이 가산되는데 5년을 미루면 36%를 더 받을 수 있음
제63조의2(소득활동에 따른 노령연금액) 제61조에 따른 노령연금 수급권자가 대통령령으로 정하는 소득이 있는 업무에 종사하면 60세 이상 65세 미만(특수직종근로자는 55세 이상 60세 미만)인 기간에는 제62조제2항·제4항, 제63조 및 제66조제3항에 따른 노령연금액(부양가족연금액은 제외한다. 이하 이 조에서 같다)에서 다음 각 호의 구분에 따른 금액을 뺀 금액을 지급한다. 이 경우 빼는 금액은 노령연금액의 2분의 1을 초과할 수 없다.

고딕체로 표기된 부분은 저자가 추가한 것이다.

한편 혼인기간(배우자의 가입기간 중 혼인 기간으로서 별거, 가출 등의 사유

로 인하여 실질적인 혼인관계가 존재하지 아니하였던 기간은 제외)이 5년 이상인 자가 국민연금 수급권자인 배우자와 이혼하고, 본인이 60세가 된 경우 배우자였던 자의 노령연금을 분할하여 지급받을 수 있는데, 이를 분할연금이라고 한다(법 제64조 제1항). 분할연금은 이혼한 배우자의 생활안정을 위하여 도입된 제도이다. 분할연금액은 배우자였던 자의 노령연금액 중 혼인 기간에 해당하는 연금액을 균등하게 나눈 금액으로 하되, 부양가족연금액은 제외한다(법 제64조 제2항). 다만 이혼 시 재산분할을 통하여 비율을 다르게 정한 경우 그에 따른다(법 제64조의2 제2항).

제64조(분할연금 수급권자 등) ① 혼인 기간(배우자의 가입기간 중의 혼인 기간만 해당한다. 이하 같다)이 5년 이상인 자가 다음 각 호의 요건을 모두 갖추면 그때부터 그가 생존하는 동안 배우자였던 자의 노령연금을 분할한 일정한 금액의 연금(이하 "분할연금"이라 한다)을 받을 수 있다.
1. 배우자와 이혼하였을 것
2. 배우자였던 사람이 노령연금 수급권자일 것
3. 60세가 되었을 것
② 제1항에 따른 분할연금액은 배우자였던 자의 노령연금액(부양가족연금액은 제외한다) 중 혼인 기간에 해당하는 연금액을 균등하게 나눈 금액으로 한다.
③ 제1항에 따른 분할연금은 제1항 각 호의 요건을 모두 갖추게 된 때부터 5년 이내에 청구하여야 한다.
제64조의2(분할연금 지급의 특례)
② 제1항에 따라 연금의 분할이 별도로 결정된 경우에는 분할 비율 등에 대하여 공단에 신고하여야 한다.

장애연금은 노령연금 지급연령 미만인 가입자가 연금가입기간 중 장애가 발생하면 장애결정 기준일부터 장애가 계속되는 기간 동안 장애 정도에 따라 장애연금을 지급한다.

제67조(장애연금의 수급권자) ① 가입자 또는 가입자였던 자가 질병이나 부상으로 신체상 또는 정신상의 장애가 있고 다음 각 호의 요건을 모두 충족하는 경우에는 장애 정도를 결정하는 기준이 되는 날(이하 "장애결정 기준일"이라 한다)부터 그 장애가 계속되는 기간 동안 장애 정도에 따라 장애연금을 지급한다.

1. 해당 질병 또는 부상의 초진일 당시 연령이 18세(다만, 18세 전에 가입한 경우에는 가입자가 된 날을 말한다) 이상이고 노령연금의 지급 연령 미만일 것

2. 다음 각 목의 어느 하나에 해당할 것

가. 해당 질병 또는 부상의 초진일 당시 연금보험료를 낸 기간이 가입대상기간의 3분의 1 이상일 것

나. 해당 질병 또는 부상의 초진일 5년 전부터 초진일까지의 기간 중 연금보험료를 낸 기간이 3년 이상일 것. 다만, 가입대상기간 중 체납기간이 3년 이상인 경우는 제외한다.

다. 해당 질병 또는 부상의 초진일 당시 가입기간이 10년 이상일 것

장애연금은 장애등급에 따라 1급, 2급, 3급, 4급으로 나누어 액수를 달리 산정한다.

제68조(장애연금액) ① 장애연금액은 장애등급에 따라 다음 각 호의 금액으로 한다.

1. 장애등급 1급에 해당하는 자에 대하여는 기본연금액에 부양가족연금액을 더한 금액

2. 장애등급 2급에 해당하는 자에 대하여는 기본연금액의 1천분의 800에 해당하는 금액에 부양가족연금액을 더한 금액

3. 장애등급 3급에 해당하는 자에 대하여는 기본연금액의 1천분의 600에 해당하는 금액에 부양가족연금액을 더한 금액

② 장애등급 4급에 해당하는 자에 대하여는 기본연금액의 1천분의 2천250에 해당하는 금액을 일시보상금으로 지급한다.

표 9-5 장애등급별 연금액

장애1급	장애2급	장애3급	장애4급(일시보상금)
기본연금액 100% + 부양가족연금액	기본연금액 80% + 부양가족연금액	기본연금액 60% + 부양가족연금액	기본연금액 225%

| 더 알아보기 |

장애연금과 장애인연금의 비교

장애연금은 국민연금법에 따라 국민연금 가입자가 수급연령에 도달하기 전에 장애가 발생할 경우 지급되는 연금이며(국민연금법 제67조), 장애인연금은 장애인연금법에 따라 소득하위 70%에 해당하는 생활이 어려운 중증장애인의 생활안정을 위하여 지급하는 복지급여이다(장애인연금법 제4조). 장애연금은 사회보험인 국민연금의 급여 중하나로 보험료를 납부해 온 가입자에게 지급되는 것이고, 장애인연금은 기초연금과 유사하게 별도의 보험료 납부 없이 지급되는 공공부조의 일종이라는 점에서 차이가 있다.

유족들의 생활안정을 위해 유족연금 제도를 시행하고 있다. 유족연금은 노령연금 수급권자, 가입기간이 10년 이상인 가입자 또는 가입자였던 자, 연금보험료를 낸 기간이 가입대상기간의 3분의 1 이상인 가입자 또는 가입자였던 자, 사망일 5년 전부터 사망일까지의 기간 중 연금보험료를 낸 기간이 3년 이상인 가입자 또는 가입자였던 자, 장애등급이 2급 이상인 장애연금 수급권자가 사망하면 그 유족에게 유족연금을 지급한다(법 제72조 제1항).

유족연금을 받을 수 있는 유족은 가입자 또는 가입자였던 자가 사망할 당시 그에 의하여 생계를 유지하고 있던 ① 배우자, ② 25세 미만이거나 장애등급 2급 이상인 자녀, ③ 60세 이상이거나 장애등급 2급 이상인 부모, ④ 19세 미만이거나 장애등급 3급 이상인 손자녀, ⑤ 60세 이상이거나 장애등급 2급 이상인 조부모이며, 열거된 순서에 따라 최우선 순위자에게만 지급되고 동순위가 2명 이상이면 균분하여 지급된다(법 제73조). 유족연금 수급권은 ① 수급권자가 사망한 때, ② 배우자인 수급권자가 재혼한 때, ③ 자녀나 손자녀인 수급권자가 파양된 때, ④ 장애등급 2급 이상에 해당하지 아니한 자녀인 수급권자가 25세가 된 때 또는 손자녀 수급권자가 19세가 된 때 소멸한다(법 제75조).

제72조(유족연금의 수급권자) ① 다음 각 호의 어느 하나에 해당하는 사람이 사망하면 그 유족에게 유족연금을 지급한다.

1. 노령연금 수급권자

2. 가입기간이 10년 이상인 가입자 또는 가입자였던 자

3. 연금보험료를 낸 기간이 가입대상기간의 3분의 1 이상인 가입자 또는 가입자였던 자

4. 사망일 5년 전부터 사망일까지의 기간 중 연금보험료를 낸 기간이 3년 이상인 가입자 또는 가입자였던 자. 다만, 가입대상기간 중 체납기간이 3년 이상인 사람은 제외한다.

5. 장애등급이 2급 이상인 장애연금 수급권자

제73조(유족의 범위 등) ① (생략)

1. 배우자

2. 자녀. 다만, 25세 미만이거나 제52조의2에 따른 장애상태에 있는 사람만 해당한다.

3. 부모(배우자의 부모를 포함한다. 이하 이 절에서 같다). 다만, 60세 이상이거나 제52조의2에 따른 장애상태에 있는 사람만 해당한다.

4. 손자녀. 다만, 19세 미만이거나 제52조의2에 따른 장애상태에 있는 사람만 해당한다.

5. 조부모(배우자의 조부모를 포함한다. 이하 이 절에서 같다). 다만, 60세 이상이거나 장애등급 2급 이상인 자만 해당한다.

② 유족연금은 제1항 각 호의 순위에 따라 최우선 순위자에게만 지급한다. (후략)

제75조(유족연금 수급권의 소멸) ① 유족연금 수급권자가 다음 각 호의 어느 하나에 해당하게 되면 그 수급권은 소멸한다.

1. 수급권자가 사망한 때

2. 배우자인 수급권자가 재혼한 때

3. 자녀나 손자녀인 수급권자가 파양된 때

4. 제52조의2에 따른 장애상태에 해당하지 아니한 자녀인 수급권자가 25세가 된 때 또는 제52조의2에 따른 장애상태에 해당하지 아니한 손자녀인 수급권자가 19세가 된 때

유족연금은 사망한 가입자의 가입기간에 따라 차등하여 산정된 기본연금액과 부양가족연금액을 더하여 지급한다.

제74조(유족연금액) 유족연금액은 가입기간에 따라 다음 각 호의 금액에 부양가족연금액을 더한 금액으로 한다. 다만, 노령연금 수급권자가 사망한 경우의 유족연금액은 사망한 자가 지급받던 노령연금액을 초과할 수 없다.

1. 가입기간이 10년 미만이면 기본연금액의 1천분의 400에 해당하는 금액
2. 가입기간이 10년 이상 20년 미만이면 기본연금액의 1천분의 500에 해당하는 금액
3. 가입기간이 20년 이상이면 기본연금액의 1천분의 600에 해당하는 금액

표 9-6 가입기간별 유족연금액

10년 미만	10년 미만~20년 미만	20년 이상
기본연금액의 40% + 부양가족연금액	기본연금액의 50% + 부양가족연금액	기본연금액의 60% + 부양가족연금액

국민연금은 원칙적으로 연금형태로 정기적으로 지급되나, 가입기간(10년)을 채우지 못한 가입자의 경우 납부한 보험료 총액에 일정한 이자를 가산한 금액을 지급하는 반환일시금 제도를 두고 있다(법 제77조). 이외에 제73조에 따른 유족 부재 시 지급하는 사망일시금 제도도 있다(법 제80조).

제77조(반환일시금) ① 가입자 또는 가입자였던 자가 다음 각 호의 어느 하나에 해당하게 되면 본인이나 그 유족의 청구에 의하여 반환일시금을 지급받을 수 있다.

1. 가입기간이 10년 미만인 자가 60세가 된 때
2. 가입자 또는 가입자였던 자가 사망한 때. 다만, 제72조에 따라 유족연금이 지급되는 경우에는 그러하지 아니하다.
3. 국적을 상실하거나 국외로 이주한 때

② 제1항에 따른 반환일시금의 액수는 가입자 또는 가입자였던 자가 납부한 연

금보험료(사업장가입자 또는 사업장가입자였던 자의 경우에는 사용자의 부담금을 포함한다)에 대통령령으로 정하는 이자를 더한 금액으로 한다.

제80조(사망일시금) ① 다음 각 호의 어느 하나에 해당하는 사람이 사망한 때에 제73조에 따른 유족이 없으면 그 배우자·자녀·부모·손자녀·조부모·형제자매 또는 4촌 이내 방계혈족(傍系血族)에게 사망일시금을 지급한다.

(5) 급여의 실시

연금은 지급사유가 발생한 날이 속하는 달의 다음 달부터 소멸한 날이 속하는 달까지 매월 25일 지급한다.

제54조(연금 지급 기간 및 지급 시기) ① 연금은 지급하여야 할 사유가 생긴 날(제78조제1항에 따른 반납금, 제92조제1항에 따른 추납보험료(追納保險料) 또는 체납된 연금보험료를 냄에 따라 연금을 지급하여야 할 사유가 생긴 경우에는 해당 금액을 낸 날)이 속하는 달의 다음 달부터 수급권이 소멸한 날이 속하는 달까지 지급한다.
② 연금은 매월 25일에 그 달의 금액을 지급 (후략)

수급권자가 사망한 경우 미지급 급여를 지급한다.

제55조(미지급 급여) ① 수급권자가 사망한 경우 그 수급권자에게 지급하여야 할 급여 중 아직 지급되지 아니한 것이 있으면 그 배우자·자녀·부모·손자녀·조부모 또는 형제자매의 청구에 따라 그 미지급 급여를 지급한다.

두 개 이상의 수급권 발생 시, 중복급여의 조정에 따라 하나의 급여만 받게 된다. 본인의 연금을 받다가, 배우자가 사망하여 유족연금 수급권이 발생하는 경우와 같이, 수급권자에게 둘 이상의 급여수급권이 생기면 수급권자의 선택에 따라 하나의 급여만 지급된다. 다만, 유족연금을 선택하지 않은 경우 30%에 해당하는 금액이 추가 지급되고, 반환일시금을 선택하지 않은 경우 사망일시금 상당금액이 추가 지급된다.

제56조(중복급여의 조정) ① 수급권자에게 이 법에 따른 2 이상의 급여 수급권이 생기면 수급권자의 선택에 따라 그 중 하나만 지급하고 다른 급여의 지급은 정지된다.

② 제1항에도 불구하고 제1항에 따라 선택하지 아니한 급여가 다음 각 호의 어느 하나에 해당하는 경우에는 해당 호에 규정된 금액을 선택한 급여에 추가하여 지급한다.

1. 선택하지 아니한 급여가 유족연금일 때(선택한 급여가 반환일시금일 때를 제외한다): 유족연금액의 100분의 30에 해당하는 금액

2. 선택하지 아니한 급여가 반환일시금일 때(선택한 급여가 장애연금이고, 선택하지 아니한 급여가 본인의 연금보험료 납부로 인한 반환일시금일 때를 제외한다): 제80조제2항(사망일시금)에 상당하는 금액

고딕체로 표기된 부분은 저자가 추가한 것이다.

이 책의 2장 4절에서 사회복지수급권의 제한에 대하여 살펴본 바와 같이, 국민연금 수급권도 일정한 사유에 의해 제한 및 조정될 수 있다. 대표적으로 고의로 사고를 일으켜 연금 지급 사유에 해당하게 되는 경우 급여가 제한된다.

제82조(급여의 제한) ① 가입자 또는 가입자였던 자가 고의로 질병·부상 또는 그 원인이 되는 사고를 일으켜 그로 인하여 장애를 입은 경우에는 그 장애를 지급 사유로 하는 장애연금을 지급하지 아니할 수 있다.

② 가입자 또는 가입자였던 자가 고의나 중대한 과실로 요양 지시에 따르지 아니하거나 정당한 사유 없이 요양 지시에 따르지 아니하여 다음 각 호의 어느 하나에 해당하게 되면 대통령령으로 정하는 바에 따라 이를 원인으로 하는 급여의 전부 또는 일부를 지급하지 아니할 수 있다.

수급권자가 서류제출, 진단요구 등에 협조를 하지 아니할 경우, 급여의 지급이 정지될 수 있다.

제86조(지급의 정지 등) ① 수급권자가 다음 각 호의 어느 하나에 해당하면 급여의 전부 또는 일부의 지급을 정지할 수 있다.
1. 수급권자가 정당한 사유 없이 제122조제1항에 따른 공단의 서류, 그 밖의 자료 제출 요구에 응하지 아니한 때
2. 장애연금 또는 유족연금의 수급권자가 정당한 사유 없이 제120조에 따른 공단의 진단 요구 또는 확인에 응하지 아니한 때
3. 장애연금 수급권자가 고의나 중대한 과실로 요양 지시에 따르지 아니하거나 정당한 사유 없이 요양 지시에 따르지 아니하여 회복을 방해한 때
4. 수급권자가 정당한 사유 없이 제121조제1항에 따른 신고를 하지 아니한 때

거짓이나 그 밖의 부정한 방법 등으로 국민연금을 받은 경우, 급여의 환수 대상이 될 수 있다.

제57조(급여의 환수) ① 공단은 급여를 받은 사람이 다음 각 호의 어느 하나에 해당하는 경우에는 대통령령으로 정하는 바에 따라 그 금액(이하 "환수금"이라 한다)을 환수하여야 한다. 다만, 공단은 환수금이 대통령령으로 정하는 금액 미만인 경우에는 환수하지 아니한다.
1. 거짓이나 그 밖의 부정한 방법으로 급여를 받은 경우
2. 제121조의 신고 의무자가 같은 조에 따른 신고 사항을 공단에 신고하지 아니하거나 늦게 신고하여 급여를 잘못 지급 받은 경우
3. 가입자 또는 가입자였던 자가 제15조에 따라 사망한 것으로 추정되어 유족연금 등의 급여가 지급된 후 해당 가입자 또는 가입자였던 자의 생존이 확인된 경우

(6) 보장기관 및 인력

국민연금을 책임있게 제공해야 하는 보장기관은 국가이다(법 제3조의2). 국민연금사업은 보건복지부장관이 주관하는 국가사무이다(법 제2조)

> 제3조의2(국가의 책무) 국가는 이 법에 따른 연금급여가 안정적·지속적으로 지급되도록 필요한 시책을 수립·시행하여야 한다.
> 제2조(관장) 이 법에 따른 국민연금사업은 보건복지부장관이 맡아 주관한다.

국민연금공단(법 제24~48조)은 보건복지부장관의 위탁을 받아 국민연금 관리, 운영업무를 수행하기 위하여 설립된 공법인이다(법 제24조, 제26조). 국민연금공단은 연금보험료의 부과, 급여의 결정 및 지급, 기타 복지사업, 노후준비서비스 사업 등의 업무를 담당한다(법 제25조).

> 제24조(국민연금공단의 설립) 보건복지부장관의 위탁을 받아 제1조의 목적을 달성하기 위한 사업을 효율적으로 수행하기 위하여 국민연금공단(이하 "공단"이라 한다)을 설립한다.
> 제26조(법인격) 공단은 법인으로 한다.
> 제25조(공단의 업무) 공단은 다음의 업무를 한다.
> 1. 가입자에 대한 기록의 관리 및 유지
> 2. 연금보험료의 부과
> 3. 급여의 결정 및 지급
> 4. 가입자, 가입자였던 자, 수급권자 및 수급자를 위한 자금의 대여와 복지시설의 설치·운영 등 복지사업
> 5. 가입자 및 가입자였던 자에 대한 기금증식을 위한 자금 대여사업
> 6. 제6조의 가입 대상(이하 "가입대상"이라 한다)과 수급권자 등을 위한 노후준비서비스 사업
> 7. 국민연금제도·재정계산·기금운용에 관한 조사연구
> 8. 국민연금기금 운용 전문인력 양성

국민연금사업에 관한 기본적인 사항을 심의하기 위한 심의기구로 국민연금심의위원회(법 제5조)가 있다. 기금운용지침, 기금운용계획 등 기금과 관련한 중요한 내용에 대하여 심의, 의결하는 기구로 보건복지부 내에 국민연금 기금운용위원회가 있다(법 제103조). 기금운용위원회는 보건복지부장관(위원장), 4개 부처(기획재정부, 농림축산식품부, 산업통상자원부, 고용노동부) 차관과 국민연금공단 이사장을 당연직 위원으로 한다. 그 밖에 사용자를 대표하는 위원으로서 사용자 단체가 추천하는 3인, 근로자를 대표하는 위원으로 노동조합을 대표하는 연합단체가 추천하는 3인, 지역가입자를 대표하는 위원 6인, 관계 전문가로서 국민연금에 관한 학식과 경험이 풍부한 2인 등 총 20명으로 구성된다.

국민연금공단은 위 규정에 따라 국민연금기금을 운용하며, 공단에 국민연금기금의 관리, 운용을 전문적으로 담당하는 기금이사를 두고 있다(법 제31조). 국민연금공단에 기금운용본부가 설치되어, 기금운용 업무를 담당하고 있다.

제5조(국민연금심의위원회) ① 국민연금사업에 관한 다음 사항을 심의하기 위하여 보건복지부에 국민연금심의위원회를 둔다.

1. 국민연금제도 및 재정 계산에 관한 사항

2. 급여에 관한 사항

3. 연금보험료에 관한 사항

4. 국민연금기금에 관한 사항

제103조(국민연금기금운용위원회) ① 기금의 운용에 관한 다음 각 호의 사항을 심의·의결하기 위하여 보건복지부에 국민연금기금운용위원회(이하 "운용위원회"라 한다)를 둔다.

제31조(기금이사) ① 상임이사 중 제101조에 따른 국민연금기금(이하 "국민연금기금"이라 한다)의 관리·운용에 관한 업무를 담당하는 이사(이하 "기금이사"라 한다)는 경영·경제 및 기금 운용에 관한 지식과 경험이 풍부한 자 중에서 선임하여야 한다.

(7) 재정

국민연금의 가입자와 사용자는 매달 연금보험료를 납부한다. 국민연금의 보험료율은 기준소득월액의 9%인데, 사업장가입자의 경우 가입자 본인이 4.5%, 사용자가 4.5%를 부담하며, 지역가입자, 임의가입자 및 임의계속가입자는 기준소득월액의 9%를 본인이 전액 부담한다.

제88조(연금보험료의 부과·징수 등) ① 보건복지부장관은 국민연금사업 중 연금보험료의 징수에 관하여 이 법에서 정하는 사항을 건강보험공단에 위탁한다.
② 공단은 국민연금사업에 드는 비용에 충당하기 위하여 가입자와 사용자에게 가입기간 동안 매월 연금보험료를 부과하고, 건강보험공단이 이를 징수한다.
③ 사업장가입자의 연금보험료 중 기여금은 사업장가입자 본인이, 부담금은 사용자가 각각 부담하되, 그 금액은 각각 기준소득월액의 1천분의 45에 해당하는 금액으로 한다.
④ 지역가입자, 임의가입자 및 임의계속가입자의 연금보험료는 지역가입자, 임의가입자 또는 임의계속가입자 본인이 부담하되, 그 금액은 기준소득월액의 1천분의 90으로 한다.

국가는 국민연금사업을 관리, 운영하는 데 필요한 비용의 전부 또는 일부를 부담한다.

제87조(국고 부담) 국가는 매년 공단 및 건강보험공단이 국민연금사업을 관리·운영하는 데에 필요한 비용의 전부 또는 일부를 부담한다.

국민연금사업에 필요한 재원을 원활하게 확보하고 국민연금법상 급여에 충당하기 위한 책임준비금으로 국민연금기금이 설치되어 있다(법 제101조 제1항). 국민연금기금은 연금보험료, 기금운용 수익금 등을 재원으로 조성된다(법 제101조 제2항). 국민연금기금의 관리 및 운용 주체는 보건복지부장관이다. 국민연금기금의 관리, 운용 주체는 보건복지부장관이며(법 제102조 제1항), 장관은 이 업무의 일부를 국민연금공단에 위탁할 수 있다(법 제102조 제6항).

제101조(기금의 설치 및 조성) ① 보건복지부장관은 국민연금사업에 필요한 재원을 원활하게 확보하고, 이 법에 따른 급여에 충당하기 위한 책임준비금으로서 국민연금기금(이하 이 장에서 "기금"이라 한다)을 설치한다.
② 기금은 다음 각 호의 재원으로 조성한다.
1. 연금보험료
2. 기금 운용 수익금
3. 적립금
4. 공단의 수입지출 결산상의 잉여금
제102조(기금의 관리 및 운용) ① 기금은 보건복지부장관이 관리·운용한다.
② 보건복지부장관은 국민연금 재정의 장기적인 안정을 유지하기 위하여 그 수익을 최대로 증대시킬 수 있도록 제103조에 따른 국민연금기금운용위원회에서 의결한 바에 따라 다음의 방법으로 기금을 관리·운용하되, 가입자, 가입자였던 자 및 수급권자의 복지증진을 위한 사업에 대한 투자는 국민연금 재정의 안정을 해치지 아니하는 범위에서 하여야 한다.
⑥ 보건복지부장관은 기금의 관리·운용에 관한 업무의 일부를 대통령령으로 정하는 바에 따라 공단에 위탁할 수 있다.

국민연금 재정 계산 및 장기재정균형 유지 조항에 기초하여 5년마다 국민연금 재정계산을 한다.

제4조(국민연금 재정 계산 및 장기재정균형 유지) ① 이 법에 따른 급여 수준과 연금보험료는 국민연금 재정이 장기적으로 균형을 유지할 수 있도록 조정(調整)되어야 한다.
② 보건복지부장관은 대통령령으로 정하는 바에 따라 5년마다 국민연금 재정수지를 계산하고, 국민연금의 재정 전망과 연금보험료의 조정 및 국민연금기

금의 운용 계획 등이 포함된 국민연금 운영 전반에 관한 계획을 수립하여 국무
회의의 심의를 거쳐 대통령의 승인을 받아야 하며, 승인받은 계획을 해당 연도
10월 말까지 국회에 제출하여 소관 상임위원회에 보고하고, 대통령령으로 정
하는 바에 따라 공시하여야 한다. 다만, 급격한 경기변동 등으로 인하여 필요한
경우에는 5년이 지나지 아니하더라도 새로 국민연금 재정 수지를 계산하고 국
민연금 운영 전반에 관한 계획을 수립할 수 있다.
③ 이 법에 따른 연금보험료, 급여액, 급여의 수급 요건 등은 국민연금의 장기
재정 균형 유지, 인구구조의 변화, 국민의 생활수준, 임금, 물가, 그 밖에 경제사
정에 뚜렷한 변동이 생기면 그 사정에 맞게 조정되어야 한다.

(8) 권리구제 및 벌칙

가입자의 자격, 기준소득월액, 연금보험료, 그 밖의 징수금과 급여에 관
한 처분에 이의가 있는 자는 처분을 한 국민연금공단 또는 건강보험공단에
심사청구를 할 수 있다(법 제108조). 심사청구 사항을 심사하기 위하여 국민
연금공단에 국민연금심사위원회, 건강보험공단에 징수심사위원회를 두고
있으며(법 제109조), 여기서 내려진 결정에 불복하는 자는 보건복지부에 설치
된 국민연금재심사위원회에 재심사를 청구할 수 있다(법 제110조).

이 책의 5장 2절에서 살펴본 바와 같이, 행정청의 처분으로 권리를 침해
받은 당사자는 바로 법원에 소송을 제기하여 다투는 것도 가능하다. 국민연
금과 관련한 주요한 판례는 국민연금 강제가입이 헌법에 위반되지 않는다고
한 헌법재판소 결정 [판례 1](57쪽)과 국민연금을 잘못 지급받은 당사자에게
급여를 환수하는 처분이 신뢰보호의 원칙에 반하여 위법하다고 한 판결 [판
례 5](70쪽) 등이 있다.

제108조(심사청구) ① 가입자의 자격, 기준소득월액, 연금보험료, 그 밖의 이
법에 따른 징수금과 급여에 관한 공단 또는 건강보험공단의 처분에 이의가 있
는 자는 그 처분을 한 공단 또는 건강보험공단에 심사청구를 할 수 있다.

② 제1항에 따른 심사청구는 그 처분이 있음을 안 날부터 90일 이내에 문서(「전자정부법」 제2조제7호에 따른 전자문서를 포함한다)로 하여야 하며, 처분이 있은 날부터 180일을 경과하면 이를 제기하지 못한다.

제109조(국민연금심사위원회 및 징수심사위원회) ① 제108조에 따른 심사청구 사항을 심사하기 위하여 공단에 국민연금심사위원회(이하 "심사위원회"라 한다)를 두고, 건강보험공단에 징수심사위원회를 둔다

제110조(재심사청구) ① 제108조에 따른 심사청구에 대한 결정에 불복하는 자는 그 결정통지를 받은 날부터 90일 이내에 대통령령으로 정하는 사항을 적은 재심사청구서에 따라 국민연금재심사위원회에 재심사를 청구할 수 있다.

법적 실효성 보장을 위하여 다양한 벌칙 규정이 있다. 예를 들어 "거짓이나 부정한 방법으로 국민연금을 지급받은 경우"에 대하여 3년 이하의 징역 또는 3천만 원 이하의 벌금에 처할 수 있다.

제128조(벌칙) ① 거짓이나 그 밖의 부정한 방법으로 급여를 받은 자는 3년 이하의 징역이나 3천만원 이하의 벌금에 처한다.

② 제123조의2제2항을 위반하여 전산정보자료를 같은 조 제1항에 따른 목적 외의 용도로 이용하거나 활용한 자는 3년 이하의 징역 또는 1천만원 이하의 벌금에 처한다.

| 더 알아보기 |

국민연금기금

국민연금법 제102조(기금의 관리 및 운용) 제2항에서는 "국민연금 재정의 장기적인 안정을 유지하기 위하여 그 수익을 최대로 증대"시키기 위하여 기금을 관리·운용할 것을 명시하고 있다. 1988년부터 2024년 9월까지 누적수익금은 675.2조 원이며, 거의 매해 플러스 운용수익률을 거두고 있다. 2023년 기준 수익금은 126.7조 원이며, 수익률은 13.59%로 민간연금 수익률과는 비교되지 않을 만큼 좋은 성적을 얻고 있다.

국민연금기금은 1988년 국민연금법에 따라 설치된 이래 지속적으로 성장하여 2024년 9월 말 현재 운용규모가 1,146조 원에 이르고 있다. 포트폴리오 현황을 볼 때, 금융부문이 99.8%로 압도적이다.

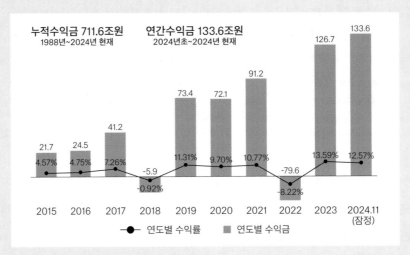

그림 9-1 국민연금기금 누적성과
출처: 국민연금기금운용본부(2024)

표 9-7 국민연금기금 포트폴리오 현황

전체자산	1146.1	100%
복지부문	0.2	0.0%
금융부문	1143.8	99.8%
국내주식	145.8	12.7%
해외주식	399.1	34.8%
국내채권	335.6	29.3%
해외채권	81.4	7.1%
대체투자	179.9	15.7%
단기자금	1.9	0.2%
기타부문	2.1	0.2%

단위: 조 원
주: 2024년 9월 말 기준
출처: 국민연금기금운용본부(2024)

생각해 볼 과제

1   국민연금의 소득대체율(은퇴 전 소득 대비 연금의 비율)은 점차 낮아지고 있으며, 2028년 부터는 40년 가입 기준 소득대체율이 40%이다. 가입자들의 평균 보험료 납부기간이 25년 정도인데, 평균소득 250만 원의 근로자가 25년간 납부할 경우 노후 연금액은 63만 원 수준이다. 국민연금의 소득대체율과 연금급여액은 적정할까? 이에 대하여 자신의 의견과 함께 그 근거를 이야기해 보자.

2   공무원연금법 제71조, 군인연금법 제45조, 사립학교교직원연금법 제53조의7에는 국가가 급여를 위한 금액이 부족하면 충당하도록 하는 규정이 있으나, 국민연금법에는 그러한 규정이 없고, 법 제3조의2에서 "국가는 이 법에 따른 연금급여가 안정적, 지속적으로 지급되도록 필요한 시책을 수립, 시행하여야 한다."라고 규정하고 있다. 이에 다른 직역연금에 관한 법들과의 형평에 맞게 국가지급의무를 명시하는 법조문이 필요하다는 견해와 국민연금에 대한 국가의 책임은 당연한 것이므로 굳이 법률에 명시할 필요가 없다는 견해가 나뉘고 있다. 이에 대하여 자신의 의견과 함께 그 근거를 이야기해 보자.

3   전 국민을 하나의 연금제도로 통합하는 것(예: 일반국민, 공무원, 사립학교교직원, 군인 모두 하나의 연금제도로 통합)에 대하여 찬성하는가, 반대하는가? 이에 대하여 자신의 의견과 함께 그 근거를 이야기해 보자.

2. 국민건강보험법

1) 국민건강보험법의 의의

국민건강보험은 국민의 질병, 부상에 대한 예방, 진단, 치료, 재활과 출산, 사망 및 건강증진에 대하여 보험급여를 실시하는 사회보험이다. 누구나 질병, 부상 등으로 건강상 문제가 발생하였을 때 이를 위한 전문적인 의료서비스가 필요하며, 건강의 침해라는 사회적 위험에 대하여 국가적 차원에서 공동으로 대응하기 위하여 운영되는 제도가 국민건강보험이다.

우리나라의 국민건강보험의 제도가 운영되는 모습을 살펴보면, 의료서비스를 제공하는 병원, 약국들은 대부분 민간이며 국민건강보험법에 따라 요양기관으로 지정되고, 가입자들은 국민건강보험공단에 매달 보험료를 납부하고 필요할 때 각 요양기관에서 의료서비스를 이용한다. 요양기관(병원, 약국 등)은 국민건강보험공단을 통하여 요양급여비용을 지급받게 된다.

국민건강보험은 공적기관이 가입자에게 급여를 직접 지급하지 않는다. 보험료를 징수하고 요양기관에 요양급여비용을 지급하는 공적기관(국민건강보험공단), 보험료를 납부하고 의료서비스를 이용하는 가입자, 요양기관으로 지정되어 의료서비스를 제공하는 의료기관의 3자 관계로 이루어진다. 따라서 의료기관이 국민건강보험의 운영과 관련하여 중요한 이해관계를 가지고 있는데, 대표적으로 건강보험 정책을 심의·의결하는 기구인 건강보험정책심의위원회에는 의료계, 약업계를 대표하는 위원이 참여(전체 위원 25명 중 의료계 대표 위원이 8명)한다.

2) 국민건강보험법의 연혁

(1) 한국 의료보장 제도의 시작: 의료보험법

한국의 의료보장제도의 시작은 1963년 제정된 의료보험법이다. 당시의 의료보험법은 보험료 부담의 우려로 인하여 강제가입이 아닌 임의가입 형식이었으며, 보험자가 조합 단위로 구성되어 있었고, 가입률이 매우 낮아 실효적으로 의료보장이 이루어지지 못했다.

본격적으로 의료보험이 작동하기 시작한 때는 1977년으로, 당시 개정된 의료보험법에 따라 500인 이상 사업장의 근로자는 당연적용을 받게 하여 의료보험의 강제가입 제도가 시행되었다. 당시 의료보험법에서 사업장가입자는 1종, 지역가입자는 2종으로 분류하였고, 요양급여를 제공하는 요양취급기관(의료기관 또는 약국)이 지정취소를 요구할 수 있는 규정을 삭제함으로써 의료보험이 작동할 수 있도록 하였다.

이후 의료보험법은 몇 차례의 개정을 통하여 1종 의료보험을 직장의료보험으로, 2종 의료보험을 지역의료보험 및 직종의료보험으로 명칭을 변경하였다. 점차 적용대상을 넓혀 1979년 300인 이상 사업장, 1980년 100인 이상 사업장, 1982년 16인 이상 사업장을 적용대상으로 하고, 1988년 및 1989

년 농어촌 및 도시지역 주민으로 확대하여 사실상 전 국민이 의료보험 적용 대상이 되었다.

(2) 의료보험조합 통합의 노력과 국민건강보험법의 제정

의료보험이 비교적 짧은 기간에 전국민을 대상으로 확대되었으나, 개별 조합 단위로 운영되고 있어, 직장조합과 지역조합 간의 재정의 차이가 크고 이로 인하여 여러 문제가 발생하였다. 따라서 의료보험조합의 통합에 대한 사회적 논의가 활발하게 이루어지고, 통합방식의 국민의료보험법안이 1989년 국회에서 의결되었다. 그러나 노태우 대통령이 법안에 대하여 재의요구를 하여 결국 폐기되었다.

의료보험 관리운영의 통합은 1998년 당선된 김대중 대통령의 공약이었다. 이후 단계적으로 의료보험 통합이 추진되었다. 기존의 의료보험법이 폐기되고, 1999년 2월 8일 제정된 국민건강보험법은 다보험자 방식으로 운영되는 의료보험관리체계를 단일보험자로 통합하여 운영하고자 하였다. 결국 직장의료보험조합과 국민의료보험관리공단이 통합되어 국민건강보험공단이 되었다. 한편 지역의료보험의 통합으로 재정부담이 직장가입자에게 전가될 것을 우려하여 2002년 국민건강보험 재정건전화특별법이 제정되어, 건강보험에 대한 국고지원을 명시하게 되었다.

(3) 국민건강보험법의 주요 개정 내용

1963년 제정된 의료보험법이 1999년 국민건강보험법으로 새롭게 제정되어 지금의 형태를 갖추게 되기까지 많은 개정 과정을 거쳐 왔다. 국민건강보험법의 주요 개정 내용은 표 9-8과 같다.

표 9-8 국민건강보험법의 주요 개정 연혁

연도	주요 내용
1963.12.16.	- 의료보험법 제정 · 1977년: 전국민 강제가입 · 1985년: 1종 의료보험은 직장의료보험으로, 2종 의료보험은 지역의료보험 및 직종의료보험으로 명칭을 변경 · 1987년: 한방의료보험을 전국적으로 실시 · 1988년: 농어촌지역의료보험 실시, 5인 이상 사업장근로자에 확대 적용 · 1989년: 도시지역의료보험 실시, 전국민 의료보험 달성
1997.12.31.	- 국민의료보험법 제정 - 일시적 통합으로 인한 집단 간의 갈등을 최소화하면서 점진적으로 통합운영 방식의 의료보험제도를 도입하기 위해 제정 - 국민의료보험공단 신설: 공무원및사립학교교직원의료보험관리공단과 지역의료보험조합 업무를 포괄하여 수행
1999.02.08.	- 국민건강보험법 제정(2000.1.1. 시행) - 다보험자 방식으로 운영되고 있던 기존의 의료보험 관리체계를 단일보험자로 통합 운영 - 조합방식에서 통합방식으로 변경 - 국민건강보험공단 출범
2000.12.29.	- 5인 미만 사업장 근로자들을 직장가입자로 편입: 5인 미만 사업장 근로자들은 동일한 임금근로자임에도 불구하고, 지역가입자로 편입되어 본인이 보험료를 전액 부담하고 있는 바, 이들을 직장가입자로 편입시켜 보험료 부담의 형평을 기하고 영세사업장에 고용된 근로자의 복지 강화
2002.01.19.	- 2003년 7월 1일부터 직장가입자와 지역가입자의 재정 통합: 직장가입자와 지역가입자의 재정을 각각 구분하여 계리하여야 하는 기한을 2001년 12월 31일에서 2003년 6월 30일까지 연장함으로써 국민건강보험의 재정통합시기를 1년 6월간 유예
2005.07.13.	- 국내에 체류 재외국민의 가입 인정 - 군입대, 교도소 수감 등 자격변동사항을 1개월 이내에 통보 - 교도소 수용자의 요양급여비용을 군인과 마찬가지로 국가가 부담
2006.12.30.	- 표준보수월액 및 부과표준소득의 등급구분을 폐지: 실제 보수 및 소득 등에 따라 보험료 부과 - 65세 이상인 자, 장애인, 휴직자 등에 대한 보험료 일부를 경감하여 저소득층 부담 완화 - 국고에서 당해연도 보험료 예상수입액의 100분의 14를 건강보험 재정으로 지원 - 일정한 요건을 갖춘 실업자는 공단에 임의계속가입자로 신청하여 일정기간 동안 직장가입자의 자격 유지
2008.03.28.	- 사업장 신고의무를 부과하여 사용자는 건강보험이 적용되는 사업장에 해당된 경우나 휴업·폐업하는 경우에는 14일 이내에 보험자에게 신고
2009.05.21.	- 사회보험료 징수업무의 성격 유사성을 고려하여 사회보험료 징수업무를 국민건강보험공단으로 일원화(2011.1.1. 시행): 이 법 시행 전에 6개월 이상 사회보험료 징수업무를 시험 운영
2011.12.31.	- 당초 2011년 12월 말까지로 예정되어 있는 건강보험재정에 대한 정부지원을 2016년 12월 말까지 연장 - 직장가입자에 대하여 보수를 기준으로 산정하는 보수월액보험료 외에 다른 소득을 기준으로 산정하는 소득월액보험료를 징수하는 근거 마련 - 의료자원관리의 효율성을 확보하고 요양급여비용의 누수를 방지하기 위하여 요양기관 시설·장비·인력 현황에 대한 신고의무 법정화 - 미신고 또는 거짓 신고 시에는 과태료 부과 - 납부능력이 있음에도 보험료를 체납하고 있는 자의 명단 공개 - 결손처분 후 재산이 발생한 경우 결손처분을 취소할 수 있도록 함으로써 보험료의 성실납부 유도

연도	주요 내용
	- 관할 세무서장 또는 지방자치단체의 장에게 과징금 납부의무자의 과세정보를 요청할 수 있도록 하여 과징금 징수율 제고 - 약제·치료재료 제조·판매업자 등으로 하여금 거짓 자료를 제출하여 약가를 부당하게 고가로 정하게 하는 등의 행위를 금지하고 그에 대한 위반 여부를 조사할 수 있는 근거 마련 - 정보통신망을 활용한 이의신청 가능: 권리구제의 신속성 및 효율성 제고
2013.05.22.	- 요양급여비용 계약 체결 시기를 정부의 예산 편성 시기와 연계: 건강보험재정에 대한 국고지원 규모 산정의 정확성 제고 - 임의계속가입 신청기한을 연장하여 실직한 사람의 보험료 부담 완화 - 보험료 체납 등 자료를 신용정보집중기관에 제공: 보험료 납부를 간접적으로 강제 - 요양기관을 개설할 수 없는 자가 명의를 대여하여 요양기관 개설 시 부당이득 징수 - 건강보험증 부정사용 등을 통한 부정수급행위에 대한 처벌 강화 - 납부기한 연장제도에 대한 법적 근거 신설: 납부기한으로부터 1개월까지 연장
2014.01.01.	- 의약품 리베이트 제재 수단 강화를 위해 요양급여 적용 정지 기간(1년의 범위) 명시 및 재발 시 요양급여 제외 가능: 리베이트 관행을 근절하고 공정한 거래질서를 확립하여 국민 의료비의 감소 및 국민건강의 보호에 이바지 - 사립학교 직원을 제외한 교원에게만 국가가 보험료의 일부를 부담하도록 변경: 제도의 형평성 고려 및 국고 지원의 취지 제고 - 건강보험분쟁조정위원회 위원 수 확대, 위원회에 사무국 신설: 전담조직 및 전문인력을 확보함으로써 신속·공정한 분쟁조정
2014.05.20.	- 납부자가 보험료 등을 신용카드로 납부할 수 있는 법적 근거 마련: 보험료 납부에 있어서 납부자의 편의 제고 및 보험재정의 합리화 도모 - 사무장병원과 면허대여약국의 개설·운영을 보다 효과적으로 규제하기 위해 사무장병원과 면허대여약국에 대하여 국민건강보험공단이 요양급여비용의 지급 보류 가능 - 현금으로 지급되는 보험급여에 대한 압류금지의 실효성을 확보하고 해당 급여가 국민보건과 사회보장 증진이라는 정책 목적에 부합하게 쓰이도록 하기 위하여 보험급여 압류방지 전용통장 개설 - 국민건강보험공단과 건강보험심사평가원이 업무를 수행하는데 필요한 자료의 요청범위를 명확하게 규정함으로써, 법률 해석상 발생하는 혼란을 예방하여 건강보험사업의 효율적 추진을 도모하고 국민의 개인정보가 불필요하게 수집되는 경우를 최소화
2016.02.03.	- 사업주가 체납한 직장가입자의 보험료를 보다 효과적으로 징수할 수 있도록 법인인 사용자의 재산으로 체납 보험료를 충당할 수 없을 경우에 무한책임사원·과점주주 등에게 제2차 납부의무를 부과 - 업무정지 및 과징금 부과 등 행정적 제재가 이루어지는 의료행위·치료재료·약제의 건강보험 등재 절차에 관한 사항의 근거규정을 현행 보건복지부령에서 법률로 상향 조정 - 국민건강보험제도의 안정적 운영과 제도의 예측가능성 확보를 위하여 국민건강보험 제도 운영에 대한 중장기 종합계획 및 연도별 시행계획의 수립·시행 명시 - 건강보험심사평가원 강화(상임이사 4인, 상근 심사위원 90인 이내로 증원): 건강보험심사평가원의 업무범위가 확대되고 업무량이 증가하여 업무전문성을 확충할 필요성이 높아진 점을 감안하여 건강보험심사평가원의 상임이사를 현행 3인에서 4인으로 증원하고 진료심사평가위원회의 상근 심사위원을 현행 50인 이내에서 90인 이내로 증원 - 연체금 계산방식을 일할로 전환: 보험료 납부기한을 넘겨 보험료를 납부한 일반 국민들의 경제적 부담을 완화하고 납부기한 경과 정도에 보다 정확하게 비례하여 연체금을 산정할 수 있도록 하기 위해 연체금 계산방식을 월할 계산에서 일할 계산으로 전환 - 국민의 민감한 개인정보가 민간 신용정보회사로 유출될 가능성을 막기 위하여 공단의 보험료 징수 및 4대보험통합징수 업무를 외부기관에 위탁 금지

연도	주요 내용
2016.03.22.	- 건강보험재정의 안정적인 운영을 위하여 건강보험재정에 대한 국고지원의 기한을 현행 2016년 12월 31일까지에서 2017년 12월 31일까지 1년 연장 - 보험급여로 등재되기에는 경제성이나 치료효과성 등이 부족한 의료서비스 등에 대하여 예비적인 요양급여인 선별급여 형태로 요양급여 체계에 포함될 수 있도록 하되 선별급여에 대한 안전성과 효과성을 확보하기 위하여 선별급여에 대한 주기적인 평가 및 선별급여 제공 요양기관에 대한 관리시스템 마련 - 현재 시행 중인 요양급여비용 본인부담상한제의 안정적인 운영을 위하여 법적 근거 마련 - 허위로 직장가입자의 자격을 취득하여 고의적으로 보험료를 과소 납부한 지역가입자와 이와 같은 행위에 협력한 사용자에 대하여 가산금 부과 - 국민건강보험공단과 건강보험심사평가원이 요양기관 등 민간기관에 자료를 요청할 때에는 자료요청이 남용되지 않도록 자료제공 요청 근거와 사유 등이 기재된 자료제공요청서 발송
2017.02.08.	- 국민건강보험공단의 고유사업으로 명시된 예방사업의 기본방향을 보다 구체적으로 명시하고 사업 세부내용 등에 관한 사항을 대통령령으로 정할 수 있도록 위임규정 마련 - 신용카드 이용 건강보험료 납부 금액의 한도 폐지: 기존에는 1천만원까지만 허용하여 납부금액에 한도가 없는 국세의 경우와도 형평성이 맞지 않았음
2017.04.18.	- 지역가입자의 보험료 부과 요소 중 평가소득 폐지: 저소득 지역가입자에게는 가족구성원의 성, 연령, 소득, 재산, 생활수준, 경제활동참가율 등을 기준으로 산정한 '평가소득'이 보험료 부과기준으로 적용되어 실제 부담능력보다 과다한 보험료가 부과되고 있다는 비판이 제기되었음 - 직장가입자의 소득월액보험료 산정 기준을 소득월액 보험료 산정 시 연간 보수외소득에서 대통령령으로 정하는 금액을 공제하도록 하고, 소득월액 보험료율을 보수월액 보험료율의 50%에서 100%로 상향 변경: 직장가입자의 보수외소득에 대한 보험료 부과 기준이 연간 7천2백만원으로 느슨할 뿐만 아니라, 산정방식으로 인해 7천2백만원을 넘어서는 순간 보험료가 0원에서 18만원 이상으로 급증하여 보험료 절벽현상에 대한 문제가 지속되었음 - 보험재정에 대한 국고 지원 시한을 2017년 12월 31일까지에서 2022년 12월 31일까지로 5년 연장 - 소득·재산이 없는 미성년자 등의 보험료 납부 의무 면제: 소득과 재산이 없는 지역가입자 미성년자에 대해서도 연대납부의무가 부과되어 건강보험료 체납 상태에 있는 미성년자가 상당수 존재하였음
2018.01.16.	- 재난적의료비 지원에 관한 법률에 따른 재난적의료비 지원사업에 건강보험공단이 출연금을 출연: 재난적의료비 지원사업은 중증·만성질환 등으로 인하여 환자의 부담능력을 초과하는 과도한 의료비를 지원하기 위한 사업으로서, 그 목적이 건강보험 보장성 강화에 기여 - 임의계속가입자의 인정 요건을 완화하여 임의계속가입제도의 적용대상 확대(같은 직장에 1년 이상이 아니라 직장가입자로서 근무하였던 통산 1년 이상으로 변경): 실업·퇴직 후 직장가입자에서 지역가입자로 전환된 사람들의 건강보험료 부담을 경감하기 위해 실업·퇴직 후 2년 동안 본인부담 보험료를 직장가입자였던 때 납부하던 수준으로 경감하여 주는 임의계속가입제도의 인정 요건이 '같은 직장에 1년 이상 근무한 경우'로 규정되어 있어, 이직 등으로 인한 단기간 근로자는 임의계속가입제도의 적용을 받을 수 없다는 문제가 있었음
2018.03.27.	- 약사법 개정을 통해 기존 '한국희귀의약품센터'가 '한국희귀·필수의약품센터'로 그 명칭이 변경 - 건강보험료 체납자가 소액금융재산이 압류 대상에서 제외된다는 사실을 알지 못하여 국민건강보험공단의 압류절차 진행 시 소액금융재산까지 압류되는 사례가 많으며, 체납된 보험료에 대한 일시 납부여력이 없는 경우 분할납부가 가능하다는 사실을 알지 못하여 체납 상태가 지속되는 사례가 발생하고 있으므로 관련 정보를 체납자에게 고지함으로써 체납 보험료 납부에 대한 기회 부여

연도	주요 내용
2018.12.11.	- 가입자 자격 변동 시마다 의무 발급하도록 규정되어 있던 건강보험증을 가입자 또는 피부양자가 신청할 경우에만 발급하도록 하여 건강보험증 발급·교부 예산 절감 - 질병이나 부상으로 거동이 불편한 경우 의사 등이 가입자 또는 피부양자를 직접 방문하여 요양급여(방문요양급여) 실시 - 국민건강보험공단이 현행법 시행령에 따라 실시하고 있는 건강검진의 종류 및 대상을 법률에 규정하고, 일반 건강검진 대상을 현행 40세 이상인 지역가입자 및 40세 이상인 피부양자에서 20세 이상인 지역가입자 및 20세 이상인 피부양자로 확대 - 체납보험료 납부 능력이 없는 저소득 지역가입자 체납자를 대상으로 보험급여가 제한되는 것을 방지하기 위하여 소득·재산 등이 일정 수준 이하인 자는 보험급여 제한 대상에서 제외 - 건강보험증이나 신분증명서를 양도·대여하여 다른 사람이 보험급여를 받게 한 사람에게 해당 진료비(부당이득)를 연대징수 - 속임수나 그 밖의 부당한 방법으로 보험급여를 받은 사람을 신고한 사람에 대한 포상금 지급 - 현역병도 요양비(현금급여)를 받을 수 있도록 변경
2019.01.15.	- 건강보험 가입자 자격 취득·변동 시 해당 가입자가 이를 알 수 있도록 보험료 납입 고지를 할 때 자격 변동 사실 고지 - 보험료 및 보험료 체납으로 인해 발생한 진료비 징수금을 체납한 자에게 징수하는 연체금을 인하하여 보험료 납부능력이 부족한 저소득 체납자 보호 - 직장가입자가 아닌 외국인·재외국민이 일정 요건을 충족할 경우 지역가입자로 당연가입 되도록 하고, 외국인·재외국민인 지역가입자가 외국 보험 등의 적용을 받아 건강보험 가입이 불필요할 경우 가입 제외를 신청할 수 있도록 하고, 외국인·재외국민인 지역가입자가 건강보험료를 체납한 경우 체납일부터 체납한 보험료를 완납할 때까지 보험급여를 제한하고, 외국인·재외국민인 지역가입자 중 내국인과 동일한 보험료 납부 및 보험급여 제한 규정을 적용받는 자의 범위를 명확히 규정: 외국인·재외국민이 건강보험 보장이 필요한 경우에만 지역가입자로 임의가입하여 고액의 진료를 받고 출국하는 등 우리나라 건강보험제도를 악용하는 문제 개선
2019.04.23.	- 저소득 체납자가 분할납부 제도를 활용하기 어려운 점을 고려하여 체납된 건강보험료에 대한 분할납부 승인 취소 요건 등을 완화 - 체납보험료 관리를 강화하기 위하여 인적사항 공개 대상이 되는 고액·상습체납자의 기준을 조정: 기존 납부기한의 '2년이 경과한 보험료'에서 '1년이 경과한 보험료'로 변경 - 가입자 개인정보 등의 보호를 강화하기 위하여 국민건강보험공단 종사자 등이 업무를 수행하면서 알게 된 정보를 누설하는 경우 처벌할 수 있는 근거 마련 - 거짓 등 부정한 방법으로 보험급여를 부정수급하는 행위를 보다 강하게 제재하기 위하여 처벌 수준을 상향: 종전에는 '1년 이하의 징역 또는 1천만원 이하의 벌금'에 처하도록 하던 것을, 앞으로는 '2년 이하의 징역 또는 2천만원 이하의 벌금'으로 변경
2019.12.03.	- 의료인, 약사 등의 면허나 의료법인 등의 명의를 대여 받아 불법적으로 개설·운영하는 요양기관에 해당하여 부당이득 징수금을 납부할 의무가 있는 요양기관 또는 요양기관 개설자가 납부기한의 다음 날부터 1년이 경과한 징수금을 1억원 이상 체납한 경우 위반행위, 체납자의 인적사항 및 체납액 등을 공개 - 지역가입자의 보험료 부담을 경감하기 위하여 지역가입자가 실제 거주를 목적으로 일정 기준 이하의 주택을 구입 또는 임차하기 위하여 금융회사 등으로부터 대출을 받고 그 사실을 국민건강보험공단에 통보하는 경우에는 해당 대출금액을 보험료부과점수 산정 시 제외
2020.12.29.	- 지역별 의료자원의 불균형 및 의료서비스의 격차 해소 등을 위하여 지역별로 의료수가를 달리 지급할 수 있는 근거 마련 - 장애인 보조기기 등에 대한 보험급여 및 요양비의 지급 절차를 전산화 - 국민건강보험공단이 가족관계등록 전산정보자료를 이용

연도	주요 내용
2021.06.08.	- 리베이트 금지 위반과 관련된 약제에 대하여 요양급여의 적용 정지에 대한 과징금 처분사유를 보다 구체화하고 과징금 상한을 상향 조정
2022.06.10.	- 건강보험심사평가원이 수행하고 있는 요양급여 대상 여부 확인 제도의 구체적인 대상, 방법, 절차 등을 하위 법령으로 정할 수 있는 근거 마련 - 요양급여의 적정성 평가 업무의 목적과 대상 등 주요 내용을 명확히 규정
2022.12.27.	- 건강보험료 등을 체납한 요양기관에 요양급여비용을 지급하는 경우 급여비용에서 체납금 공제 후 지급 - 요양기관 불법개설 사실이 확인되어 기소된 경우로서 재산을 압류할 시급성이 인정되는 경우 재산압류 처분 - 부당이득 징수대상자의 은닉재산을 신고한 자에게 신고포상금 지급
2023.05.19.	- 요양기관이 가입자 등에 대하여 요양급여를 실시하는 경우 본인 여부 및 건강보험 자격을 건강보험증이나 신분증명서로 확인하는 규정 신설
2023.06.13.	- 국가의 국민건강보험공단에 대한 국고 지원의 유효기간을 2027년 12월 31일까지로 연장
2023.07.11.	- 요양급여비용 지급 보류 대상과 부당이득금을 연대징수 할 수 있는 사유에 의료법에 따른 의료법인 명의대여 금지, 약사법에 따른 약사 면허대여 금지를 위반한 경우를 추가 - 건강보험료의 분할납부를 승인받은 경우 중 대통령령으로 정하는 경우에 대해서는 체납보험료의 납부 의지가 있는 것으로 보아 체납정보 제공 등의 예외사유로 규정
2024.01.02.	- 국내체류 외국인 등이 피부양자가 될 수 있는 요건으로서 국내 거주기간 또는 거주사유가 외국인 지역가입자에 대하여 적용하는 기준에 해당할 것을 추가하되, 직장가입자의 배우자 및 19세 미만 자녀에 대해서는 거주요건의 적용 제외
2024.02.20.	- 본인부담상한액의 초과 금액을 산정할 때 요양기관에서의 요양급여 외에 요양기관과 비슷한 기능을 하는 준요양기관에서의 요양비도 일부 반영하여 본인부담상한액 결정
2024.10.22.	- 지역가입자인 국내체류 외국인이 보험료를 체납하면 내국인이나 직장가입자와 달리 사전통지 없이 체납일로부터 즉시 보험급여를 제한하고 소득·재산이나 분할납부 승인 제도 등의 예외규정을 모두 적용하지 않는 규정이 합리적인 이유 없이 외국인 지역가입자를 내국인 등과 달리 취급하여 평등권을 침해한다는 헌법재판소의 헌법불합치 결정(2019헌마1165, 2023. 9. 26. 결정)에 따라, 지역가입자인 국내체류 외국인이 보험료를 체납한 경우 내국인에 대한 체납 관련 규정을 준용하도록 하되, 국내체류 외국인등의 특성을 고려하여 특별히 규정해야 할 사항은 대통령령으로 다르게 정할 수 있도록 함

3) 국민건강보험법의 주요 내용

(1) 원칙

국민건강보험법(2025. 4. 23. 시행, 법률 제20505호)은 총 9장, 119개 조문 및 부칙으로 나누어져 있다. 법의 중요한 내용들을 원칙(목적, 종합계획 수립), 정의, 적용대상(적용 대상, 가입자의 종류, 가입자 자격의 취득, 변동, 상실), 급여의 종류와 내용(요양급여, 선별급여, 요양기관, 본인부담, 요양급여비용의 청구와 지급, 요양비, 건강검진), 급여의 실시(급여 제한, 지급 정지), 보장기관 및 인력 (관장, 공단 설립 및 업무, 건강보험심사평가원, 건강보험정책심의위원회), 재정(보험료 납부의무, 보험료 징수, 보험료율, 국고 부담, 보험료 경감), 권리구제 및 벌칙으로 구분하여 살펴본다.

국민건강보험법은 국민의 건강권 보장을 위한 법률이다(법 제1조). 보건복지부장관은 5년마다 국민건강보험종합계획을 수립하여야 한다(법 제3조의2 제1항).

> 제1조(목적) 이 법은 국민의 질병·부상에 대한 예방·진단·치료·재활과 출산·사망 및 건강증진에 대하여 보험급여를 실시함으로써 국민보건 향상과 사회보장 증진에 이바지함을 목적으로 한다.
> 제3조의2(국민건강보험종합계획의 수립 등) ① 보건복지부장관은 이 법에 따른 건강보험(이하 "건강보험"이라 한다)의 건전한 운영을 위하여 제4조에 따른 건강보험정책심의위원회(이하 이 조에서 "건강보험정책심의위원회"라 한다)의 심의를 거쳐 5년마다 국민건강보험종합계획(이하 "종합계획"이라 한다)을 수립하여야 한다

(2) 정의

국민건강보험법의 핵심 개념은 제2조에서 규정하고 있다.

> 제3조(정의) 이 법에서 사용하는 용어의 뜻은 다음과 같다.
> 1. "근로자"란 직업의 종류와 관계없이 근로의 대가로 보수를 받아 생활하는 사람(법인의 이사와 그 밖의 임원을 포함한다)으로서 공무원 및 교직원을 제외한 사람을 말한다.
> 2. "사용자"란 다음 각 목의 어느 하나에 해당하는 자를 말한다.
> 가. 근로자가 소속되어 있는 사업장의 사업주
> 나. 공무원이 소속되어 있는 기관의 장으로서 대통령령으로 정하는 사람

다. 교직원이 소속되어 있는 사립학교(「사립학교교직원 연금법」 제3조에 규정된 사립학교를 말한다. 이하 이 조에서 같다)를 설립·운영하는 자

3. "사업장"이란 사업소나 사무소를 말한다.

4. "공무원"이란 국가나 지방자치단체에서 상시 공무에 종사하는 사람을 말한다.

5. "교직원"이란 사립학교나 사립학교의 경영기관에서 근무하는 교원과 직원을 말한다.

(3) 적용대상

국내에 거주하는 국민은 의료급여 수급권자 또는 유공자를 제외하고는 건강보험의 적용을 받는다. 건강보험 직장가입자에게 주로 생계를 의존하는 가족(배우자, 부모, 자녀, 형제자매 등)으로 소득 및 재산이 일정 기준 이하인 사람은 피부양자로 건강보험의 적용을 받는다. 우리나라의 국민건강보험법은 폭넓은 의료보장을 위하여 피부양자의 범위를 넓게 하는 특성이 있다.

제5조(적용 대상 등) ① 국내에 거주하는 국민은 건강보험의 가입자(이하 "가입자"라 한다) 또는 피부양자가 된다. 다만, 다음 각 호의 어느 하나에 해당하는 사람은 제외한다.

1. 「의료급여법」에 따라 의료급여를 받는 사람(이하 "수급권자"라 한다)

2. 「독립유공자예우에 관한 법률」 및 「국가유공자 등 예우 및 지원에 관한 법률」에 따라 의료보호를 받는 사람(이하 "유공자등 의료보호대상자"라 한다).

② 제1항의 피부양자는 다음 각 호의 어느 하나에 해당하는 사람 중 직장가입자에게 주로 생계를 의존하는 사람으로서 소득 및 재산이 보건복지부령으로 정하는 기준 이하에 해당하는 사람을 말한다.

1. 직장가입자의 배우자

2. 직장가입자의 직계존속(배우자의 직계존속을 포함한다)

3. 직장가입자의 직계비속(배우자의 직계비속을 포함한다)과 그 배우자

4. 직장가입자의 형제·자매

건강보험 가입자는 직장가입자와 지역가입자로 나뉘며(법 제6조 제1항), 직장가입자는 사업장 근로자와 사용자, 공무원 및 교직원이다(법 제6조 제2항). 국민건강보험법은 원칙적으로 국민을 적용대상으로 하나, 국내에 체류하는 재외국민 또는 외국인이 직장가입자 또는 지역가입자가 되는 경우에 대하여 법 제109조에서 규정하고 있다. 실업자에 관한 특례 조항도 있다(법 제110조).

제6조(가입자의 종류) ① 가입자는 직장가입자와 지역가입자로 구분한다.

② 모든 사업장의 근로자 및 사용자와 공무원 및 교직원은 직장가입자가 된다. 다만, 다음 각 호의 어느 하나에 해당하는 사람은 제외한다.

1. 고용 기간이 1개월 미만인 일용근로자

2. 「병역법」에 따른 현역병(지원에 의하지 아니하고 임용된 하사를 포함한다), 전환복무된 사람 및 군간부후보생

3. 선거에 당선되어 취임하는 공무원으로서 매월 보수 또는 보수에 준하는 급료를 받지 아니하는 사람

4. 그 밖에 사업장의 특성, 고용 형태 및 사업의 종류 등을 고려하여 대통령령으로 정하는 사업장의 근로자 및 사용자와 공무원 및 교직원

③ 지역가입자는 직장가입자와 그 피부양자를 제외한 가입자를 말한다.

3. 직장가입자의 직계비속(배우자의 직계비속을 포함한다)과 그 배우자

4. 직장가입자의 형제·자매

제109조(외국인 등에 대한 특례) ① 정부는 외국 정부가 사용자인 사업장의 근로자의 건강보험에 관하여는 외국 정부와 한 합의에 따라 이를 따로 정할 수 있다.

제110조(실업자에 대한 특례) ① 사용관계가 끝난 사람 중 직장가입자로서의 자격을 유지한 기간이 보건복지부령으로 정하는 기간 동안 통산 1년 이상인 사람은 지역가입자가 된 이후 최초로 제79조에 따라 지역가입자 보험료를 고지받은 날부터 그 납부기한에서 2개월이 지나기 이전까지 공단에 직장가입자로서의 자격을 유지할 것을 신청할 수 있다.

가입자 자격의 취득, 변동, 상실 시기에 대하여는 법 제8조, 제9조, 제10조에서 규정하고 있다.

제8조(자격의 취득 시기 등) ① 가입자는 국내에 거주하게 된 날에 직장가입자 또는 지역가입자의 자격을 얻는다.

제9조(자격의 변동 시기 등) ① 가입자는 다음 각 호의 어느 하나에 해당하게 된 날에 그 자격이 변동된다.

1. 지역가입자가 적용대상사업장의 사용자로 되거나, 근로자·공무원 또는 교직원(이하 "근로자등"이라 한다)으로 사용된 날

2. 직장가입자가 다른 적용대상사업장의 사용자로 되거나 근로자등으로 사용된 날

3. 직장가입자인 근로자등이 그 사용관계가 끝난 날의 다음 날

4. 적용대상사업장에 제7조제2호에 따른 사유(휴업, 폐업 등)가 발생한 날의 다음 날

5. 지역가입자가 다른 세대로 전입한 날

② 제1항에 따라 자격이 변동된 경우 직장가입자의 사용자와 지역가입자의 세대주는 다음 각 호의 구분에 따라 그 명세를 보건복지부령으로 정하는 바에 따라 자격이 변동된 날부터 14일 이내에 보험자에게 신고하여야 한다.

제10조(자격의 상실 시기 등) ① 가입자는 다음 각 호의 어느 하나에 해당하게 된 날에 그 자격을 잃는다.

1. 사망한 날의 다음 날

2. 국적을 잃은 날의 다음 날

3. 국내에 거주하지 아니하게 된 날의 다음 날

4. 직장가입자의 피부양자가 된 날

5. 수급권자가 된 날

6. 건강보험을 적용받고 있던 사람이 유공자등 의료보호대상자가 되어 건강보험의 적용배제신청을 한 날

고딕체로 표기된 부분은 저자가 추가한 것이다.

(4) 급여의 종류와 내용

국민건강보험의 대표적 급여 명칭은 요양급여이다. 선별급여 규정을 별도로 정하고 있다(법 제41조의 4).

제41조(요양급여) ① 가입자와 피부양자의 질병, 부상, 출산 등에 대하여 다음 각 호의 요양급여를 실시한다.

1. 진찰·검사

2. 약제(藥劑)·치료재료의 지급

3. 처치·수술 및 그 밖의 치료

4. 예방·재활

5. 입원

6. 간호

7. 이송(移送)

② 제1항에 따른 요양급여(이하 "요양급여"라 한다)의 범위(이하 "요양급여대상"이라 한다)는 다음 각 호와 같다.

1. 제1항 각 호의 요양급여(제1항제2호의 약제는 제외한다): 제4항에 따라 보건복지부장관이 비급여대상으로 정한 것을 제외한 일체의 것

제41조의4(선별급여) ① 요양급여를 결정함에 있어 경제성 또는 치료효과성 등이 불확실하여 그 검증을 위하여 추가적인 근거가 필요하거나, 경제성이 낮아도 가입자와 피부양자의 건강회복에 잠재적 이득이 있는 등 대통령령으로 정하는 경우에는 예비적인 요양급여인 선별급여로 지정하여 실시할 수 있다.

요양급여는 의료기관, 약국, 보건소 등에서 실시하는데 이를 요양기관이라 한다(법 제42조). 국민건강보험법은 의료법에 따른 의료기관, 약사법에 따른 약국 등은 요양기관으로 보고, 법 위반 등 제한적인 경우에만 의료기관을 요양기관에서 제외할 수 있도록 하는 요양기관 당연지정제를 실시하고 있다. 이렇게 당연지정된 의료기관은 정당한 이유 없이 요양급여를 거부하지 못한다(법 제42조 제5항).

이러한 요양기관 당연지정제에 관하여 의사가 직업선택의 자유, 평등권 등을 침해한다고 주장하며 위헌 여부를 다투는 헌법소원심판을 청구하였다. 이에 대하여 헌법재판소는 의료보험의 시행이 헌법상 부여된 국가의 사회보장의무의 일환이며, 공공의료기관의 비율이 낮아 민간의료기관을 강제로 동원하는 것이 불가피하다는 이유로 요양기관 당연지정제가 도입되었다는 점 등을 들어 헌법에 위반되지 않는다고 판시하였다(헌법재판소 2002. 10. 31. 99

헌바76 결정).

> 제42조(요양기관) ① 요양급여(간호와 이송은 제외한다)는 다음 각 호의 요양
> 기관에서 실시한다. 이 경우 보건복지부장관은 공익이나 국가정책에 비추어
> 요양기관으로 적합하지 아니한 대통령령으로 정하는 의료기관 등은 요양기관
> 에서 제외할 수 있다.
> 1. 「의료법」에 따라 개설된 의료기관
> 2. 「약사법」에 따라 등록된 약국
> 3. 「약사법」 제91조에 따라 설립된 한국희귀·필수의약품센터
> 4. 「지역보건법」에 따른 보건소·보건의료원 및 보건지소
> 5. 「농어촌 등 보건의료를 위한 특별조치법」에 따라 설치된 보건진료소
> ⑤ 제1항·제2항 및 제4항에 따른 요양기관은 정당한 이유 없이 요양급여를 거
> 부하지 못한다.

국민건강보험법은 치료에 들어가는 비용을 전액 보장하지는 않으며, 요양급여비용의 일부는 환자 본인이 직접 부담해야 하는 본인부담제도(법 제44조)가 있다. 요양급여비용은 건강보험공단 이사장과 의약계 대표자 간 계약을 통해 산정한다(법 제45조).

본인일부부담금의 비율은 입원치료인지 통원치료인지, 요양기관의 종류에 따라서 다르다(법 제44조, 시행령 제19조 별표2). 본인일부부담금 제도로 건강보험의 보장율이 높지 않아, 경제력이 없는 환자가 제대로 치료를 받지 못할 수 있다. 이를 막기 위해서 본인부담금 총액이 상한을 초과한 경우 국민건강보험공단이 이를 부담하는 본인부담상한제를 실시하고 있다(법 제44조 제2항). 본인부담상한액은 소득분위에 따라 다른데, 소득 하위 10%의 경우 89만원(요양병원 120일 초과입원 시 141만 원), 소득 상위 10%의 경우 826만 원(요양병원 120일 초과입원 시 1,074만 원)이다(2025년 기준). 이보다 더 많은 본인부담금이 발생한 대상자에게는 사후 환급한다.

제44조(비용의 일부부담) ① 요양급여를 받는 자는 대통령령으로 정하는 바에 따라 비용의 일부(이하 "본인일부부담금"이라 한다)를 본인이 부담한다.

② 본인이 연간 부담하는 다음 각 호의 금액의 합계액이 대통령령으로 정하는 금액(이하 이 조에서 "본인부담상한액"이라 한다)을 초과한 경우에는 공단이 그 초과 금액을 부담하여야 한다. 이 경우 공단은 당사자에게 그 초과 금액을 통보하고, 이를 지급하여야 한다.

제45조(요양급여비용의 산정 등) ① 요양급여비용은 공단의 이사장과 대통령령으로 정하는 의약계를 대표하는 사람들의 계약으로 정한다.

요양기관이 공단에 요양급여비용의 지급을 청구한다(법 제47조). 준요양기관에서 요양을 받을 경우, 요양비를 지급할 수 있다(법 제49조). 그 외 장애인 특례(법 51조)와 건강검진(법 제52조) 관련 조항이 있다.

제47조(요양급여비용의 청구와 지급 등) ① 요양기관은 공단에 요양급여비용의 지급을 청구할 수 있다. 이 경우 제2항에 따른 요양급여비용에 대한 심사청구는 공단에 대한 요양급여비용의 청구로 본다.

② 제1항에 따라 요양급여비용을 청구하려는 요양기관은 심사평가원에 요양급여비용의 심사청구를 하여야 하며, 심사청구를 받은 심사평가원은 이를 심사한 후 지체 없이 그 내용을 공단과 요양기관에 알려야 한다.

③ 제2항에 따라 심사 내용을 통보받은 공단은 지체 없이 그 내용에 따라 요양급여비용을 요양기관에 지급한다. 이 경우 이미 낸 본인일부부담금이 제2항에 따라 통보된 금액보다 더 많으면 요양기관에 지급할 금액에서 더 많이 낸 금액을 공제하여 해당 가입자에게 지급하여야 한다.

제49조(요양비) ① 공단은 가입자나 피부양자가 보건복지부령으로 정하는 긴급하거나 그 밖의 부득이한 사유로 요양기관과 비슷한 기능을 하는 기관으로서 보건복지부령으로 정하는 기관(제98조제1항에 따라 업무정지기간 중인 요양기관을 포함한다. 이하 "준요양기관"이라 한다)에서 질병·부상·출산 등에 대하여 요양을 받거나 요양기관이 아닌 장소에서 출산한 경우에는 그 요양급여에 상당하는 금액을 보건복지부령으로 정하는 바에 따라 가입자나 피부양자

에게 요양비로 지급한다.

제51조(장애인에 대한 특례) ① 공단은 「장애인복지법」에 따라 등록한 장애인인 가입자 및 피부양자에게는 「장애인·노인 등을 위한 보조기기 지원 및 활용 촉진에 관한 법률」 제3조제2호에 따른 보조기기(이하 이 조에서 "보조기기"라 한다)에 대하여 보험급여를 할 수 있다.

② 장애인인 가입자 또는 피부양자에게 보조기기를 판매한 자는 가입자나 피부양자의 위임이 있는 경우 공단에 보험급여를 직접 청구할 수 있다. 이 경우 공단은 지급이 청구된 내용의 적정성을 심사하여 보조기기를 판매한 자에게 보조기기에 대한 보험급여를 지급할 수 있다.

제52조(건강검진) ① 공단은 가입자와 피부양자에 대하여 질병의 조기 발견과 그에 따른 요양급여를 하기 위하여 건강검진을 실시한다.

② 제1항에 따른 건강검진의 종류 및 대상은 다음 각 호와 같다.

1. 일반건강검진: 직장가입자, 세대주인 지역가입자, 20세 이상인 지역가입자 및 20세 이상인 피부양자

2. 암검진: 「암관리법」 제11조제2항에 따른 암의 종류별 검진주기와 연령 기준 등에 해당하는 사람

3. 영유아건강검진: 6세 미만의 가입자 및 피부양자

(5) 급여의 실시

보험급여를 받을 사람이 고의 또는 중과실로 범죄행위를 하거나 고의로 사고를 일으킨 경우, 공단이나 요양기관의 지시를 따르지 않거나 문제제출, 질문, 진단 등을 기피한 경우 등에 해당하면 보험급여를 지급하지 않는다.

제53조(급여의 제한) ① 공단은 보험급여를 받을 수 있는 사람이 다음 각 호의 어느 하나에 해당하면 보험급여를 하지 아니한다.

1. 고의 또는 중대한 과실로 인한 범죄행위에 그 원인이 있거나 고의로 사고를 일으킨 경우

2. 고의 또는 중대한 과실로 공단이나 요양기관의 요양에 관한 지시에 따르지 아니한 경우

3. 고의 또는 중대한 과실로 제55조에 따른 문서와 그 밖의 물건의 제출을 거부하거나 질문 또는 진단을 기피한 경우

국민건강보험법은 과잉보장을 방지하기 위하여 조정제도를 두고 있다. 보험급여를 받을 자가 다른 법령에 의하여 국가 또는 지방자치단체로부터 요양을 받거나 요양비를 받게 된 때에는 보험급여를 실시하지 않는다(법 제53조 제2항). 보험급여를 받을 자가 제3자로부터 이미 손해배상을 받은 경우 그 한도 내에서 보험급여를 실시하지 않는다(법 제58조 제2항). 보험급여를 받을 자가 업무상 재해로 인하여 다른 법령에 의하여 보험급여나 보상을 받을 때에도 공단은 보험급여를 실시하지 않는다(법 제53조 제1항 제4호). 산업재해보상보험법에 의하여 근로복지공단에서 요양급여를 받는 경우가 여기에 해당한다. 그 외 급여 정지에 해당하는 사유들도 있다(법 제54조)

제53조(급여의 제한) ① 4. 업무 또는 공무로 생긴 질병·부상·재해로 다른 법령에 따른 보험급여나 보상(報償) 또는 보상(補償)을 받게 되는 경우
② 공단은 보험급여를 받을 수 있는 사람이 다른 법령에 따라 국가나 지방자치단체로부터 보험급여에 상당하는 급여를 받거나 보험급여에 상당하는 비용을 지급받게 되는 경우에는 그 한도에서 보험급여를 하지 아니한다.
제58조(구상권) ① 공단은 제3자의 행위로 보험급여사유가 생겨 가입자 또는 피부양자에게 보험급여를 한 경우에는 그 급여에 들어간 비용 한도에서 그 제3자에게 손해배상을 청구할 권리를 얻는다.
② 제1항에 따라 보험급여를 받은 사람이 제3자로부터 이미 손해배상을 받은 경우에는 공단은 그 배상액 한도에서 보험급여를 하지 아니한다.
제54조(급여의 정지) 보험급여를 받을 수 있는 사람이 다음 각 호의 어느 하나에 해당하면 그 기간에는 보험급여를 하지 아니한다.
2. 국외에 체류하는 경우
3. 제6조제2항제2호에 해당하게 된 경우(「병역법」에 따른 현역병(지원에 의하지 아니하고 임용된 하사를 포함한다), 전환복무된 사람 및 군간부후보생)
4. 교도소, 그 밖에 이에 준하는 시설에 수용되어 있는 경우

고딕체로 표기된 부분은 저자가 추가한 것이다.

(6) 보장기관 및 인력

국민건강보험공단은 보험료 부과징수, 보험급여 관리 등 국민건강보험을 관리, 운영하는 업무를 맡고 있는 공법인이다.

제2조(관장) 이 법에 따른 건강보험사업은 보건복지부장관이 맡아 주관한다.
제13조(보험자) 건강보험의 보험자는 국민건강보험공단(이하 "공단"이라 한다)으로 한다.
제15조(법인격 등) ① 공단은 법인으로 한다.
② 공단은 주된 사무소의 소재지에서 설립등기를 함으로써 성립한다.

건강보험심사평가원(법 제62~68조)을 설립하도록 되어 있다. 건강보험급여는 요양기관(병원, 약국 등)을 통하여 제공되는데, 건강보험심사평가원은 요양기관이 진행하는 진료비용(요양급여비용)을 심사하고, 요양급여의 적정성을 평가하고 심사기준 및 평가기준을 개발하는 업무를 수행하는 공법인이다(법 제63조 제1항).

제62조(설립) 요양급여비용을 심사하고 요양급여의 적정성을 평가하기 위하여 건강보험심사평가원을 설립한다.
제63조(업무 등) ① 심사평가원은 다음 각 호의 업무를 관장한다.
1. 요양급여비용의 심사
2. 요양급여의 적정성 평가
3. 심사기준 및 평가기준의 개발
4. 제1호부터 제3호까지의 규정에 따른 업무와 관련된 조사연구 및 국제협력
5. 다른 법률에 따라 지급되는 급여비용의 심사 또는 의료의 적정성 평가에 관하여 위탁받은 업무

건강보험정책심의위원회를 구성하도록 되어 있다. 건강보험사업은 보건복지부장관이 주관하는데, 정책에 관한 사항을 심의, 의결하는 기구로 보건복지부장관 소속으로 건강보험정책심의위원회를 둔다. 건강보험정책심의위원회는 국민건강보험종합계획, 요양급여의 기준, 요양급여비용에 관한 사항, 직장가입자의 보험료율, 지역가입자의 보험료부과점수당 금액 등을 심의, 의결하는 기능을 하고 있다. 보건복지부차관이 위원장이 되며, 위원은 근로자단체 및 사용자단체가 추천하는 각 2명(직장가입자 대표), 시민단체, 소비자단체, 농어업인단체, 자영업자단체가 추천하는 각 1명(지역가입자 대표), 의료계, 약업계 대표단체가 추천하는 8명(의료계 대표), 공무원 등 8명으로 구성되어 있다.

제4조(건강보험정책심의위원회) ① 건강보험정책에 관한 다음 각 호의 사항을 심의·의결하기 위하여 보건복지부장관 소속으로 건강보험정책심의위원회(이하 "심의위원회"라 한다)를 둔다.

1. 제3조의2제1항 및 제3항에 따른 종합계획 및 시행계획에 관한 사항(심의에 한정한다)
2. 제41조제3항에 따른 요양급여의 기준
3. 제45조제3항 및 제46조에 따른 요양급여비용에 관한 사항
4. 제73조제1항에 따른 직장가입자의 보험료율
5. 제73조제3항에 따른 지역가입자의 보험료부과점수당 금액

---

(7) 재정

직장가입자 및 사용자, 지역가입자는 보험료 납부의무가 있다(법 제77조). 지역가입자의 보험료는 세대 가입자 전원이 연대하여 부담한다(법 제77조 제2항).

제77조(보험료 납부의무) ① 직장가입자의 보험료는 다음 각 호의 구분에 따라 그 각 호에서 정한 자가 납부한다.

1. 보수월액보험료: 사용자. 이 경우 사업장의 사용자가 2명 이상인 때에는 그 사업장의 사용자는 해당 직장가입자의 보험료를 연대하여 납부한다.

2. 보수 외 소득월액보험료: 직장가입자

② 지역가입자의 보험료는 그 가입자가 속한 세대의 지역가입자 전원이 연대하여 납부한다. 다만, 소득 및 재산이 없는 미성년자와 소득 및 재산 등을 고려하여 대통령령으로 정하는 기준에 해당하는 미성년자는 납부의무를 부담하지 아니한다.

③ 사용자는 보수월액보험료 중 직장가입자가 부담하여야 하는 그 달의 보험료액을 그 보수에서 공제하여 납부하여야 한다. 이 경우 직장가입자에게 공제액을 알려야 한다.

국민연금공단은 납부의무자에게 보험료를 징수하는데, 납부의무자로부터 징수하는 보험료가 건강보험 재정의 큰 부분을 차지한다(법 제69조). 직장가입자와 지역가입자의 보험료율은 대통령령으로 정한다(법 제73조, 시행령 제44조 제1항).

직장가입자의 보험료는 보수월액보험료와 소득월액보험료로 구성되고, 보수월액보험료는 직장가입자가 받는 보수, 소득월액보험료는 보수를 제외한 소득(일정 금액을 초과하는 경우)에 보험료율을 곱하여 산정된다(법 제70조, 제71조). 직장가입자의 보수월액보험료의 50%는 사업주, 50%는 근로자가 부담하고, 소득월액보험료는 전액 직장가입자가 부담한다(법 제76조).

지역가입자의 보험료는 세대 단위로 산정하며, 세대별 보험료는 보험료부과점수에 보험료부과점수당 금액을 곱하여 산정한다. 지역가입자의 보험료 부과점수는 소득 및 재산을 기준으로 산정한다(법 제72조, 제76조 제3항).

제69조(보험료) ① 공단은 건강보험사업에 드는 비용에 충당하기 위하여 제77조에 따른 보험료의 납부의무자로부터 보험료를 징수한다.

④ 직장가입자의 월별 보험료액은 다음 각 호에 따라 산정한 금액으로 한다.

1. 보수월액보험료: 제70조에 따라 산정한 보수월액에 제73조제1항 또는 제2항에 따른 보험료율(건강보험료율)을 곱하여 얻은 금액

2. 보수 외 소득월액보험료: 제71조제1항에 따라 산정한 보수 외 소득월액에 제73조제1항 또는 제2항에 따른 보험료율(건강보험료율)을 곱하여 얻은 금액

⑤ 지역가입자의 월별 보험료액은 다음 각 호의 구분에 따라 산정한 금액을 합산한 금액으로 한다. 이 경우 보험료액은 세대 단위로 산정한다.

1. 소득: 제71조제2항에 따라 산정한 지역가입자의 소득월액에 제73조제3항에 따른 보험료율을 곱하여 얻은 금액

2. 재산: 제72조에 따라 산정한 재산보험료부과점수에 제73조제3항에 따른 재산보험료부과점수당 금액(2024년 208.4원)을 곱하여 얻은 금액

⑥ 제4항 및 제5항에 따른 월별 보험료액은 가입자의 보험료 평균액의 일정비율에 해당하는 금액을 고려하여 대통령령으로 정하는 기준에 따라 상한 및 하한을 정한다.

제73조(보험료율 등) ① 직장가입자의 보험료율은 1천분의 80의 범위에서 심의위원회의 의결을 거쳐 대통령령으로 정한다.

② 국외에서 업무에 종사하고 있는 직장가입자에 대한 보험료율은 제1항에 따라 정해진 보험료율의 100분의 50으로 한다.

③ 지역가입자의 보험료율과 재산보험료부과점수당 금액은 심의위원회의 의결을 거쳐 대통령령으로 정한다.

제70조(보수월액) ① 제69조제4항제1호에 따른 직장가입자의 보수월액은 직장가입자가 지급받는 보수를 기준으로 하여 산정한다.

제71조(소득월액) ① 소득월액은 제70조에 따른 보수월액의 산정에 포함된 보수를 제외한 직장가입자의 소득(이하 "보수외소득"이라 한다)이 대통령령으로 정하는 금액을 초과하는 경우 다음의 계산식에 따라 산정한다.

* (연간 보수외소득-대통령령으로 정하는 금액) × 1/12

제72조(보험료부과점수) ① 제69조제5항에 따른 보험료부과점수는 지역가입자의 소득 및 재산을 기준으로 산정한다. 다만, 대통령령으로 정하는 지역가입자가 실제 거주를 목적으로 대통령령으로 정하는 기준 이하의 주택을 구입 또는 임차하기 위하여 「금융실명거래 및 비밀보장에 관한 법률」 제2조제1호에

따른 금융회사등(이하 "금융회사등"이라 한다)으로부터 대출을 받고 그 사실을 공단에 통보하는 경우에는 해당 대출금액을 대통령령으로 정하는 바에 따라 평가하여 보험료부과점수 산정 시 제외한다.

제76조(보험료의 부담) ① 직장가입자의 보수월액보험료는 직장가입자와 다음 각 호의 구분에 따른 자가 각각 보험료액의 100분의 50씩 부담한다. 다만, 직장가입자가 교직원으로서 사립학교에 근무하는 교원이면 보험료액은 그 직장가입자가 100분의 50을, 제3조제2호다목에 해당하는 사용자가 100분의 30을, 국가가 100분의 20을 각각 부담한다.

1. 직장가입자가 근로자인 경우에는 제3조제2호가목에 해당하는 사업주

2. 직장가입자가 공무원인 경우에는 그 공무원이 소속되어 있는 국가 또는 지방자치단체

3. 직장가입자가 교직원(사립학교에 근무하는 교원은 제외한다)인 경우에는 제3조제2호다목에 해당하는 사용자

② 직장가입자의 보수 외 소득월액보험료는 직장가입자가 부담한다.

③ 지역가입자의 보험료는 그 가입자가 속한 세대의 지역가입자 전원이 연대하여 부담한다.

고딕체로 표기된 부분은 저자가 추가한 것이다.

국민건강보험은 국민연금과 달리 재정에 있어 국고부담의 비율이 명시되어 있다는 특징이 있다. 국고지원의 계기를 살펴보면, 2000년대 초반 직장건강보험과 지역건강보험의 통합과정에서 가입자가 영세자영업자, 퇴직자 등으로 구성되어 상대적으로 재정이 열악한 지역의료보험의 문제를 해결하기 위하여 2002년 국민건강보험재정건전화특별법이 제정되면서 지역건강보험의 급여비용 및 사업비의 40%를 국고로 지원하게 하였다. 직장가입자와 달리 보험료를 전액 부담하여야 하는 점을 고려하여 국가가 이를 일부 책임지도록 하여, 건강보험 운영에 대한 국가의 재정적 책임을 분명하게 한 것이다.

현재 국고지원 조항은 국민건강보험법 제108조의2에 명시되어 있으며, 국가는 매년 예상 보험료 수입액의 20%(국민건강보험법 제108조의2에 따른 14%+국민건강증진법 부칙 제2항에 따른 6%)를 국민건강보험공단에 지원하여야 한다. 다만, 이러한 명시적 규정에도 불구하고 국고지원 비율이 10%대에

머물러 있다.

> 제108조의2(보험재정에 대한 정부지원) ① 국가는 매년 예산의 범위에서 해당 연도 보험료 예상 수입액의 100분의 14에 상당하는 금액을 국고에서 공단에 지원한다.
>
> **국민건강증진법 부칙** 〈법률 제6619호, 2002. 1. 19.〉
> ② (기금사용의 한시적 특례) 보건복지부장관은 제25조제1항의 규정에 불구하고 2027년 12월 31일까지 매년 기금에서 「국민건강보험법」에 따른 당해연도 보험료 예상수입액의 100분의 6에 상당하는 금액을 동법 제108조제4항의 용도에 사용하도록 동법에 따른 국민건강보험공단에 지원한다. 다만, 그 지원금액은 당해연도 부담금 예상수입액의 100분의 65를 초과할 수 없다.

취약계층을 위한 보험료 경감 제도가 있다.

> 제75조(보험료의 경감) ① 다음 각 호의 어느 하나에 해당하는 가입자 중 보건복지부령으로 정하는 가입자에 대하여는 그 가입자 또는 그 가입자가 속한 세대의 보험료의 일부를 경감할 수 있다.
> 1. 섬·벽지(僻地)·농어촌 등 대통령령으로 정하는 지역에 거주하는 사람
> 2. 65세 이상인 사람
> 3. 「장애인복지법」에 따라 등록한 장애인
> 4. 「국가유공자 등 예우 및 지원에 관한 법률」 제4조제1항제4호, 제6호, 제12호, 제15호 및 제17호에 따른 국가유공자
> 5. 휴직자
> 6. 그 밖에 생활이 어렵거나 천재지변 등의 사유로 보험료를 경감할 필요가 있다고 보건복지부장관이 정하여 고시하는 사람

건강보험료

건강보험료 계산식(2024년 기준)
- 건강보험료=보수월액×건강보험료율(7.09%)
- 직장가입자 보수월액보험료: 보수월액 × 보험료율
- 직장가입자 소득월액보험료: 소득월액(2,000만 원 초과소득)×보험료율
*소득월액보험료: 보수월액의 산정에 포함된 보수를 제외한 직장가입자의 소득이 연간 일정액을 초과하는 직장가입자는 소득월액보험료 부과대상자가 된다.
*연간 일정액
- 2018년 7월 이전: 7,200만 원 초과
- 2018년 7월 이후: 3,400만 원 초과
- 2022년 7월 이후: 2,000만 원 초과
*직장가입자가 근로소득 이외 2,000만 원 이상의 소득이 있을 경우, 2,000만 원 초과분에 대하여 7.09%의 건강보험료를 부과함
- 장기요양보험료=건강보험료×장기요양보험료율(0.9182%)/건강보험료율(7.09%)

(8) 권리구제 및 벌칙

가입자 및 피부양자의 자격, 보험료, 보험급여, 보험급여 비용에 대한 국민건강보험공단의 처분에 이의가 있는 자는 공단에, 요양급여비용 및 요양급여의 적정성 평가에 대한 건강보험심사평가원의 처분에 이의가 있는 자는 심사평가원에 이의신청을 할 수 있다(법 제87조). 이의신청에 대한 결정에 불복하는 자는 보건복지부에 설치된 건강보험분쟁조정위원회에 심판청구를 할 수 있다(법 제88조, 제89조). 그 외 심사청구와 재심사청구 제도가 있다(법 제108조, 제110조).

제87조(이의신청) ① 가입자 및 피부양자의 자격, 보험료등, 보험급여, 보험급여 비용에 관한 공단의 처분에 이의가 있는 자는 공단에 이의신청을 할 수 있다.
제88조(심판청구) ① 이의신청에 대한 결정에 불복하는 자는 제89조에 따른

건강보험분쟁조정위원회에 심판청구를 할 수 있다. 이 경우 심판청구의 제기 기간 및 제기방법에 관하여는 제87조제3항을 준용한다.

제89조(건강보험분쟁조정위원회) ① 제88조에 따른 심판청구를 심리·의결하기 위하여 보건복지부에 건강보험분쟁조정위원회(이하 "분쟁조정위원회"라 한다)를 둔다.

제108조(심사청구) ① 가입자의 자격, 기준소득월액, 연금보험료, 그 밖의 이 법에 따른 징수금과 급여에 관한 공단 또는 건강보험공단의 처분에 이의가 있는 자는 그 처분을 한 공단 또는 건강보험공단에 심사청구를 할 수 있다.

② 제1항에 따른 심사청구는 그 처분이 있음을 안 날부터 90일 이내에 문서(「전자정부법」 제2조제7호에 따른 전자문서를 포함한다)로 하여야 하며, 처분이 있은 날부터 180일을 경과하면 이를 제기하지 못한다.

제110조(재심사청구) ① 제108조에 따른 심사청구에 대한 결정에 불복하는 자는 그 결정통지를 받은 날부터 90일 이내에 대통령령으로 정하는 사항을 적은 재심사청구서에 따라 국민연금재심사위원회에 재심사를 청구할 수 있다.

제109조(국민연금심사위원회 및 징수심사위원회) ① 제108조에 따른 심사청구 사항을 심사하기 위하여 공단에 국민연금심사위원회(이하 "심사위원회"라 한다)를 두고, 건강보험공단에 징수심사위원회를 둔다

법적 실효성 보장을 위하여 다양한 벌칙 규정이 있다. 예를 들어 "거짓이나 부정한 방법으로 요양급여비용을 청구하는 경우"에 대하여 3년 이하의 징역 또는 3천만 원 이하의 벌금에 처할 수 있다.

제115조(벌칙) ① 제102조제1호를 위반하여 가입자 및 피부양자의 개인정보를 누설하거나 직무상 목적 외의 용도로 이용 또는 정당한 사유 없이 제3자에게 제공한 자는 5년 이하의 징역 또는 5천만원 이하의 벌금에 처한다.

② 다음 각 호의 어느 하나에 해당하는 자는 3년 이하의 징역 또는 3천만원 이하의 벌금에 처한다.

1. 대행청구단체의 종사자로서 거짓이나 그 밖의 부정한 방법으로 요양급여비용을 청구한 자

건강보험 보장성이 강화되었다!

소위 '문재인 케어'의 핵심 목표는 '건강보험 보장성 강화'였다. 건강보험 보장성 강화란 "건강보험 보장률을 높여 가계의 병원비 부담을 낮추기 위한 국민 의료비 부담 완화 정책"이라고 할 수 있다. 문재인 케어의 주요 성과는 비급여의 급여화, 취약계층의 의료비 부담 완화, 의료안전망 강화로 요약된다.

첫째, 비급여의 급여화

국민의 부담이 큰 이른바 '3대 비급여'(선택진료비, 상급병실료, 간병비) 문제를 해소하기 위해 ① 선택진료비 폐지, ② 병원급 이상의 2·3인실에 건강보험 적용, ③ 간호·간병통합서비스를 두 배 이상 확대(2017년 26,381병상 → 2021년 60,287병상)하였다. 또한 초음파 및 MRI 검사 등 치료에 필요한 비급여 항목에 대해 단계적으로 건강보험을 적용, 국민의 의료비를 경감시켰다. 그 결과 상급종합병원에서의 건강보험 보장률은 2017년 65.1%에서 2019년 69.5%로, 종합병원 보장률은 같은 기간 63.8%에서 66.7%로 상승하였다.

둘째, 취약계층의 의료비 부담 완화

(아동) 15세 이하 입원진료비의 본인부담률(전체 의료비 중 환자가 부담하는 비율) 인하(10~20% → 5%), 1세 미만 외래진료비 본인부담률 인하(21~42% → 5~20%), 조산아 및 저체중 출산아 외래진료비 본인부담률 인하(36개월 미만 10% → 60개월 미만 5%), 충치치료 건강보험 적용과 함께 구순구개열 치료를 위한 치아교정에 건강보험을 적용하여 의료비 부담을 기존 3,500만 원에서 730만 원 수준으로 대폭 줄였다. 그 결과 5세 이하의 건강보험 보장률은 2017년 66.8%에서 2019년 69.4%로 증가하였다.

(노인) 중증치매 치료(20~60% → 10%), 틀니·임플란트(50% → 30%) 등 주요 질환에 대한 본인부담률을 낮추었다. 65세 이상은 2017년 68.8%에서 2019년 70.7%로 증가했다.

(장애인) 장애인보장구 급여 대상자 확대(욕창예방방석에 대하여 지체장애인과 함께 뇌병변장애인도 포함, 이동식전동리프트에 대하여 뇌병변장애인과 함께 지체장애인도 포함), 의수·의족 급여액 인상(평균 +22.8%) 등의 정책을 추진했다.

(임신이 어려운 여성) 난임 시술에 건강보험을 적용하였다. 그 결과 난임 여성 약 27만 명이 평균 192만 원의 혜택을 받았다.

셋째, 의료안전망 강화

소득 하위 50% 국민이 연간 부담하는 건강보험 본인부담금의 상한액 기준을 본인 연소득의 10% 수준으로 인하해 저소득층의 환급금을 확대하였다. 평균적으로 소득 1

분위 122만 원→80만 원, 소득 2~3분위 153만 원→100만 원, 소득 4~5분위 205만 원→150만 원으로 인하된 것이다. 치료적 비급여 의료비를 지원하는 재난적 의료비 지원사업 대상을 기존 4대 중증질환(암, 심장질환, 뇌질환, 희귀난치성 질환)에서 전체 질환으로 확대하고 지원 한도를 최대 2,000만 원에서 3,000만 원으로 인상하였다.

이러한 건강보험 보장성 강화 대책에 대한 국민의 긍정적인 응답 비율도 정책 발표 당시 39.7%에서 2020년 8월 94%로 대폭 상승했다.

출처: 대한민국 정책브리핑(www.korea.kr)

생각해 볼 과제

1   한국의 국민건강보험 보장률(총 의료비 중 건강보험에서 부담하는 비율)은 2021년 기준 64.5%로 OECD 국가들의 70~80%대에 비교하여 낮은 수준이다. 건강보험의 보장률을 높이기 위하여 어떠한 정책이 필요할지에 대하여 자신의 의견과 함께 그 근거를 이야기해 보자.

2   한국의 건강보장제도는 국민건강보험제도이다. 국민건강서비스와 비교할 때, 국민건강보험 제도의 장점과 단점은 무엇인지 그리고 한국의 국민건강보험제도를 국민건강서비스로 전환하는 것에 대하여 찬성하는지 반대하는지에 대하여 자신의 의견과 함께 그 근거를 이야기해 보자

3   행위별 수가제의 문제점과 그 대안에 대하여 자신의 의견과 함께 그 근거를 이야기해 보자.

3. 노인장기요양보험법

1) 노인장기요양보험법의 의의

노인장기요양보험법은 고령화 사회에서 노인의 건강과 삶의 질을 유지하고자 마련된 법률이다. 노인장기요양보험법의 중요한 의의는 첫째, 노인돌봄에 대한 사회적 연대 강화이다. 노인장기요양보험법은 고령화로 인한 돌

봄 부담을 개인과 가족에 국한하지 않고, 사회 전체가 연대하여 분담하도록 하는 제도적 기반을 제공하고 있다. 둘째, 고령화에 대한 체계적 대응 구축이다. 급속한 고령화는 경제적, 사회적 도전에 직면하게 하는데, 이 법은 장기요양이 필요한 노인에게 체계적인 서비스를 제공함으로써 고령화로 인한 부담을 완화하고, 돌봄의 사회화에 대한 안정적인 구조를 강화·유지하는 데 도움을 줄 수 있다. 셋째, 서비스 질의 표준화이다. 노인장기요양보험법은 노인 돌봄서비스의 표준을 설정하고, 이를 법적으로 보장하여 서비스의 편차를 줄이는 데 기여한다고 볼 수 있다.

2) 노인장기요양보험법의 연혁

(1) 노인장기요양보험법의 제정

2001년 8월 15일에 김대중 대통령이 광복절 경축사에서 제도 도입의 필요성을 제기하였다. 2003년 3월 공적 노인요양보장 추진 기획단이 설치되었고, 본격적으로 제도를 기획하기 시작하였다. 노인장기요양보험법이 1977년 4월 27일 제정되었고, 2007년 10월 1일부터 시행되었다. 소득 수준이 낮거나 부양가족이 없는 상황에서, 치매나 중풍에 노출된 노인들은 돌봄의 사각지대에 놓이게 된다. 이에 65세 이상 또는 노인성 질병을 가진 65세 미만의 국민에게 장기요양급여를 제공함으로써 돌봄의 사각시대를 해소하고 사회연대를 강화하기 위한 목적으로 노인장기요양보험법이 도입되었다. 법 제정 당시 장기요양급여 제공의 기본원칙, 국가 및 지방자치단체의 책무, 장기요양기본계획, 장기요양보험, 장기요양인정, 장기요양급여 등을 명시하였다.

(2) 노인장기요양보험법의 주요 개정 내용

노인장기요양보험법의 제정은 사회보험 방식으로 노인 돌봄 제공을 통해 신체활동 및 가사활동 지원, 존엄한 노후생활, 가족 돌봄 부담의 완화, 노후 경제적 안정 기여, 사회통합 도모 등을 추구하였다는 점에서 의의가 크다.

그러나 노인장기요양보험법의 시행에도 불구하고, 장기요양급여 신청의 어려움, 등급판정 탈락, 맞춤형 장기요양급여, 재가장기요양기관의 난립과 폐업, 농촌 등 특정 지역에서의 장기요양기관 공급 부족, 장기요양급여심사의 공정성, 장기요양요원의 처우 등에 대한 지적이 있어 왔다. 이에 노인성 질병을 가진 국민의 돌봄서비스 권리를 보장하기 위해 수차례에 걸쳐 개정이 되었는데, 주요 개정 내용은 표 9-9와 같다.

표 9-9 노인장기요양보험법의 주요 개정 연혁

연도	주요 내용
2007.04.27.	- 노인장기요양보험법 제정(2008.07.01. 시행)
2009.03.18.	- 장기요양보험료만 내고 현실적으로 수급대상자가 되기 어려운 외국인근로자에 대하여는 현행 외국인의 자격제도 틀은 그대로 유지하되 제외신청을 할 경우 예외적으로 장기요양보험가입자에서 제외: 고용허가제로 입국한 외국인 근로자의 보험료 부담 완화
2009.05.21.	- 도서·벽지·농어촌 등 일정지역에 거주하는 자에 대하여 장기요양급여 본인일부부담금의 100분의 50을 감경
2010.03.17.	- 장기요양기관의 장이 장기요양급여 제공에 관한 자료를 기록·관리 - 장기요양기관 또는 재가장기요양기관의 장이 폐업 또는 휴업신고를 할 때 보건복지부령으로 정하는 바에 따라 장기요양급여 제공 자료를 공단으로 이관
2013.08.13.	- 장기요양기관과 그 종사자 등이 영리를 목적으로 본인일부부담금을 면제·감경하는 행위나 금전, 물품 등의 이익을 제공하는 방법으로 수급자를 장기요양기관에 소개, 알선 또는 유인하는 행위 및 이를 조장하는 행위 금지 - 자치단체의 장은 장기요양기관의 업무정지가 장기요양기관을 이용하는 수급자에게 심한 불편을 줄 우려가 있는 경우에는 업무정지명령을 갈음하여 과징금 부과
2015.12.29.	- 경증치매노인을 위한 장기요양 5등급(일명, 치매특별등급)이 2014년 7월 신설되었으나, 기타재가급여의 복지용구가 일상생활·신체활동 지원위주로 되어 있어서, 기타재가급여의 범위에 치매노인의 인지기능 유지·향상을 위한 용구 추가 - 장기요양기관의 휴업·폐업 또는 지정취소·폐쇄 등의 경우 서비스 중단에 따른 수급자의 불편이 있으므로, 장기요양기관 휴·폐업 등의 경우에 수급자 권익보호조치 의무화 - 장기요양기관이 전국적으로는 어느 정도 확충되어 있지만 농어촌이나 도서벽지 등 취약지역에는 충분한 장기요양기관 확보가 어려워 지역 간 서비스 편차가 발생하고 있으므로 공단의 장기요양기관 설치 시 노인인구 및 지역특성 등을 감안한 지역 간 불균형 해소를 고려하도록 명시 - 장기요양기관의 투명한 운영을 위해 장기요양기관 설치자의 결격사유 신설
2016.05.29.	- 장기요양기관의 투명한 회계운영을 위해 장기요양기관 재무·회계기준을 마련하되 사회복지시설인 장기요양기관의 경우는 사회복지사업법에 따른 재무·회계기준을 따르도록 함 - 국가 및 지방자치단체의 책무로 장기요양요원의 처우개선 및 복지증진을 위해 노력하도록 규정하고 장기요양기본계획에 장기요양요원 처우에 관한 사항을 포함 - 장기요양사업의 실태파악을 위해 3년마다 실태조사 실시 - 장기요양기관이 지급받은 장기요양급여비용 중 일부를 장기요양요원의 인건비로 지출 - 지방자치단체가 장기요양요원의 권리보호를 위한 장기요양요원지원센터를 설치·운영

연도	주요 내용
2016.12.02.	- 특별현금급여수급계좌의 예금에 관한 채권 압류 금지: 특별현금급여의 경우 압류방지 전용통장 개설에 관한 법적 근거가 없어 일반 통장으로 특별현금급여가 지급되고 있는바, 이로 인하여 특별현금급여가 다른 금원과 섞이면서 해당 통장이 압류되는 경우 특별현금급여와 이를 받을 권리가 침해되는 문제가 발생하고 있었음
2018.03.13.	- 노인 학대를 예방하고 노인 인권을 제고할 수 있도록 대통령령으로 정하는 장기요양기관의 설치·운영자 및 그 종사자, 이용자에 대하여 인권교육 실시 - 과징금 제재처분의 실효성을 확보하기 위하여 과징금 상한금액을 현행 5천만원에서 2억원으로 상향 조정
2018.03.27.	- 본인일부부담금을 60%의 범위 내에서 보건복지부장관이 정하는 바에 따라 차등하여 감경: 현행법은 재가급여 비용의 15% 및 시설급여 비용의 20%를 본인이 부담하도록 규정하면서, 소득·재산 등이 일정기준 이하인 저소득계층 등에 대하여는 본인일부부담금의 50%를 감경하도록 하고 있음. 그러나 급속한 인구 고령화에 따라 치매·중풍 등 일상생활이 어려운 노인 인구의 증가로 가족의 돌봄 부담은 증가하고 있는 반면, 본인일부 부담금 감경비율은 제도 도입 후 변화한 바 없음. 이에 치매국가책임제 시행에 따라 장기요양보험의 본인일부 부담금 경감혜택을 확대하려는 취지였음
2018.12.11.	- 장기요양기관 지정제 단일화 및 지정제 실효성 강화 조항 마련. 구체적으로는 재가장기요양기관 설치 신고 시 장기요양기관으로 지정된 것으로 간주하였던 규정을 삭제하여 재가급여를 제공하는 장기요양기관도 시설급 여를 제공하는 장기요양기관과 마찬가지로 지정을 받도록 규정을 단일화하고, 지정권자는 장기요양기관을 설치·운영하려는 자의 장기요양급여 제공 이력 등을 고려하여 적정 수의 장기요양기관을 지정하도록 함으로 써 지정의 실효성을 강화함. 현행법상 재가급여를 제공하는 장기요양기관은 노인복지법에 따른 재가노인복 지시설 설치 기준을 충족하지 못하여도 현행법에 따른 설치 신고만으로 장기요양기관 지정이 의제되는 등 진 입요건이 완화되어 있어 매년 2천여개소의 재가장기요양기관이 신규 개설되고 1천여개소의 재가장기요양기 관이 폐업하는 등 장기요양기관의 난립 및 장기요양서비스의 질 저하 문제가 발생하고 있었음
2019.01.15.	- 장기요양급여 수급자가 장기요양기관에 정해진 금액보다 많은 본인부담금을 납부한 경우 국민건강보험공단 이 장기요양기관에 지급할 장기요양급여비용 중 일부를 공제하여 수급자에게 지급 - 공단이 수급자뿐만 아니라 수급자의 가족을 대상으로 정보제공·안내·상담 등 장기요양급여 관련 이용지원 에 관한 업무 수행 - 징수·지급에 따른 행정절차의 간소화 및 업무처리의 효율화를 위하여 공단이 수급자로부터 징수하여야 할 금액과 공단이 수급자에게 지급하여야 할 금액 상계(相計)
2019.04.23.	- 장기요양인정 신청 등을 직접 수행할 수 없는 치매환자를 위하여 치매안심센터장이 해당 신청 대리 - 현재 행정규칙에 규정되어 있는 장기요양기관의 배상책임보험 미가입 시 장기요양급여비용 감액에 관한 내 용을 법률에 직접 규정 - 장기요양기관 폐업 또는 지정취소 등의 경우 해당 장기요양기관을 이용하는 수급자가 다른 장기요양기관을 선택하여 이용할 수 있도록 하고, 수급자가 부담한 비용 중 정산하여야 할 비용 정산
2020.03.31.	- 등급판정위원회는 부정한 방법 등으로 장기요양인정을 받은 자에 대하여 장기요양등급 조정뿐만 아니라 장 기요양 수급자 여부도 다시 판정할 수 있음을 명확히 규정 - 국민건강보험공단은 장기요양급여를 받고 있거나 받을 수 있는 자가 장기요양기관이 부정한 방법으로 장기 요양급여비용을 받는 데에 가담한 경우 장기요양급여를 중단하거나 1년의 범위에서 장기요양급여의 횟수 또 는 제공 기간 제한 - 국민건강보험법상 보험료를 체납한 지역가입자 외국인에 대한 보험급여 중단 규정을 이 법에도 준용 - 장기요양기관으로 지정받으려면 노인복지법상 노인복지시설이어야 함을 법률로 명확히 함 - 장기요양기관이 거짓으로 재가·시설 급여비용을 청구하였다는 이유로 지정 취소 등의 처분이 확정된 경우 위반사실 등의 공표를 할 수 있도록 재량으로 규정하고 있는 것을 의무화하되, 장기요양기관의 폐업 등으로 공표의 실효성이 없는 경우에는 공표를 하지 않을 수 있도록 함 - 보건복지부장관 등은 장기요양기관이 자료제출 명령에 따르지 않는 등의 이유로 지정 취소 등의 처분이 확정 된 경우 위반사실 등을 공표하도록 하되, 공표의 실효성이 없거나 공표 전에 장기요양기관이 자료 제출 등에

연도	주요 내용
	응하는 경우에는 공표를 하지 않을 수 있도록 함 - 국민건강보험공단은 장기요양기관이 정당한 사유 없이 자료제출 명령에 따르지 아니하거나 질문·검사를 거부·방해·기피하는 경우 이에 응할 때까지 장기요양급여비용의 지급을 보류 - 장기요양보험가입자 등에게 보수·소득 등의 보고 또는 자료 제출을 명하거나 질문·검사를 할 수 있는 주체에 특별시장·광역시장·도지사 추가 - 장기요양기관이 자료제출 명령을 따르지 않는 경우 등에 대하여 현재 500만원 이하의 과태료를 부과하던 것을, 앞으로는 1천만원 이하의 벌금에 처하도록 벌칙 상향
2020.12.21.	- 장기요양보험 가입자의 보험료 과부담 인식을 해소하기 위하여 장기요양보험료율의 부과표준을 '건강보험료'에서 '소득'으로 변경 - 장기요양급여에 대한 본인부담금을 차등 규정 - 의료기관에서 거짓이나 부정한 방법으로 의사소견서·방문간호지시서를 발급하여 그 발급비용을 받은 경우 부당이득에 대해 징수 - 장기요양기관에 폐쇄회로 텔레비전을 의무적으로 설치·운영하도록 하여 수급자의 안전과 장기요양기관의 보안 강화
2020.12.29.	- 표준장기요양이용계획서를 개인별장기요양이용계획서로 명칭 변경: 개인별 맞춤형 서비스 제공계획서인 표준장기요양이용계획서가 명칭으로 인하여 일반적이고 표준화된 계획서로 오해될 소지가 있는바, 수급자의 심신 기능상태 및 장기요양욕구, 급여종류 등을 작성하는 양식 명칭을 목적에 맞게 변경한 것임 - 현행법은 장기요양기관 지정 심사 시 장기요양기관을 운영하려는 자 또는 장기요양요원이 받은 행정처분 내용을 검토하여 반영하도록 하고 있는데, 관리책임이 있는 시설장이 받은 행정처분의 내용에 대해서는 별도의 규정을 두지 않고 있는바, 장기요양기관의 지정 심사 시 검토 대상인 행정처분 내용의 범위와 대상을 확대하려는 것임 - 장기요양기관에서 부정하게 급여비용을 청구한 경우 행정처분 이외의 처벌조항이 없어 부정 청구 제재에 한계가 있다는 의견이 있는바, 장기요양기관의 급여비용 부정 청구 시 '3년 이하의 징역 또는 3천만원 이하의 벌금' 규정 신설
2021.07.27.	- 재가 및 시설 급여비용뿐만 아니라 특별현금급여의 산정도 함께 규정하고 그 산정 주기 명시: 현행법에 따른 노인장기요양보험제도는 국민건강보험공단으로 하여금 수급자에게 재가 및 시설 급여를 제공한 장기요양기관에 그 급여비용을 지급하고 특정한 조건에 해당하는 수급자에게는 가족요양비 등 특별현금급여를 지급하게 함으로써 수급자의 노후생활의 안정을 보장하고 그 가족의 부담을 덜어주고 있음. 그런데 법률에는 재가 및 시설 급여비용의 산정에 관한 사항만 규정되어 있어 특별현금급여의 경우 약 10년 간 금액이 동결되거나 산정 논의 자체가 이루어지지 않고 있는 문제가 있었음. 또한 실무적으로는 1년 주기로 급여비용을 산정하고 있으나 법률상으로는 산정 주기에 관한 세부사항이 규정되어 있지 않았음
2024.01.02.	- 장기요양기관은 재가급여의 전부 또는 일부를 통합하여 서비스를 제공할 수 있도록 함 - 자치단체의 장이 장기요양기관을 지정하려는 경우 검토해야 하는 사항에 해당 지역의 치매 등 노인성질환 환자 수를 추가 - 장기요양기관의 장이 고충의 해소를 위한 적절한 조치를 하지 아니한 경우에는 장기요양요원이 장기요양기관을 지정한 자치단체의 장에게 그 시정을 신청할 수 있도록 하고, 신청을 받은 특별자치시장·특별자치도지사·시장·군수·구청장이 장기요양요원의 고충에 대한 사실확인을 위한 조사를 실시한 후 필요하다고 인정되는 경우에는 장기요양기관의 장에게 적절한 조치를 하도록 통보
2024.02.06.	- 장기요양급여 제공 기준의 세부사항 설정 및 보완에 관한 사항 등을 심의하기 위한 장기요양급여심사위원회의 설치 근거를 법률로 상향하여 규정
2024.12.20.	- 요양서비스에 대한 국가 책임을 강화하고 질 높은 서비스를 안정적으로 제공하기 위하여 국가 및 지방자치단체가 국·공립 장기요양기관을 확충하기 위하여 노력해야 함을 명시 - 디지털 기술을 장기요양급여에 활용할 수 있도록 하기 위하여 기타재가급여 대상에 소프트웨어 제품 추가

3) 노인장기요양보험법의 주요 내용

노인장기요양보험법(2024. 12. 20. 시행, 법률 제20587호)은 총 12장, 70개 조문 및 부칙으로 구성되어 있다. 법의 중요한 내용들을 원칙(목적, 기본원칙, 국가정책방향, 기본계획, 실태조사), 정의, 적용대상(가입자, 신청자격), 급여의 종류와 내용(장기요양급여의 종류, 가족요양비, 특례요양비, 요양병원간병비), 급여의 실시(신청(신청 대리) → 조사 → 결정(등급판정 및 인정) → 제공 → 사후관리), 등급판정, 등급변경, 장기요양인정서 및 작성 시 고려사항, 장기요양인정 갱신, 장기요양등급판정기간, 장기요양급여의 제공 시기, 장기요양인정의 유효기간), 보장기관 및 인력(국가 및 지방자치단체의 책무, 관리운영기관, 장기요양기관의 지정·유효기간·갱신·취소, 장기요양요원의 보호), 재정(장기요양보험료의 징수·산정·감면, 본인부담금), 권리구제 및 벌칙으로 구분하여 살펴본다.

(1) 원칙

노인장기요양보험법은 일상생활을 독립적으로 수행하기 어려운 노인에게 장기요양급여를 제공하는 것을 주된 목적으로 하고 있다.

제1조(목적) 이 법은 고령이나 노인성 질병 등의 사유로 일상생활을 혼자서 수행하기 어려운 노인등에게 제공하는 신체활동 또는 가사활동 지원 등의 장기요양급여에 관한 사항을 규정하여 노후의 건강증진 및 생활안정을 도모하고 그 가족의 부담을 덜어줌으로써 국민의 삶의 질을 향상하도록 함을 목적으로 한다.

노인장기요양보험법에서는 장기요양급여 제공의 기본원칙(법 제3조), 장기요양급여에 관한 국가정책방향(법 제5조), 5년 단위의 장기요양기본계획 수립·시행(법 제6조), 3년 단위의 장기요양 실태조사(법 제6조의 2)를 규정하고 있다.

제3조(장기요양급여 제공의 기본원칙) ① 장기요양급여는 노인등의 심신상태·생활환경과 노인등 및 그 가족의 욕구·선택을 종합적으로 고려하여 필요한 범위 안에서 이를 적정하게 제공하여야 한다.

② 장기요양급여는 노인등이 가족과 함께 생활하면서 가정에서 장기요양을 받는 재가급여를 우선적으로 제공하여야 한다.

③ 장기요양급여는 노인등의 심신상태나 건강 등이 악화되지 아니하도록 의료서비스와 연계하여 이를 제공하여야 한다.

제5조(장기요양급여에 관한 국가정책방향) 국가는 제6조의 장기요양기본계획을 수립·시행함에 있어서 노인뿐만 아니라 장애인 등 일상생활을 혼자서 수행하기 어려운 모든 국민이 장기요양급여, 신체활동지원서비스 등을 제공받을 수 있도록 노력하고 나아가 이들의 생활안정과 자립을 지원할 수 있는 시책을 강구하여야 한다.

제6조(장기요양기본계획) ① 보건복지부장관은 노인등에 대한 장기요양급여를 원활하게 제공하기 위하여 5년 단위로 다음 각 호의 사항이 포함된 장기요양기본계획을 수립·시행하여야 한다.

1. 연도별 장기요양급여 대상인원 및 재원조달 계획

2. 연도별 장기요양기관 및 장기요양전문인력 관리 방안

3. 장기요양요원의 처우에 관한 사항

4. 그 밖에 노인등의 장기요양에 관한 사항으로서 대통령령으로 정하는 사항

② 지방자치단체의 장은 제1항에 따른 장기요양기본계획에 따라 세부시행계획을 수립·시행하여야 한다.

제6조의2(실태조사) ① 보건복지부장관은 장기요양사업의 실태를 파악하기 위하여 3년마다 다음 각 호의 사항에 관한 조사를 정기적으로 실시하고 그 결과를 공표하여야 한다.

1. 장기요양인정에 관한 사항

2. 제52조에 따른 장기요양등급판정위원회(이하 "등급판정위원회"라 한다)의 판정에 따라 장기요양급여를 받을 사람(이하 "수급자"라 한다)의 규모, 그 급여의 수준 및 만족도에 관한 사항

3. 장기요양기관에 관한 사항

4. 장기요양요원의 근로조건, 처우 및 규모에 관한 사항

5. 그 밖에 장기요양사업에 관한 사항으로서 보건복지부령으로 정하는 사항

(2) 정의

노인장기요양보험법의 핵심 개념은 제2조에서 규정하고 있다.

제2조(정의) 이 법에서 사용하는 용어의 정의는 다음과 같다.
1. "노인등"이란 65세 이상의 노인 또는 65세 미만의 자로서 치매·뇌혈관성질환 등 대통령령으로 정하는 노인성 질병을 가진 자를 말한다.
2. "장기요양급여"란 제15조제2항에 따라 6개월 이상 동안 혼자서 일상생활을 수행하기 어렵다고 인정되는 자에게 신체활동·가사활동의 지원 또는 간병 등의 서비스나 이에 갈음하여 지급하는 현금 등을 말한다.
3. "장기요양사업"이란 장기요양보험료, 국가 및 지방자치단체의 부담금 등을 재원으로 하여 노인등에게 장기요양급여를 제공하는 사업을 말한다.
4. "장기요양기관"이란 제31조에 따라 지정을 받은 기관 또는 제32조에 따라 지정의제된 재가장기요양기관으로서 장기요양급여를 제공하는 기관을 말한다.
5. "장기요양요원"이란 장기요양기관에 소속되어 노인등의 신체활동 또는 가사활동 지원 등의 업무를 수행하는 자를 말한다.

(3) 적용대상

장기요양보험의 가입대상은 국민건강보험법에 따른 가입자이다(법 제7조 제3항). 외국인의 경우, 자신의 선택에 따라 장기요양보험가입자에서 제외될 수 있다(법 제7조 제4항). 장기요양인정의 신청자격을 규정하고 있다(법 제12조).

제7조(장기요양보험) ③ 장기요양보험의 가입자(이하 "장기요양보험가입자"라 한다)는 「국민건강보험법」 제5조 및 제109조에 따른 가입자로 한다.
④ 공단은 제3항에도 불구하고 「외국인근로자의 고용 등에 관한 법률」에 따른

외국인근로자 등 대통령령으로 정하는 외국인이 신청하는 경우 보건복지부령
으로 정하는 바에 따라 장기요양보험가입자에서 제외할 수 있다.

제12조(장기요양인정의 신청자격) 장기요양인정을 신청할 수 있는 자는 노인
등으로서 다음 각 호의 어느 하나에 해당하는 자격을 갖추어야 한다.

1. 장기요양보험가입자 또는 그 피부양자
2. 「의료급여법」 제3조제1항에 따른 수급권자(이하 "의료급여수급권자"라
한다)

(4) 급여의 종류와 내용

노인장기요양보험법에 따른 급여는 재가급여, 시설급여, 특별현금급여
가 있다(법 제23조 제1항). 재가급여를 통합하여 제공하는 통합재가서비스 제
공이 가능하다(법 제23조 제3항).

제23조(장기요양급여의 종류) ①이 법에 따른 장기요양급여의 종류는 다음 각
호와 같다.

1. 재가급여

가. 방문요양: 장기요양요원이 수급자의 가정 등을 방문하여 신체활동 및 가사
활동 등을 지원하는 장기요양급여

나. 방문목욕: 장기요양요원이 목욕설비를 갖춘 장비를 이용하여 수급자의 가
정 등을 방문하여 목욕을 제공하는 장기요양급여

다. 방문간호: 장기요양요원인 간호사 등이 의사, 한의사 또는 치과의사의 지시
서(이하 "방문간호지시서"라 한다)에 따라 수급자의 가정 등을 방문하여 간호,
진료의 보조, 요양에 관한 상담 또는 구강위생 등을 제공하는 장기요양급여

라. 주·야간보호: 수급자를 하루 중 일정한 시간 동안 장기요양기관에 보호하
여 신체활동 지원 및 심신기능의 유지·향상을 위한 교육·훈련 등을 제공하는
장기요양급여

마. 단기보호: 수급자를 보건복지부령으로 정하는 범위 안에서 일정 기간 동안
장기요양기관에 보호하여 신체활동 지원 및 심신기능의 유지·향상을 위한 교
육·훈련 등을 제공하는 장기요양급여

바. 기타재가급여: 수급자의 일상생활·신체활동 지원 및 인지기능의 유지·향상에 필요한 용구를 제공하거나 가정을 방문하여 재활에 관한 지원 등을 제공하는 장기요양급여로서 대통령령으로 정하는 것

2. 시설급여: 장기요양기관이 운영하는 「노인복지법」 제34조에 따른 노인의료복지시설 등에 장기간 동안 입소하여 신체활동 지원 및 심신기능의 유지·향상을 위한 교육·훈련 등을 제공하는 장기요양급여

3. 특별현금급여

가. 가족요양비: 제24조에 따라 지급하는 가족장기요양급여

나. 특례요양비: 제25조에 따라 지급하는 특례장기요양급여

다. 요양병원간병비: 제26조에 따라 지급하는 요양병원장기요양급여

③ 장기요양기관은 제1항제1호가목에서 마목까지의 재가급여 전부 또는 일부를 통합하여 제공하는 서비스(이하 이 조에서 "통합재가서비스"라 한다)를 제공할 수 있다.

노인장기요양보험법에서는 가족으로부터 장기요양을 받을 때 제공되는 가족요양비(법 제24조), 장기요양기관이 아닌 시설에서 급여를 받을 때 제공되는 특례요양비(법 제25조), 요양병원에 입원할 때 제공되는 요양병원간병비(법 제26조)가 있다.

제24조(가족요양비) ① 공단은 다음 각 호의 어느 하나에 해당하는 수급자가 가족 등으로부터 제23조제1항제1호가목에 따른 방문요양에 상당한 장기요양급여를 받은 때 대통령령으로 정하는 기준에 따라 당해 수급자에게 가족요양비를 지급할 수 있다.

1. 도서·벽지 등 장기요양기관이 현저히 부족한 지역으로서 보건복지부장관이 정하여 고시하는 지역에 거주하는 자

2. 천재지변이나 그 밖에 이와 유사한 사유로 인하여 장기요양기관이 제공하는 장기요양급여를 이용하기가 어렵다고 보건복지부장관이 인정하는 자

3. 신체·정신 또는 성격 등 대통령령으로 정하는 사유로 인하여 가족 등으로부터 장기요양을 받아야 하는 자

제25조(특례요양비) ① 공단은 수급자가 장기요양기관이 아닌 노인요양시설 등의 기관 또는 시설에서 재가급여 또는 시설급여에 상당한 장기요양급여를

받은 경우 대통령령으로 정하는 기준에 따라 당해 장기요양급여비용의 일부를 당해 수급자에게 특례요양비로 지급할 수 있다.

제26조(요양병원간병비) ① 공단은 수급자가 「의료법」 제3조제2항제3호라목에 따른 요양병원에 입원한 때 대통령령으로 정하는 기준에 따라 장기요양에 사용되는 비용의 일부를 요양병원간병비로 지급할 수 있다.

② 제1항에 따른 요양병원간병비의 지급절차와 그 밖에 필요한 사항은 보건복지부령으로 정한다.

(5) 급여의 실시

장기요양보험의 급여 실시 순서는 '신청(신청 대리) → 조사 → 결정(등급 판정 및 인정) → 제공 → 사후관리의 순이다(법 제13조, 제22조, 제14조, 제29조).

제13조(장기요양인정의 신청) ① 장기요양인정을 신청하는 자(이하 "신청인"이라 한다)는 공단에 보건복지부령으로 정하는 바에 따라 장기요양인정신청서(이하 "신청서"라 한다)에 의사 또는 한의사가 발급하는 소견서(이하 "의사소견서"라 한다)를 첨부하여 제출하여야 한다. 다만, 의사소견서는 공단이 제15조제1항에 따라 등급판정위원회에 자료를 제출하기 전까지 제출할 수 있다.

② 제1항에도 불구하고 거동이 현저하게 불편하거나 도서·벽지 지역에 거주하여 의료기관을 방문하기 어려운 자 등 대통령령으로 정하는 자는 의사소견서를 제출하지 아니할 수 있다.

③ 의사소견서의 발급비용·비용부담방법·발급자의 범위, 그 밖에 필요한 사항은 보건복지부령으로 정한다.

제22조(장기요양인정 신청 등에 대한 대리) ① 장기요양급여를 받고자 하는 자 또는 수급자가 신체적·정신적인 사유로 이 법에 따른 장기요양인정의 신청, 장기요양인정의 갱신신청 또는 장기요양등급의 변경신청 등을 직접 수행할 수 없을 때 본인의 가족이나 친족, 그 밖의 이해관계인은 이를 대리할 수 있다.

② 다음 각 호의 어느 하나에 해당하는 사람은 관할 지역 안에 거주하는 사람 중 장기요양급여를 받고자 하는 사람 또는 수급자가 제1항에 따른 장기요양인

정신청 등을 직접 수행할 수 없을 때 본인 또는 가족의 동의를 받아 그 신청을 대리할 수 있다.

1.「사회보장급여의 이용·제공 및 수급권자 발굴에 관한 법률」제43조에 따른 사회복지전담공무원

2.「치매관리법」제17조에 따른 치매안심센터의 장(장기요양급여를 받고자 하는 사람 또는 수급자가 같은 법 제2조제2호에 따른 치매환자인 경우로 한정한다)

③ 제1항 및 제2항에도 불구하고 장기요양급여를 받고자 하는 자 또는 수급자가 제1항에 따른 장기요양인정신청 등을 할 수 없는 경우 특별자치시장·특별자치도지사·시장·군수·구청장이 지정하는 자는 이를 대리할 수 있다.

제14조(장기요양인정 신청의 조사) ① 공단은 제13조제1항에 따라 신청서를 접수한 때 보건복지부령으로 정하는 바에 따라 소속 직원으로 하여금 다음 각 호의 사항을 조사하게 하여야 한다. 다만, 지리적 사정 등으로 직접 조사하기 어려운 경우 또는 조사에 필요하다고 인정하는 경우 특별자치시·특별자치도·시·군·구(자치구를 말한다. 이하 같다)에 대하여 조사를 의뢰하거나 공동으로 조사할 것을 요청할 수 있다.

1. 신청인의 심신상태

2. 신청인에게 필요한 장기요양급여의 종류 및 내용

② 제1항에 따라 조사를 하는 자는 조사일시, 장소 및 조사를 담당하는 자의 인적사항 등을 미리 신청인에게 통보하여야 한다.

③ 공단 또는 제1항 단서에 따른 조사를 의뢰받은 특별자치시·특별자치도·시·군·구는 조사를 완료한 때 조사결과서를 작성하여야 한다. 조사를 의뢰받은 특별자치시·특별자치도·시·군·구는 지체 없이 공단에 조사결과서를 송부하여야 한다.

제29조(장기요양급여의 제한) ① 공단은 장기요양급여를 받고 있는 자가 정당한 사유 없이 제15조제4항에 따른 조사나 제60조 또는 제61조에 따른 요구에 응하지 아니하거나 답변을 거절한 경우 장기요양급여의 전부 또는 일부를 제공하지 아니하게 할 수 있다.

② 공단은 장기요양급여를 받고 있거나 받을 수 있는 자가 장기요양기관이 거짓이나 그 밖의 부정한 방법으로 장기요양급여비용을 받는 데에 가담한 경우 장기요양급여를 중단하거나 1년의 범위에서 장기요양급여의 횟수 또는 제공 기간을 제한할 수 있다.

장기요양 결정과 관련된 조항으로, 등급판정(법 제15조), 등급변경(법 제21조), 장기요양인정서(법 제17조), 장기요양인정서 작성 시 고려사항(법 제18조), 장기요양인정 갱신(법 제20조) 등이 있다.

제15조(등급판정 등) ① 공단은 제14조에 따른 조사가 완료된 때 조사결과서, 신청서, 의사소견서, 그 밖에 심의에 필요한 자료를 등급판정위원회에 제출하여야 한다.

② 등급판정위원회는 신청인이 제12조의 신청자격요건을 충족하고 6개월 이상 동안 혼자서 일상생활을 수행하기 어렵다고 인정하는 경우 심신상태 및 장기요양이 필요한 정도 등 대통령령으로 정하는 등급판정기준에 따라 수급자로 판정한다.

③ 등급판정위원회는 제2항에 따라 심의·판정을 하는 때 신청인과 그 가족, 의사소견서를 발급한 의사 등 관계인의 의견을 들을 수 있다.

④ 공단은 장기요양급여를 받고 있거나 받을 수 있는 자가 다음 각 호의 어느 하나에 해당하는 것으로 의심되는 경우에는 제14조제1항 각 호의 사항을 조사하여 그 결과를 등급판정위원회에 제출하여야 한다.

1. 거짓이나 그 밖의 부정한 방법으로 장기요양인정을 받은 경우

2. 고의로 사고를 발생하도록 하거나 본인의 위법행위에 기인하여 장기요양인정을 받은 경우

⑤ 등급판정위원회는 제4항에 따라 제출된 조사 결과를 토대로 제2항에 따라 다시 수급자 등급을 조정하고 수급자 여부를 판정할 수 있다.

제21조(장기요양등급 등의 변경) ① 장기요양급여를 받고 있는 수급자는 장기요양등급, 장기요양급여의 종류 또는 내용을 변경하여 장기요양급여를 받고자 하는 경우 공단에 변경신청을 하여야 한다.

② 제12조부터 제19조까지의 규정은 장기요양등급의 변경절차에 관하여 준용한다.

제17조(장기요양인정서) ① 공단은 등급판정위원회가 장기요양인정 및 등급판정의 심의를 완료한 경우 지체 없이 다음 각 호의 사항이 포함된 장기요양인정서를 작성하여 수급자에게 송부하여야 한다.

1. 장기요양등급

2. 장기요양급여의 종류 및 내용

3. 그 밖에 장기요양급여에 관한 사항으로서 보건복지부령으로 정하는 사항

② 공단은 등급판정위원회가 장기요양인정 및 등급판정의 심의를 완료한 경우 수급자로 판정받지 못한 신청인에게 그 내용 및 사유를 통보하여야 한다.

③ 공단은 제1항에 따라 장기요양인정서를 송부하는 때 장기요양급여를 원활히 이용할 수 있도록 제28조에 따른 월 한도액 범위 안에서 표준장기요양이용계획서를 작성하여 이를 함께 송부하여야 한다.

제18조(장기요양인정서를 작성할 경우 고려사항) 공단은 장기요양인정서를 작성할 경우 제17조제1항제2호에 따른 장기요양급여의 종류 및 내용을 정하는 때 다음 각 호의 사항을 고려하여 정하여야 한다.

1. 수급자의 장기요양등급 및 생활환경
2. 수급자와 그 가족의 욕구 및 선택
3. 시설급여를 제공하는 경우 장기요양기관이 운영하는 시설 현황

제20조(장기요양인정의 갱신) ① 수급자는 제19조에 따른 장기요양인정의 유효기간이 만료된 후 장기요양급여를 계속하여 받고자 하는 경우 공단에 장기요양인정의 갱신을 신청하여야 한다.

② 제1항에 따른 장기요양인정의 갱신 신청은 유효기간이 만료되기 전 30일까지 이를 완료하여야 한다.

| 더 알아보기 |

장기요양 등급판정기준은 어떻게 될까요?

노인장기요양보험법 시행령 제7조에서는 장기요양 등급판정기준을 제시하고 있다.

제7조(등급판정기준 등) ① 법 제15조제2항에 따른 등급판정기준은 다음 각 호와 같다.

1. 장기요양 1등급: 심신의 기능상태 장애로 일상생활에서 전적으로 다른 사람의 도움이 필요한 자로서 장기요양인정 점수가 95점 이상인 자
2. 장기요양 2등급: 심신의 기능상태 장애로 일상생활에서 상당 부분 다른 사람의 도움이 필요한 자로서 장기요양인정 점수가 75점 이상 95점 미만인 자
3. 장기요양 3등급: 심신의 기능상태 장애로 일상생활에서 부분적으로 다른 사람의 도움이 필요한 자로서 장기요양인정 점수가 60점 이상 75점 미만인 자
4. 장기요양 4등급: 심신의 기능상태 장애로 일상생활에서 일정부분 다른 사람의 도움이 필요한 자로서 장기요양인정 점수가 51점 이상 60점 미만인 자

5. 장기요양 5등급: 치매(제2조에 따른 노인성 질병에 해당하는 치매로 한정한다)환자로서 장기요양인정 점수가 45점 이상 51점 미만인 자
6. 장기요양 인지지원등급: 치매(제2조에 따른 노인성 질병에 해당하는 치매로 한정한다)환자로서 장기요양인정 점수가 45점 미만인 자

장기요양의 등급판정 소요기간은 1달이며(법 제16조), 개인별장기요양이용계획서가 도달한 날부터 받을 수 있으며(법 제27조), 인정 유효기간은 최소 1년 이상이다(법 제19조).

제16조(장기요양등급판정기간) ① 등급판정위원회는 신청인이 신청서를 제출한 날부터 30일 이내에 제15조에 따른 장기요양등급판정을 완료하여야 한다. 다만, 신청인에 대한 정밀조사가 필요한 경우 등 기간 이내에 등급판정을 완료할 수 없는 부득이한 사유가 있는 경우 30일 이내의 범위에서 이를 연장할 수 있다.
제27조(장기요양급여의 제공 시기) ① 수급자는 제17조제1항에 따른 장기요양인정서와 같은 조 제3항에 따른 개인별장기요양이용계획서가 도달한 날부터 장기요양급여를 받을 수 있다.
② 제1항에도 불구하고 수급자는 돌볼 가족이 없는 경우 등 대통령령으로 정하는 사유가 있는 경우 신청서를 제출한 날부터 장기요양인정서가 도달되는 날까지의 기간 중에도 장기요양급여를 받을 수 있다.
③ 수급자는 장기요양급여를 받으려면 장기요양기관에 장기요양인정서와 개인별장기요양이용계획서를 제시하여야 한다. 다만, 수급자가 장기요양인정서 및 개인별장기요양이용계획서를 제시하지 못하는 경우 장기요양기관은 공단에 전화나 인터넷 등을 통하여 그 자격 등을 확인할 수 있다.
④ 장기요양기관은 제3항에 따라 수급자가 제시한 장기요양인정서와 개인별장기요양이용계획서를 바탕으로 장기요양급여 제공 계획서를 작성하고 수급자의 동의를 받아 그 내용을 공단에 통보하여야 한다.
제19조(장기요양인정의 유효기간) ① 제15조에 따른 장기요양인정의 유효기간은 최소 1년이상으로서 대통령령으로 정한다.

장기요양급여는 월 한도액 범위 내에서 제공되며(법 제28조), 수급자는 현금급여를 받을 수 있는 특별현금급여수급계좌를 만들 수 있다(법 제27조의 2).

제28조(장기요양급여의 월 한도액) ① 장기요양급여는 월 한도액 범위 안에서 제공한다. 이 경우 월 한도액은 장기요양등급 및 장기요양급여의 종류 등을 고려하여 산정한다.

제27조의2(특별현금급여수급계좌) ① 공단은 특별현금급여를 받는 수급자의 신청이 있는 경우에는 특별현금급여를 수급자 명의의 지정된 계좌(이하 "특별현금급여수급계좌"라 한다)로 입금하여야 한다. 다만, 정보통신장애나 그 밖에 대통령령으로 정하는 불가피한 사유로 특별현금급여수급계좌로 이체할 수 없을 때에는 현금 지급 등 대통령령으로 정하는 바에 따라 특별현금급여를 지급할 수 있다.

② 특별현금급여수급계좌가 개설된 금융기관은 특별현금급여만이 특별현금급여수급계좌에 입금되도록 관리하여야 한다.

---

(6) 보장기관 및 인력

장기요양급여를 책임있게 제공해야 하는 보장기관은 국가 및 지방자치단체이다(법 제4조). 국가 및 지방자치단체는 장기요양요원의 처우 개선, 지위 향상을 위한 노력를 적극적으로 수행해야 한다(법 제4조 제5항).

제4조(국가 및 지방자치단체의 책무 등) ① 국가 및 지방자치단체는 노인이 일상생활을 혼자서 수행할 수 있는 온전한 심신상태를 유지하는데 필요한 사업(이하 "노인성질환예방사업"이라 한다)을 실시하여야 한다.

② 국가는 노인성질환예방사업을 수행하는 지방자치단체 또는 「국민건강보험법」에 따른 국민건강보험공단(이하 "공단"이라 한다)에 대하여 이에 소요되는 비용을 지원할 수 있다.

③ 국가 및 지방자치단체는 노인인구 및 지역특성 등을 고려하여 장기요양급여가 원활하게 제공될 수 있도록 충분한 수의 장기요양기관을 확충하고 장기

요양기관의 설립을 지원하여야 한다.

④ 국가 및 지방자치단체는 장기요양급여가 원활히 제공될 수 있도록 공단에 필요한 행정적 또는 재정적 지원을 할 수 있다.

⑤ 국가 및 지방자치단체는 장기요양요원의 처우를 개선하고 복지를 증진하며 지위를 향상시키기 위하여 적극적으로 노력하여야 한다.

장기요양보험사업의 관장 주체는 보건복지부장관이다(법 제7조). 국민건강보험공단은 장기요양사업의 관리운영기관이 된다(법 제48조).

제7조(장기요양보험) ① 장기요양보험사업은 보건복지부장관이 관장한다.

② 장기요양보험사업의 보험자는 공단으로 한다.

제48조(관리운영기관 등) ① 장기요양사업의 관리운영기관은 공단으로 한다.

② 공단은 다음 각 호의 업무를 관장한다.

1. 장기요양보험가입자 및 그 피부양자와 의료급여수급권자의 자격관리

2. 장기요양보험료의 부과·징수

3. 신청인에 대한 조사

4. 등급판정위원회의 운영 및 장기요양등급 판정

5. 장기요양인정서의 작성 및 개인별장기요양이용계획서의 제공

6. 장기요양급여의 관리 및 평가

7. 수급자 및 그 가족에 대한 정보제공·안내·상담 등 장기요양급여 관련 이용 지원에 관한 사항

8. 재가 및 시설 급여비용의 심사 및 지급과 특별현금급여의 지급

9. 장기요양급여 제공내용 확인

10. 장기요양사업에 관한 조사·연구, 국제협력 및 홍보

11. 노인성질환예방사업

12. 이 법에 따른 부당이득금의 부과·징수 등

13. 장기요양급여의 제공기준을 개발하고 장기요양급여비용의 적정성을 검토하기 위한 장기요양기관의 설치 및 운영

③ 공단은 제2항제13호의 장기요양기관을 설치할 때 노인인구 및 지역특성 등

을 고려한 지역 간 불균형 해소를 고려하여야 하고, 설치 목적에 필요한 최소한의 범위에서 이를 설치·운영하여야 한다.

장기요양사업을 실질적으로 제공하는 기관을 장기요양기관이라고 하며, 관할 자치단체의 장으로부터 장기요양기관의 지정을 받아야 한다(법 제31조). 장기요양기관 지정의 유효기간은 6년이며(법 제32조의 3), 장기요양기관 지정의 갱신은 유효기간 종료 3달 전까지 신청하여야 한다(법 제32조의 4). 법률 위반 시 장기요양기관 지정은 취소될 수 있다(법 제37조).

제31조(장기요양기관의 지정) ① 제23조제1항제1호에 따른 재가급여 또는 같은 항 제2호에 따른 시설급여를 제공하는 장기요양기관을 운영하려는 자는 보건복지부령으로 정하는 장기요양에 필요한 시설 및 인력을 갖추어 소재지를 관할 구역으로 하는 특별자치시장·특별자치도지사·시장·군수·구청장으로부터 지정을 받아야 한다.
③ 특별자치시장·특별자치도지사·시장·군수·구청장이 제1항에 따른 지정을 하려는 경우에는 다음 각 호의 사항을 검토하여 장기요양기관을 지정하여야 한다.
1. 장기요양기관을 운영하려는 자의 장기요양급여 제공 이력
2. 장기요양기관을 운영하려는 자 및 그 기관에 종사하려는 자가 이 법, 「사회복지사업법」 또는 「노인복지법」 등 장기요양기관의 운영과 관련된 법에 따라 받은 행정처분의 내용
3. 장기요양기관의 운영 계획
4. 해당 지역의 노인인구 수, 치매 등 노인성질환 환자 수 및 장기요양급여 수요 등 지역 특성
제32조의3(장기요양기관 지정의 유효기간) 제31조에 따른 장기요양기관 지정의 유효기간은 지정을 받은 날부터 6년으로 한다.
제32조의4(장기요양기관 지정의 갱신) ① 장기요양기관의 장은 제32조의3에 따른 지정의 유효기간이 끝난 후에도 계속하여 그 지정을 유지하려는 경우에는 소재지를 관할구역으로 하는 특별자치시장·특별자치도지사·시장·군수·구청장에게 지정 유효기간이 끝나기 90일 전까지 지정 갱신을 신청하여야 한다.

제37조(장기요양기관 지정의 취소 등) ①특별자치시장·특별자치도지사·시장·군수·구청장은 장기요양기관이 다음 각 호의 어느 하나에 해당하는 경우 그 지정을 취소하거나 6개월의 범위에서 업무정지를 명할 수 있다.

장기요양기관은 법적으로 규정된 다양한 의무조항을 준수하여야 한다. 대표적으로 재무·회계 기준에 따른 투명한 기관 운영(법 제35조의 2), 인권 교육(법 제35조의 3), 장기요양요원의 보호(법 제35조의 4), 보험 가입(법 제35조의 5). 법률 위반 시 장기요양급여 제공은 제한될 수 있다(법 제37조의 5).

제35조의2(장기요양기관 재무·회계기준) ① 장기요양기관의 장은 보건복지부령으로 정하는 재무·회계에 관한 기준(이하 "장기요양기관 재무·회계기준"이라 한다)에 따라 장기요양기관을 투명하게 운영하여야 한다.
제35조의3(인권교육) ① 장기요양기관 중 대통령령으로 정하는 기관을 운영하는 자와 그 종사자는 인권에 관한 교육(이하 이 조에서 "인권교육"이라 한다)을 받아야 한다
제35조의4(장기요양요원의 보호) ① 장기요양기관의 장은 장기요양요원이 다음 각 호의 어느 하나에 해당하는 경우로 인한 고충의 해소를 요청하는 경우 업무의 전환 등 대통령령으로 정하는 바에 따라 적절한 조치를 하여야 한다.
1. 수급자 및 그 가족이 장기요양요원에게 폭언·폭행·상해 또는 성희롱·성폭력 행위를 하는 경우
2. 수급자 및 그 가족이 장기요양요원에게 제28조의2제1항 각 호에 따른 급여외행위의 제공을 요구하는 경우
제35조의5(보험 가입) ① 장기요양기관은 종사자가 장기요양급여를 제공하는 과정에서 발생할 수 있는 수급자의 상해 등 법률상 손해를 배상하는 보험(이하 "전문인 배상책임보험"이라 한다)에 가입할 수 있다.
제37조의5(장기요양급여 제공의 제한) ① 특별자치시장·특별자치도지사·시장·군수·구청장은 장기요양기관의 종사자가 거짓이나 그 밖의 부정한 방법으로 재가급여비용 또는 시설급여비용을 청구하는 행위에 가담한 경우 해당 종사자가 장기요양급여를 제공하는 것을 1년의 범위에서 제한하는 처분을 할 수 있다.

(7) 재정

국민건강보험료와 장기요양보험료는 통합하여 징수하며, 각각을 독립회계로 관리한다.

제8조(장기요양보험료의 징수) ① 공단은 장기요양사업에 사용되는 비용에 충당하기 위하여 장기요양보험료를 징수한다.

② 제1항에 따른 장기요양보험료는 「국민건강보험법」 제69조에 따른 보험료(이하 이 조에서 "건강보험료"라 한다)와 통합하여 징수한다. 이 경우 공단은 장기요양보험료와 건강보험료를 구분하여 고지하여야 한다.

③ 공단은 제2항에 따라 통합 징수한 장기요양보험료와 건강보험료를 각각의 독립회계로 관리하여야 한다.

장기요양보험료는 매해 재산정된다(법 제9조). 장애인은 보험료 감면대상이 되며(법 제10조), 장기요양비용의 일부는 본인이 부담하며, 이때도 의료급여수급자 등 본인부담금의 감면대상이 있다(법 제40조).

제9조(장기요양보험료의 산정) ① 장기요양보험료는 「국민건강보험법」 제69조제4항·제5항 및 제109조제9항 단서에 따라 산정한 보험료액에서 같은 법 제74조 또는 제75조에 따라 경감 또는 면제되는 비용을 공제한 금액에 같은 법 제73조제1항에 따른 건강보험료율 대비 장기요양보험료율의 비율을 곱하여 산정한 금액으로 한다.

(2024년 기준: 장기요양보험료율은 소득의 0.9182%, 건강보험료 대비 12.95% 수준)

제10조(장애인 등에 대한 장기요양보험료의 감면) 공단은 「장애인복지법」에 따른 장애인 또는 이와 유사한 자로서 대통령령으로 정하는 자가 장기요양보험가입자 또는 그 피부양자인 경우 제15조제2항에 따른 수급자로 결정되지 못한 때 대통령령으로 정하는 바에 따라 장기요양보험료의 전부 또는 일부를 감면할 수 있다.

제40조(본인부담금) ① 제23조에 따른 장기요양급여(특별현금급여는 제외한다. 이하 이 조에서 같다)를 받는 자는 대통령령으로 정하는 바에 따라 비용의 일부를 본인이 부담한다. 이 경우 장기요양급여를 받는 수급자의 장기요양등급, 이용하는 장기요양급여의 종류 및 수준 등에 따라 본인부담의 수준을 달리 정할 수 있다.

② 제1항에도 불구하고 수급자 중 「의료급여법」 제3조제1항제1호에 따른 수급자는 본인부담금을 부담하지 아니한다.

③ 다음 각 호의 장기요양급여에 대한 비용은 수급자 본인이 전부 부담한다.

1. 이 법의 규정에 따른 급여의 범위 및 대상에 포함되지 아니하는 장기요양급여

2. 수급자가 제17조제1항제2호에 따른 장기요양인정서에 기재된 장기요양급여의 종류 및 내용과 다르게 선택하여 장기요양급여를 받은 경우 그 차액

3. 제28조에 따른 장기요양급여의 월 한도액을 초과하는 장기요양급여

④ 다음 각 호의 어느 하나에 해당하는 자에 대해서는 본인부담금의 100분의 60의 범위에서 보건복지부장관이 정하는 바에 따라 차등하여 감경할 수 있다.

1. 「의료급여법」 제3조제1항제2호부터 제9호까지의 규정에 따른 수급권자

2. 소득·재산 등이 보건복지부장관이 정하여 고시하는 일정 금액 이하인 자. 다만, 도서·벽지·농어촌 등의 지역에 거주하는 자에 대하여 따로 금액을 정할 수 있다.

3. 천재지변 등 보건복지부령으로 정하는 사유로 인하여 생계가 곤란한 자

고딕체로 표기된 부분은 저자가 추가한 것이다.

(8) 권리구제 및 벌칙

공단의 처분에 대해 이의가 있을 경우, 심사청구를 할 수 있다(법 제55조). 심사청구 결정에 불복할 경우 재심사를 청구할 수 있다(법 제56조). 심사청구 또는 재심사청구 결정에 불복할 경우 행정소송을 제기할 수 있다(법 제57조).

> 제55조(심사청구) ① 장기요양인정·장기요양등급·장기요양급여·부당이득·
> 장기요양급여비용 또는 장기요양보험료 등에 관한 공단의 처분에 이의가 있는
> 자는 공단에 심사청구를 할 수 있다.
> ② 제1항에 따른 심사청구는 그 처분이 있음을 안 날부터 90일 이내에 문서
> (「전자정부법」 제2조제7호에 따른 전자문서를 포함한다)로 하여야 하며, 처분
> 이 있은 날부터 180일을 경과하면 이를 제기하지 못한다.
> 제56조(재심사청구) ① 제55조에 따른 심사청구에 대한 결정에 불복하는 사람
> 은 그 결정통지를 받은 날부터 90일 이내에 장기요양재심사위원회(이하 "재심
> 사위원회"라 한다)에 재심사를 청구할 수 있다.
> 제57조(행정소송) 공단의 처분에 이의가 있는 자와 제55조에 따른 심사청구
> 또는 제56조에 따른 재심사청구에 대한 결정에 불복하는 자는 「행정소송법」으
> 로 정하는 바에 따라 행정소송을 제기할 수 있다.

법적 실효성 보장을 위하여 다양한 벌칙 규정이 있다. 예를 들어 "거짓이
나 부정한 방법으로 장기요양급여비용을 청구한 경우"에 대하여 3년 이하의
징역 또는 3천만원 이하의 벌금에 처할 수 있다.

> 제67조(벌칙) ① 다음 각 호의 어느 하나에 해당하는 자는 3년 이하의 징역 또
> 는 3천만원 이하의 벌금에 처한다.
> 1. 거짓이나 그 밖의 부정한 방법으로 장기요양급여비용을 청구한 자

| 법률 개정으로 무엇이 바뀌었는가? |

표준장기요양이용계획서를 개인별장기요양이용계획서로
변경함으로써, 개인별 맞춤형 서비스 제공을 보다 강화하게
되었다!

2020년 12월 29일 법률 개정을 통해 제17조(장기요양인정서) 제3항에서는 "장기

요양급여를 원활히 이용할 수 있도록 월 한도액 범위 안에서 개인별장기요양이용계획서를 작성"할 것을 명시하였다.

법률 개정 취지를 살펴보면, 개인별 맞춤형 서비스 제공계획서인 표준장기요양이용계획서가 그 명칭으로 인하여 일반적이고 표준화된 계획서로 오해될 소지가 있는 바, 수급자의 심신 기능상태 및 장기요양욕구, 급여종류 등을 작성하는 양식 명칭을 목적에 맞게 변경한 것이었다. 그 결과 장기요양급여를 원활히 이용할 수 있도록 다음과 같은 개인별장기요양이용계획서로 장기요양기관과 급여계약 체결 시 제시하도록 하였다.

■ 노인장기요양보험법 시행규칙 [별지 제7호서식] <개정 2021. 6. 30.>

장기요양인정번호 L0000000000 - (이용계획서번호)

개인별장기요양이용계획서

본 서식은 수급자가 장기요양급여를 원활히 이용할 수 있도록 발급하는 이용계획서로 장기요양기관과 급여계약 체결 시 제시하시기 바랍니다.

성 명				생년월일		
장기요양등급			등급	인정유효기간		
재가급여(월 한도액)		1개월당	원		재가	%
시설급여	노인요양시설	일반 1일당	원	본인부담율(%) ※ 발급일 기준		
		치매전담실 가형 1일당	원			
		치매전담실 나형 1일당	원			
	노인요양공동생활가정	일반 1일당	원		시설	%
		치매전담형 1일당	원			

장기요양 필요영역	장기요양 욕구	장기요양 목표	장기요양 필요내용

수급자 희망급여	
유 의 사 항	

장기요양 이용계획 및 비용   (급여비용 기준일 : 0000-00-00)

급여종류	횟 수		장기요양급여비용	본인부담금
	주	회	원	원
	월	회	원	원
합계			원	원
복지용구				

☎ 000-0000-0000   지사   담당자

년 월 일

국민건강보험공단 이사장   [직인]

생각해 볼 과제

1   급속한 고령사회로의 전환은 장기요양기관의 공급 부족을 야기할 수 있다. 이러한 장기요양기관의 공급문제의 혁신을 실현할 구체적인 방도에 대하여 자신의 의견과 함께 그 근거를 이야기해 보자.

2   노인장기요양보험법 제4조 제5항에 따르면, 장기요양요원의 처우개선, 복지증진, 지위향상을 위한 국가 및 지방자치단체의 책무를 규정하고 있다. 이를 위해 노인장기요양보험법에 어떠한 조항을 구체적으로 추가하면 장기요양요원의 처우와 전문성 등이 향상될 수 있는지에 대하여 자신의 의견과 함께 그 근거를 이야기해 보자.

3   노인장기요양보험법 제4조에 따르면, 노인장기요양사업의 주체는 국가만이 아니라 지방자치단체도 포함된다. 지방자치단체가 장기요양보험 사업을 보다 더 적극적으로 참여하기 위한 방법은 무엇이 있는지에 대하여 자신의 의견과 함께 그 근거를 이야기해 보자.

4. 고용보험법

1) 고용보험법의 의의

고용보험법은 실업자에 대한 생활 지원 및 구직 활동을 지원하기 위해 마련된 법률이다. 고용보험법의 중요한 의의는 첫째, 실업의 예방과 실업 발생 시 소득 상실을 방지하는 것이다. 고용보험의 시행을 통해 실업을 예방하고, 실직으로 인한 소득 상실을 방지하여 실업자에게 최소한의 생활 안정을 보장하기 위해 설계되어 있다. 둘째, 재취업 지원과 고용 촉진이다. 고용보험법은 직업 훈련, 취업 알선, 재취업 프로그램 등을 통해 노동시장에서의 구직 능력을 향상시키고, 고용을 촉진할 수 있다. 셋째, 고용보험법은 사회적 연대와 소득재분배를 추구한다. 고용보험은 사회보험으로서 근로자와 사용자의 보험료 및 국고로 재원을 마련하며, 이를 통해 사회연대와 소득재분배 효과를 실현할 수 있다.

2) 고용보험법의 연혁

(1) 고용보험법의 제정

고용보험법이 1993년 12월 27일 제정되었고, 1995년 7월 1일부터 시행되었다. 실직자는 생계 유지가 어렵게 되고, 빈곤상태로 전락할 수 있다. 또한 시장에서 요구하는 기술력의 부족으로 구직활동을 하기 어렵고, 일자리를 찾는다 하더라도 다시 실직자가 될 공산이 크다. 이에 근로자에게 실업급여와 직업훈련을 제공함으로써 실업과 구직 문제를 완화하고 사회연대를 강화하기 위한 목적으로 고용보험법이 도입되었다. 법 제정 당시 고용보험사업, 적용범위 및 보험가입자, 고용안정사업, 직업능력개발사업, 실업급여, 보험료 등을 명시하였다.

(2) 고용보험법의 주요 개정 내용

고용보험법의 제정은 사회보험 방식으로 실업 예방, 고용 촉진, 직업능력 개발, 직업소개, 구직급여를 통한 생활 안정 등을 추구하였다는 점에서 의의가 크다. 그러나 고용보험법의 시행에도 불구하고, 제한적 적용대상, 가입의 사각지대, 수급요건의 엄격성으로 인한 실업급여에서의 배제, 실업급여의 낮은 소득대체율, 직업훈련 제도의 포괄성 부족 및 낮은 질적 수준, 노동시장의 변화에 부응하는 고용보험제도 등에 대한 지적이 있어 왔다. 이에 고용보험법은 수차례에 걸쳐 개정이 되었는데, 주요 개정내용은 표 9-10과 같다.

표 9-10 고용보험법의 주요 개정 연혁

연도	주요 내용
1993.12.27.	- 고용보험법 제정(1995.7.1. 시행)
1995.07.01.	- 30인 이상 사업장의 실업급여 - 70인 이상 사업장의 고용안정사업 및 직업능력개발사업으로 출발

연도	주요 내용
1996.12.30.	- 종전에는 60세 이전에 고용된 자는 연령 제한없이 고용보험의 적용대상으로 하였으나 고령자의 경우에는 보험료는 납부하나 사실상 재취업이 곤란하여 재취업을 전제로 지급하는 실업급여를 받을 수 없기 때문에, 앞으로는 60세 이전에 고용되어 고용보험의 적용을 받고 있던 자가 65세가 되면 적용대상에서 제외 - 건설업 등의 경우 종전에는 공사현장 단위로 고용보험을 적용하도록 함에 따라 보험료 보고·납부 등의 업무가 번잡하고 과중하므로 앞으로는 일정 규모 이상의 건설공사 등의 경우에는 각 공사현장을 일괄하여 고용보험 적용 - 종전에는 경기의 변동 등에 따라 고용조정이 불가피함에도 불구하고 휴업, 전직훈련 등의 고용안정을 위한 조치를 취한 사업주만을 고용보험의 지원대상으로 하였으나, 앞으로는 고용조정으로 인하여 이직한 근로자를 고용한 사업주도 고용보험의 지원을 받을 수 있도록 하는 등 지원대상 확대 - 건설근로자 등 고용상태가 불안정한 근로자에 대하여 고용안정사업 또는 직업능력개발사업을 실시하는 사업주 및 사업주단체는 고용보험에 의한 지원 - 실직자에게 지급하는 실업급여 중 기본급여가 생계안정 외에 재취업촉진을 위하여 지급되는 취지로 이해될 수 있도록 기본급여의 명칭을 구직급여로 변경 - 종전에는 이직 전 12개월간 지급된 임금을 토대로 하여 실업급여를 산정하였으나 앞으로는 이직 전 3개월간 지급된 임금을 토대로 실업급여를 산정하도록 함으로써 보험사무 처리 간소화
1997.08.28.	- 휴직 기타 이와 유사한 상태에 있는 기간 중에 지급받는 금품 중 노동부장관이 정하는 금품에 한하여 이 법에 의한 임금으로 규정 - 사업주가 아닌 노동조합 등으로부터 금품을 지급받는 경우에는 보험료를 근로자가 전액 부담 - 보험료를 근로자가 전액 부담하는 경우에는 사업주가 우선 납부한 후 당해 근로자가 사업주에게 보험료 지급 - 현행법 상 고용보험료 및 실업급여는 근로기준법상의 임금을 기준으로 산정하므로 임금을 받지 않는 노조전임자·육아휴직·질병·부상으로 인한 휴직근로자 등은 보험료를 납부하지 않으므로 이들이 실직하는 경우에는 실업급여를 받지 못하는 문제가 발생할 가능성이 있어, 근로기준법 상의 임금 외의 기타 금품에 대하여도 고용보험법 상 임금의 개념에 포함하여 노조전임자와 휴직자 등이 실업급여를 원활하게 받을 수 있도록 개정한 것임
1998.02.20.	- 경기침체, IMF 외환위기로 인한 산업 전반의 급격한 구조조정으로 대량실직 등 고용불안이 심화되고 있어 이를 해소할 대책이 시급하고, 특히 정부는 1997년 12월 24일 IMF측과 "실업자 지원확충, 직업훈련 강화, 노동시장 구조조정 등 정부의 고용보험제도 강화계획을 1998년 2월중 발표"하기로 합의한 바 있어 실업급여의 최저수준과 최저지급기간을 상향조정하고 실업의 급증 등 고용상태가 극도로 어려운 기간에 한하여 실업급여의 지급기간을 연장하도록 하는 등 실직근로자의 생계안정 지원을 확충함으로써 당면한 고용불안에 적극 대처하고 근로자의 직업생활의 안정을 도모하고자 개정 - 구체적으로는 첫째, 종전에는 실직자에게 지급하는 1일 최저 구직급여액을 최저임금액의 50%로 하였으나, 앞으로는 실업자의 생활안정을 위하여 최저임금액의 70%가 되도록 함. 둘째, 종전에는 실직자의 연령과 보험가입기간에 따라 30일 내지 210일 동안 구직급여를 지급받을 수 있도록 하였으나, 앞으로는 실직의 급증 등으로 인하여 특별한 실업대책이 필요하다고 인정되는 경우에는 구직급여의 지급기간을 60일의 범위 내에서 연장할 수 있도록 함. 셋째, 종전에는 임금액의 1천분의 15의 범위 내에서 고용보험료율을 결정할 수 있도록 하였으나, 앞으로는 실업급여의 재원확충을 위하여 임금액의 1천분의 30의 범위 내에서 결정할 수 있도록 함. 넷째, 종전에는 실직자가 구직급여를 지급받을 수 있는 최저지급기간을 30일로 하였으나, 앞으로는 실직자의 생활안정과 재취업촉진을 위하여 최저지급기간을 60일로 상향 조정함. 다섯째, 종전에는 고용보험 적용사업장에서 12개월 이상 근무하고 이직하여야 실업급여를 지급받을 수 있었으나, 12개월 미만 근무하고 이직한 근로자도 실업급여를 지급받을 수 있도록 하기 위하여 고용보험 적용사업장 근무기간을 6개월 이상으로 완화하되, 1999년 6월 30일까지 한시적으로 적용함

연도	주요 내용
1998.09.17.	- 부실한 기업 및 금융기관의 퇴출 등 경제 각 분야의 구조조정으로 인하여 실업자 수가 지속적으로 증가함에 따라 보다 더 많은 실업자의 생활안정 및 구직활동을 촉진하기 위하여 고용보험의 적용대상을 확대하는 등의 제도개선을 하고, 기타 고용보험제도의 운영과정에서 나타난 일부 미비점을 개선·보완하고자 개정함 - 종전에는 3개월 이내의 기간 동안 고용되는 단기고용근로자를 이 법의 적용대상에서 제외하였으나, 앞으로는 그 기간을 1개월로 단축하여 이 법의 적용대상이 되는 단기고용근로자의 범위를 확대하고, 고용보험 적용 사업장을 전 사업장으로 확대할 수 있는 법적 근거를 마련함(1인 이상 전사업장으로 확대 적용) - 실업자의 생활안정 등을 위하여 지급하는 실업급여제도의 취지를 고려하여 이직 시 퇴직금 등으로 고액의 금품을 지급받은 자에 대하여는 직업안정기관에 실업을 신고한 날부터 3개월간은 구직급여의 지급을 유예할 수 있도록 함 - 종전에는 고용보험의 가입기간이 12개월 미만인 자는 구직급여를 지급받을 수 없었기 때문에 6개월 이상 12개월 미만의 기간 동안 고용보험에 가입한 자에 대하여도 구직급여를 지급받을 수 있도록 하기 위하여 1998년 2월 고용보험법을 개정하여 고용보험의 최소 가입기간을 12개월에서 6개월로 완화하고, 이를 1999년 6월 30일까지 한시적으로 적용하였으나, 앞으로는 2000년 6월 30일까지 1년 더 연장하여 적용하도록 함
1999.12.31.	- 종전에는 실업급여를 지급받기 위하여는 이직일 이전 18개월 동안에 12개월 이상 고용보험에 가입하도록 하였으나, 앞으로는 180일 이상 고용보험에 가입하도록 함으로써 실업급여의 수급요건을 완화 - 저소득 실직자의 경우 종전에는 1일에 지급받을 수 있는 실업급여의 금액을 최저임금의 70%로 하였으나, 앞으로는 그들의 생계안정을 위하여 90%로 상향 조정 - 장기 실직자의 생계지원을 위하여 실업급여의 지급기간 연장 - 종전에는 실업급여를 지급받고자 하는 자는 이직 후 10개월을 한도로 하여 그 이전에 지급받도록 하였으나, 앞으로는 실직자의 수급권 보호를 위하여 이직 후 12개월을 한도로 하여 그 이전에 지급받도록 함 - 허위 기타 부정한 방법으로 실업급여를 지급받았거나 지급받고자 한 경우 종전에는 그 이후에는 실업급여를 지급받을 수 없도록 하였으나, 앞으로는 실업기간 중 발생한 소득을 신고하지 아니하고 실업급여를 지급받고자 하는 등 허위 기타 부정한 방법이 경미할 경우에는 2주간에 한하여 실업급여를 지급받을 수 없도록 하고, 그 이후에는 다시 실업급여를 지급받을 수 있도록 함
2001.08.14.	- 남녀고용평등법에 의한 산전후휴가급여와 근로자의 육아휴직급여를 고용보험에서 지급
2002.12.30.	- 종전에는 일용근로자가 법 적용 제외 대상이었으나, 앞으로는 포함 - 일용근로자가 이 법의 적용대상에 포함됨에 따라 일용근로자가 구직급여를 받기 위한 수급요건을 정함 - 시간제근로자(월간 60시간·주당 15시간 이상) 대상 고용보험 확대 - 종전에는 실업의 신고일부터 기산하여 실업의 인정을 받은 14일간은 대기기간으로 하여 구직급여를 지급하지 않았으나, 앞으로는 7일간으로 수정함 - 종전에는 정당한 사유없이 실업의 인정을 받지 못한 경우 그 기간에 대한 구직급여는 수급기간 내에서 지급을 유예하였으나, 앞으로는 동 기간에 대하여 구직급여를 지급하지 아니함 - 종전에는 수급자격자가 안정된 직장에 재취직하는 경우에만 조기재취직수당을 지급하였으나, 앞으로는 영리를 목적으로 사업을 영위하는 경우에도 수당 지급
2003.12.31.	- 고용보험과 산업재해보상보험의 보험료를 통합 징수하기 위한 고용보험 및 산업재해보상보험의 보험료징수 등에 관한 법률의 제정으로 관련 규정 정비
2005.05.31.	- 산전후휴가를 받은 경우뿐만 아니라 유산·사산휴가를 받은 경우에도 급여를 지급하고, 종전에는 산전후휴가 기간 중 60일을 초과한 일수에 대하여 30일을 한도로 하도록 하였으나, 앞으로는 근로자 수 등이 일정기준에 해당하는 기업의 피보험자에 대하여는 전체 휴가기간에 대하여 적용

연도	주요 내용
2005.12.07.	- 고용안정사업과 직업능력개발사업을 통합 - 지원대상 확대: 피보험자 또는 피보험자이었던 자로서 65세 이상인 자와 고용보험 피보험자 또는 피보험자이었던 자가 아닌 실업자를 고용안정·직업능력개발사업의 지원대상에 포함 - 고용안정·직업능력개발사업의 확대: 고령자 등의 고용촉진의 지원에 대하여는 사업주에 고용된 근로자까지 지원범위를 확대하며, 지방자치단체 등의 고용안정·직업능력개발사업에 대하여 지원 근거 마련 - 실업인정제도 운영의 개선: 실업급여 수급자격자의 재취업 활동에 필요한 기간에 따라 실업인정 주기를 1주 내지 4주까지 탄력적으로 운영 - 육아휴직급여의 신청기한을 육아휴직 종료 후 12개월로 연장 - 부정행위 신고자 포상제도 도입 - 자영업자에 대한 고용보험 임의가입제도 도입
2007.05.11. (전부개정)	- 구직급여의 수급자격 제한에 관한 규정은 실직근로자에게는 직접적이고 중요한 권리에 관한 규정이므로 직접 법률에서 정함 - 고용보험사업의 전면적 시행에 어려움이 예상되거나 사업의 수행 방식을 미리 검증할 필요가 있는 경우에 시범사업을 실시할 수 있는 근거 마련
2008.03.21.	- 별정직 및 계약직 공무원의 고용보험 가입 - 취업 취약계층인 구직급여 수급자가 직업안정기관의 지시에 따라 직업능력개발훈련을 받는 경우에 지급하는 훈련연장급여의 지급수준을 구직급여의 100분의 70에서 100분의 100으로 인상
2008.12.31.	- 노사 공동 참여하는 고용보험위원회 신설 및 고용보험사업 평가 근거 마련 - 직업능력개발 훈련을 받는 저소득층에 대한 생계비 대부제도 마련 - 고용안정사업 지원금 부정수급에 대한 제재 수준을 부정수급 책임 정도에 맞게 개정
2010.01.27.	- 고용보험 및 산업재해보상보험의 보험료 산정기준을 임금에서 다른 사회보험과 같이 소득세 과세대상 근로소득으로 통일함에 따라, 정의규정 중 '임금'을 '소득세 과세대상 근로소득'으로 변경: 각기 상이한 보험료의 부과·징수체계로 인한 4대 사회보험(국민건강보험, 국민연금, 고용보험, 산업재해보상보험) 가입자의 불편을 해소하고, 사회보험업무 처리의 효율성을 높이기 위함
2011.07.21.	- 자영업자도 실업급여 대상에 포함: 근로자를 사용하지 않거나 50인 미만 근로자를 사용하는 자영업자가 희망하는 경우, 본인을 피보험자로 하여 고용보험의 실업급여에 가입 - 육아기간 근로시간 단축 급여제도 도입: 육아휴직 대신 근로시간 단축을 하는 근로자에게 근로시간 단축에 따른 소득 감소액을 보전하는 육아기 근로시간 단축 급여를 신설 - 자활급여 수급자를 고용보험에 포함: 소득인정액이 최저생계비 이하인 자활급여 수급자에 대해서는 실업급여 등은 적용하지 않도록 하며, 자활급여의 수급자가 받는 자활급여는 피보험 단위기간 산정 및 임금일액의 기초가 되는 보수 및 임금으로 간주함
2013.01.23.	- 경영사정이 어려워진 사업주가 무급휴업 또는 무급휴직을 실시하는 경우 고용노동부장관이 근로자에게 지원: 현행법은 사업주가 경영 악화로 고용조정이 불가피하게 된 경우 고용조정 대신 휴업·휴직을 실시하면 고용유지 지원제도를 통해 사업주에게 인건비 일부를 지원하고 있으나, 사업주가 휴업이나 휴직을 무급으로 하면서 고용을 유지하는 경우에는 사업주가 지급하는 임금이 없으므로 지원금을 지급할 수 없고 근로자에게 지원금을 직접 지급할 수도 없었음
2013.03.22.	- 실업급여 수급자의 금전부담 완화 위해 실업급여로서 지급된 금품에 공과금을 부과하지 못함
2013.06.04.	- 지금까지는 65세 이상인 자에 대하여 고용보험 중 실업급여의 적용을 획일적으로 제외하여 왔으나, 앞으로는 65세 이후에 새롭게 고용되거나 자영업을 개시한 자만 고용보험 중 실업급여 적용을 제외함으로써 고용보험에 가입되어 있던 피보험자가 65세 이후에 이직한 경우에도 실업급여 지급

연도	주요 내용
2014.01.21.	- 다태아 임산부는 2명 이상 동시 출산, 난산, 높은 조산율 등에 따라 산후 회복에 더많은 시간이 필요하므로, 출산전후휴가를 90일에서 120일로 확대하도록 근로기준법이 개정됨에 따라, 다태아 임산부에 대한 출산전후휴가 급여 지급기간을 현행 90일에서 120일로 확대
2015.01.20.	- 실업급여만 입금되도록 개설한 전용계좌를 발급함으로써 압류 금지 강화 - 근로자 퇴직 시 고액의 퇴직금을 수령한 경우 구직급여 지급을 유예하는 규정 폐지 - 민법개정으로 금치산자 및 한정치산자를 피성년후견인과 피한정후견인으로 개정 - 벌금액을 징역 1년당 1천만원의 비율로 개정함으로써 벌금형 현실화
2016.05.29.	- 구직급여 수급기간도 국민연금 가입기간으로 산입될 수 있도록 국민연금에 '실업크레딧' 제도를 도입하고, 이를 신청하는 구직급여 수급자에 대해 고용노동부장관이 보험료의 일부를 지원: 현행법에 의하면 실업기간은 국민연금 보험료 납부예외기간에 해당하여 보험료를 납부하지 않는 대신 보험 가입기간으로 인정되지 않고 있음. 이에 따라 비자발적 실업으로 국민연금 보험료 납부예외 대상이 되는 근로빈곤층의 경우, 은퇴 후 적정한 국민연금도 받지 못하여 실업이 노후 빈곤으로 이어지는 어려움을 겪게 될 우려가 있었음
2016.12.27.	- 고령자·준고령자 대상 직업능력개발 훈련 실시하는 사업주에 대한 훈련비용 우대 지원: 50세 이상의 고령자 및 준고령자도 직업능력개발훈련을 받을 필요성이 있으므로, 고령자 또는 준고령자를 대상으로 직업능력개발 훈련을 실시하는 사업주에게도 훈련비용을 우대 지원 - 생계급여 비수급자를 구직급여 지급 대상에 포함: 생계비가 지원되는 기초생활수급자에 대해서는 중복지원을 방지하고자 실업급여 적용을 제외하여 왔는데, 2015년 7월 1일 기초생활보장제도가 맞춤형 급여 제도로 개편되면서 기초생활수급권자 중 일부가 생계비를 받지 못하게 되었음. 이에 생계급여를 받지 못하는 수급권자에게 구직급여를 지급
2019.01.15.	- 65세 전부터 피보험자격을 유지하던 사람이 65세 이후에 계속하여 고용된 경우는 실업급여 적용 신설 - 외국인근로자의 고용 등에 관한 법률 적용을 받는 외국인근로자에게는 고용안정·직업능력개발 사업 적용 - 건설일용근로자의 경우에는 수급자격 인정신청일 이전 14일간 연속하여 근로내역이 없는 경우에도 구직급여를 받을 수 있도록 하고, 7일간의 대기기간 없이 구직급여 지급 - 구직급여 수급자격자가 실업의 인정을 받으려는 기간 중에 근로를 제공한 모든 경우에 대하여 그 사실을 신고하도록 하였으나, 고용노동부령으로 정하는 기준에 해당하는 취업을 한 경우에만 신고 - 육아휴직을 부여받은 피보험자가 육아휴직 기간 중에 취업한 경우에는 취업한 이후의 모든 기간에 대하여 육아휴직 급여를 지급하지 아니하도록 하였으나, 취업한 기간에 대해서만 육아휴직 급여를 지급하지 않도록 함 - 보험료 징수를 위해 고용보험기금에서 국민건강보험공단에 출연하는 금액은 징수업무가 차지하는 비율 등을 기준으로 산정 - 피보험자격의 취득·상실 확인에 관한 심사청구의 경유기관을 직업안정기관에서 근로복지공단으로 변경
2019.08.27.	- 사업주가 피보험자격의 상실을 신고할 때 이직확인서를 고용노동부장관에게 제출하게 하는 제도를 폐지하고, 직업안정기관의 장이 신청인에 대한 수급자격의 인정 여부를 결정하는 데 필요하여 요청한 경우에만 이직확인서 제출 - 고용안정·직업능력개발 사업의 지원을 받은 자에게 잘못 지급된 지원금이 있으면 그 지급금의 반환을 명할 수 있도록 함 - 이직 당시 1주 소정근로시간이 15시간 미만인 근로자가 일정한 요건에 모두 해당하는 경우의 구직급여 수급 기준기간을 종전의 18개월에서 24개월로 연장하여 까다로운 수급조건을 완화 - 구직급여일액은 수급자격자의 기초일액에 100분의 50을 곱한 금액에서 100분의 60을 곱한 금액으로 인상하고, 최저구직급여일액은 수급자격자의 기초일액에 100분의 90을 곱한 금액에서 100분의 80을 곱한 금액으로 조정 - 거짓이나 그 밖의 부정한 방법으로 구직급여를 받은 사람이 구직급여를 받은 날 또는 실업인정의 신고를 한 날부터 소급하여 10년간 3회 이상 부정행위로 구직급여를 받지 못한 경우에는 3년의 범위에서 새로운 수급자격에 따른 구직급여를 지급하지 않도록 함

연도	주요 내용
	- 같은 자녀에 대하여 배우자가 30일 이상의 육아휴직 또는 육아기 근로시간 단축을 실시하지 아니하고 있을 것을 육아휴직 급여 및 육아기 근로시간 단축 급여 지급 요건으로 정하고 있던 현행 규정 삭제 - 남녀고용평등과 일·가정 양립 지원에 관한 법률 따른 배우자 출산휴가를 받은 경우에 출산전후휴가 급여 지급 - 사업주와 공모하여 부정한 방법으로 고용안정·직업능력개발사업 지원금 등의 급여를 받은 자와 공모한 사업주는 각각 5년 이하의 징역 또는 5천만원 이하의 벌금 - 구직급여 소정급여일수를 30일 연장
2020.06.09.	- 예술인 고용보험 적용: 근로자가 아니면서 예술인 복지법에 따른 예술인 등 대통령령으로 정하는 사람 중 문화예술용역 관련 계약을 체결하고 다른 사람을 사용하지 아니하고 자신이 직접 노무를 제공하는 사람을 예술인으로 규정하고, 예술인이 이직일 이전 24개월 동안의 피보험 단위기간이 통산하여 9개월 이상일 것, 근로 또는 노무제공의 의사와 능력이 있음에도 불구하고 취업하지 못한 상태에 있을 것 등의 요건을 모두 갖춘 경우에 구직급여를 지급하며, 예술인인 피보험자가 출산 또는 유산·사산을 이유로 노무를 제공할 수 없는 경우에는 출산전후급여 등을 지급
2021.01.05.	- 기간제근로자 또는 파견근로자가 출산전후휴가기간 중 근로계약기간이 끝나는 경우 근로계약 종료일부터 해당 출산전후휴가 종료일까지의 기간에 대한 출산전후휴가 급여 등에 상당하는 금액 전부를 기간제근로자 또는 파견근로자에게 지급 - 노무제공자 고용보험 적용: 근로자가 아니면서 자신이 아닌 다른 사람의 사업을 위하여 자신이 직접 노무를 제공하고 해당 사업주 또는 노무수령자로부터 일정한 대가를 지급받기로 하는 노무제공계약을 체결한 사람 중 일정한 직종에 종사하는 노무제공자를 고용보험 적용 대상으로 편입하되, 대통령령으로 정하는 소득 기준을 충족하지 못하는 경우 등에는 고용보험 적용 대상에서 제외함. 노무제공자가 이직일 이전 24개월 동안 피보험 단위기간이 통산하여 12개월 이상이고, 근로 또는 노무제공의 의사와 능력이 있음에도 불구하고 취업하지 못한 상태에 있는 등의 요건을 모두 갖춘 경우에는 구직급여 지급함. 고용노동부장관은 노무제공자인 피보험자가 출산 또는 유산·사산을 이유로 노무를 제공할 수 없는 경우에는 출산전후급여 등을 지급함. 노무제공자에 관한 보험사무의 효율적 처리를 위하여 노무제공플랫폼사업자에게 해당 노무제공플랫폼의 이용 및 보험관계의 확인에 필요한 자료 또는 정보의 제공 요청 가능
2022.06.10.	- 출산 또는 유산·사산으로 인해 소득활동이 중단된 예술인과 노무제공자의 생활 안정을 위하여 피보험자였던 예술인과 노무제공자를 출산전후급여 등의 지급대상에 포함하여('피보험자가'를 '피보험자 또는 피보험자였던 사람'으로 변경) 출산전후급여 등을 지급: 현행법은 예술인 또는 노무제공자인 피보험자가 출산·유산 등을 이유로 노무를 제공할 수 없는 경우 출산전후급여 등을 지급하도록 규정하고 있어, 출산전후급여 등의 지급기간 전까지 피보험자격을 유지해야 해당 급여를 지급받을 수 있음. 그러나 예술인과 노무제공자는 용역 또는 노무의 제공 관련 계약기간이 짧은 경우가 많고, 임신 후에는 새로운 계약의 체결이 어려울 수 있어 현실적으로는 출산전후급여 등을 받기 힘든 문제가 발생하고 있었음
2022.12.31.	- 구직급여를 지급받으려는 사람이 직업안정기관에 출석하여 실업을 신고할 때, 재난으로 출석하기 어려운 경우 등 일정한 사유가 있는 경우에는 고용정보시스템을 통하여 비대면으로 신고 - 기간제근로자·파견근로자가 유산·사산휴가기간 중 근로계약기간이 끝나는 경우 근로계약 종료일 다음 날부터 해당 유산·사산휴가 종료일까지의 기간에 대한 유산·사산휴가 급여에 상당하는 금액 전부를 지급 - 고용보험 적용제외자인 초단시간 근로자에 대해 해당 사업에 한정하여 고용보험 적용이 제외됨을 명확히 함 - 외국인이 근로계약, 문화예술용역 관련 계약 또는 노무제공계약을 체결한 경우에는 체류자격의 활동범위 및 체류기간 등을 고려하여 이 법의 전부 또는 일부를 적용하도록 함 - 자영업자가 동시에 근로자 등인 경우에는 근로자·예술인·노무제공자로서의 피보험자격을 취득하도록 하되, 자영업자의 근로자·예술인·노무제공자 지위가 일용근로자·단기예술인·단기노무제공자인 경우에는 근로자 등 또는 자영업자 피보험자격 중 하나를 선택할 수 있도록 하고, 자영업자가 원하는 경우에는 근로자 등과 자영업자 피보험자격을 모두 취득·유지할 수 있도록 함

연도	주요 내용
	- 일용근로자의 구직급여 수급요건을 수급자격 인정신청일이 속한 달의 직전 달 초일부터 수급자격 인정신청일까지의 근로일수의 합이 같은 기간 동안의 총 일수의 3분의 1 미만일 것으로 함 - 근로자, 예술인, 노무제공자 또는 자영업자인 피보험자로서 서로 다른 둘 이상의 피보험자격을 취득한 자가 이직하여 구직급여를 지급받으려는 경우에는 둘 이상의 피보험자격 중 자신이 선택한 피보험자격을 기준으로 수급자격의 인정 여부를 결정하도록 하고, 이 때 선택한 피보험자격이 가장 나중에 상실한 피보험자격이 아닌 경우에는 가장 나중에 상실한 피보험자격의 이직사유가 수급자격의 제한 사유에 해당하지 아니하는 경우에만 수급자격을 인정하되, 소득감소로 이직하였다고 인정하는 경우에는 수급자격의 제한 사유에 해당하지 아니하는 것으로 보는 대신 4주의 범위에서 대통령령으로 정하는 기간을 대기기간으로 보아 구직급여를 지급하지 아니하도록 함 - 예술인·노무제공자가 15세 미만인 경우에는 고용보험의 적용을 제외하되, 15세 미만인 예술인·노무제공자가 원하는 경우에는 고용보험에 가입할 수 있도록 함 - 예술인·노무제공자의 구직급여 기초일액이 기준보수의 하한액으로 적용되는 대상에 고용보험 및 산업재해보상보험의 보험료징수 등에 관한 법률에 따른 적용제외 대상인 단기예술인·단기노무제공자 및 소득합산 예술인·노무제공자가 제외됨을 명시
2024.10.22.	- 배우자 출산휴가의 급여 지급 기간을 최초 5일에서 휴가 전체 기간으로 확대하여 배우자 출산휴가 제도 활성화 - 피보험자가 속한 사업장이 우선 지원 대상 기업인 경우 난임치료휴가 사용 기간 중 연간 최초 2일에 대한 급여를 지급할 수 있는 근거를 마련하여 모성 보호 지원 강화

3) 고용보험법의 주요 내용

고용보험법(2025. 2. 23. 시행, 법률 제20519호)은 총 9장, 118개 조문 및 부칙으로 구성되어 있다. 법의 중요한 내용들을 원칙(목적, 고용보험사업, 평가), 정의, 적용대상(적용 범위, 적용 제외), 급여의 종류와 내용(고용안정·직업능력개발 사업, 실업급여, 육아휴직 급여 및 육아기 근로시간 단축 급여, 출산전후휴가 급여), 급여의 실시[수급 요건 확인 → 신고 → 인정(수급자격 및 실업) → 제공 → 사후관리], 보장기관 및 인력(고용보험사업의 관장, 고용보험위원회, 고용보험심사관, 고용보험심사위원회), 재정(보험료, 국고 부담, 국민연금 보험료 지원, 고용보험기금의 설치조성·관리운용·용도·운용계획·계정·적립), 권리구제 및 벌칙으로 구분하여 살펴본다.

(1) 원칙

고용보험법은 실업 예방, 고용 촉진, 직업능력 강화, 구직급여 제공, 구직활동 촉진 등을 주된 목적으로 하고 있다.

제1조(목적) 이 법은 고용보험의 시행을 통하여 실업의 예방, 고용의 촉진 및 근로자 등의 직업능력의 개발과 향상을 꾀하고, 국가의 직업지도와 직업소개 기능을 강화하며, 근로자 등이 실업한 경우에 생활에 필요한 급여를 실시하여 근로자 등의 생활안정과 구직 활동을 촉진함으로써 경제·사회 발전에 이바지하는 것을 목적으로 한다.

고용보험법에서는 고용보험사업(법 제4조), 보험 관련 조사·연구(법 제11조), 보험사업의 평가(법 제11조의2)를 규정하고 있다.

제4조(고용보험사업) ① 보험은 제1조의 목적을 이루기 위하여 고용보험사업(이하 "보험사업"이라 한다)으로 고용안정·직업능력개발 사업, 실업급여, 육아휴직 급여 및 출산전후휴가 급여 등을 실시한다.

제11조(보험 관련 조사·연구) ① 고용노동부장관은 노동시장·직업 및 직업능력개발에 관한 연구와 보험 관련 업무를 지원하기 위한 조사·연구 사업 등을 할 수 있다.

제11조의2(보험사업의 평가) ① 고용노동부장관은 보험사업에 대하여 상시적이고 체계적인 평가를 하여야 한다.

(2) 정의

고용보험법의 핵심 개념은 제2조에서 규정하고 있다.

제2조(정의) 이 법에서 사용하는 용어의 정의는 다음과 같다.

1. "피보험자"란 다음 각 목에 해당하는 사람을 말한다.

가. 근로자, 예술인 또는 노무제공자

나. 자영업자

2. "이직(離職)"이란 피보험자와 사업주 사이의 고용관계가 끝나게 되는 것

3. "실업"이란 근로의 의사와 능력이 있음에도 불구하고 취업하지 못한 상태에 있는 것을 말한다.

4. "실업의 인정"이란 직업안정기관의 장이 제43조에 따른 수급자격자가 실업한 상태에서 적극적으로 직업을 구하기 위하여 노력하고 있다고 인정하는 것을 말한다.

5. "보수"란 「소득세법」 제20조에 따른 근로소득에서 대통령령으로 정하는 금품을 뺀 금액을 말한다.

6. "일용근로자"란 1개월 미만 동안 고용되는 사람을 말한다.

(3) 적용대상

고용보험법의 적용 범위는 근로자를 사용하는 모든 사업 또는 사업장, 예술인, 노무제공자, 외국인 근로자·예술인·노무제공자이다(법 제8조, 제10조의2). 적용 제외 대상은 단시간 근로자, 공무원, 사립학교교직원, 65세 이후 피고용인 또는 자영업자이다(법 제10조).

제8조(적용 범위) ① 이 법은 근로자를 사용하는 모든 사업 또는 사업장(이하 "사업"이라 한다)에 적용한다. 다만, 산업별 특성 및 규모 등을 고려하여 대통령령으로 정하는 사업에 대해서는 적용하지 아니한다.

② 이 법은 제77조의2제1항에 따른 예술인 또는 제77조의6제1항에 따른 노무제공자의 노무를 제공받는 사업에 적용하되, (후략)

제10조(적용 제외) ① 다음 각 호의 어느 하나에 해당하는 사람에게는 이 법을 적용하지 아니한다.

2. 해당 사업에서 소정(所定)근로시간이 대통령령으로 정하는 시간 미만인 근로자

「고용보험법시행령」 제3조(적용 제외 근로자) ① 법 제10조제1항제2호에서 "소정근로시간이 대통령령으로 정하는 시간 미만인 사람"이란 1개월간 소정근로시간이 60시간 미만인 사람 (1주간의 소정근로시간이 15시간 미만인 사람을 포함한다)을 말한다.

3. 「국가공무원법」과 「지방공무원법」에 따른 공무원

4. 「사립학교교직원 연금법」의 적용을 받는 사람

② 65세 이후에 고용(65세 전부터 피보험 자격을 유지하던 사람이 65세 이후에 계속하여 고용된 경우는 제외한다)되거나 자영업을 개시한 사람 (후략)

제10조의2(외국인 근로자·예술인·노무제공자에 대한 적용) ① 「외국인근로자의 고용 등에 관한 법률」의 적용을 받는 외국인근로자에게는 이 법을 적용한다.

고딕체로 표기된 부분은 저자가 추가한 것이다.

고용보험법 피보험자격의 취득일(법 제13조)과 상실일(법 제14조)을 명시하고 있다.

제13조(피보험자격의 취득일) ① 근로자인 피보험자는 이 법이 적용되는 사업에 고용된 날에 피보험자격을 취득한다.

제14조(피보험자격의 상실일) ① 근로자인 피보험자는 다음 각 호의 어느 하나에 해당하는 날에 각각 그 피보험자격을 상실한다.

1. 근로자인 피보험자가 제10조 및 제10조의2에 따른 적용 제외 근로자에 해당하게 된 경우에는 그 적용 제외 대상자가 된 날

2. 고용산재보험료징수법 제10조에 따라 보험관계가 소멸한 경우에는 그 보험관계가 소멸한 날

3. 근로자인 피보험자가 이직한 경우에는 이직한 날의 다음 날

4. 근로자인 피보험자가 사망한 경우에는 사망한 날의 다음 날

(4) 급여의 종류와 내용

고용보험법에 따른 급여는 고용안정·직업능력개발 사업, 실업급여, 육아휴직 급여 및 육아기 근로시간 단축 급여, 출산전후휴가 급여가 있다. 고용안정·직업능력개발 사업에 해당하는 급여는 고용안정·직업능력개발 사업의 실시, 고용창출의 지원, 고용조정의 지원, 지역 고용의 촉진, 고령자 등 고

용촉진의 지원, 건설근로자 등의 고용안정 지원, 고용안정 및 취업 촉진, 고용촉진 시설에 대한 지원, 사업주에 대한 직업능력개발 훈련의 지원, 피보험자등에 대한 직업능력개발 지원, 직업능력개발 훈련 시설에 대한 지원, 직업능력개발의 촉진, 건설근로자 등의 직업능력개발 지원, 고용정보의 제공 및 고용 지원 기반의 구축, 지방자치단체 등에 대한 지원 등이 있다(법 제19~34조).

제19조(고용안정·직업능력개발 사업의 실시) ① 고용노동부장관은 피보험자 및 피보험자였던 자, 그 밖에 취업할 의사를 가진 자(이하 "피보험자등"이라 한다)에 대한 실업의 예방, 취업의 촉진, 고용기회의 확대, 직업능력개발·향상의 기회 제공 및 지원, 그 밖에 고용안정과 사업주에 대한 인력 확보를 지원하기 위하여 고용안정·직업능력개발 사업을 실시한다.

제20조(고용창출의 지원) 고용노동부장관은 고용환경 개선, 근무형태 변경 등으로 고용의 기회를 확대한 사업주에게 대통령령으로 정하는 바에 따라 필요한 지원을 할 수 있다.

제21조(고용조정의 지원) ① 고용노동부장관은 경기의 변동, 산업구조의 변화 등에 따른 사업 규모의 축소, 사업의 폐업 또는 전환으로 고용조정이 불가피하게 된 사업주가 근로자에 대한 휴업, 휴직, 직업전환에 필요한 직업능력개발 훈련, 인력의 재배치 등을 실시하거나 그 밖에 근로자의 고용안정을 위한 조치를 하면 대통령령으로 정하는 바에 따라 그 사업주에게 필요한 지원을 할 수 있다. 이 경우 휴업이나 휴직 등 고용안정을 위한 조치로 근로자의 임금이 대통령령으로 정하는 수준으로 감소할 때에는 대통령령으로 정하는 바에 따라 그 근로자에게도 필요한 지원을 할 수 있다.

② 고용노동부장관은 제1항의 고용조정으로 이직된 근로자를 고용하는 등 고용이 불안정하게 된 근로자의 고용안정을 위한 조치를 하는 사업주에게 대통령령으로 정하는 바에 따라 필요한 지원을 할 수 있다.

제22조(지역 고용의 촉진) 고용노동부장관은 고용기회가 뚜렷이 부족하거나 산업구조의 변화 등으로 고용사정이 급속하게 악화되고 있는 지역으로 사업을 이전하거나 그러한 지역에서 사업을 신설 또는 증설하여 그 지역의 실업 예방과 재취업 촉진에 기여한 사업주, 그 밖에 그 지역의 고용기회 확대에 필요한 조치를 한 사업주에게 대통령령으로 정하는 바에 따라 필요한 지원을 할 수 있다.

제23조(고령자등 고용촉진의 지원) 고용노동부장관은 고령자 등 노동시장의 통상적인 조건에서는 취업이 특히 곤란한 자(이하 "고령자등"이라 한다)의 고용을 촉진하기 위하여 고령자등을 새로 고용하거나 이들의 고용안정에 필요한 조치를 하는 사업주 또는 사업주가 실시하는 고용안정 조치에 해당된 근로자에게 대통령령으로 정하는 바에 따라 필요한 지원을 할 수 있다.

제24조(건설근로자 등의 고용안정 지원) ① 고용노동부장관은 건설근로자 등 고용상태가 불안정한 근로자를 위하여 다음 각 호의 사업을 실시하는 사업주에게 대통령령으로 정하는 바에 따라 필요한 지원을 할 수 있다.

제25조(고용안정 및 취업 촉진)

1. 고용관리 진단 등 고용개선 지원 사업

2. 피보험자등의 창업을 촉진하기 위한 지원 사업

제26조(고용촉진 시설에 대한 지원) 고용노동부장관은 피보험자등의 고용안정·고용촉진 및 사업주의 인력 확보를 지원하기 위하여 대통령령으로 정하는 바에 따라 상담 시설, 어린이집, 그 밖에 대통령령으로 정하는 고용촉진 시설을 설치·운영하는 자에게 필요한 지원을 할 수 있다.

제27조(사업주에 대한 직업능력개발 훈련의 지원) ① 고용노동부장관은 피보험자등의 직업능력을 개발·향상시키기 위하여 대통령령으로 정하는 직업능력개발 훈련을 실시하는 사업주에게 대통령령으로 정하는 바에 따라 그 훈련에 필요한 비용을 지원할 수 있다.

② 우대 지원

1. 기간제근로자

2. 단시간근로자

3. 파견근로자

4. 일용근로자

5. 고령자 또는 준고령자

제29조(피보험자등에 대한 직업능력개발 지원) ① 고용노동부장관은 피보험자등이 직업능력개발 훈련을 받거나 그 밖에 직업능력 개발·향상을 위하여 노력하는 경우에는 대통령령으로 정하는 바에 따라 필요한 비용을 지원할 수 있다.

② 고용노동부장관은 필요하다고 인정하면 대통령령으로 정하는 바에 따라 피보험자등의 취업을 촉진하기 위한 직업능력개발 훈련을 실시할 수 있다.

③ 고용노동부장관은 대통령령으로 정하는 저소득 피보험자등이 직업능력개발 훈련을 받는 경우 대통령령으로 정하는 바에 따라 생계비를 대부할 수 있다.

제30조(직업능력개발 훈련 시설에 대한 지원 등) 고용노동부장관은 피보험자 등의 직업능력 개발·향상을 위하여 필요하다고 인정하면 대통령령으로 정하는 바에 따라 직업능력개발 훈련 시설의 설치 및 장비 구입에 필요한 비용의 대부, 그 밖에 고용노동부장관이 정하는 직업능력개발 훈련 시설의 설치 및 장비 구입·운영에 필요한 비용을 지원할 수 있다.

제31조(직업능력개발의 촉진)

1. 직업능력개발 사업에 대한 기술지원 및 평가 사업

2. 자격검정 사업 및 「숙련기술장려법」에 따른 숙련기술 장려 사업

제32조(건설근로자 등의 직업능력개발 지원) ① 고용노동부장관은 건설근로자 등 고용상태가 불안정한 근로자를 위하여 직업능력 개발·향상을 위한 사업으로 대통령령으로 정하는 사업을 실시하는 사업주에게 그 사업의 실시에 필요한 비용을 지원할 수 있다.

제33조(고용정보의 제공 및 고용 지원 기반의 구축 등) ① 고용노동부장관은 사업주 및 피보험자등에 대한 구인·구직·훈련 등 고용정보의 제공, 직업·훈련 상담 등 직업지도, 직업소개, 고용안정·직업능력개발에 관한 기반의 구축 및 그에 필요한 전문 인력의 배치 등의 사업을 할 수 있다.

제34조(지방자치단체 등에 대한 지원) 고용노동부장관은 지방자치단체 또는 대통령령으로 정하는 비영리법인·단체가 그 지역에서 피보험자등의 고용안정·고용촉진 및 직업능력개발을 위한 사업을 실시하는 경우에는 대통령령으로 정하는 바에 따라 필요한 지원을 할 수 있다.

실업급여는 크게 구직급여와 취업촉진 수당으로 구분된다.

제37조(실업급여의 종류) ① 실업급여는 구직급여와 취업촉진 수당으로 구분한다.

② 취업촉진 수당의 종류는 다음 각 호와 같다.

1. 조기(早期)재취업 수당

2. 직업능력개발 수당

3. 광역 구직활동비

4. 이주비

구직급여액은 하루를 기준으로 평균임금에 기초하여 산정한다(법 제45조, 제46조). 수급자격자는 실업급여수급계좌를 만들 수 있다(법 제37조의2).

제45조(급여의 기초가 되는 임금일액) ① 구직급여의 산정 기초가 되는 임금일액[이하 "기초일액(基礎日額)"이라 한다]은 제43조제1항에 따른 수급자격의 인정과 관련된 마지막 이직 당시 「근로기준법」 제2조제1항제6호에 따라 산정된 평균임금으로 한다.

② 제1항에 따라 산정된 금액이 「근로기준법」에 따른 그 근로자의 통상임금보다 적을 경우에는 그 통상임금액을 기초일액으로 한다. 다만, 마지막 사업에서 이직 당시 일용근로자였던 자의 경우에는 그러하지 아니하다.

④ 제1항부터 제3항까지의 규정에도 불구하고 이들 규정에 따라 산정된 기초일액이 그 수급자격자의 이직 전 1일 소정근로시간에 이직일 당시 적용되던 「최저임금법」에 따른 시간 단위에 해당하는 최저임금액을 곱한 금액(이하 "최저기초일액"이라 한다)보다 낮은 경우에는 최저기초일액을 기초일액으로 한다. 이 경우 이직 전 1일 소정근로시간은 고용노동부령으로 정하는 방법에 따라 산정한다.

제46조(구직급여일액) ① 구직급여일액은 다음 각 호의 구분에 따른 금액으로 한다.

1. 제45조제1항부터 제3항까지 및 제5항의 경우에는 그 수급자격자의 기초일액에 100분의 60을 곱한 금액

2. 제45조제4항의 경우(최저기초일액의 경우)에는 그 수급자격자의 기초일액에 100분의 80을 곱한 금액(이하 "최저구직급여일액"이라 한다)

② 제1항제1호에 따라 산정된 구직급여일액이 최저구직급여일액보다 낮은 경우에는 최저구직급여일액을 그 수급자격자의 구직급여일액으로 한다.

제37조의2(실업급여수급계좌) ① 직업안정기관의 장은 제43조에 따른 수급자격자의 신청이 있는 경우에는 실업급여를 수급자격자 명의의 지정된 계좌(이하 "실업급여수급계좌"라 한다)로 입금하여야 한다.

고딕체로 표기된 부분은 저자가 추가한 것이다.

직업안정기관의 장은 훈련연장급여(법 제51조)와 개별연장급여(법 제52조)를 지급할 수 있으며, 고용노동부장관은 특별연장급여를 지급할 수 있다

(법 제53조).

제51조(훈련연장급여) ① 직업안정기관의 장은 수급자격자의 연령·경력 등을 고려할 때 재취업을 위하여 직업능력개발 훈련 등이 필요하면 그 수급자격자에게 직업능력개발 훈련 등을 받도록 지시할 수 있다.

② 직업안정기관의 장은 제1항에 따라 직업능력개발 훈련 등을 받도록 지시한 경우에는 수급자격자가 그 직업능력개발 훈련 등을 받는 기간 중 실업의 인정을 받은 날에 대하여는 소정급여일수를 초과하여 구직급여를 연장하여 지급할 수 있다. 이 경우 연장하여 지급하는 구직급여(이하 "훈련연장급여"라 한다)의 지급 기간은 대통령령으로 정하는 기간을 한도로 한다.

제52조(개별연장급여) ① 직업안정기관의 장은 취업이 특히 곤란하고 생활이 어려운 수급자격자로서 대통령령으로 정하는 사람에게는 그가 실업의 인정을 받은 날에 대하여 소정급여일수를 초과하여 구직급여를 연장하여 지급할 수 있다.

② 제1항에 따라 연장하여 지급하는 구직급여(이하 "개별연장급여"라 한다)는 60일의 범위에서 대통령령으로 정하는 기간 동안 지급한다.

제53조(특별연장급여) ① 고용노동부장관은 실업의 급증 등 대통령령으로 정하는 사유가 발생한 경우에는 60일의 범위에서 수급자격자가 실업의 인정을 받은 날에 대하여 소정급여일수를 초과하여 구직급여를 연장하여 지급할 수 있다. 다만, 이직 후의 생활안정을 위한 일정 기준 이상의 소득이 있는 수급자격자 등 고용노동부령으로 정하는 수급자격자에 대하여는 그러하지 아니하다.

이외에도 상병급여, 조기재취업 수당, 직업능력개발 수당, 광역 구직활동비, 이주비가 있다(법 제63~67조).

제63조(질병 등의 특례) ① 수급자격자가 제42조에 따라 실업의 신고를 한 이후에 질병·부상 또는 출산으로 (구직활동을 할 수 없어서) 취업이 불가능하여 실업의 인정을 받지 못한 날에 대하여는 제44조제1항에도 불구하고 그 수급자격자의 청구에 의하여 제46조의 구직급여일액에 해당하는 금액(이하 "상병급여"라

한다)을 구직급여에 갈음하여 지급할 수 있다.

② 상병급여를 지급할 수 있는 일수는 그 수급자격자에 대한 구직급여 소정급여일수에서 그 수급자격에 의하여 구직급여가 지급된 일수를 뺀 일수를 한도로 한다.

제64조(조기재취업 수당) ① 조기재취업 수당은 수급자격자(「외국인근로자의 고용 등에 관한 법률」 제2조에 따른 외국인 근로자는 제외한다)가 안정된 직업에 재취직하거나 스스로 영리를 목적으로 하는 사업을 영위하는 경우로서 대통령령으로 정하는 기준에 해당하면 지급한다.

제65조(직업능력개발 수당) ① 직업능력개발 수당은 수급자격자가 직업안정기관의 장이 지시한 직업능력개발 훈련 등을 받는 경우에 그 직업능력개발 훈련 등을 받는 기간에 대하여 지급한다.

제66조(광역 구직활동비) ① 광역 구직활동비는 수급자격자가 직업안정기관의 소개에 따라 광범위한 지역에 걸쳐 구직 활동을 하는 경우로서 대통령령으로 정하는 기준에 따라 직업안정기관의 장이 필요하다고 인정하면 지급할 수 있다.

제67조(이주비) ① 이주비는 수급자격자가 취업하거나 직업안정기관의 장이 지시한 직업능력개발 훈련 등을 받기 위하여 그 주거를 이전하는 경우로서 대통령령으로 정하는 기준에 따라 직업안정기관의 장이 필요하다고 인정하면 지급할 수 있다.

고딕체로 표기된 부분은 저자가 추가한 것이다.

육아휴직 급여(법 제70조), 육아휴직 급여의 지급 제한(법 제73조), 육아기 근로시간 단축 급여(법 제73조의2) 규정이 있다.

제70조(육아휴직 급여) ① 고용노동부장관은 「남녀고용평등과 일·가정 양립 지원에 관한 법률」 제19조에 따른 육아휴직을 30일(「근로기준법」 제74조에 따른 출산전후휴가기간과 중복되는 기간은 제외한다) 이상 부여받은 피보험자 중 육아휴직을 시작한 날 이전에 제41조에 따른 피보험 단위기간이 합산하여 180일 이상인 피보험자에게 육아휴직 급여를 지급한다.

제73조(육아휴직 급여의 지급 제한 등) ① 피보험자가 육아휴직 기간 중에 그 사업에서 이직한 경우에는 그 이직하였을 때부터 육아휴직 급여를 지급하지

아니한다.

② 피보험자가 육아휴직 기간 중에 제70조제3항에 따른 취업을 한 경우에는 그 취업한 기간에 대해서는 육아휴직 급여를 지급하지 아니한다.

제73조의2(육아기 근로시간 단축 급여) ① 고용노동부장관은 「남녀고용평등과 일·가정 양립 지원에 관한 법률」 제19조의2에 따른 육아기 근로시간 단축(이하 "육아기 근로시간 단축"이라 한다)을 30일(「근로기준법」 제74조에 따른 출산전후휴가기간과 중복되는 기간은 제외한다) 이상 실시한 피보험자 중 육아기 근로시간 단축을 시작한 날 이전에 제41조에 따른 피보험 단위기간이 합산하여 180일 이상인 피보험자에게 육아기 근로시간 단축 급여를 지급한다.

출산전후휴가 급여(법 제75조), 출산전후휴가 급여 지급 기간(법 제76조), 기간제근로자 또는 파견근로자의 출산전후휴가(법 제76조의2) 규정이 있다.

제75조(출산전후휴가 급여 등) 고용노동부장관은 「남녀고용평등과 일·가정 양립 지원에 관한 법률」 제18조에 따라 피보험자가 「근로기준법」 제74조에 따른 출산전후휴가 또는 유산·사산휴가를 받은 경우와 「남녀고용평등과 일·가정 양립 지원에 관한 법률」 제18조의2에 따른 배우자 출산휴가를 받은 경우로서 다음 각 호의 요건을 모두 갖춘 경우에 출산전후휴가 급여 등(이하 "출산전후휴가 급여등"이라 한다)을 지급한다.

제76조(지급 기간 등) ①제75조에 따른 출산전후휴가 급여등은 「근로기준법」 제74조에 따른 휴가 기간에 대하여 「근로기준법」의 통상임금(휴가를 시작한 날을 기준으로 산정한다)에 해당하는 금액을 지급한다.

제76조의2(기간제근로자 또는 파견근로자에 대한 적용) ① 고용노동부장관은 제76조제1항제1호에도 불구하고 「기간제 및 단시간근로자 보호 등에 관한 법률」 제2조에 따른 기간제근로자 또는 「파견근로자 보호 등에 관한 법률」제2조에 따른 파견근로자가 「근로기준법」 제74조에 따른 출산전후휴가기간 또는 유산·사산휴가기간 중 근로계약기간이 끝나는 경우 근로계약 종료일 다음 날부터 해당 출산전후휴가 또는 유산·사산휴가 종료일까지의 기간에 대한 출산전후휴가 급여등에 상당하는 금액 전부를 기간제근로자 또는 파견근로자에게 지급한다.

자영업자(법 제69조의2), 예술인(법 제77조의2), 노무제공자(법 제77조의6) 피보험자들에 대한 고용보험 특례 조항이 있다.

제69조의2(자영업자인 피보험자의 실업급여의 종류) 자영업자인 피보험자의 실업급여의 종류는 제37조(구직급여와 취업촉진수당(조기재취업 수당, 직업능력개발 수당, 광역 구직활동비, 이주비)에 따른다. 다만, 제51조부터 제55조까지의 규정에 따른 연장급여와 제64조에 따른 조기재취업 수당은 제외한다.

제77조의2(예술인인 피보험자에 대한 적용) ① 근로자가 아니면서 「예술인 복지법」 제2조제2호에 따른 예술인 등 대통령령으로 정하는 사람 중 「예술인 복지법」 제4조의4에 따른 문화예술용역 관련 계약(이하 "문화예술용역 관련 계약"이라 한다)을 체결하고 다른 사람을 사용하지 아니하고 자신이 직접 노무를 제공하는 사람(이하 "예술인"이라 한다)과 이들을 상대방으로 하여 문화예술용역 관련 계약을 체결한 사업에 대해서는 제8조제2항에 따라 이 장을 적용한다.

제77조의6(노무제공자인 피보험자에 대한 적용) ① 근로자가 아니면서 자신이 아닌 다른 사람의 사업을 위하여 자신이 직접 노무를 제공하고 해당 사업주 또는 노무수령자로부터 일정한 대가를 지급받기로 하는 계약(이하 "노무제공계약"이라 한다)을 체결한 사람 중 대통령령으로 정하는 직종에 종사하는 사람(이하 "노무제공자"라 한다)과 이들을 상대방으로 하여 노무제공계약을 체결한 사업에 대해서는 제8조제2항에 따라 이 장을 적용한다.

고딕체로 표기된 부분은 저자가 추가한 것이다.

(5) 급여의 실시

구직급여의 급여 실시 순서는 '수급 요건 확인 → 신고 → 인정(수급자격 및 실업) → 제공 → 사후관리의 순이다(법 제40조, 제42조, 제43조, 제44조).

제40조(구직급여의 수급 요건) ① 구직급여는 이직한 근로자인 피보험자가 다음 각 호의 요건을 모두 갖춘 경우에 지급한다. 다만, 제5호와 제6호는 최종 이

직 당시 일용근로자였던 사람만 해당한다.

1. 제2항에 따른 기준기간(이직일 이전 18개월) 동안의 피보험 단위기간(제41조에 따른 피보험 단위기간을 말한다. 이하 같다)이 합산하여 180일 이상일 것

2. 근로의 의사와 능력이 있음에도 불구하고 취업(영리를 목적으로 사업을 영위하는 경우를 포함한다. 이하 이 장 및 제5장에서 같다)하지 못한 상태에 있을 것

3. 이직사유가 제58조에 따른 수급자격의 제한 사유에 해당하지 아니할 것

4. 재취업을 위한 노력을 적극적으로 할 것

제42조(실업의 신고) ① 구직급여를 지급받으려는 사람은 이직 후 지체없이 직업안정기관에 출석하여 실업을 신고하여야 한다.

② 제1항에 따른 실업의 신고에는 구직 신청과 제43조에 따른 수급자격의 인정신청을 포함하여야 한다.

③ 제1항에 따라 구직급여를 지급받기 위하여 실업을 신고하려는 사람은 이직하기 전 사업의 사업주에게 피보험 단위기간, 이직 전 1일 소정근로시간 등을 확인할 수 있는 자료(이하 "이직확인서"라 한다)의 발급을 요청할 수 있다. 이 경우 요청을 받은 사업주는 고용노동부령으로 정하는 바에 따라 이직확인서를 발급하여 주어야 한다.

제43조(수급자격의 인정) ① 구직급여를 지급받으려는 사람은 직업안정기관의 장에게 제40조제1항제1호부터 제3호까지·제5호 및 제6호에 따른 구직급여의 수급 요건을 갖추었다는 사실(이하 "수급자격"이라 한다)을 인정하여 줄 것을 신청하여야 한다.

② 직업안정기관의 장은 제1항에 따른 수급자격의 인정신청을 받으면 그 신청인에 대한 수급자격의 인정 여부를 결정하고, 대통령령으로 정하는 바에 따라 신청인에게 그 결과를 알려야 한다.

③ 제2항에 따른 신청인이 다음 각 호의 요건을 모두 갖춘 경우에는 마지막에 이직한 사업을 기준으로 수급자격의 인정 여부를 결정한다.

⑤ 제2항에 따라 수급자격의 인정을 받은 사람(이하 "수급자격자"라 한다)이 제48조 및 제54조제1항에 따른 기간에 새로 수급자격의 인정을 받은 경우에는 새로 인정받은 수급자격을 기준으로 구직급여를 지급한다.

제44조(실업의 인정) ① 구직급여는 수급자격자가 실업한 상태에 있는 날 중에서 직업안정기관의 장으로부터 실업의 인정을 받은 날에 대하여 지급한다.

② 실업의 인정을 받으려는 수급자격자는 제42조에 따라 실업의 신고를 한 날부터 계산하기 시작하여 1주부터 4주의 범위에서 직업안정기관의 장이 지정한

날(이하 "실업인정일"이라 한다)에 출석하여 재취업을 위한 노력을 하였음을 신고하여야 하고, 직업안정기관의 장은 직전 실업인정일의 다음 날부터 그 실업인정일까지의 각각의 날에 대하여 실업의 인정을 한다.

고딕체로 표기된 부분은 저자가 추가한 것이다.

구직급여의 수급기간과 수급일수(법 제48조), 7일간의 대기기간(법 제49조), 급여일수와 피보험기간(법 제50조)에 관하여 규정하고 있다.

제48조(수급기간 및 수급일수) ① 구직급여는 이 법에 따로 규정이 있는 경우 외에는 그 구직급여의 수급자격과 관련된 이직일의 다음 날부터 계산하기 시작하여 12개월 내에 제50조제1항에 따른 소정급여일수를 한도로 하여 지급한다.

제49조(대기기간) 제44조에도 불구하고 제42조에 따른 실업의 신고일부터 계산하기 시작하여 7일간은 대기기간으로 보아 구직급여를 지급하지 아니한다.

제50조(소정급여일수 및 피보험기간) ① 하나의 수급자격에 따라 구직급여를 지급받을 수 있는 날(이하 "소정급여일수"라 한다)은 대기기간이 끝난 다음날부터 계산하기 시작하여 피보험기간과 연령에 따라 별표 1에서 정한 일수가 되는 날까지로 한다.

② 수급자격자가 소정급여일수 내에 제48조제2항에 따른 임신·출산·육아, 그밖에 대통령령으로 정하는 사유로 수급기간을 연장한 경우에는 그 기간만큼 구직급여를 유예하여 지급한다.

③ 피보험기간은 그 수급자격과 관련된 이직 당시의 적용 사업에서 고용된 기간(제10조 각 호의 어느 하나에 해당하는 근로자로 고용된 기간은 제외한다. 이하 이 조에서 같다)으로 한다. 다만, 자영업자인 피보험자의 경우에는 그 수급자격과 관련된 폐업 당시의 적용 사업에의 보험가입기간 중에서 실제로 납부한 고용보험료에 해당하는 기간으로 한다.

사후관리로서, 훈련 거부 또는 부정행위에 따라 수급자격자에게 지급을 제한할 수 있는 규정이 있다(법 제60조, 제61조). 법률에 위배되는 경우 구직급여에 대한 반환명령도 가능하다(법 제62조).

제60조(훈련 거부 등에 따른 급여의 지급 제한) ① 수급자격자가 직업안정기관의 장이 소개하는 직업에 취직하는 것을 거부하거나 직업안정기관의 장이 지시한 직업능력개발 훈련 등을 거부하면 대통령령으로 정하는 바에 따라 구직급여의 지급을 정지한다.

제61조(부정행위에 따른 급여의 지급 제한) ① 거짓이나 그 밖의 부정한 방법으로 실업급여를 받았거나 받으려 한 자에게는 그 급여를 받은 날 또는 받으려 한 날부터의 구직급여를 지급하지 아니한다.

제62조(반환명령 등) ① 직업안정기관의 장은 거짓이나 그 밖의 부정한 방법으로 구직급여를 지급받은 자에게 지급받은 전체 구직급여의 전부 또는 일부의 반환을 명할 수 있고, 이에 추가하여 고용노동부령으로 정하는 기준에 따라 그 거짓이나 그 밖의 부정한 방법으로 지급받은 구직급여액에 상당하는 액수 이하의 금액을 징수할 수 있다.

(6) 보장기관 및 인력

고용보험사업의 관장 주체는 고용노동부장관이다(법 제3조). 고용산재보험료징수에 관한 심의를 위한 고용보험위원회(법 제7조), 피보험자격의 취득·상실 등에 대한 심사 및 재심사를 위한 고용보험심사관(법 제89조), 피보험자격의 취득·상실 등에 대한 재심사를 위한 고용보험심사위원회(법 제99조)가 있다.

제3조(보험의 관장) 고용보험(이하 "보험"이라 한다)은 고용노동부장관이 관장한다.

제7조(고용보험위원회) ① 이 법 및 고용산재보험료징수법(보험에 관한 사항만 해당한다)의 시행에 관한 주요 사항을 심의하기 위하여 고용노동부에 고용보험위원회(이하 이 조에서 "위원회"라 한다)를 둔다.

제89조(고용보험심사관) ① 제87조에 따른 심사를 행하게 하기 위하여 고용보험심사관(이하 "심사관"이라 한다)을 둔다.

② 심사관은 제87조제1항에 따라 심사청구를 받으면 30일 이내에 그 심사청구

09 사회보험법   **535**

에 대한 결정을 하여야 한다. 다만, 부득이한 사정으로 그 기간에 결정할 수 없을 때에는 1차에 한하여 10일을 넘지 아니하는 범위에서 그 기간을 연장할 수 있다.

제99조(고용보험심사위원회) ① 제87조에 따른 재심사를 하게 하기 위하여 고용노동부에 고용보험심사위원회(이하 "심사위원회"라 한다)를 둔다.

② 심사위원회는 근로자를 대표하는 자 및 사용자를 대표하는 자 각 1명 이상을 포함한 15명 이내의 위원으로 구성한다.

⑦ 심사위원회는 제87조제1항에 따라 재심사의 청구를 받으면 50일 이내에 재결(裁決)을 하여야 한다.

(7) 재정

고용보험료는 고용산재보험료징수법을 따르며(법 제6조), 국고의 지원을 받는다(법 제5조). 실업크레딧 가입자 보험료의 25%를 고용보험기금에서 국민연금기금으로 지원한다(법 제55조의2).

제6조(보험료) ① 이 법에 따른 보험사업에 드는 비용을 충당하기 위하여 징수하는 보험료와 그 밖의 징수금에 대하여는 고용산재보험료징수법으로 정하는 바에 따른다.

제5조(국고의 부담) ① 국가는 매년 보험사업에 드는 비용의 일부를 일반회계에서 부담하여야 한다.

제55조의2(국민연금 보험료의 지원) ① 고용노동부장관은 「국민연금법」 제19조의2제1항에 따라 구직급여를 받는 기간을 국민연금 가입기간으로 추가 산입하려는 수급자격자에게 국민연금 보험료의 일부를 지원할 수 있다.

② 제1항에 따른 지원금액은 「국민연금법」 제19조의2제3항에 따른 연금보험료의 100분의 25의 범위로 한다.

고용노동부장관은 고용보험기금을 설치 및 조성하여야 한다(법 제78조). 고용보험기금의 관리·운용(법 제78조), 용도(법 제79조), 운용 계획(법 제81조), 계정(법 제82조), 적립(법 제84조)에 관한 규정이 있다.

제78조(기금의 설치 및 조성) ① 고용노동부장관은 보험사업에 필요한 재원에 충당하기 위하여 고용보험기금(이하 "기금"이라 한다)을 설치한다.

② 기금은 보험료와 이 법에 따른 징수금·적립금·기금운용 수익금과 그 밖의 수입으로 조성한다.

제79조(기금의 관리·운용) ① 기금은 고용노동부장관이 관리·운용한다.

② 기금의 관리·운용에 관한 세부 사항은 「국가재정법」의 규정에 따른다.

③ 고용노동부장관은 다음 각 호의 방법에 따라 기금을 관리·운용한다.

1. 금융기관에의 예탁

2. 재정자금에의 예탁

3. 국가·지방자치단체 또는 금융기관에서 직접 발행하거나 채무이행을 보증하는 유가증권의 매입

4. 보험사업의 수행 또는 기금 증식을 위한 부동산의 취득 및 처분

제80조(기금의 용도) ① 기금은 다음 각 호의 용도에 사용하여야 한다.

1. 고용안정·직업능력개발 사업에 필요한 경비

2. 실업급여의 지급

3. 육아휴직 급여 및 출산전후휴가 급여등의 지급

4. 보험료의 반환

5. 일시 차입금의 상환금과 이자

6. 이 법과 고용산재보험료징수법에 따른 업무를 대행하거나 위탁받은 자에 대한 출연금

7. 그 밖에 이 법의 시행을 위하여 필요한 경비

제81조(기금운용 계획 등) ① 고용노동부장관은 매년 기금운용 계획을 세워 제7조에 따른 고용보험위원회 및 국무회의의 심의를 거쳐 대통령의 승인을 받아야 한다.

제82조(기금계정의 설치) ① 고용노동부장관은 한국은행에 고용보험기금계정을 설치하여야 한다.

② 제1항의 고용보험기금계정은 고용안정·직업능력개발 사업 및 실업급여, 자영업자의 고용안정·직업능력개발 사업 및 자영업자의 실업급여로 구분하여 관리한다.

제84조(기금의 적립) ① 고용노동부장관은 대량 실업의 발생이나 그 밖의 고용상태 불안에 대비한 준비금으로 여유자금을 적립하여야 한다.

② 제1항에 따른 여유자금의 적정규모는 다음 각 호와 같다.

1. 고용안정·직업능력개발 사업 계정의 연말 적립금: 해당 연도 지출액의 1배 이상 1.5배 미만

2. 실업급여 계정의 연말 적립금: 해당 연도 지출액의 1.5배 이상 2배 미만

(8) 권리구제 및 벌칙

처분에 대해 이의가 있을 경우, 심사관에게 심사청구 및 재심사청구를 할 수 있다.

> 제87조(심사와 재심사) ① 제17조에 따른 피보험자격의 취득·상실에 대한 확인, 제4장의 규정에 따른 실업급여 및 제5장에 따른 육아휴직 급여와 출산전후휴가 급여등에 관한 처분[이하 "원처분(原處分)등"이라 한다]에 이의가 있는 자는 제89조에 따른 심사관에게 심사를 청구할 수 있고, 그 결정에 이의가 있는 자는 제99조에 따른 심사위원회에 재심사를 청구할 수 있다.
> ② 제1항에 따른 심사의 청구는 같은 항의 확인 또는 처분이 있음을 안 날부터 90일 이내에, 재심사의 청구는 심사청구에 대한 결정이 있음을 안 날부터 90일 이내에 각각 제기하여야 한다.
> ③ 제1항에 따른 심사 및 재심사의 청구는 시효중단에 관하여 재판상의 청구로 본다.

법적 실효성 보장을 위하여 다양한 벌칙 규정이 있다. 예를 들어 "거짓이나 부정한 방법으로 지원금 또는 급여를 받은 경우"에 대하여 5년 이하의 징역 또는 5천만 원 이하의 벌금에 처할 수 있다.

> 제116조(벌칙) ① 사업주와 공모하여 거짓이나 그 밖의 부정한 방법으로 다음 각 호에 따른 지원금 또는 급여를 받은 자와 공모한 사업주는 각각 5년 이하의 징역 또는 5천만원 이하의 벌금에 처한다.

프리랜서나 특수고용직 등 자영업자와 노동자의 성격을 모두 가진 19개 직종에 해당하는 노동자(노무제공자)도 고용보험에 가입할 수 있게 되었다!

2021년 1월 5일 법률 개정을 통해 노무제공자도 고용보험 적용을 받도록 하였다. 근로자가 아니면서 자신이 아닌 다른 사람의 사업을 위하여 자신이 직접 노무를 제공하고 해당 사업주 또는 노무수령자로부터 일정한 대가를 지급받기로 하는 노무제공계약을 체결한 사람 중 일정한 직종에 종사하는 노무제공자를 고용보험 적용대상으로 포함한 것이다.

법률 개정으로 2021년 7월 12개 직종, 2022년 7월 5개 직종, 2022년 1월 2개 직종이 고용보험 가입 대상에 포함되었다. 그 결과, 누적 순인원 기준으로 2004년 1~5월 노무제공자 고용보험 가입자 수는 806,661명이 되었다. 그러나 노무제공자의 실업급여 수급률은 0.683%에 불과하여, 일반노동자(상용직+일용직) 실업급여 수급률 6.246%에 비해 매우 낮았다. 노무제공자가 실업급여를 받기 어려운 원인을 파악하고 대안을 마련하기 위한 법률 개정이 요청된다.

표 9-11 2024년 1~5월 노무제공자 실업급여 수급 현황(누적 순인원)

직종	실업급여 수급자 수(명)	고용보험 가입자 수(명)	수급률(%)
보험설계사	402	243,713	0.165
퀵서비스 기사	321	157,751	0.203
대리운전 기사	238	83,565	0.285
택배 기사	248	71,719	0.346
화물차주	161	44,894	0.359
골프장 캐디	259	39,924	0.649
건설기계 조종사	62	33,737	0.184
방문판매원	486	30,603	1.588
학습지 방문강사·교육교구 방문강사	313	29,538	1.060
대여제품 방문점검원	97	23,973	0.405
정보통신 소프트웨어 기술자	1,146	19,965	5.740
방과후학교 강사	399	19,937	2.001
신용카드 회원 모집인	189	4,456	4.241
대출모집인	28	3,900	0.718
가전제품 배송설치 기사	14	2,592	0.540
어린이 통학버스기사	20	858	2.331
관광통역안내사	0	816	0.000
분류 불능	1,130		
노무제공자 전체	5,513	806,661	0.683
일반노동자(상용직+일용직)	1,056,522	16,914,979	6.246

출처: 김태선 더불어민주당 의원실(2024)

5. 산재보험법

1) 산재보험법의 의의

산재보험법은 산업재해로 인한 노동자의 생명과 건강을 보호하기 위한 국가적 차원의 법적 장치이다. 산재보험법의 중요한 의의는 첫째, 헌법에서 보장하는 노동자의 생명권, 노동권, 사회보장을 실현하기 위한 구체적 법률이다. 산재보험을 통해 노동자는 보다 안전한 환경에서 일을 하며, 노동권을 보장받으며, 궁극적으로 복지 향상을 꾀할 수 있다. 둘째, 산업재해를 당한 노동자와 그 가족의 생활 안정을 보장하기 위한 법률이다. 산재보험은 근로자의 신체적 손실뿐만 아니라 소득상실까지 일부 보상함으로써, 산업사회에서 발생하는 위험으로부터 근로자를 보호하는 중요한 사회적 안전망이다. 셋째, 사회적 연대를 통해 사회적 비용을 감소시키는 데 기여하는 법률이다. 사회보험 중 유일하게 사업주가 보험료를 전액 책임지는 구조를 통해 자본가와 노동자 간의 연대를 실현하며, 이러한 연대에 기초하여 산업재해로 인해 발생할 수 있는 실업, 재활, 요양비용 등의 사회적 비용을 감소시키는 데 기여한다.

2) 산재보험법의 연혁

(1) 산재보험법의 제정

산재보험법이 1963년 11월 5일 제정되었고, 1964년 1월 1일부터 시행되었다. 산업재해를 당한 근로자는 당장 가족의 생계가 막막하게 되고, 요양과 재활 등의 의료비용이 발생하여 경제적 어려움에 처할 수 있다. 또한 노동시장으로 재진출하는 데 시간이 오래 걸려 장기적으로 빈곤가구로 전락할 위험이 높다. 이에 노동자에게 업무상의 재해를 신속하고 공정하게 보상하기 위한 목적으로 산재보험법이 도입되었다. 법 제정 당시 적용범위 및 보험가입자, 보험급여, 보험금, 수급권의 보호 등을 명시하였다.

(2) 산재보험법의 주요 개정 내용

산재보험법의 제정은 사회보험 방식으로 업무상 재해에 대한 보상을 법률에 명시하였다는 점에서 의의가 크다. 또한 우리나라 최초의 사회보험으로서 위상을 갖는다는 점에서 의미가 있다. 그러나 산재보험법의 시행에도 불구하고, 적용대상의 사각지대, 산재보험급여의 제한적 범위, 유족보상연금 수급자격의 제한 및 낮은 급여수준, 직업병 진단의 제한, 낮은 산재인정률, 공상 처리 등에 대한 지적이 있어 왔다. 이에 산재보험법은 수차례에 걸쳐 개정이 되었는데, 주요 개정내용은 표 9-12와 같다.

표 9-12 산재보험법의 주요 개정 연혁

연도	주요 내용
1963.11.05.	- 산재보험법 제정(1964.1.1.시행) - 최초의 사회보험 제정·시행 - 사업주는 산업재해보상보험의 보험가입자가 되도록 함 - 보험급여를 요양급여, 휴업급여, 장해급여, 유족급여, 장제급여 및 일반급여로 구분하고 각 급여별로 보험금을 정함
1970.12.31.	- 업무상 재해를 입은 근로자에 대한 재해보상의 신속·공정 보장 - 보험급여 사유 확대 - 장해급여와 유족급여에 대하여는 일시보상이 아닌 연금 급여 - 장해등급 세분화 - 국고 부담 신설
1973.03.13.	- 요양 중 정당한 지시위반으로 상병을 악화시킬 때에는 보험급여 제한 - 보고 등의 의무불이행에 대하여 보험급여의 지급 일시 중지 - 보험급여 수령 전에 수급권자가 사망한 경우 그 유족이 청구 수령
1976.12.22.	- 보험금의 일시급여에 있어서 재해 당시의 임금을 산정기초로 하여 지급하던 것을 임금변동순응률제를 적용하여 보험금 지급 당시의 동종근로자의 임금을 그 산정기초로 하여 지급 - 근로자 또는 보험가입자의 중대한 과실로 인하여 재해가 발생한 경우, 보험금의 지급제한 기준을 대통령령으로 정함 - 노동청장은 장해급여를 받은 신체장해자의 고용을 위하여 노력 - 보험급여청구 및 보험료의 징수에 관한 소멸시효기간을 근로기준법과 같이 2년에서 3년으로 연장
1977.12.19.	- 모든 보험급여에 임금변동순응률제를 적용 - 저임금근로자의 평균임금을 노동청장이 정하도록 하여 저임금근로자의 보험급여 수준 향상 - 보험금의 지급에 관한 사무를 금융기관에 위탁 - 근로자의 중대과실규정 삭제 - 보험료의 보고와 납부기한을 60일로 연장하여 일치시키고 그 기한 내에는 보험료를 자진 납부할 수 있도록 함 - 장해보상연금의 급여수준 인상
1981.12.17.	- 요양급여 및 휴업급여를 지급하지 아니하는 요양 또는 휴업기간을 7일 이내에서 3일 이내로 단축 - 장해보상연금의 급여 범위를 확대하기 위하여, 장해등급 제4급 내지 제7급 해당자에 대하여도 연금을 지급할 수 있도록 하고 연금급여액 수준을 12% 인상 - 장해자가 일시금보다는 연금을 선택하도록 유도하기 위하여, 장해연금 수급자에게 연금을 선급할 수 있게 하고 연금수급자가 사망한 경우 이미 받은 연금액이 장해보상일시금에 미달하는 때에는 그 차액 지급
1982.12.31.	- 폐질근로자를 특별히 보호하기 위하여 2년 이상 장기요양을 요하는 폐질근로자에 대한 상병보상연금제도 신설 - 진폐근로자를 특별히 보호하기 위하여 보험급여를 지급함에 있어서 평균임금산정의 특례를 인정함으로써, 진폐근로자의 보상수준을 높임 - 사업주의 고의 또는 과실로 재해가 발생하여 근로자가 장해를 입은 경우, 산업재해에 대한 민사상의 손해배상을 신속히 해결하기 위하여 장해특별급여제도 신설 - 사업주의 고의 또는 과실로 재해가 발생하여 근로자가 사망한 경우에 지급하는 유족특별급여의 지급요건 완화
1983.12.03.	- 산업재해의 발생원인이 사업주의 고의 또는 중대한 과실로 인한 경우에는 노동부장관이 근로자에게 지급한 보험금의 일부를 당해 사업주로부터 징수하던 제도를 폐지하여 사업주에 대한 부담 완화

연도	주요 내용
1986.05.09.	- 보험요율을 결정함에 있어서 현재는 과거 3년간의 재해율만을 기초로 하고 있는 것을 연금 등 보험급여에 필요한 금액도 감안하도록 함 - 사업장별로 재해발생이 많고 적음에 따라 보험요율을 증가 혹은 경감시켜 적용할 증감폭을 현재의 30%에서 40%로 확대 - 노동부장관 또는 근로복지공사가 행하는 재해예방 기타 근로자의 복지증진을 위한 사업의 범위에 재해근로자의 자녀에 대한 장학사업 추가
1989.04.01.	- 산업재해보상보험사업의 사무집행비를 앞으로는 전부 일반회계에서 부담 - 산업재해보상보험의 적용범위를 근로기준법의 적용을 받는 사업만으로 하던 것을 앞으로는 모든 사업으로 확대하여 영세사업주도 보험에 가입할 수 있도록 함
1993.12.27.	- 장해보상연금 또는 유족보상연금을 지급받고 있던 자가 수급권을 상실한 경우, 이미 지급한 연금액이 일시금보다 적을 때에 지급하는 금액을 보상일분을 기준으로 하여 산정 - 장해등급 3급 이상에 해당되어 장해보상연금을 지급받고 있던 자가 재요양을 하고 있는 기간 중에는 휴업급여에 갈음하여 장해보상연금의 수준과 같은 상병보상연금을 지급 - 보험급여에 소요되는 비용뿐만 아니라 재해의 예방 및 재해근로자의 복지증진에 소요되는 비용 등도 고려하여 보험요율 결정
1994.12.22.	- 전부개정(1995.5.1 시행) - 노동부 산하 근로복지공사를 근로복지공단으로 개편 - 정부가 관리·운영하던 산업재해보상보험에 관한 업무를 근로복지공단에 위탁 - 근로복지공단이 행한 보험급여에 관하여 불복이 있을 경우, 공단에 심사청구 및 노동부에 설치된 산업재해보상보험심사위원회에 재심사청구를 할 수 있도록 함
1997.08.28.	- 산업현장에서 실습중인 학생 및 직업훈련생에 대하여 산업재해보상보험을 적용할 수 있는 특례 마련 - 해외파견자에게 산업재해보상보험이 적용되도록 노동부령이 정하는 바에 따라 사업주가 임의가입할 수 있는 특례 마련 - 산업재해근로자의 권리구제 기회를 확대하기 위하여 심사 및 재심사청구의 제기기간을 60일에서 90일로 연장 - 재해예방에 대한 유인의 강화를 위하여 사업의 보험요율결정의 특례와 확정보험료청산의 특례의 실적에 따른 보험료 증감폭을 100분의 40에서 100분의 50으로 확대 - 사업주의 보험료 납부부담 경감을 위하여 연체금 징수의 상한제 도입
1999.12.31.	- 보험급여액이 재해근로자간에 상대적으로 많은 격차를 보이고 있어, 보험급여의 최고·최저보상한도를 설정하여 급여수준의 형평성 제고 - 간병급여 신설 - 중·소기업 사업주가 재해를 입은 경우에도 산업재해보상보험의 보험급여를 받을 수 있도록 중·소기업 사업주에 대한 특례제도 신설 - 종전에는 유족의 선택에 의하여 연금 또는 일시금으로 유족급여를 지급하였으나, 앞으로는 유족의 장기적인 생활보장을 위하여 연금으로 지급하는 것을 원칙으로 하되, 연금수급권자의 선택에 의하여 그 일부를 일시금으로 지급할 수 있도록 함
2003.12.31.	- 산업재해보상보험과 고용보험의 보험료를 통합 징수하기 위한 고용보험 및 산업재해보상 보험의 보험료징수 등에 관한 법률의 제정 관련 규정 정비
2004.01.29.	- 종전에는 근로자를 사용하는 중·소기업사업주에 대하여만 자기 또는 유족을 보험급여를 받을 수 있는 자로 하여 산업재해보상보험에 가입할 수 있도록 하는 특례를 두었으나, 앞으로는 근로자를 사용하지 아니하는 중·소기업사업주도 이에 포함시켜 산업재해보상보험에 가입 - 종전에는 산업재해보상보험및예방기금 지출예산 총액의 100분의 5 이상을 산업안전보건법에 의한 재해예방사업의 용도로 계상하도록 하였으나, 앞으로는 100분의 8 이상으로 변경

연도	주요 내용
2007.12.14.	- 전부개정(2008.7.1. 시행) - 근로복지공단 임직원의 비밀 준수 의무 명시 - 평균임금 증감제도 개선: 일률적으로 매년 전체 근로자의 임금 평균액의 변동률에 따라 증감하되, 근로자의 연령이 60세에 도달한 이후에는 소비자물가변동률에 따라 증감하도록 변경함. 현행법에서는 보험급여의 산정기준이 되는 평균임금의 증감은 재직근로자는 동종근로자의 통상임금 변동률을 적용하고, 퇴직근로자 및 연금수급자는 전체 근로자의 임금상승률을 적용하고 있어 대기업 근로자와 중소기업 근로자, 재직자와 퇴직자·연금수급자 간의 보험급여 증감에 형평성 문제가 있었음 - 최고·최저 보상기준제도의 개선: 최고 보상기준 금액은 전체 근로자의 임금 평균액의 1.8배, 최저 보상기준 금액은 전체 근로자의 임금 평균액의 2분의 1 수준으로 명확히 함. 현행 최고 보상기준 금액은 전체 근로자의 임금 수준, 임금 계층별 근로자 분포비 등을 고려하여 설정하고 있고, 최저 보상기준 금액은 최저임금의 조정률을 고려하여 설정하고 있으나 그 기준이 가변적이고 불명확하여 보험급여 수급자 간의 형평성을 도모하려는 취지를 살리지 못하고 있었음. 저소득근로자와 고소득근로자 간 보험급여 지급의 형평성 제고를 기대함 - 업무상 재해의 인정기준 조정: 업무상 재해의 인정 기준을 업무상 사고와 업무상 질병으로 구분하고 근로자가 근로계약에 따라 업무 및 그에 따르는 행위를 하던 중 발생한 사고 등을 업무상 사고의 기준으로, 유해·위험요인을 취급하거나 그에 노출되어 발생한 질병 등을 업무상 질병의 기준으로 명시함. 현행법에서는 업무상 재해의 개념에 대하여 지나치게 포괄적으로 정하고 있어 포괄 위임의 논란이 제기되고 있었음 - 국민건강보험법상의 종합전문요양기관 당연지정제 도입 - 부분휴업급여 제도의 도입: 산재근로자가 요양과 취업을 병행하는 경우에는 취업한 날 또는 시간에 해당하는 근로자의 평균임금에서 취업한 날 또는 시간에 받은 실제 임금과의 차액의 100분의 90에 상당하는 금액을 부분휴업급여로 지급하도록 함. 현행법은 요양 중에 부분적으로 취업을 한 경우에는 휴업급여를 지급하지 않고 있어 근로능력이 떨어진 상태에서 부분적으로 취업을 하면 취업하지 않는 경우(휴업급여가 지급됨)보다 소득이 오히려 줄어들게 되므로 취업을 회피하는 요인으로 작용하고 있었음 - 저소득근로자 휴업급여 수준의 상향 조정: 휴업급여 지급액이 전체 근로자의 임금 평균액의 2분의 1에 해당하는 최저 보상기준 금액의 100분의 80 이하인 경우에는 평균임금의 100분의 90에 상당하는 금액을 휴업급여 지급액으로 함. 현행법에서는 평균임금의 100분의 70에 상당하는 휴업급여 지급액이 최저임금액에 미달하는 저소득근로자에게는 최저임금액을 휴업급여 지급액으로 하고 있으나, 저소득근로자를 보호하는 데에는 미흡한 측면이 있었음 - 1회에 한하여 장해등급 재판정제도 도입: 현행법에서는 요양 종결 당시 결정된 장해등급은 장해종류에 따라 호전되거나 악화되는 등 변경될 가능성이 있음에도 재판정 제도가 없어 한 번 판정되면 같은 장해등급이 계속 유지되는 문제가 있었음 - 직업재활급여 제도의 신설: 요양이 끝난 산재근로자의 직장·사회복귀 지원을 위한 직업재활사업은 직업훈련을 중심으로 한 예산 사업으로 운영되고 있어 그 효과에 한계가 있었음. - 산업재해보상보험 심사위원회의 설치 - 특수형태근로종사자에 대한 산재보험 적용: 특수형태근로종사자는 근로자와 유사하게 노무를 제공함에도 불구하고 근로기준법상 근로자로 인정되지 않아 산재보험의 보호를 받지 못하고 있었음 - 2000년 7월 1일 이전에 장해급여를 받은 자도 간병급여 지급 대상 포함: 간병급여는 동 제도가 도입된 2000년 7월 1일 이후에 장해급여를 받은 자를 대상으로 지급하고 있어 그 이전에 장해급여를 받은 자는 실제 간병이 필요한 경우에도 간병급여를 받지 못하고 있었음
2010.01.27.	- 근로복지공단 산하의 법인인 한국산재의료원을 근로복지공단에 통합 - 상병보상연금 수급 요건 구체화: 장기요양을 필요로 하는 폐질근로자를 특별히 보호하기 위하여 휴업급여보다 지급률을 높여 휴업급여 대신 지급하는 급여이므로 해당 근로자가 취업한 경우 상병보상연금의 수급권이 없다고 보는 것이 타당함에도 현행 제도상 취업한 경우 수급권 보유 여부에 관하여 명문으로 규정한 바가 없어 해석상 논란이 있었음 - 장해 근로자에 대한 조기 직업훈련 실시

연도	주요 내용
2010.05.20.	- 업무상 질병인 진폐에 걸린 근로자 중 일부는 합병증 등의 치료를 이유로 장기간 요양을 하면서 그 기간 동안에 휴업급여와 상병보상연금도 함께 지급받게 되고 사후에는 진폐로 인한 사망으로 쉽게 인정되어 유족급여도 받게 됨으로써, 요양을 받지 않으면서 장해급여만을 받고 있는 다른 진폐근로자에 비하여 보상수준이 지나치게 커지는 문제가 있어서, 진폐근로자에게 휴업급여와 상병보상연금을 지급하지 않고 요양 여부와 관계없이 기초연금을 포함한 진폐보상연금을 지급하는 것으로 변경하여 진폐근로자 간 보상의 형평성 제고 - 이를 위해, 진폐에 대한 보험급여의 종류를 진폐보상연금 및 진폐유족연금 등으로 변경 - 진폐에 따른 장해에 대하여 진폐보상연금을 지급 - 진폐근로자의 유족에 대하여 진폐유족연금을 지급 - 진폐판정 절차의 간소화 - 진폐요양 관리의 합리화 방안 마련 - 종전의 진폐에 따른 보험급여를 받던 사람들에 대한 경과 조치 마련
2012.12.18.	- 성차별적 요소 제거 위해 유족보상연금 수급자격자의 범위에서 남자배우자에 대한 연령제한 삭제 - 자녀 또는 손자녀 등에 대한 유족보상연금 수급자격자 연령범위를 18세 미만에서 19세 미만까지로 연장
2015.01.20.	- 요양 종결 후 증상으로 인해 국민건강보험법에 의해 요양을 받는 경우, 그 비용을 2년 이내에 산재보험에서 지급 - 근로복지공단의 사업에 직업병 연구, 건강진단 등 예방사업을 추가
2016.12.27.	- 산업재해보상보험급여를 신청할 시 신청을 이유로 근로자가 해고 등의 불이익을 당하지 않도록, 불이익 처우 금지와 벌칙 조항을 명시
2017.10.24.	- 일반 근로자도 통상적인 경로와 방법으로 출퇴근 하던 중 발생한 사고에 대하여 업무상 재해로 인정: 현행법은 출퇴근 중 발생한 사고의 업무상 재해 인정과 관련하여 사업주가 제공한 교통수단이나 그에 준하는 교통수단을 이용하는 등 사업주의 지배관리 하에서 발생한 사고만을 업무상 재해로 인정하고 있으나, 공무원·교사·군인 등의 경우 통상적인 경로와 방법으로 출퇴근 중 발생한 사고를 업무상 재해로 인정받아 공무원연금법에 따른 급여지급 대상으로 보호받고 있어 형평성의 문제가 제기되었음
2018.06.12.	- '폐질(廢疾)'이라는 어려운 한자를 '중증요양상태'로 변경 - 최고·최저 보상기준 금액의 산정기준이 되는 평균임금을 상용근로자 5인 이상 사업체의 전체근로자를 대상으로 산정하도록 하되, 최저 보상기준 금액이 최저임금법 제5조제1항에 따른 시간급 최저임금액에 8을 곱한 금액보다 적으면 그 최저임금액을 최저 보상기준 금액으로 함 - 업무상 사유로 사망한 유족에게 지급하는 유족보상연금 수급자격자가 자녀인 경우 현행 19세 미만인 자녀에서 25세 미만으로 확대 - 업무상 재해 후 직장에 복귀하기 전에 실시한 직장적응훈련에 대해서도 훈련비를 지원할 수 있도록 하고, 합병증 등 예방관리에 관한 세부사항을 시행령에서 정할 수 있도록 위임근거를 마련하며, 보험급여 전용계좌를 개설하여 그 계좌의 예금에 관한 채권을 압류하지 못하도록 함 - 산업재해보상보험은 근로자의 업무상 재해에 대한 사용자의 보상책임을 사회보험화한 것으로 근로능력 상실자와 그 유족의 생활안정을 지원하기 위한 것인데, 현재 산업재해보상보험 수급권 소멸시효가 3년으로 되어 있어, 산재발생 후 3년이 지나면 보험보상청구가 불가능한 실정이므로, 같은 사회보험인 국민연금과 같이 소멸시효를 5년으로 확대함 - 산업재해보상보험 부정수급에 관여한 브로커들이 장해등급을 높이기 위해 로비를 한 사실이 드러나는 등 보험 브로커 대책 마련이 시급한 상황이므로, 거짓이나 그 밖의 부정한 방법으로 보험급여를 받도록 시키거나 도와준 자에 대하여 2년 이하의 징역 또는 2천만원 이하의 벌금에 처함

연도	주요 내용
2019.01.15.	- 업무상 질병의 인정 기준에 직장 내 괴롭힘, 고객의 폭언 등 업무상 정신적 스트레스가 원인이 되어 발생한 질병을 추가: 현행법의 업무상 질병 인정기준에 업무상 정신적 스트레스가 원인이 되어 발생한 질병이 명시되어 있지 않아 근로자가 업무로 인한 정신적 스트레스가 원인이 되어 질병이 발생한 경우 산업재해로 인정받기가 힘든 실정이었음. 당시 산업재해의 대부분은 사고성 재해가 차지하고 있고 업무상 질병에 기인하여 인정된 비율은 9%, 직무스트레스 원인 비율은 1% 수준
2020.06.09.	- 헌법재판소는 헌법재판소의 헌법불합치 결정(2016. 9. 29. 2014헌바254)의 취지에 따라 업무상 재해에 통상의 출퇴근 재해를 포함하도록 개정한 신법조항은 적어도 헌법불합치 결정일인 2016년 9월 29일 이후에 출퇴근 사고를 당한 근로자에 대하여 소급적용하도록 해야 한다고 판시(2019. 9. 26. 2018헌바218)한 바, 이를 반영하여 업무상 재해에 통상의 출퇴근 재해를 포함하도록 개정한 조항은 2016년 9월 29일 이후로 발생한 재해부터 적용하도록 개정
2020.12.08.	- 근로복지공단이 보험사업의 수행을 위하여 자료 제공을 요청할 수 있는 기관에 질병관리청 추가 - 요양급여를 받은 사람은 자신이 부담한 비용이 요양급여 범위에서 제외되는 비용인지 여부에 대하여 공단에 확인을 요청할 수 있도록 하고, 과다 징수된 금액은 다시 환급 - 중·소기업 사업주의 배우자(사실상 혼인관계에 있는 사람 포함) 또는 4촌 이내의 친족으로서 해당 사업에 노무를 제공하는 사람은 공단의 승인을 받아 보험에 가입할 수 있도록 함
2021.01.05.	- 특수형태근로종사자의 산업재해보상보험 적용제외 사유를 개선하여 산업재해보상보험 적용률을 제고: 현행법은 특수형태근로종사자에 대하여 산업재해보상보험의 적용을 받을 수 있도록 특례 제도를 도입하여 시행하고 있으나, 적용제외를 제한 없이 허용하고 있어 특수형태근로종사자의 84%가 적용제외를 신청하여 실제 적용자는 소수에 불과한 것으로 나타났는데, 그 원인이 특수형태근로종사자의 자발적 적용제외보다는 사업주 유도 또는 강요에 의한 적용제외에 있다는 지적이 제기되었음
2021.04.13.	- 학생연구자에 대한 특례 신설: 대학생·대학원생 등의 연구활동 종사자 중 대학·연구기관 등이 수행하는 연구개발과제에 참여하는 학생 신분의 연구자가 재해를 입은 경우 산업재해보상보험을 통해 지원
2021.05.18.	- 근로복지공단은 근로자가 업무상 사유로 사망하였다고 추정되는 경우에는 장례를 지내기 전이라도 유족의 청구에 따라 장례비를 미리 지급할 수 있도록 함 - 근로복지공단은 업무상 재해를 입은 근로자가 장기간 요양이 필요하거나 요양 종결 후에 장해가 발생할 것이 예상되는 등 대통령령으로 정하는 기준에 해당하는 경우에는 업무상 재해가 발생할 당시의 사업주에게 직장복귀계획서를 작성하여 제출하도록 요구 - 산재보험 의료기관 중 고용노동부령으로 정하는 인력 및 시설 등을 갖춘 의료기관을 직장복귀지원 의료기관으로 지정하여 운영할 수 있도록 하고, 직장복귀지원 의료기관에 대하여는 요양급여의 산정 기준 및 산재보험 의료기관의 평가 등에서 우대
2022.01.11.	- 최근 대법원이 임신한 여성 근로자에게 그 업무에 기인하여 발생한 태아의 건강손상에 대하여도 업무상 재해를 인정한 것에 따라, 건강손상자녀를 지원함 - 업무상 재해가 인정되는 건강손상자녀를 '근로자'로 보아 보험급여 청구권을 인정하고, 요양급여, 장해급여, 간병급여, 장례비 및 직업재활급여 지급 - 건강손상자녀에 대한 장해등급 판정 시점을 '18세 이후'로 함 - 건강손상자녀에 대한 장해급여 및 장례비의 산정기준을 각각 고용노동부장관이 고시하는 '최저보상기준금액'과 '장례비 최저금액'으로 함 - 개정된 내용을 법 시행 이후에 출생한 자녀부터 적용하는 것을 원칙으로 하되, 법 시행 이전에 보험급여 지급 관련 소송을 제기하여 승소했거나 보험급여 지급 청구를 한 경우 등에도 적용이 이루어지도록 함

연도	주요 내용
2022.06.10.	- 현행법에 따르면 특수형태근로종사자가 산업재해보상보험을 적용받기 위해서는 '특정 사업에의 전속성' 요건을 충족하여야 하는데, 배달앱 등 온라인 플랫폼 등을 통해 복수의 사업에 노무를 제공하는 경우에는 이러한 요건을 충족하지 못하여 산업재해 보호의 사각지대가 발생하고 있었음. 또한 특수형태근로종사자가 '특정 사업에의 전속성' 요건을 충족하더라도, 주된 사업장 외의 보조사업장에서 업무상 재해를 입은 경우에는 산업재해보상보험이 적용되지 않는 상황이었음 - 이에 특수형태근로종사자에 대한 특례를 삭제하고 관련 종사자를 '노무제공자'로 재정의하면서 특정 사업에의 전속성 요건을 폐지 - 노무제공자의 보험급여 산정기준이 되는 '평균보수'를 노무제공자가 재해 발생 사업에서 지급받은 보수와 재해 발생 사업 외의 사업에서 지급받은 보수를 모두 합산하여 산정 - 노무제공자의 업무상 재해 인정기준은 근로자의 업무상 재해 인정기준을 준용하되 구체적인 내용은 노무제공 형태 등을 고려하여 대통령령으로 정함 - 근로복지공단에 신고된 노무제공자의 보수가 사실과 다른 경우 보험료에 대한 정정 신고를 거쳐 보험급여에 대한 정정 청구를 할 수 있도록 함 - 근로복지공단이 플랫폼 종사자에 관한 보험사무의 효율적 처리를 위하여 플랫폼 운영자에게 보험관계의 확인에 필요한 각종 자료를 요청할 수 있도록 함 - 개정 법률의 공포 이후 시행 전에 특수형태근로종사자가 보조사업장에서 업무상 재해를 입은 경우에도 산업재해보상보험이 적용될 수 있도록 특례를 둠
2023.08.08.	- 근로자가 산업재해로 인해 사망한 경우에 손자녀의 유족보상연금 수급 자격 연령을 19세 미만에서 25세 미만으로 상향
2024.10.22.	- 산업재해의 위험성에 대한 국민들의 경각심을 제고하기 위하여 매년 4월 28일을 산업재해근로자를 위한 법정기념일로 지정 - 고용노동부장관은 산업재해근로자의 날의 취지에 적합한 행사, 산업재해예방교육, 산업재해근로자 지원 등의 사업을 실시하도록 노력해야 함

3) 산재보험법의 주요 내용

산재보험법(2025. 1. 1. 시행, 법률 제20523호)은 총 8장, 129개 조문 및 부칙으로 구성되어 있다. 법의 중요한 내용들을 원칙(목적, 건강보험 우선 적용, 의료기관 평가), 정의, 적용대상(적용 범위, 적용 제외, 국외사업 특례, 해외파견자 특례, 현장실습생 특례, 학생연구자 특례, 중·소기업 사업주 특례, 국민기초생활보장법 수급자 특례), 급여의 종류와 내용(요양급여, 휴업급여, 장해급여, 간병급여, 유족급여, 상병보상연금, 장의비, 직업재활급여), 급여의 실시[신청 → 인정(업무상 재해 및 사망 추정) → 지급 및 청구 → 사후관리], 보장기관 및 인력(산재보험사업의 관장, 업무상질병판정위원회, 산업재해보상보험심사위원회, 산업재해보상보험재심사위원회), 재정(보험료, 국고 부담), 권리구제 및 벌칙으로 구분하여 살펴본다.

(1) 원칙

산재보험법은 업무상 재해 보상, 재활, 사회복귀 촉진, 재해 예방 등을 주된 목적으로 하고 있다.

> 제1조(목적) 이 법은 산업재해보상보험 사업을 시행하여 근로자의 업무상의 재해를 신속하고 공정하게 보상하며, 재해근로자의 재활 및 사회 복귀를 촉진하기 위하여 이에 필요한 보험시설을 설치·운영하고, 재해 예방과 그 밖에 근로자의 복지 증진을 위한 사업을 시행하여 근로자 보호에 이바지하는 것을 목적으로 한다.

산재보험법에서는 건강보험 우선 적용(법 제42조), 보험사업 관련 조사·연구(법 제9조), 산재보험 의료기관 평가(법 제50조)를 규정하고 있다.

> 제42조(건강보험의 우선 적용) ① 제41조제1항에 따라 요양급여의 신청을 한 사람은 공단이 이 법에 따른 요양급여에 관한 결정을 하기 전에는 「국민건강보험법」 제41조에 따른 요양급여 또는 「의료급여법」 제7조에 따른 의료급여(이하 "건강보험 요양급여등"이라 한다)를 받을 수 있다.
> 제9조(보험사업 관련 조사·연구) ① 고용노동부장관은 보험사업을 효율적으로 관리·운영하기 위하여 조사·연구 사업 등을 할 수 있다.
> 제50조(산재보험 의료기관의 평가) ① 공단은 업무상의 재해에 대한 의료의 질 향상을 촉진하기 위하여 제43조제1항제3호의 산재보험 의료기관 중 대통령령으로 정하는 의료기관에 대하여 인력·시설·의료서비스나 그 밖에 요양의 질과 관련된 사항을 평가할 수 있다.

(2) 정의

산재보험법의 핵심 개념은 제2조에서 규정하고 있다.

제2조(정의) 이 법에서 사용하는 용어의 정의는 다음과 같다.

1. "업무상의 재해"란 업무상의 사유에 따른 근로자의 부상·질병·장해 또는 사망을 말한다.

2. "근로자"·"임금"·"평균임금"·"통상임금"이란 각각 「근로기준법」에 따른 "근로자"·"임금"·"평균임금"·"통상임금"을 말한다.

3. "유족"이란 사망한 사람의 배우자(사실상 혼인 관계에 있는 사람을 포함한다. 이하 같다)·자녀·부모·손자녀·조부모 또는 형제자매를 말한다.

4. "치유"란 부상 또는 질병이 완치되거나 치료의 효과를 더 이상 기대할 수 없고 그 증상이 고정된 상태에 이르게 된 것을 말한다.

5. "장해"란 부상 또는 질병이 치유되었으나 정신적 또는 육체적 훼손으로 인하여 노동능력이 상실되거나 감소된 상태를 말한다.

6. "중증요양상태"란 업무상의 부상 또는 질병에 따른 정신적 또는 육체적 훼손으로 노동능력이 상실되거나 감소된 상태로서 그 부상 또는 질병이 치유되지 아니한 상태를 말한다.

7. "진폐"(塵肺)란 분진을 흡입하여 폐에 생기는 섬유증식성(纖維增殖性) 변화를 주된 증상으로 하는 질병을 말한다.

8. "출퇴근"이란 취업과 관련하여 주거와 취업장소 사이의 이동 또는 한 취업장소에서 다른 취업장소로의 이동을 말한다.

(3) 적용대상

산재보험법의 적용 범위는 근로자를 사용하는 모든 사업 또는 사업장이다(법 제6조). 적용 제외 대상은 시행령에서 명시하고 있는데, 공무원, 선원, 사립학교교직원, 가구내 고용활동 등이다(시행령 제2조).

제6조(적용 범위) 이 법은 근로자를 사용하는 모든 사업 또는 사업장(이하 "사업"이라 한다)에 적용한다. 다만, 위험률·규모 및 장소 등을 고려하여 대통령령으로 정하는 사업에 대하여는 이 법을 적용하지 아니한다.

> **시행령** 제2조(법의 적용 제외 사업) ① 「산업재해보상보험법」(이하 "법"이라
> 한다) 제6조 단서에서 "대통령령으로 정하는 사업"이란 다음 각 호의 어느 하
> 나에 해당하는 사업 또는 사업장(이하 "사업"이라 한다)을 말한다.
> 1. 「공무원연금법」 또는 「군인연금법」에 따라 재해보상이 되는 사업
> 2. 「선원법」, 「어선원 및 어선 재해보상보험법」 또는 「사립학교교직원 연금법」
> 에 따라 재해보상이 되는 사업
> 4. 가구내 고용활동
> 6. 농업, 임업(벌목업은 제외한다), 어업 및 수렵업 중 법인이 아닌 자의 사업으
> 로서 상시근로자 수가 5명 미만인 사업

산재보험법에서는 다양한 특례 조항으로 적용대상을 규정하고 있다. 국
외사업 특례(법 제121조), 해외파견자 특례(법 제122조), 현장실습생 특례(법
제123조), 학생연구자 특례(법 제123조의2), 중·소기업 사업주 특례(법 제124
조), 국민기초생활보장법 수급자 특례(법 제126조)를 명시하고 있다.

> 제121조(국외의 사업에 대한 특례) ① 국외 근무 기간에 발생한 근로자의 재해
> 를 보상하기 위하여 우리나라가 당사국이 된 사회 보장에 관한 조약이나 협정
> (이하 "사회보장관련조약"이라 한다)으로 정하는 국가나 지역에서의 사업에
> 대하여는 고용노동부장관이 금융위원회와 협의하여 지정하는 자(이하 "보험
> 회사"라 한다)에게 이 법에 따른 보험사업을 자기의 계산으로 영위하게 할 수
> 있다.
> 제122조(해외파견자에 대한 특례) ① 보험료징수법 제5조제3항 및 제4항에 따
> 른 보험가입자가 대한민국 밖의 지역(고용노동부령으로 정하는 지역은 제외한
> 다)에서 하는 사업에 근로시키기 위하여 파견하는 사람(이하 "해외파견자"라
> 한다)에 대하여 공단에 보험 가입 신청을 하여 승인을 받으면 해외파견자를 그
> 가입자의 대한민국 영역 안의 사업(2개 이상의 사업이 있는 경우에는 주된 사
> 업을 말한다)에 사용하는 근로자로 보아 이 법을 적용할 수 있다.
> 제123조(현장실습생에 대한 특례) ① 이 법이 적용되는 사업에서 현장 실습을
> 하고 있는 학생 및 직업 훈련생(이하 "현장실습생"이라 한다) 중 고용노동부장
> 관이 정하는 현장실습생은 제5조제2호에도 불구하고 이 법을 적용할 때는 그

사업에 사용되는 근로자로 본다.

제123조의2(학생연구자에 대한 특례) ① 「연구실 안전환경 조성에 관한 법률」 제2조제1호에 따른 대학·연구기관등은 제6조에도 불구하고 이 법의 적용을 받는 사업으로 본다.

제124조(중·소기업 사업주에 대한 특례) ① 대통령령으로 정하는 중·소기업 사업주(근로자를 사용하지 아니하는 자를 포함한다. 이하 이 조에서 같다)는 공단의 승인을 받아 자기 또는 유족을 보험급여를 받을 수 있는 자로 하여 보험에 가입할 수 있다.

제126조(「국민기초생활 보장법」상의 수급자에 대한 특례) ① 제5조제2호에 따른 근로자가 아닌 사람으로서 「국민기초생활 보장법」 제15조에 따른 자활급여 수급자 중 고용노동부장관이 정하여 고시하는 사업에 종사하는 자는 제5조 제2호에도 불구하고 이 법의 적용을 받는 근로자로 본다.

(4) 급여의 종류와 내용

산재보험법에 따른 급여종류는 제36조에서 명시하고 있다. 대표적인 급여는 요양급여가 있다(법 제40조).

제36조(보험급여의 종류와 산정 기준 등) ① 보험급여의 종류는 다음 각 호와 같다.

1. 요양급여

2. 휴업급여

3. 장해급여

4. 간병급여

5. 유족급여

6. 상병(傷病)보상연금

7. 장의비(葬儀費)

8. 직업재활급여

③ 보험급여를 산정하는 경우 해당 근로자의 평균임금을 산정하여야 할 사유가 발생한 날부터 1년이 지난 이후에는 매년 전체 근로자의 임금 평균액의 증감률에 따라 평균임금을 증감하되, 그 근로자의 연령이 60세에 도달한 이후에

는 소비자물가변동률에 따라 평균임금을 증감한다.

제40조(요양급여) ① 요양급여는 근로자가 업무상의 사유로 부상을 당하거나 질병에 걸린 경우에 그 근로자에게 지급한다.

② 제1항에 따른 요양급여는 제43조제1항에 따른 산재보험 의료기관에서 요양을 하게 한다. 다만, 부득이한 경우에는 요양을 갈음하여 요양비를 지급할 수 있다.

③ 제1항의 경우에 부상 또는 질병이 3일 이내의 요양으로 치유될 수 있으면 요양급여를 지급하지 아니한다.

④ 제1항의 요양급여의 범위는 다음 각 호와 같다.

1. 진찰 및 검사

2. 약제 또는 진료재료와 의지(義肢) 그 밖의 보조기의 지급

3. 처치, 수술, 그 밖의 치료

4. 재활치료

5. 입원

6. 간호 및 간병

7. 이송

제51조(재요양) ① 제40조에 따른 요양급여를 받은 사람이 치유 후 요양의 대상이 되었던 업무상의 부상 또는 질병이 재발하거나 치유 당시보다 상태가 악화되어 이를 치유하기 위한 적극적인 치료가 필요하다는 의학적 소견이 있으면 다시 제40조에 따른 요양급여(이하 "재요양"이라 한다)를 받을 수 있다.

다양한 산재급여를 급여종류별로 규정하고 있는데, 휴업급여(법 제52조), 부분휴업급여(법 제53조), 저소득 근로자의 휴업급여(법 제54조), 고령자의 휴업급여(법 제55조), 재요양 기간 중의 휴업급여(법 제56조)가 있다.

제52조(휴업급여) 휴업급여는 업무상 사유로 부상을 당하거나 질병에 걸린 근로자에게 요양으로 취업하지 못한 기간에 대하여 지급하되, 1일당 지급액은 평균임금의 100분의 70에 상당하는 금액으로 한다. 다만, 취업하지 못한 기간이 3일 이내이면 지급하지 아니한다.

제53조(부분휴업급여) ① 요양 또는 재요양을 받고 있는 근로자가 그 요양기간 중 일정기간 또는 단시간 취업을 하는 경우에는 그 취업한 날에 해당하는

그 근로자의 평균임금에서 그 취업한 날에 대한 임금을 뺀 금액의 100분의 80에 상당하는 금액을 지급할 수 있다.

제54조(저소득 근로자의 휴업급여) ① 제52조에 따라 산정한 1일당 휴업급여 지급액이 최저 보상기준 금액의 100분의 80보다 적거나 같으면 그 근로자에 대하여는 평균임금의 100분의 90에 상당하는 금액을 1일당 휴업급여 지급액으로 한다.

② 제1항 본문에 따라 산정한 휴업급여 지급액이 「최저임금법」 제5조제1항에 따른 시간급 최저임금액에 8을 곱한 금액(이하 "최저임금액"이라 한다)보다 적으면 그 최저임금액을 그 근로자의 1일당 휴업급여 지급액으로 한다.

제55조(고령자의 휴업급여) 휴업급여를 받는 근로자가 61세가 되면 그 이후의 휴업급여는 별표 1에 따라 산정한 금액을 지급한다.

제56조(재요양 기간 중의 휴업급여) ① 재요양을 받는 자에 대하여는 재요양 당시의 임금을 기준으로 산정한 평균임금의 100분의 70에 상당하는 금액을 1일당 휴업급여 지급액으로 한다. 이 경우 평균임금 산정사유 발생일은 대통령령으로 정한다.

산재보험의 급여종류에는 장애급여가 있다. 장해급여(법 제57조), 재요양에 따른 장해급여(법 제60조), 장해특별급여(법 제78조)가 있다. 이 외에 간병급여(법 제61조)가 있다.

제57조(장해급여) ① 장해급여는 근로자가 업무상의 사유로 부상을 당하거나 질병에 걸려 치유된 후 신체 등에 장해가 있는 경우에 그 근로자에게 지급한다.

② 장해급여는 장해등급에 따라 별표 2에 따른 장해보상연금 또는 장해보상일시금으로 하되, 그 장해등급의 기준은 대통령령으로 정한다.

③ 제2항에 따른 장해보상연금 또는 장해보상일시금은 수급권자의 선택에 따라 지급한다. 다만, 대통령령으로 정하는 노동력을 완전히 상실한 장해등급의 근로자에게는 장해보상연금을 지급하고, 장해급여 청구사유 발생 당시 대한민국 국민이 아닌 사람으로서 외국에서 거주하고 있는 근로자에게는 장해보상일시금을 지급한다.

제60조(재요양에 따른 장해급여) ① 장해보상연금의 수급권자가 재요양을 받

는 경우에도 그 연금의 지급을 정지하지 아니한다.

제78조(장해특별급여) ① 보험가입자의 고의 또는 과실로 발생한 업무상의 재해로 근로자가 대통령령으로 정하는 장해등급 또는 진폐장해등급에 해당하는 장해를 입은 경우에 수급권자가 「민법」에 따른 손해배상청구를 갈음하여 장해특별급여를 청구하면 제57조의 장해급여 또는 제91조의3의 진폐보상연금 외에 대통령령으로 정하는 장해특별급여를 지급할 수 있다.

제61조(간병급여) ① 간병급여는 제40조에 따른 요양급여를 받은 사람 중 치유 후 의학적으로 상시 또는 수시로 간병이 필요하여 실제로 간병을 받는 자에게 지급한다.

산재보험의 급여종류에는 유족급여가 있다. 유족급여(법 제62조), 유족보상연금 수급자격자의 범위(법 제63조), 수급권자인 유족의 순위(법 제65조), 유족특별급여(법 제79조), 미지급의 보험급여(법 제81조)를 규정하고 있다.

제62조(유족급여) ① 유족급여는 근로자가 업무상의 사유로 사망한 경우에 유족에게 지급한다.

② 유족급여는 별표 3에 따른 유족보상연금이나 유족보상일시금으로 하되, 유족보상일시금은 근로자가 사망할 당시 제63조제1항에 따른 유족보상연금을 받을 수 있는 자격이 있는 자가 없는 경우에 지급한다.

제63조(유족보상연금 수급자격자의 범위) ① 유족보상연금을 받을 수 있는 자격이 있는 자(이하 "유족보상연금 수급자격자"라 한다)는 근로자가 사망할 당시 그 근로자와 생계를 같이 하고 있던 유족(그 근로자가 사망할 당시 대한민국 국민이 아닌 자로서 외국에서 거주하고 있던 유족은 제외한다) 중 배우자(사실상 혼인 관계에 있는 자를 포함한다. 이하 같다)와 다음 각 호의 어느 하나에 해당하는 사람자로 한다. 이 경우 근로자와 생계를 같이 하고 있던 유족의 판단 기준은 대통령령으로 정한다.

1. 부모 또는 조부모로서 각각 60세 이상인 사람
2. 자녀로서 25세 미만인 사람
2의2. 손자녀로서 25세 미만인 사람
3. 형제자매로서 19세 미만이거나 60세 이상인 사람

4. 제1호부터 제3호까지의 규정 중 어느 하나에 해당하지 아니하는 자녀·부모·손자녀·조부모 또는 형제자매로서 「장애인복지법」 제2조에 따른 장애인 중 고용노동부령으로 정한 장애 정도에 해당하는 사람

제65조(수급권자인 유족의 순위) ① 제57조제5항·제62조제2항(유족보상일시금에 한정한다) 및 제4항에 따른 유족 간의 수급권의 순위는 다음 각 호의 순서로 하되, 각 호의 사람 사이에서는 각각 그 적힌 순서에 따른다. 이 경우 같은 순위의 수급권자가 2명 이상이면 그 유족에게 똑같이 나누어 지급한다.

1. 근로자가 사망할 당시 그 근로자와 생계를 같이 하고 있던 배우자·자녀·부모·손자녀 및 조부모

2. 근로자가 사망할 당시 그 근로자와 생계를 같이 하고 있지 아니하던 배우자·자녀·부모·손자녀 및 조부모 또는 근로자가 사망할 당시 근로자와 생계를 같이 하고 있던 형제자매

3. 형제자매

제79조(유족특별급여) ① 보험가입자의 고의 또는 과실로 발생한 업무상의 재해로 근로자가 사망한 경우에 수급권자가 「민법」에 따른 손해배상청구를 갈음하여 유족특별급여를 청구하면 제62조의 유족급여 또는 제91조의4의 진폐유족연금 외에 대통령령으로 정하는 유족특별급여를 지급할 수 있다.

제81조(미지급의 보험급여) ① 보험급여의 수급권자가 사망한 경우에 그 수급권자에게 지급하여야 할 보험급여로서 아직 지급되지 아니한 보험급여가 있으면 그 수급권자의 유족(유족급여의 경우에는 그 유족급여를 받을 수 있는 다른 유족)의 청구에 따라 그 보험급여를 지급한다.

산재보험의 급여종류에는 상병보상연금이 있다. 상병보상연금(법 제66조), 저소득 근로자의 상병보상연금(법 제67조), 고령자의 상병보상연금(법 제68조), 재요양 기간 중의 상병보상연금(법 제69조)을 규정하고 있다. 이외에 장례비(법 제71조)가 있다.

제66조(상병보상연금) ① 요양급여를 받는 근로자가 요양을 시작한 지 2년이 지난 날 이후에 다음 각 호의 요건 모두에 해당하는 상태가 계속되면 휴업급여 대신 상병보상연금을 그 근로자에게 지급한다.

1. 그 부상이나 질병이 치유되지 아니한 상태일 것

2. 그 부상이나 질병에 따른 폐질(廢疾)의 정도가 대통령령으로 정하는 폐질등급 기준에 해당할 것

3. 요양으로 인하여 취업하지 못하였을 것

제67조(저소득 근로자의 상병보상연금) ① 제66조에 따라 상병보상연금을 산정할 때 그 근로자의 평균임금이 최저임금액에 70분의 100을 곱한 금액보다 적을 때에는 최저임금액의 70분의 100에 해당하는 금액을 그 근로자의 평균임금으로 보아 산정한다.

제68조(고령자의 상병보상연금) 상병보상연금을 받는 근로자가 61세가 되면 그 이후의 상병보상연금은 별표 5에 따른 1일당 상병보상연금 지급기준에 따라 산정한 금액을 지급한다.

제69조(재요양 기간 중의 상병보상연금) ① 재요양을 시작한 지 2년이 지난 후에 상병상태가 제66조제1항 각 호의 요건(상병보상연금의 요건들) 모두에 해당하는 자에게는 휴업급여 대신 별표 4에 따른 중증요양상태등급에 따라 상병보상연금을 지급한다.

제71조(장례비) ① 장례비는 근로자가 업무상의 사유로 사망한 경우에 지급하되, 평균임금의 120일분에 상당하는 금액을 그 장례를 지낸 유족에게 지급한다. 다만, 장례를 지낼 유족이 없거나 그 밖에 부득이한 사유로 유족이 아닌 사람이 장례를 지낸 경우에는 평균임금의 120일분에 상당하는 금액의 범위에서 실제 드는 비용을 그 장례를 지낸 사람에게 지급한다.

고딕체로 표기된 부분은 저자가 추가한 것이다.

산재보험의 급여종류에는 직업재활급여가 있다. 직업재활급여(법 제72조), 직업훈련비용(법 제73조), 직업훈련수당(법 제74조), 직장복귀지원금(법 제75조), 직장복귀 지원(법 제75조의2), 합병증 관리(법 제77조)를 규정하고 있다.

제72조(직업재활급여) ① 직업재활급여의 종류는 다음 각 호와 같다.

1. 장해급여 또는 진폐보상연금을 받은 사람이나 장해급여를 받을 것이 명백한 사람으로서 대통령령으로 정하는 자(이하 "장해급여자"라 한다) 중 취업을 위

하여 직업훈련이 필요한 사람(이하 "훈련대상자"라 한다)에 대하여 실시하는 직업훈련에 드는 비용 및 직업훈련수당

2. 업무상의 재해가 발생할 당시의 사업에 복귀한 장해급여자에 대하여 사업주가 고용을 유지하거나 직장적응훈련 또는 재활운동을 실시하는 경우에 각각 지급하는 직장복귀지원금, 직장적응훈련비 및 재활운동비

제73조(직업훈련비용) ① 훈련대상자에 대한 직업훈련은 공단과 계약을 체결한 직업훈련기관(이하 "직업훈련기관"이라 한다)에서 실시하게 한다.

② 제72조제1항제1호에 따른 직업훈련에 드는 비용(이하 "직업훈련비용"이라 한다)은 제1항에 따라 직업훈련을 실시한 직업훈련기관에 지급한다.

제74조(직업훈련수당) ① 제72조제1항제1호에 따른 직업훈련수당은 제73조제1항에 따라 직업훈련을 받는 훈련대상자에게 그 직업훈련으로 인하여 취업하지 못하는 기간에 대하여 지급하되, 1일당 지급액은 최저임금액에 상당하는 금액으로 한다. 다만, 휴업급여나 상병보상연금을 받는 훈련대상자에게는 직업훈련수당을 지급하지 아니한다.

제75조(직장복귀지원금 등) ① 제72조제1항제2호에 따른 직장복귀지원금, 직장적응훈련비 및 재활운동비는 장해급여자에 대하여 고용을 유지하거나 직장적응훈련 또는 재활운동을 실시하는 사업주에게 각각 지급한다. 이 경우 직장복귀지원금, 직장적응훈련비 및 재활운동비의 지급요건은 각각 대통령령으로 정한다.

제75조의2(직장복귀 지원) ① 공단은 업무상 재해를 입은 근로자에게 장기간 요양이 필요하거나 요양 종결 후 장해가 발생할 것이 예상되는 등 대통령령으로 정하는 기준에 해당하여 그 근로자의 직장복귀를 위하여 필요하다고 판단되는 경우에는 업무상 재해가 발생한 당시의 사업주에게 근로자의 직장복귀에 관한 계획서(이하 이 조에서 "직장복귀계획서"라 한다)를 작성하여 제출하도록 요구할 수 있다.

제77조(합병증 등 예방관리) ① 공단은 업무상의 부상 또는 질병이 치유된 사람 중에서 합병증 등 재요양 사유가 발생할 우려가 있는 사람에게 산재보험 의료기관에서 그 예방에 필요한 조치를 받도록 할 수 있다.

(5) 급여의 실시

구직급여의 급여 실시 순서는 '신청 → 인정(업무상 재해 및 사망 추정) →

지급 및 청구 → 사후관리의 순이다. 먼저 산재를 당한 자는 요양급여의 신청 (법 제41조) 및 추가상병 요양급여를 신청(법 제49조)한다.

제41조(요양급여의 신청) ① 제40조제1항에 따른 요양급여(진폐에 따른 요양급여는 제외한다. 이하 이 조에서 같다)를 받으려는 사람은 소속 사업장, 재해 발생 경위, 그 재해에 대한 의학적 소견, 그 밖에 고용노동부령으로 정하는 사항을 적은 서류를 첨부하여 공단에 요양급여의 신청을 하여야 한다. 이 경우 요양급여 신청의 절차와 방법은 고용노동부령으로 정한다.

제49조(추가상병 요양급여의 신청) 업무상의 재해로 요양 중인 근로자는 다음 각 호의 어느 하나에 해당하는 경우에는 그 부상 또는 질병(이하 "추가상병"이라 한다)에 대한 요양급여를 신청할 수 있다.

1. 그 업무상의 재해로 이미 발생한 부상이나 질병이 추가로 발견되어 요양이 필요한 경우
2. 그 업무상의 재해로 발생한 부상이나 질병이 원인이 되어 새로운 질병이 발생하여 요양이 필요한 경우

산재신청 후 인정 단계에서는 업무상 재해 인정 기준에 부합하는지를 판단하며(법 제37조), 사망을 추정(법 제39조)할 수 있다.

제37조(업무상의 재해의 인정 기준) ① 근로자가 다음 각 호의 어느 하나에 해당하는 사유로 부상·질병 또는 장해가 발생하거나 사망하면 업무상의 재해로 본다. 다만, 업무와 재해 사이에 상당인과관계(相當因果關係)가 없는 경우에는 그러하지 아니하다.

1. 업무상 사고

가. 근로자가 근로계약에 따른 업무나 그에 따르는 행위를 하던 중 발생한 사고

나. 사업주가 제공한 시설물 등을 이용하던 중 그 시설물 등의 결함이나 관리소홀로 발생한 사고

라. 사업주가 주관하거나 사업주의 지시에 따라 참여한 행사나 행사준비 중에 발생한 사고

마. 휴게시간 중 사업주의 지배관리하에 있다고 볼 수 있는 행위로 발생한 사고

바. 그 밖에 업무와 관련하여 발생한 사고

2. 업무상 질병

가. 업무수행 과정에서 물리적 인자(因子), 화학물질, 분진, 병원체, 신체에 부담을 주는 업무 등 근로자의 건강에 장해를 일으킬 수 있는 요인을 취급하거나 그에 노출되어 발생한 질병

나. 업무상 부상이 원인이 되어 발생한 질병

다. 그 밖에 업무와 관련하여 발생한 질병

라. 그 밖에 업무와 관련하여 발생한 질병

3. 출퇴근 재해

가. 사업주가 제공한 교통수단이나 그에 준하는 교통수단을 이용하는 등 사업주의 지배관리하에서 출퇴근하는 중 발생한 사고

나. 그 밖에 통상적인 경로와 방법으로 출퇴근하는 중 발생한 사고

② 근로자의 고의·자해행위나 범죄행위 또는 그것이 원인이 되어 발생한 부상·질병·장해 또는 사망은 업무상의 재해로 보지 아니한다. 다만, 그 부상·질병·장해 또는 사망이 정상적인 인식능력 등이 뚜렷하게 낮아진 상태에서 한 행위로 발생한 경우로서 대통령령으로 정하는 사유가 있으면 업무상의 재해로 본다.

③ 제1항제3호나목의 사고 중에서 출퇴근 경로 일탈 또는 중단이 있는 경우에는 해당 일탈 또는 중단 중의 사고 및 그 후의 이동 중의 사고에 대하여는 출퇴근 재해로 보지 아니한다. 다만, 일탈 또는 중단이 일상생활에 필요한 행위로서 대통령령으로 정하는 사유가 있는 경우에는 출퇴근 재해로 본다.

제39조(사망의 추정) ① 사고가 발생한 선박 또는 항공기에 있던 근로자의 생사가 밝혀지지 아니하거나 항행(航行) 중인 선박 또는 항공기에 있던 근로자가 행방불명 또는 그 밖의 사유로 그 생사가 밝혀지지 아니하면 대통령령으로 정하는 바에 따라 사망한 것으로 추정하고, 유족급여와 장례비에 관한 규정을 적용한다.

지급 및 청구 단계에 관한 규정들이 있다. 지급 결정일부터 14일 이내에 지급하여야 한다(법 제82조). 연금은 사유발생한 달의 다음 달 첫 날부터 소멸한 달의 마지막 날에 끝난다(법 제70조). 외국인인 경우, 보험급여를 일시에 받을 수 있다(법 제76조). 산재보험 의료기관은 요양급여 제공 후 그 비용을

공단에 청구하여야 하며(법 제45조), 약국은 약제비 제공 후 그 비용을 공단에 청구하여야 한다(법 제46조).

제82조(보험급여의 지급) 보험급여는 지급 결정일부터 14일 이내에 지급하여야 한다.

제70조(연금의 지급기간 및 지급시기) ① 장해보상연금, 유족보상연금, 진폐보상연금 또는 진폐유족연금의 지급은 그 지급사유가 발생한 달의 다음 달 첫날부터 시작되며, 그 지급받을 권리가 소멸한 달의 말일에 끝난다.

제76조(보험급여의 일시지급) ① 대한민국 국민이 아닌 근로자가 업무상의 재해에 따른 부상 또는 질병으로 요양 중 치유되기 전에 출국하기 위하여 보험급여의 일시지급을 신청하는 경우에는 출국하기 위하여 요양을 중단하는 날 이후에 청구 사유가 발생할 것으로 예상되는 보험급여를 한꺼번에 지급할 수 있다.

제45조(진료비의 청구 등) ① 산재보험 의료기관이 제40조제2항 또는 제91조의9제1항에 따라 요양을 실시하고 그에 드는 비용(이하 "진료비"라 한다)을 받으려면 공단에 청구하여야 한다.

제46조(약제비의 청구 등) ① 공단은 제40조제4항제2호에 따른 약제의 지급을 「약사법」 제20조에 따라 등록한 약국을 통하여 할 수 있다.

② 제1항에 따른 약국이 약제비를 받으려면 공단에 청구하여야 한다.

사후관리로서, 요양지시 위반으로 건강상태를 악화 또는 치유 방해한 경우 등에 대하여 급여 지급을 제한할 수 있는 규정이 있다(법 제83조). 법률에 위배되는 경우 부당이득을 징수할 수 있다(법 제84조).

제83조(보험급여 지급의 제한)

1. 요양 중인 근로자가 정당한 사유 없이 요양에 관한 지시를 위반하여 부상·질병 또는 장해 상태를 악화시키거나 치유를 방해한 경우

2. 장해보상연금 또는 진폐보상연금 수급권자가 제59조에 따른 장해등급 또는 진폐장해등급 재판정 전에 자해(自害) 등 고의로 장해 상태를 악화시킨 경우

제84조(부당이득의 징수)

---

1. 거짓이나 그 밖의 부정한 방법으로 보험급여를 받은 경우
2. 수급권자 또는 수급권이 있었던 자가 제114조제2항부터 제4항까지의 규정에 따른 신고의무를 이행하지 아니하여 부당하게 보험급여를 지급받은 경우
3. 그 밖에 잘못 지급된 보험급여가 있는 경우

(6) 보장기관 및 인력

산재보험사업의 관장 주체는 고용노동부장관이다(법 제2조). 업무상 질병 여부 심의를 위한 업무상질병판정위원회(법 제38조), 심사청구 심의를 위한 산업재해보상보험심사위원회(법 제104조), 재심사 청구를 심리·재결하기 위한 산업재해보상보험재심사위원회(법 제107조)가 있다.

제2조(보험의 관장과 보험연도) ① 이 법에 따른 산업재해보상보험 사업(이하 "보험사업"이라 한다)은 고용노동부장관이 관장한다.
제38조(업무상질병판정위원회) ① 제37조제1항제2호에 따른 업무상 질병의 인정 여부를 심의하기 위하여 공단 소속 기관에 업무상질병판정위원회(이하 "판정위원회"라 한다)를 둔다.
② 판정위원회의 심의에서 제외되는 질병과 판정위원회의 심의 절차는 고용노동부령으로 정한다.
③ 판정위원회의 구성과 운영에 필요한 사항은 고용노동부령으로 정한다.
제104조(산업재해보상보험심사위원회) ① 제103조에 따른 심사 청구를 심의하기 위하여 공단에 관계 전문가 등으로 구성되는 산업재해보상보험심사위원회(이하 "심사위원회"라 한다)를 둔다.
② 심사위원회 위원의 제척·기피·회피에 관하여는 제108조를 준용한다.
③ 심사위원회의 구성과 운영에 필요한 사항은 대통령령으로 정한다.
제107조(산업재해보상보험재심사위원회) ① 제106조에 따른 재심사 청구를 심리·재결하기 위하여 고용노동부에 산업재해보상보험재심사위원회(이하 "재심사위원회"라 한다)를 둔다.

(7) 재정

산재보험료는 고용산재보험료징수법을 따르며(법 제4조), 국고의 지원을 받는다(법 제3조).

제4조(보험료) 이 법에 따른 보험사업에 드는 비용에 충당하기 위하여 징수하는 보험료나 그 밖의 징수금에 관하여는 「고용보험 및 산업재해보상보험의 보험료징수 등에 관한 법률」(이하 "보험료징수법"이라 한다)에서 정하는 바에 따른다.

제3조(국가의 부담 및 지원) ① 국가는 회계연도마다 예산의 범위에서 보험사업의 사무 집행에 드는 비용을 일반회계에서 부담하여야 한다.

② 국가는 회계연도마다 예산의 범위에서 보험사업에 드는 비용의 일부를 지원할 수 있다.

(8) 권리구제 및 벌칙

처분에 대해 이의가 있을 경우, 공단에 심사청구(법 제103조) 및 산업재해보상보험재심사위원회에 재심사청구(법 제106조)를 할 수 있다.

제103조(심사 청구의 제기) ① 다음 각 호의 어느 하나에 해당하는 공단의 결정 등(이하 "보험급여 결정등"이라 한다)에 불복하는 자는 공단에 심사 청구를 할 수 있다.

1. 제3장 및 제3장의2에 따른 보험급여에 관한 결정

2. 제45조 및 제91조의6제4항에 따른 진료비에 관한 결정

3. 제46조에 따른 약제비에 관한 결정

4. 제47조제2항에 따른 진료계획 변경 조치등

5. 제76조에 따른 보험급여의 일시지급에 관한 결정

5의2. 제77조에 따른 합병증 등 예방관리에 관한 조치

6. 제84조에 따른 부당이득의 징수에 관한 결정

7. 제89조에 따른 수급권의 대위에 관한 결정

② 제1항에 따른 심사 청구는 그 보험급여 결정등을 한 공단의 소속 기관을 거쳐 공단에 제기하여야 한다.

③ 제1항에 따른 심사 청구는 보험급여 결정등이 있음을 안 날부터 90일 이내에 하여야 한다.

④ 제2항에 따라 심사 청구서를 받은 공단의 소속 기관은 5일 이내에 의견서를 첨부하여 공단에 보내야 한다.

⑤ 보험급여 결정등에 대하여는 「행정심판법」에 따른 행정심판을 제기할 수 없다.

제106조(재심사 청구의 제기) ① 제105조제1항에 따른 심사 청구에 대한 결정에 불복하는 자는 제107조에 따른 산업재해보상보험재심사위원회에 재심사 청구를 할 수 있다.

③ 제1항에 따른 재심사 청구는 심사 청구에 대한 결정이 있음을 안 날부터 90일 이내에 제기하여야 한다.

법적 실효성 보장을 위하여 다양한 벌칙 규정이 있다. 예를 들어 "거짓이나 부정한 방법으로 진료비나 약제비를 지급받은 경우"에 대하여 3년 이하의 징역 또는 3천만원 이하의 벌금에 처할 수 있다.

제127조(벌칙) ② 산재보험 의료기관이나 제46조제1항에 따른 약국의 종사자로서 거짓이나 그 밖의 부정한 방법으로 진료비나 약제비를 지급받은 자는 3년 이하의 징역 또는 3천만원 이하의 벌금에 처한다.

일반 노동자도 출퇴근 하던 중 발생한 사고에 대하여 업무상 재해로 인정받게 되었다!

2017년 10월 24일 법률 개정을 통해, 일반 노동자도 통상적인 경로와 방법으로 출퇴근 하던 중 발생한 사고에 대하여 업무상 재해로 인정받도록 하였다. 당시 사업주가 제공한 교통수단이나 그에 준하는 교통수단을 이용하는 등 사업주의 지배관리 하에서 발생한 사고만을 업무상 재해로 인정하고 있었다. 또한 공무원·교사·군인 등의 경우 일반 노동자와는 다르게 사업주의 지배관리를 조건으로 달지 않고, 통상적인 경로와 방법으로 출퇴근 중 발생한 사고를 업무상 재해로 인정받고 있어, 형평성의 문제가 제기되었다.

법률 개정의 의의는 일반 노동자도 공무원·교사·군인과 동등한 출퇴근재해 처리 규정을 적용받게 된 것과 함께 사업주가 제공한 교통수단 이외에도 통상적인 경로 및 방법을 통한 출퇴근도 업부상 재해의 범주로 인정받게 된 것이다. 특히 산재보험법 시행령 제35조(출퇴근 중의 사고) 제2항 단서조항에서는 "일상생활에 필요한 행위로서 대통령령으로 정하는 사유"란 다음 각 호의 어느 하나에 해당하는 경우도 출퇴근 재해의 범주로 포함하였다. 출퇴근 과정에서 일어날 수 있는 일상생활에 필요한 행위 과정에서 발생한 경우도 산재보상이 가능하도록 한 것이다.

산재보험법 시행령 제35조(출퇴근 중의 사고) 제2항에서 규정하는 일상생활에 필요한 행위는 총 7가지로 규정하고 있다.

1. 일상생활에 필요한 용품을 구입하는 행위
2. 「고등교육법」 제2조에 따른 학교 또는 「직업교육훈련 촉진법」 제2조에 따른 직업교육훈련기관에서 직업능력 개발향상에 기여할 수 있는 교육이나 훈련 등을 받는 행위
3. 선거권이나 국민투표권의 행사
4. 근로자가 사실상 보호하고 있는 아동 또는 장애인을 보육기관 또는 교육기관에 데려주거나 해당 기관으로부터 데려오는 행위
5. 의료기관 또는 보건소에서 질병의 치료나 예방을 목적으로 진료를 받는 행위
6. 근로자의 돌봄이 필요한 가족 중 의료기관 등에서 요양 중인 가족을 돌보는 행위
7. 제1호부터 제6호까지의 규정에 준하는 행위로서 고용노동부장관이 일상생활에 필요한 행위라고 인정하는 행위

그 결과, 출퇴근 재해 산재신청 및 승인율은 점점 증가하였다. 2022년 7월 기준 통상의 출퇴근에 해당하는 산재신청에 대한 승인율은 94.2% 수준이다.

표 9-13 출퇴근 재해 산재신청, 산재승인, 산재승인율

연도	구분	신청	승인	승인율(%)
2018	합계	5746	5257	91.5
	사업자 지배관리 하	444	365	82.2
	통상	5302	4892	92.3
2019	합계	7563	7001	92.6
	사업자 지배관리 하	358	329	91.9
	통상	7205	6672	92.6
2020	합계	7732	7157	92.6
	사업자 지배관리 하	339	319	94.1
	통상	7393	6838	92.5
2021	합계	8932	8365	93.6
	사업자 지배관리 하	337	318	94.4
	통상	8595	8038	93.5
2022.7.	합계	5158	4861	94.2
	사업자 지배관리 하	168	160	95.2
	통상	4990	4701	94.2

출처: 근로복지공단(2024)

생각해 볼 과제

1 산재보험법은 전통적 고용 관계를 기반으로 설계되어, 비전형 근로자와 플랫폼 노동자 등이 포함되지 않거나 제한적으로 적용된다는 문제가 있다. 이러한 산재보험 적용대상의 사각지대 해소를 극복할 구체적인 방도에 대하여 자신의 의견과 함께 그 근거를 이야기해 보자.

2 산재발생 후 산재처리를 하지 않고, 공상처리를 하는 경우가 있다. 공상처리는 산재로 처리하지 않을 것을 조건으로 하거나 산재은폐로 악용될 소지가 있다. 이러한 문제해결을 위해 산재보험법에 어떠한 조항을 구체적으로 추가하면 산재처리를 할 수 있는지에 대하여 자신의 의견과 함께 그 근거를 이야기해 보자.

3 OECD 국가와 비교했을 때, 우리나라의 산재사망률은 높은 수준이다. 산재보험법에 어떠한 조항을 구체적으로 개정하면 산재사망률을 낮출 수 있는지에 대하여 자신의 의견과 함께 그 근거를 이야기해 보자.

10

사회서비스법

사회서비스는 "국가, 지방자치단체 및 민간부분의 도움이 필요한 모든 국민에게 복지, 보건의료, 교육, 고용, 주거, 문화, 환경 등의 분야에서 인간다운 생활을 보장하고 상담, 재활, 돌봄, 정보의 제공, 관련 시설의 이용, 역량 개발, 사회참여 지원 등을 통하여 국민의 삶의 질이 향상되도록 지원하는 제도"를 말한다(사회보장기본법 제3조 제4호). 이와 같이 사회서비스의 영역과 내용은 매우 광범위하다.

우리나라는 노인, 장애인, 아동 등 취약한 집단을 위하여 다양한 사회서비스를 제공하는 근거법을 제정하고 있으며, 노인복지법, 아동복지법, 장애인복지법이 기본법으로 작동하고 있다. 이 장에서는 노인복지법, 아동복지법, 장애인복지법, 한부모가족지원법, 영유아보육법, 다문화가족지원법에 대하여 알아본다.

1. 노인복지법

1) 노인복지법의 의의

노년기에는 경제적 불안정과 건강의 위험이 따르기 마련이다. 그 외에도 사회참여활동이 협소해지면서 고독과 외로움을 느끼게 된다. 특히 1인 노인가구의 급격한 증가 및 가족·친구·이웃과 같은 비공식적 지원체계의 약화로 노인의 관계망은 약화된다. 이에 국가적 차원에서 노후의 생활안정과 복지증진을 위해 1981년 노인복지법이 제정되었다.

노인복지법의 제정은 노년기의 다양한 사회적 위험을 국가책임으로 인식하였다는 점에서 의의를 갖는다. 기존에는 가족, 친척, 이웃이 노년기의 돌봄과 건강 문제의 책임자였는데, 국가와 지역사회를 통한 공적 사회안전망이 노인에게도 적용된 것이다. 나아가 평균수명의 연장에 따라 새롭게 등장하는 노년기의 사회적 문제들을 지속적인 법률 개정을 통해 해결하고자 하였다는 점에서도 의의가 있다.

2) 노인복지법의 연혁

(1) 노인복지법의 제정

1981년 6월 5일 노인복지법이 제정 및 시행되었다. 기존에는 생활보호법 제3조 및 제25조의 규정하에 65세 이상 생활능력이 없는 노인을 대상으로 한 기초생활보장 규정만 존재하였다. 1969년 노인복지법이 국회보건사회위원회에 상정되었지만 당시에는 노인문제가 사회문제로서 인정받지 못했고, 1976년, 1977년, 1978년에도 노인복지법 제정의 요구가 있었지만, 실제 국회에서 관련 법률이 의결되지 못하였다(고창현, 1997: 6~7).

1981년 제정 당시 노인복지법은 전체 6장 28조와 부칙으로 구성되어 있었다. 당시 제1조 목적에서 "이 법은 노인의 심신의 건강유지 및 생활안정을 위하여 필요한 조치를 강구함으로써 노인의 복지증진에 기여함을 목적으로 한다"고 규정하였다. 현행 노인복지법의 목적에는 '사전예방, 조기발견, 보건'이라는 용어가 추가되어 있다. 제정 당시 노인복지법의 목적에서는 서비스의 내용(사전예방 및 조기발견) 및 사회적 위험(보건)이 부재했다는 측면에서, 법적 포괄성이 상대적으로 낮았다고 할 수 있다.

(2) 노인복지법의 주요 개정 내용

노인복지법의 제정은 사회복지서비스 법률의 대상별 구체성을 노인에게까지 확대했다는 점에서 의의를 갖는다. 그러나 높은 노인빈곤율과 노인자살률, 증가하는 노인독거사와 노인학대 비율, 노인성 질환 중 건강보험에 포괄되지 못하고 있는 다양한 비급여 항목 등 해결해야 할 법적 과제가 산적해 있다. 노인복지법은 1981년 제정 이후 수차례에 걸쳐 개정되었는데, 주요 개정내용은 표 10-1과 같다.

표 10-1 노인복지법의 주요 개정 연혁

연도	주요 내용
1981.06.05.	- 노인복지법 제정, 1981년 6월 5일 시행
1989.12.30.	- 65세 이상의 노인에 대한 노령수당 지급
1993.12.27.	- 민간기업체 및 개인이 유료노인복지시설 설치, 운영 가능 - 재가복지사업 실시
1997.08.22.	- 전부개정 - 65세 이상 노인에게 경로연금 지급 - 노인의 날(10월 2일) 제정 - 노인지역봉사기관, 노인취업알선기관의 지원근거 규정 - 국가 또는 지방자치단체가 치매노인에 대한 연구·예방사업 및 노인재활요양사업 실시 - 노인전문요양시설·유료노인전문요양시설 및 노인전문병원 설치 가능
2004..01.29.	- 노인학대 예방 및 신고 긴급전화 설치 - 노인보호전문기관 설치 - 의료인, 노인복지시설의 장 또는 종사자 등 노인학대 신고의무 규정 명시

연도	주요 내용
2007.01.03.	- 치매극복의 날(9월 21일) 제정 - 치매상담센터를 시군구 관할 보건소에 설치 - 노인실태조사를 3년에 한 번씩 실시
2007.04.25.	- 기초노령연금법 별도 제정으로 경로연금 관련 조항 폐지
2007.08.03.	- 노인장기요양보험에 대비하여 노인복지시설의 무료·실비 및 유료 구분 삭제 - 요양보호사 자격 제도 도입 - 독거노인(홀로 사는 노인) 지원 규정 마련 - 실종노인 보호 시, 신고 규정 마련 - 60세 미만의 자에게 노인복지주택 분양·임대 금지, 위반 시 벌칙 부과 마련
2010.01.25.	- 요양보호사 자격시험제도 도입 및 결격사유와 자격취소사유 규정 마련 - 요양보호사 교육기관 운영제도를 지정제로 변경(기존 신고제)
2011.04.07.	- 노인일자리전담기관을 노인인력개발기관, 노인일자리지원기관 및 노인취업알선기관으로 구분
2011.06.07.	- 노인전문병원을 의료법 상의 요양병원으로 일원화 - 노인휴양소 폐지 - 실종노인에 대한 신속한 발견 및 안전한 복귀 등을 위한 규정 보강 - 노인학대사례에 대한 관련 법규 강화
2011.08.04.	- 치매관리법 별도 제정으로 치매관련 규정 삭제
2013.06.04.	- 노인일자리전담기관 관련 규정 제정
2015.12.29.	- 노인학대 관련 범죄전략자의 취업제한 등 노인학대 규제 강화 - 노인복지시설 휴지·폐지 또는 사업정지·폐지의 경우 이용자 권익보호조치 의무화
2017.10.24.	- 노인복지시설 설치·운영자와 종사자 및 이용자에 대한 인권교육 실시 - 독거노인종합지원센터 설치·운영 - 노인성 질환의 예방교육, 조기발견, 치료 지원 근거 마련
2018.03.13.	- 공공시설에 청소, 주차관리, 매표 등의 사업을 위탁하는 경우, 65세 이상 노인을 100분의 20 이상 채용한 사업체를 우선 고려
2018.12.11.	- 노인의 안전보장, 낙상사고 등 사고예방을 위한 시책 수립·시행
2019.01.15.	- 국가, 지방자치단체 및 공공단체는 노인일자리지원기관에서 생산한 물품 우선구매
2020.04.07.	- 요양보호사 자격을 빌려주거나, 빌리는 행위 금지, 관련 행위 알선 금지
2021.12.21.	- 노인학대 신고의무 대상에 사회복지관, 부랑인 및 노숙인보호를 위한 시설에서 노인을 직접 대면하는 업무에 복무하는 사회복무요원을 추가
2023.05.02.	- 언론의 노인학대보도에 대한 권고기준 수립 및 권고기준 준수 협조 요청근거 마련
2023.06.13.	- 노인학대 관련 범죄자의 취업제한 대상기관에 장애인활동지원기관, 독거노인종합지원센터 등을 추가하고, 노인학대 관련 범죄자의 취업제한 위반 여부에 대한 점검 결과 공개
2023.08.16.	- 국가와 지방자치단체는 노인 관련 정책이 노인복지에 미치는 영향을 분석·평가하고, 그 결과를 노인 관련 정책의 수립·시행에 반영

연도	주요 내용
2024.01.02.	- 입소자격자가 부양을 책임지고 있는 24세 미만의 자녀·손자녀까지 입소자격자와 함께 노인복지주택에 입소할 수 있도록 하고, 입소자격자가 부양책임을 지고 있는 보건복지부령으로 정하는 장애가 있는 24세 이상의 자녀·손자녀를 입소자격자와 함께 노인복지주택에 입소할 수 있는 대상에 추가
2024.02.06.	- 취업제한명령의 대상이 되는 기관에 노인인권, 노인복지 등 노인을 위한 사업을 수행하는 비영리법인을 추가
2024.10.22.	- 무인정보단말기 및 유·무선 정보통신에 대한 노인의 접근 편의를 제고하고 정보 격차를 해소
2024.12.20.	- 노인의 결식 예방 및 영양 개선을 위한 경로당의 역할을 강화하기 위하여, 국가 또는 지방자치단체가 경로당에 대하여 부식 구입비 보조

3) 노인복지법의 주요 내용

노인복지법(2026. 1. 1. 시행, 법률 제20585호)은 총 7장, 62개 조문 및 부칙으로 구성되어 있다. 법의 중요한 내용들을 원칙(목적, 기본이념, 가족제도의 유지·발전, 안전사고 예방, 노인실태조사, 노인정책영향평가, 고령친화도시, 법정 기념일), 정의, 적용대상, 급여의 종류와 내용(노인사회참여 지원, 지역봉사지도원, 생업지원, 경로우대, 건강진단, 독거노인 지원, 의료지원, 노인재활요양사업, 노인복지시설의 종류), 보장기관 및 인력(국가 및 지방자치단체의 책임, 요양보호사, 긴급전화상담원, 노인복지상담원), 재정(비용의 부담, 비용의 수납 및 청구, 비용의 보조, 조세감면), 권리구제 및 벌칙으로 구분하여 살펴본다.

(1) 원칙

노인복지법은 노인의 건강과 생활안정을 위한 목적으로 제정되었다.

제1조(목적) 이 법은 노인의 질환을 사전예방 또는 조기발견하고 질환상태에 따른 적절한 치료·요양으로 심신의 건강을 유지하고, 노후의 생활안정을 위하여 필요한 조치를 강구함으로써 노인의 보건복지증진에 기여함을 목적으로 한다.

노인을 사회발전의 기여자로 존경하고 노후생활을 보장하는 이념을 갖는다. 노년기에는 사회에서 분리되는 것이 아닌 사회참여 기회를 보장받는다.

제2조(기본이념) ① 노인은 후손의 양육과 국가 및 사회의 발전에 기여하여 온 자로서 존경받으며 건전하고 안정된 생활을 보장받는다.

② 노인은 그 능력에 따라 적당한 일에 종사하고 사회적 활동에 참여할 기회를 보장 받는다.

③ 노인은 노령에 따르는 심신의 변화를 자각하여 항상 심신의 건강을 유지하고 그 지식과 경험을 활용하여 사회의 발전에 기여하도록 노력하여야 한다.

기본이념에는 가족제도의 유지·발전, 보건복지증진의 책임, 안전사고 예방과 같은 내용도 있다. 먼저 동아시아 복지국가의 특징인 유교적 효 사상을 법률로서 강제하고(법 제3조), 이 외에도 노인의 생명과 직결될 수 있는 안전사고에 대한 예방 관련 조항을 담고 있다(법 제4조의2). 이와 더불어 3년 주기의 노인실태조사(법 제5조)와 노인정책영향평가(법 제5조의2) 규정이 명시되어 있다. 노인과 관련한 법정 기념일이 있는데, 5월 8일 어버이날, 6월 15일 노인학대예방의 날, 10월 2일 노인의 날이 그 예이다. 10월은 경로의 달로 규정하고 있다(법 제6조).

제3조(가족제도의 유지·발전) 국가와 국민은 경로효친의 미풍양속에 따른 건전한 가족제도가 유지·발전되도록 노력하여야 한다.

제4조의2(안전사고 예방) ① 국가와 지방자치단체는 노인의 안전을 보장하고 낙상사고 등 노인에게 치명적인 사고를 예방하기 위하여 필요한 시책을 수립·시행하여야 한다.

제5조(노인실태조사) ① 보건복지부장관은 노인의 보건 및 복지에 관한 실태조사를 3년마다 실시하고 그 결과를 공표하여야 한다.

제5조의2(노인정책영향평가) ① 국가와 지방자치단체는 대통령령으로 정하는

바에 따라 노인 관련 정책이 노인복지에 미치는 영향을 분석·평가(이하 "노인정책영향평가"라 한다)하고, 그 결과를 노인 관련 정책의 수립·시행에 반영하여야 한다.

제4조의3(고령친화도시) ① 국가와 지방자치단체는 지역정책과 발전과정에 노인이 능동적으로 참여하고 노인의 역량 강화, 돌봄 및 안전, 건강하고 활력 있는 노후생활이 구현되도록 정책을 운영하는 지역(이하 이 조에서 "고령친화도시"라 한다)을 조성하도록 노력하여야 한다.

② 보건복지부장관은 특별자치시·특별자치도 또는 시·군·구(자치구를 말한다. 이하 같다)를 고령친화도시로 지정하고 이를 지원할 수 있다.

제6조(노인의 날 등) ① 노인에 대한 사회적 관심과 공경의식을 높이기 위하여 매년 10월 2일을 노인의 날로, 매년 10월을 경로의 달로 한다.

② 부모에 대한 효사상을 앙양하기 위하여 매년 5월 8일을 어버이날로 한다.

④ 범국민적으로 노인학대에 대한 인식을 높이고 관심을 유도하기 위하여 매년 6월 15일을 노인학대예방의 날로 지정하고, 국가와 지방자치단체는 노인학대예방의 날의 취지에 맞는 행사와 홍보를 실시하도록 노력하여야 한다.

| 더 알아보기 |

노인의 날은 어떻게 생겨났을까?

1948년 제3차 UN 총회에서 노인권리선언문(Declaration of the Old Age Right)이 채택되었다. 1990년 제45차 UN총회에서 10월 1일을 국제 노인의 날(International Day for the Elderly)로 정하기로 결의하였고, 1991년 10월 1일 전 세계 UN사무소에서 제1회 국제 노인의 날 행사를 열었다.

한국에서는 1997년 5월 9일 '각종기념일 등에 관한 규정'에 의해 노인의 날이 제정되었다. 같은 해 8월 22일 노인복지법 개정으로 경로의 달(10월)과 함께 법적 근거를 마련하였다. 당시에는 이미 10월 1일이 국군의 날로 정해져 있었기 때문에, 그다음 날인 10월 2일을 노인의 날로 지정하였다.

참조: 한국민족대백과사전(https://folkency.nfm.go.kr/kr/topic/detail/3486)

(2) 정의

노인복지법의 핵심 개념은 제1조의2 정의에서 규정하고 있다.

제1조의2(정의) 이 법에서 사용하는 용어의 정의는 다음과 같다.

1. "부양의무자"라 함은 배우자(사실상의 혼인관계에 있는 자를 포함한다)와 직계비속 및 그 배우자(사실상의 혼인관계에 있는 자를 포함한다)를 말한다.

2. "보호자"라 함은 부양의무자 또는 업무·고용 등의 관계로 사실상 노인을 보호하는 자를 말한다.

3. "치매"란 「치매관리법」 제2조제1호에 따른 치매를 말한다.

4. "노인학대"라 함은 노인에 대하여 신체적·정신적·정서적·성적 폭력 및 경제적 착취 또는 가혹행위를 하거나 유기 또는 방임을 하는 것을 말한다.

5. "노인학대관련범죄"란 보호자에 의한 65세 이상 노인에 대한 노인학대로서 다음 각 목의 어느 하나에 해당되는 죄를 말한다.

(후략)

(3) 적용대상

노인복지법에서 규정하고 있는 노인은 65세 이상이며, 아래의 다양한 조항들에서 해당 연령을 명시하고 있다.

제25조(생업지원)
제26조(경로우대)
제27조(건강진단 등)
제28조(상담·입소 등의 조치)

(4) 급여의 종류와 내용

노인복지법에서는 노인을 위한 다양한 급여를 규정하고 있다. 주요한 급여는 제3장 보건·복지조치에서 명시하고 있고, 노인사회참여 지원을 법적으로 보장하고 있다(법 제23조). 국가와 지방자치단체는 지역봉사를 희망하는 노인을 지역봉사지도원으로 위촉함으로써 노인의 사회참여를 보장하고 있다(법 제24조).

제23조(노인사회참여 지원) ① 국가 또는 지방자치단체는 노인의 사회참여 확대를 위하여 노인의 지역봉사 활동기회를 넓히고 노인에게 적합한 직종의 개발과 그 보급을 위한 시책을 강구하며 근로능력있는 노인에게 일할 기회를 우선적으로 제공하도록 노력하여야 한다.

② 국가 또는 지방자치단체는 노인의 지역봉사 활동 및 취업의 활성화를 기하기 위하여 노인지역봉사기관, 노인취업알선기관 등 노인복지관계기관에 대하여 필요한 지원을 할 수 있다.

제24조(지역봉사지도원 위촉 및 업무) ① 국가 또는 지방자치단체는 사회적 신망과 경험이 있는 노인으로서 지역봉사를 희망하는 경우에는 이를 지역봉사지도원으로 위촉할 수 있다.

② 제1항의 규정에 의한 지역봉사지도원의 업무는 다음 각호와 같다.

1. 국가 또는 지방자치단체가 행하는 업무중 민원인에 대한 상담 및 조언

2. 도로의 교통정리, 주·정차단속의 보조, 자연보호 및 환경침해 행위단속의 보조와 청소년 선도

3. 충효사상, 전통의례 등 전통문화의 전수교육

4. 「국가유산기본법」제3조에 따른 국가유산의 보호 및 안내

4의2. 노인에 대한 교통안전 및 교통사고예방 교육

공공기관에서 매점운영 또는 자동판매기 설치 등을 하는 경우, 노인의 신청을 우선 반영하고, 청소, 주차관리, 매표 등의 위탁사업 선정 시에도 노인 사업체를 우선 고려할 수 있도록 규정하고 있다.

제25조(생업지원) ① 국가, 지방자치단체, 그 밖의 공공단체 중 대통령령으로
정하는 기관은 소관 공공시설에 식료품·사무용품·신문 등 일상생활용품의 판
매를 위한 매점이나 자동판매기의 설치를 허가 또는 위탁할 때에는 65세 이상
노인의 신청이 있는 경우 이를 우선적으로 반영하여야 한다.
② 국가, 지방자치단체, 그 밖의 공공단체 중 대통령령으로 정하는 기관은 소관
공공시설에 청소, 주차관리, 매표 등의 사업을 위탁하는 경우에는 65세 이상 노
인을 100분의 20 이상 채용한 사업체를 우선적으로 고려할 수 있다.

노인은 공공시설을 무료 또는 할인가로 이용할 수 있으며, 정부에서는
경로할인을 적용하는 민간사업체에게 지원할 수 있다.

제26조(경로우대) ①국가 또는 지방자치단체는 65세 이상의 자에 대하여 대
통령령이 정하는 바에 의하여 국가 또는 지방자치단체의 수송시설 및 고궁·능
원·박물관·공원 등의 공공시설을 무료로 또는 그 이용요금을 할인하여 이용
하게 할 수 있다.
②국가 또는 지방자치단체는 노인의 일상생활에 관련된 사업을 경영하는 자에
게 65세 이상의 자에 대하여 그 이용요금을 할인하여 주도록 권유할 수 있다.
③국가 또는 지방자치단체는 제2항의 규정에 의하여 노인에게 이용요금을 할
인하여 주는 자에 대하여 적절한 지원을 할 수 있다.

국가 또는 지방자치단체는 노인을 위해 건강진단(법 제27조), 독거노인
지원을 위한 독거노인종합지원센터 설치·운영(법 제27조의2, 제27조의3), 노
인성 질환에 대한 의료지원(법 제27조의4), 노인재활요양사업(법 제30조)을 실
시할 수 있다.

제27조(건강진단 등) ①국가 또는 지방자치단체는 대통령령이 정하는 바에 의
하여 65세 이상의 자에 대하여 건강진단과 보건교육을 실시할 수 있다. 이 경우

보건복지부령으로 정하는 바에 따라 성별 다빈도질환 등을 반영하여야 한다.

제27조의2(홀로 사는 노인에 대한 지원) ①국가 또는 지방자치단체는 홀로 사는 노인에 대하여 방문요양과 돌봄 등의 서비스와 안전확인 등의 보호조치를 취하여야 한다.

제27조의3(독거노인종합지원센터) ① 보건복지부장관은 홀로 사는 노인에 대한 돌봄과 관련된 다음 각 호의 사업을 수행하기 위하여 독거노인종합지원센터를 설치·운영할 수 있다.

제27조의4(노인성 질환에 대한 의료지원) ① 국가 또는 지방자치단체는 노인성 질환자의 경제적 부담능력 등을 고려하여 노인성 질환의 예방교육, 조기발견 및 치료 등에 필요한 비용의 전부 또는 일부를 지원할 수 있다.

제30조(노인재활요양사업) ①국가 또는 지방자치단체는 신체적·정신적으로 재활요양을 필요로 하는 노인을 위한 재활요양사업을 실시할 수 있다.

노인을 위한 다양한 노인복지시설을 설치·운영할 수 있으며, 시설의 종류로는 노인주거복지시설, 노인의료복지시설, 노인여가복지시설, 재가노인복지시설, 노인보호전문기관, 노인일자리지원기관, 학대피해노인 전용쉼터가 있다. 해당 시설들을 통해 노인을 위한 전문화된 복지서비스가 제공된다.

제31조(노인복지시설의 종류) 노인복지시설의 종류는 다음 각호와 같다.

1. 노인주거복지시설
2. 노인의료복지시설
3. 노인여가복지시설
4. 재가노인복지시설
5. 노인보호전문기관
6. 제23조의2제1항제2호의 노인일자리지원기관
7. 제39조의19에 따른 학대피해노인 전용쉼터

제8조(노인전용주거시설) 국가 또는 지방자치단체는 노인의 주거에 적합한 기능 및 설비를 갖춘 주거용시설의 공급을 조장하여야 하며, 그 주거용시설의 공급자에 대하여 적절한 지원을 할 수 있다.

제32조(노인주거복지시설) ①노인주거복지시설은 다음 각 호의 시설로 한다.

1. 양로시설: 노인을 입소시켜 급식과 그 밖에 일상생활에 필요한 편의를 제공함

을 목적으로 하는 시설

2. 노인공동생활가정: 노인들에게 가정과 같은 주거여건과 급식, 그 밖에 일상생활에 필요한 편의를 제공함을 목적으로 하는 시설

3. 노인복지주택: 노인에게 주거시설을 임대하여 주거의 편의·생활지도·상담 및 안전관리 등 일상생활에 필요한 편의를 제공함을 목적으로 하는 시설

제34조(노인의료복지시설) ①노인의료복지시설은 다음 각 호의 시설로 한다.

1. 노인요양시설: 치매·중풍 등 노인성질환 등으로 심신에 상당한 장애가 발생하여 도움을 필요로 하는 노인을 입소시켜 급식·요양과 그 밖에 일상생활에 필요한 편의를 제공함을 목적으로 하는 시설

2. 노인요양공동생활가정: 치매·중풍 등 노인성질환 등으로 심신에 상당한 장애가 발생하여 도움을 필요로 하는 노인에게 가정과 같은 주거여건과 급식·요양, 그 밖에 일상생활에 필요한 편의를 제공함을 목적으로 하는 시설

제36조(노인여가복지시설) ①노인여가복지시설은 다음 각 호의 시설로 한다.

1. 노인복지관: 노인의 교양·취미생활 및 사회참여활동 등에 대한 각종 정보와 서비스를 제공하고, 건강증진 및 질병예방과 소득보장·재가복지, 그 밖에 노인의 복지증진에 필요한 서비스를 제공함을 목적으로 하는 시설

2. 경로당: 지역노인들이 자율적으로 친목도모·취미활동·공동작업장 운영 및 각종 정보교환과 기타 여가활동을 할 수 있도록 하는 장소를 제공함을 목적으로 하는 시설

3. 노인교실: 노인들에 대하여 사회활동 참여욕구를 충족시키기 위하여 건전한 취미생활·노인건강유지·소득보장 기타 일상생활과 관련한 학습프로그램을 제공함을 목적으로 하는 시설

제38조(재가노인복지시설) ①재가노인복지시설은 다음 각 호의 어느 하나 이상의 서비스를 제공함을 목적으로 하는 시설을 말한다.

1. 방문요양서비스: 가정에서 일상생활을 영위하고 있는 노인(이하 "재가노인"이라 한다)으로서 신체적·정신적 장애로 어려움을 겪고 있는 노인에게 필요한 각종 편의를 제공하여 지역사회안에서 건전하고 안정된 노후를 영위하도록 하는 서비스

2. 주·야간보호서비스: 부득이한 사유로 가족의 보호를 받을 수 없는 심신이 허약한 노인과 장애노인을 주간 또는 야간 동안 보호시설에 입소시켜 필요한 각종 편의를 제공하여 이들의 생활안정과 심신기능의 유지·향상을 도모하고, 그 가족의 신체적·정신적 부담을 덜어주기 위한 서비스

3. 단기보호서비스: 부득이한 사유로 가족의 보호를 받을 수 없어 일시적으로 보호가 필요한 심신이 허약한 노인과 장애노인을 보호시설에 단기간 입소시켜

보호함으로써 노인 및 노인가정의 복지증진을 도모하기 위한 서비스

4. 방문 목욕서비스: 목욕장비를 갖추고 재가노인을 방문하여 목욕을 제공하는 서비스

제39조의19(학대피해노인 전용쉼터의 설치) ① 국가와 지방자치단체는 노인학대로 인하여 피해를 입은 노인(이하 이 조에서 "학대피해노인"이라 한다)을 일정기간 보호하고 심신 치유 프로그램을 제공하기 위하여 학대피해노인 전용쉼터(이하 "쉼터"라 한다)를 설치·운영할 수 있다.

(5) 보장기관 및 인력

노인복지를 제공하는 보장기관은 국가 및 지방자치단체이다. 실질적인 서비스 제공 책임자는 보건복지부장관, 시·도지사 또는 시장·군수·구청장 및 경찰청장이다.

제4조(보건복지증진의 책임) ① 국가와 지방자치단체는 노인의 보건 및 복지 증진의 책임이 있으며, 이를 위한 시책을 강구하여 추진하여야 한다.

③ 노인의 일상생활에 관련되는 사업을 경영하는 자는 그 사업을 경영함에 있어 노인의 보건복지가 증진되도록 노력하여야 한다.

노인복지를 제공하는 주요 인력은 요양보호사이며(법 제39조의2), 그 외에 긴급전화상담원(법 제39조의4) 및 노인복지상담원(법 제7조)이 있다.

제39조의2(요양보호사의 직무·자격증의 교부 등) ① 노인복지시설의 설치·운영자는 보건복지부령으로 정하는 바에 따라 노인 등의 신체활동 또는 가사활동 지원 등의 업무를 전문적으로 수행하는 요양보호사를 두어야 한다.

② 요양보호사가 되려는 사람은 제39조의3에 따라 요양보호사를 교육하는 기관(이하 "요양보호사교육기관"이라 한다)에서 교육과정을 마치고 시·도지사가 실시하는 요양보호사 자격시험에 합격하여야 한다.

③ 시·도지사는 제2항에 따라 요양보호사 자격시험에 합격한 사람에게 요양보호사 자격증을 교부하여야 한다.

제39조의4(긴급전화의 설치 등) ①국가및 지방자치단체는 노인학대를 예방하고 수시로 신고를 받을 수 있도록 긴급전화를 설치하여야 한다.

제7조(노인복지상담원) ①노인의 복지를 담당하게 하기 위하여 특별자치도와 시·군·구에 노인복지상담원을 둔다.

(6) 재정

노인복지사업에 소요되는 재원은 국가 또는 지방자치단체의 부담을 원칙으로 하고 있다(법 제45조). 국가 또는 지방자치단체는 이용자 또는 부양의무자에게 이용료의 전액 또는 일부를 청구할 수 있다(법 제46조). 또한 노인복지시설의 설치·운영에 필요한 비용을 보조할 수 있다(법 제47조). 노인복지시설에 부과되는 공과금 감면 조치가 있다(법 제49조).

제45조(비용의 부담) ② 다음 각 호의 어느 하나에 해당하는 비용은 대통령령이 정하는 바에 따라 국가 또는 지방자치단체가 부담한다.

2. 제27조 및 제28조의 규정에 따른 건강진단 등과 상담·입소 등의 조치에 소요되는 비용

3. 제33조제1항·제35조제1항·제37조제1항 및 제39조제1항의 규정에 따른 노인복지시설의 설치·운영에 소요되는 비용

제46조(비용의 수납 및 청구) ① 제27조 및 제28조에 따른 복지조치에 필요한 비용을 부담한 복지실시기관은 해당 노인 또는 그 부양의무자로부터 대통령령으로 정하는 바에 따라 그 부담한 비용의 전부 또는 일부를 수납하거나 청구할 수 있다.

제47조(비용의 보조) 국가 또는 지방자치단체는 대통령령이 정하는 바에 의하여 노인복지시설의 설치·운영에 필요한 비용을 보조할 수 있다.

제49조(조세감면) 제31조의 규정에 의한 노인복지시설에서 노인을 위하여 사용하는 건물·토지 등에 대하여는 조세감면규제법 등 관계법령이 정하는 바에 의하여 조세 기타 공과금을 감면할 수 있다.

(7) 권리구제 및 벌칙

권리구제에 관하여, 노인 또는 부양의무자는 국가 또는 지방자치단체에서의 복지조치에 대해 이의가 있는 경우, 각 복지제공기관에 대하여 이의를 신청할 수 있다. 복지제공기관의 심사·결정에 이의가 있는 경우, 행정심판도 가능하다.

제50조(이의신청 등) ① 노인 또는 그 부양의무자는 이 법에 따른 복지조치에 대하여 이의가 있을 때에는 해당 복지실시기관에 이의를 신청할 수 있다.
② 제1항에 따른 이의신청은 해당 복지조치가 있음을 안 날부터 90일 이내에 문서로 하여야 한다.
③ 제1항의 이의신청을 받은 복지실시기관은 그 신청을 받은 날부터 30일 이내에 이를 심사·결정하여 청구인에게 통보하여야 한다.
④제3항의 심사·결정에 이의가 있는 자는 그 통보를 받은 날부터 90일 이내에 행정심판을 제기할 수 있다.

법적 실효성 보장을 위하여 다양한 벌칙 규정이 있다. 예를 들어 "노인의 신체에 폭행을 가하거나 상해를 입히는 행위"에 대하여 7년 이하의 징역 또는 7천만원 이하의 벌금에 처할 수 있다.

제55조의2(벌칙) 제39조의9제1호(상해에 한한다)의 행위를 한 자는 7년 이하의 징역 또는 7천만원 이하의 벌금에 처한다.

국가가 주도하여 노인일자리를 창출하게 되었다!

2011년 4월 7일 법률 개정을 통해, 노인일자리전담기관을 노인인력개발기관, 노인일자리지원기관 및 노인취업알선기관으로 구분하였고, 2013년 6월 4일 노인일자리전담기관 관련 규정을 개정하였다. 나아가 노인들의 변화하는 노인일자리 욕구를 반영하여, 2023년 10월 31일 노인 일자리 및 사회활동 지원에 관한 법률(노인일자리법)을 독립적으로 제정하였다.

노인들의 일자리 욕구를 충족하기 위하여, 노인 일자리 및 사회활동 지원사업은 지속적으로 발전되어 왔다. 현재 노인일자리 유형은 공익활동, 사회서비스형, 시장형사업단, 취업알선형, 시니어인턴십, 고령자친화기업이 있으며, 기존의 기업연계형은 2020년부터 시니어인턴십으로, 재능나눔은 2022년부터 참여형 자원봉사로 통합되었다. 각 유형별 노인일자리 창출 건수는 다음과 같다.

표 10-2 노인일자리 창출 건수

구분	2019	2020	2021	2022	2023
공익활동	504,206	554,101	629,937	626,391	610,656
사회서비스형	23,548	45,764	63,058	79,992	98,977
시장형사업단	66,972	68,729	40,539	42,803	50,899
취업알선형	27,718	53,439	70,334	83,290	88,460
시니어인턴십	7,349	15,547	34,434	46,570	53,364
고령자친화기업	1,344	1,315	1,986	2,489	2,916
기업연계형(2020년부터 시니어인턴십으로 통합)	5,673	0	0	0	0
재능나눔(2022년부터 참여형 자원봉사로 통합)	47,367	30,710	15,152	0	0

출처: e-나라지표(2024)

생각해 볼 과제

1 노인복지법에서는 노인을 만65세 이상으로 규정하고 있다. 65세 이상이 노인이라는 규정에 대해 어떻게 생각하는지 각자 이야기해 보자. 나아가 연령 규정에 변화가 필요하다면 어떻게 변경해야 하는지에 대하여 자신의 의견과 함께 그 근거를 이야기해 보자.

2 한국은 현재 노인1인 가구의 급격한 증가를 목도하고 있다. '홀로 사는 노인'을 위한 법적 보장은 어떻게 변화해야 하는지에 대하여 자신의 의견과 함께 그 근거를 이야기해 보자.

3   OECD 국가에서 노인빈곤율과 노인자살률이 가장 높다. 빈곤과 자살 문제를 해결하기 위한 법률 규정이 어떻게 변화해야 하는지에 대하여 자신의 의견과 함께 그 근거를 이야기해 보자.

2. 아동복지법

1) 아동복지법의 의의

아동은 건강하며 안전한 양육 환경에서 자라나야 한다. 또한 양육자의 신분 또는 아동이 처한 인종, 신체 및 정신 건강 등의 이유로 차별받지 않고 자랄 수 있어야 한다. 이에 국가적 차원에서 아동의 행복과 건강, 안전과 복지를 보장하기 위하여 1961년 아동복리법이 제정되었다.

아동복지법의 제정은 아동의 안전과 양육을 국가적 책임으로 인식하였다는 점에서 의의를 갖는다. 전통적으로 아동의 양육은 국가의 책임이 아닌 가족의 책임, 즉 여성의 책임으로 전가되어 왔다. 아동복지법의 제정은 아동의 돌봄과 양육 문제를 국가와 지역사회의 책임으로 환기하였다는 점에서 의의를 갖는다. 또한 아동 및 아동의 권리에 대한 관점의 변화와 함께 아동기의 다양한 사회적 위험을 법률로서 보장하고자 아동복지법이 지속적으로 개정되어 왔다는 점도 중요하다. 아동복지법 이외에도 아동을 위한 대표적인 법률로는 영유아보육법(1991.01.14. 제정), 고아입양특례법(1961.09.30. 제정), 청소년복지지원법(2004.02.09. 제정), 아동의 빈곤예방 및 지원 등에 관한 법률(2011.07.14. 제정), 아동학대범죄의 처벌 등에 관한 특례법(2014.01.28. 제정) 등이 있다.

2) 아동복지법의 연혁

(1) 아동복지법의 제정

1961년 12월 30일 아동복리법이 제정되었고, 1962년 1월 1일 시행되었다. 당시 생활보호법도 아동복리법과 동시에 제정 및 시행되었기 때문에, 1961년 이전에는 아동의 복지를 위한 실질적 법률은 존재하지 않았다고 볼 수 있다.

1961년 제정 당시 아동복리법은 장 구분 없이 29조와 부칙으로 구성되어 있었다. 아동복리법 제1조 목적에서는 "본법은 아동이 그 보호자로부터 유실, 유기 또는 이탈되었을 경우, 그 보호자가 아동을 육성하기에 부적당하거나 양육할 수 없는 경우, 아동의 건전한 출생을 기할 수 없는 경우 또는 기타의 경우에 아동이 건전하고 행복하게 육성되도록 그 복리를 보장함을 목적으로 한다"고 규정하였다. 현행 아동복지법의 목적에는 '행복, 건강, 안전, 복지'라는 용어가 있다. 제정 당시 아동복리법의 목적에서는 안전하게 자랄 수 없는 양육환경에 초점을 맞추고 있지만, 현 아동복지법의 목적에서는 안전뿐만 아니라 행복, 건강, 복지라는 용어를 사용하고 있어서, 보다 진일보하였다고 해석할 수 있다. 특히 법률명과 목적에서 복지福祉 대신에 복리福利라는 용어를 사용하였다는 점도 차이가 있다.

(2) 아동복지법의 주요 개정 내용

아동복지법의 제정은 최초의 대상별 사회복지서비스 법률 제정이었다는 점에서 의의가 크다. 우리나라 보육사업이 본격화될 수 있었던 토대를 마련하였다는 점에서도 의미를 찾을 수 있다. 그러나 아동빈곤과 아동학대, 안전한 양육환경 부재, 교육기회의 박탈 등 다양한 아동기의 사회문제가 우리 사회에 노정되어 있다. 1961년 아동복리법 제정 이후 수차례에 걸쳐 개정이 되었는데, 주요 개정내용은 표 10-3과 같다.

표 10-3 아동복지법의 주요 개정 연혁

연도	주요 내용
1961.12.30.	- 아동복리법 제정(1962.01.01. 시행) - 보건사회부에 중앙아동복리위원회를, 서울특별시와 도에 지방아동복리위원회를 두어 아동복리에 관한 사항을 조사·연구하도록 함 - 아동복리에 관한 사항을 지도하기 위하여 서울특별시와 도에 아동복리지도원을, 구·시·읍·면에는 아동위원을 둘 수 있도록 함 - 구청장·시장 또는 군수가 그 관할구역에서 요보호아동이나 요보호임산부를 발견하였을 때에는 서울특별시장 또는 도지사에게 보고하도록 하고, 보고된 요보호아동 등에 대하여는 10일 이내에 보육, 조산시설 등에 입소시키거나 기타 조치를 취하도록 함 - 서울특별시장이나 도지사는 법원에 친권상실선고를 청구할 수 있도록 하고, 또한 아동의 후견인의 선임이나 해임을 법원에 청구할 수 있도록 함 - 재단법인이 아동복리시설을 설치하는 경우는 서울특별시장이나 도지사의 허가를 받도록 하고, 국가와 지방자치단체도 아동복리시설을 설치할 수 있도록 함 - 조선감화령(1923.09. 제령, 제12호) 폐지 - 기존 탁아소를 법정 아동복지시설로 인정
1981.04.13.	- 기존의 아동복리법(1961)을 아동복지법으로 전부개정 - 보호대상범위를 요보호아동에서 일반아동으로 적용대상 확대 - 무료 탁아시설은 법인 이외의 자도 신고만으로 시설을 설치·운영 - 국민과 국가 및 지방자치단체의 책임 규정 - 어린이날 제정 - 아동복지지도원을 임시직공무원에서 별정직공무원으로 신분 변경 - 무료탁아시설은 법인 이외의 자도 신고만으로 그 시설을 설치·운영할 수 있도록 함 - 아동복지시설에는 일정한 자격을 가진 아동복지시설종사자를 두도록 함
2000.01.12.	- 아동복지지도원을 별정직공무원에서 사회복지전담공무원으로 신분 변경 - 아동학대 정의 및 금지유형 마련 - 아동학대 신고 의무화, 긴급전화 설치 등 학대아동 보호체계 마련
2004.01.29.	- 국무총리산하에 아동정책조정위원회 설치 - 아동복지시설로 공동생활가정과 지역아동센터 추가 - 상습적 아동학대 범죄자에 대한 가중 처벌 규정 마련
2005.07.13.	- 가정위탁 시행 및 설치 규정 마련 - 교원, 의료인, 아동복지시설 종사자 등의 자격취득 교육과정에 아동학대 예방 및 신고 관련 교육내용 포함
2006.09.27.	- 성폭력 예방교육 실시 주체로 아동복지시설, 영유아보육시설, 유치원, 초·중·고등학교의 장을 포함 - 지방자치단체장의 역할 규정 마련: 성폭력피해로 치료나 요양 등의 보호 필요 아동에 대한 전문치료기관 또는 요양소 입원 또는 입소 - 아동학대 신고의무자의 범위에 유치원·학원·교습소의 운영자·교직원·종사자 등과 구급대의 대원 추가
2008.06.13.	- 실종, 유괴 예방·방지 교육 실시 규정 마련 - 아동보호구역에 폐쇄회로 텔레비전 설치 규정 마련 - 국가와 지방자치단체에 대한 아동학대의 예방과 방지 의무 부과 - 아동학대예방 전담기구인 아동보호전문기관을 중앙과 지역으로 구분

연도	주요 내용
2011.08.04. (전부개정)	- 5년마다 아동종합실태조사 실시 및 조사결과를 바탕으로 한 아동정책기본계획 수립 규정 마련 - 정당한 권한을 가진 알선기관 외의 자가 아동양육 알선 후 금품을 요구하거나 약속하는 행위를 금지행위 범위로 포함 - 아동학대예방의 날(11월 19일) 및 아동학대예방주간(11월 19일부터 1주일 간) 규정 마련 - 아동학대의 예방과 방지, 아동학대행위자의 계도를 위한 교육 등에 관한 홍보영상 방송 규정 마련 - 아동학대 현장에 아동보호전문기관 직원 출동 시, 학대 행위자가 폭행·협박 및 조사거부 등의 방해 행위 금지 명시
2012.10.22.	- 국가와 지방자치단체는 아동보호구역으로 지정된 구역에 영상정보처리기기(CCTV)를 의무적으로 설치
2014.01.29.	- 아동학대를 신고할 수 있는 긴급전화의 설치주체를 지방자치단체로 명확히 함 - 아동학대가 의심되는 경우 경찰관이 아동보호전문기관에 통보 의무 - 아동학대 피해아동을 아동학대 관련 보호시설 및 의료기관에 보호 또는 치료를 의뢰하는 경우 정당한 사유 없이 이를 거부하지 못하도록 함 - 아동학대 피해아동의 취학 조치 마련 - 아동학대범죄전력자는 아동관련 기관에 형 확정 후 10년간 취업 제한
2015.03.27.	- 보호자에게 아동에 대해 신체적·정신적 고통을 가하는 것을 금지하도록 명시 - 아동학대 신고의무자에게 신고의무자임을 알리고, 신고의무 교육을 받도록 하며, 아동학대 신고의무자가 소속된 어린이집, 유치원 등의 기관의 장에게 신고의무 교육 실시를 의무화
2016.03.22.	- 장애아동 권익 보호, 차별 금지, 아동의 권리에 관한 협약 등에 대한 국가와 지방자치단체의 의무 규정 보완 - 국가와 지방자치단체의 책무로 아동이 원가정에서 성장하는 데 필요한 지원을 하고, 원가정에서 성장할 수 없는 아동에 대하여는 원가정과 유사한 환경을 제공하며, 아동이 신속하게 원가정으로 복귀하는 데 필요한 지원을 하도록 함 - 시·도지사 등은 보호대상아동을 고려한 보호조치가 이루어질 수 있도록 가정위탁, 아동복지시설 입소조치 등을 하기 전에 아동에 대한 상담, 건강검진, 심리검사 및 가정환경에 대한 조사 실시 - 시·도지사 등은 가정위탁 등의 보호조치를 받고 있는 보호대상아동의 양육상황을 매년 점검 - 시·도지사 등은 전담공무원 등 관계 공무원으로 하여금 보호조치의 종료로 가정에 복귀한 아동의 가정을 방문하도록 함으로써 보호조치 종료 후에도 해당 아동에 대한 사후관리 - 지방자치단체의 장에게만 보호대상아동의 귀가 조치 및 보호기간 연장 권한을 부여하고 피해아동의 보호자인 아동학대행위자의 협조를 의무화 - 아동의 심리안정을 도모하고 2차 피해를 방지하기 위해 아동보호전문기관 내 진술녹화실을 설치 운영 - 학대피해아동쉼터에 대한 법적 근거 마련 - 아동보호전문기관을 아동복지시설에 포함 - 아동복지시설 등이 사업의 정지, 위탁의 취소 또는 시설 폐쇄 명령을 받은 경우, 시설 이용자를 다른 시설로 옮기는 등의 권익보호조치 마련 - 아동정책영향평가 실시 규정 마련
2017.10.24.	- 유치원의 유아 또는 학교의 학생에 대한 아동학대의 조기 발견 체계 및 관련 기관과의 연계 체계를 구축 - 모든 신고의무자에 대하여 소속 기관·시설 등의 장은 신고의무교육을 실시하고 그 결과를 관계 중앙행정기관의 장에게 제출 - 아동학대 예방교육을 연 1회 이상 실시 - 국가는 피해아동을 위한 법률상담과 소송대리 지원 - 아동학대 전담의료기관을 지정하여 아동학대 피해아동에 대한 의료 지원 - 지역아동보호전문기관에 아동학대사례전문위원회를 두도록 함 - 정기국회 전까지 아동학대 예방 및 피해아동 보호 정책의 추진현황과 평가결과에 대한 연차보고서를 작성하여 국회 상임위원회에 제출 - 아동학대행위 등에 대한 처벌 규정의 벌금액을 징역 1년당 1천만원 수준으로 상향 정비

연도	주요 내용
2019.01.15.	- 아동권리보장원의 설립 및 운영 규정 마련 - 아동정책영향평가를 아동권리보장원에 위탁 - 국가아동학대정보시스템을 사회보장정보원에 위탁 - 다함께돌봄센터의 법적 근거를 마련
2020.04.07.	- 지방자치단체에 사회복지사 자격을 갖춘 아동학대전담공무원 채용 규정 마련 - 아동학대전담공무원은 법원의 학대아동사건 심리에 있어서 보조인이 될 수 있도록 함 - 지방자치단체의 장은 피해아동보호계획 수립 - 취업제한명령의 대상기관으로 다함께돌봄센터, 육아종합지원센터, 시간제보육서비스지정기관, 아이돌봄지 원법에 따른 서비스제공기관 추가 - 자치단체의 장이 대한법률구조공단 등에 아동학대에 대한 법률상담 등을 요청 - 자치단체의 장이 아동학대 전담의료기관에 피해아동에 대한 상담, 신체적·정신적 치료 등을 요청 - 육아종합지원센터 및 시간제보육서비스지정기관의 주변구역을 아동보호구역으로 지정

2020.12.29.	- 아동복지심의위원회 소속으로 사례결정위원회 설치
	- 시도 및 시군구에 전담공무원 업무 지원을 위한 민간전문인력 채용
	- 가정 내에서 아동을 보호·양육할 수 있는 사람을 친족으로 명확히 함
	- 보호대상아동에 대한 지방자치단체의 장의 보호조치: 보호대상아동을 보호조치하는 경우 학대피해가 우려되
	  는 때에는 아동을 즉시 분리하여 아동일시보호시설 또는 학대피해아동쉼터 등에 일시 보호
	- 아동통합정보시스템의 구축·운영
	- 아동보호 사각지대 발굴 및 실태조사
	- 보호조치 중인 아동과 가족 간의 면접교섭 지원
	- 정신질환이 있거나 마약류에 중독된 자 등은 아동복지시설의 장 및 종사자로 취업을 제한하도록 결격사유에
	  포함

2021.12.21.	- 5년마다 실시했던 아동종합실태 조사를 3년으로 단축
	- 보호대상아동 지원체계 강화: 보호대상아동의 보호기간을 최대 24세까지 연장할 수 있도록 하되, 24세가
	  도래하기 전이라도 본인의 의사에 따라 보호조치 종료 가능, 자립정착금 및 자립수당 지급근거 마련, 실태조
	  사주기 단축, 자립지원전담기관 설치·운영
	- 가정폭력에 아동을 노출시키는 행위를 정서적 학대의 한 형태로 규정
	- 취업제한기관에 산후조리도우미 서비스를 제공하는 사람을 모집하거나 채용하는 기관을 추가
	- 매년 물가상승률 등을 반영한 급식최저단가를 결정
	- 시도 및 시군구에 아동복지심의위원회 설치

2023.06.13.	- 아동의 인권보호 및 아동학대 예방에 관한 정확한 정보의 제공 등을 위하여 언론의 아동학대보도에 대한 권 고기준 수립
2023.07.18.	- 지역별 아동 수, 아동학대 발생건수, 아동의 성별 등을 고려하여 학대피해아동쉼터를 설치·운영 - 학대피해아동쉼터를 아동복지시설의 종류로 규정 - 국제입양에 관한 법률의 제정 등을 반영하여 아동권리보장원의 업무 정비
2023.08.08.	- 자립지원이 필요한 아동의 범위를 대통령령에서 법률로 상향 - 18세에 달하기 전에 보호조치가 종료되거나 해당 시설을 퇴소한 사람도 자립지원 대상자에 포함
2024.01.09.	- 아동학대사례전문위원회를 아동학대사례 전문가자문단으로 변경
2024.01.23.	- 의료급여법에 따른 건강검진 실시 기록 중 6세 미만에 대한 기록 및 감염병의 예방 및 관리에 관한 법률에 따 른 필수예방접종 실시 기록을 토대로 아동보호를 위한 실태조사 대상의 근거로 추가

연도	주요 내용
2024.02.06.	- 보호대상아동에 대해 보호조치 또는 일시보호조치를 실시하는 경우 해당 아동에게 보호조치 과정과 목적, 예상기간 등을 충분히 이해할 수 있게 설명하도록 하고, 보호조치가 종료되거나 시설에서 퇴소한 사람이 대학 재학 중인 경우 등의 사유로 25세가 되기 전에 다시 보호조치를 희망하는 경우 보호조치를 받을 수 있도록 함 - 아동학대 관련 범죄로 형 또는 치료감호를 선고받은 경우 일정기간 취업을 제한하는 기관에 산후조리원 추가

3) 아동복지법의 주요 내용

아동복지법(2025. 7. 19. 시행, 법률 제19554호)은 총 5장, 75개 조문 및 부칙으로 구성되어 있다. 법의 중요한 내용들을 원칙(목적, 기본이념, 보호자의 책무, 아동정책기본계획의 수립, 연도별 시행계획의 수립·시행, 3년 주기의 아동종합실태조사, 아동정책영향평가), 정의, 적용대상, 급여의 종류와 내용(아동보호서비스, 아동학대의 예방 및 방지, 아동 안전 및 건강지원, 취약계층 아동지원, 아동복지시설의 종류), 보장기관(국가 및 지방자치단체의 책무, 아동복지시설 종사자, 아동복지전담공무원, 아동정책조정위원회, 아동복지심의위원회, 아동학대사례 전문가 자문단, 아동권리보장원, 아동통합정보시스템, 아동위원), 재정(비용의 부담, 비용의 징수, 면세), 권리구제 및 벌칙으로 구분하여 살펴본다.

(1) 원칙

아동복지법의 목적은 아동의 건강, 행복, 안전, 복지에 대한 보장이다.

> 제1조(목적) 이 법은 아동이 건강하게 출생하여 행복하고 안전하게 자랄 수 있도록 아동의 복지를 보장하는 것을 목적으로 한다.

아동복지법은 아동에 대한 차별금지, 안정된 가정환경, 아동의 행복, 아동이익 최우선 고려, 아동권리보장에 대한 이념을 담고 있다(법 제2조). 그 외에 보호자의 책무(법 제2조), 아동정책기본계획의 수립(법 제2조), 연도별 시행계획의 수립·시행(법 제2조), 3년 주기의 아동종합실태조사(법 제2조), 아동정책영향평가(법 제2조)를 명시하고 있다.

제2조(기본 이념) ① 아동은 자신 또는 부모의 성별, 연령, 종교, 사회적 신분, 재산, 장애유무, 출생지역, 인종 등에 따른 어떠한 종류의 차별도 받지 아니하고 자라나야 한다.

② 아동은 완전하고 조화로운 인격발달을 위하여 안정된 가정환경에서 행복하게 자라나야 한다.

③ 아동에 관한 모든 활동에 있어서 아동의 이익이 최우선적으로 고려되어야 한다.

④ 아동은 아동의 권리보장과 복지증진을 위하여 이 법에 따른 보호와 지원을 받을 권리를 가진다.

제5조(보호자 등의 책무) ① 아동의 보호자는 아동을 가정에서 그의 성장시기에 맞추어 건강하고 안전하게 양육하여야 한다.

② 아동의 보호자는 아동에게 신체적 고통이나 폭언 등의 정신적 고통을 가하여서는 아니 된다.

③ 모든 국민은 아동의 권익과 안전을 존중하여야 하며, 아동을 건강하게 양육하여야 한다.

제6조(어린이날 및 어린이주간) 어린이에 대한 사랑과 보호의 정신을 높임으로써 이들을 옳고 아름답고 슬기로우며 씩씩하게 자라나도록 하기 위하여 매년 5월 5일을 어린이날로 하며, 5월 1일부터 5월 7일까지를 어린이주간으로 한다.

제7조(아동정책기본계획의 수립) ① 보건복지부장관은 아동정책의 효율적인 추진을 위하여 5년마다 아동정책기본계획(이하 "기본계획"이라 한다)을 수립하여야 한다.

② 기본계획은 다음 각 호의 사항을 포함하여야 한다.

1. 이전의 기본계획에 관한 분석·평가

2. 아동정책에 관한 기본방향 및 추진목표

3. 주요 추진과제 및 추진방법

4. 재원조달방안

제8조(연도별 시행계획의 수립·시행 등) ① 보건복지부장관, 관계 중앙행정기관의 장 및 시·도지사는 매년 기본계획에 따라 연도별 아동정책시행계획(이하 "시행계획"이라 한다)을 수립·시행하여야 한다.

② 관계 중앙행정기관의 장 및 시·도지사는 다음 연도의 시행계획 및 전년도의 시행계획에 따른 추진실적을 대통령령으로 정하는 바에 따라 매년 보건복지부장관에게 제출하고, 보건복지부장관은 매년 시행계획에 따른 추진실적을 평가하여야 한다.

제11조(아동종합실태조사) ① 보건복지부장관은 3년마다 아동의 양육 및 생활환경, 언어 및 인지 발달, 정서적·신체적 건강, 아동안전, 아동학대 등 아동의 종합실태를 조사하여 그 결과를 공표하고, 이를 기본계획과 시행계획에 반영하여야 한다. 다만, 보건복지부장관은 필요한 경우 보건복지부령으로 정하는 바에 따라 분야별 실태조사를 할 수 있다.

제11조의2(아동정책영향평가) ① 국가와 지방자치단체는 대통령령으로 정하는 바에 따라 아동 관련 정책이 아동복지에 미치는 영향을 분석·평가(이하 "아동정책영향평가"라 한다)하고, 그 결과를 아동 관련 정책의 수립·시행에 반영하여야 한다.

② 그 밖에 아동정책영향평가의 방법과 절차 등에 필요한 사항은 대통령령으로 정한다.

아동을 위한 다양한 법정 기념일이 있는데, 5월 5일 어린이 날, 5월 1일부터 5월 7일까지 어린이주간, 11월 19일 아동학대예방의 날, 11월 19일부터 11월 26일까지 아동학대예방주간으로 규정하고 있다.

제6조(어린이날 및 어린이주간) 어린이에 대한 사랑과 보호의 정신을 높임으로써 이들을 옳고 아름답고 슬기로우며 씩씩하게 자라나도록 하기 위하여 매년 5월 5일을 어린이날로 하며, 5월 1일부터 5월 7일까지를 어린이주간으로 한다.

아동학대예방의 날은 어떻게 생겨났을까?

WWSF(Women's World Summit Foundation)는 1991년 3월 8일 세계여성의 날 행사에서 출범하였다. 단체의 핵심목표는 여성, 아동, 청소년의 임파워먼트이다. 단체의 성격은 돌봄과 나눔에 대한 국제공동체 형성을 지원을 위한 사회운동을 하는 비정부기구이다.

WWSF는 2000년 11월 19일 세계아동학대예방의 날(World Day for the Prevention of Child Abuse) 행사를 처음으로 개최하였다. WWSF는 매년 11월 1일부터 19일까지 '어린이와 청소년에 대한 폭력 예방을 위한 19일의 행동 주간' 행사를 열고 있다. 아동학대예방의 날 제정 및 행동주간 지정으로 아동학대 예방 프로그램의 중요성을 전 세계적으로 공감하고 연대한다는 점에서 의의를 갖는다.

한국에서는 아동학대예방의 날 및 행동 주간을 2007년부터 시행하고 있다. 2011년 8월 4일 아동복지법 전부개정으로 아동학대예방의 날(11월 19일) 및 아동학대예방주간(11월 19일부터 1주일간) 규정을 마련한 바 있다. 매해 11월 19일이 되면, 노란 리본 달기 캠페인 등 다양한 아동학대예방 활동을 펼치고 있다.

한편 2014년 1월 28일 "아동학대범죄의 처벌 및 그 절차에 관한 특례와 피해아동에 대한 보호절차 및 아동학대행위자에 대한 보호처분을 규정함으로써 아동을 보호하여 아동이 건강한 사회 구성원으로 성장하도록 함을 목적으로" 아동학대범죄의 처벌 등에 관한 특례법(약칭: 아동학대처벌법)을 제정한 바 있다.

참조: WWSF(www.woman.ch/welcome/background)

(2) 정의

아동복지법의 핵심 개념은 제3조에서 규정하고 있다.

제3조(정의) 이 법에서 사용하는 용어의 뜻은 다음과 같다.
1. "아동"이란 18세 미만인 사람을 말한다.
2. "아동복지"란 아동이 행복한 삶을 누릴 수 있는 기본적인 여건을 조성하고 조화롭게 성장·발달할 수 있도록 하기 위한 경제적·사회적·정서적 지원을 말한다.

3. "보호자"란 친권자, 후견인, 아동을 보호·양육·교육하거나 그러한 의무가 있는 자 또는 업무·고용 등의 관계로 사실상 아동을 보호·감독하는 자를 말한다.

4. "보호대상아동"이란 보호자가 없거나 보호자로부터 이탈된 아동 또는 보호자가 아동을 학대하는 경우 등 그 보호자가 아동을 양육하기에 적당하지 아니하거나 양육할 능력이 없는 경우의 아동을 말한다.

5. "지원대상아동"이란 아동이 조화롭고 건강하게 성장하는 데에 필요한 기초적인 조건이 갖추어지지 아니하여 사회적·경제적·정서적 지원이 필요한 아동을 말한다.

6. "가정위탁"이란 보호대상아동의 보호를 위하여 성범죄, 가정폭력, 아동학대, 정신질환 등의 전력이 없는 보건복지부령으로 정하는 기준에 적합한 가정에 보호대상아동을 일정 기간 위탁하는 것을 말한다.

7. "아동학대"란 보호자를 포함한 성인이 아동의 건강 또는 복지를 해치거나 정상적 발달을 저해할 수 있는 신체적·정신적·성적 폭력이나 가혹행위를 하는 것과 아동의 보호자가 아동을 유기하거나 방임하는 것을 말한다.

7의2. "아동학대관련범죄"란 다음 각 목의 어느 하나에 해당하는 죄를 말한다.

가. 「아동학대범죄의 처벌 등에 관한 특례법」 제2조제4호에 따른 아동학대범죄

나. 아동에 대한 「형법」 제2편제24장 살인의 죄 중 제250조부터 제255조까지의 죄

8. "피해아동"이란 아동학대로 인하여 피해를 입은 아동을 말한다.

10. "아동복지시설"이란 제50조에 따라 설치된 시설을 말한다.

11. "아동복지시설 종사자"란 아동복지시설에서 아동의 상담·지도·치료·양육, 그 밖에 아동의 복지에 관한 업무를 담당하는 사람을 말한다.

(3) 적용대상

아동복지법에서 규정하는 아동은 18세 미만인 사람이다.

제3조(정의) 1. "아동"이란 18세 미만인 사람을 말한다.

(4) 급여의 종류와 내용

아동복지법에서는 아동을 위한 다양한 급여를 규정하고 있다. 주요한 급여는 제3장 아동에 대한 보호서비스 및 아동학대의 예방 및 방지, 제4장 아동에 대한 지원서비스에서 명시하고 있다.

먼저 아동보호서비스에 관한 규정이다. 보호대상아동에 대한 보호조치를 법적으로 보장하고 있으며(법 제15조). 보호대상아동의 양육상황 점검(법 제15조의3), 아동보호 사각지대 발굴 및 실태조사(법 제15조의5), 면접교섭 지원(법 제15조의5), 보호대상아동의 퇴소조치(법 제16조), 보호대상아동의 사후관리(법 제16조의2), 보호기간의 연장(법 제16조의3), 재보호조치(법 제16조의4), 아동의 후견인 선임(법 제20조) 등을 법적으로 보장하고 있다.

제15조(보호조치) ① 시·도지사 또는 시장·군수·구청장은 그 관할 구역에서 보호대상아동을 발견하거나 보호자의 의뢰를 받은 때에는 아동의 최상의 이익을 위하여 대통령령으로 정하는 바에 따라 다음 각 호에 해당하는 보호조치를 하여야 한다.
1. 전담공무원, 민간전문인력 또는 아동위원에게 보호대상아동 또는 그 보호자에 대한 상담·지도를 수행하게 하는 것
2. 「민법」 제777조제1호 및 제2호에 따른 친족에 해당하는 사람의 가정에서 보호·양육할 수 있도록 조치하는 것
3. 보호대상아동을 적합한 유형의 가정에 위탁하여 보호·양육할 수 있도록 조치하는 것
4. 보호대상아동을 그 보호조치에 적합한 아동복지시설에 입소시키는 것
5. 약물 및 알콜 중독, 정서·행동·발달 장애, 성폭력·아동학대 피해 등으로 특수한 치료나 요양 등의 보호를 필요로 하는 아동을 전문치료기관 또는 요양소에 입원 또는 입소시키는 것
6. 「국내입양에 관한 특별법」 및 「국제입양에 관한 법률」에 따른 입양과 관련하여 필요한 조치를 하는 것
② 시·도지사 또는 시장·군수·구청장 이외의 자가 보호대상아동을 발견하거나 보호자의 의뢰를 받은 때에는 지체 없이 시·도지사 또는 시장·군수·구청장

에게 보호조치를 의뢰하여야 한다.

제15조의3(보호대상아동의 양육상황 점검) ① 시·도지사 또는 시장·군수·구청장은 제15조제1항제2호부터 제6호까지의 보호조치 중인 보호대상아동의 양육상황을 보건복지부령으로 정하는 바에 따라 매년 점검하여야 한다.

② 시·도지사 또는 시장·군수·구청장은 제1항에 따른 양육상황을 점검한 결과에 따라 보호대상아동의 복리를 보호할 필요가 있거나 해당 보호조치가 적절하지 아니하다고 판단되는 경우에는 지체 없이 보호조치를 변경하여야 한다.

제15조의4(아동보호 사각지대 발굴 및 실태조사) ① 보건복지부장관은 보호가 필요한 아동을 발견하고 양육환경을 개선할 수 있도록 지원하기 위하여 「사회보장기본법」 제37조에 따른 사회보장정보시스템(이하 "사회보장정보시스템"이라 한다)을 통하여 다음 각 호의 자료 또는 정보를 처리할 수 있으며, 해당 자료를 토대로 아동보호를 위한 실태조사 대상 아동을 선정할 수 있다.

제15조의5(면접교섭 지원) ① 시·도지사 또는 시장·군수·구청장은 제15조제1항제3호부터 제5호까지의 보호조치 중인 아동과 「민법」 제779조에 따른 가족 간의 면접교섭을 지원하여야 한다. 다만, 아동학대 등 아동의 안전과 복지를 해할 우려가 있는 경우에는 지원을 제한하거나 중단할 수 있다.

제16조(보호대상아동의 퇴소조치 등) ① 제15조제1항제3호부터 제5호까지의 보호조치 중인 보호대상아동의 연령이 18세에 달하였거나, 보호 목적이 달성되었다고 인정되면 해당 시·도지사, 시장·군수·구청장은 대통령령으로 정하는 절차와 방법에 따라 그 보호 중인 아동의 보호조치를 종료하거나 해당 시설에서 퇴소시켜야 한다.

② 제15조제1항제2호부터 제4호까지의 보호조치 중인 보호대상아동의 친권자, 후견인 등 보건복지부령으로 정하는 자는 관할 시·도지사 또는 시장·군수·구청장에게 해당 보호대상아동의 가정 복귀를 신청할 수 있다.

③ 시·도지사 또는 시장·군수·구청장은 제2항에 따른 가정 복귀 신청을 받은 경우에는 아동복지시설의 장의 의견을 들은 후 보호조치의 종료 또는 퇴소조치가 보호대상아동의 복리에 반하지 아니한다고 인정되면 해당 보호대상아동을 가정으로 복귀시킬 수 있다.

⑤ 시·도지사 또는 시장·군수·구청장은 제3항 본문에도 불구하고 제28조제1항에 따른 확인 결과 아동학대의 재발이 의심되는 경우에는 사례결정위원회의 심의를 거쳐 보호대상아동의 가정 복귀 결정을 취소할 수 있다. 다만, 아동학대 재발의 위험이 현저하여 긴급히 취소하여야 하는 경우에는 사례결정위원회의

심의를 거치지 아니하고 취소하고 사후에 보고할 수 있다.

제16조의2(보호대상아동의 사후관리) 시·도지사 또는 시장·군수·구청장은 전담공무원 등 관계 공무원 및 민간전문인력으로 하여금 보호조치의 종료로 가정으로 복귀한 보호대상아동의 가정을 방문하여 해당 아동의 복지 증진을 위하여 필요한 지도·관리를 제공하게 하여야 한다.

제16조의3(보호기간의 연장) ① 시·도지사 또는 시장·군수·구청장은 연령이 18세에 달한 보호대상아동이 보호조치를 연장할 의사가 있는 경우에는 제16조제1항에도 불구하고 그 보호기간을 해당 아동이 25세에 달할 때까지로 연장하여야 한다.

제16조의4(재보호조치) ① 시·도지사 또는 시장·군수·구청장은 제16조제1항 또는 제16조의3제2항 본문에 따라 보호조치가 종료되거나 해당 시설에서 퇴소한 사람이 25세에 달하기 전에 보호조치를 희망하는 경우 다음 각 호의 어느 하나에 해당하면 대통령령으로 정하는 바에 따라 제15조제1항제3호부터 제5호까지의 보호조치를 다시 하여야 한다.

제20조(아동의 후견인 선임) ② 법원은 후견인이 없는 아동에 대하여 제1항에 따라 후견인을 선임하기 전까지 시·도지사, 시장·군수·구청장, 아동보호전문기관의 장 및 가정위탁지원센터의 장으로 하여금 임시로 그 아동의 후견인 역할을 하게 할 수 있다. 이 경우 해당 아동의 의견을 존중하여야 한다.

아동학대의 예방 및 방지를 법적으로 보장하고 있다. 국가와 지방자치단체의 의무(법 제22조), 피해아동보호계획의 수립(법 제22조의4), 아동학대사례전문가자문단(법 제22조의5), 아동학대예방의 날(법 제23조), 아동학대 신고의무자에 대한 교육(법 제26조), 아동학대 예방교육의 실시(법 제26조의2), 아동학대 등의 통보(법 제27조의2), 피해아동 응급조치에 대한 거부금지(법 제27조의3), 사후관리(법 제28조), 아동학대정보의 관리 및 제공(법 제28조의2), 피해아동 및 그 가족 등에 대한 상담, 교육 및 의료적·심리적 치료 지원(법 제29조), 아동학대행위자에 대한 상담·교육 등의 제공(법 제29조의2), 아동관련기관의 취업제한(법 제29조의3), 아동학대에 대한 법률상담(법 제29조의6), 아동학대 전담의료기관의 지정(법 제29조의7), 아동학대보도 권고기준 수립 및 준수 협조요청(법 제29조의8) 등을 법적으로 보장하고 있다.

제22조(아동학대의 예방과 방지 의무) ① 국가와 지방자치단체는 아동학대의 예방과 방지를 위하여 다음 각 호의 조치를 취하여야 한다.

1. 아동학대의 예방과 방지를 위한 각종 정책의 수립 및 시행

2. 아동학대의 예방과 방지를 위한 연구·교육·홍보 및 아동학대 실태조사

3. 아동학대에 관한 신고체제의 구축·운영

4. 피해아동의 보호와 치료 및 피해아동의 가정에 대한 지원

② 지방자치단체는 아동학대를 예방하고 수시로 신고를 받을 수 있도록 긴급전화를 설치하여야 한다. 이 경우 그 설치·운영 등에 필요한 사항은 대통령령으로 정한다.

제22조의4(피해아동보호계획의 수립 등) ① 시·도지사 또는 시장·군수·구청장은 피해아동에 대한 조사를 한 후 다음 각 호의 사항이 포함된 피해아동보호계획(이하 "보호계획"이라 한다)을 수립하고 그 계획을 아동보호전문기관의 장에게 통보하여야 한다.

제22조의5(아동학대사례 전문가자문단) ① 보건복지부장관은 제22조의4제2항에 따른 자문에 응하게 하기 위하여 보건복지부에 아동학대사례 전문가자문단(이하 이 조에서 "전문가자문단"이라 한다)을 둔다.

제23조(아동학대예방의 날) ① 아동의 건강한 성장을 도모하고, 범국민적으로 아동학대의 예방과 방지에 관한 관심을 높이기 위하여 매년 11월 19일을 아동학대예방의 날로 지정하고, 아동학대예방의 날부터 1주일을 아동학대예방주간으로 한다.

제26조(아동학대 신고의무자에 대한 교육) ① 관계 중앙행정기관의 장은 「아동학대범죄의 처벌 등에 관한 특례법」 제10조제2항 각 호의 어느 하나에 해당하는 사람(이하 "아동학대 신고의무자"라 한다)의 자격 취득 과정이나 보수교육 과정에 아동학대 예방 및 신고의무와 관련된 교육 내용을 포함하도록 하여야 하며, 그 결과를 보건복지부장관에게 제출하여야 한다.

제26조의2(아동학대 예방교육의 실시) ① 국가기관과 지방자치단체의 장, 「공공기관의 운영에 관한 법률」에 따른 공공기관과 대통령령으로 정하는 공공단체의 장은 아동학대의 예방과 방지를 위하여 필요한 교육을 연 1회 이상 실시하고, 그 결과를 보건복지부장관에게 제출하여야 한다.

제27조의2(아동학대 등의 통보) ① 사법경찰관리는 아동 사망 및 상해사건, 가정폭력 사건 등에 관한 직무를 행하는 경우 아동학대가 있었다고 의심할 만한 사유가 있는 때에는 시·도지사, 시장·군수·구청장 또는 보장원의 장에게 그 사실을 통보하여야 한다.

제27조의3(피해아동 응급조치에 대한 거부금지) 「아동학대범죄의 처벌 등에 관한 특례법」 제12조제1항제3호 또는 제4호에 따라 사법경찰관리, 아동학대전담공무원이 피해아동을 인도하는 경우에는 아동학대 관련 보호시설이나 의료기관은 정당한 사유 없이 이를 거부하여서는 아니 된다.

제28조(사후관리 등) ① 아동보호전문기관의 장은 아동학대가 종료된 이후에도 가정방문, 전화상담 등을 통하여 아동학대의 재발 여부를 확인하여야 한다. ③ 아동보호전문기관이 제1항 및 제2항에 따라 업무를 수행하는 경우 보호자는 정당한 사유 없이 이를 거부하거나 방해하여서는 아니 된다.

제28조의2(아동학대정보의 관리 및 제공) ② 보건복지부장관은 아동학대 관련 정보를 공유하고 아동학대를 예방하기 위하여 피해아동, 그 가족 및 아동학대행위자에 관한 정보와 아동학대예방사업에 관한 정보를 아동정보시스템에 입력·관리하여야 한다.

제29조(피해아동 및 그 가족 등에 대한 지원) ① 아동보호전문기관의 장은 아동의 안전 확보와 재학대 방지, 건전한 가정기능의 유지 등을 위하여 피해아동 및 보호자를 포함한 피해아동의 가족에게 상담, 교육 및 의료적·심리적 치료 등의 필요한 지원을 제공하여야 한다.

제29조의2(아동학대행위자에 대한 상담·교육 등의 제공) ① 시·도지사, 시장·군수·구청장, 보장원의 장 또는 아동보호전문기관의 장은 아동학대행위자에 대하여 상담·교육 및 심리적 치료 등 필요한 지원을 제공하여야 하며, 이 경우 아동학대행위자는 상담·교육 및 심리적 치료 등에 성실히 참여하여야 한다.

제29조의3(아동관련기관의 취업제한 등) ① 법원은 아동학대관련범죄로 형 또는 치료감호를 선고하는 경우에는 판결(약식명령을 포함한다. 이하 같다)로 그 형 또는 치료감호의 전부 또는 일부의 집행을 종료하거나 집행이 유예·면제된 날(벌금형을 선고받은 경우에는 그 형이 확정된 날을 말한다)부터 일정기간(이하 "취업제한기간"이라 한다) 동안 다음 각 호에 따른 시설 또는 기관(이하 "아동관련기관"이라 한다)을 운영하거나 아동관련기관에 취업 또는 사실상 노무를 제공할 수 없도록 하는 명령(이하 "취업제한명령"이라 한다)을 아동학대관련범죄 사건의 판결과 동시에 선고(약식명령의 경우에는 고지를 말한다)하여야 한다.

제29조의6(아동학대에 대한 법률상담 등) ① 국가는 피해아동을 위한 법률상담과 소송대리(訴訟代理) 등의 지원(이하 이 조에서 "법률상담등"이라 한다)을 할 수 있다.

제29조의7(아동학대 전담의료기관의 지정) ① 보건복지부장관, 시·도지사 및 시장·군수·구청장은 국·공립병원, 보건소 또는 민간의료기관을 피해아동의 치료를 위한 전담의료기관(이하 이 조에서 "전담의료기관"이라 한다)으로 지

정할 수 있다.

제29조의8(아동학대보도 권고기준 수립 및 준수 협조요청) ① 보건복지부장
관은 아동의 인권보호 및 아동학대 예방에 관한 정확한 정보의 제공 등을 위하
여 대통령령으로 정하는 관계 중앙행정기관의 장과 협의하여 언론의 아동학대
보도에 대한 권고기준을 수립하고 그 이행확보 방안을 마련하여야 한다.

아동 안전 및 건강지원을 위하여 아동의 안전에 대한 교육(법 제31조), 아
동보호구역에서의 범죄 예방을 위한 영상정보처리기기 설치(법 제32조), 아
동안전 보호인력의 배치 및 활용(법 제33조), 유괴 등의 위험에 처한 아동을
보호하기 위한 아동긴급보호소 지정 및 운영(법 제34조), 건강한 심신의 보존
을 위한 신체적 건강 증진, 자살 및 각종 중독의 예방 등 정신적 건강 증진, 급
식지원 등을 통한 결식예방 및 영양개선, 비만 방지 등 체력 및 여가 증진(법
제35조) 등을 법적으로 보장하고 있다.

제31조(아동의 안전에 대한 교육) ① 아동복지시설의 장, 「영유아보육법」에 따
른 어린이집의 원장, 「유아교육법」에 따른 유치원의 원장 및 「초·중등교육법」
에 따른 학교의 장은 교육대상 아동의 연령을 고려하여 대통령령으로 정하는
바에 따라 매년 다음 각 호의 사항에 관한 교육계획을 수립하여 교육을 실시하
여야 한다. 이 경우 그 대상이 「영유아보육법」 제2조제1호에 따른 영유아인 경
우 아동복지시설의 장, 같은 법에 따른 어린이집의 원장 및 「유아교육법」에 따
른 유치원의 원장은 보건복지부령으로 정하는 자격을 갖춘 외부전문가로 하여
금 제1호의2에 따른 아동학대 예방교육을 하게 할 수 있다.

1. 성폭력 예방

1의2. 아동학대 예방

2. 실종·유괴의 예방과 방지

3. 감염병 및 약물의 오남용 예방 등 보건위생관리

4. 재난대비 안전

5. 교통안전

② 아동복지시설의 장, 「영유아보육법」에 따른 어린이집의 원장은 제1항에 따
른 교육계획 및 교육실시 결과를 관할 시장·군수·구청장에게 매년 1회 보고하

여야 한다.

③「유아교육법」에 따른 유치원의 원장 및 「초·중등교육법」에 따른 학교의 장은 제1항에 따른 교육계획 및 교육실시 결과를 대통령령으로 정하는 바에 따라 관할 교육감에게 매년 1회 보고하여야 한다.

제32조(아동보호구역에서의 고정형 영상정보처리기기 설치 등) ① 국가와 지방자치단체는 유괴 등 범죄의 위험으로부터 아동을 보호하기 위하여 필요하다고 인정하는 경우에는 다음 각 호의 어느 하나에 해당되는 시설의 주변구역을 아동보호구역으로 지정하여 범죄의 예방을 위한 순찰 및 아동지도 업무 등 필요한 조치를 할 수 있다.

제33조(아동안전 보호인력의 배치 등) ① 국가와 지방자치단체는 실종 및 유괴 등 아동에 대한 범죄의 예방을 위하여 순찰활동 및 아동지도 업무 등을 수행하는 아동안전 보호인력을 배치·활용할 수 있다.

제34조(아동긴급보호소 지정 및 운영) ① 경찰청장은 유괴 등의 위험에 처한 아동을 보호하기 위하여 아동긴급보호소를 지정·운영할 수 있다.

제35조(건강한 심신의 보존) ① 아동의 보호자는 아동의 건강 유지와 향상을 위하여 최선의 주의와 노력을 하여야 한다.

② 국가와 지방자치단체는 아동의 건강 증진과 체력 향상을 위하여 다음 각 호에 해당하는 사항을 지원하여야 한다.

1. 신체적 건강 증진에 관한 사항

2. 자살 및 각종 중독의 예방 등 정신적 건강 증진에 관한 사항

3. 급식지원 등을 통한 결식예방 및 영양개선에 관한 사항

4. 비만 방지 등 체력 및 여가 증진에 관한 사항

③ 국가와 지방자치단체는 매년 물가상승률 등을 반영한 급식최저단가를 결정하고 제2항제3호에 따른 급식지원 시 이를 반영하여 지원하여야 한다.

④ 국가와 지방자치단체는 아동의 신체적·정신적 문제를 미리 발견하여 아동이 제때에 상담과 치료를 받을 수 있는 기반을 마련하여야 한다.

취약계층 아동을 위해 보건, 복지, 보호, 교육, 치료 등을 종합적으로 지원하는 통합서비스 지원(법 제37조), 보호대상아동의 위탁보호 종료 또는 아동복지시설 퇴소 이후의 자립 지원(법 제38조), 보호하고 있는 15세 이상의 아동을 대상으로 한 매년 개별 아동에 대한 자립지원 계획 수립(법 제39조), 자립지원전담기관 설치·운영(법 제39조의2), 자산형성지원사업(법 제42조), 자

산형성지원사업 업무(법 제43조) 등을 법적으로 명시하고 있다.

제37조(취약계층 아동에 대한 통합서비스지원) ① 국가와 지방자치단체는 아동의 건강한 성장과 발달을 도모하기 위하여 대통령령으로 정하는 바에 따라 아동의 성장 및 복지 여건이 취약한 가정을 선정하여 그 가정의 지원대상아동과 가족을 대상으로 보건, 복지, 보호, 교육, 치료 등을 종합적으로 지원하는 통합서비스를 실시한다.

제38조(자립지원) ① 국가와 지방자치단체는 보호대상아동의 위탁보호 종료 또는 아동복지시설 퇴소 이후의 자립을 지원하기 위하여 다음 각 호에 해당하는 조치를 시행하여야 한다.

1. 자립에 필요한 주거·생활·교육·취업 등의 지원

1의2. 자립에 필요한 자립정착금 및 자립수당 지급

2. 자립에 필요한 자산의 형성 및 관리 지원(이하 "자산형성지원"이라 한다)

3. 자립에 관한 실태조사 및 연구

4. 사후관리체계 구축 및 운영

5. 그 밖에 자립지원에 필요하다고 대통령령으로 정하는 사항

② 제1항에 따른 자립지원 대상자는 다음 각 호의 어느 하나에 해당하는 사람으로 한다.

1. 가정위탁보호 중인 사람

2. 아동복지시설에서 보호 중인 사람

3. 제16조(보호대상아동의 퇴소조치 등) 및 제16조의3(보호기간의 연장)에 따라 보호조치가 종료되거나 해당 시설에서 퇴소한 지 5년이 지나지 아니한 사람

4. 제1호부터 제3호까지에서 규정한 사람 외에 18세에 달하기 전에 보호조치가 종료되거나 해당 시설에서 퇴소한 사람으로서 보건복지부장관이 자립지원이 필요하다고 인정하는 사람

제39조(자립지원계획의 수립 등) ① 보장원의 장, 가정위탁지원센터의 장 및 아동복지시설의 장은 보호하고 있는 15세 이상의 아동을 대상으로 매년 개별 아동에 대한 자립지원계획을 수립하고, 그 계획을 수행하는 종사자를 대상으로 자립지원에 관한 교육을 실시하여야 한다.

제39조의2(자립지원전담기관의 설치·운영) ① 국가와 지방자치단체는 보호대상아동의 위탁보호 종료 또는 아동복지시설 퇴소 이후의 자립을 지원하기 위하여 자립지원전담기관을 설치·운영할 수 있다.

제42조(자산형성지원사업) ① 국가와 지방자치단체는 아동이 건전한 사회인으로 성장·발전할 수 있도록 자산형성지원사업을 실시할 수 있다.

제43조(자산형성지원사업 관련 업무) ② 제1항에 따른 자산형성지원사업의 운영업무는 다음 각 호와 같다.

1. 자산형성지원사업 대상 아동의 관리

2. 자산형성지원사업의 후원자 발굴 및 관리

3. 자산형성지원사업에 관한 교육 및 홍보

4. 자산형성지원사업에 관한 조사·연구 및 평가

고딕체로 표기된 부분은 저자가 추가한 것이다.

아동을 위한 다양한 아동복지시설을 설치·운영할 수 있으며, 시설의 종류로는 아동양육시설, 아동일시보호시설, 아동보호치료시설, 공동생활가정, 자립지원시설, 아동상담소, 아동전용시설, 지역아동센터, 아동보호전문기관, 가정위탁지원센터, 보장원, 자립지원전담기관, 학대피해아동쉼터가 있다. 해당 시설들을 통해 아동을 위한 전문화된 복지서비스가 제공된다.

제52조(아동복지시설의 종류) ① 아동복지시설의 종류는 다음과 같다.

1. 아동양육시설: 보호대상아동을 입소시켜 보호, 양육 및 취업훈련, 자립지원 서비스 등을 제공하는 것을 목적으로 하는 시설

2. 아동일시보호시설: 보호대상아동을 일시보호하고 아동에 대한 향후의 양육 대책수립 및 보호조치를 행하는 것을 목적으로 하는 시설

3. 아동보호치료시설: 아동에게 보호 및 치료 서비스를 제공하는 다음 각 목의 시설

4. 공동생활가정: 보호대상아동에게 가정과 같은 주거여건과 보호, 양육, 자립 지원 서비스를 제공하는 것을 목적으로 하는 시설

5. 자립지원시설: 아동복지시설에서 퇴소한 사람에게 취업준비기간 또는 취업 후 일정 기간 동안 보호함으로써 자립을 지원하는 것을 목적으로 하는 시설

6. 아동상담소: 아동과 그 가족의 문제에 관한 상담, 치료, 예방 및 연구 등을 목적으로 하는 시설

7. 아동전용시설: 어린이공원, 어린이놀이터, 아동회관, 체육·연극·영화·과학 실험전시 시설, 아동휴게숙박시설, 야영장 등 아동에게 건전한 놀이·오락, 그 밖의 각종 편의를 제공하여 심신의 건강유지와 복지증진에 필요한 서비스를

제공하는 것을 목적으로 하는 시설

8. 지역아동센터: 지역사회 아동의 보호·교육, 건전한 놀이와 오락의 제공, 보호자와 지역사회의 연계 등 아동의 건전육성을 위하여 종합적인 아동복지서비스를 제공하는 시설

9. 아동보호전문기관

10. 제48조에 따른 가정위탁지원센터

11. 제10조의2에 따른 보장원

12. 제39조의2에 따른 자립지원전담기관

13. 제53조의2에 따른 학대피해아동쉼터

(5) 보장기관 및 인력

아동복지를 제공하는 보장기관은 국가 및 지방자치단체이며, 실질적인 서비스 담당자는 보건복지부장관, 시·도지사 또는 시장·군수·구청장이다.

제4조(국가와 지방자치단체의 책무) ① 국가와 지방자치단체는 아동의 안전·건강 및 복지 증진을 위하여 아동과 그 보호자 및 가정을 지원하기 위한 정책을 수립·시행하여야 한다.

② 국가와 지방자치단체는 보호대상아동 및 지원대상아동의 권익을 증진하기 위한 정책을 수립·시행하여야 한다.

③ 국가와 지방자치단체는 장애아동의 권익을 보호하기 위하여 필요한 시책을 강구하여야 한다.

④ 국가와 지방자치단체는 아동이 자신 또는 부모의 성별, 연령, 종교, 사회적 신분, 재산, 장애유무, 출생지역 또는 인종 등에 따른 어떠한 종류의 차별도 받지 아니하도록 필요한 시책을 강구하여야 한다.

⑤ 국가와 지방자치단체는 「아동의 권리에 관한 협약」에서 규정한 아동의 권리 및 복지 증진 등을 위하여 필요한 시책을 수립·시행하고, 이에 필요한 교육과 홍보를 하여야 한다.

⑥ 국가와 지방자치단체는 아동의 보호자가 아동을 행복하고 안전하게 양육하기 위하여 필요한 교육을 지원하여야 한다.

아동복지를 제공하는 현장 인력은 아동복지시설 종사자라고 칭하며, 그 자격과 배치기준은 대통령령으로 정하고 있다(법 제54조). 지방자치단체에서는 아동복지전담공무원을 둘 수 있다(법 제13조).

제54조(아동복지시설의 종사자) ① 아동복지시설에는 필요한 전문인력을 배치하여야 한다.
② 아동복지시설 종사자의 직종과 수, 그 자격 및 배치기준은 대통령령으로 정한다.
제13조(아동복지전담공무원) ① 아동복지에 관한 업무를 담당하기 위하여 특별시·광역시·도·특별자치도(이하 "시·도"라 한다) 및 시·군·구(자치구를 말한다. 이하 같다)에 각각 아동복지전담공무원(이하 "전담공무원"이라 한다)을 둘 수 있다.

국무총리 소속의 아동정책조정위원회(법 제54조), 지방자치단체에 설치하는 아동복지심의위원회(법 제54조), 보건복지부 산하의 자문기구인 아동학대사례 전문가자문단(법 제22조의5)이 있다. 그 외에 아동권리보장원(법 제10조의2), 아동통합정보시스템(법 제15조의2), 아동자립지원추진협의회(법 제41조), 아동위원(법 제14조) 등을 명시하고 있다.

제10조(아동정책조정위원회) ① 아동의 권리증진과 건강한 출생 및 성장을 위하여 종합적인 아동정책을 수립하고 관계 부처의 의견을 조정하며 그 정책의 이행을 감독하고 평가하기 위하여 국무총리 소속으로 아동정책조정위원회(이하 "위원회"라 한다)를 둔다.
제12조(아동복지심의위원회) ① 시·도지사, 시장·군수·구청장(자치구의 구청장을 말한다. 이하 같다)은 다음 각 호의 사항을 심의하기 위하여 그 소속으로 아동복지심의위원회(이하 "심의위원회"라 한다)를 각각 둔다.
제22조의5(아동학대사례 전문가자문단) ① 보건복지부장관은 제22조의4제2항에 따른 자문에 응하게 하기 위하여 보건복지부에 아동학대사례 전문가자문단(이하 이 조에서 "전문가자문단"이라 한다)을 둔다.

제10조의2(아동권리보장원의 설립 및 운영) ① 보건복지부장관은 아동정책에 대한 종합적인 수행과 아동복지 관련 사업의 효과적인 추진을 위하여 필요한 정책의 수립을 지원하고 사업평가 등의 업무를 수행할 수 있도록 아동권리보장원(이하 "보장원"이라 한다)을 설립한다.

제15조의2(아동통합정보시스템의 구축·운영) ① 보건복지부장관은 아동복지 관련 자료 또는 정보의 효율적 처리 및 통합관리를 위하여 「사회보장기본법」 제37조제2항에 따라 설치된 사회보장정보시스템 및 「사회보장급여의 이용·제공 및 수급권자 발굴에 관한 법률」 제24조의2에 따라 설치된 사회서비스정보시스템을 연계·활용하여 아동통합정보시스템(이하 "아동정보시스템"이라 한다)을 구축·운영하여야 한다.

제41조(아동자립지원추진협의회) ① 보건복지부장관은 지원대상아동의 자립지원 정책을 효율적으로 수행하기 위하여 관계 행정기관의 공무원으로 구성되는 아동자립지원추진협의회를 둘 수 있다.

제14조(아동위원) ① 시·군·구에 아동위원을 둔다.

④ 아동위원은 명예직으로 하되, 아동위원에 대하여는 수당을 지급할 수 있다.

(6) 재정

아동복지사업에 소요되는 재원은 국가 또는 지방자치단체의 부담을 원칙으로 하고 있다(법 제59조). 국가 또는 지방자치단체는 이용자 또는 부양의무자에게 이용료의 전액 또는 일부를 청구할 수 있다(법 제60조). 또한 아동복지시설에 부과되는 조세 및 공과금 감면 조치가 있다(법 제63조).

제59조(비용 보조) 국가 또는 지방자치단체는 대통령령으로 정하는 바에 따라 다음 각 호의 어느 하나에 해당하는 비용의 전부 또는 일부를 보조할 수 있다.

1. 아동복지시설의 설치 및 운영과 프로그램의 운용에 필요한 비용 또는 수탁보호 중인 아동의 양육 및 보호관리에 필요한 비용

2. 보호대상아동의 가정위탁 보호에 따른 비용

3. 아동복지사업의 지도, 감독, 계몽 및 홍보에 필요한 비용

4의2. 제26조에 따른 신고의무 교육에 소요되는 비용

5. 제37조에 따른 취약계층 아동에 대한 통합서비스지원에 필요한 비용

6. 제38조에 따른 보호대상아동의 자립지원에 필요한 비용

7. 제42조에 따른 자산형성지원사업에 필요한 비용

8. 제58조에 따른 아동복지단체의 지도·육성에 필요한 비용

제60조(비용 징수) 시·도지사, 시장·군수·구청장 또는 아동복지시설의 장은 제15조제1항제3호부터 제5호까지 및 같은 조 제5항 및 제6항에 따른 보호조치에 필요한 비용의 전부 또는 일부를 대통령령으로 정하는 바에 따라 각각 그 아동의 부양의무자로부터 징수할 수 있다.

제63조(면세) 아동복지시설에서 그 보호아동을 위하여 사용하는 건물 및 토지, 시설설치 및 운영에 소요되는 비용에 대하여는 「조세특례제한법」, 그 밖의 관계 법령에서 정하는 바에 따라 조세, 그 밖의 공과금을 면제할 수 있다.

(7) 권리구제 및 벌칙

아동학대 전담의료기관의 지정취소, 아동복지시설과 교육훈련시설의 위탁 취소 또는 시설 폐쇄명령의 경우, 청문을 의무화하고 있다.

제67조(청문) 보건복지부장관, 시·도지사 또는 시장·군수·구청장은 제29조의7에 따른 지정의 취소, 제56조에 따른 위탁의 취소 또는 시설의 폐쇄명령을 하고자 하는 경우에는 청문을 하여야 한다.

법적 실효성 보장을 위하여 다양한 벌칙 규정이 있다. 예를 들어 "아동·청소년의 성보호에 관한 법률" 위반에 대하여 10년 이하의 징역에 처할 수 있다.

제71조(벌칙) ① 제17조를 위반한 자는 다음 각 호의 구분에 따라 처벌한다.

1. 제1호(「아동·청소년의 성보호에 관한 법률」 제12조에 따른 매매는 제외한다)에 해당하는 행위를 한 자는 10년 이하의 징역에 처한다.

아동권리보장원이 설립되어 국가적 차원에서 아동권리를 보장하기 위한 사업을 수행할 수 있게 되었다!

2019년 1월 15일 법률 개정을 통해, 아동권리보장원의 설립 및 운영 규정을 마련하였다. 아동권리보장원은 아동정책에 대한 종합적인 수행과 아동복지 관련 사업의 효과적인 추진을 위하여 필요한 정책의 수립을 지원하고 사업평가 등의 업무를 수행하고 있다.

아동복지법 제10조의2(아동권리보장원의 설립 및 운영) 제2항에 규정된 아동권리보장원의 업무는 아동정책 수립을 위한 자료 개발 및 정책 분석, 아동정책기본계획 수립 및 시행계획 평가 지원, 아동정책영향평가 지원, 아동보호서비스에 대한 기술지원, 아동학대의 예방과 방지 업무, 가정위탁사업 활성화 업무, 지역 아동복지사업 및 아동복지시설의 원활한 운영 지원, 입양 체계의 구축 및 운영, 아동 관련 조사 및 통계 구축, 아동 관련 교육 및 홍보, 아동 관련 해외정책 조사 및 사례분석 등이다.

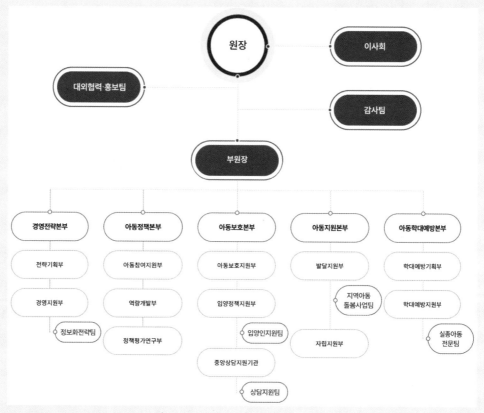

그림 10-1 아동권리보장원의 조직 구성
출처: 아동권리보장원(2024)

1 아동복지법에서는 "아동은 아동의 권리보장과 복지증진을 위하여 이 법에 따른 보호와 지원을 받을 권리를 가진다"고 규정하고 있다. 그러나 법률상 아동의 권리는 구체적으로 명시되어 있지 않다. 아동의 권리를 아동복지법에 규정한다면 구체적으로 어떤 것들이 명시되어야 하는지에 대하여 자신의 의견과 함께 그 근거를 이야기해 보자.

2 아동학대예방 조치에도 불구하고, 신체 학대, 정서 학대, 성 학대, 방임 및 유기 등과 같은 아동학대사건은 끊임없이 발생하고 있다. 아동학대 문제해결을 위한 법률 규정이 어떻게 변화해야 하는지에 대하여 자신의 의견과 함께 그 근거를 이야기해 보자.

3 보호종료아동, 즉 자립준비청년들의 자살이 사회적 문제로 대두되고 있다. 아동양육시설에서 퇴소해야 하는 자립준비청년들을 지원하기 위한 법률 규정이 어떻게 변화해야 하는지에 대하여 자신의 의견과 함께 그 근거를 이야기해 보자.

3. 장애인복지법

1) 장애인복지법의 의의

장애인의 인간다운 삶과 권리보장을 위해서 장애인을 지원하는 복지서비스가 필요하다. 이에 헌법 제34조 제5항에서는 장애인 보호에 대한 국가책임을 명시하고 있다. 이러한 헌법 정신을 법률로서 구현하는 대표적인 법률이 장애인복지법이다. 장애인복지법은 장애인복지의 기본이념, 장애인복지서비스, 장애인 시설, 장애인 학대방지 등 장애인복지에 관한 기본적인 사항에 대하여 정한 법이다. 특히 장애인복지법은 장애인을 수혜대상이라는 객체가 아닌 사회적 권리의 주체로 명시하고 있다는 의의가 있다. 장애인의 사회참여 확대, 자립과 고용 지원, 의료와 재활 지원, 장애수당 등을 명시함으로써, 장애인을 위한 현금 및 서비스 지원을 법률로서 보장하고 있다.

2) 장애인복지법의 연혁

(1) 심신장애자복지법의 제정(1981년)

장애인복지에 관한 최초의 법은 1981년 제정된 심신장애자복지법이다. 1970년대 국제사회에서 장애인복지와 평등을 위한 적극적인 움직임이 있었으며, 한국도 1981년 법을 제정하여 장애인복지에 대한 근거를 마련하였다. 그러나 심신장애자복지법은 장애자의 개념을 "지체불자유, 시각장애, 청각장애, 음성언어기능장애 또는 정신박약"이라는 다섯 가지 기준으로 분류하여(심신장애자복지법 제2조) 장애의 개념이 협소하였고, 장애인복지의 범위도 제한적이었다.

(2) 장애인복지법의 제정(1989년)과 장애인 관련 법률의 발전

심신장애자복지법은 1989년 12월 전부 개정되어 장애인복지법으로 명칭을 변경하였다. 장애인복지법은 '심신장애자'라는 용어를 '장애인'으로 변경하였으며, 장애인복지에 관한 사항을 심의, 건의하기 위하여 보건복지부에 장애인복지위원회를 설치하고, 장애인등록제를 실시하였다. 또한 중증장애인의 보호에 대한 별도의 규정을 두었으며, 국가 또는 지방자치단체가 뉴스, 방송프로에 청각장애인을 위한 수화 또는 자막을 두도록 방송국에 요청할 수 있는 근거 조항을 명시하였다.

1980년대 후반부터 우리나라에서도 장애인운동이 활발하게 전개되며, 장애인의 권리보장과 복지증진을 위한 여러 법이 차례로 제정되었다. 장애인고용촉진 등에 관한 법률이 제정되고 장애인고용의무제를 입법화하였으며(1990년), 장애인이 생활시설 및 설비에 접근할 수 있는 권리를 보장하기 위하여 장애인·노인·임산부 등의 편의증진보장에 관한 법률이 제정되고(1998년), 장애인의 이동권 보장을 위한 교통약자의 이동편의증진법이 제정되었다(2005년). 장애로 인한 차별을 금지하기 위한 장애인차별금지 및 권리구제 등에 관한 법률(2007년), 중증장애인의 소득보장을 위한 장애인연금법(2010년), 장애아동의 복지증진을 위한 장애아동복지지원법(2011년), 장애인의 활동지원을 위한 장애인 활동지원에 관한 법률(2011년), 발달장애인에 초점을 둔 발달장애인 권리보장 및 지원에 관한 법률(2015년)도 제정되었다. 2020년대에는 장애예술인을 위한 장애예술인 문화예술 활동 지원에 관한 법률(2020년)이 제정되었다.

(3) 장애인복지법의 주요 개정 내용

장애인복지법의 제정은 장애인의 권리를 법적으로 보장하였다는 점에서 의의를 갖는다. 그러나 장애인 정의의 협소성, 급여종류의 낮은 포괄성, 중증장애인·여성장애인·아동장애인에 대한 맞춤형 지원 부족, 장애인 학대 등 다양한 문제제기가 있어 왔다. 1981년 심신장애자복지법 제정 이후 수차례에 걸쳐 개정되었는데, 주요 개정내용은 표 10-4와 같다.

표 10-4 장애인복지법의 주요 개정 연혁

연도	주요 내용
1981.06.05.	- 심신장애자복지법 제정 - '장애자'를 '지체장애, 시각장애, 청각장애, 언어장애 또는 정신지체 등 정신적 결함으로 인하여 장기간에 걸쳐 일상생활 또는 사회생활에 상당한 제약을 받는 자'로 정의
1989.12.20.	- 장애인복지법 제정 - 기존의 심신장애자복지법(1981)을 장애인복지법으로 전부개정 - 심신장애자라는 용어를 장애인으로 변경 - 장애인복지에 관한 사항을 심의·건의하기 위하여 보건사회부에 장애인복지위원회 설치 - 장애인등록제 신설 - 장애인의 의료비 및 자녀교육비 지급 - 방송국에 청각장애자를 위한 수화 또는 자막의 방영 요청 - 한국장애인복지체육회 설립
1999.02.08.	- 기존의 장애인복지법(1989)을 전부개정 - 장애인에 대한 규정을 외부신체기능의 장애, 내부기관의 장애와 정신지체, 정신질환에 의한 장애로 인하여 장기간에 걸쳐 일상생활 또는 사회생활에 상당한 불편을 겪는 사람으로 확대 - 국무총리소속 하에 장애인복지조정위원회 설치 - 장애인의 정보접근을 위하여 전기통신, 방송시설의 개선과 방송, 국가적인 주요행사, 민간주최의 주요행사에 수화통역, 폐쇄자막방송 등을 실시하도록 하고 음성도서의 보급 추진 - 국가와 지방자치단체는 공동주택을 건설할 때에 장애인에게 우선 분양 또는 임대하도록 하고 주택의 구입, 임차 자금과 개·보수를 위한 비용 지원 - 장애인보조견의 육성·보급
2003.01.02.	- 시행령 개정으로 장애인 인정범위를 15종으로 확대

연도	주요 내용
2003.09.29.	- 국민기초생활보장법에 의한 생계급여의 수급자 중 중증장애인에 대하여만 장애수당을 지급하여 왔으나, 앞으로는 국민기초생활보장법에 의한 생계급여의 수급자에 해당하는 장애인 모두를 장애수당의 의무지급대상자로 하여 그 지급대상을 확대
2004.03.05.	- 장애인복지조정위원회 업무의 효율적 추진을 위한 실무위원회 설치 - 지방자치단체에 지방장애인복지위원회 설치
2007.04.11.	- 여성장애인 자립생활지원제도 도입 - 장애인의 정보접근성 제고 대책 - 중증장애인의 자립생활 지원제도 마련
2007.10.17.	- 증세가 가벼운 정신질환자로서 전문의가 의지·보조기 기사 업무를 수행할 능력이 있다고 인정하는 경우에는 의지·보조기 기사 시험에 응시할 수 있도록 함으로써, 헌법 상 직업선택의 자유를 보장
2010.05.27.	- 장애정도 심사업무 주체로 국민연금공단 명시
2011.03.30.	- 장애인이 장애인복지시설의 이용 시 선택권 최대한 보장 등 국가와 지방자치단체의 책임 명시 - 장애인 생활시설을 거주 서비스를 제공하는 거주시설로 개념 및 기능을 재정립하고, 지역사회재활시설 중 의료재활시설을 별도로 규정하며, 유료복지시설은 삭제 - 장애인 거주시설의 정원은 30명을 초과할 수 없도록 하되, 특수한 서비스를 위하여 일정 규모 이상이 필요한 시설 등은 대통령령으로 정하도록 함 - 장애인복지시설의 운영자가 시설 운영을 재개할 때에는 운영 중단 사유의 해소를 확인하는 조치, 향후 안정적 운영계획의 수립조치 등 이용자의 권익을 보호하기 위한 조치 등을 명시 - 장애인거주시설의 이용 신청 및 이용 중단 절차와 이에 관련하여 필요한 조치를 규정하여 이용 중단에 따른 어떠한 불이익한 처분이나 차별을 하지 못하도록 함 - 장애인 거주시설에서 제공하여야 하는 서비스의 최저기준을 마련하고, 장애인복지실시기관은 서비스의 최저기준이 충족될 수 있도록 필요한 조치를 하도록 하며, 시설 운영자는 최저기준 이상의 서비스 수준을 유지하도록 함 - 장애인 거주시설 운영자는 시설 이용자의 인권을 보호하고, 인권이 침해된 경우에는 즉각적인 회복조치를 취하도록 하며, 시설 이용자의 사생활 및 자기결정권의 보장을 위하여 노력하도록 함 - 국가와 지방자치단체는 대통령령으로 정하는 바에 따라 장애인이 장애인복지시설을 이용하는 데 드는 비용의 전부 또는 일부를 부담할 수 있으며, 시설 이용자의 자산과 소득을 고려하여 본인부담금을 부과할 수 있도록 함
2011.08.04.	- 재활치료 서비스를 제공하는 전문 인력에 대한 국가자격제도로 언어재활사의 자격요건 명시
2012.01.26.	- 장애인정책종합계획 수립·시행 규정 신설 - 시각장애인을 위하여 국가적인 행사 등 개최 시 제공하여야 하는 자료에 점자자료 외에 '점자·음성변환용코드가 삽입된 자료' 추가 - 재외동포 및 외국인에 대하여 장애인등록 허용 - 자녀교육비 및 장애수당 등의 신청 시 금융재산 조사에 관한 사항을 정함 - 자녀교육비 및 장애수당 등의 환수사유 및 환수절차 구체화 - 장애인복지시설의 운영자 등이 장애인복지시설 내 성범죄 발생사실을 알게 된 때에는 수사기관에 신고하도록 의무화하고, 장애인복지시설의 운영자는 성범죄 예방 및 신고의무와 관련한 교육 실시 - 성범죄경력자는 10년 동안 장애인복지시설을 운영하거나 장애인복지시설에 취업할 수 없도록 함
2012.10.22.	- 장애인 학대 정의 신설 및 관련 규정 마련

연도	주요 내용
2015.06.22.	- 장애인정책종합계획 및 결과에 대한 국회 보고 의무규정 마련 - 필요한 서비스가 적시에 제공될 수 있도록 복지서비스에 관한 장애인 지원 사업 실시 명시 - 장애인학대의 신고대상 기관에 장애인권익옹호기관을 추가하고, 장애인학대 신고의무대상자의 범위를 사회복지 전담공무원, 활동지원기관의 장 및 의료인 등 직무상 연관성이 높은 종사자들까지로 확대 - 장애인에 대한 금지행위의 유형을 추가하고, 금지행위 위반자에 대한 벌칙 마련 - 장애인학대의 예방과 방지를 위하여 각종 정책의 수립, 연구·교육·홍보, 신고체계의 구축·운영 등의 조치 - 중앙장애인권익옹호기관 설치·운영 및 자치단체에 지역장애인권익옹호기관 설치
2015.12.29.	- 장애인을 위한 인식개선 교육 규정 마련 - 국가, 지방자치단체 및 대통령령으로 정하는 기관·단체가 실시하는 자격시험 및 채용시험 등에 있어서 장애인 응시자에게 각종 편의 제공 - 국가나 지방자치단체의 장애인복지단체 또는 장애인자립생활지원센터에 대한 운영비 지원 근거 마련 - 장애인 대상 성범죄 신고의무자 확대 - 보건복지부장관의 장애인재활상담사 자격증 부여 신설
2016.05.29.	- 장애수당, 장애아동수당, 자녀교육비가 장애인복지급여수급계좌로 입금되어 압류금지 효력이 발생하도록 함
2017.02.08.	- 장애인 관련 사업을 수행하는 기관·단체 등을 장애인 가족 지원 사업 수행기관으로 지정 - 장애인이 사망하거나 장애인 등록 기준에 맞지 아니하게 된 경우, 장애인의 등록 취소 - 장애수당을 받으려는 사람의 장애 정도에 대하여 심사할 수 있도록 하고, 이를 거부·방해 또는 기피하는 경우에는 장애수당을 지급하지 아니할 수 있도록 함 - 금지행위의 유형에 장애인을 폭행, 협박, 감금, 그 밖에 정신상 또는 신체상의 자유를 부당하게 구속하는 수단으로써 장애인의 자유의사에 어긋나는 노동을 강요하는 행위를 추가하고, 이를 위반하는 경우에는 7년 이하의 징역 또는 7천만원 이하의 벌금에 처하도록 함 - 피해장애인의 임시 보호 및 사회복귀 지원을 위하여 장애인 쉼터 설치·운영 - 징역 1년당 벌금형 1천만원의 기준으로 벌금액을 상향 조정
2017.09.19.	- '문화생활과 체육활동'을 '문화생활, 체육활동 및 관광활동'으로 변경
2017.12.19.	- 장애등급제 개편에 따라 '장애 등급'을 '장애 정도'로 변경하고 맞춤형 서비스 제공을 위한 서비스 지원 종합조사 실시 근거 마련 - 장애인 등록을 할 수 있는 외국인에 난민인정자 추가 - 자립생활지원과 관련한 국가와 지방자치단체의 책무 대상을 중증장애인에서 장애인으로 확대하고, 복지사각지대 해소를 위하여 장애인에 대한 방문상담과 사례관리 수행 근거 마련 - 심사청구를 이의신청으로 변경하고, 이의신청의 기한 규정
2018.06.12.	- 한국장애인개발원의 설립근거와 사업 범위를 법률에 직접 규정(이미 2007년 기타공공기관으로 지정되었음)
2018.12.11.	- '활동보조인'을 '활동지원사'로 변경 - 취업제한명령 위반 관련 조항 강화
2019.12.03.	- 점자정보·무지점자단말기 등의 의사소통 보조기구 개발·보급 및 시청각장애인을 위한 의사소통 지원 전문인력 양성·파견 노력 규정 - 장애인 인식개선 교육 실시 결과에 대한 점검을 매년 실시하도록 하고, 점검 결과 이수율 등이 기준에 미치지 못하는 기관 등에 대하여 특별교육 - 사법경찰관리는 장애인 사망 및 상해사건, 가정폭력 사건 등에 관한 직무를 수행하는 과정에서 장애인학대가 있었다고 의심할 만한 사유가 있는 경우 장애인권익옹호기관에 그 사실을 통보하도록 하고, 통보받은 장애인권익옹호기관은 피해장애인 보호에 필요한 조치를 하도록 함 - 장애인재활상담사 3급을 폐지하고, 장애인재활상담사 1급과 2급의 응시자격 개편 - 한국장애인재활상담사협회의 설립 근거 마련

연도	주요 내용
2020.12.29.	- 장애인학대관련범죄의 정의 신설 - 제조·가공 시설, 공장 및 영업장 등 부속용도의 시설을 장애인 직업재활시설 포함 - 취업제한명령 대상자를 성범죄자에서 장애인학대관련범죄자 및 성범죄자로 확대하고, 취업제한명령 적용 대상 기관 확대 - 신고의무자가 소속된 기관 등의 장은 장애인학대 신고의무자에게 신고의무에 관한 교육을 실시하고, 그 결과를 관계 중앙행정기관의 장에게 제출 - 장애인학대사건의 피해장애인 및 그 법정대리인이 변호사를 선임할 수 있도록 특례 규정 마련
2021.06.08.	- 장애인정책종합계획에 장애인의 안전관리에 관한 사항 추가
2021.07.27.	- 장애인학대로 인하여 피해를 입은 장애아동의 임시 보호를 위한 '피해장애아동 쉼터'의 설치·운영 근거 마련 - 범죄사건의 피해자인 장애인에 대한 진술조력인 제도 도입을 위한 근거 신설
2021.08.17.	- 장애인권익옹호기관의 업무에 대한 평가 규정 추가 - 장애인학대행위자가 의무적으로 상담·교육 등에 참여: 현행법은 장애인권익옹호기관의 업무로 장애인학대행위자에 대한 상담 및 사후관리를 규정하고 있을 뿐, 장애인학대행위자의 상담·교육 등에 대한 참여의무를 규정하고 있지 않아 장애인학대의 재발을 방지하기가 어려웠음
2021.12.21.	- 정신장애인이 다른 장애인과 균등한 복지를 영위할 수 있도록 현행법 제15조에서 정신건강증진 및 정신질환자 복지서비스 지원에 관한 법률 삭제 - 장애에 대한 인식개선을 위한 교육 및 공익광고 등 홍보사업의 활성화를 위해 보건복지부장관이 장애인에 대한 차별·편견 및 학대의 예방과 방지 등에 관한 홍보영상을 제작하여 방송편성책임자에게 배포
2023.03.28.	- 장애인학대현장에 출동한 자가 학대 피해장애인에 대한 인도를 할 수 있는 기관의 범위에 가정폭력피해자 보호시설, 노숙인일시보호시설, 학대피해노인 전용쉼터, 성매매피해자등을 위한 지원시설, 성폭력피해자보호시설, 학대피해아동쉼터 추가
2023.05.02.	- 장애인학대보도 권고기준 수립 및 준수 협조 요청 신설
2023.08.08.	- 장애인에게 성 관련 상담 서비스를 제공하거나 그 업무를 전문성이 있는 기관·단체에 위탁할 수 있도록 하고, 장애인 거주시설 운영자가 이용자를 대상으로 성교육을 실시할 수 있도록 근거 마련 - 장애인학대정보시스템 구축·운영하도록 하고, 장애인학대정보시스템의 운영을 중앙장애인권익옹호기관에 위탁할 수 있도록 하며, 장애인권익옹호기관의 장이 장애인학대정보시스템을 통하여 신분조회 등의 조치나 관련 자료의 제공을 요청할 수 있도록 함 - 보건복지부장관이 중앙수어통역센터를 문화체육관광부장관과 협의하여 설치·운영
2024.01.02.	- 장애인복지시설의 종류에 장애인 자립생활지원시설을 추가
2024.01.23.	- 청각장애인이나 시청각장애인을 위한 한국수어 통역사 또는 시청각장애인을 위한 의사소통 지원 전문인력 명시
2024.10.22.	- 정당한 사유 없이 장애인 보조견 동반출입을 거부할 수 없도록 하고, 이를 위반할 경우 300만원 이하의 과태료를 부과하며, 국가와 지방자치단체가 장애인 보조견에 대한 인식개선을 위하여 공익광고 등의 홍보사업 실시 - 장애인 학대 관련 범죄자나 성범죄자의 취업을 제한하는 장애인 관련 기관에 피해장애인 쉼터, 피해장애아동 쉼터, 장애인평생교육시설, 장애인 표준사업장 및 이동지원센터 추가

3) 장애인복지법의 주요 내용

장애인복지법(2025. 1. 24. 시행, 법률 제20111호)은 총 9장, 90개 조문 및 부칙으로 나누어져 있다. 법의 중요한 내용들을 원칙(목적, 기본이념, 장애인의 권리, 장애인 및 보호자의 의견수렴과 참여, 중증장애인 보호, 여성장애인 보호, 차별금지, 장애인정책종합계획, 장애인의 날, 실태조사, 법제·재정과 관련된 조치 강구, 국민의 책임), 정의, 적용대상(장애인의 정의, 장애인 등록, 재외동포 및 외국인의 장애인 등록), 급여의 종류와 내용(장애발생 예방, 의료와 재활치료, 사회적응 훈련, 교육, 직업, 장애인을 위한 정보접근, 편의시설, 안전대책, 사회적 인식개선, 선거권 행사를 위한 편의제공, 주택보급, 문화환경 정비, 장애인 가족지원, 재활 및 자립지원서비스, 한국수어 통역사 지원, 장애수당, 장애아동수당 및 보호수당, 자녀교육비, 자립생활지원, 중증장애인자립생활지원센터, 활동지원급여, 장애인복지시설, 장애인학대 및 장애인 대상 성범죄 신고의무와 절차), 보장기관 및 인력(국가와 지방자치단체의 책임, 장애인정책조정위원회. 장애인정책책임관, 지방장애인복지위원회, 한국장애인개발원, 장애인권익옹호기관, 장애인학대정보시스템, 중앙수어통역센터, 장애인복지 전문인력 양성, 장애인복지상담원. 의지, 보조기 기사, 언어재활사, 장애인재활상담사), 재정(비용 부담, 비용 보조, 조세감면), 권리구제 및 벌칙으로 구분하여 살펴본다.

(1) 원칙

장애인복지법은 장애인의 인간다운 삶과 권리보장을 실현하기 위한 목적으로 제정되었다.

제1조(목적) 이 법은 장애인의 인간다운 삶과 권리보장을 위한 국가와 지방자치단체 등의 책임을 명백히 하고, 장애발생 예방과 장애인의 의료·교육·직업재활·생활환경개선 등에 관한 사업을 정하여 장애인복지대책을 종합적으로 추진하며, 장애인의 자립생활·보호 및 수당지급 등에 관하여 필요한 사항을 정하여 장애인의 생활안정에 기여하는 등 장애인의 복지와 사회활동 참여증진을

통하여 사회통합에 이바지함을 목적으로 한다.

장애인의 사회참여 보장, 평등 실현 및 이를 통한 사회통합 실현이라는 기본이념이 있다.

제3조(기본이념) 장애인복지의 기본이념은 장애인의 완전한 사회 참여와 평등을 통하여 사회통합을 이루는 데에 있다.

장애인의 권리(법 제4조), 장애인 및 보호자의 의견수렴과 참여(법 제5조), 중증장애인 보호(법 제6조), 여성장애인 보호(법 제7조)를 명시하고 있다. 장애를 이유로 모든 영역에서 차별하여서는 안 된다는 점을 규정하고 있으며(법 제8조), 장애인 차별금지에 대하여는 별도의 법(장애인차별금지 및 권리구제 등에 관한 법률)이 존재한다.

제4조(장애인의 권리) ① 장애인은 인간으로서 존엄과 가치를 존중받으며, 그에 걸맞은 대우를 받는다.
② 장애인은 국가·사회의 구성원으로서 정치·경제·사회·문화, 그 밖의 모든 분야의 활동에 참여할 권리를 가진다.
③ 장애인은 장애인 관련 정책결정과정에 우선적으로 참여할 권리가 있다.
제5조(장애인 및 보호자 등에 대한 의견수렴과 참여) 국가 및 지방자치단체는 장애인 정책의 결정과 그 실시에 있어서 장애인 및 장애인의 부모, 배우자, 그 밖에 장애인을 보호하는 자의 의견을 수렴하여야 한다. 이 경우 당사자의 의견수렴을 위한 참여를 보장하여야 한다.
제6조(중증장애인의 보호) 국가와 지방자치단체는 장애 정도가 심하여 자립하기가 매우 곤란한 장애인(이하 "중증장애인"이라 한다)이 필요한 보호 등을 평생 받을 수 있도록 알맞은 정책을 강구하여야 한다.
제7조(여성장애인의 권익보호 등) 국가와 지방자치단체는 여성장애인의 권익을 보호하고 사회참여를 확대하기 위하여 기초학습과 직업교육 등 필요한 시

책을 강구하여야 한다.

제8조(차별금지 등) ① 누구든지 장애를 이유로 정치·경제·사회·문화 생활의 모든 영역에서 차별을 받지 아니하고, 누구든지 장애를 이유로 정치·경제·사회·문화 생활의 모든 영역에서 장애인을 차별하여서는 아니 된다.

② 누구든지 장애인을 비하·모욕하거나 장애인을 이용하여 부당한 영리행위를 하여서는 아니 되며, 장애인의 장애를 이해하기 위하여 노력하여야 한다.

5년마다 수립·시행하여야 하는 장애인정책종합계획(법 제10조의2), 4월 20일 장애인의 날(법 제14조), 3년 주기의 실태조사(법 제31조), 법제(法制)·재정과 관련된 조치 강구(법 제16조), 국민의 책임(법 제10조)을 명시하고 있다.

제10조의2(장애인정책종합계획) ① 보건복지부장관은 장애인의 권익과 복지 증진을 위하여 관계 중앙행정기관의 장과 협의하여 5년마다 장애인정책종합계획(이하 "종합계획"이라 한다)을 수립·시행하여야 한다.

② 종합계획에는 다음 각 호의 사항이 포함되어야 한다.

1. 장애인의 복지에 관한 사항

2. 장애인의 교육문화에 관한 사항

3. 장애인의 경제활동에 관한 사항

4. 장애인의 사회참여에 관한 사항

5. 그 밖에 장애인의 권익과 복지증진을 위하여 필요한 사항

제14조(장애인의 날) ①장애인에 대한 국민의 이해를 깊게 하고 장애인의 재활의욕을 높이기 위하여 매년 4월 20일을 장애인의 날로 하며, 장애인의 날부터 1주간을 장애인 주간으로 한다.

제31조(실태조사) ① 보건복지부장관은 장애인 복지정책의 수립에 필요한 기초 자료로 활용하기 위하여 3년마다 장애실태조사를 실시하여야 한다.

제16조(법제와 관련된 조치 등) 국가와 지방자치단체는 이 법의 목적을 달성하기 위하여 필요한 법제(法制)·재정과 관련된 조치를 강구하여야 한다.

제10조(국민의 책임) 모든 국민은 장애 발생의 예방과 장애의 조기 발견을 위하여 노력하여야 하며, 장애인의 인격을 존중하고 사회통합의 이념에 기초하여 장애인의 복지향상에 협력하여야 한다.

(2) 정의

장애인복지법의 핵심 개념은 제2조 장애인의 정의에서 규정하고 있다.

제2조(장애인의 정의 등) ① "장애인"이란 신체적·정신적 장애로 오랫동안 일상생활이나 사회생활에서 상당한 제약을 받는 자를 말한다.
② 이 법을 적용받는 장애인은 제1항에 따른 장애인 중 다음 각 호의 어느 하나에 해당하는 장애가 있는 자로서 대통령령으로 정하는 장애의 종류 및 기준에 해당하는 자를 말한다.
1. "신체적 장애"란 주요 외부 신체 기능의 장애, 내부기관의 장애 등을 말한다.
2. "정신적 장애"란 발달장애 또는 정신 질환으로 발생하는 장애를 말한다.
③ "장애인학대"란 장애인에 대하여 신체적·정신적·정서적·언어적·성적 폭력이나 가혹행위, 경제적 착취, 유기 또는 방임을 하는 것을 말한다.
④ "장애인학대관련범죄"란 장애인학대로서 다음 각 호의 어느 하나에 해당하는 죄를 말한다.

(3) 적용대상

장애인복지법은 장애인을 "신체적, 정신적 장애로 오랫동안 일상생활이나 사회생활에서 상당한 제약을 받는 자"라고 정의하면서(법 제2조 제1항), 법의 적용을 받는 장애인에 대해서는 대통령령에서 정하는 장애의 종류 및 기준에 해당하는 자라고 한정하고 있다(법 제2조 제2항). 이에 따라 장애인복지법 시행령 제2조 별표1에서 장애의 종류를 15가지로 정하여 나열하고, 장애인복지법 시행규칙 제2조 별표 1 '장애인의 장애 정도'와 보건복지부 고시 '장애정도판정기준'에서 장애의 정도에 대한 기준을 상세히 정하고 있다.

제2조(장애인의 정의 등) ① "장애인"이란 신체적·정신적 장애로 오랫동안 일상생활이나 사회생활에서 상당한 제약을 받는 자를 말한다.

장애인복지법과 하위규정에 열거된 종류와 정도에 해당하지 아니하면 지자체에서 장애인복지법에 따른 장애인등록(법 제32조)을 받아주지 않아 왔으나, 관련하여 대법원은 특정한 장애가 시행령 조항에 명시되어 있지 않다고 하더라도 가장 유사한 장애의 유형에 관한 규정을 찾아 유추적용함으로써 장애인복지법의 취지에 맞게 운영해야 한다고 판시한 바 있다(대법원 2019. 10. 31. 선고 2016두50907 판결). 즉, 장애인복지법과 하위규정에 정확히 부합하지 않더라도 장애로 상당한 제약이 있는 자는 장애인으로 등록할 수 있다는 취지의 판결인데, 자세한 내용은 앞의 [판례 4](68쪽)를 참고한다.

장애인, 대리인 또는 보호자는 지자체장에게 장애인등록을 신청할 수 있다(법 제32조).

제32조(장애인 등록) ①장애인, 그 법정대리인 또는 대통령령으로 정하는 보호자(이하 "법정대리인등"이라 한다)는 장애 상태와 그 밖에 보건복지부령이 정하는 사항을 특별자치시장·특별자치도지사·시장·군수 또는 구청장(자치구의 구청장을 말한다. 이하 같다)에게 등록하여야 하며, 특별자치시장·특별자치도지사·시장·군수·구청장은 등록을 신청한 장애인이 제2조에 따른 기준에 맞으면 장애인등록증(이하 "등록증"이라 한다)을 내주어야 한다.

재외동포 및 외국인은 법에 정한 요건에 해당하여야 장애인등록을 할 수 있고 복지사업의 지원도 제한될 수 있다. 외국인의 사회복지 수급권을 지나치게 제한적으로 규정하는 것에 대하여 비판이 있다. 앞의 [판례 8](195쪽)은 난민으로 인정된 아동이 장애인 등록을 거부당하자 소송을 제기하여 승소한 사안인데, 판결 이후 장애인복지법이 개정되어 법 제32조의2에 난민인정자를 포함시켰다.

제32조의2(재외동포 및 외국인의 장애인 등록) ① 재외동포 및 외국인 중 다음 각 호의 어느 하나에 해당하는 사람은 제32조에 따라 장애인 등록을 할 수 있다.

1. 「재외동포의 출입국과 법적 지위에 관한 법률」 제6조에 따라 국내거소신고를 한 사람

2. 「주민등록법」 제6조에 따라 재외국민으로 주민등록을 한 사람

3. 「출입국관리법」 제31조에 따라 외국인등록을 한 사람으로서 같은 법 제10조제1항에 따른 체류자격 중 대한민국에 영주할 수 있는 체류자격을 가진 사람

4. 「재한외국인 처우 기본법」 제2조제3호에 따른 결혼이민자

5. 「난민법」 제2조제2호에 따른 난민인정자

② 국가와 지방자치단체는 제1항에 따라 등록한 장애인에 대하여는 예산 등을 고려하여 장애인복지사업의 지원을 제한할 수 있다.

(4) 급여의 종류와 내용

장애인복지법은 장애인에 대한 여러 종류의 복지정책을 나열하고 있다. 장애발생 예방(법 제17조), 의료와 재활치료(법 제18조), 사회적응 훈련(법 제19조), 교육(법 제20조), 직업(법 제21조) 조항이 명시되어 있다.

제17조(장애발생 예방) ① 국가와 지방자치단체는 장애의 발생 원인과 예방에 관한 조사 연구를 촉진하여야 하며, 모자보건사업의 강화, 장애의 원인이 되는 질병의 조기 발견과 조기 치료, 그 밖에 필요한 정책을 강구하여야 한다.

② 국가와 지방자치단체는 교통사고·산업재해·약물중독 및 환경오염 등에 의한 장애발생을 예방하기 위하여 필요한 조치를 강구하여야 한다.

제18조(의료와 재활치료) 국가와 지방자치단체는 장애인이 생활기능을 익히거나 되찾을 수 있도록 필요한 기능치료와 심리치료 등 재활의료를 제공하고 장애인의 장애를 보완할 수 있는 장애인보조기구를 제공하는 등 필요한 정책을 강구하여야 한다.

제19조(사회적응 훈련) 국가와 지방자치단체는 장애인이 재활치료를 마치고 일상생활이나 사회생활을 원활히 할 수 있도록 사회적응 훈련을 실시하여야 한다.

제20조(교육) ① 국가와 지방자치단체는 사회통합의 이념에 따라 장애인이 연령·능력·장애의 종류 및 정도에 따라 충분히 교육받을 수 있도록 교육 내용과 방법을 개선하는 등 필요한 정책을 강구하여야 한다.

② 국가와 지방자치단체는 장애인의 교육에 관한 조사·연구를 촉진하여야
한다.

③ 국가와 지방자치단체는 장애인에게 전문 진로교육을 실시하는 제도를 강구
하여야 한다.

④ 각급 학교의 장은 교육을 필요로 하는 장애인이 그 학교에 입학하려는 경우
장애를 이유로 입학 지원을 거부하거나 입학시험 합격자의 입학을 거부하는
등의 불리한 조치를 하여서는 아니 된다.

제21조(직업) ① 국가와 지방자치단체는 장애인이 적성과 능력에 맞는 직업에
종사할 수 있도록 직업 지도, 직업능력 평가, 직업 적응훈련, 직업훈련, 취업 알
선, 고용 및 취업 후 지도 등 필요한 정책을 강구하여야 한다.

장애인을 위한 정보접근(법 제22조), 편의시설(법 제23조), 안전대책(법 제
24조), 사회적 인식개선(법 제25조), 선거권 행사를 위한 편의제공(법 제26조),
주택보급(법 제27조), 문화환경 정비(법 제28조)가 명시되어 있다.

제22조(정보에의 접근) ① 국가와 지방자치단체는 장애인이 정보에 원활하게
접근하고 자신의 의사를 표시할 수 있도록 전기통신·방송시설 등을 개선하기
위하여 노력하여야 한다.

② 국가와 지방자치단체는 방송국의 장 등 민간 사업자에게 뉴스와 국가적 주
요 사항의 중계 등 대통령령으로 정하는 방송 프로그램에 청각장애인을 위한
한국수어 또는 폐쇄자막과 시각장애인을 위한 화면해설 또는 자막해설 등을
방영하도록 요청하여야 한다.

③ 국가와 지방자치단체는 국가적인 행사, 그 밖의 교육·집회 등 대통령령으로
정하는 행사를 개최하는 경우에는 청각장애인을 위한 한국수어 통역 및 시각
장애인을 위한 점자 또는 점자·음성변환용 코드가 삽입된 자료 등을 제공하여
야 하며 민간이 주최하는 행사의 경우에는 한국수어 통역과 점자 또는 점자·
음성변환용 코드가 삽입된 자료 등을 제공하도록 요청할 수 있다.

⑤ 국가와 지방자치단체는 시각장애인이 정보에 쉽게 접근할 수 있도록 점자
도서와 음성도서 등을 보급하기 위하여 노력하여야 한다.

⑥ 국가와 지방자치단체는 장애인의 특성을 고려하여 정보통신망 및 정보통신

기기의 접근·이용에 필요한 지원 및 도구의 개발·보급 등 필요한 시책을 강구하여야 한다.

제23조(편의시설) ① 국가와 지방자치단체는 장애인이 공공시설과 교통수단 등을 안전하고 편리하게 이용할 수 있도록 편의시설의 설치와 운영에 필요한 정책을 강구하여야 한다.

② 국가와 지방자치단체는 공공시설 등 이용편의를 위하여 한국수어 통역·안내보조 등 인적서비스 제공에 관하여 필요한 시책을 강구하여야 한다.

제24조(안전대책 강구) 국가와 지방자치단체는 추락사고 등 장애로 인하여 일어날 수 있는 안전사고와 비상재해 등에 대비하여 시각·청각 장애인과 이동이 불편한 장애인을 위하여 피난용 통로를 확보하고, 점자·음성·문자 안내판을 설치하며, 긴급 통보체계를 마련하는 등 장애인의 특성을 배려한 안전대책 등 필요한 조치를 강구하여야 한다.

제25조(사회적 인식개선 등) ① 국가와 지방자치단체는 학생, 공무원, 근로자, 그 밖의 일반국민 등을 대상으로 장애인에 대한 인식개선을 위한 교육 및 공익광고 등 홍보사업을 실시하여야 한다.

제26조(선거권 행사를 위한 편의 제공) 국가와 지방자치단체는 장애인이 선거권을 행사하는 데에 불편함이 없도록 편의시설·설비를 설치하고, 선거권 행사에 관하여 홍보하며, 선거용 보조기구를 개발·보급하는 등 필요한 조치를 강구하여야 한다.

제27조(주택 보급) ① 국가와 지방자치단체는 공공주택등 주택을 건설할 경우에는 장애인에게 장애 정도를 고려하여 우선 분양 또는 임대할 수 있도록 노력하여야 한다.

② 국가와 지방자치단체는 주택의 구입자금·임차자금 또는 개·보수비용의 지원 등 장애인의 일상생활에 적합한 주택의 보급·개선에 필요한 시책을 강구하여야 한다.

제28조(문화환경 정비 등) 국가와 지방자치단체는 장애인의 문화생활, 체육활동 및 관광활동에 대한 장애인의 접근을 보장하기 위하여 관련 시설 및 설비, 그 밖의 환경을 정비하고 문화생활, 체육활동 및 관광활동 등을 지원하도록 노력하여야 한다.

장애인 가족지원(법 제30조의2), 재활 및 자립지원서비스(법 제35조), 한국수어 통역사 지원(법 제35조의2) 조항이 있다.

제30조의2(장애인 가족 지원) ① 국가와 지방자치단체는 장애인 가족의 삶의 질 향상 및 안정적인 가정생활 영위를 위하여 다음 각 호의 필요한 시책을 수립·시행하여야 한다.

1. 장애인 가족에 대한 인식개선 사업
2. 장애인 가족 돌봄 지원
3. 장애인 가족 휴식 지원
4. 장애인 가족 사례관리 지원
5. 장애인 가족 역량강화 지원
6. 장애인 가족 상담 지원
7. 그 밖에 보건복지부장관이 장애인 가족을 위하여 필요하다고 인정하는 지원
② 국가와 지방자치단체는 장애인 가족 지원 사업을 효율적으로 추진하기 위하여 장애인 관련 사업을 수행하는 기관·단체 등을 장애인 가족 지원 사업 수행기관(이하 "수행기관"이라 한다)으로 지정할 수 있다.

제35조(장애 유형·장애 정도별 재활 및 자립지원 서비스 제공 등) ① 국가와 지방자치단체는 장애인의 일상생활을 편리하게 하고 사회활동 참여를 높이기 위하여 장애 유형·장애 정도별로 재활 및 자립지원 서비스를 제공하는 등 필요한 정책을 강구하여야 하며, 예산의 범위 안에서 지원할 수 있다.

제35조의2(한국수어 통역사 등 지원) ① 국가 및 지방자치단체는 청각장애인이나 시청각장애인에 대하여 그 이동과 일상생활의 활동에서 의사소통을 원활히 할 수 있도록 경제적 부담능력 등을 고려하여 한국수어 통역사 또는 제22조제5항에 따른 시청각장애인을 위한 의사소통 지원 전문인력(이하 이 조에서 "한국수어 통역사등"이라 한다)을 지원할 수 있다.

장애인에 대한 경제적 지원 조항들도 있다. 대표적인 현금성 지원으로는 장애수당(법 제49조), 장애아동수당 및 보호수당(법 제50조), 자녀교육비(법 제38조)가 있다. 장애인은 장애인복지급여수급계좌를 만들 수 있다(법 제50조의4).

제49조(장애수당) ① 국가와 지방자치단체는 장애인의 장애 정도와 경제적 수준을 고려하여 장애로 인한 추가적 비용을 보전(補塡)하게 하기 위하여 장애수당을 지급할 수 있다. 다만, 「국민기초생활 보장법」 제7조제1항제1호에 따른 생계급여 또는 같은 항 제3호에 따른 의료급여를 받는 장애인에게는 장애수당을 반드시 지급하여야 한다.

② 제1항에도 불구하고 「장애인연금법」 제2조제1호에 따른 중증장애인에게는 제1항에 따른 장애수당을 지급하지 아니한다.

③ 국가와 지방자치단체는 제1항에 따라 장애수당을 지급하려는 경우에는 장애수당을 받으려는 사람의 장애 정도에 대하여 심사할 수 있다.

제50조(장애아동수당과 보호수당) ① 국가와 지방자치단체는 장애아동에게 보호자의 경제적 생활수준 및 장애아동의 장애 정도를 고려하여 장애로 인한 추가적 비용을 보전(補塡)하게 하기 위하여 장애아동수당을 지급할 수 있다.

② 국가와 지방자치단체는 장애인을 보호하는 보호자에게 그의 경제적 수준과 장애인의 장애 정도를 고려하여 장애로 인한 추가적 비용을 보전하게 하기 위하여 보호수당을 지급할 수 있다.

제38조(자녀교육비 지급) ① 장애인복지실시기관은 경제적 부담능력 등을 고려하여 장애인이 부양하는 자녀 또는 장애인인 자녀의 교육비를 지급할 수 있다.

제50조의4(장애인복지급여수급계좌) ① 특별자치시장·특별자치도지사·시장·군수·구청장은 수급자의 신청이 있는 경우에는 자녀교육비 및 장애수당등을 수급자 명의의 지정된 계좌(이하 "장애인복지급여수급계좌"라 한다)로 입금하여야 한다.

자립생활과 관련된 조항들이 있다. 대표적으로 자립생활지원(법 제53조), 중증장애인자립생활지원센터(법 제53조), 활동지원급여(법 제53조) 조항이 있다. 이상의 조항들은 대부분 선언적인 내용들이며, 장애인에 대한 구체적인 지원은 개별법에 자세히 명시되어 있다.

제53조(자립생활지원) 국가와 지방자치단체는 중증장애인의 자기결정에 의한 자립생활을 위하여 활동보조인의 파견 등 활동보조서비스 또는 장애인보조기구의 제공, 그 밖의 각종 편의 및 정보제공 등 필요한 시책을 강구하여야 한다.

제54조(중증장애인자립생활지원센터) ① 국가와 지방자치단체는 중증장애인의 자립생활을 실현하기 위하여 중증장애인자립생활지원센터를 통하여 필요한 각종 지원서비스를 제공한다.

제55조(활동지원급여의 지원) ① 국가와 지방자치단체는 중증장애인이 일상생활 또는 사회생활을 원활히 할 수 있도록 활동지원급여를 지원할 수 있다.

② 국가 및 지방자치단체는 임신 등으로 인하여 이동이 불편한 여성장애인에게 임신 및 출산과 관련한 진료 등을 위하여 경제적 부담능력 등을 감안하여 활동보조인의 파견 등 활동보조서비스를 지원할 수 있다.

장애인복지법은 장애인 거주시설, 장애인 지역사회재활시설, 장애인 직업재활시설, 장애인 의료시설 등 장애인복지시설의 설치 및 운영, 감독에 대하여 규정하고 있다(법 제57~59조, 제60~62조).

그동안 많은 장애인이 집단적 거주시설에 거주하여 왔으나, 이에 대하여는 사회적 약자를 지역사회로부터 분리하고 획일화, 집단적 삶을 통한 인권침해가 발생하여 지속적 문제제기가 되고 있다. 여러 국가에서 시설보호가 지닌 한계와 인권침해에 주목하여 탈시설화와 장애인 지역사회 거주를 위한 사회서비스 확충 정책을 추진해 왔으며, 한국에서도 1990년대 이후 장애인의 탈시설과 사회통합, 자립지원의 원칙은 중요한 의제이다. 장애인복지법도 "장애인의 완전한 사회참여와 평등을 통한 사회통합"을 기본이념으로 삼고 있으며, 장애인 탈시설 관련 정책이 지속적으로 논의, 추진되고 있다.

제57조(장애인복지시설의 이용 등) ① 국가와 지방자치단체는 장애인이 제58조에 따른 장애인복지시설의 이용을 통하여 기능회복과 사회적 향상을 도모할 수 있도록 필요한 정책을 강구하여야 한다.

② 국가와 지방자치단체는 제58조에 따른 장애인복지시설을 이용하는 장애인

의 인권을 보호하기 위하여 필요한 정책을 마련하고 관련 프로그램을 실시할 수 있는 기반을 조성하여야 한다.

③ 장애인복지실시기관은 제58조에 따른 장애인복지시설에 대한 장애인의 선택권을 최대한 보장하여야 한다.

④ 장애인복지실시기관은 장애인의 선택권을 보장하기 위하여 제58조에 따른 장애인복지시설을 이용하려는 장애인에게 시설의 선택에 필요한 정보를 충분히 제공하여야 한다.

⑤ 제58조에 따른 장애인복지시설의 선택에 필요한 정보 제공과 서비스 제공 시에는 장애인의 성별·연령 및 장애의 유형과 정도를 고려하여야 한다.

제58조(장애인복지시설) ①장애인복지시설의 종류는 다음 각 호와 같다.

1. 장애인 거주시설: 거주공간을 활용하여 일반가정에서 생활하기 어려운 장애인에게 일정 기간 동안 거주·요양·지원 등의 서비스를 제공하는 동시에 지역사회생활을 지원하는 시설

2. 장애인 지역사회재활시설: 장애인을 전문적으로 상담·치료·훈련하거나 장애인의 일상생활, 여가활동 및 사회참여활동 등을 지원하는 시설

2의2. 장애인 자립생활지원시설: 장애인의 자립생활 역량을 강화하기 위하여 동료상담, 지역사회의 물리적·사회적 환경개선 사업, 장애인의 권익 옹호·증진, 장애인 적합 서비스 등을 제공하는 시설

3. 장애인 직업재활시설: 일반 작업환경에서는 일하기 어려운 장애인이 특별히 준비된 작업환경에서 직업훈련을 받거나 직업 생활을 할 수 있도록 하는 시설 (직업훈련 및 직업 생활을 위하여 필요한 제조·가공 시설, 공장 및 영업장 등 부속용도의 시설로서 보건복지부령으로 정하는 시설을 포함한다)

4. 장애인 의료재활시설: 장애인을 입원 또는 통원하게 하여 상담, 진단·판정, 치료 등 의료재활서비스를 제공하는 시설

제59조의13(피해장애인 쉼터 등) ① 특별시장·광역시장·특별자치시장·도지사·특별자치도지사는 피해장애인의 임시 보호 및 사회복귀 지원을 위하여 장애인 쉼터를 설치·운영할 수 있다.

장애인복지법은 장애인 학대를 예방하고 처벌하기 위한 여러 규정을 두고 있으며, 장애인 학대 신고(법 제59조의4), 장애인 학대 신고접수 시 출동의무(법 제59조의7), 보조인의 선임(법 제59조의8), 사후관리(법 제59조의12)를 명시하고 있다. 사회복지전담공무원 등은 장애인 학대 및 장애인 대상 성범죄

를 알게 된 경우 지체없이 신고해야 하는 의무가 있다(법 제59조의4 제2항).

제59조의4(장애인학대 및 장애인 대상 성범죄 신고의무와 절차) ① 누구든지 장애인학대 및 장애인 대상 성범죄를 알게 된 때에는 제59조의11에 따른 중앙장애인권익옹호기관 또는 지역장애인권익옹호기관(이하 "장애인권익옹호기관"이라 한다)이나 수사기관에 신고할 수 있다.

② 다음 각 호의 어느 하나에 해당하는 사람은 그 직무상 장애인학대 및 장애인 대상 성범죄를 알게 된 경우에는 지체 없이 장애인권익옹호기관 또는 수사기관에 신고하여야 한다.

제59조의7(응급조치의무 등) ① 제59조의4에 따라 장애인학대 신고를 접수한 장애인권익옹호기관의 직원이나 사법경찰관리는 지체 없이 장애인학대현장에 출동하여야 한다.

제59조의8(보조인의 선임 등) ① 학대받은 장애인의 법정대리인, 직계친족, 형제자매, 장애인권익옹호기관의 상담원 또는 변호사는 장애인학대관련범죄의 심리에 있어서 보조인이 될 수 있다. 다만, 변호사가 아닌 경우에는 법원의 허가를 받아야 한다.

제59조의12(사후관리 등) ① 장애인권익옹호기관의 장은 장애인학대가 종료된 후에도 가정방문, 시설방문, 전화상담 등을 통하여 장애인학대의 재발 여부를 확인하여야 한다.

제59조의11(장애인권익옹호기관의 설치 등) ① 국가는 지역 간의 연계체계를 구축하고 장애인학대를 예방하기 위하여 다음 각 호의 업무를 담당하는 중앙장애인권익옹호기관을 설치·운영하여야 한다.

---

(5) 보장기관 및 인력

장애인복지법상 장애인복지실시기관이란 보건복지부장관, 특별시장·광역시장·특별자치시장·도지사·특별자치도지사 또는 시장·군수·구청장을 말한다.

제9조(국가와 지방자치단체의 책임) ① 국가와 지방자치단체는 장애 발생을 예방하고, 장애의 조기 발견에 대한 국민의 관심을 높이며, 장애인의 자립을 지원하고, 보호가 필요한 장애인을 보호하여 장애인의 복지를 향상시킬 책임을 진다.

② 국가와 지방자치단체는 여성 장애인의 권익을 보호하기 위하여 정책을 강구하여야 한다.

③ 국가와 지방자치단체는 장애인복지정책을 장애인과 그 보호자에게 적극적으로 홍보하여야 하며, 국민이 장애인을 올바르게 이해하도록 하는 데에 필요한 정책을 강구하여야 한다.

장애인 종합정책을 수립하고 관계 부처 간의 의견을 조정하며 정책의 이행을 감독, 평가하기 위하여 국무총리 소속하에 30명 이내의 위원으로 구성하는 장애인정책조정위원회를 두고 있다(법 제11조). 장애인정책조정위원회의 위원장은 국무총리이고, 부위원장은 보건복지부장관이며, 위원은 당연직 위원과 위촉위원이 있다. 당연직 위원은 주요 중앙행정기관의 장이며(기획재정부, 교육부, 행정안전부, 문화체육관광부, 산업통상자원부, 고용노동부, 여성가족부, 국토교통부 등), 위촉위원은 장애인 관련 단체의 장이나 장애인 문제에 관한 학식과 경험이 풍부한 자를 위원장(국무총리)이 위촉하는데, 위촉위원 중 2분의 1 이상은 장애인으로 하여, 장애인정책에 대한 장애인의 참여를 보장하고 있다(시행령 제3조).

이외에 장애인정책책임관(법 제12조), 지방장애인복지위원회(법 제13조), 한국장애인개발원(법 제29조의2), 장애인권익옹호기관(법 제59조의11), 장애인학대정보시스템(법 제59조의19), 중앙수어통역센터(법 제62조의2) 등이 있다.

제11조(장애인정책조정위원회) ① 장애인 종합정책을 수립하고 관계 부처 간의 의견을 조정하며 그 정책의 이행을 감독·평가하기 위하여 국무총리 소속하

에 장애인정책조정위원회(이하 "위원회"라 한다)를 둔다.

② 위원회는 다음 각 호의 사항을 심의·조정한다.

1. 장애인복지정책의 기본방향에 관한 사항

2. 장애인복지 향상을 위한 제도개선과 예산지원에 관한 사항

3. 중요한 특수교육정책의 조정에 관한 사항

4. 장애인 고용촉진정책의 중요한 조정에 관한 사항

5. 장애인 이동보장 정책조정에 관한 사항

6. 장애인정책 추진과 관련한 재원조달에 관한 사항

7. 장애인복지에 관한 관련 부처의 협조에 관한 사항

7의2. 다른 법령에서 위원회의 심의를 거치도록 한 사항

제12조(장애인정책책임관의 지정 등) ① 중앙행정기관의 장은 해당 기관의 장애인정책을 효율적으로 수립·시행하기 위하여 소속공무원 중에서 장애인정책책임관을 지정할 수 있다.

제13조(지방장애인복지위원회) ① 장애인복지 관련 사업의 기획·조사·실시 등을 하는 데에 필요한 사항을 심의하기 위하여 지방자치단체에 지방장애인복지위원회를 둔다.

제29조의2(한국장애인개발원의 설립 등) ① 제29조제1항에 따른 장애인 관련 조사·연구 및 정책개발·복지진흥 등을 위하여 한국장애인개발원(이하 "개발원"이라 한다)을 설립한다.

제59조의11(장애인권익옹호기관의 설치 등) ① 국가는 지역 간의 연계체계를 구축하고 장애인학대를 예방하기 위하여 다음 각 호의 업무를 담당하는 중앙장애인권익옹호기관을 설치·운영하여야 한다.

제59조의19(장애인학대정보시스템) ① 보건복지부장관은 장애인학대를 예방하고 장애인학대 관련 정보를 수집·관리하기 위하여 대통령령으로 정하는 바에 따라 장애인학대정보시스템(이하 "학대정보시스템"이라 한다)을 구축·운영하여야 한다.

제62조의2(중앙수어통역센터) ① 보건복지부장관은 수어통역에 관한 정책·제도의 조사, 관련 시설의 운영지침 수립 및 관련 전문인력 양성 등의 업무를 수행하기 위하여 문화체육관광부장관과 협의를 거쳐 중앙수어통역센터를 설치·운영할 수 있다.

장애인복지법에는 장애인복지 전문인력 양성(법 제71조), 장애인복지상담원(법 제33조). 의지, 보조기 기사(법 제72조), 언어재활사(법 제72조의2), 장애인재활상담사(법 제72조의3) 등 장애인복지 전문인력에 대한 규정이 있다.

제71조(장애인복지 전문인력 양성 등) ① 국가와 지방자치단체 그 밖의 공공단체는 의지·보조기 기사, 언어재활사, 장애인재활상담사, 한국수어 통역사, 점역(點譯)·교정사 등 장애인복지 전문인력, 그 밖에 장애인복지에 관한 업무에 종사하는 자를 양성·훈련하는 데에 노력해야 한다.

제33조(장애인복지상담원) ① 장애인 복지 향상을 위한 상담 및 지원 업무를 맡기기 위하여 시·군·구(자치구를 말한다. 이하 같다)에 장애인복지상담원을 둔다.

제72조(의지·보조기 기사자격증 교부 등) ① 보건복지부장관은 다음 각 호의 어느 하나에 해당하는 자로서 제73조에 따른 국가시험에 합격한 자(이하 "의지·보조기 기사"라 한다)에게 의지·보조기 기사자격증을 내주어야 한다.

제72조의2(언어재활사 자격증 교부 등) ① 보건복지부장관은 제2항에 따른 자격요건을 갖춘 사람으로서 제73조에 따른 국가시험에 합격한 사람(이하 "언어재활사"라 한다)에게 언어재활사 자격증을 내주어야 한다.

제72조의3(장애인재활상담사 자격증 교부 등) ① 보건복지부장관은 장애인의 직업재활 등을 지원하기 위하여 제2항에 따른 자격요건을 갖춘 사람으로서 제73조에 따른 국가시험에 합격한 사람(이하 "장애인재활상담사"라 한다)에게 장애인재활상담사 자격증을 내주어야 한다.

---

(6) 재정

자녀교육비, 자립훈련비, 장애수당, 장애아동수당, 활동지원급여 등의 비용은 국가 또는 지방자치단체가 부담한다(법 제79조 제1항, 시행령 제42조, 보조금 관리에 관한 법률 시행령). 국가와 지방자치단체는 장애인복지시설의 설치, 운영에 필요한 비용의 전부 또는 일부를 보조할 수 있다(법 제81조, 시행령 제44조). 장애인복지시설 및 장애인 제작 물품에 대한 조세 감면 제도가 있다(법 제83조).

제79조(비용 부담) ①제38조제1항, 제43조제1항, 제49조제1항, 제50조제1항·제2항 및 제55조제1항에 따른 조치와 제59조제1항에 따른 장애인복지시설의 설치·운영에 드는 비용은 예산의 범위 안에서 대통령령으로 정하는 바에 따라 장애인복지실시기관이 부담하게 할 수 있다.

제81조(비용 보조) 국가와 지방자치단체는 대통령령으로 정하는 바에 따라 장애인복지시설의 설치·운영에 필요한 비용의 전부 또는 일부를 보조할 수 있다.

제83조(조세감면) ①이 법에 따라 지급되는 금품, 제58조에 따른 장애인복지시설 및 제63조에 따른 장애인복지단체에서 장애인이 제작한 물품에는 「조세특례제한법」과 「지방세특례제한법」, 그 밖의 조세 관계법령이 정하는 바에 따라 조세를 감면한다.

(7) 권리구제 및 벌칙

장애인이나 법정대리인등은 장애인복지법에 따른 복지조치에 이의가 있으면 해당 장애인복지실시기관(보건복지부장관 또는 지자체장)에 이의신청을 할 수 있으며, 이의신청은 조치가 있음을 안 날부터 90일 이내(정당한 사유로 이의신청을 할 수 없었음을 증명한 때에는 사유가 소멸한 날부터 60일 이내)에 문서로 하여야 한다. 실시기관은 30일 이내에 심사, 결정하여 신청인에게 통보하여야 하고, 이의가 있는 자는 행정심판법에 따른 행정심판을 제기할 수 있다(법 제84조).

5장에서 살펴본 바와 같이 행정기관에 문제제기하지 않고, 바로 법원에 행정소송을 제기하여 재판으로 다툴 수 있으며, 장애인복지법 관련한 판례는 [판례 4](68쪽), [판례 8](195쪽), [판례 9](196쪽)를 참조한다.

제84조(이의신청) ① 장애인이나 법정대리인등은 이 법에 따른 복지조치에 이의가 있으면 해당 장애인복지실시기관에 이의신청을 할 수 있다.
② 제1항에 따른 이의신청은 복지조치가 있음을 안 날부터 90일 이내에 문서

로 하여야 한다. 다만, 정당한 사유로 인하여 그 기간 이내에 이의신청을 할 수 없었음을 증명한 때에는 그 사유가 소멸한 날부터 60일 이내에 이의신청을 할 수 있다.

③ 장애인복지실시기관은 제1항에 따른 이의신청을 받은 때에는 30일 이내에 심사·결정하여 신청인에게 통보하여야 한다.

④ 제3항에 따른 심사·결정에 이의가 있는 자는 「행정심판법」에 따라 행정심판을 제기할 수 있다.

법적 실효성 보장을 위하여 다양한 벌칙 규정이 있다. 예를 들어 "노인의 신체에 폭행을 가하거나 상해를 입히는 행위"에 대하여 7년 이하의 징역 또는 7천만원 이하의 벌금에 처할 수 있다.

제86조(벌칙) ① 제59조의9제1호의 행위(장애인에게 성적 수치심을 주는 성희롱·성폭력 등의 행위)를 한 사람은 10년 이하의 징역 또는 1억원 이하의 벌금에 처한다.

고딕체로 표기된 부분은 저자가 추가한 것이다.

| 법률 개정으로 무엇이 바뀌었는가? |

활동지원급여의 지원 명시로 장애인의 이동권을 보다 더 보장할 수 있게 되었다!

2005년부터 자립생활센터 지원 시범사업을 시작하고, 2007년 4월 11일 장애인복지법 전부개정으로 중증장애인을 위한 활동보조서비스를 본격적으로 시작하였다. 2011년 1월 4일 법률 개정을 통해, 활동보조서비스를 활동지원급여라는 명칭으로 변경하였고, 동일한 날에 장애인활동 지원에 관한 법률도 제정하였다. 2017년 12월 19일 법률 개정을 통해, 장애등급제 개편에 따라 '장애 등급'을 '장애 정도'로 변경하고, 기존 장애 3급까지 받을 수 있던 활동지원급여를 모든 장애인이 받을 수 있게 되었다.

2007. 4. 11. 개정
제55조(활동보조인 등 서비스 지원) ① 국가와 지방자치단체는 중증장애인이 일상생활 또는 사회생활을 원활히 할 수 있도록 그 활동에 필요한 활동보조인의 파견 등 활동보조서비스를 지원할 수 있다.

2023년 기준 장애인활동지원 통계를 보면, 12만 명의 서비스 이용자, 1136개의 활동지원 기관, 11만 명의 활동지원인력이 있다.

표 10-5 장애인활동지원 통계

시도	수급자(명)	이용자(명)	활동지원 기관수(계)	활동지원 기관수 (활동보조)	활동지원 기관수 (방문목욕)	활동지원 기관수 (방문간호)	활동지원 인력(명)
서울	26,536	21,600	152	144	8	-	21,010
부산	10,176	8,701	67	65	1	1	8,469
대구	7,045	5,600	45	41	4	-	5,372
인천	8,173	6,644	52	39	10	3	6,417
광주	5,998	5,354	34	31	3	-	5,200
대전	5,431	4,382	26	26	-	-	4,321
울산	2,373	1,859	14	12	1	1	1,733
세종	839	666	7	7	-	-	650
경기	35,039	26,824	234	205	20	9	24,844
강원	4,069	2,886	56	37	17	2	2,478
충북	4,561	3,656	40	29	7	4	3,402
충남	7,060	5,554	65	52	13	-	4,662
전북	6,506	5,010	70	47	22	1	4,402
전남	7,156	5,988	78	65	11	2	5,165
경북	7,356	5,605	74	63	11	-	4,938
경남	10,687	8,769	112	94	17	1	8,018
제주	2,254	1,779	10	7	2	1	1,489
합계	151,259	120,877	1,136	964	147	25	112,570

출처: 공공데이터포털(2024)

1   장애인복지법의 기본이념은 장애인의 완전한 사회 참여와 평등을 통하여 사회통합을 이루
    는 데에 있다. 이러한 기본이념을 현실화하기 위하여 장애인복지법을 개정한다면, 어떠한
    규정이 신설되어야 하는지에 대하여 자신의 의견과 함께 그 근거를 이야기해 보자.

2   장애인이동권을 확대하기 위해서는 어떠한 법률 개정이 필요한지에 대하여 자신의 의견과
    함께 그 근거를 이야기해 보자.

3   장애인등급제 폐지 이후 긍정적으로 변화된 지점은 무엇인지에 대하여 자신의 의견과 함께
    그 근거를 이야기해 보자.

4. 한부모가족지원법

1) 한부모가족지원법의 의의

한부모가족은 양육비와 생활비를 혼자 감당해야 하며, 소득 수준이 낮은
경우가 많다. 직장이 있는 경우에도 고용이 불안정하여, 주로 비정규직이나
저임금 일자리에 종사한다. 특히 비양육 부모로부터 양육비를 받지 못하거
나, 제때 받지 못하는 문제가 발생한다. 이외에도 이혼, 사별 등 가족 구조의
변화로 인한 심리적 충격과 외로움을 느낄 수 있으며, 한부모가족에 대한 사
회적 인식 부족으로 고립과 소외를 느낄 수 있다. 이에 국가적 차원에서 한부
모가족의 생활안정과 복지증진을 위해 1989년 모자복지법이 제정되었다.

모자복지법의 제정은 한부모 여성가장세대가 겪는 사회적 위험을 국가
책임으로 인식하였다는 점에서 의의를 갖는다. 자녀를 양육하는 여성 가장에
게 경제적·사회적 지원을 제공함으로써, 빈곤과 소외를 예방하는 사회적 안
전망의 역할을 법제화하였다는 점에서 의의가 있다.

2) 한부모가족지원법의 연혁

(1) 한부모가족지원법의 제정

모자복지법이 1989년 4월 1일 제정되었고, 동년 7월 1일 시행되었다. 구체적인 제정 배경은 "날로 도시화·공업화·핵가족화되고 있는 오늘날의 산업사회는 배우자와의 사별, 이혼, 유기, 별거 등의 사유로 배우자가 없거나 배우자가 있어도 폐질·불구 등으로 장기간 근로능력을 상실하여 여성이 생계의 책임을 지는 모자가정이 날로 격증하고 있는 바, 이들 모자가정이 자립 자활할 수 있도록 생계보호·교육보호·생업자금융자·주택제공 등을 통하여 모자가정의 건강하고, 문화적인 생활을 보장"하는 것이었다(법제처 국가법령정보센터, 2024).

1989년 제정 당시 모자복지법은 전체 5장 31조와 부칙으로 구성되어 있었다. 모자복지법의 제정 당시 목적은 "모자가정이 건강하고 문화적인 생활을 영위할 수 있게 함으로써 모자가정의 생활안정과 복지증진에 기여"하는 것이었다. 모자복지법은 2007년 10월 17일 개정을 통해 한부모가족지원법으로 법명을 변경하였다. 현행 한부모가족지원법의 목적은 "이 법은 한부모가족이 안정적인 가족 기능을 유지하고 자립할 수 있도록 지원함으로써 한부모가족의 생활 안정과 복지 증진에 이바지함을 목적으로 한다"로 변경되었다. '가족기능 유지 및 자립'이라는 용어가 추가되었다.

(2) 한부모가족지원법의 주요 개정 내용

모자복지법의 제정은 모자가정을 사회적 지원대상으로 규정하고, 모자가정을 위한 복지서비스를 제공할 수 있는 법적 기반을 마련하였다는 점에서 의의를 갖는다. 그러나 복지서비스 포괄성 부족, 부자가정 배제, 포괄되지 못한 청소년 한부모가족, 사회적 편견과 차별, 낮은 건강수준 등 다양한 문제가 제기되었다. 이러한 대응을 위해 1989년 모자복지법 제정 이후 수차례에 걸쳐 개정되었는데, 주요 개정내용은 표 10-6과 같다.

표 10-6 한부모가족지원법의 주요 개정 연혁

연도	주요 내용
1989.04.01.	- 모자복지법 제정(1989.7.1. 시행) - 모자복지사업의 기획·조사·실시 등에 필요한 사항을 심의하기 위하여 보건사회부, 시·도 및 시·군·구에 모자복지위원회 설치 - 생계비·아동교육비·직업훈련비·아동부양비 등의 복지급여를 지급하거나 생업자금·주택자금·의료비 등의 복지자금을 대여할 수 있도록 함 - 모자복지시설의 종류는 모자보호시설·모자자립시설·미혼모시설·일시보호시설·부녀복지관 및 부녀상담소로 정함
1998.12.30.	- 운영실적이 저조한 모자복지위원회 폐지 - 국가·지방자치단체, 사회복지법인 및 비영리법인 외에 개인도 모자복지시설 설치·운영 - 부녀복지관 및 부녀상담소를 각각 여성복지관 및 모자가정상담소로 명칭 변경
2002.12.18.	- 모·부자복지법으로 법명 변경 - 모자복지법은 여성세대주인 모자가정만 지원하였으나, 남성세대주인 부자가정도 지원대상에 포함 - 모·부자가정의 '모'와 '부'의 정의를 "배우자와 사별 또는 이혼하거나 배우자로부터 유기된 자", "정신 또는 신체의 장애로 인하여 장기간 노동능력을 상실한 배우자를 가진 자" 등으로서 아동을 양육하는 자로 규정 - 부자보호시설과 부자자립시설을 복지시설에 추가하여 저소득층 부자가정을 위한 시설을 새롭게 규정
2007.12.18.	- 국내에 체류하고 있는 외국인 중 대한민국 국민과 혼인하여 대한민국 국적의 아동을 양육하고 있는 자도 보호대상자로 포함 - 미혼모시설을 미혼모자시설로 변경하여 미혼모뿐만 아니라 아동에 대한 보호·양육 - 공동생활가정을 설치하여 아동양육 등 독립적인 생활이 어려운 미혼모자가정, 모·부자가정 및 미혼모가정 지원
2007.10.17.	- 한부모가족지원법으로 법명 변경 - 자녀가 취학중인 때에는 22세 미만까지 확대하여 지원: 자녀가 취학 중인 경우 자립능력이 갖추어지지 아니한 상태로 학비 등으로 인한 생활비 지출이 증가될 수 있는 시기라는 점을 고려하였음 - 65세 이상의 고령자들과 손자녀로 구성되어 있는 조손가족의 경우도 보호대상자로 포함
2010.05.17.	- 한부모가족복지시설이 정당한 사유 없이 한부모가족의 입소보호 수탁을 거부한 경우 종전에는 100만원 이하의 벌금에 처하던 것을 300만원 이하의 과태료로 전환
2011.04.12.	- 국가와 지방자치단체의 책임 보완: 한부모가족의 권익을 위한 노력 - 한부모가족의 권리 강화: 임신, 출산 및 양육을 이유로 교육·고용 등에서 차별을 받지 않도록 함 - 보호대상자의 범위에 보호대상자 중 아동 연령을 초과하는 자녀가 있는 한부모가족의 경우 그 자녀를 제외한 가족구성원을 보호대상자로 함 - 청소년 한부모 및 모 또는 부의 직계존속 등에 추가 복지 급여 실시 및 복지 급여 의무화 - 가족지원서비스에 인지 청구 및 자녀양육비 청구 등을 위한 법률구조서비스 제공 추가 - 청소년 한부모가 학업을 계속할 수 있도록 학교, 평생교육시설 등의 교육비 또는 검정고시를 위한 교육 지원 - 한부모가족복지시설을 모자가족복지시설, 부자가족복지시설, 미혼모가족복지시설, 일시지원복지시설, 한부모가족복지상담소로 재분류
2012.02.01.	- 복지 급여 사유의 발생·변경 또는 상실을 확인하기 위하여 조사 및 관계 기관에 대한 자료 요청의 근거 신설 - 자녀양육비 산정을 위한 '자녀양육비 가이드라인'을 마련하여 법원이 이혼 판결 시 활용할 수 있도록 노력하여야 함 - 공무원 등이 복지 급여 사유의 발생·변경 또는 상실을 확인하는 과정에서 알게 된 개인 정보를 누설하는 경우 처벌
2013.03.22.	- 국가와 지방자치단체의 책임 보완: 한부모가족에 대한 사회적 편견과 차별을 예방하고, 사회구성원이 한부모가족을 이해하고 존중할 수 있도록 교육 및 홍보

연도	주요 내용
2014.01.21.	- 한부모가족 아동이 병역의무를 이행하고 취학 중인 경우 아동의 연령기준을 병역의무 이행 기간만큼 연장 - 복지급여수급계좌 신설 - 청소년 한부모의 자립에 필요한 자산 형성 지원 - 벌금액을 징역 1년당 1천만원의 비율로 개정함으로써 벌금형을 현실화
2016.03.02.	- 지방자치단체의 장이 한부모가족복지시설에 대하여 그 사업의 정지 또는 폐지나 시설의 폐쇄를 명하는 경우 해당 시설 입소자를 다른 한부모가족복지시설로 옮기도록 하는 등 입소자의 권익 보호
2016.12.20.	- 한부모가족에 대한 사회적 편견과 차별을 예방하기 위하여 교육부장관 등은 각급 학교에서 한부모가족 관련 교육 실시 - 한부모가족 지원 관련 업무에 종사하는 공무원에게 한부모가족에 대한 이해 증진과 전문성 향상을 위한 교육 실시 - 아동·청소년 보육·교육을 실시함에 있어서 한부모가족 구성원인 아동·청소년 차별 금지 원칙 명시
2017.12.12.	- 청소년 한부모 실태조사, 청소년 한부모 건강증진 조항 신설
2018.01.16.	- 목적 조항 수정: 한부모가족이 안정적인 가족 기능을 유지하고 자립할 수 있도록 지원함으로써 한부모가족의 생활 안정과 복지 증진에 이바지하는 것으로 함 - 미혼모자가족복지시설 이용 대상에 혼인 관계에 있지 아니한 자로서 출산 전 임신부와 출산 후 해당 아동을 양육하지 아니하는 모를 포함 - 한부모가족 지원대상자를 발굴하기 위하여 필요한 자료 또는 정보의 제공과 홍보 노력 - 5월 10일을 한부모가족의 날로 정함 - 청소년 한부모의 학업과 양육의 병행을 위하여 그 자녀가 청소년 한부모가 속한 학교에 설치된 직장어린이집 이용 - 한부모가족에 대한 전문적이고 체계적인 상담서비스를 제공하기 위하여 한부모가족 상담전화 설치·운영 - 지원대상자 중 미혼이 아닌 여성에게도 기본생활지원형 미혼모자가족복지시설에 입소하여 임신·출산 시 안전 분만과 출산 후 양육 지원
2018.12.18.	- 미혼모·부와 그 자녀가 건강하게 생활할 수 있도록 산전·분만·산후 관리, 질병의 예방·상담·치료, 영양·건강에 관한 교육 등 건강관리 지원 - 기본생활지원형 미혼모자가족복지시설에 입소한 미혼모 등의 신청이 있는 경우에는 미혼모 등의 본인 및 함께 생활하는 자녀에 대한 의료비 추가 지원
2020.10.20.	- 외국인도 혼인 여부와 관계없이 대한민국 국적의 아동을 양육하면 한부모가족 지원 대상에 포함 - 한부모가족 정책에 관한 기본계획 및 시행계획 수립 - 국민기초생활 보장법 등 다른 법령에 따라 지원을 받고 있는 경우에도 아동양육비 지급 - 34세 이하의 모 또는 부가 아동을 양육하는 경우, 추가 아동양육비 지급
2023.04.11.	- 한부모가족복지시설을 출산지원시설, 양육지원시설, 생활지원시설, 일시지원시설로 구분하여 시설 유형을 기능 중심으로 개편 - 부의 입소가 불가능한 일시지원시설에 대하여 부도 입소할 수 있도록 함
2024.12.03.	- 청소년 한부모에게 공공 및 민간의 복지서비스를 연계·제공하기 위하여 청소년 한부모가 자녀의 출생을 신고할 때 관련 정보를 제공하도록 하고, 청소년 한부모의 학업중단 현황을 조사하고 학업 지원을 중복하여 지원 - 가정방문의 형태로 가족지원서비스 제공 - 출생확인 신청을 위한 법률상담 - 유전자검사 비용 지원 - 한부모가족복지시설 정기 평가

3) 한부모가족지원법의 주요 내용

한부모가족지원법(2024. 12. 3. 시행, 법률 제20548호)은 총 5장, 31개 조문 및 부칙으로 구성되어 있다. 법의 중요한 내용들을 원칙(목적, 한부모가족의 권리와 책임, 한부모가족의 날, 기본계획, 시행계획, 실태조사), 정의, 적용대상(지원대상자의 범위, 특례), 급여의 종류와 내용(복지 급여의 내용, 복지 자금의 대여, 고용, 가족지원서비스, 건강관리, 아동·청소년 보육·교육, 청소년 한부모 지원, 한부모가족복지시설), 보장기관, 재정, 권리구제 및 벌칙으로 구분하여 살펴본다.

(1) 원칙

한부모가족지원법은 한부모가족이 건강과 문화생활을 영위할 수 있도록 하여, 그들의 생활안정과 복지증진을 위한 목적으로 제정되었다.

> 제1조(목적) 이 법은 한부모가족이 건강하고 문화적인 생활을 영위할 수 있도록 함으로써 한부모가족의 생활 안정과 복지 증진에 이바지함을 목적으로 한다.

한부모가족은 권리와 동시에 책임을 부여받으며(법 제3조), 5월 10일은 한부모가족의 날로 지정되어 있다(법 제5조의4). 5년 주기의 기본계획 수립(법 제5조의5), 1년 주기의 시행계획의 수립(법 제5조의6), 3년 주기의 실태조사 조항이 있다(법 제6조).

> 제3조(한부모가족의 권리와 책임) ① 한부모가족의 모(母) 또는 부(父)는 임신과 출산 및 양육을 사유로 합리적인 이유 없이 교육·고용 등에서 차별을 받지 아니한다.
> ② 한부모가족의 모 또는 부와 아동은 그가 가지고 있는 자산과 노동능력 등을 최대한으로 활용하여 자립과 생활 향상을 위하여 노력하여야 한다.

제5조의4(한부모가족의 날) ① 한부모가족에 대한 국민의 이해와 관심을 제고하기 위하여 매년 5월 10일을 한부모가족의 날로 한다.

제5조의5(한부모가족 정책에 관한 기본계획의 수립) ① 여성가족부장관은 한부모가족 지원을 위하여 한부모가족 정책에 관한 기본계획(이하 "기본계획"이라 한다)을 5년마다 수립하여야 한다.

제5조의6(연도별 시행계획의 수립·시행 등) ① 여성가족부장관, 관계 중앙행정기관의 장과 시·도지사는 매년 기본계획에 따라 한부모가족정책에 관한 시행계획(이하 "시행계획"이라 한다)을 수립·시행하여야 한다.

제6조(실태조사 등) ① 여성가족부장관은 한부모가족 지원을 위한 정책수립에 활용하기 위하여 3년마다 한부모가족에 대한 실태조사를 실시하고 그 결과를 공표하여야 한다.

(2) 정의

한부모가족지원법의 핵심 개념은 제4조 정의에서 규정하고 있다.

제4조(정의) 이 법에서 사용하는 용어의 뜻은 다음과 같다.

1. "모" 또는 "부"란 다음 각 목의 어느 하나에 해당하는 자로서 아동인 자녀를 양육하는 자를 말한다.

가. 배우자와 사별 또는 이혼하거나 배우자로부터 유기(遺棄)된 자

나. 정신이나 신체의 장애로 장기간 노동능력을 상실한 배우자를 가진 자

다. 교정시설·치료감호시설에 입소한 배우자 또는 병역복무 중인 배우자를 가진 사람

라. 미혼자[사실혼(事實婚) 관계에 있는 자는 제외한다]

마. 가목부터 라목까지에 규정된 자에 준하는 자로서 여성가족부령으로 정하는 자

1의2. "청소년 한부모"란 24세 이하의 모 또는 부를 말한다.

2. "한부모가족"이란 모자가족 또는 부자가족을 말한다.

3. "모자가족"이란 모가 세대주[세대주가 아니더라도 세대원(世代員)을 사실상 부양하는 자를 포함한다]인 가족을 말한다.

4. "부자가족"이란 부가 세대주(세대주가 아니더라도 세대원을 사실상 부양하는 자를 포함한다)인 가족을 말한다.

5. "아동"이란 18세 미만(취학 중인 경우에는 22세 미만을 말하되, 「병역법」에 따른 병역의무를 이행하고 취학 중인 경우에는 병역의무를 이행한 기간을 가산한 연령 미만을 말한다)의 자를 말한다.

6. "지원기관"이란 이 법에 따른 지원을 행하는 국가나 지방자치단체를 말한다.

7. "한부모가족복지단체"란 한부모가족의 복지 증진을 목적으로 설립된 기관이나 단체를 말한다.

(3) 적용대상

한부모가족지원법에서 규정하고 있는 지원대상은 앞서 명시된 한부모가족(모자가족과 부자가족), 한부모가족의 모 또는 부, 한부모가족의 아동이다(법 제5조). 특례로서, 출산 전 임신부와 출산 후 해당 아동을 양육하지 아니하는 모도 출산지원시설 이용대상자가 되며, 부모의 생사가 분명하지 않은 아동, 아동을 양육하는 조부와 조모, 대한민국 국적의 아동을 양육하는 외국인 등도 지원대상이 된다(법 제5조의2).

제5조(지원대상자의 범위) ①이 법에 따른 지원대상자는 제4조제1호·제1호의2 및 제2호부터 제5호까지의 규정에 해당하는 자로서 여성가족부령으로 정하는 자로 한다.

② 제1항에 따른 지원대상자 중 아동의 연령을 초과하는 자녀가 있는 한부모가족의 경우 그 자녀를 제외한 나머지 가족구성원을 지원대상자로 한다.

제5조의2(지원대상자의 범위에 대한 특례) ① 혼인 관계에 있지 아니한 자로서 출산 전 임신부와 출산 후 해당 아동을 양육하지 아니하는 모는 제5조에도 불구하고 제19조제1항제1호의 출산지원시설을 이용할 때에는 이 법에 따른 지원대상자가 된다.

② 다음 각 호의 어느 하나에 해당하는 아동과 그 아동을 양육하는 조부 또는

조모로서 여성가족부령으로 정하는 자는 제5조에도 불구하고 이 법에 따른 지원대상자가 된다.

1. 부모가 사망하거나 생사가 분명하지 아니한 아동
2. 부모가 정신 또는 신체의 장애·질병으로 장기간 노동능력을 상실한 아동
3. 부모의 장기복역 등으로 부양을 받을 수 없는 아동
4. 부모가 이혼하거나 유기하여 부양을 받을 수 없는 아동
5. 제1호부터 제4호까지에 규정된 자에 준하는 자로서 여성가족부령으로 정하는 아동

③ 국내에 체류하고 있는 외국인 중 대한민국 국적의 아동을 양육하고 있는 모 또는 부로서 대통령령으로 정하는 사람이 제5조에 해당하면 이 법에 따른 지원대상자가 된다.

(4) 급여의 종류와 내용

한부모가족지원법에서는 한부모가족을 위한 다양한 급여를 규정하고 있다. 주요한 급여는 생계비, 아동교육지원비, 아동양육비, 추가생계비이다 (법 제12조). 생활안정 및 자립을 위한 자금 대여도 가능하다(법 제13조).

제12조(복지 급여의 내용) ① 국가나 지방자치단체는 제11조에 따른 복지 급여의 신청이 있으면 다음 각 호의 복지 급여를 실시하여야 한다. 다만, 이 법에 따른 지원대상자가 「국민기초생활 보장법」 등 다른 법령에 따라 지원을 받고 있는 경우에는 그 범위에서 이 법에 따른 급여를 하지 아니한다.

1. 생계비
2. 아동교육지원비
4. 아동양육비
5. 그 밖에 대통령령으로 정하는 비용

② 제1항제4호의 아동양육비를 지급할 때에 미혼모나 미혼부가 5세 이하의 아동을 양육하거나 청소년 한부모가 아동을 양육하면 예산의 범위에서 추가적인 복지 급여를 실시하여야 한다. 이 경우 모 또는 부의 직계존속이 5세 이하의 아동을 양육하는 경우에도 또한 같다.

③ 국가나 지방자치단체는 이 법에 따른 지원대상자의 신청이 있는 경우에는 예산의 범위에서 직업훈련비와 훈련기간 중 생계비를 추가적으로 지급할 수 있다.

제13조(복지 자금의 대여) ① 국가나 지방자치단체는 한부모가족의 생활안정과 자립을 촉진하기 위하여 다음 각 호의 어느 하나의 자금을 대여할 수 있다.

1. 사업에 필요한 자금

2. 아동교육비

3. 의료비

4. 주택자금

한부모가족 구성원의 직업능력개발훈련을 통한 우선 고용(법 제14조), 고용지원 연계(법 제14조의2), 공공시설에 매점 및 시설 설치 시 우선 선정허가가 가능하다(법 제15조).

제14조(고용의 촉진) ① 국가 또는 지방자치단체는 한부모가족의 모 또는 부와 아동의 직업능력을 개발하기 위하여 능력 및 적성 등을 고려한 직업능력개발훈련을 실시하여야 한다.

② 국가 또는 지방자치단체는 한부모가족의 모 또는 부와 아동의 고용을 촉진하기 위하여 개개인의 희망·적성·능력과 직종 등을 고려하여 적합한 직업을 알선하고 각종 사업장에 모 또는 부와 아동이 우선 고용되도록 노력하여야 한다.

제14조의2(고용지원 연계) ① 국가 및 지방자치단체는 한부모가족의 모 또는 부와 아동의 취업기회를 확대하기 위하여 한부모가족 관련 시설 및 기관과 「직업안정법」 제2조의2제1호에 따른 직업안정기관간 효율적인 연계를 도모하여야 한다.

② 고용노동부장관은 한부모가족의 모 또는 부와 아동을 위한 취업지원사업 등이 효율적으로 추진될 수 있도록 여성가족부장관과 긴밀히 협조하여야 한다.

제15조(공공시설에 매점 및 시설 설치) 국가나 지방자치단체가 운영하는 공공시설의 장은 그 공공시설에 각종 매점 및 시설의 설치를 허가하는 경우 이를 한부모가족 또는 한부모가족복지단체에 우선적으로 허가할 수 있다.

한부모가족을 위한 다양한 가족지원서비스(법 제17조), 자녀양육비 이행지원(법 제17조의3), 미혼모 건강관리 지원(법 제17조의6), 아동·청소년의 보육·교육(법 제17조의7), 국민주택의 분양 및 임대(법 제18조), 한부모가족 상담전화의 설치(법 제18조의2) 조항이 있다.

제17조(가족지원서비스) 국가나 지방자치단체는 한부모가족에게 다음 각 호의 가족지원서비스를 제공하도록 노력하여야 한다. 이 경우 가정방문을 통한 가족지원서비스를 제공할 수 있다.

1. 아동의 양육 및 교육 서비스
2. 장애인, 노인, 만성질환자 등의 부양 서비스
3. 취사, 청소, 세탁 등 가사 서비스
4. 교육·상담 등 가족 관계 증진 서비스
5. 인지청구 및 자녀양육비 청구, 출생확인신청 등을 위한 법률상담, 소송대리 등 법률구조서비스
5의2. 출생확인신청을 위한 유전자검사비용 지원

제17조의3(자녀양육비 이행지원) 여성가족부장관은 자녀양육비 산정을 위한 자녀양육비 가이드라인을 마련하여 법원이 이혼 판결 시 적극 활용할 수 있도록 노력하여야 한다.

제17조의6(미혼모 등의 건강관리 등 지원) ① 국가와 지방자치단체는 미혼모 또는 미혼부와 그 자녀가 건강하게 생활할 수 있도록 산전(産前)·분만·산후(産後)관리, 질병의 예방·상담·치료, 영양·건강에 관한 교육 등 건강관리를 위한 지원을 할 수 있다.

제17조의7(아동·청소년 보육·교육) 국가와 지방자치단체는 아동·청소년 보육·교육을 실시함에 있어서 한부모가족 구성원인 아동·청소년을 차별하여서는 아니 된다.

제18조(국민주택의 분양 및 임대) 국가나 지방자치단체는 「주택법」에서 정하는 바에 따라 국민주택을 분양하거나 임대할 때에는 한부모가족에게 일정 비율이 우선 분양될 수 있도록 노력하여야 한다.

제18조의2(한부모가족 상담전화의 설치) ① 여성가족부장관은 한부모가족 지원에 관한 종합정보의 제공과 지원기관 및 시설의 연계 등에 관한 전문적이고 체계적인 상담서비스를 제공하기 위하여 한부모가족 상담전화를 설치·운영할 수 있다.

청소년 한부모에 대한 지원 규정도 마련되어 있다. 청소년 한부모에 대한 교육 지원(법 제17조의2), 청소년 한부모의 자립지원(법 제17조의4), 청소년 한부모의 건강진단(법 제17조의5)을 규정하고 있다.

제17조의2(청소년 한부모에 대한 교육 지원) ① 국가나 지방자치단체는 청소년 한부모가 학업을 할 수 있도록 다음 각 호의 지원을 할 수 있다.

제17조의4(청소년 한부모의 자립지원) ① 국가나 지방자치단체는 청소년 한부모가 주거마련 등 자립에 필요한 자산을 형성할 수 있도록 재정적인 지원을 할 수 있다.

제17조의5(청소년 한부모의 건강진단) ① 국가와 지방자치단체는 청소년 한부모의 건강증진을 위하여 건강진단을 실시할 수 있다.

한부모가족을 위한 다양한 복지시설을 설치·운영할 수 있으며, 시설의 종류로는 출산지원시설, 양육지원시설, 생활지원시설, 일시지원시설, 한부모가족복지상담소가 있다.

제19조(한부모가족복지시설) ① 한부모가족복지시설은 다음 각 호의 시설로 한다.

1. 출산지원시설: 다음 각 목의 어느 하나에 해당하는 자의 임신·출산 및 그 출산 아동(3세 미만에 한정한다)의 양육을 위하여 주거 등을 지원하는 시설
가. 제4조제1호의 모
나. 혼인 관계에 있지 아니한 자로서 출산 전 임신부
다. 혼인 관계에 있지 아니한 자로서 출산 후 해당 아동을 양육하지 아니하는 모

2. 양육지원시설: 6세 미만 자녀를 동반한 한부모가족에게 자녀를 양육할 수 있도록 주거 등을 지원하는 시설

3. 생활지원시설: 18세 미만(취학 중인 경우에는 22세 미만을 말하되, 「병역법」에 따른 병역의무를 이행하고 취학 중인 경우에는 병역의무를 이행한 기간을

가산한 연령 미만을 말한다) 자녀를 동반한 한부모가족에게 자립을 준비할 수 있도록 주거 등을 지원하는 시설

4. 일시지원시설: 배우자(사실혼 관계에 있는 사람을 포함한다)가 있으나 배우자의 물리적·정신적 학대로 아동의 건전한 양육이나 모 또는 부의 건강에 지장을 초래할 우려가 있을 경우 일시적 또는 일정 기간 동안 모와 아동, 부와 아동, 모 또는 부에게 주거 등을 지원하는 시설

5. 한부모가족복지상담소: 한부모가족에 대한 위기·자립 상담 또는 문제해결 지원 등을 목적으로 하는 시설

② 제1항제1호부터 제4호까지의 규정에 따른 시설의 입소기간 및 그 기간의 연장 등에 필요한 사항은 여성가족부령으로 정한다.

(5) 보장기관 및 인력

한부모가족을 지원하는 보장기관은 국가 및 지방자치단체이다.

제2조(국가 등의 책임) ① 국가와 지방자치단체는 한부모가족의 복지를 증진할 책임을 진다.

(6) 재정

한부모가족 지원사업에 소요되는 재원은 국가 또는 지방자치단체의 부담을 원칙으로 하고 있다.

제25조(비용의 보조) 국가나 지방자치단체는 대통령령으로 정하는 바에 따라 한부모가족복지사업에 드는 비용을 보조할 수 있다.

(7) 권리구제 및 벌칙

권리구제에 관하여, 지원대상자 또는 친족 등은 국가 또는 지방자치단체에서의 복지조치에 대해 이의가 있는 경우, 각 복지실시기관에 대하여 심사를 청구할 수 있다.

> 제28조(심사 청구) ① 지원대상자 또는 그 친족이나 그 밖의 이해관계인은 이 법에 따른 복지 급여 등에 대하여 이의가 있으면 그 결정을 통지받은 날부터 90일 이내에 서면으로 해당 복지실시기관에 심사를 청구할 수 있다.
> ② 복지실시기관은 제1항의 심사 청구를 받으면 30일 이내에 이를 심사·결정하여 청구인에게 통보하여야 한다.

법적 실효성 보장을 위하여 다양한 벌칙 규정이 있다. 예를 들어 "금융정보 등을 사용 또는 누설" 행위에 대하여 5년 이하의 징역 또는 5천만원 이하의 벌금에 처할 수 있다.

> 제29조(벌칙) ① 제12조의3제6항을 위반하여 금융정보등을 사용 또는 누설한 사람은 5년 이하의 징역 또는 5천만원 이하의 벌금에 처한다.

| 법률 개정으로 무엇이 바뀌었는가? |

한부모가 입소하여 이용할 수 있는 한부모가족시설을 확대하였다!

1989년 4월 1일 모자복지법 제정을 통해, 모자복지시설의 종류를 모자보호시설·모자자립시설·미혼모시설·일시보호시설·부녀복지관 및 부녀상담소로 정하였고, 1998년 12월 30일 법률 개정을 통해 국가·지방자치단체, 사회복지법인 및 비영리법인 외에 개인도 모자복지시설 설치·운영할 수 있도록 하였다. 이후 시설에 관한 규정은 몇 차례 변경되었는데, 대표적으로 2002년 12월 18일 법률 개정을 통해 부자보호시설과 부자자립시설을 복지시설에 추가하였고, 2011년 4월 12일 개정을 통해 한부모가족복지시설을 모자가족복지시설, 부자가족복지시설, 미혼모가족복지시설, 일시지원복지시설, 한부모가족복지상담소로 재분류하였다. 2023년 4월 11일 법률 개정을 통해 한부모가족복지시설을 출산지원시설, 양육지원시설, 생활지원시설, 일시지원시설로 구분하여 시설 유형을 기능 중심으로 개편하였다.

2023년 기준 한부모가 입소하여 이용 및 생활할 수 있는 시설은 121개이며, 입소하여 생활하고 있는 한부모는 1,680명이다.

표 10-7 한부모가족 복지시설 및 입소 한부모 수(2023년 기준)

구분	합계	출산지원	양육지원	생활지원	일시지원
시설 수	121	26	38	48	9
입소 한부모	1,680	493	252	834	153

단위: 수, 명
출처: e-나라지표(2024)

생각해 볼 과제

1   한부모가족지원법에서는 미혼 청소년 한부모를 지원대상에 포함시키고 있으나, 그 지원내용은 제한적이다. 미혼 청소년 한부모를 위한 복지서비스를 추가한다면, 어떠한 조항을 신설할 수 있을지에 대하여 자신의 의견과 함께 그 근거를 이야기해 보자.

2   한부모가족지원법에서는 제1조 목적 조항 수정을 통해 '자립'을 강조하였다. 실제 한부모가족의 모 또는 부가 자립하기 위해서는 어떠한 조항을 신설해야 자립이 달성될 수 있을지에 대하여 자신의 의견과 함께 그 근거를 이야기해 보자.

3   한부모가족지원법은 2002년 모자복지법에서 모부자복지법으로 법명 변경을 통해 모자뿐만 아니라 부자 가족도 지원대상이 되었다. 부자가정의 특징과 욕구가 무엇이며, 이들을 위한 지원서비스 신설을 위해 어떠한 내용을 명시할 수 있을지에 대하여 자신의 의견과 함께 그 근거를 이야기해 보자.

5. 영유아보육법

1) 영유아보육법의 의의

영유아 보육은 주로 영유아의 어머니가 혼자 감당해 왔다. 이로 인해 여성은 돌봄 스트레스, 우울감, 경력단절 등의 어려움을 겪었고, 경제적으로도 비용효과적이지 못하였다. 이에 국가적 차원에서 보육을 사회화하고 여성의 경제사회적 활동을 장려하며 궁극적으로 가정복지 향상을 위해 1991년 모자복지법이 제정되었다.

모자복지법의 제정은 여성이 홀로 담당하여 왔던 영유아 돌봄을 국가책임으로 인식하였다는 점에서 의의를 갖는다. 체계적인 보육서비스를 국가 차원에서 제공함으로써, 보육서비스를 표준화하고, 무상보육을 통해 저소득가구 미취학자녀도 보육서비스를 이용할 수 있도록 보장하였다는 점에서 의의가 있다.

2) 영유아보육법의 연혁

(1) 영유아보육법의 제정

영유아보육법이 1991년 1월 14일 제정 및 시행되었다. 구체적인 제정 배경은 "산업화에 따른 여성의 사회참여 증가 및 가족구조의 핵가족화에 의한 탁아수요의 급증에 따라 아동보호와 교육문제는 개인적인 차원을 넘어 사회적·국가적 차원에서 해결이 불가피하게 되었으나, 현행 아동복지법에 의한 탁아사업은 시설 설립주체의 제한으로 인한 보육사업 확대곤난, 관장부처의 다원화로 체계적이고 효율적인 보육사업 추진 등에 문제"가 있다는 것이었다(법제처 국가법령정보센터, 2024).

1989년 제정 당시 영유아보육법은 전체 6장 32조와 부칙으로 구성되어 있었다. 영유아보육법의 제정 당시 목적은 "보호자가 근로 또는 질병 기타 사정으로 인하여 보호하기 어려운 영아 및 유아를 심신의 보호와 건전한 교육을 통하여 건강한 사회성원으로 육성함과 아울러 보호자의 경제적·사회적 활동을 원활하게 하여 가정복지증진에 기여"하는 것이었다. 영유아보육법은 2011년 8월 4일 개정을 통해 제1조 목적을 수정하였는데, "영유아의 심신을 보호하고 건전하게 교육하여 건강한 사회 구성원으로 육성함과 아울러 보호자의 경제적·사회적 활동이 원활하게 이루어지도록 함으로써 영유아 및 가정의 복지 증진에 이바지"하는 법문으로 변경되었다. 보호자의 보육불가 사유를 삭제함으로써 보편주의적 무상보육서비스의 철학을 담게 되었고, 가정복지를 영유아 및 가정 복지로 변경하여 영유아의 안녕에도 주목하게 되었다.

(2) 영유아보육법의 주요 개정 내용

영유아보육법의 제정은 가족에게 부과되는 보육을 사회화하고, 여성의 돌봄부담을 완화하였다는 점에서 의의를 갖는다. 그러나 어린이집 원장과 보육교사의 자격 기준, 어린이집 평가, 보육서비스 우선 이용대상, 무상보육 미이용 대상을 위한 양육수당, 직장어린이집 미설치, 어린이집 CCTV 설치, 표준보육비용 결정 등 다양한 문제가 제기되었다. 이러한 대응을 위해 1991년 영유아보육법 제정 이후 수차례에 걸쳐 개정되었는데, 주요 개정내용은 표 10-8과 같다.

표 10-8 영유아보육법의 주요 개정 연혁

연도	주요 내용
1991.01.14.	- 영유아보육법 제정
1997.12.24.	- 영유아 보육의 정의를 신설하여 보육의 범위를 명확히 함 - 초·중등교육법에 초등학교 취학직전 1년의 유치원아의 교육을 무상으로 실시하는 방안이 제기됨에 따라, 취학직전 1년의 영유아에 대한 보육은 무상으로 하되, 대통령령이 정하는 바에 따라 순차적으로 실시할 수 있도록 근거를 마련 - 보육시설 설치운영 시 국가가 재정지원을 함으로써 가정의 육아 및 보육비용 부담 완화

연도	주요 내용
1999.02.08.	- 보육시설의 설치절차를 시설 종류별로 분류하던 것을 민원편의를 위해 신고가 필요한 시설과 그러하지 아니한 시설로 분류 - 민간 및 직장보육시설의 휴지 또는 폐지의 경우 시장·군수·구청장의 승인제를 신고제로 완화 - 보육시설의 보육료는 시장·군수·구청장의 승인을 얻도록 하고 그 한도액을 보건복지부장관이 정하도록 하던 것을 지역실정에 맞추어 탄력적인 수납이 가능하도록 하고 한도액은 관할 시·도지사가 결정
2004.01.29. (전부개정)	- 국무총리 소속 하에 보육정책조정위원회, 보건복지부에 중앙보육정책위원회, 시·도 및 시·군·구에 지방보육정책위원회 설치 - 국·공립보육시설 외의 보육시설을 설치·운영하고자 하는 자는 시장·군수·구청장에게 신고하도록 하였으나, 앞으로는 시장·군수·구청장의 인가를 받도록 함 - 보육교사 자격의 등급은 1급 내지 3급으로 구분 - 영아·장애아·국민기초생활보장법 수급자·저소득층 자녀 등에 대한 우선 이용 - 보육시설의 장이 생활기록부 작성·관리 - 자격이 없는 자를 채용한 보육시설의 장에 대하여 업무를 정지시키거나, 허위 또는 부정한 방법으로 자격증을 취득한 보육교사의 자격을 취소할 수 있도록 하는 등 영유아 보육 종사자에 대한 감독 강화
2004.03.11.	- 영유아보육업무가 보건복지부에서 여성가족부로 이관
2004.12.31.	- 도서·벽지·농어촌지역 등의 보육시설 규정 마련
2005.12.29.	- 보육시설의 장에게 보육시설운영위원회 설치·운영 권한 부여 - 이동권이 제한되는 장애인 부모의 자녀 우선 이용 - 보육시설의 장은 대통령령이 정하는 자격을 가진 자로서 여성가족부장관이 검정·수여하는 자격증을 받은 자로 규정 - 보육시설의 장 또는 보육교사의 명의 또는 자격증 대여 금지
2008.01.17.	- 지방자치단체가 각종 개발·정비·조성계획을 수립할 경우에 보육시설 또는 보육시설용지 확보 근거 마련 - 학점은행제를 통하여 학위를 취득한 자도 보육교사 자격 인정
2008.02.29.	- 영유아보육업무가 여성가족부에서 보건복지가족부로 다시 이관
2008.12.29.	- 보육시설 미이용 아동에 대한 양육수당 제도 도입 - 보육바우처 도입 근거 마련 - 취약 보육대상에 다문화 아동 포함 - 가족업무만 여성가족부로 이관하고, 영유아보육법은 보건복지부 소관으로 지속
2011.06.07.	- 보육시설 및 보육시설 종사자의 명칭을 어린이집 및 보육교직원으로 변경 - 보육실태조사의 주기를 3년으로 단축 - 다문화가족의 자녀에게 국공립어린이집 우선 이용 및 무상보육 특례 부여
2011.12.31.	- 보육시설의 종류에 법인·단체등보육시설 추가 - 어린이집 평가인증 결과 공표
2013.01.23.	- 국가와 지방자치단체에 재원 안정적 확보 책무 부여 - 무상보육 근거 마련 - 어린이집 표준보육비용 조사

연도	주요 내용
2013.06.04.	- 보육정보센터를 육아종합지원센터로 변경 - 어린이집에 부모모니터링단을 설치·운영할 수 있는 법적 근거 마련 - 어린이집이나 유치원을 이용하지 않는 영유아에 대하여 일시보육 서비스를 지원할 수 있고, 시장·군수·구청장은 일시보육 서비스를 제공하는 시설을 지정할 수 있도록 함 - 일시보육 서비스를 이용하는 영유아에 대해서도 양육수당 지원 - 어린이집 원장의 자격정지 요건 중 업무 수행 중 고의나 중대한 과실로 손해를 입힌 경우를 영유아에게 중대한 생명·신체 또는 정신적 손해를 입힌 경우 등으로 명확히 함 - 어린이집에서 보육료 등 필요경비, 어린이집 예산·결산 사항 등 부모가 궁금해 하는 정보를 매년 1회 이상 공시 - 보조금 부정수령 등 위반행위를 한 어린이집을 공표
2013.08.13.	- 어린이통학버스를 관할 경찰서장에게 신고 - 어린이집 설치·운영할 수 없는 사유 보완
2014.05.20.	- 사업주가 직장어린이집 설치의무를 이행하는 대신 근로자에게 보육수당을 지원하도록 하는 제도 폐지 - 직장어린이집 설치의무 미이행 사업장 명단 공표의 기간을 1년으로 연장하며, 2개의 일간지에 게재하는 등 제재 강화 - 직장어린이집 설치의무 미이행 사업장에 대한 시정명령 및 이행 강제금 신설
2014.05.28.	- 어린이집 폐쇄명령을 받은 경우 결격사유에 해당하는 기간을 1년에서 2년으로 강화 - 교통사고로 영유아가 사망하거나 신체에 중상해를 입은 경우, 어린이집에 운영정지 및 폐쇄를 명할 수 있도록 함
2015.05.18.	- 국가와 지방자치단체의 보육교직원의 양성 및 근로여건 개선 노력 - 육아종합지원센터에 보육교직원의 정서적·심리적 상담 등의 업무를 하는 상담전문요원을 두도록 함 - 폐쇄회로 텔레비전 설치·관리 - 어린이집에 보육교사의 업무 부담을 경감할 수 있도록 보조교사 등을 두고, 보육교사의 업무에 공백이 생기는 경우에는 이를 대체할 수 있는 대체교사 배치함 - 보육교직원은 영유아를 보육함에 있어 신체적 고통이나 고성·폭언 등의 정신적 고통을 가하여서는 아니 됨 - 어린이집운영위원회는 학부모 대표가 2분의 1 이상이 되도록 구성하여야 하며, 심의사항에 아동학대 예방에 관한 사항을 포함하도록 하며, 연간 4회 이상 개최 - 보호자는 영유아의 보육환경·보육내용 등 어린이집의 운영실태를 확인하기 위하여 어린이집 원장에게 어린이집 참관을 요구할 수 있도록 하며, 원장은 특별한 사유가 없는 한 이에 따르도록 함 - 양육에 필요한 비용을 지원받는 영유아가 90일 이상 지속하여 해외에 체류하는 경우에는 양육수당 지급 정지 - 보육교직원이 보조금의 부정 교부, 아동학대 행위 등 위법행위를 신고 또는 고발하였다는 이유로 불이익 조치를 하여서는 아니 됨
2015.12.29.	- 천재지변이나 감염병 발생 등 긴급한 사유로 정상적인 보육이 어렵다고 인정하는 경우 어린이집의 원장에게 휴원을 명할 수 있도록 함
2016.02.03.	- 어린이집의 종류에 협동어린이집 추가 - 보육의 우선 제공 대상에 제1형 당뇨를 가진 영유아 추가
2017.03.14.	- 국가와 지방자치단체가 보호자에게 영유아의 성장·양육방법, 보호자의 역할, 영유아의 인권 등에 대한 교육 실시 및 교육에 필요한 비용 보조 - 직장어린이집에 국가나 지방자치단체의 장이 소속 공무원 및 국가나 지방자치단체의 장과 근로계약을 체결한 자로서 공무원이 아닌 자를 위하여 설치·운영하는 어린이집 추가 - 우선적으로 국공립어린이집을 설치하도록 하는 대상에 산업단지 지역 포함 - 보육교직원이 업무를 수행함에 있어 영유아의 생명·안전보호 및 위험방지를 위하여 주의의무를 다하도록 함 - 보육의 우선 제공 대상에 국가유공자 중 전몰자·순직자 및 상이등급 판정을 받은 자의 자녀 추가 - 영유아의 건강진단 실시여부를 어린이집 생활기록부에 기록하여 관리

연도	주요 내용
2018.12.11.	- 현재 임의사항인 어린이집 평가제도를 모든 어린이집을 대상으로 정기적으로 실시하는 의무적 평가제로 변경하고, 평가인증방식에서 평가등급제 방식으로 전환 - 보육개발원 조항 삭제 및 한국보육진흥원 신설 - 어린이집의 우선 제공 대상에 형제자매가 장애인인 영유아 포함 - 어린이집 관련 위법행위에 대한 공익신고자 포상금 제도
2018.12.24.	- 일시보육 서비스의 명칭을 시간제보육 서비스로 변경 - 예방접종통합관리시스템을 활용하여 매년 정기적으로 영유아의 예방접종 여부를 확인할 의무를 어린이집 원장에게 부여 - 영유아보육료 및 가정양육수당을 신청할 경우 재산 및 소득 관련 정보를 요청할 수 있는 근거 삭제
2019.01.15.	- 지방자치단체의 장이 어린이집의 설치인가 시 해당 지역의 보육 수요를 고려하여 인가 여부 결정 - 표준보육비용을 3년마다 조사
2019.04.30.	- 어린이집은 모든 영유아에게 필수적으로 제공되는 과정인 기본보육과 이를 초과하여 보호자의 욕구 등에 따라 제공되는 연장보육을 구분하여 운영할 수 있도록 하고, 구분된 보육시간별로 이를 전담하는 보육교사 배치
2020.04.07.	- 어린이집 원장이나 보육교사 자격증의 대여·알선 등의 행위 금지
2020.12.29.	- 보육교직원의 권익 보호에 관한 내용을 법률에 명시적으로 규정 - 유아교육보육위원회와 기능 중복으로 설립 이후 현재까지 운영되고 있지 않은 보육정책조정위원회 폐지 - 보육통합정보시스템의 설치·운영 및 위탁 근거를 법률에 명확히 규정 - 건강진단을 국민건강보험법 및 의료급여법에 따른 건강검진으로 대신
2021.06.08.	- 보호자가 자녀 또는 보호아동의 안전을 확인할 목적으로 요청하는 경우 영상정보 원본을 열람할 수 있도록 명시 - 공공형어린이집 지원 사업의 안정적인 수행을 위하여 공공형어린이집 지정 및 운영에 필요한 지원 근거 마련 - 공공형어린이집 지정 취소의 법적 근거를 마련하고, 지정 취소 시 청문 - 어린이집 위생관리 규정 신설
2021.12.21.	- 공공기관 또는 민간기관·단체를 중앙육아종합지원센터로 지정
2022.06.10.	- 직장어린이집 설치 활성화 및 실태조사에 불응하는 사업장에 대해서 1억원 이하 과태료 부과
2023.06.13.	- 표준보육비용을 결정하는 경우 물가상승률, 최저임금 상승률 등을 반영
2023.08.08.	- 영유아의 정의를 '6세 미만의 취학 전 아동'에서 '7세 이하의 취학 전 아동'으로 변경 - 어린이집 CCTV의 영상정보를 변조·훼손하는 등의 행위를 금지행위로 명시하고, 이를 위반하는 경우 5년 이하의 징역 또는 5천만원 이하의 벌금 - 어린이집 우선 이용대상자에 한부모가족지원법에 따른 지원대상자의 손자녀 포함
2023.08.16.	- 기부채납 또는 무상임차의 방식으로 국공립어린이집이 아닌 어린이집을 국공립어린이집으로 전환하여 설치 - 도서·벽지·농어촌지역 등에 있는 어린이집의 경우 어린이집 운영기준 특례
2023.12.26.	- 영유아보육업무가 보건복지부에서 교육부로 이관
2024.01.02.	- 등급제 중심의 어린이집 평가제도에서 등급제를 폐지하고, 과정적, 컨설팅 중심의 평가제도로 개편
2024.01.23.	- 육아종합지원센터의 기능 명시 - 육아종합지원센터에 영유아 발달 지연 예방·상담·치료연계 지원 업무를 수행하는 영유아발달지원전문요원 배치

연도	주요 내용
2024.02.06.	- 지방의 보육 여건을 개선하기 위한 종합적인 시책 수립·추진 - 보육교직원 대체인력의 배치 근거 명시 및 보육교직원 대체인력의 지원 및 관리 업무를 육아종합지원센터의 기능으로 규정 - 어린이집의 원장이 민원 처리를 책임지도록 명시 - 보육교직원의 보육 활동을 보호하기 위해 국가와 지방자치단체가 각종 시책을 수립·시행하도록 하고, 보육교직원의 보육 활동 보호에 관한 사항을 심의하기 위하여 보육활동보호위원회 설치 - 어린이집의 원장 또는 보육교사의 영유아 생활지도 근거를 마련하고, 정당한 생활지도에 대해서는 아동복지법에 따른 금지행위 위반으로 보지 않도록 하며, 보육 활동이 원활히 이루어질 수 있도록 보호자의 협력 의무 부여
2024.02.13.	- 양육수당을 받을 권리와 양육수당으로 지급받은 금품에 대하여 압류 금지 - 보육교사 외에 다른 보육교직원의 인건비도 보조
2024.03.19.	- 성폭력범죄 등의 행위로 인해 형 또는 치료감호가 확정된 사람은 어린이집의 원장 또는 보육교사 자격 취득 금지

3) 영유아보육법의 주요 내용

영유아보육법(2024. 9. 20. 시행, 법률 제20380호)은 총 9장, 56개 조문 및 부칙으로 구성되어 있다. 법의 중요한 내용들을 원칙(목적, 보육이념, 보육계획, 보육실태조사, 보호자 교육), 정의, 적용대상(어린이집 이용대상, 취약보육의 우선실시), 급여의 종류와 내용(보육과정, 건강관리 및 응급조치, 치료 및 예방조치, 급식, 안전, 위생, 양육수당, 보육서비스 이용권, 어린이집의 종류), 보장기관(국가 및 지방자치단체의 책임, 보육교직원, 상담전문요원, 영유아발달지원전문요원, 보육정책위원회, 보육활동보호위원회, 육아종합지원센터, 한국보육진흥원, 보육통합정보시스템, 어린이집연합회), 재정(무상보육, 국가 및 지방자치단체의 비용 보조, 사업주의 비용 부담, 이용자의 보육료 수납, 조세감면), 권리구제 및 벌칙으로 구분하여 살펴본다.

(1) 원칙

영유아보육법은 영유아에 대한 보호·교육과 보호자에 대한 경제사회적 활동 보장으로, 영유아와 가정 복지 증진을 위한 목적으로 제정되었다.

제1조(목적) 이 법은 영유아(嬰幼兒)의 심신을 보호하고 건전하게 교육하여 건강한 사회 구성원으로 육성함과 아울러 보호자의 경제적·사회적 활동이 원활하게 이루어지도록 함으로써 영유아 및 가정의 복지 증진에 이바지함을 목적으로 한다.

영유아 이익 최우선, 안전하고 쾌적한 환경에서의 건강한 성장, 차별 금지라는 보육 이념을 보유하고 있다.

제3조(보육 이념) ① 보육은 영유아의 이익을 최우선적으로 고려하여 제공되어야 한다.
② 보육은 영유아가 안전하고 쾌적한 환경에서 건강하게 성장할 수 있도록 하여야 한다.
③ 영유아는 자신이나 보호자의 성, 연령, 종교, 사회적 신분, 재산, 장애, 인종 및 출생지역 등에 따른 어떠한 종류의 차별도 받지 아니하고 보육되어야 한다.

보육계획 수립·시행(법 제11조), 보육 실태조사(법 제9조), 보호자 교육(법 제9조의2)에 관한 조항을 담고 있다.

제11조(보육계획의 수립 및 시행) ① 교육부장관, 시·도지사 및 시장·군수·구청장은 보육사업을 원활하게 추진하기 위하여 교육부장관의 경우에는 중앙보육정책위원회, 그 밖의 경우에는 각 지방보육정책위원회의 심의를 거쳐 어린이집 수급계획 등을 포함한 보육계획을 수립·시행하여야 한다. 이 경우 보육계획에는 국공립어린이집의 공급에 관한 계획 및 목표가 포함되어야 한다.
제9조(보육 실태 조사) ① 교육부장관은 이 법의 적절한 시행을 위하여 보육 실태 조사를 3년마다 실시하고 그 결과를 공표하여야 한다.
제9조의2(보호자 교육) ① 국가와 지방자치단체는 영유아의 보호자에게 영유아의 성장·양육방법, 보호자의 역할, 영유아의 인권 및 아동학대 예방 등에 대한 교육을 실시하여야 한다.

(2) 정의

영유아보육법의 핵심 개념은 제2조 정의에서 규정하고 있다.

제2조(정의) 이 법에서 사용하는 용어의 뜻은 다음과 같다.

1. "영유아"란 7세 이하의 취학 전 아동을 말한다.

2. "보육"이란 영유아를 건강하고 안전하게 보호·양육하고 영유아의 발달 특성에 맞는 교육을 제공하는 어린이집 및 가정양육 지원에 관한 사회복지서비스를 말한다.

3. "어린이집"이란 영유아의 보육을 위하여 이 법에 따라 설립·운영되는 기관을 말한다.

4. "보호자"란 친권자·후견인, 그 밖의 자로서 영유아를 사실상 보호하고 있는 자를 말한다.

5. "보육교직원"이란 어린이집 영유아의 보육, 건강관리 및 보호자와의 상담, 그 밖에 어린이집의 관리·운영 등의 업무를 담당하는 자로서 어린이집의 원장 및 보육교사와 그 밖의 직원을 말한다.

---

(3) 적용대상

영유아보육법에서 규정하고 있는 영유아는 7세 이하의 취학 전 아동이다. 어린이집 이용대상은 최대 만 12세까지이다(법 제27조). 보육서비스 우선 이용 대상은 영아, 장애아, 다문화가족 아동이다(법 제26조).

제27조(어린이집 이용대상) 어린이집의 이용대상은 보육이 필요한 영유아를 원칙으로 한다. 다만, 필요한 경우 어린이집의 원장은 만 12세까지 연장하여 보육할 수 있다.

제26조(취약보육의 우선 실시 등) ① 국가나 지방자치단체, 사회복지법인, 그 밖의 비영리법인이 설치한 어린이집과 대통령령으로 정하는 어린이집의 원장은 영아·장애아·「다문화가족지원법」 제2조제1호에 따른 다문화가족의 아동

등에 대한 보육(이하 "취약보육"이라 한다)을 우선적으로 실시하여야 한다.

(4) 급여의 종류와 내용

영유아보육법에서는 영유아와 가족을 위한 다양한 급여를 규정하고 있다. 가장 기본이 되는 급여는 보육이다(법 제29조). 보육과정에서 포함될 내용은 영유아의 신체·정서·언어·사회성 및 인지적 발달과 관련한 것이다. 시간제보육 서비스도 명시하고 있다(법 제26조의2).

제29조(보육과정) ① 보육과정은 영유아의 신체·정서·언어·사회성 및 인지적 발달을 도모할 수 있는 내용을 포함하여야 한다.
제26조의2(시간제보육 서비스) ① 국가 또는 지방자치단체는 제34조에 따른 무상보육 및 「유아교육법」 제24조에 따른 무상교육 지원을 받지 아니하는 영유아에 대하여 필요한 경우 시간제보육 서비스를 지원할 수 있다.

영유아보육법에서 명시하고 있는 급여로서, 건강관리 및 응급조치(법 제31조), 치료 및 예방조치(법 제32조), 균형 있고 위생적이며 안전한 급식이 있다(법 제33조).

제31조(건강관리 및 응급조치) ① 어린이집의 원장은 영유아와 보육교직원에 대하여 정기적으로 건강진단을 실시하되, 「국민건강보험법」 제52조 및 「의료급여법」 제14조에 따른 건강검진으로 갈음할 수 있다.
제32조(치료 및 예방조치) ① 어린이집의 원장은 제31조에 따른 건강진단 결과 질병에 감염되었거나 감염될 우려가 있는 영유아에 대하여 그 보호자와 협의하여 질병의 치료와 예방에 필요한 조치를 하여야 한다.
제33조(급식 관리) 어린이집의 원장은 영유아에게 교육부령으로 정하는 바에 따라 균형 있고 위생적이며 안전한 급식을 하여야 한다.

영유아교육법에서는 안전과 위생 관리도 명시하고 있다. 안전과 관련된 조항은 어린이집 차량안전관리(법 제33조의2)와 등·하원 시 영유아 안전관리가 있다(법 제33조의3). 감염병 예방 등을 위한 위생관리도 명시하고 있다(법 제33조의4).

제33조의2(어린이집 차량안전관리) 어린이집의 원장은 영유아의 통학을 위하여 차량을 운영하는 경우 「도로교통법」 제52조에 따라 미리 어린이통학버스로 관할 경찰서장에게 신고하여야 한다.

제33조의3(등·하원 시 영유아 안전관리) ① 어린이집의 원장은 보육교직원을 대상으로 등·하원 시 영유아 안전에 관한 교육을 실시하여야 한다.

② 어린이집의 원장은 등·하원 시 영유아가 담당 보육교사나 부모 등 보호자에게 안전하게 인계될 수 있도록 조치하여야 하고, 모든 영유아가 안전하게 인계되었는지 여부를 확인하여야 한다.

제33조의4(어린이집 위생관리) 어린이집의 원장은 감염병 예방 등을 위하여 교육부령으로 정하는 어린이집의 위생관리기준을 준수하여야 한다.

어린이집이나 유치원을 이용하지 않은 영유아에게 양육수당을 지급할 수 있다(법 제34조의2). 무상보육과 양육수당에 따른 비용 지원을 위해 보육서비스 이용권을 지급할 수 있다(법 제34조의3).

제34조의2(양육수당) ① 국가와 지방자치단체는 어린이집이나 「유아교육법」 제2조에 따른 유치원을 이용하지 아니하는 영유아에 대하여 영유아의 연령을 고려하여 양육에 필요한 비용을 지원할 수 있다.

제34조의3(보육서비스 이용권) ① 국가와 지방자치단체는 제34조(무상보육) 및 제34조의2(양육수당)에 따른 비용 지원을 위하여 보육서비스 이용권(이하 "이용권"이라 한다)을 영유아의 보호자에게 지급할 수 있다.

고딕체로 표기된 부분은 저자가 추가한 것이다.

어린이집의 종류로는 국공립어린이집, 사회복지법인어린이집, 법인·단체등어린이집, 직장어린이집, 가정어린이집, 협동어린이집, 민간어린이집이 있다.

제10조(어린이집의 종류) 어린이집의 종류는 다음 각 호와 같다.
1. 국공립어린이집: 국가나 지방자치단체가 설치·운영하는 어린이집
2. 사회복지법인어린이집:「사회복지사업법」에 따른 사회복지법인(이하 "사회복지법인"이라 한다)이 설치·운영하는 어린이집
3. 법인·단체등어린이집: 각종 법인(사회복지법인을 제외한 비영리법인)이나 단체 등이 설치·운영하는 어린이집으로서 대통령령으로 정하는 어린이집
4. 직장어린이집: 사업주가 사업장의 근로자를 위하여 설치·운영하는 어린이집(국가나 지방자치단체의 장이 소속 공무원 및 국가나 지방자치단체의 장과 근로계약을 체결한 자로서 공무원이 아닌 자를 위하여 설치·운영하는 어린이집을 포함한다)
5. 가정어린이집: 개인이 가정이나 그에 준하는 곳에 설치·운영하는 어린이집
6. 협동어린이집: 보호자 또는 보호자와 보육교직원이 조합(영리를 목적으로 하지 아니하는 조합에 한정한다)을 결성하여 설치·운영하는 어린이집
7. 민간어린이집: 제1호부터 제6호까지의 규정에 해당하지 아니하는 어린이집

(5) 보장기관 및 인력

영유아 보육서비스를 담당하는 보장기관은 국가 및 지방자치단체이다. 국가 및 지방자치단체는 보육 책임 이외에도, 재원의 안정적 확보, 보육교직원의 양성·근로여건 개선·권익 보호, 지방 보육여건 개선에 대한 책임을 갖는다.

제4조(책임) ② 국가와 지방자치단체는 보호자와 더불어 영유아를 건전하게 보육할 책임을 지며, 이에 필요한 재원을 안정적으로 확보하도록 노력하여야 한다.

③ 특별자치시장·특별자치도지사·시장·군수·구청장(자치구의 구청장을 말한다. 이하 같다)은 영유아의 보육을 위한 적절한 어린이집을 확보하여야 한다.

④ 국가와 지방자치단체는 보육교직원의 양성, 근로여건 개선 및 권익 보호를 위하여 노력하여야 한다.

⑤ 국가와 지방자치단체는 지방의 보육 여건을 개선하기 위한 종합적인 시책을 수립·추진하고 지원 방안을 강구하여야 한다.

영유아 보육서비스를 제공하는 주요 인력은 어린이집 원장(법 제18조), 보육교직원(법 제17 제1항), 보조교사(법 제18조 제3항), 대체교사(법 제18조 제4항), 상담전문요원과 영유아발달지원전문요원이 있다(법 제7조). 보육교직원의 책무와 임면을 규정하고 있으며(법 제18조의2, 제19조), 교육부장관이 자격증 교부 책임자이다(법 제22조).

제18조(보육교직원의 직무) ① 어린이집의 원장은 어린이집을 총괄하고 민원처리를 책임지며, 보육교사와 그 밖의 직원을 지도·감독하고 영유아를 보육한다.

제17조(보육교직원의 배치) ① 어린이집에는 보육교직원을 두어야 한다.

② 제24조의2제1항에 따라 보육시간을 구분하여 운영하는 어린이집은 같은 항 각 호에 따른 보육시간별로 보육교사를 배치할 수 있다.

③ 어린이집에는 보육교사의 업무 부담을 경감할 수 있도록 보조교사 등을 둔다.

④ 휴가 또는 보수교육 등으로 보육교사를 비롯한 보육교직원의 업무에 공백이 생기는 경우에는 이를 대체할 수 있는 대체교사 등 보육교직원 대체인력을 배치한다.

제7조(육아종합지원센터) ② 제1항에 따른 중앙육아종합지원센터와 지방육아종합지원센터(이하 "육아종합지원센터"라 한다)에는 육아종합지원센터의 장과 보육에 관한 정보를 제공하는 보육전문요원, 보육교직원의 정서적·심리적 상담 등의 업무를 하는 상담전문요원 및 영유아 발달 지연 예방·상담·치료연계 지원 업무를 하는 영유아발달지원전문요원 등을 둔다.

제18조의2(보육교직원의 책무) ① 보육교직원은 영유아를 보육함에 있어 영유

아에게 신체적 고통이나 고성·폭언 등의 정신적 고통을 가하여서는 아니 된다.

제19조(보육교직원의 임면 등) ② 어린이집의 원장은 보건복지부령으로 정하는 바에 따라 보육교직원의 임면에 관한 사항을 특별자치도지사·시장·군수·구청장에게 보고하여야 한다.

제22조(어린이집의 원장 또는 보육교사 자격증의 교부 등) ① 교육부장관은 제21조제1항 및 제2항에 따라 어린이집의 원장 또는 보육교사의 자격을 검정하고 자격증을 교부하여야 한다.

영유아 보육서비스 조직으로서 보육정책위원회(법 제6조), 보육활동보호위원회(법 제18조의4), 육아종합지원센터(법 제7조), 한국보육진흥원(법 제8조), 보육통합정보시스템(법 제9조의3), 어린이집연합회가 있다(법 제53조).

제6조(보육정책위원회) ① 보육에 관한 각종 정책·사업·보육지도 및 어린이집 평가에 관한 사항 등을 심의하기 위하여 교육부에 중앙보육정책위원회를, 특별시·광역시·특별자치시·도·특별자치도(이하 "시·도"라 한다) 및 시·군·구(자치구를 말한다. 이하 같다)에 지방보육정책위원회를 둔다.

제18조의4(보육활동보호위원회의 설치·운영) ① 보육교직원의 보육 활동 보호에 관한 다음 각 호의 사항을 심의하기 위하여 제6조제1항에 따른 중앙보육정책위원회의 전문위원회로 보육활동보호위원회를 둔다.

제7조(육아종합지원센터) ① 다음 각 호의 업무를 수행하기 위하여 교육부장관은 중앙육아종합지원센터를, 특별시장·광역시장·특별자치시장·도지사·특별자치도지사(이하 "시·도지사"라 한다) 및 시장·군수·구청장은 지방육아종합지원센터를 설치·운영하여야 한다. 이 경우 필요하다고 인정하는 경우에는 영아·장애아 보육 등에 관한 육아종합지원센터를 별도로 설치·운영할 수 있다.

제8조(한국보육진흥원의 설립 및 운영) ① 보육서비스의 질 향상을 도모하고 보육정책을 체계적으로 지원하기 위하여 한국보육진흥원(이하 "진흥원"이라 한다)을 설립한다.

제9조의3(보육통합정보시스템 구축·운영) ① 교육부장관은 이 법에 따른 보육업무에 필요한 각종 자료 또는 정보의 효율적 처리와 기록·관리 업무의 전

자화를 위하여 보육통합정보시스템을 구축·운영할 수 있다.

제53조(어린이집연합회) ① 보육사업의 원활한 추진과 어린이집의 균형적인 발전, 어린이집 간의 정보 교류 및 상호 협조 증진을 위하여 어린이집연합회를 설립할 수 있다.

(6) 재정

영유아보육법에서는 무상보육을 명시하고 있다(법 제34조). 국가 또는 지방자치단체는 보육서비스 운영에 소요되는 비용을 보조하며(법 제36조), 어린이집 설치 사업주는 비용을 부담하여야 하며(법 제37조), 어린이집을 이용하는 영유아의 보호자도 보육료와 필요경비를 부담할 수 있다(법 제38조). 직장어린이집 설치·운영 시 조세감면 혜택을 받는다(법 제39조).

제34조(무상보육) ① 국가와 지방자치단체는 영유아에 대한 보육을 무상으로 하되, 그 내용 및 범위는 대통령령으로 정한다.

제36조(비용의 보조 등) 국가나 지방자치단체는 대통령령으로 정하는 바에 따라 제10조에 따른 어린이집의 설치, 보육교직원(대체교사를 포함한다)의 인건비, 초과보육(超過保育)에 드는 비용 등 운영 경비 또는 지방육아종합지원센터의 설치·운영, 보육교직원의 복지 증진, 취약보육의 실시 등 보육사업에 드는 비용, 제15조의4에 따른 폐쇄회로 텔레비전 설치비의 전부 또는 일부를 보조한다.

제37조(사업주의 비용 부담) 제14조에 따라 어린이집을 설치한 사업주는 대통령령으로 정하는 바에 따라 그 어린이집의 운영과 보육에 필요한 비용의 전부 또는 일부를 부담하여야 한다.

제38조(보육료의 수납 등) ① 제12조부터 제14조까지의 규정에 따라 어린이집을 설치·운영하는 자는 그 어린이집의 소재지를 관할하는 시·도지사가 정하는 범위에서 그 어린이집을 이용하는 자로부터 보육료와 그 밖의 필요경비 등을 받을 수 있다.

제39조(세제 지원) ① 제14조와 제37조에 따라 사업주가 직장어린이집을 설

치·운영하는 데에 드는 비용과 보호자가 영유아의 보육을 위하여 지출한 보육료와 그 밖에 보육에 드는 비용에 관하여는 「조세특례제한법」에서 정하는 바에 따라 조세를 감면한다.

(7) 권리구제 및 벌칙

권리구제에 관하여, 공공형어린이집 지정 취소 등의 행정처분 시 청문절차가 필요하다.

제49조(청문) 교육부장관, 시·도지사 및 시장·군수·구청장은 제30조의3에 따른 공공형어린이집 지정 취소 및 제45조부터 제48조까지의 행정처분을 하려면 청문을 하여야 한다.

법적 실효성 보장을 위하여 다양한 벌칙 규정이 있다. 예를 들어 "영상정보를 유출·변조·훼손 또는 멸실 행위"에 대하여 5년 이하의 징역 또는 5천만원 이하의 벌금에 처할 수 있다.

제54조(벌칙) ① 제15조의5제5항을 위반하여 영상정보를 유출·변조·훼손 또는 멸실한 자는 5년 이하의 징역 또는 5천만원 이하의 벌금에 처한다.

직장어린이집이 꾸준히 확대되었다!

1991년 1월 14일 영유아보육법 제정을 통해, 보육시설의 종류 중 하나로 '직장보육시설'을 명시하고, "사업주가 사업장의 근로자를 위하여 설치·운영하는 시설"로 정의하였다. 2014년 5월 20일 법률 개정을 통해, 사업주가 직장어린이집 설치의무를 이행하는 대신 근로자에게 보육수당을 지원하도록 하는 제도 폐지함으로써 직장어린이집 설치의무를 강화하였다. 또한 직장어린이집 설치의무 미이행 사업장 명단 공표의 기간을 1년으로 연장하며, 2개의 일간지에 게재하는 등 제재를 강화하였고, 직장어린이집 설치의무 미이행 사업장에 대한 시정명령 및 이행 강제금도 신설하였다. 2022년 6월 10일 법률 개정을 통해, 직장어린이집 설치 활성화 및 실태조사에 불응하는 사업장에 대해서 1억 원 이하 과태료를 부과하도록 하였다.

직장어린이집을 직접 설치한 사업장은 꾸준히 증가해 왔다. 2023년 기준 직장어린이집 설치 사업장 수는 1,120개이며, 직장어린이집 설치 비율은 68.3%이다.

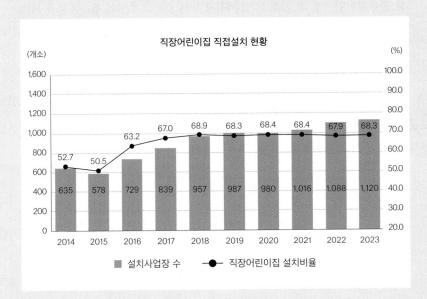

그림 10-2 직장어린이집 직접설치 현황
출처: e-나라지표(2024).

생각해 볼 과제

1   어린이집과 유치원에서의 보육교직원에 의한 아동학대 사례가 발생하고 있다. 어린이집과 유치원에서 아동학대문제를 해결하기 위하여 영유아보육법에서 어떤 조항을 개정해야 하는지에 대하여 자신의 의견과 함께 그 근거를 이야기해 보자.

2   우리나라에서는 무상보육이 법적으로 보장되어 있지만, 실제 보육서비스는 민간 보육서비스 기관에 과도하게 의존하고 있다. 이러한 민간 기관에의 과도한 의존을 극복하기 위하여 영유아보육법에서 어떤 조항을 개정해야 하는지에 대하여 자신의 의견과 함께 그 근거를 이야기해 보자.

3   유아교육(유치원)과 영유아보육(어린이집)의 유보통합의 성공적 정착을 위해, 법적으로 교사 양성 체계를 어떻게 구축해야 하는지에 대하여 자신의 의견과 함께 그 근거를 이야기해 보자.

6. 다문화가족지원법

1) 다문화가족지원법의 의의

결혼이주여성은 언어적·문화적 차이로 인해 새로운 사회에 적응하기 어렵다. 다문화가족 아동과 청소년은 학교생활에 적응하기 어려워하고 또래집단과의 관계 형성에 주저한다. 남편도 다른 문화적 배경을 가진 결혼이주여성과의 갈등으로 인해, 이혼, 별거 등의 가족해체가 발생하기도 한다. 이에 국가적 차원에서 다문화가족 구성원의 안정적 가족생활과 적극적 사회참여 보장을 위해 2008년 다문화가족지원법이 제정되었다.

다문화가족지원법의 제정은 결혼이주여성, 다문화가족 아동·청소년, 한국인 남편이 겪는 가정 및 사회에서의 어려움을 국가책임으로 인식하였다는 점에서 의의를 갖는다. 가정 내에서 발생하는 가정폭력, 불평등한 부부관계, 다문화가족 아동·청소년에 대한 사회적 편견과 배제 문제 등의 대응을 위해서, 국가와 지방자치단체가 하나의 주체가 되었다는 점도 중요한 의미를 갖는다.

2) 다문화가족지원법의 연혁

(1) 다문화가족지원법의 제정

2008년 3월 21일 다문화가족지원법이 제정 및 시행되었다. 당시 제정이
유로 "결혼이민자 및 그 자녀 등으로 구성되는 다문화가족은 언어 및 문화적
차이로 인하여 사회부적응과 가족구성원 간 갈등 및 자녀교육에 어려움을 겪
고 있음에 따라, 전문적인 서비스를 제공"하기 위한 것이라고 밝혔다(법제처
국가법령정보센터, 2004).

2008년 제정 당시 다문화가족지원법에서는 국가와 지방자치단체의 책
무와 3년 주기의 실태조사를 규정하였다. 지원제도로서, 생활정보 제공 및 교
육 지원, 가정폭력 피해자에 대한 보호·지원, 산전·산후 건강관리 지원, 아동
보육·교육, 다국어에 의한 서비스 제공 등을 명시하였다.

(2) 다문화가족지원법의 주요 개정 내용

다문화가족지원법의 제정은 언어 및 문화적 차이로 결혼이민자와 다문
화가족이 겪는 삶의 문제를 해결하고자 법적 차원에서 대응했다는 점에서 의
의를 갖는다. 그러나 다문화가족에 대한 사회적 편견, 다문화가족 아동·청소
년의 학교생활 부적응, 결혼이민자의 언어습득의 어려움, 결혼이민자의 경
제활동에서의 한계, 다문화가족의 해체 등 다양한 문제가 제기되었다. 이에
2008년 다문화가족지원법 제정 이후 수차례에 걸쳐 개정되었는데, 주요 개
정내용은 표 10-9와 같다.

표 10-9 다문화가족지원법의 주요 개정 연혁

연도	주요 내용
2008.03.21.	- 다문화가족지원법 제정, 2008년 9월 22일 시행 - 평등한 가족관계의 유지, 가정폭력 피해자 보호·지원, 다국어에 의한 서비스 제공, 다문화가족지원센터의 지정
2011.04.04.	- 다문화가족의 범위에 출생에 따른 국적취득자뿐만 아니라 인지와 귀화에 따른 국적취득자도 포함 - 다문화가족 지원을 위한 5년 단위 기본계획 및 시행계획의 수립 - 국무총리 소속으로 다문화가족정책위원회 설치 - 학교에서 다문화가족에 대한 이해를 돕는 교육 실시 - 결혼이민자 등에 대한 한국어교육 지원 및 다문화가족지원센터의 업무에 결혼이민자 등에 대한 한국어교육 추가
2012.02.01.	- 지방자치단체에 다문화가족 지원을 담당할 기구와 공무원을 두도록 함 - 다문화가족지원센터를 설치·운영할 수 있도록 하고, 지원센터의 설치·운영을 법인·단체에 위탁할 수 있도록 하며, 국가 또는 지방자치단체 외의 자가 지원센터를 설치·운영하려는 경우에는 시·도지사 또는 시장·군수·구청장의 지정을 받도록 함 - 전문인력의 자질과 능력 향상을 위하여 보수교육 의무적 실시 - 전문인력을 양성하기 위하여 대학·연구소 등 적절한 인력과 시설 등을 갖춘 기관·단체를 전문인력 양성기관으로 지정·관리
2013.03.22.	- "다문화 이해교육과 홍보"를 "다문화 이해교육을 실시하고 홍보"로 수정 - "한국어교육을"을 "한국어 및 결혼이민자등인 부 또는 모의 모국어 교육을"로 수정
2013.08.13.	- 다문화가족 종합정보 전화센터의 설치·운영 신설 - 유사명칭 사용 금지: 민간시설을 공공시설로 오인하지 않도록 하기 위함 - 다문화가족 자녀에 대한 적용 특례: 이혼 등의 사유로 해체된 다문화가족 자녀의 인권을 보호하기 위함
2015.12.01.	- 아동·청소년에 대한 정의 조항 신설: '아동'에서 보호 범위를 넓혀 '청소년' 포함 - '아동·청소년'에 대하여 실태조사와 보육·교육 지원을 할 수 있도록 법문의 표현을 명확하게 정비 - 다문화가족에 대한 이해를 증진하는 사회통합 홍보영상을 제작, 지상파방송의 공익광고에 송출 요청 - 방문교육의 비용을 차등 지원할 수 있도록 하는 규정을 신설하고, 비용지원의 신청 등 절차 마련 - 결혼이민자 등이 사회적응을 위한 교육을 받을 수 있도록 다문화가족 구성원 등이 노력할 것을 명문화 - 교육기관의 장으로 하여금 아동·청소년 보육·교육을 실시함에 있어 다문화가족 구성원인 아동·청소년이 차별을 받지 아니하도록 필요한 조치를 하도록 함
2015.12.22.	- 목적 조항에서 '영위할'을 '영위하고 사회구성원으로서의 역할과 책임을 다할'로 수정 - 기본계획 조항에서 "다문화가족 구성원의 경제·사회·문화 등 각 분야에서 활동 증진에 관한 사항" 명문화
2016.03.02.	- 다문화가족 아동·청소년에 대한 학습 및 생활지도 정보 제공 추가 - 다문화가족지원센터에 대한 운영비 지원 근거 마련
2017.03.21.	- 다문화가족 아동·청소년의 교육현황 및 아동·청소년의 다문화가족 인식 실태조사를 교육부장관과 협의하여 실시하도록 실태조사 내용 보완
2017.12.12.	- 교원에 대한 다문화이해 교육 또는 연수 실시 의무화 - 배우자 및 가족구성원이 결혼이민자 등의 출신 국가 및 문화 등을 이해하는데 필요한 정보를 제공하고 관련 교육 지원
2020.05.19.	- 다문화가족 지원을 위한 기본계획을 수립하면 지체 없이 국회 소관 상임위원회에 보고 - 비상업적 공익광고 홍보영상 송출을 요청할 수 있는 사업자를 '지상파방송사업자'에서 '방송사업자'로 확대 - 다문화가족지원센터의 기능에서 다문화가족 내 가정폭력 방지 및 피해자 연계 지원 추가

3) 다문화가족지원법의 주요 내용

다문화가족지원법(2020. 5. 19. 시행, 법률 제17281호)은 17개 조문 및 부칙으로 구성되어 있다. 법의 중요한 내용들을 원칙(목적, 다문화가족에 대한 이해증진, 평등한 가족관계의 유지를 위한 조치, 기본계획, 연도별 시행계획, 실태조사), 정의, 적용대상, 급여의 종류와 내용(생활정보 제공 및 교육 지원, 아동·청소년 보육·교육, 다국어에 의한 서비스 제공, 가정폭력 피해자에 대한 보호·지원, 의료 및 건강관리를 위한 지원), 보장기관(국가 및 지방자치단체의 책무, 담당 공무원, 전문인력 양성, 다문화가족정책위원회, 다문화가족지원센터, 다문화가족 종합정보 전화센터), 재정(비용의 보조, 민간단체 지원), 권리구제 및 벌칙으로 구분하여 살펴본다.

(1) 원칙

다문화가족지원법은 다문화가족 구성원이 안정적인 가족생활을 영위하고 사회구성원으로서의 역할과 책임을 다할 수 있도록 하기 위한 목적으로 제정되었다.

> 제1조(목적) 이 법은 다문화가족 구성원이 안정적인 가족생활을 영위하고 사회구성원으로서의 역할과 책임을 다할 수 있도록 함으로써 이들의 삶의 질 향상과 사회통합에 이바지함을 목적으로 한다.

다문화가족지원법은 다문화가족에 대한 사회적 차별 및 편견을 예방하고 사회구성원이 문화적 다양성을 인정하고 존중하도록 하기 위한 이념을 갖고 있다(법 제5조). 또한 민주적이고 양성평등한 가족관계를 위한 전문적 서비스 제공을 위해 노력하여야 함을 명시하고 있다(법 제7조).

> 제5조(다문화가족에 대한 이해증진) ①국가와 지방자치단체는 다문화가족에

대한 사회적 차별 및 편견을 예방하고 사회구성원이 문화적 다양성을 인정하고 존중할 수 있도록 다문화 이해교육을 실시하고 홍보 등 필요한 조치를 하여야 한다.

제7조(평등한 가족관계의 유지를 위한 조치) 국가와 지방자치단체는 다문화가족이 민주적이고 양성평등한 가족관계를 누릴 수 있도록 가족상담, 부부교육, 부모교육, 가족생활교육 등을 추진하여야 한다. 이 경우 문화의 차이 등을 고려한 전문적인 서비스가 제공될 수 있도록 노력하여야 한다.

여성가족부장관은 다문화가족 지원을 위한 기본계획을 수립하여야 한다(법 제3조의2). 이 기본계획에 따라 매년 시행계획을 수립·시행하여야 한다(법 제3조의3). 3년 주기의 다문화가족 실태조사 규정이 있다(법 제4조).

제3조의2(다문화가족 지원을 위한 기본계획의 수립) ① 여성가족부장관은 다문화가족 지원을 위하여 5년마다 다문화가족정책에 관한 기본계획(이하 "기본계획"이라 한다)을 수립하여야 한다.

제3조의3(연도별 시행계획의 수립·시행) ① 여성가족부장관, 관계 중앙행정기관의 장과 시·도지사는 매년 기본계획에 따라 다문화가족정책에 관한 시행계획(이하 "시행계획"이라 한다)을 수립·시행하여야 한다.

제4조(실태조사 등) ① 여성가족부장관은 다문화가족의 현황 및 실태를 파악하고 다문화가족 지원을 위한 정책수립에 활용하기 위하여 3년마다 다문화가족에 대한 실태조사를 실시하고 그 결과를 공표하여야 한다.

(2) 정의

다문화가족지원법의 핵심 개념은 제2조 정의에서 규정하고 있다.

제2조(정의) 이 법에서 사용하는 용어의 뜻은 다음과 같다.
1. "다문화가족"이란 다음 각 목의 어느 하나에 해당하는 가족을 말한다.

가. 「재한외국인 처우 기본법」 제2조제3호의 결혼이민자와 「국적법」 제2조부터 제4조까지의 규정에 따라 대한민국 국적을 취득한 자로 이루어진 가족
나. 「국적법」 제3조 및 제4조에 따라 대한민국 국적을 취득한 자와 같은 법 제2조부터 제4조까지의 규정에 따라 대한민국 국적을 취득한 자로 이루어진 가족
2. "결혼이민자등"이란 다문화가족의 구성원으로서 다음 각 목의 어느 하나에 해당하는 자를 말한다.
가. 「재한외국인 처우 기본법」 제2조제3호의 결혼이민자
나. 「국적법」 제4조에 따라 귀화허가를 받은 자
3. "아동·청소년"이란 24세 이하인 사람을 말한다.

(3) 적용대상

다문화가족지원법에서 규정하고 있는 다문화가족은 제2조 정의 규정에서 명시된 다문화가족, 결혼이민자, 24세 이하의 다문화가족 아동·청소년이다. 이외에 사실혼 배우자 및 자녀(법 제14조)와 이혼가정의 자녀(법 제14조의2)도 포함된다.

제14조(사실혼 배우자 및 자녀의 처우) 제5조부터 제12조까지의 규정은 대한민국 국민과 사실혼 관계에서 출생한 자녀를 양육하고 있는 다문화가족 구성원에 대하여 준용한다.
제14조의2(다문화가족 자녀에 대한 적용 특례) 다문화가족이 이혼 등의 사유로 해체된 경우에도 그 구성원이었던 자녀에 대하여는 이 법을 적용한다.

(4) 급여의 종류와 내용

다문화가족지원법에서는 다문화가족을 위한 다양한 급여를 규정하고 있다. 주요한 급여는 생활정보 제공 및 교육 지원(법 제6조), 아동·청소년 보육·교육(법 제10조), 다국어에 의한 서비스 제공(법 제11조)이다.

제6조(생활정보 제공 및 교육 지원) ① 국가와 지방자치단체는 결혼이민자등이 대한민국에서 생활하는데 필요한 기본적 정보(아동·청소년에 대한 학습 및 생활지도 관련 정보를 포함한다)를 제공하고, 사회적응교육과 직업교육·훈련 및 언어소통 능력 향상을 위한 한국어교육 등을 받을 수 있도록 필요한 지원을 할 수 있다.

제10조(아동·청소년 보육·교육) ① 국가와 지방자치단체는 아동·청소년 보육·교육을 실시함에 있어서 다문화가족 구성원인 아동·청소년을 차별하여서는 아니 된다.

제11조(다국어에 의한 서비스 제공) 국가와 지방자치단체는 제5조부터 제10조까지의 규정에 따른 지원정책을 추진함에 있어서 결혼이민자등의 의사소통의 어려움을 해소하고 서비스 접근성을 제고하기 위하여 다국어에 의한 서비스 제공이 이루어지도록 노력하여야 한다.

이 외에도 가정폭력 피해자에 대한 보호·지원(법 제8조), 의료 및 건강관리를 위한 지원(법 제9조) 조항이 있다.

제8조(가정폭력 피해자에 대한 보호·지원) ① 국가와 지방자치단체는 「가정폭력방지 및 피해자보호 등에 관한 법률」에 따라 다문화가족 내 가정폭력을 예방하기 위하여 노력하여야 한다

제9조(의료 및 건강관리를 위한 지원) ①국가와 지방자치단체는 결혼이민자등이 건강하게 생활할 수 있도록 영양·건강에 대한 교육, 산전·산후 도우미 파견, 건강검진 등의 의료서비스를 지원할 수 있다.

(5) 보장기관 및 인력

다문화가족을 위한 지원사업을 제공하는 보장기관은 국가 및 지방자치단체이다.

> 제3조(국가와 지방자치단체의 책무) ① 국가와 지방자치단체는 다문화가족 구성원이 안정적인 가족생활을 영위하고 경제·사회·문화 등 각 분야에서 사회구성원으로서의 역할과 책임을 다할 수 있도록 필요한 제도와 여건을 조성하고 이를 위한 시책을 수립·시행하여야 한다.

실질적인 서비스 제공 담당인력은 다문화가족 지원 담당 공무원이며(법 제3조), 해당 공무원은 다문화가족에 이해증진 및 전문성 향상 교육을 받을 필요가 있다(법 제13조). 이외에도 다문화가족지원사업 전문인력 양성 규정이 있다(법 제13조의2).

> 제3조(국가와 지방자치단체의 책무) ② 특별시·광역시·특별자치시·도·특별자치도 및 시·군·구(자치구를 말한다. 이하 같다)에는 다문화가족 지원을 담당할 기구와 공무원을 두어야 한다.
> 제13조(다문화가족 지원업무 관련 공무원의 교육) 국가와 지방자치단체는 다문화가족 지원 관련 업무에 종사하는 공무원의 다문화가족에 대한 이해증진과 전문성 향상을 위하여 교육을 실시할 수 있다.
> 제13조의2(다문화가족지원사업 전문인력 양성) ① 국가 또는 지방자치단체는 다문화가족지원 및 다문화 이해교육 등의 사업 추진에 필요한 전문인력을 양성하는 데 노력하여야 한다.

다문화가족 지원사업과 관련된 기구로는 국무총리 소속 다문화가족정책위원회(법 제3조의4), 다문화가족지원센터(법 제12조) 및 다문화가족 종합정보 전화센터(법 제11조의2)가 있다.

> 제3조의4(다문화가족정책위원회의 설치) ① 다문화가족의 삶의 질 향상과 사회통합에 관한 중요 사항을 심의·조정하기 위하여 국무총리 소속으로 다문화가족정책위원회(이하 "정책위원회"라 한다)를 둔다.

제12조(다문화가족지원센터의 설치·운영 등) ① 국가와 지방자치단체는 다문화가족지원센터(이하 "지원센터"라 한다)를 설치·운영할 수 있다.

제11조의2(다문화가족 종합정보 전화센터의 설치·운영 등) ① 여성가족부장관은 다국어에 의한 상담·통역 서비스 등을 결혼이민자등에게 제공하기 위하여 다문화가족 종합정보 전화센터(이하 "전화센터"라 한다)를 설치·운영할 수 있다. 이 경우「가정폭력방지 및 피해자보호 등에 관한 법률」제4조의6제1항 후단에 따른 외국어 서비스를 제공하는 긴급전화센터와 통합하여 운영할 수 있다.

(6) 재정

다문화가족 지원사업에 소요되는 재원은 국가 또는 지방자치단체의 부담을 원칙으로 하고 있다(법 제12조). 또한 국가 또는 지방자치단체는 다문화가족 지원 사업을 수행하는 단체나 개인에 대하여 지원할 수 있다(법 제16조).

제12조(다문화가족지원센터의 설치·운영 등) ⑥ 국가와 지방자치단체는 제3항에 따라 지정한 지원센터에 대하여 예산의 범위에서 제4항 각 호의 업무를 수행하는 데에 필요한 비용 및 지원센터의 운영에 드는 비용의 전부 또는 일부를 보조할 수 있다.

제16조(민간단체 등의 지원) ① 국가와 지방자치단체는 다문화가족 지원 사업을 수행하는 단체나 개인에 대하여 필요한 비용의 전부 또는 일부를 보조하거나 그 업무수행에 필요한 행정적 지원을 할 수 있다.

(7) 권리구제 및 벌칙

권리구제에 관한 조항은 부재하다. 법적 실효성 보장을 위하여 벌칙 규정이 있다. 예를 들어 "유사명칭 사용 금지 위반"에 대하여 300만원 이하의 벌금에 처할 수 있다.

제17조(과태료) ① 제12조의3(유사명칭 사용 금지)을 위반한 자에게는 300만원 이하의 과태료를 부과한다.

고딕체로 표기된 부분은 저자가 추가한 것이다.

| 법률 개정으로 무엇이 바뀌었는가? |

다국어 서비스 제공이 확대되었다!

2008년 9월 22일 다문화가족지원법 제정을 통해, 다국어 서비스를 명시하였다. 동법 제11조(다국어에 의한 서비스 제공)에 따르면, "국가와 지방자치단체는 제5조부터 제10조까지의 규정에 따른 지원정책을 추진함에 있어서 결혼이민자등의 의사소통의 어려움을 해소하고 서비스 접근성을 제고하기 위하여 다국어에 의한 서비스 제공이 이루어지도록 노력하여야 한다"고 규정하였다. 다국어 서비스 초기에는 한국어, 영어, 일본어, 중국어, 베트남어, 크메르어(캄보디아) 총 6개 언어였는데, 2012년 12월 15일 다누리 홈페이지 서비스 제공을 시작하면서 몽골어와 러시아어까지 추가하여 8개 언어로 확대하였다. 2024년 다누리 누리집에서 제공하는 다국어는 기존보다 타갈로그어(필리핀), 우즈베크어, 라오스어, 타이어(태국), 네팔어가 추가되어 총 13개 언어이다.

그림 10-3 다누리 누리집에서 제공하는 다국어 서비스 13개 언어
출처: 다누리(2024)

생각해 볼 과제

1   결혼이주여성은 언어적·문화적 차이로 인해 남편과의 갈등, 자녀와의 갈등, 경제활동 참여의 한계, 사회적 관계망의 약화 등을 경험하고 있다. 결혼이주여성을 위한 지원제도 확충을 위하여 어떠한 조항을 개정해야 하는지에 대하여 자신의 의견과 함께 그 근거를 이야기해 보자.

2   다문화가족 아동·청소년은 학교생활 적응의 어려움, 또래집단과의 관계 형성의 어려움, 경제활동의 어려움 등 다양한 부적응 사례를 보이고 있다. 다문화가족 아동·청소년을 위한 지원제도가 변화하기 위하여 어떠한 조항을 개정해야 하는지에 대하여 자신의 의견과 함께 그 근거를 이야기해 보자.

3   다문화가족의 가족해체 문제가 지속적으로 발생하고 있다. 법률에서 명시하고 있는 다문화가족의 안정적인 가족생활을 위해서는 어떠한 조항을 개정해야 하는지에 대하여 자신의 의견과 함께 그 근거를 이야기해 보자.

찾아보기

1인 1표제 82
1종 의료보험 468
2종 의료보험 468
4.19민주이념 105

A값 436

ㄱ
─────────

가구제 186, 190
가사근로자의 고용개선 등에 관한 법률 144
가입기간 합산 97, 445
가입 대상 437
가입자 475
가입자의 종류 475
가입자 자격의 상실 441
가입자 자격의 취득 440
가정봉사원 304
가정양육수당 651
가정어린이집 657
가정위탁 586, 587, 593
가정위탁지원센터 603
가정폭력 588
가정폭력방지 및 피해자보호 등에 관한 법률 144
가정폭력 피해자 669
가정폭력 피해자 보호·지원 665
가족관계등록 전산정보자료 471
가족급여 89
가족부양 우선의 원칙 327
가족요양비 500
가족제도의 유지·발전 573
가족지원서비스 642
가치 24
가치관 26
간병급여 543, 554

강제가입 56
강제규범 24
강제실종방지협약 95
강제징수 56
강행규정 220
개별가구 330
개별법 231
개별성의 원칙 327
개별연장급여 529
개인별장기요양이용계획서 495, 512
개인정보 251
개인주의 124
갱생보호법 143
거부처분 189
거부처분 취소소송 189
거주·이전의 자유 103
건강 589
건강가정지원법 144
건강검진 480, 651
건강관리 및 응급조치 655
건강권 106
건강보험 473
건강보험료 488
건강보험료 체납자 470
건강보험 보장성 490
건강보험분쟁조정위원회 183, 489
건강보험심사평가원 469, 482
건강보험 요양급여 548
건강보험의 우선 적용 548
건강보험재정 468, 470
건강보험정책심의위원회 483
건강보험증 471
건강손상자녀 546
건강증진 473, 496
건강진단 577

건강한 심신의 보존 600
건설일용근로자 519
결격사유 313, 493, 650
결혼이민자 668
경로당 572, 579
경로연금 570
경로우대 577
경제권 106
경제적·사회적·문화적 권리에 관한 국제규약
  (A규약) 92
경제정의실천시민연합 192
경찰원호법 143
계약의 자유 82
계약 자유의 원칙 124
고객의 폭언 546
고대노예제 사회 123
고령 496
고령자등 고용촉진 526
고령자의 상병보상연금 556
고령자의 휴업급여 553
고령친화도시 574
고문방지협약 94
고발 176
고소 176
고시 41
고액·상습 체납자 433
고용보험기금 537
고용보험료율 516
고용보험법 144, 514
고용보험사업 522
고용보험심사관 535
고용보험심사위원회 536
고용보험위원회 518, 535
고용보험 임의가입제도 518
고용보험 적용제외자 520
고용안정 및 취업 촉진 526
고용안정·직업능력개발 사업 525, 518
고용의 촉진 522, 641
고용정보시스템 520
고용정보의 제공 527
고용지원 연계 641
고용창출 525
고용허가제 493

고의성 127
공공과 민간의 서비스 연계 264
공공복리 27, 111
공공부조 239
공공부조급여청구권 113
공공성 243, 288
공공형어린이집 651
공교공단 139
공권력 175
공급주체 46
공동생활가정 586, 602, 635
공동선 24
공무담임권 106
공무원 474
공무원교직원의료보험관리공단 139
공무원 및 사립학교교직원 의료보험법 143
공무원연금법 143
공민 82
공민권 82
공법 35, 173
공법인 46
공익기획소송 190
공익변호사 190
공익소송운동 192
공익입법운동 167
공익적 목적 35
공정성 181, 263, 287
공정·투명·적정 288
공정·투명·적정 제공 264
공청회 156
공포 32, 41, 159
공포절차 164
공화국 82
과실성 127
과실 책임의 원칙 125
과잉금지 117
과징금 472
과태료 49
관계 기관과의 협의 160
관리운영기관 507
관리체계 46
관습 33
관습법 33

관장 458, 482

관행 33

광역 구직활동비 530

교섭단체 150

교육 619

교육감 47

교육급여 335

교육위원회 151

교육 지원 669

교직원 474

구빈원 128

구상권 481

구속력 32

구직급여 516, 520, 527

구직급여의 수급 요건 532

구직급여일액 519, 528

구직자 취업촉진 및 생활안정지원에 관한 법률 144

구직 활동 522

구체적 권리설 109

구호사업 135

국가 및 지방자치단체의 의무 374

국가 및 지방자치단체의 책무 390, 407, 506

국가배상청구소송 176

국가법령정보센터 33

국가보상청구권 106

국가시험 310

국가아동학대정보시스템 588

국가와 지방자치단체의 책무 421, 603, 670

국가와 지방자치단체의 책임 252, 627

국가유공자특별원호법 143

국가의 부담 및 지원 562

국가의 책무 458

국가이념 26

국고 부담 460, 536, 542

국고 지원 470, 472

국공립어린이집 657

국공립어린이집 우선 이용 649

국·공립 장기요양기관 495

국내법 35

국무회의 160

국민건강보험공단 468

국민건강보험법 144, 465, 468

국민건강보험종합계획의 수립 473

국민국가 131

국민권익위원회 184

국민기초생활보장법 144, 168, 321

국민기초생활보장법 개정 144

국민기초생활보장법 입법운동 167

국민보건 473

국민복지연금법 143

국민생활 105

국민생활의 균등한 향상 105

국민연금 가입기간 442

국민연금공단의 설립 458

국민연금기금 432

국민연금법 143, 429

국민연금 보험료의 지원 536

국민연금심사위원회 182, 489

국민연금심의위원회 459

국민연금재심사위원회 182

국민연금 재정 계산 461

국민의 권리와 의무 51

국민의료보험공단 468

국민의료보험관리공단 139

국민의료보험법 144, 468

국민의 책임 252, 616

국민주택 642

국민참여입법센터 169

국비 424

국외의 사업에 대한 특례 550

국적 668

국적취득자 665

국제기구 32

국제노동기구 85

국제법 32, 35, 237

국제사회보장협회 85

국제사회복지협의회 85

국제선언 85

국제연합 85

국제조약 85

국토교통위원회 151

국회 31

국회 의안정보시스템 158

국회의 행정입법검토제도 165

국회입법예고시스템 169

군복무크레딧 432, 443
군사원호법 143
군사원호보상법 143
군사쿠데타 138
군인연금법 143
권리 27, 105
권리구제 222, 249, 257
권리구제의 보장성 222
권리구제 절차 48, 177
권리보장 590
권리성 43, 221
권리와 의무 235
권한 32
규범적 실효성 46, 222
규범적 타당성 42, 221
규제개혁위원회 심사 160
규칙 32
균일처우의 원칙 130
근로3권 52
근로계약 520
근로계약기간 520
근로기준법 143
근로복지공단 543
근로복지공사 543
근로의 권리 51
근로자 434, 473, 522, 549
금고 49
금융정보 268
급식 관리 655
급식최저단가 588
급여 221
급여 대상 여부의 확인 361
급여비용의 부담 360
급여비용의 청구와 지급 361
급여사용기간의 무제한성 221
급여사용의 무제약성 221
급여 송금 보장 98
급여 수급의 요건 45
급여수당척도 129
급여수준의 적절성 90, 221
급여의 결정 339
급여의 기본원칙 327
급여의 기준 327

급여의 변경 340
급여의 수준 45
급여의 신청 338
급여의 실시 339
급여의 제한 456, 480, 481
급여의 종류 45, 333
급여의 중지 340
급여의 지급방법 340
급여의 지급 제한 535
급여의 환수 457
급여종류의 포괄성 221
급여주기의 단기성 221
급여형태의 자율성 221
기간제근로자 520, 531
기금계정의 설치 537
기금운용 계획 537
기금의 관리 및 운용 461, 537
기금의 설치 및 조성 461
기금의 용도 537
기금의 적립 537
기본연금액 446
기본욕구 239
기본원칙 382
기본 이념 231, 573, 590
기여금 435
기자회견 168
기준소득월액 431, 435, 436, 446
기준 중위소득 331
기초급여 400
기초급여액 400
기초노령연금 571
기초노령연금법 144
기초연금법 144, 410
기초연금 수급권 414
기초연금 수급권의 상실 420
기초연금 수급권자 414
기초연금 수급권자의 범위 414
기초연금 수급자 414
기초연금액 산정의 특례 416
기초연금액의 감액 417
기초연금액의 산정 415
기초연금액의 적정성 평가 418
기초연금액의 한도 417

기초연금액의 환수 420
기초연금의 지급 419
기초연금정보시스템 422
기초연금 지급의 결정 419
기초연금 지급의 신청 419
기초연금 지급의 정지 420
기초일액 519
기타재가급여 500
기회의 균등 105
기획재정위원회 151
긴급복지지원법 144, 379
긴급전화 570
긴급전화 설치 581, 586
긴급지원기관 390
긴급지원담당공무원 390
긴급지원대상자 383
긴급지원수급계좌 385
긴급지원심의위원회 390
긴급지원의 기간 385
긴급지원의 적정성 심사 389
긴급지원의 종류 및 내용 384

ㄴ
────────

난민 238, 354
난민법 238
난민인정자 612
남성세대주 635
남용금지 117
납부기한 연장제도 469
내부규율 32
내부업무처리규정 41
내용적 실효성 50
내용적 체계 40
노동3권 106
노동권 106
노동능력이 있는 빈민 128
노동시장의 유연화 85
노동조합 85
노력의무규정 220
노령 434
노령급여 89
노령수당 570

노령연금 수급권자 448
노령연금액 449
노무제공계약 520
노무제공자 520, 522, 532, 539
노무제공자 고용보험 520
노숙인 등의 복지 및 자립지원에 관한 법률 144
노인 498
노인공동생활가정 579
노인교실 579
노인권리선언문 574
노인보호전문기관 570
노인복지관 579
노인복지법 143, 569
노인복지상담원 581
노인복지시설 494, 571
노인복지시설의 종류 578
노인복지주택 571, 579
노인사회참여 지원 576
노인성 질병 496
노인성 질환 578
노인실태조사 571, 573
노인여가복지시설 579
노인요양공동생활가정 579
노인요양시설 579
노인의 날 570, 574
노인의료복지시설 579
노인인력개발기관 571
노인일자리 583
노인일자리전담기관 571
노인일자리지원기관 571
노인장기요양보험법 144, 491
노인재활요양사업 578
노인전문병원 570, 571
노인전문요양시설 570
노인전용주거시설 578
노인정책영향평가 573
노인주거복지시설 578
노인지역봉사기관 570
노인취업알선기관 570, 571
노인학대 494, 570, 575
노인학대관련범죄 575
노인학대보도 571
노인학대 신고의무 570

노인학대예방의 날 574
노인휴양소 571
노후준비서비스 431
농어업고용인력 지원 특별법 144
농어촌 지역가입자 431
농어촌지역의료보험 468
뉴질랜드 웰빙 예산 236

ㄷ

다국어에 의한 서비스 제공 665, 669
다문화가족 667
다문화가족에 대한 실태조사 667
다문화가족 자녀 668
다문화가족정책위원회 665, 670
다문화가족 종합정보 전화센터 665, 671
다문화가족지원법 144, 663
다문화가족지원사업 전문인력 양성 670
다문화가족지원센터 665, 671
다문화가족 지원을 위한 기본계획 667
다문화 아동 649
다보험자 468
다수 보험자방식 139
다태아 임산부 519
다함께돌봄센터 588
단결권 106
단기고용근로자 517
단기보호 499
단기보호서비스 579
단일보험자 468
단일 보험자방식 139
단체교섭권 106
단체행동권 106
담당기구 설치 390
담보금지 116
대기기간 534
대륙법주의 29
대법원 34, 54, 546, 618
대상의 보편성 90
대상자의 요건과 범위 44
대안의결 157
대중연합 123
대체토론 155

대통령 31
대통령령 32
대통령의 법률안거부권 159
도시지역 가입자 431
도시지역의료보험 468
독거노인종합지원센터 571, 578
독거노인(홀로 사는 노인) 571, 578
독립된 위원회 181
독립성 181
동등 대우 98
동일명칭 사용 금지 296
동종근로자 542
등급판정 503
등급판정위원회 494, 503
디지털 기술 495

ㄹ

롤스 26
리베이트 금지 위반 472

ㅁ

마셜 82
맞춤형 급여 347
면세 606
면접교섭 588
면접교섭 지원 595
명령 32
명문화 103
모·부자가정 635
모·부자복지법 635
모·부자복지법 개정 144
모성급여 89
모성보호권 106
모자가정 635
모자가정상담소 635
모자가족 638
모자가족복지시설 635
모자보호시설 635
모자복지법 143, 635
모자복지위원회 635
모자자립시설 635

목표 24
무과실 책임주의 126
무산계급 79
무상보육 649, 660
무인정보단말기 572
문화예술용역 관련 계약 520
문화적 다양성 667
문화환경 정비 621
물품 우선구매 571
미지급 급여 455
미지급 기초연금 420
미지급의 보험급여 555
미혼모가정 635
미혼모가족복지시설 635
미혼모시설 635
미혼모자가정 635
미혼모자시설 635
민간단체 671
민간어린이집 657
민간의 참여 254
민사 35
민사법원 173
민사소송 173
민사조정 174
민주개혁 105
민주성 243
민주적 정당성 24
민주주의 21, 105

ㅂ

바이마르 공화국 헌법 52, 106
반환명령 535
반환일시금 432, 454
발굴조사 271
발달장애인 권리보장 및 지원에 관한 법률 144
발생주의 118, 265
발의 31
발효 국가 98
방문간호 499
방문목욕 499
방문 목욕서비스 580
방문요양 499

방문요양급여 471
방문요양서비스 579
배분적 정의 25
배우자 447
배우자 출산휴가 520, 521
배타적 적용 78
벌금 49
벌칙 49, 222
벌칙의 엄격성 222
법 21
법관 29
법규 32
법규명령 32
법규범 33
법령 32
법률 31, 114
법률유보의 원칙 62
법률효과 32
법리적 다툼 127
법안심사소위원회 156
법 앞의 평등 103
법원法源 29
법원 33
법원성 35
법의 분류 38
법의 연원 29
법의 이념 24
법의 정의 38
법이론 33
법인격 482
법인·단체등어린이집 657
법적 구속력 90
법적 안정성 24, 27
법적 자유 82
법제사법위원회 151, 158
법제처 33
법제처 심사 160
법철학 25
법치주의 국가 21
법학 22
변호사비용 187
별도의 규정 180
별정직공무원 141, 586

보건권 106
보건복지위원회 150, 151
보건복지증진의 책임 580
보건의료서비스 291
보수 523
보수외소득 470
보수 외 소득월액보험료 484
보수월액 485
보수월액보험료 468, 484
보수주의 259
보육 654
보육계획 653
보육과정 655
보육교사 649, 659
보육교직원 650, 654
보육교직원의 배치 658
보육교직원의 임면 659
보육교직원의 직무 658
보육교직원의 책무 658
보육료의 수납 660
보육바우처 649
보육서비스 이용권 656
보육 실태 조사 649, 653
보육 이념 653
보육정책위원회 659
보육정책조정위원회 649
보육통합정보시스템 651, 659
보육활동보호위원회 659
보장기관 251, 265, 278, 301, 330, 341, 358, 369,
        374, 406
보장비용 344
보장시설 343
보조금 306
보조사업장 547
보조인의 선임 626
보충성의 원칙 326
보편성 243
보편주의 118
보편주의 복지이념 235
보험 가입 509
보험가입 의무 298
보험급여 471, 473
보험급여 결정 562

보험급여 사유 542
보험급여의 일시지급 560
보험급여의 종류 551
보험급여의 지급 560
보험급여의 최고·최저보상한도 543
보험급여 지급의 제한 560
보험료 256, 485, 536, 562
보험료 납부의무 484
보험료 면제 97
보험료부과점수 485
보험료율 485
보험료의 경감 487
보험료의 부담 486
보험료 체납 469
보험료 추후 납부 432
보험시설 548
보험연도 561
보험의 관장 535, 561
보험재정에 대한 정부지원 487
보험정보 268
보호관찰 등에 관한 법률(1988) 143
보호관찰 등에 관한 법률(1995) 144
보호기간의 연장 596
보호대상아동 587, 593
보호대상아동의 사후관리 596
보호대상아동의 양육상황 점검 595
보호대상아동의 퇴소조치 595
보호대상아동 지원체계 588
보호수당 623
보호자 575, 593, 654
보호자 교육 653
보호조치 594
복지국가 85
복지국가의 후퇴 85
복지급여수급계좌 636
복지 급여의 내용 640
복지사각지대 261
복지사각지대 발굴시스템 281
복지 사회주의 258
복지와 인권증진의 책임 301
복지 자금의 대여 641
복지 자본주의 20, 258
복지증진 590

본인부담금 511
본인부담 보상금 365
본인부담상한액 472
본인부담상한제 470
본인일부부담금 493, 494
본회의 의결 158
부가급여 400
부가급여액 401
부과표준소득 468
부녀복지관 635
부녀상담소 635
부담금 435
부당 180
부당이득의 징수 560
부당이득 환수 118
부령 32
부르주아 79
부모 447
부모모니터링단 650
부분휴업급여 544, 552
부상 473
부식 구입비 보조 572
부양가족연금액 447
부양의무자 327, 330, 353, 575
부자가정 635
부자가족 639
부자가족복지시설 635
부자보호시설 635
부자자립시설 635
부작위위법확인 소송 189
부정수급 471
부정수급 실태조사 274
부정수급자 345
부정수급행위 469
부정·오류 관리 249
부정한 방법 471
부정행위 535
분배정의 26
분할납부 471
분할연금 432
분할연금 수급권자 450
불문법 29
불문법주의 30

불복 182, 183, 364
불완전 구체적 권리설 109
불평등 25
비급여비용 361
비대면 520
비례의 원칙 35, 67
비밀누설의 금지 316
비스마르크 사회보험 132
비스마르키언 특징 137
비영리법인 572
비용 보조 605, 630
비용 부담 630
비용부담의 공평성 90
비용의 보조 581, 644, 660
비용의 부담 255, 407, 581
비용의 분담 423
비용의 일부부담 479
비용의 징수 345
비용 징수 606
비용환수 389
비준 90
빈민구제법 129

ㅅ

사각지대 547, 588
사각지대 발굴 249
사건 개요 70
사내근로복지기금법 144
사례결정위원회 588
사례관리 355
사립학교교원연금법 143
사망 473
사망의 추정 559
사망일시금 455
사무처리 32
사무처리규정 190
사민주의 259
사법 35, 173
사법경찰관리 612
사생활의 자유 103
사실혼 배우자 668
사업 523, 549

사업장 435, 473, 515, 523, 549
사업장가입자 431, 435, 438
사업주의 비용 부담 660
사용자 435, 473
사유재산권 존중의 원칙 124
사유재산제 111
사이버 인권강좌 102
사적 자치의 원칙 124
사적 자치의 원칙 수정 126
사적 재산 111
사전영향평가 162
사회권 82
사회규범 24
사회법 36
사회법원 186
사회법전 231
사회보장 232, 473
사회보장관련조약 550
사회보장급여 265
사회보장급여법 260
사회보장급여의 관리 249
사회보장급여의 변경·중지 274
사회보장급여의 수준 240
사회보장급여의 신청 241, 265
사회보장급여의 이용 265
사회보장급여의 이용·제공 및 수급권자 발굴에
    관한 법률 144
사회보장급여의 환수 275
사회보장급여 제공의 결정 268
사회보장 기본계획의 수립 242
사회보장기본법 144, 231
사회보장기본법 전부개정 144
사회보장법 22
사회보장사무 전담기구 280
사회보장·사회복지 증진 107
사회보장수급권 240
사회보장수급권의 보호 241
사회보장수급권의 제한 등 241
사회보장수급권의 포기 241
사회보장심의위원회 233
사회보장에 관한 법률 143, 232
사회보장 요구의 조사 266
사회보장위원회 253

사회보장을 받을 권리 240
사회보장의 정의 232
사회보장 재정추계 256
사회보장 전달체계 255
사회보장 전산관리번호 267
사회보장정보시스템 250, 595
사회보장정보시스템의 구축·운영 250
사회보장정보원 588
사회보장제도 신설 245
사회보장제도의 운영 243
사회보장제도의 협의 245
사회보장통계 249
사회보장협정 238
사회보험 239
사회보험급여청구권 113
사회보험료 징수 431
사회보험료 징수업무 468
사회보험제도 429
사회 복귀 548
사회복지 39
사회복지공동모금회법 144
사회복지공동모금회법 개정 144
사회복지관 291
사회복지관의 설치 302
사회복지급여쟁송권 113
사회복지법 26, 231
사회복지법상 행정적 구제절차 180
사회복지법인 46, 291, 292
사회복지법인어린이집 657
사회복지법제와 실천 22, 209
사회복지사 313
사회복지사업 290
사회복지사업법 143, 283
사회복지사업법 개정 144
사회복지사업법 전부개정(1983) 143
사회복지사업법 전부개정(1992) 144
사회복지사 윤리강령 20
사회복지사의 결격사유 312
사회복지사의 등급 311
사회복지사의 자격취소 313
사회복지사의 채용 314
사회복지사 자격증의 발급 310
사회복지서비스 291

사회복지서비스 및 관련복지제도 139
사회복지서비스 품질향상 289
사회복지시설 46, 291
사회복지시설 업무의 전자화 306
사회복지시설의 설치 297
사회복지에 관한 권리 52
사회복지운동 85
사회복지의 날 289
사회복지의 분권화 140
사회복지입법청구권 113
사회복지 자원봉사활동의 지원·육성 302
사회복지 전담공무원 47, 341
사회복지전담공무원 141, 278, 315, 407, 586
사회복지제도 21
사회복지조례 203
사회복지조례의 내용적 체계 비교 분석틀 221
사회복지청구권 113
사회복지학 17, 20
사회복지행정에서의 민주적 참여 90
사회복지행정참여권 113
사회복지협의회 305
사회사업을 목적으로 하는 법인설립 허가신청에
　　관한 규칙 143
사회서비스 239
사회서비스급여청구권 113
사회서비스 보장 238
사회서비스 이용 및 이용권 관리에 관한 법률 144
사회서비스 지원 및 사회서비스원 설립·운영에
　　관한 법률 144
사회적·경제적 약자 21
사회적 약자 26
사회적 욕구 39
사회적 위험 26
사회적응 훈련 619
사회적 인식개선 621
사회적 폐습과 불의 타파 105
사회정의 21, 105
사회제도 21
사회제도 개선 105
사회참여 141, 235, 237, 615
사회통합 141, 614, 666
사회활동 참여증진 614
사후관리 598, 626

사후조사 388
산업단지 지역 650
산업재해근로자 547
산업재해근로자를 위한 법정기념일 547
산업재해보상보험 543
산업재해보상보험법 143
산업재해보상보험심사위원회 544, 561
산업재해보상보험재심사위원회 561
산업재해예방교육 547
산재급여 89
산재보험법 540
산재보험 의료기관 548
산전후휴가급여 517
산정기초 542
산후조리원 589
상급법원 34
상담전문요원 650
상당인과관계 558
상대적 평등 25
상병급여 89, 529
상병보상연금 543, 544, 555
상병보상연금제도 542
상임위원회 150
상임위원회 회부 155
상정 155
상한액 436
상호주의 원칙 237
생계급여 333
생계비 640
생계비 대부제도 518
생업지원 577
생존권 21, 105
생존권적 기본권 51
생활기록부 649
생활보장위원회 342
생활보호법(1961) 143, 322
생활보호법(1983) 143
생활보호법 개정 청원 167
생활안정 496, 522
생활이 어려운 사람 326
생활정보 제공 669
생활지원시설 636, 643
서비스 265

선거권 106, 621
선발학문 19
선별급여 470
선별주의 118
선지급 후조사 원칙 141
선택권 보장 288
설립허가 292
설립허가 취소 296
성문법 29
성문법주의 29
성범죄 신고의무 626
성폭력범죄의 처벌 및 피해보호자 등에 관한 법률 144
성폭력 예방교육 586
세계보건기구 85
세계인권선언 25, 26
세계평화 27
세계화 85
세제 지원 660
소극적 자유 82
소극적 태도 56
소득 435, 485
소득대체율 430
소득 보장 238
소득·서비스 258
소득세 과세대상 근로소득 518
소득 역전 407
소득월액 485
소득월액보험료 468, 470
소득인정액 331, 370, 398, 414
소득인정액의 산정 331
소득·재산 471
소득평가액 398
소멸시효기간 542
소송권 82
소송기간 187
소송비용 187
소송절차 186
소유권 절대의 원칙 124
소유권 행사의 제한 126
소정근로시간 523
소정급여일수 534
속임수 471

손해배상책임 176
수급계좌 356
수급권 398, 435
수급권의 소멸과 지급정지 405
수급권자 265, 330, 353, 369, 398, 435
수급권자의 범위 370, 399
수급권자인 유족의 순위 555
수급기간 534
수급일수 534
수급자 265, 330, 369, 398, 435
수급자격의 인정 533
수급자격의 조사 267
수급자에 대한 사후관리 404
수급자의 권리 177
수급품 330, 369
수련기관 311
수선유지비의 지급 371
수속적 권리 113
수익사업 295
수정의결 157
수직적 체계 40
수화통역 610
순수학문 18
시간제근로자 517
시간제보육 서비스 651, 655
시간제보육서비스지정기관 588
시·군·구 사회복지협의회 308
시·도교육감 183
시·도사회보장위원회 279
시민단체 167
시민단체가 주도한 입법운동 167
시민사회 124
시민사회단체 192
시민적·정치적 권리에 관한 국제규약(B규약) 92
시민혁명 79
시설급여 500
시설 설치의 방해 금지 300
시설 수용인원의 제한 299
시설의 서비스 최저기준 300
시설의 안전점검 298
시설의 평가 300
시설의 휴지·재개·폐지 신고 299
시청각장애인 613

시행규칙 41
시행령 41
신고의무자 613
신고제 571
신권 78
신뢰보호의 원칙 35, 64
신속성 382
신용정보 268
신청에 따른 조사 402
신청조사 372
신청주의 118, 240, 265
신체의 자유 103
신체적 장애 617
실업 523
실업급여 89, 515
실업급여수급계좌 528
실업급여의 종류 527
실업의 신고 533
실업의 예방 522
실업의 인정 523, 533
실업인정일 534
실업자에 대한 특례 475
실업크레딧 431, 444, 519
실종노인 571
실질적 평등 26
실천 17
실체법 36
실체적 권리 113
실태조사 493, 497
실현능력접근 236
심사와 재심사 538
심사위원회의 구성 182
심사청구 177, 180, 181, 462, 489, 512, 612, 645
심사 청구의 제기 562
심신장애자 610
심신장애자복지법 143, 610
심판청구 183, 488
심판청구서 184

ㅇ
─────────

아동 592, 639
아동관련기관의 취업제한 598

아동교육지원비 640
아동권리보장원 588, 605, 607
아동권리협약 94
아동긴급보호소 600
아동노동복지법 129
아동보호구역 586
아동보호 사각지대 595
아동보호전문기관 586, 603
아동보호치료시설 602
아동복리 586
아동복리법 143, 586
아동복리지도원 586
아동복지 592
아동복지법 143
아동복지법 전부개정 144
아동복지시설 586, 593
아동복지시설의 종류 602
아동복지시설의 종사자 604
아동복지시설 입소 587
아동복지시설 종사자 593
아동복지심의위원회 588, 604
아동복지전담공무원 604
아동복지지도원 141
아동상담소 602
아동수당법 144
아동안전 보호인력 600
아동양육비 636, 640
아동양육시설 602
아동위원 586, 605
아동의 권익과 안전 590
아동의 안전에 대한 교육 599
아동의 후견인 586
아동의 후견인 선임 596
아동일시보호시설 602
아동자립지원추진협의회 605
아동전용시설 602
아동정책기본계획 587
아동정책기본계획의 수립 590
아동정책영향평가 587, 591
아동정책조정위원회 586, 604
아동종합실태 588
아동종합실태조사 587, 591
아동 · 청소년 668

아동·청소년 보육·교육 642, 669
아동통합정보시스템 588, 605
아동학대 586, 593
아동학대관련범죄 593
아동학대범죄의 처벌 등에 관한 특례법 144
아동학대보도 588, 599
아동학대사례 전문가자문단 597, 604
아동학대사례전문위원회 587, 588
아동학대 신고 의무 586
아동학대 신고의무자 586, 597
아동학대에 대한 법률상담 598
아동학대예방 592
아동학대 예방교육 587, 597
아동학대예방의 날 587, 597
아동학대의 예방과 방지 의무 597
아동학대전담공무원 588
아동학대 전담의료기관의 지정 598
아동학대정보 598
아동학대행위자 598
악용금지 117
안전 589
안전대책 강구 621
안전사고 예방 573
안정된 가정환경 590
압류금지 116
앙시앵 레짐 79
약제비의 청구 560
양극화 85
양도금지 116
양성평등권 106
양심의 자유 106
양육수당 649, 656
양육지원시설 636, 643
어린이날 586, 590
어린이주간 590
어린이집 654
어린이집 CCTV 651
어린이집연합회 660
어린이집운영위원회 650
어린이집 위생관리 651, 656
어린이집의 원장 651, 659
어린이집의 종류 657
어린이집 이용대상 654

어린이집 차량안전관리 656
어린이집 평가인증 649
어린이집 표준보육비용 조사 649
어린이통학버스 650
어버이날 574
언론·출판·집회·결사의 자유 106
언어재활사 611, 629
업무상 사고 544, 558
업무상의 재해 549, 564
업무상의 재해의 인정 기준 544, 558
업무상 정신적 스트레스 546
업무상 질병 544, 559
업무상질병판정위원회 561
여성가족부 649
여성가족위원회 151
여성복지관 635
여성세대주 635
여성장애인의 권익보호 615
여성차별철폐협약 93
연계성 243
연금보험료 435
연금보험료의 부과·징수 460
연금수급권 433
연금 지급 기간 455, 560
연대권 80
연대회의 성명 168
연도별 시행계획의 수립·시행 242, 590, 638, 667
연체금 433
연체금 계산 469
열등처우의 원칙 130
영상정보처리기기 600
영세사업주 543
영유아 654
영유아 보육 648
영유아보육료 651
영유아보육법 144, 647
영유아 안전관리 656
예규 41
예방 473
예방접종통합관리시스템 651
예산분담 391
예술인 520, 522, 532
예술인 고용보험 520

온라인 플랫폼 547
외국인 237, 332, 383, 437, 471, 475, 520, 524,
　　　611, 612, 618, 635, 636
외국인근로자 493, 519
외국인에 대한 적용 238
요보호아동 586
요보호임산부 586
요양급여 477, 542, 552
요양급여비용의 청구와 지급 479
요양급여의 신청 558
요양기관 478
요양병원 571
요양병원간병비 500, 501
요양보호사 571, 580
요양보호사교육기관 580
요양보호사 자격시험제도 571
요양비 356, 479
요양서비스 495
운영원칙 243
원가정 587
원안의결 157
웰빙 236
위기가구 269
위기가구의 발굴 269
위기상황 383
위배 63
위법 64, 180
위법성 127
위법한 처분 175
위임 32, 41, 63
위헌법률심판절차 54
위험률 549
유럽평의회 85
유료노인복지시설 570
유료노인전문요양시설 570
유사명칭의 사용금지 311
유산계급 79
유산·사산 520
유산·사산휴가 517
유족 549
유족급여 89, 542, 554
유족보상연금 543, 547
유족보상연금 수급자격자의 범위 554

유족연금액 454
유족연금의 수급권자 453
유족특별급여 555
육아기 근로시간 단축 급여 518, 531
육아종합지원센터 588, 650, 658, 659
육아휴직 519
육아휴직 급여 517, 530
융커 81
은닉재산 472
응급조치의무 626
응용학문 18
의료 619
의료급여 335
의료급여 관리사 359
의료급여기관 353, 358
의료급여기금 360
의료급여법 144, 349
의료급여심의위원회 358
의료급여의 제한 357
의료급여의 중지 357
의료급여 정률제 362
의료보험법 468
의료보험법(1963) 143
의료보험법 개정(1988, 1989) 143
의료보험법 전부개정(1976) 143
의료보호 89
의료보호법 143, 350
의료사회복지사 311
의료수가 471
의무이행소송 190
의무적 평가제 651
의사소견서 503
의약품 리베이트 469
의지·보조기 기사자격증 629
이동권 631
이론 17
이용권 265, 289
이의신청 36, 177, 180, 182, 280, 345, 364, 392,
　　　408, 423, 469, 488, 582, 612, 630
이의신청과 행정심판의 관계 180
이주노동자권리협약 95
이주비 530
이중가입 면제 97

이직 523
인간다운 삶 614
인간다운 생활을 할 권리 51, 235, 263, 287
인간의 존엄과 가치 51, 235
인격발달 590
인권 25, 588
인권3세대론 80
인권교육 509
인권보장 288
인권존중 및 최대 봉사의 원칙 303
인도 105
인력 47, 222
인력의 전문성 222
인류공영 27
인본주의 21, 105
인종차별철폐협약 91
일반급여 542
일반법 36, 231, 237, 265, 284, 288, 328, 369
일반적 정의 25
일시보육 서비스 651
일시보호시설 635
일시성 382
일시지원복지시설 635
일시지원시설 636, 644
일용근로자 517, 523
임금 518, 549
임금변동순응률제 542
임금일액 528
임시직공무원 586
임의가입자 435, 439
임의계속가입자 431, 435, 440
임의규정 220
임차료의 지급 370
입법 149
입법권 149
입법예고 160
입법예고에 의견 남기기 169
입소자격자 572

ㅈ

자격의 변동 471, 476
자격의 취득 476

자격 취득·변동 471
자기구속 64
자기 책임의 원칙 125
자녀 447
자녀교육비 612
자녀교육비 지급 623
자녀양육비 가이드라인 635
자녀양육비 이행지원 642
자립생활지원 624
자립지원 588, 601
자립지원계획 601
자립지원 서비스 622
자립지원시설 602
자립지원의 원칙 326
자립지원전담기관 601, 603
자본주의 20
자산 형성 636
자산형성지원 338
자산형성지원사업 601
자선원 128
자아실현 141, 235
자연권 77
자영업자 520, 522, 532
자원봉사활동기본법 144
자유 21, 27, 105
자유권 21
자유권적 기본권 51
자유시장주의 125
자유주의 124, 259
자율 105
자치권 203
자치단체장의 재정책임성 221
자치단체장의 책무성 221
자치법규 32
자치법규정보시스템 212
자치사법권 205
자치입법권 32, 203
자치재정권 204
자치조직권 204
자치행정권 204
자활 326
자활급여 337
자활기금 338

작업장 활용의 원칙 130
장기 실직자 517
장기요양급여 496, 498
장기요양급여심사위원회 495
장기요양급여에 관한 국가정책방향 497
장기요양급여의 월 한도액 506
장기요양급여의 제공 시기 505
장기요양급여의 제한 502
장기요양급여의 종류 499
장기요양급여 제공의 기본원칙 497
장기요양급여 제공의 제한 509
장기요양기관 493, 498
장기요양기관의 지정 508
장기요양기관 재무·회계기준 509
장기요양기관 지정의 취소 509
장기요양기관 지정제 494
장기요양기본계획 497
장기요양등급판정기간 505
장기요양등급판정기준 504
장기요양보험 498, 507
장기요양보험료의 감면 510
장기요양보험료의 산정 510
장기요양보험료의 징수 510
장기요양사업 498
장기요양요원 493, 498
장기요양요원의 보호 509
장기요양인정서 503
장기요양인정 신청의 조사 502
장기요양인정의 갱신 504
장기요양인정의 신청 501
장기요양인정의 신청자격 499
장기재정균형 461
장례비 556
장애 434
장애 등급 612
장애등급제 개편 612
장애발생 예방 614, 619
장애수당 611, 612, 623
장애실태조사 616
장애아동복지지원법 144
장애아동수당 612, 623
장애연금 452
장애연금액 451

장애연금의 수급권자 451
장애예술인 문화예술 활동 지원에 관한 법률 144
장애인 610, 617
장애인 가족 지원 622
장애인 거주시설 625
장애인고용촉진 등에 관한 법률 144
장애인고용촉진 및 직업재활법 144
장애인권리협약 96
장애인권익옹호기관 612, 613, 626, 628
장애인 대상 성범죄 신고의무자 612
장애인 등록 618
장애인등록제 610
장애인보조견 610, 613
장애인 보조기기 471
장애인복지급여수급계좌 623
장애인복지법 143, 608
장애인복지법 개정(2003) 144
장애인복지법 전부개정(1999) 144
장애인복지상담원 629
장애인복지시설 625
장애인복지위원회 610
장애인복지 전문인력 양성 629
장애인복지조정위원회 610
장애인 생활시설 611
장애인 쉼터 612
장애인에 대한 금지행위 612
장애인에 대한 특례 480
장애인연금 400, 452
장애인연금법 144
장애인연금수급계좌 406
장애인연금 수급희망 이력관리 404
장애인연금의 신청 401
장애인연금의 환수 405
장애인연금정보시스템 407
장애인의 권리 615
장애인의 날 616
장애인 의료재활시설 625
장애인 자립생활지원시설 613, 625
장애인재활상담사 612, 629
장애인정책조정위원회 627
장애인정책종합계획 611, 613, 616
장애인정책책임관 628
장애인 지역사회재활시설 625

장애인 직업재활시설 625
장애인차별금지 및 권리구제 등에 관한 법률 144
장애인학대 611, 617
장애인학대관련범죄 613, 617
장애인학대 신고의무대상자 612
장애인학대정보시스템 613, 628
장애인학대현장 613
장애인활동 지원에 관한 법률 144
장애자 610
장애 정도 612
장애정도 심사 611
장제급여 336, 542
장해 549
장해급여 542, 553
장해급여자 556
장해등급 542
장해등급 재판정제도 544
장해보상연금 542
장해특별급여 554
장해특별급여제도 542
재가급여 499
재가노인복지시설 579
재가복지사업 570
재가복지서비스 303
재가장기요양기관 493
재난적의료비 470
재량 56
재보호조치 596
재산 485
재산권 106
재산압류 472
재산의 소득환산액 398
재심사위원회 182
재심사청구 181, 489, 512
재심사 청구의 제기 563
재외국민 471
재외동포 611, 618
재요양 552
재요양 기간 중의 상병보상연금 556
재요양 기간 중의 휴업급여 553
재요양에 따른 장해급여 553
재정부담 221
재정의회주의 111

재정입헌주의 110
재정자주도 424
재정조달 48
재판권 78
재판청구권 106
재해구호법 143
재해근로자 543, 548
재해보상 542
재해보험법 131
재해 예방 548
재활 473, 548, 622
재활치료 619
저소득 근로자의 상병보상연금 556
저소득 근로자의 휴업급여 544, 553
저소득 기초연금 수급권자 416
저소득 실직자 517
저소득 지역가입자 471
저소득 체납자 471
적극적 자유 83
적법 64
적법절차의 원칙 67
적용대상 221, 474
적용대상의 보편성 221
적용 배제 355
적용 범위 523, 549
적용 제외 523
적정성 287
적정성 확인조사 274
전국민 강제가입 468
전국민 의료보험 138, 468
전국소비자물가변동률 432, 446
전달조직 46
전달체계 46, 222
전달체계의 책임성·통합성 222
전문 94
전문가 21
전문성 243, 287
전문위원 155
전문인력 47
전문인력의 양성 255
전부개정 257
전세사기피해자 지원 및 주거안정에 관한 특별법
    144

절대 왕정 79
절대적 평등 25
절차법 36
절차보장 191
절차적 권리 113
절차정비 191
정관 292
정당한 분배 26
정보에의 접근 620
정보의 공개 251
정부 51
정부 이송 158
정서적 학대 588
정신건강사회복지사 311
정신건강증진 및 정신질환자 복지서비스 지원에
　　　관한 법률 144
정신보건법 144
정신보건법 개정 144
정신장애인 613
정신적 장애 617
정의 24, 105
정의론 26
정의실현 24
정책토론회 168
정치권 82
정치 민주주의 131
정치적 기본권 51
제1형 당뇨 650
제5공화국 헌법 138
제국보험법 133
제도 21
제도의 포괄성 90
제안자 155
제정촉구대회 168
제정 추진 연대회의 168
조기재취업 수당 530
조기재취직 수당 517
조기 직업훈련 544
조례 32
조례의 목적지향성 221
조례 제·개정 프로젝트 209
조례제정권 206
조리 34

조사 결과의 보고 339
조사의 방법·절차 373
조사의 의뢰 373
조사·질문 419, 422
조선감화령 586
조선구호령 135, 143, 321
조세감면 630
조손가족 635
조약 32
조정위원 174
조정위원회 174
조합방식 468
조합주의 방식 139
존 로크 78
종교의 자유 106
종합전문요양기관 당연지정제 544
주거권 106, 376
주거급여 334, 369
주거급여법 144, 366
주거급여의 부담 376
주거급여의 분리 지급 371
주거급여의 실시 372
주거급여 지급업무의 전산화 375
주거의 자유 103
주거 취약계층 376
주된 사업장 547
주무부처의 성안 160
주민의 권리성 221
주소득자의 사망 434
주·야간보호 499
주·야간보호서비스 579
주체성 264, 288
주체성과 자기결정권 105
주택 보급 621
준칙 32
중대과실규정 542
중대재해 처벌 등에 관한 법률 144
중대한 과실 542
중복금지 117
중복금지 원칙 382
중복급여 430
중복급여의 조정 456
중세봉건제 사회 123

중·소기업 사업주에 대한 특례 543, 551
중앙보육정책위원회 649
중앙수어통역센터 613, 628
중앙아동복리위원회 586
중앙육아종합지원센터 651
중앙행정심판위원회 184
중증요양상태 545, 549
중증장애인 398
중증장애인의 보호 615
중증장애인자립생활지원센터 624
지급의 연기에 따른 가산 449
지급의 정지 457
지급제한 기준 542
지도·감독 375
지방 교구 128
지방보육정책위원회 649
지방분권 207
지방비 424
지방아동복리위원회 586
지방의회 32
지방자치 203
지방자치단체 32, 203
지방자치단체장 46
지방장애인복지위원회 611, 628
지방정부 203
지역가입자 431, 435, 438, 468, 475
지역가입자 보험료 지원 433
지역 고용 525
지역 균등 264
지역봉사지도원 576
지역사회보장계획 275
지역사회보장협의체 279
지역사회복지 291
지역아동센터 586, 603
지역의료보험 468
지역장애인권익옹호기관 612
지원계획 273
지원기관 639
지원대상아동 593
지원대상자 265
지원대상자 발견 시 신고의무 271
지원대상자의 범위 639
지원요청 및 신고 386

지원중단 389
지정제 571
지주계급 81
직권주의 240, 407
직권탐지주의 186
직업 620
직업능력 522
직업능력개발 수당 530
직업능력개발의 촉진 527
직업능력개발 훈련 526
직업선택의 자유 103
직업안정기관 520
직업재활급여 544, 556
직업훈련기관 557
직업훈련비용 557
직업훈련생 543
직업훈련수당 557
직장가입자 468, 475
직장 내 괴롭힘 546
직장복귀계획서 546, 557
직장복귀 지원 557
직장복귀지원금 557
직장복귀지원 의료기관 546
직장어린이집 636, 650, 657, 662
직장의료보험 137, 468
직종의료보험 468
진단 473
진료비의 청구 560
진술녹화실 587
진술조력인 제도 613
진폐 549
진폐근로자 542
진폐보상연금 545
진폐유족연금 545
진폐의 예방과 진폐근로자의 보호 등에 관한 법률
      143
질병 473
질병관리청 546
질병 등의 특례 529
질병보험법 131
질서유지 24
질환 572
징수심사위원회 182, 489

징역 49

ㅊ

차관회의 160
차등보조 424
차별 590
차별금지 615, 636
차별금지의 원칙 327
차상위계층 331, 332
찬반토론 157
참여복지 236
참여연대 167, 192
참여연대 사회복지위원회 192
참정권 82
채권 압류 금지 494
처벌권 78
처분 65
천부의 자유권 105
천부인권 77
청각장애인 613
청구권 106
청구권적 기본권 51
청년가구원 371
청문 308, 606, 661
청문회 156
청소년보호법 144
청소년보호법개정 144
청소년 한부모 635, 638
청소년 한부모 건강증진 636
청소년 한부모 실태조사 636
청소년 한부모의 건강진단 643
청소년 한부모의 자립지원 643
청원권 106
체결 32, 41
체납 432, 433, 468
체납보험료 471
체납액 471
체납자 471
체납정보 제공 472
초단시간 근로자 520
총리령 32
총칙 231

최고·최저 보상기준제도 544
최저 구직급여액 516
최저구직급여일액 519, 528
최저보장수준 240, 330
최저보장수준의 결정 331
최저생계비 330
최저생활보장의 원칙 326
최저임금 240
최저임금법 240
최저임금법 143
최저임금액 516
최저주거기준 376
최저지급기간 516
추가상병 558
추가상병 요양급여의 신청 558
추상성 108
추상적 권리설 109
축조심사 156
출산 473, 520
출산전후휴가 급여 531
출산지원시설 636, 643
출산크레딧 443
출퇴근 549, 564
출퇴근 재해 559
충분성 264
충성계층 137
취소소송 187
취약보육의 우선 실시 654
취업제한기관 588
취업제한명령 572, 588, 612, 613
취업촉진 수당 527
치료 473
치료 및 예방조치 655
치료·요양 572
치매 575
치매관리법 144
치매국가책임제 494
치매극복의 날 571
치매노인 570
치매상담센터 571
치매안심센터 494
치유 549
친권상실선고 586

ㅋ

카렐 바작 80
크레딧 제도 430

ㅌ

타급여 우선의 원칙 327
타당성 66
탁아소 586
탈중앙화 시대 207
토머스 길버트 129
통상임금 549
통신비밀의 자유 103
통첩 41
통치론 78
통합방식 468
통합법전 231
통합서비스지원 601
통합성 263
통합주의 방식 139
투명성 287
투표권 82
특례요양비 500
특별법 36
특별법 우선의 원칙 37, 231
특별연장급여 529
특별위원회 150
특별현금급여 494, 500
특별현금급여수급계좌 506
특수고용직 539
특수욕구 239
특수적 정의 25
특수직역연금 137
특수형태근로종사자 546
특정 사업에의 전속성 547

ㅍ

파견근로자 520, 531
판결문 198
판결의 요지 70, 198
판단기관 181

판례 33
판례법 33
판례에 대한 평가 71
판사 174
판시사항(판결의 쟁점) 198
편리성 264
편의시설 621
평가소득 470
평균소득월액 435, 436, 446
평균임금 549
평균임금산정의 특례 542
평균임금 증감제도 544
평균적 정의 25
평등 105, 615
평등권 51
평등성의 원칙 327
평등의 원칙 35, 64
평등주의 21
평등주의 사상 105
평등한 가족관계의 유지 665, 667
평생사회안전망 238
폐기의결 157
폐쇄자막방송 610
폐쇄회로 텔레비전 495, 586, 650
폐업 493
폐질근로자 542
폐질급여 89
폐질 및 노령보험법 131
포괄적 기본권 103
포상금 471
표결 157
표준보수월액 468
표준보육비용 651
표준소득월액 431, 436
표준장기요양이용계획서 495, 512
품질관리를 위한 평가 289
프랑스대혁명 123
프롤레타리아 79
프리랜서 539
피보험기간 534
피보험자 522
피보험자격 520
피보험자격의 상실일 524

피보험자격의 취득일 524
피성년후견인 519
피한정후견인 519
피해아동 593
피해아동보호계획 588
피해아동보호계획의 수립 597
피해아동 응급조치 598
피해장애아동 쉼터 613
피해장애인 쉼터 625
피해장애인의 임시 보호 612

ㅎ

하한액 436
학교사회복지사 311
학대피해노인 580
학대피해노인 전용쉼터 580
학대피해아동쉼터 587, 588, 603
학문과 예술의 자유 106
학생연구자에 대한 특례 551
학생연구자에 대한 특례 신설 546
한국보육진흥원 651, 659
한국사회보장정보원 280
한국사회복지사협회 305
한국산재의료원 544
한국수어 통역사 622
한국어교육 665
한국장애인개발원 612, 628
한국장애인복지체육회 610
한국장애인재활상담사협회 612
한방의료보험 468
한부모가족 638
한부모가족복지단체 639
한부모가족복지상담소 635, 644
한부모가족복지시설 635, 643
한부모가족 상담전화 636, 642
한부모가족시설 645
한부모가족에 대한 실태조사 638
한부모가족의 권리와 책임 637
한부모가족의 날 636, 638
한부모가족 정책에 관한 기본계획 638
한부모가족지원법 633
합목적성 24

합병증 557
합헌 결정 56
해결 18
해산급여 336
해석 18
해외파견자 543, 550
해외파견자에 대한 특례 550
행복 26, 39, 589, 590
행복추구권 51, 235
행복한 복지사회 141
행정기관 31
행정소송 175, 180, 257, 512
행정소송법 257
행정소송을 통한 권리구제 187
행정심판 175, 180, 257
행정심판법 184, 257
행정심판법상 행정심판 절차 184
행정심판위원회 184
행정심판임의주의 185
행정입법 31, 160
행정적 구제절차 181
행정적 불복절차 180
행정청 175, 181, 187
헌법 31
헌법상 기본권 56
헌법소송 56, 175
헌법소원 65
헌법소원 청구 167
헌법심사 54
헌법재판소 51
헌법재판소의 헌법불합치 결정 472, 546
헌법재판소 판례 56
헌법적 정당성 56
헌법 전문 52
현금 265
현물 265
현물제공 원칙 289
현실적 실효성 42
현장실습생 550
현장실습생에 대한 특례 550
현장 확인 및 지원 388
협동어린이집 650, 657
협동조합기본법 144

형벌 49
형벌권 176
형사소송 176
형사재판 49
형평성 243
확인조사 339, 372
환경권 106
환경노동위원회 151
환수 249
활동보조인 612
활동지원급여 631
활동지원급여의 지원 624
활동지원사 612

효과성 263
효력 32
효력발생일 159
효율성 243
후발학문 19
후생국보 제3A호 135, 143
후생국보 제3C호(1946) 143
후생시설설치기준령(1950) 143
훈련대상자 557
훈련연장급여 518, 529
훈령 41
휴업 493
휴업급여 542, 552

저자소개

김남희

변호사, 시민활동가, 교수로 일하며 사회복지 현장에 관심을 가지고 복지정책 개선 활동을 해왔다. 서울대학교 법학전문대학원 임상교수를 거쳐, 제22대 광명시(을) 지역구 국회의원으로 활동 중이다. 국회 보건복지위원회 소속으로 연금, 돌봄 정책을 개선하고, 한국 사회의 저출생·고령화에 대응하는 활동을 하고 있다. 저서로『젊은 변호사의 고백』(2013),『누군가는 나를 바보라 말하겠지만』(2013) 등이 있다.

민기채

평화롭고 정의로운 세상을 꿈꾸며 사회과학을 공부하였다. 국민연금연구원을 거쳐 현재 국립한국교통대학교 사회복지학과에 재직 중이다. 주요 연구 분야는 통일, 북한, 비교사회정책, 복지국가, 체제전환국 복지국가, 연금, 노인복지 등이다. 공저서로『통일과 사회복지』(2019),『한국의 백세인 20년의 변화』(2021),『The Secrets and Evolving Trends of Korean Longevity』(2023), 공역서로『사회복지정책론: 분석틀과 선택의 차원』(2023) 등이 있다.